Heine-Jahrbuch

Weitere Bände in der Reihe https://link.springer.com/bookseries/15524

Heine-Jahrbuch 2021

Sabine Brenner-Wilczek (Hg.)
Heinrich-Heine-Institut der Landeshauptstadt Düsseldorf

60. Jahrgang

 **J.B. METZLER**

Anschrift der Herausgeberin:
Dr. Sabine Brenner-Wilczek
Heinrich-Heine-Institut
Düsseldorf, Deutschland

Redaktion: Christian Liedtke
Herausgegeben in Verbindung mit der Heinrich-Heine-Gesellschaft

Heine-Jahrbuch
ISBN 978-3-662-64169-9   ISBN 978-3-662-64170-5 (eBook)
https://doi.org/10.1007/978-3-662-64170-5

Die Deutsche Nationalbibliothek verzeichnet diese Publikation in der Deutschen Nationalbibliografie; detaillierte bibliografische Daten sind im Internet über http://dnb.d-nb.de abrufbar.

© Springer-Verlag GmbH Deutschland, ein Teil von Springer Nature 2021
Das Werk einschließlich aller seiner Teile ist urheberrechtlich geschützt. Jede Verwertung, die nicht ausdrücklich vom Urheberrechtsgesetz zugelassen ist, bedarf der vorherigen Zustimmung des Verlags. Das gilt insbesondere für Vervielfältigungen, Bearbeitungen, Übersetzungen, Mikroverfilmungen und die Einspeicherung und Verarbeitung in elektronischen Systemen.
Die Wiedergabe von allgemein beschreibenden Bezeichnungen, Marken, Unternehmensnamen etc. in diesem Werk bedeutet nicht, dass diese frei durch jedermann benutzt werden dürfen. Die Berechtigung zur Benutzung unterliegt, auch ohne gesonderten Hinweis hierzu, den Regeln des Markenrechts. Die Rechte des jeweiligen Zeicheninhabers sind zu beachten.
Der Verlag, die Autoren und die Herausgeber gehen davon aus, dass die Angaben und Informationen in diesem Werk zum Zeitpunkt der Veröffentlichung vollständig und korrekt sind. Weder der Verlag noch die Autoren oder die Herausgeber übernehmen, ausdrücklich oder implizit, Gewähr für den Inhalt des Werkes, etwaige Fehler oder Äußerungen. Der Verlag bleibt im Hinblick auf geografische Zuordnungen und Gebietsbezeichnungen in veröffentlichten Karten und Institutionsadressen neutral.

Einbandgestaltung: Willy Löffelhardt

Planung/Lektorat: Oliver Schütze
J.B. Metzler ist ein Imprint der eingetragenen Gesellschaft Springer-Verlag GmbH, DE und ist ein Teil von Springer Nature.
Die Anschrift der Gesellschaft ist: Heidelberger Platz 3, 14197 Berlin, Germany

Inhaltsverzeichnis

Aufsätze

Poetik und Rhetorik. Heines Schriftstellerbegriff 3
Manfred Windfuhr

Heine. Baudelaire. Kontrastästhetik 27
Gerhard Höhn

**„Die Freiheit führt das Volk" („La Liberté guidant le peuple").
1830, Heine und Delacroix** 67
Lucien Calvié

**„Zuleima, du bist meine heil'ge Kaaba". Arabismen
in Heines Lyrik. Eine lexikalische Bestandsaufnahme** 87
Zouheir Soukah

Heine's Flowers in Schumann's „Myrthen" 107
Anhad Arora

Heinrich Heine und Gerhart Hauptmann als Lyriker 127
Hans-Joachim Rickes

**Zur Geschichte der Heine-Edition in der Weimarer
Republik und im Nationalsozialismus. Unbekannte
Zeugnisse im Goethe- und Schiller-Archiv Weimar** 143
Renate Francke

**„Liebe Kleine!" Briefe Fanny Lewalds an Ludmilla
Assing aus der Sammlung Varnhagen** 157
Gabriele Schneider

Heinrich-Heine-Institut. Sammlungen und Bestände. Aus der Arbeit des Hauses

Kahldorf über Amerika. Unbekannte Briefe von Robert Wesselhöft aus den Vereinigten Staaten 189
Christian Liedtke

„Oh, die Verleger!" Unbekannte Briefe von Karl Hillebrand 225
Anna Maria Voci

Von Blogs und Blumen. 23. Internationales Forum Junge Heine-Forschung 241
Sabine Brenner-Wilczek

Nachruf

Jeffrey L. Sammons 1936–2021 247
Jocelyne Kolb

Buchbesprechungen

Hannah Berner: *Inszenierte Volkstümlichkeit in Balladen von 1800 bis 1850* 255
Robert Steegers

Anna Danneck: „*Mutterland der Civilisazion und der Freyheit*". *Frankreichbilder im Werk Heinrich Heines* 259
Ortwin Lämke

Norbert Otto Eke (Hrsg.; im Auftrag des Forums Vormärz Forschung): *Vormärz-Handbuch* 263
Robert Steegers

Bernd Kortländer: *Zwischen Münster und Paris. Georg Bernhard Depping 1784–1853. Gelehrter, Schriftsteller, Journalist* 267
Leslie Brückner

Robert Krause: *Muße und Müßiggang im Zeitalter der Arbeit. Zu einer Problemkonstellation der deutschen und französischen Literatur, Kultur und Gesellschaft im ‚langen' 19. Jahrhundert* 269
Frank Stückemann

Marie-Ange Maillet, Simone Neuhäuser (Hrsg.): *Fürst Pücklers Orient zwischen Realität und Fiktion* 275
Norbert Waszek

Ingo Müller: *Maskenspiel und Seelensprache. Zur Ästhetik von Heinrich Heines „Buch der Lieder" und Robert Schumanns Heine-Vertonungen. Bd. 1: Heinrich Heines Dichtungsästhetik und Robert Schumanns Liedästhetik; Bd. 2: Heinrich „Heines Buch der Lieder" und Robert Schumanns Vertonungen* 279
Thomas Synofzik

Dirk Rose: *Polemische Moderne. Stationen einer literarischen Kommunikationsform vom 18. Jahrhundert bis zur Gegenwart*. 283
Marco Rispoli

Peter Sprengel: *Geschichte der deutschsprachigen Literatur 1830–1870. Vormärz – Nachmärz* 287
Bernd Kortländer

Dorothea Walzer (Hrsg.): *Medien öffentlicher Rede nach Heine: Zwischen Popularität und Populismus* 293
Patricia Czezior

Heine-Literatur 2020 mit Nachträgen 299

Veranstaltungen des Heinrich-Heine-Instituts und der Heinrich-Heine-Gesellschaft e. V. Januar bis Dezember 2020 347

Ankündigung 25. Forum Junge Heine-Forschung Heinrich-Heine-Institut, Düsseldorf 11. Dezember 2022 353

Abbildungsnachweise 355

Hinweise für die Manuskriptgestaltung 357

Mitarbeiterinnen und Mitarbeiter des Heine-Jahrbuchs 2021 359

Siglen

B	Heinrich Heine: Sämtliche Schriften. Hrsg. v. Klaus Briegleb. Bd. 1–6. München 1968–1976.
DHA	Heinrich Heine: Historisch-kritische Gesamtausgabe der Werke. In Verbindung mit dem Heinrich-Heine-Institut hrsg. v. Manfred Windfuhr im Auftrag der Landeshauptstadt Düsseldorf. Bd. 1–16. Hamburg 1973–1997.
Galley/Estermann	Heinrich Heines Werk im Urteil seiner Zeitgenossen. Hrsg. v. Eberhard Galley und Alfred Estermann. Bd. 1–6. Hamburg 1981–1992.
Goltschnigg/Steinecke	Heine und die Nachwelt. Geschichte seiner Wirkung in den deutschsprachigen Ländern. Texte und Kontexte, Analysen und Kommentare. Hrsg. v. Dietmar Goltschnigg und Hartmut Steinecke. Bd. 1–3. Berlin 2006–2011.
HJb	Heine-Jahrbuch. Hrsg. vom Heinrich-Heine-Institut Düsseldorf (bis 1973: Heine-Archiv Düsseldorf) in Verbindung mit der Heinrich-Heine-Gesellschaft. Jg. 1–32 Hamburg 1962–1994; Jg. 33 ff. Stuttgart, Weimar 1995 ff.
Höhn	Gerhard Höhn: Heine-Handbuch. Zeit, Person, Werk. Stuttgart, Weimar ^{1}1987, ^{2}1997, ^{3}2004.
auf der Horst/Singh	Heinrich Heines Werk im Urteil seiner Zeitgenossen. Begründet v. Eberhard Galley und Alfred Estermann. Hrsg. v. Christoph auf der Horst und Sikander Singh. Bd. 7–13. Stuttgart, Weimar 2002–2006.

HSA	Heinrich Heine: Werke, Briefwechsel, Lebenszeugnisse. Säkularausgabe. Hrsg. v. den Nationalen Forschungs- und Gedenkstätten der klassischen deutschen Literatur in Weimar (seit 1991: Stiftung Weimarer Klassik) und dem Centre National de la Recherche Scientifique in Paris. Bd. 1–27. Berlin, Paris 1970 ff.
Mende	Fritz Mende: Heinrich Heine. Chronik seines Lebens und Werkes. 2. bearb. u. erw. Aufl. Stuttgart, Berlin, Köln, Mainz 1981.
Werner/Houben	Begegnungen mit Heine. Berichte der Zeitgenossen. Hrsg. v. Michael Werner in Fortführung v. H. H. Houbens „Gespräche mit Heine". Bd. 1, 2. Hamburg 1973.

Aufsätze

Poetik und Rhetorik
Heines Schriftstellerbegriff

Manfred Windfuhr

Jeder, der sich näher mit Heine beschäftigt, stellt rasch fest, dass er zu den komplexesten Figuren in unserer Literatur gehört und nicht mit einfachen Begriffen festzumachen ist. Er verfügt zwar, von den frühesten Ansätzen abgesehen, über eine gleich bleibende und leicht erkennbare Schreibart, aber darunter brodelt es, versucht man seine impulsive Gedanklichkeit und Formentwicklung zu fassen. Es gibt bei ihm große Entwicklungsschübe im Lauf der fast vierzigjährigen Schriftsteller-Tätigkeit, aber es gibt auch starke Spannungen innerhalb der einzelnen Phasen. Heine denkt und arbeitet gern antinomisch, und man greift daneben, wenn man jeweils nur einen der Pole herausgreift. Ich hatte gute Gründe, mein zweites Heine-Buch mit dem Titel „Rätsel Heine" zu versehen (1997).[1] Im ersten Abschnitt habe ich darin sieben Aufsätze zusammengestellt, die sich näher mit Heines „Autorenprofil" befassen. Doch damit sind noch lange nicht alle Fragen gelöst. Besonders zu Heines Ästhetik fehlt es noch an weiterführenden, befriedigenden Untersuchungen.

Ich bin nicht der erste, der Heines Komplexität feststellt und einzelne Schwerpunkte seiner Tätigkeitsfelder herausarbeitet. Man braucht nur einige der Titel und Untertitel von Veröffentlichungen oder gängige Leitbegriffe aufzuzählen, um sich einen ersten Eindruck von der Vielfalt der Heine-Bilder zu verschaffen. „The tragic Satirist" (S. S. Prawer), „Romantique défroqué" (Kurt Weinberg), „Streitbarer Humanist und volksverbundener Dichter" (Tagungsband aus der DDR von 1972), „Dichter, Denker, Journalist" (Hanna Spencer), „Der Dichter der Modernität" (Götz Großklaus), „Romantik und Revolution" (Motto des Heine-Instituts), „Dichter und Publizist" (Friedrich Sengle), „Intellektueller" (Jürgen Habermas).[2] Das ist schon recht bunt und könnte leicht vermehrt werden. Als Faustformel lässt sich sagen, dass erst ab einem Paar von Bestimmungen Aussicht besteht,

M. Windfuhr (✉)
Kaarst, Deutschland

© Springer-Verlag GmbH Deutschland, ein Teil von Springer Nature 2021
S. Brenner-Wilczek, *Heine-Jahrbuch 2021*, Heine-Jahrbuch,
https://doi.org/10.1007/978-3-662-64170-5_1

der Heine'schen Mehrdeutigkeit und Antinomik näher zu kommen. Ein für Heine passender Generalbegriff ist mir noch nicht begegnet. Der Jesuit Paul Konrad Kurz hat 1967 die von Heine stammende Trias „Künstler, Tribun, Apostel" aufgegriffen, um – nach dem Untertitel – „Heinrich Heines Auffassung vom Beruf des Dichters" zu umreißen.[3] Das ist ein weiterführender Ansatz, denn er fasst drei zentrale Heine-Felder zusammen: Ästhetik, Politik und Religion. Diese Formel wird in meinem heutigen Versuch ebenfalls eine Rolle spielen.

Verbreitet war lange Zeit der Blick auf Heines Wirkung, seine Wirkungsgeschichte in einzelnen Ländern über Europa und die übrige Welt verstreut, aber auch seine Anregerrolle für einzelne spätere Autoren, besonders markant auf Marx, Nietzsche, Freud. Inzwischen gilt er auch als Vorgänger wichtiger Motive der Kritischen Theorie von Benjamin, Adorno und der Frankfurter Schule (Gerhard Höhn, Willi Goetschel).[4] Gern hat man weiterhin die Ausstrahlung seiner Lyrik in der Moderne untersucht, auf den Symbolismus von Baudelaire einerseits und die kritisch-politische Denomination andererseits: Brecht, Tucholsky, Biermann, das Kabarett usw. Ich wähle jetzt die umgekehrte Perspektive und frage, wo kommt Heine her, inwieweit gehört er in die Traditionslinie von Poetik und Rhetorik? Lassen sich sein Profil und seine Entwicklung von daher näher bestimmen? Da Heine als Versdichter und Prosaautor tätig war, liegen diese Fragen nahe. Denn die Poetik ist für die Versdichtung, die Rhetorik für die Prosaformen zuständig. Schon Voltaire, Sterne, Lessing und Wieland stehen in diesem Horizont, und man weiß, dass alle vier ihrerseits auf Heine gewirkt haben.

Seit der Antike wurde die Gesamtheit der schriftlichen und mündlichen Ausdrucksformen durch die beiden Kategorien Poetik und Rhetorik zusammengefasst. Dafür finden sich zentrale Grundlegungen bei Plato, Aristoteles und Quintilian. Die Rhetorik lieferte in zwei Sektoren wichtige Impulse, bei der sprachlich-stilistischen Ausgestaltung, was man *elocutio* nennt, und bei den rhetorischen Gattungen, wozu Geschichtsschreibung, Biographie, Reisebeschreibung, Brief, Predigt, Traktat, Kritik und manche andere Formen gehören. In der Aufklärung und der Biedermeierzeit waren Poetiken und Rhetoriken als Handbücher noch weit verbreitet. In seiner Lyzeumszeit wurde Heine ausgiebig in beide Bereiche eingeführt, und zwar von zwei Lehrern. Das war einmal der Latein- und Griechischlehrer Franz Josef Cremer (Heine schreibt Kramer), der die entsprechenden Regeln an den antiken Schriftstellern demonstrierte. Das wissen wir z. B. von dem gedruckten Schulprogramm von 1812/1813. Wichtiger war der Französischlehrer Abbé Daulnoy, der dasselbe Pensum mit seinem Französischunterricht verband. Daulnoy hatte sogar 1809 einen „Abrégé des règles de l'art oratoire" veröffentlicht, ein Jahr später einen entsprechenden „Abrégé [...] de l'art poétique".

Heine erwähnt die beiden Handbücher in den „Memoiren" und charakterisiert sie auch kurz. In der Redekunst habe Daulnoy die „Beredsamkeitsrezepte aus *Quintilian* angewendet auf Beyspiele von Predigten *Fléchiers, Massilions, Bourdaloues* und *Bossuets*". Heine fügt hinzu, dass ihn diese Stoffe „nicht allzu sehr langweilten" (DHA XV, 61). Den Poetikunterricht beurteilte Heine skeptischer. Er bestand nämlich aus dem „faden Abhub der alten Schule von

Batteux" und der französischen Metrik und Prosodie, für den sprachlich schon sensiblen Schüler „eine wahre Zwangsjacke für Gedanken" (ebd.). Die Zöglinge wurden angehalten, eigene Reden abzufassen und vorzutragen. Bei den Gattungen legte Daulnoy ein Quartett zugrunde, darunter als vierte die Didaktik, also die lehrhaften rhetorischen Arten. Mustersammlungen, sogenannte Chrestomathien, gab der Abbé in separaten Veröffentlichungen heraus, mit Literatur aus Antike, Renaissance und Frankreich. Nur im „Vollständigen Cursus der französischen Sprache in drei Klassen" enthielt Teil D auch deutsche Texte von Gellert, Geßner, Schiller, Kleist, Bürger und eine Passage aus Klopstocks „Messias". Insgesamt vertrat Daulnoy die Maximen der Aufklärung und bezog alles auf seine französische Herkunft.[5]

Zum Thema Heine als Rhetoriker hat sich als erster Friedrich Sengle näher geäußert.[6] In den drei Bänden seiner „Biedermeierzeit" finden sich dazu wichtige Ausführungen. Ausgiebig interpretiert er Textstellen aus den „Reisebildern", den „Französischen Zuständen" und der „Romantischen Schule" und zeigt, wie der Autor seine Prosa rhetorisch durchstrukturiert. Die Heine-Texte sind nicht nach dem Zufallsprinzip organisiert, der assoziative Aufbau täuscht, in Wirklichkeit folgt alles einer logischen Ordnung. Hinzu kommen die Mittel der *elocutio*: Anapher, Klimax, Hyperbolik, Pointen, Wiederholungen, Überredung, Verblüffung, Verwirrung. Sengle weist nach, dass bei Heine auch die Lyrik rhetorisch angelegt ist, Vers und Prosa folgen ähnlichen Regeln. In seinem Aufsatz „Zum Problem der Heinewertung" beschäftigt sich Sengle noch grundsätzlicher mit diesem Thema, indem er rhetorische und magische Literatur als Typen gegeneinanderstellt. Bei Rhetorikern wie Schiller, Heine oder Brecht handele es sich um den „rationalen, gesellschaftlichen, zeitgemäßen, auf Wirkung bedachten Dichter", während Magiker wie Goethe, Mörike oder Rilke den Leser „durch einmalige Prägungen bezaubern, aus der Gesellschaft führen und mithilfe einer mystischen Symbolik aus dem Alltag erlösen" wollen.[7]

Andere Aspekte desselben Themas werden von Sengle zu wenig berücksichtigt. Die rhetorischen Gattungen führt er als „Zweckformen" im Band über die Formenwelt ein und widmet ihnen breiten Raum. Doch Heines Prosaschriften werden nur mit Stichworten bedacht, nicht als Einzelwerke wirklich vorgestellt, im Unterschied zu mediokren Autoren wie Hitzig, Raumer, Vogt, Goltz u. a. Sie gelten ausschließlich als „Publizistik", also beschränkt auf ihre Veröffentlichungsform. In den beiden ersten Bänden der „Biedermeierzeit" werden von Sengle viele Einzelstellen aus Heines Prosawerk im Blick auf seine Generalisierungen herangezogen, aber nicht als Ganzes. In Band III, dem Dichterband, erhält Heines Publizistik noch einmal zehn von hundertzwanzig Seiten der Gesamtcharakteristiken.[8] Ungeklärt bleibt auch, wie sich Poetik bzw. Ästhetik und Rhetorik bei Heine verhalten. Weniger scharf wird Heine als bedeutender Historiker erkannt und untersucht. Sengle spricht ihm zwar eine Bedeutung als Kulturhistoriker zu und reserviert ihm einen Platz in der „Geschichte der engagierten Historiographie". Im Einzelnen sei er ergiebiger als Gervinus.[9] Aber wenig erfährt man von Heines Geschichtstheorie, seinem Universalismus und der Zeitgeschichtsschreibung, von der Rolle der antiken Geschichtsschreibung und

Hegels Geschichtsphilosophie, dem ausgedehnten Geschichtsstudium, Heines Verhältnis zur Revolution und anderen politischen Kernfragen. Schließlich sagt Sengle nichts über die drei Hauptstationen von Heines Entwicklung. Das sind alles Aspekte, die zum Thema von Heines Schriftstellerbegriff gehören und auf die Antworten fällig sind. Das möchte ich im Folgenden versuchen.

Jahrhundertelang standen Poetik und Rhetorik gleichberechtigt nebeneinander und wurden je nach der gewünschten Funktion eingesetzt. Dann kam es seit Mitte des 18. Jahrhunderts durch das Aufkommen der Ästhetik und anschließend durch Klassik und Romantik zu einer einschneidenden Engführung: Die Rhetorik wurde abgestuft, ins Zentrum drängten die drei Hauptformen der Poetik: die epische, lyrische und dramatische Gattung, die Triade. Trinitätsanleihen begünstigten diese Zäsur, es galten nur noch die ästhetisch anspruchsvollsten Ausdrucksarten. Die Frühromantik konzentrierte sich ganz auf das „eigentlich Poetische", die Prinzipien des „inneren Lebens". Novalis bringt es auf den Punkt: „Poesie ist Poesie. Von Rede- (Sprach) Kunst himmelweit verschieden."[10]

August Wilhelm Schlegel systematisierte die Triade: Die Epik verfährt objektiv, die Lyrik subjektiv, und die Dramatik verbindet beide Arten. Als Ausgleich erlauben die Romantiker im Sinne der Universalpoesie Mischformen innerhalb der Triade. Hegel greift Schlegels Schema auf und überträgt es in sein Idiom. Im Abschnitt „Die Gattungsunterschiede der Poesie" seiner ästhetischen Vorlesungen heißt es über die Epik, dass sie „das *Objektive* selbst in seiner Objektivität herausstellt". Der Inhalt der Lyrik „ist das Subjektive, die innere Welt, das betrachtende, empfindende Gemüt", und die Dramatik „verknüpft die beiden früheren zu einer neuen Totalität".[11]

Goethe widmet dem Thema in den „Noten und Abhandlungen" zum „Westöstlichen Divan" 1819 zwei Abschnitte, „Dichterarten" und „Naturformen der Dichtung". Darin erklärt er entschieden: „Es gibt nur drei echte Naturformen der Poesie: die klar erzählende, die enthusiastisch aufgeregte und die persönlich handelnde: *Epos, Lyrik* und *Drama.*" Er ordnet sie also seinem organologischen und anthropologischen Denken zu, je nachdem welche menschliche Eigenschaft jeweils besonders zum Tragen kommt. Auch er stellt sich Mischformen vor, aber handwerklicher als die Romantiker. So können sie in den Balladen der Völker oder im griechischen Trauerspiel verbunden sein. Sofern dort der Chor die Hauptrolle spielt, dominiert das Lyrische, wenn der Chor mehr zum Zuschauer wird, tritt das Erzählende und wenn die Handlung „sich persönlich und häuslich zusammenzieht" das Dramatische hervor. Diese „Vereinigung auf engstem Raume" lässt das „herrlichste Gebild" entstehen. Goethe ist differenziert genug, um neben den drei Naturformen noch zahlreiche „Dichtarten" anzuerkennen, die er auch selbst oft genug benutzt hat, z. B.: Allegorie, Kantate, Elegie, Epigramm, Epistel, Fabel, Idylle, Lehrgedicht, Ode, Parodie, Romanze, Satire. Darunter befinden sich manche rhetorische Gattungen, und vollständig will Goethe auch ausdrücklich nicht sein.[12]

Heines erste Station: der Triaspoet

In den ersten zehn Jahren seiner literarischen Tätigkeit beginnt Heine als ausgesprochener Triaspoet. Er will verwirklichen, was zwischen 1790 und 1820 als höchste Leistung galt, die drei poetischen Hauptgattungen möglichst vollkommen zu realisieren. Von den drei Rollen, die er in der „Romantischen Schule" dem Schriftsteller zuschreibt – Künstler, Tribun und Apostel – versteht er sich zunächst hauptsächlich als Künstler. Er schrieb sehr viel Lyrik – 1827 erschien das „Buch der Lieder" –, zwei Dramen, den „Almansor" und „William Ratcliff", und unternahm einen Romanversuch mit dem „Rabbi von Bacherach", bei dem ihn Scotts damals außerordentlich wirksame Geschichtsromane anleiteten. Beide Dramen verwenden den Blankvers (reimloser fünffüßiger Jambus), den gebräuchlichsten Dramenvers von Klassik und Romantik. 1823/1824 plante Heine eine weitere, diesmal fünfaktige Tragödie, die in Venedig spielen sollte. Doch gab er das Projekt nach einigen Literaturstudien wieder auf. Wäre Heine auf dieser Bahn geblieben, hätte er sich in seinem Profil nicht allzu weit vom damals favorisierten Dichtertyp unterschieden.

Das Frühwerk ist durch eine auffällige thematische Monotonie gekennzeichnet. Die unglückliche Liebe steht im Mittelpunkt. Für die Liebeslyrik im „Buch der Lieder" habe ich das in meinem Aufsatz „Heine und der Petrarkismus" zu zeigen versucht.[13] In diesen Gedichten dekliniert der Autor unglückliche Liebesbeziehungen in unendlichen Variationen durch. Dasselbe gilt für die beiden Tragödien. Im „William Ratcliff" reihen sich unerfüllte Beziehungen über Generationen hinweg, verbunden mit einer Serie von Morden, bis die Hauptfigur Selbstmord begeht und damit das grausame Spiel ein Ende nimmt. Im „Almansor" ergibt sich der tragische Konflikt aus der Reconquista im spanischen Andalusien des 15. Jahrhunderts. Zwei maurische Familien und das Liebespaar Almansor und Zuleima, die Kinder dieser Familien, werden durch die Rechristianisierung auseinandergerissen, und Almansor kann Zuleimas Zwangsheirat mit einem Katholiken nur verhindern, indem sie gemeinsam Selbstmord begehen. Heine war sich über die stoffliche Eintönigkeit seines Frühwerks schon 1823 im Klaren. Im Juni 1823 vergleicht er im Brief an Karl Immermann sein Werk mit dem des Freundes. Während er bei Immermann die „ganze große Welt mit ihren unzähligen Mannigfaltigkeiten" dargestellt findet, gesteht er als „Hauptfehler meiner Poesien": „es ist die große Einseitigkeit die sich in meinen Dichtungen zeigt, indem sie alle nur Variationen desselben kleinen Themas sind." Anschließend folgt die Angabe des Themas, er habe „bisher nur die Historie von Amor und Psyche in allerley Grouppirungen gemalt". Das sei nur ein „Stückchen Welt" (HSA XX, 91 f.). Die Geschichte von Amor und Psyche (Seele) hatte der römische Schriftsteller Apuleius in seinen „Metamorphoses" (auch: „Der goldene Esel") wirkungsvoll erzählt. Danach standen schon damals die durch die Trennung eines Liebespaars hervorgerufenen Qualen im Mittelpunkt, hier verursacht durch Psyches Neugier und die anschließenden langen Irrfahrten des Liebhabers. Heine kannte das Werk und zog es im Cervantes-Essay für die Erklärung der Romangeschichte heran (vgl. DHA X, 261).

Gegenüber guten Freunden und engen Familienangehörigen lässt Heine freimütig in sein Inneres blicken, was er sonst lieber zurückhielt. Ein halbes Jahr später findet sich im Brief an seine hochgeschätzte Schwester Charlotte bereits das Arbeitsprogramm für die mittlere Periode. Am 11. Januar 1824 heißt es:

> Ich suche die verschiedenartigen Kenntnisse in mir aufzunehmen, und werde mich in der Folge desto vielseitiger und ausgebildeter als Schriftsteller zeigen. Der Poet ist bloß ein kleiner Theil von mir; ich glaube Du kennst mich hinlänglich um dieses zu begreifen.

In seinen gesunden Stunden sei er mit „Studien" beschäftigt, gemeint sind Vorarbeiten zum „Rabbi von Bacherach" (HSA XX, 135). Die jüdische Leidensgeschichte war ein ganz anderer Stoff als die Liebesklagen, nur gehörte der Roman nicht zu den ihm angemessensten Gattungen. Es ist wichtig, dass die Programm-Änderung mit dem jüdischen Thema zusammenhängt, für ihn sicherlich eine der existenziellsten Fragen. Der Blick auf die deutsch-jüdische Herkunft, die grausamen Verfolgungen in Vergangenheit und Gegenwart lenken ihn vom persönlichen, isolierenden Liebesschicksal ab und öffnen ihm größere historische und gesellschaftliche Räume. Doch sind das im Moment noch Vorausdeutungen, die eigentliche Weichenstellung erfolgt erst sechs Jahre später.

Anfang der 1820er Jahre stand er auch theoretisch noch im Bann der Triaspoetik. Man sieht es an seiner Rezension von Wilhelm Smets' Tragödie „Tassos Tod". Die Besprechung entstand im Frühjahr 1821. Hier misst er die Tragödie des Freundes an den drei Gattungen, wobei er abweichend vom üblichen Schema das Drama als objektiv und die Epik als Verbindung von Objektivität und Subjektivität versteht. Smets verfehle die dramatische Objektivität, weil er alle Personen dieselbe lyrische Sprache sprechen lasse. Objektiv wäre, die Individualität der Dramenfiguren durch abgestufte Sprechformen auszudrücken. Smets sei eigentlich Lyriker und könne aus seiner Subjektivität nicht „heraustreten" (DHA X, 197 ff.). Auch stilistisch bewegt sich Heine damals noch ganz im Modus der romantischen Vorgaben, was die frühen Besprechungen deutlich machen: Schönheit, Gefühlsinnigkeit, Volkston, Bildlichkeit („Almansor") sind die wiederholten Attribute guter Ausdrucksformen.

Rhetorische Verskunst und initiatorischer Ausgangspunkt

Mit dem „Buch der Lieder" (1827) hatte er selbst schon eine kritische Auswahl getroffen: 84 Gedichte seiner Jugendproduktion wurden ausgeschieden (vgl. DHA I, 431 ff., Anhang). In Briefen aus der Entstehungszeit des Bandes vermerkt er selbst mehrfach: „Versteht sich viele Gedichte werden fortgelassen, viele verändert" (an Varnhagen; HSA XX, 272), „streng gewählt" (an Friedrich Merckel; HSA XX, 275). Heine hat das richtige Gefühl, dass sich in diesen Jahren in seinem Lyrikverständnis und seiner Biographie eine deutliche Zäsur abzeichnete. Im Brief an Varnhagen nannte er die Sammlung entsprechend „Anfang und Ende meines lyrischen Jugendlebens" (HSA XX, 272). Zur strengen Auswahl und der thematischen „Einseitigkeit" kam noch ein formales Merkmal: Heine entschied sich mit Vorliebe für eine lyrische Kurzform, das epigrammatische Lied. Zwei- oder dreistrophige Gedichte finden sich schon in den „Jungen Leiden", noch ausschließlicher dann im „Lyrischen Intermezzo" und der „Heimkehr". Das verlieh der Sammlung eine unverkennbare Einheit und Geschlossenheit.

Friedrich Sengle hat in der stilistischen Anlage des „Buch der Lieder" einen ersten starken Ausdruck von Heines rhetorisch mitbestimmter Grundstruktur erkannt. Er spricht von „rhetorischer Schematisierung" und grenzt sie von Erlebnislyrik ab, bei der wir die „individuelle Durchbildung des Einzelgedichts" vor uns haben. Im Erlebnisgedicht wird ein einmaliger Erfahrungsvorgang festgehalten, während die rhetorische Lyrik wiederkehrende, stereotype Haltungen zum Ausdruck bringt. Sengle verdeutlicht das an einem Beispiel aus dem „Lyrischen Intermezzo", dem dreistrophigen Gedicht „Ich hab' im Traum geweinet".[14] Darin beklagt das Lyrische Ich die ihm von der Geliebten zugefügten Unausstehlichkeiten. Wiederholungen und *variatio* sind die vorherrschenden Stilmittel. Die Eingangszeile wird zweimal am Anfang der zweiten und dritten Strophe wörtlich wiederholt, ebenso das Faktum der Tränenflut. Mit den Variationen werden unterschiedliche Anlässe der Klage aufgezählt: Zuerst liegt die Geliebte im Grab, dann verlässt sie ihn, in der Schlussstrophe scheint sie Entgegenkommen zu zeigen. Trotzdem reagiert er auf jede Situation gleichartig mit seinen Tränen. Das ist offenkundig schematisiert, die Anlässe ergeben keinen realen Fortgang, kehren ihn eher um. Es handelt sich um montierte Wandlungen, resümierende Verzweiflung, hyperbolische Melancholie. Derselbe Befund wird in zahllosen weiteren Gedichten wiederholt. Der Autor meint etwas Ähnliches, wenn er erklärt, nur die Form dieser Gedichte sei „einigermaßen volksthümlich, der Inhalt gehört der conventionellen Gesellschaft" (HSA XX, 250).

Man muss Sengles einleuchtende These aber modifizieren: Mit dem Amalienerlebnis lag dennoch ein autobiographischer Anlass vor, das belegen genügend Zeugnisse des Autors und seiner Umgebung. Es wirkte als fundamentaler Schock und bestimmte die zentrale Botschaft seines Frühwerks. Heine erhebt die Abweisung zum Dauerzustand, der zur Schematisierung zwingt. Ein bestimmter Grad von Abwechslung ergibt sich durch die Töne-Rhetorik, die Sengle als weiteres wichtiges Formprinzip der Heine-Zeit herausstellt und auch im „Buch der Lieder" vorfindet. Abwechslung wenigstens durch den Wechsel der jeweiligen Stimmung, nämlich „empfindsamer, schauriger, komischer, grotesker, satirischer Art".[15] Schon Heine ist sich bewusst, dass er „viel Töne auf meiner Leyer" hat (HSA XX, 243) und setzt das Mittel breitflächig ein. Er kann die Tonlagen auch mischen, teilweise auf engstem Raum wie bei empfindsamen und ironischen Aussagen. Nicht selten wird der Heine-Interpret vor die schwierige Entscheidung gestellt, ob eine Textpassage ernst oder scherzhaft gemeint ist. Wenn Karl Kraus die Gedichte im „Buch der Lieder" als „Operettenlyrik" und „skandierten Journalismus" abqualifizierte und Heine für die spätere triviale Modelyrik verantwortlich machte („Heine und die Folgen")[16], so verwechselte er die Urheber: Nicht Heine war der Erfinder des Wiederholungs- und Variationsprinzips, sondern eben die Rhetorik.

Es ist kein Zufall, dass der Autor damals mit dem „West-Östlichen Divan" in Berührung kam, dem wiederum stärker rhetorisch geprägtem Spätwerk Goethes. Hier wie dort Einteilung in Bücher bzw. Abteilungen, das Reihen- und Variationsprinzip, die epigrammatische Kürze der Einzelstücke, der durchgehende Reflexionscharakter. Pierre Grappin, der Bearbeiter von Band I der DHA, vermerkt an etwa zehn Stellen konkrete Parallelen. Das beginnt bereits beim Titel: „Buch der Lieder" erinnert an „Buch der Liebe" im „Divan" oder eines der anderen elf „Bücher" als Zwischenüberschriften. Wann genau Heines erste Lektüre des „Divan" (1819) zu datieren ist, wissen wir nicht, aber Anfang der 1820er Jahre beginnen die Spuren. In der „Romantischen Schule" findet sich ein ausführlicher Hymnus auf dieses Werk, eines der frühesten und uneingeschränkt positiven Urteile in der Rezeptionsgeschichte. Heine rühmt die „blühenden Lieder und kernigen Sprüche[]", feiert die Synthese von Orient und Okzident, benennt aber auch die thematische Differenz. Der „Divan" ist Ausdruck eines „berauschendsten Lebensgenu[sses]", Goethe labt sich an der „gesunden Körperwelt des Orients" (DHA VIII, 160 f.), während diese Erfahrung dem immanenten Erzähler im „Buch der Lieder" ja gerade verwehrt bleibt. Er muss den Generalbass der unglücklichen Liebe intonieren. Thematisch bewegt sich der Autor in der Ausstrahlung des Petrarkismus, formal lässt er sich vom alten Goethe inspirieren.

Damit die Monotonie nicht überhandnimmt, streut Heine wiederholt auch längere Gedichte und andere Sujets ein. Erwähnt seien nur die „Traumbilder", „Die Grenadiere", „Belsatzar", „Die Wallfahrt nach Kevlaar" und die beiden freirhythmischen „Nordsee"-Zyklen. Das sind markante Texte, sie lockern auf und geben mehr Kolorit. Hier finden sich auch mehr poetische Züge als in den Kurzformen. Heines Liederbuch erlebt eine interessante Verbreitungsgeschichte. Zuerst verkaufte es sich schlecht und blieb zehn Jahre lang ein Ladenhüter. Dann ab 1837 setzte eine sich stetig steigernde Aufnahme ein. Zu Lebzeiten erschienen insgesamt vierzehn Auflagen, durch Übersetzungen wurde es ein Weltbestseller. Hinzu kamen über 3.000 Vertonungen von Einzelgedichten. Gerade der rhetorische Kernbestand erwies sich als besonders attraktiv für Vertonungen. Das dürfte mit der Kürze, Klarheit und Eleganz zusammenhängen. Eigenwilligere und individuellere Sprache setzt dem Komponisten mehr Widerstände entgegen. Fast alle Komponisten des 19. Jahrhunderts mit Schumann und Schubert an der Spitze vertonten diese Lieder, und noch immer gibt es Fortsetzungen. Das „Buch der Lieder" gehört zur Weltliteratur, mag man auch an Einzelheiten Kritik üben. Im Blick auf Heines innere Biographie und Werkgenese kommt dem „Buch der Lieder" eine initiatorische Rolle zu. In ihm drückt sich eine entscheidende Anfangserfahrung aus: die absolute Isolierung und Einsamkeit des jugendlichen Liebhabers, dessen Verbindungswunsch permanent abgewiesen wird. Es wird ständig auf sich zurückgeworfen, Kommunikation findet nicht statt. Er steht unter dem Druck dauernder seelischer Spannungen, aus denen es keinen Ausweg gibt. Diese Ursituation erzeugt als Gegenschlag und Ausgleich den gesteigerten Drang nach andersartigen Kontaktmöglichkeiten, setzt die sich ausdehnenden und verzweigenden Entfaltungsschritte und Werkkomplexe in Gang. Zuerst die Wanderjahre mit den „Reisebildern", die Suche nach befriedigenderen empirischen

Eindrücken im europäischen Umland. Gab es nicht in anderen Regionen mehr Aussicht auf soziale Kontakte, frische Erfahrungen, den Reiz von Ablenkungen? Ab 1831 dann die Eroberung geistiger Räume in Geschichte und Zeitgeschichte, in Religion, Philosophie, Literatur und Mythologie, der Ausblick auf idealere kulturelle, politische und intellektuelle Modelle in Vergangenheit und Gegenwart. Heine wird zum großen Kommunikator, die Themen und Formen dehnen sich sprunghaft aus und sind kaum mehr zu erfassen. Heine erobert sich die innere und äußere Welt und bezieht Stellung. Damit verbindet sich rasch ein Weltverbesserungs-Impuls, über die Lösung der persönlichen Probleme hinaus auch für andere, für die Mehrheit erfreulichere Zustände auszuloten und auszulösen. Für diesen Ausdehnungsdrang bietet sich ein naturwissenschaftlicher, astronomischer Vergleich an. Was das „Buch der Lieder" verursacht hat, erinnert an den Urknall in der Weltentstehung. Anfangs war die Welt ein winziger Nucleus, der sich dann explosionsartig ausdehnte. Inzwischen bildet er unser Weltall mit den schon jetzt unendlichen Dimensionen. Der einzige Unterschied: in der Natur geht der Prozess weiter, während er in unserem literarischen Muster abgeschlossen ist.

Erstarrung und Emanzipation

Mit den „Reisebildern" gelingt Heine eine durchaus eigenwillige Version der alten rhetorischen Reisebeschreibungen. Sie bilden eine Brücke zwischen dem Triaspoeten und dem großen Geschichtsschreiber. An die romantische Universalpoesie schloss Heine noch an, wenn er in Einzelteile wie die „Harzreise" Lyrik einflocht oder Einzelbänden ganze lyrische Zyklen hinzufügte wie die ersten beiden „Nordsee"-Zyklen. An den Triaspoeten erinnern auch die Erzählformen, die er wiederholt einmischte wie im „Buch Le Grand" (sehr kunstvoll) oder in den Lucca-Teilen. Aus diesen wollte er zunächst einen zusammenhängenden „humoristischen Reiseroman" machen, verzichtete dann aber darauf und zerlegte ihn in die „Bäder von Lucca" und die „Stadt Lucca", die er auf einen Dialog zwischen dem Ich-Erzähler und der Engländerin Mathilde reduzierte. Neu ist auch die Eingliederung von „Fäden", bestehend aus kleinen Handlungen, längeren Reflexionen, Leitmotiven, wodurch sich Haltepunkte ergeben, bunte Bilder. Das begründete die Titelvariante „Reisebilder", eine Abwandlung, die die poetischen Züge erhöhte und Schule machte.

Ungewohnt war auch die thematische Ausfüllung der alten Gattung mit politisch-soziologischen Aspekten. Heine stellte bei seinen Reisen durch Europa fortlaufend die Frage nach dem Grad der Erstarrung einerseits, den Fortschritten der Emanzipation andererseits. In der „Harzreise" kritisierte er die akademischen Verkrustungen, in den „Bädern von Lucca" sind es säkulare Schwächen, in der „Stadt Lucca" kirchliche. Diesen Erstarrungsformen stellte er sein Emanzipationsprogramm entgegen, das in der „Marengo-Passage" der „Reise von München nach Genua" seine berühmt gewordene Zusammenfassung gefunden hat. Er proklamiert den „heiligen Befreiungskampf der Menschheit", an dem er sich als

„braver Soldat" aktiv beteiligen will, ein Vorklang der mittleren Phase. Auch dieser durchgehende Zug verstärkt den inneren Zusammenhang der Gattung, die sonst dem Reisecharakter entsprechend aus einer Vielzahl von separaten Einzeleindrücken zu bestehen pflegt. Die Emanzipation erfordert aber Opfer, Blutopfer auf dem Weg zur Befreiung.[17] Heine stellt die Frage, ob die Aufopferung von Individuen zugunsten des allgemeinen Fortschritts gerechtfertigt ist und benutzt ein Talmud-Zitat, was bisher nicht gesehen wurde. Bei ihm lautet die Kernaussage folgendermaßen: „jeder Mensch ist schon eine Welt, die mit ihm geboren wird und mit ihm stirbt, unter jedem Grabstein liegt eine Weltgeschichte" (DHA VII, 71). Im „Babylonischen Talmud" findet sich eine Parallelstelle im Abschnitt „Synhedrin", in dem Tötungsdelikte behandelt werden. Ausgehend von Kains Brudermord bringt der Talmud zum Ausdruck, wie schwer der Mord an einem Menschen zu gewichten ist: „Der Mensch wurde deshalb einzig erschaffen, um dich zu lehren, dass, wenn jemand e i n e israelitische Seele vernichtet, es ihm die Schrift anrechnet, als hätte er eine ganze Welt vernichtet."[18] Heine literarisiert die Vorlage, überträgt sie in sein eigenes historisches Denken. Doch bleibt die Quintessenz der Aussage erhalten. Die Weltverbesserung gibt es nicht zum Nulltarif, Änderungen sind stets mit Einbußen verbunden, die gewöhnlich den Einzelnen treffen. Aber in dem alten Zustand kann man nicht stehen bleiben. Das wird umso deutlicher, als Heine zu radikaleren Instrumenten aufruft. In der „Nachschrift", die nach der Julirevolution verfasst wurde, ändert er das Rezept. Jetzt empfiehlt Heine nicht mehr das insgesamt sanftere Mittel der Emanzipation, sondern die Radikalkur der Revolution. Damit ist die Grundidee der „Reisebilder"-Periode ans Ende gelangt und damit auch die Wanderzeit. Heine entscheidet sich für Frankreich und Paris, die beste Staats- und Gesellschaftsformation dieser Jahre.

Ein spezielles Darstellungsmittel der „Reisebilder", das vielfach auch im Prosawerk nach 1830 verwendet wird, bedarf noch eines besonderen Kommentars: die Einbeziehung von Gesprächen mit Dritten, seien es Reisebekanntschaften oder Gesprächspartner anderer Herkunft. Das ergibt sich aus Heines Kommunikationsbedürfnis, dem „Urknall". Immer wieder werden bestimmte Situationen und Ansichten durch Aussagen Dritter begründet oder illustriert. Heine bezieht die „oral history" flächendeckend ein, sie ist für ihn ein selbstverständliches Instrument. Er beruft sich dabei auf die antiken Historiker, die die Volksmeinung ebenso selbstverständlich einbezogen haben. Herodot brauchte die Mitteilungen glaubwürdiger Zeugen, um Geschichtsverläufe zu rekonstruieren, besonders für Zeiten oder Regionen, die ihm selbst nicht vertraut waren. Tacitus hielt auf diese Weise die Meinung des römischen Volkes fest. In einer späten Vorrede geht der Autor darauf ein und verweist auf die „Annalen" von Tacitus, die Abschnitte der römischen Kaiserzeit schildern und sich dieses Instrumentes häufig bedienen. Heine zitiert einen französischen Senator, der ihm von seiner Lektüre der „Annalen" erzählt und sie offenbar einigermaßen abfällig als „Compilazion von römischem Cancan" bezeichnet. Das muss Heine erläutern und schreibt, Tacitus habe benutzt, „was die bösen Zungen auf dem Forum raisonnirten – und aus dieser Quelle hat Cornelius Tacitus so reichlich geschöpft daß ihn mein verehrter Senator einen Compilator von Cancan nannte" (DHA XIII, 287). Wie der Cancan intime

Einblicke erlaubt, erfährt man von den „bösen Zungen", was sie im Geheimen denken, eine Vorform dessen, was heute im Internet üblich geworden ist.

Von Heine erfährt man aus derselben Vorrede weiterhin, dass die Zitate von Gesprächen mit Dritten auch zum Schutz vor Redaktions- und Zensureingriffen dienen sollten, also ein Mittel der verdeckten Schreibweise waren. In diesem Fall waren die Gesprächspartner fiktiv und transportierten nur die Argumente des Autors. Diese Methode bestand also darin, „fremden Personen meine Privatmeinungen in den Mund" zu legen oder „gar parabolisch" zu verfahren.

> Meine Briefe enthalten daher viel Historietten und Arabesken deren Symbolik nicht jedem verständlich ist und die dem rohen Gaffer als kleinliche Anekdotenkrämerey oder gar Commerage erscheinen konnte. Bey diesem Bestreben die Form des Faktums vorwalten zu lassen, war auch die Tonart ein wichtiges Mittel wodurch ich es möglich machte das Verfänglichste zu referiren. (DHA XIII, 293)

Wurden Aussagen auf eine fremde Stimme übertragen, galten sie als „Faktum" und waren besser gegen Eingriffe durch Zensur oder Redaktionen geschützt.

Friedrich Sengle war offenbar mit diesen Zusammenhängen nicht vertraut, weshalb er die Ansicht vertrat, dass die Gesprächswiedergaben in der Regel erfunden seien. Es sei eines der beliebtesten Darstellungsmittel des Publizisten Heine gewesen, mit Fiktionen zu arbeiten, genauer mit „irgendeinem Geschichtchen, das die Sache ‚versinnlichen' soll, oder ein Gespräch, das eine lebhaftere Vermittlung des Gedankens ermöglicht." Sengle geht so weit, von „Heines Mißachtung der Fakten" zu sprechen.[19] Wir konnten aber bei der intensiven Kommentararbeit zur DHA immer wieder Belege dafür finden, dass sich der Autor auf unbestreitbare Quellen stützte, die Fakten eben nicht missachtete, wenn er sie auch in seinen ironischen, kritischen, oft satirischen Stil verpackte. Später gebe ich ein Beispiel aus dem Hegel-Zusammenhang.

Zweite Station: engagiertes Prosawerk

Dass die Julirevolution 1830 Heines Schriftsteller-Verständnis grundlegend veränderte, kann nicht stark genug betont werden. Sie beendete in der öffentlichen Stimmungslage die Stille und Rückwärtsgewandtheit der Jahre von 1815–1830, die speziell als Restaurationsperiode bezeichnet wurden. Heine hat den revolutionären Umbruch in seinen „Briefen aus Helgoland" sprachmächtig und suggestiv beschrieben. Er befand sich im Sommer 1830 für zwei Monate auf der Insel und war mit historischen und religiösen Themen beschäftigt, als am 6. August vom Festland die Zeitungen mit den Nachrichten über die Juliereignisse ankamen. Damals funktionierten die Medien und Verkehrswege noch anders als in unseren Hochgeschwindigkeitstagen mit der Fülle der analogen und digitalen Medien. Heine gerät aus einem Zustand der Ruhe und Meditation in die höchste Erregungsstufe. Die Vorgänge in Paris hätten „unsere Zeit gleichsam in zwei Hälften auseinander" gesprengt. Heine wird mitgerissen und entschließt sich zu einer antithetischen Reaktion:

> Ich weiß jetzt wieder was ich will, was ich soll, was ich muß ... Ich bin der Sohn der Revoluzion und greife wieder zu den gefeyten Waffen, worüber meine Mutter den Zaubersegen ausgesprochen ... Blumen! Blumen! Ich will mein Haupt bekränzen zum Todeskampf. Und auch die Leyer, reicht mir die Leyer, damit ich ein Schlachtlied singe ... Worte gleich flammenden Sternen, die aus der Höhe herabschießen und die Paläste verbrennen und die Hütten erleuchten ... Worte gleich blanken Wurfspeeren, die bis in den siebenten Himmel hinaufschwirren und die frommen Heuchler treffen, die sich dort eingeschlichen ins Allerheiligste ... Ich bin ganz Freude und Gesang, ganz Schwert und Flamme! (DHA XI, 50)

In einem Gebet bittet er Gott um die entsprechenden Stilmittel: „ich möchte donnern lernen, blitzen kann ich ... ach, lehren Sie mich auch donnern!" (ebd., 52).[20] Drei Jahre später sagt er konkreter, wie sich die Ereignisse verändernd auf seine Schreibweise ausgewirkt haben und noch weiter auswirken werden. In der Vorrede zu „Salon" I, datiert auf den 17. Oktober 1833, nimmt er Abschied von den poetischen Kennzeichen seiner ersten Phase: „schöne Gedichte schreiben, Komödien und Novellen, zärtliche und heitere Gedankenspiele, die sich in meinen Hirnkasten angesammelt". Er verlässt das „Land der Poesie, wo ich als Knabe so glücklich gelebt". Am Ende heißt es in der Vorrede:

> Die goldenen Engelsfarben sind seitdem auf meiner Palette fast eingetrocknet, und flüssig blieb darauf nur ein schreyendes Roth, das wie Blut aussieht, und womit man nur rothe Löwen malt. Ja, mein nächstes Buch wird wohl ganz und gar ein rother Löwe werden, welches ein verehrungswürdiges Publikum [...] gefälligst entschuldigen möge (DHA V, 369 ff.).

Wie sich Heines Schreibstil und Thematik verändern, wird später noch genauer zu umreißen sein.

Aber es waren nicht allein die revolutionären Zeitumstände, die ihn aus dem „Land der Poesie" vertrieben, sondern auch eine gewandelte Selbsteinschätzung seiner eigenen Fähigkeiten. Heine hatte erkannt, dass er nicht für alle literarischen Gattungen dieselben optimalen Voraussetzungen mitbrachte. 1823 gebrauchte er einmal das Kompositum „episch-partheylos" (HSA XX, 124) und band die Epik damit an eine Eigenschaft, die ihm recht fern lag: Parteilosigkeit, Unengagiertheit. Das erklärte, warum ihm die Arbeit am „Rabbi" so schwergefallen war. Er blieb ein Fragment und brachte es auf nicht mehr als vierzig Druckseiten. Auch für die Mischform aus Objektivität und Subjektivität, als die Schlegel und Hegel die Dramatik bestimmt hatten, fehlten ihm die persönlichen Anlagen. Die Braunschweiger Uraufführung des „Almansor" wurde durch eine antisemitische Intervention ausgepfiffen[21], der „Ratcliff" erlebte zu Heines Lebzeiten keine einzige Aufführung.

Jedenfalls treten ab den dreißiger Jahren die drei Gattungen auffällig zurück. Heine schreibt keine Dramen mehr. 1832 kommt es nach dem „Rabbi" und dem „humoristischen Reiseroman" zum dritten Abbruch eines Romanversuchs. Den „Schnabelewopski" nennt er „Roman", der ihm „mißglückt" sei, weil der „Strudel" in Paris zu groß war, um „poetisch frey arbeiten" zu können. Stattdessen sehe er „die Weltgeschichte mit eignen Augen", „verkehre amicalement mit ihren größten Helden und werde einst, wenn ich am Leben bleibe, ein großer Historiker" (HSA XXI, 39). Zwischen Oktober 1835 und Februar 1836 entstehen die „Florentinischen Nächte", eine novellistische Erzählung in zwei Teilen, die in die „Decamerone"-Nachfolge gehört und nicht als Roman bezeichnet wird. Sie profitiert davon, dass Heine im Zusammenhang mit dem Schreibverbot durch den Bundestag an engagiert-politischen Themen gehindert wurde bzw. klug genug war, sich selbst für einige Zeit zurückzuhalten. Die Lyrik tritt in den dreißiger Jahren stark zurück und wird zu einem schmalen Rinnsal. Nach dem „Buch der Lieder" dauert es ganze siebzehn Jahre, bis 1844 der zweite Lyrikband, die „Neuen Gedichte", erscheinen. Wiederholt verweist der Autor in diesen Jahren auf seine nachlassende lyrische Produktivität. In der Vorrede zum dritten „Salon"-Teil heißt es im Januar 1837: „Die Zeit der Gedichte ist überhaupt bey mir zu Ende, ich kann wahrhaftig kein gutes Gedicht mehr zu Tage fördern." (DHA XI, 154). Was hier auf die subjektive Befindlichkeit reduziert erscheint, wird Ende desselben Jahres zum generellen Problem. An Campe schreibt er am 23. Dezember 1837: „Die lyrische Poesie hat ein Ende." (HSA XXI, 242).

In den 1830er Jahren waren es andere Gattungen, die Heine fast ausschließlich beschäftigten, rhetorische Prosaformen. Er schreibt die Serie der Frankreich und Deutschland gewidmeten Arbeiten, mit denen er die beiden Völker einander nahebringen will, sein so wichtiges deutsch-französisches Projekt. Über Frankreich sind das die zeitgeschichtlichen Reportagen „Französische Maler", „Französische Zustände" und „Über die französische Bühne". Hier macht er den interessanten Versuch, die Gegenwart mit den Instrumenten der Geschichtswissenschaft einzufangen, Aktualität und distanzierte Reflexion miteinander zu verschmelzen, sein Modell der Zeitgeschichtsschreibung. Bei den Schriften über Deutschland – „Zur Geschichte der Religion und Philosophie in Deutschland", „Die Romantische Schule" und „Elementargeister" – geht es vom Ansatz her um rein historische Themen, die der Autor aber mit universalgeschichtlichen Aspekten und aktuellen Forderungen zusammenführt. Schließlich folgen literaturkritische Traktate, in denen er sich mit bedeutenden Schriftstellerkollegen auseinandersetzt, mit Cervantes, Shakespeare und Börne. Sie dienen der Schärfung seiner ästhetischen und rhetorischen Kategorien und Bewertungen. Im Fall von Cervantes und Shakespeare sind es Muster, im Fall von Börne ein prominenter Gegenspieler. In allen Prosaschriften geht er derart in die Details, dass man den bisherigen Heine nicht wiedererkennt. Der beobachtende, analysierende und reflektierende Autor tritt in den Vordergrund.

Im Frühjahr 1837 konnte Heine schon summieren, was das für das Profil seines geänderten Autorverständnisses bedeutete. In der Vorrede zur zweiten Auflage des „Buch der Lieder" zählt er die Bandbreite seines Werkes auf. Dort spricht er von seinen „poetischen, […] politischen, theologischen und philosophischen Schriften" (DHA I, 566). Was das quantitativ ausmacht, sieht man an der Verteilung der Bände in der Düsseldorfer Heine-Ausgabe. Dort enthalten die ersten fünf Bände die Texte der Triade, während die folgenden zehn Bände das Prosawerk umfassen, also die doppelte Menge. Das zeigt schon äußerlich an, wie tiefgreifend sich die Wende Anfang der 1830er Jahre in den Modalitäten von Heines Autorschaft auswirkten. Heine breitet sein stark gewachsenes Wissen aus und registriert die ihn umgebende Realität und die Vergangenheit in einer bisher nicht praktizierten Präzision. Die Prosaschriften enthalten eine enorme Vielfalt von Themen, Einfällen und Anspielungen. Sengle spricht von „schier unerschöpflichen Gedankenmassen".²²

Gelegentlich hatte der Autor im Frühwerk bereits Spuren dieser Vielseitigkeit gelegt, aber war damals zur Ausarbeitung der unterschiedlichen Stränge noch nicht in der Lage. Typisch, dass ihn solche Anwandlungen in Traumsequenzen oder unter dem Einfluss von Alkohol überkamen. Im dritten Kapitel des „Buch Le Grand" zählt er als buntscheckige „Traumgebilde" auf: „die Ilias, Plato, die Schlacht bey Marathon, Moses, die medizäische Venus, der straßburger Münster, die französische Revoluzion, Hegel, die Dampfschiffe u. s. w." Das seien „einzelne gute Gedanken in diesem schaffenden Gottestraum", aber sobald der Schlaf endet, zerrinnt die Vielfalt ins Nichts (DHA VI, 175). Im vorletzten Gedicht des zweiten „Nordsee"-Zyklus („Im Hafen") wird das Lyrische Ich vom Wein in eine ähnliche Stimmung versetzt:

> Alte und neue Völkergeschichte,
> Türken und Griechen, Hegel und Gans,
> Zitronenwälder und Wachtparaden
> Berlin und Schilda und Tunis und Hamburg. (DHA I, 423)

Was damals noch Fiktion war, wird jetzt nach und nach Wirklichkeit. Heine verändert sein Schriftstellerbild ziemlich fundamental. Statt Schönheit soll jetzt die Wahrheit im Vordergrund stehen, und das setzt eine Umwandlung des Bewusstseins der Leserschaft voraus, natürlich auch des Autors selbst. Im dritten Buch der „Romantischen Schule" fällt die Formel von „Künstler, Tribune und Apostel". Sich selbst und die ihm folgenden Jungdeutschen verpflichtet er darauf, „keinen Unterschied" machen zu wollen „zwischen Leben und Schreiben, nimmermehr die Politik zu „trennen von Wissenschaft, Kunst und Religion". Dafür braucht es Leidenschaft, Begeisterung und ein „großes flammendes Herz" (DHA VIII, 218). Dafür braucht es auch eine andere Sprache, nicht mehr die romantische Innigkeit und Seelentiefe, das Verströmen der Gefühle, sondern eine klare, analytische, streitbare Schreibart. Nach 1830 wandelt sich der Schwerpunkt von Heines Autorprofil vom Künstler zum Tribunen. Er begibt sich in die Arena und kämpft so weit wie möglich mit offenem Visier. Der Tribun übernimmt eine politische Rolle in den Auseinandersetzungen des Tages, gibt die konkreten Ziele an, kritisiert die Gegner und ist auf vielen Podien präsent. Jetzt versucht er zu „donnern"²³ und schreibt mit roter Farbe, allerdings mit unterschiedlicher Kräftigkeit der Rotfarbe. Nicht alle Prosaschriften dieser Jahre verwenden dieselben Stilmittel. Wo es notwendig ist, kann Heine auch sachbezogener argumentieren und formulieren. Aber im Ganzen hat sich der Ton merklich verändert.

Inzwischen sei ihm das „Sprechamt" und „Prophetenamt" (DHA V, 369 f.) zugefallen. Genauer gesagt, liegt dem kein formaler Akt zugrunde, sondern eine Selbstermächtigung (s. u.). Schon in der Platen-Affäre tat er, „was seines Amtes war", erklärt er Varnhagen. Er habe in dem Grafen „nur den Repräsentanten seiner Partey gezüchtigt", der Partei der Pfaffen und Aristokraten und wollte als „Niedergeborener den hochgeborenen Stand" nicht schonen (HSA XX, 377 f.). In der Vorrede zu „Salon" I geht er stärker ins Detail. Vor der Julirevolution habe er das „Prophetenamt getrieben, dass das innere Feuer mich schier verzehrt". Dabei ist z. B. an die Zukunftsvision in der Marengo-Passage zu denken oder nach 1830 an den revolutionären Schluss der „Geschichte der Religion und Philosophie in Deutschland". Seitdem haben auch andere Autoren politische Forderungen gestellt. Es gab „viel Geschrey", woraufhin er erwogen habe, das „ganze Sprechamt aufzugeben". Aber das sei nicht so leicht wie der Verzicht auf eine „geheime[] Staatsrathstelle, obgleich letztere mehr einbringt als das beste öffentliche Tribunat". „Nein, wir ergreifen keine Idee, sondern die Idee ergreift uns, und knechtet uns, und peitscht uns in die Arena hinein, daß wir, wie gezwungene Gladiatoren, für sie kämpfen. So ist es mit jedem echten Tribunat oder Apostolat." (DHA V, 369 f.)

Heine legt Wert darauf, nicht als Privatmann zu sprechen, sondern in einer demokratisch fixierten Rolle. Damals war aber die Funktion der Opposition verfassungsmäßig und praktisch noch kaum entwickelt. So hatte seine Stimme wenig Einfluss und wurde von den Behörden sofort strafrechtlich verfolgt. Das gilt besonders für Deutschland. Die Begriffe und Bereiche Sprechamt und Prophetenamt sind Teile der Rhetorik, Ressort Distribution und Kommunikation.[24] Rhetorik, das meint in dieser Situation etwas anderes als die lyrisch verbrämte, immanente Rhetorik des „Buch der Lieder". In den politisch stürmischen Zeiten sind härtere Mittel der Redekunst erforderlich, einerseits zur Erzeugung starker Affekte Figuren der pathetischen Rede wie Hyperbel, Emphase, Klimax, andererseits Modi des niederen Stils zum Lächerlichmachen (das *ridiculum*) wie Satire, Ironie, Parodie, Polemik. In beiden Fällen muss der Redner schon selbst in der einen oder anderen Richtung aufgelegt sein, er braucht eigene Erregungen, Affekte, um die Leser entsprechend zu erregen, und er muss sich über Personen, Gegenstände und Situationen erheben können, wenn er sie abstraft. Beides beherrschte Heine seit dem Beginn der zweiten Phase perfekt, zog sich dadurch aber auch viele Feindschaften zu und provozierte die Zensur und die politischen Gegner.

Es ist bemerkenswert, dass Heine bei seinem Wechsel nach Paris dort eine blühende, sich noch weiter entfaltende Romantik vorfand und sich die maßgebenden französischen Romantiker, nämlich Hugo, Musset, Nerval und Lamartine, noch ausgiebig der Triade bedienten. Sie alle legten in den drei Gattungen Werke vor, wenn sie teilweise auch zusätzlich Nebenformen publizierten. Heine ließ sich davon nicht beeindrucken und noch einmal auf seine dichterischen Anfänge zurücklenken. Er arbeitete sein umfangreiches Prosawerk aus, während die französischen Kollegen energisch das poetische Programm der Triade weiterführten. Heine ging in Frankreich seinen eigenen Weg.

Anmerkungen zu einigen historischen und ästhetischen Aspekten

Zum Verständnis von Heines mittlerer Phase sind noch generalisierende Erläuterungen notwendig. Wie ist sein historischer Ansatz zu verstehen? Es fällt auf, dass der Autor eine erhebliche Spannweite praktiziert, beginnend mit der antiken Geschichte und Historiographie. Um die politischen, kulturellen und zeitgeschichtlichen Vorgänge besser einordnen zu können, hielt er den Rückblick auf die Anfänge der europäischen und orientalischen Geschichte für unentbehrlich. Schon seit der Schul- und Studienzeit zeigte er sich sowohl mit den Fakten als auch mit wichtigen Geschichtsschreibern wohl vertraut, besonders mit Herodot, Plutarch und Tacitus. Aus ihnen bezog er lebenslang eine Menge Zitate, Hinweise, Kuriositäten aller Art, mit denen er seine gesellschaftlichen und kulturgeschichtlichen Erhebungen unterfütterte. Daraus ließ sich feststellen, dass sich das Erfahrungspotenzial der Menschheit erstaunlich wenig veränderte und auch gleichartig kommentiert wurde. Vergangenheit und Gegenwart bildeten ein Kontinuum, das nur durch „providenzielle" Ereignisse, Gestalten und Bewegungen in Gang gehalten und auf neue Bahnen gelenkt wird.

Neben dem Rückblick eignet sich der Vorausblick, um den Horizont ins Universalgeschichtliche zu erweitern. Wer die Geschichte in ihren inneren und äußeren Abläufen durchschaut, kann auch den weiteren Gang in wichtigen Zügen prognostizieren. Er ist fähig, die Geschichtsmächtigkeit aktueller Trends zu erkennen und haltbare Voraussagen zu machen. Dadurch umfasst Heines Geschichtsperspektive einige Jahrtausende, weite geographische Räume und ist in der Lage, neue Ereignisse, Entwicklungen und Figuren überraschend leicht zuzuordnen.

Aus dem Triaspoeten mit dem schmalen erotischen Thema wird der „vielseitige und ausgebildete Schriftsteller", speziell der „große Historiker", wie er 1824 seiner Schwester und 1832 seinem Freund Merckel ankündigte. Auf der Grundlage seiner Prosaschriften der 1830er Jahre lässt er sich nicht nur als Künstler, sondern jetzt auch als Wissenschaftler einstufen. Dazu befähigte ihn außer seinem enormen Wissensstand seine erstaunliche Kombinationsgabe und sein fulminanter Einfallsreichtum. Freilich zeichnete sich sein Wissenschaftsprofil nicht durch ausgedehnte Quellenstudien und sorgfältige stoffliche Gründlichkeit aus. Friedrich Sengle vermerkt über „Formen wissenschaftlicher Literatur" in der Biedermeierzeit, dass Dichter und Publizisten damals „oft sorgfältiger arbeiteten als manche sogenannte Wissenschaftler heute".[25] Als Beispiel verweist er auf Wilhelm Müllers Byron-Biographie, für die der Liederdichter alle verfügbaren Quellen und Materialien durch den Verleger Brockhaus zusammenstellen ließ. Heines Börnebuch geht in diese Richtung. Börne gehörte zu seinen vertrautesten Zeitgenossen, anfangs als Weggefährte, später als Rivale. Aus den Begegnungen, Gesprächen, Lektüren ließ sich reichhaltig schöpfen, manche Unterlagen aus Börnes Werken wurden umfänglich zitiert. So entstand ein weitgehend authentisches Porträt, Heines umfangreichstes Werk über eine Einzelperson. Aber das war ein besonderer Fall, die übrigen Geschichtswerke wie die Deutschlandschriften gehen nur auf verstreute

Quellen und geschickt eingesetzte Kernzitate zurück, ohne auf eine durchgehende dokumentarische Basis Anspruch zu erheben. Heines Stärken zeigten sich in den brillanten Überblicken mit den kühnen Thesen, dem interdisziplinären Ansatz, den großen Zusammenfassungen. Er betätigte sich als Anreger, Ideenvermittler, Perspektivensetzer. Seine Qualitäten liegen in anderen Bereichen als der peniblen Kleinteiligkeit und fachinternen Methodik.

In den zeitgeschichtlichen Arbeiten konnte er mehr ins Detail gehen, weil die Vielfalt der Tagesereignisse und des beteiligten Personals die protokollarische Basis für seine Analysen und Interpretationen bildeten. Die „Französischen Zustände" und „Lutezia" sind außerordentlich stoffreich, liefern geballte Informationen und geistvolle Deutungen. Hier musste eine breite Grundlage geschaffen werden – und interessant, dass diese beiden Werke heute selbst als historische Quellen herangezogen werden.

Eigenwillig und eigentümlich ist in Heines Prosawerken auch die stilistische Ausrichtung. Die Kennzeichnung als rhetorisch reicht nicht aus, beschäftigt man sich näher mit ihnen. An wichtigen Stellen greift Heine zu ästhetischen Mitteln, zur Symbolik, den subjektiv gefärbten Bild- und Gedankensequenzen, die die rhetorische Formelhaftigkeit sprengen. Man denke an das mitreißende Cholera-Kapitel in den „Französischen Zuständen" oder an die Helgoländer Briefe im Börnebuch. Sie überschreiten die rhetorischen Regelsysteme und mobilisieren emotionale und kreative Kunstkräfte. In den „Französischen Malern" definiert Heine, wie er sich die ästhetische Genese vorstellt. „Die Idee des Kunstwerks steigt aus dem Gemüthe" und holt sich die „Phantasie" zu Hilfe. Diese würde mit ihrer dekorativen Vielfalt die Idee aber fast ersticken, würde nicht der Verstand für Ordnung sorgen; der Verstand ist nur die „Polizey im Reiche der Kunst" (DHA XII, 24). Idee, Gemüt und Phantasie sind die vorherrschenden Kräfte in der Kunst, während der für die Rhetorik zuständige Verstand hier nur dienende Funktionen besitzt.

Heine hat auch wiederholt auf strukturelle Schwächen der Rhetorik hingewiesen und sich davon distanziert, z. B. von der oberflächlichen, bloß additiven Blümchenpoesie im Gedicht „Wahrhaftig" (DHA I, 113) oder von sophistischen Argumentations-Krücken in den „Wanderratten" (DHA III, 336). Das sind „Wortschwälle", „Wortgespinste", „abgelebte Redekünste". Diese Mittel taugen nicht zur Welterfassung und zur Linderung sozialer Nöte. Solche Strategien lenken von den eigentlichen Aufgaben ab, schaffen nur eine Schein-Ordnung. Heine geht sogar so weit, sich von der Angemessenheit, einem der zentralen Grundsätze der Rhetorik, abzusetzen, also auf die gehaltliche und tonale Übereinstimmung von Gegenstand und Ausdrucksweise zu verzichten. In den „Englischen Fragmenten" lobt er das Londoner Parlament, weil dort auch die ernstesten Themen in zwanglosem, humoristischem Ton abgehandelt werden. Das übernimmt er uneingeschränkt:

> Aber eben, je wichtiger ein Gegenstand ist, desto lustiger muß man ihn behandeln, das blutige Gemetzel der Schlachten, das schaurige Sichelwetzen des Todes wären nicht zu ertragen, erklänge nicht dabey die betäubende türkische Musik mit den freudigen Pauken und Trompeten. (DHA VII, 256)

Wenn es um existenzielle Fragen geht, helfen die Rhetorik-Paragraphen nicht weiter, müssen unkonventionelle, manchmal auch dissonante Mittel angewandt werden. Heine entscheidet sich häufig für Stilmischung, ebenfalls ein Verstoß gegen die Stilarten-Lehre der Rhetorik. Die „Verbindung des Pathetischen mit dem Komischen" (DHA VI, 200) ist eines seiner Leitworte, das schon oft zur Kennzeichnung seines Stils zitiert wurde. Für Zentralstellen reserviert sich Heine künstlerische Handlungsfreiheit und setzt seinen eigenen Ton durch. Aus Platzgründen kann ich jetzt nur noch vereinfacht zusammenfassen, wie Heines Genese weitergeht und wie Friedrich Sengle dazu Stellung bezieht. Mit dem Hinweis auf die Rhetorik hat sich Sengle große Verdienste um die angemessene Heine-Interpretation erworben, umso weniger überzeugen seine Klassifizierungen für die Zeit ab 1830.

Sengle bezweifelt Heines Wandlung zu einem engagierten, demokratischen Schriftstellertum. Er erkennt nicht, dass Heine die Frage der Revolution und der Menschenrechte zum Hauptthema macht und den Status eines politischen Dichters erwirbt, wenn man politisch nicht mit tagespolitisch verwechselt, sondern stets auf den idealen Zustand von Welt und Menschheit bezieht. Immer wieder spricht Sengle von Heines „Aristokratismus" oder „Neoaristokratismus" und „Volksfremdheit". Allenfalls räumt er ein, Heine sei „halb Aristokrat, halb Revolutionär".[26] Heine ist für ihn ein Salondichter, der die Witzkultur der Rokokozeit weiterführt. Dass er die Volkssouveränität zum Maßstab macht, um den Zustand zeitgenössischer Regierungen zu beurteilen, sieht er nicht.

Sengle lehnt auch Heines Identifizierung als Junghegelianer ab, wie er überhaupt den Hegel-Einfluss stark herabstuft. Kennzeichnend dafür ist ein interessanter Dissens über ein Hegel-Zitat. Heine war wie viele Hegelschüler tief beeindruckt von der viel zitierten These in der Vorrede zu Hegels Rechtsphilosophie: „Was vernünftig ist, das ist wirklich; und was wirklich ist, das ist vernünftig".[27] Für den Berliner Philosophen war ausgemacht, dass sich der Weltgeist zunehmend in der Wirklichkeit durchsetzt, so dass schließlich beide identisch sind. In den „Geständnissen" erinnert sich Heine an ein Privatgespräch mit Hegel über diesen Satz und schreibt:

> Als ich einst unmutig war über das Wort: „Alles, was ist, ist vernünftig", lächelte er sonderbar und bemerkte: „Es könnte auch heißen: Alles, was vernünftig ist, muß seyn". Er sah sich hastig um, beruhigte sich aber bald, denn nur Heinrich Beer hatte das Wort gehört. Später erst verstand ich solche Redensarten. (DHA XV, 170)

Sowohl Sengle als auch Sternberger[28] haben bezweifelt, dass Heines Wiedergabe authentisch sein könnte. Wie Sengle auch sonst Heines Gesprächsaufzeichnungen bezweifelt, hält er es in diesem Fall ebenfalls für unglaubwürdig, dass „Hegel einem Studenten polizeireife Geständnisse über den revolutionären Sinn seines Systems machte", dieser Falschmeldung seien „manche Heinephilologen aufgesessen".[29] Aber drei Jahre nach Sengles Diktum kam Peter Wannemanns Nachschrift von Hegels Heidelberger Vorlesung über „Naturrecht und Staatswissenschaft" heraus, in der sich diese Version fast wörtlich findet. In §134 heißt es: „was vernünftig ist, muß geschehen". Hegel hat also die aktivistische Variante sogar in einer Vorlesung geäußert, wenn auch wohl nicht in Berlin.[30] Daran schlossen die Junghegelianer an, wenn sie wie Heine forderten, dass die geistige Befreiung auch in der Realität, eben politisch umgesetzt werden müsse, dass also der These die Tat zu folgen habe.

Zu wenig beschäftigt sich Sengle weiterhin mit dem Historiker Heine. In Paris bündelte sich die europäische Geschichte, hatte er Umgang mit maßgebenden Politikern und Größen des kulturellen Lebens, und es bestand verlegerisches Interesse an seinen einschlägigen Werken. Seine „Französischen Zustände" und die beiden umfangreichen Deutschlandschriften über die Religion und Philosophie und die „Romantische Schule" sind bedeutende Dokumente der Zeit- und Universalgeschichte, sie verstehen es, in geistige und politische Tiefenschichten der Nachbarvölker einzudringen und sehr anregende historische Leitlinien zu entwickeln. Zwar sieht Sengle, dass die beiden Deutschlandschriften trotz ihrer polemischen Beimischungen viel Sachverstand bezeugen und als „historische Leistung" mehr gewürdigt werden sollten. Aber eine halbe Druckseite reicht nicht aus, um die Spannweite und Substanz der beiden Werke auszuschöpfen.[31] Das Börnebuch sucht man im Abschnitt über die Biographie vergeblich.

Ergänzungsbedürftig ist schließlich das, was Sengle über die stilistischen Eigenarten von Heines Prosawerken zu sagen hat. Ästhetische Qualitäten kann er ihnen nicht zusprechen, selbst das Börnebuch enthält für ihn ausdrücklich keine „Poesie […], nur Kunst der Prosa".[32] Die Rubrik Kunst der Prosa, über die Theodor Mundt ein Buch geschrieben hatte, richtet Sengle speziell für die Jungdeutschen ein, hält sie aber nur für eine Vorstufe der Ästhetik. Immerhin rechnet er Heine zu den „Klassikern der Kunst der Prosa".[33] Wir stoßen aber auch in seiner Prosa nicht selten auf Passagen, die eindeutig einen ästhetischen Mehrwert besitzen, der durch gedankliche Tiefe, gestalterische Intensität und individuelle Markierungen erreicht wird. Es mag verwundern, aber Heine hatte zu der bekannten platonischen Dreierformel vom Wahren, Guten und Schönen als ästhetische Zielvorstellung ein intensives, lebenslanges Verhältnis. Ich habe drei Seiten darüber geschrieben.

Dritte Station: Doppelgleisig – Verskünstler und neue Prosa

Das Börnebuch schließt die Phase der historischen und geistigen Bilanzierungen der mittleren Jahre brillant ab. Das Buch beschreibt die auseinanderstrebenden Linien zweier gegensätzlicher Konzeptionen, zwar beide progressiv, aber auf unterschiedlichen Flügeln der Skala. Der asketische Börne erscheint als Spiritualist, Heine als Sensualist, Börne ist ein reiner Rhetoriker ohne Anteil an der Verdichtung, während er selbst eben auch ein bedeutender Künstler ist. Heine löst sich endgültig von seinem Dioskuren, der ihn in der deutschen Periode stark beeinflusst hatte. Durch die Abgrenzung von dem Rhetoriker findet er ein vertieftes Selbstverständnis und kann nun wieder stärker Künstler sein. Insofern spielt dieser Text eine zentrale Rolle in Heines innerer Biographie.

Doch die öffentliche Wirkung des Börnebuchs war verheerend. Die Mehrzahl der Besprechungen fiel absolut negativ aus, eine ausschließlich positive Rezension gab es nicht (DHA XI, 313 ff.). Während Heine bis dahin vor allem von konservativer Seite kritisiert worden war, verlor er jetzt auch die Unterstützung des progressiven Flügels. Julius Campe hielt in seinen Briefen die katastrophale Wirkungsgeschichte minutiös fest, warnte Heine vor dem Verlust seiner Popularität und referierte die verbreitete Ansicht, dass Heine an einem „Toten zum Ritter werden wollte" (HSA XXV, 293). Heine musste sich als Autor neu erfinden und schaffte es, für die abschließende Lebensphase eine tragfähige schriftstellerische Strategie zu entwickeln. Er verfuhr ab jetzt doppelgleisig, trat wieder energisch als Verskünstler in Erscheinung, betätigte sich aber mit 82 AZ-Artikeln weiterhin als Zeitgeschichtsschreiber. Daraus entstand das große Paris-Buch, die „Lutezia", außerdem folgte weitere Prosa, mythologische und autobiographische Schriften. Ab 1844 erschienen noch einmal drei Lyriksammlungen und die beiden unvergesslichen Versepen „Atta Troll" und „Deutschland. Ein Wintermärchen".

Politisch gesehen spaltet sich Heines Schriftstellerbegriff in den Denker und Täter. Im Pariser Umgang mit Börne hatte er erkannt, dass er von seinen Anlagen her zum Volksredner, reinen Politiker und Tribunen nicht geeignet war. Im Börnebuch stellt er anschaulich gegenüber, wie sich Börne durchaus angemessen als öffentlicher Redner und Parteilenker bewährte, während er selbst schon durch den Tabaksqualm der deutschen Handwerkerschaft in den Versammlungssälen außer Gefecht gesetzt wurde (DHA XI, 70). Doch war er überzeugt, als geistiger Ideenträger weiter gebraucht zu sein und über eine entsprechende Rolle als Anreger zu verfügen. Die Arbeitsteilung in reflektierende, Leitlinien setzende Theoretiker und politische Praktiker ist in den demokratischen Systemen inzwischen zur Selbstverständlichkeit geworden. Schon für die erste Französische Revolution setzen Voltaire und Rousseau die großen Ziele, die die Politiker dann zu realisieren versuchten.

Im „Wintermärchen" erfindet Heine dafür die Zweiteilung in Dichter und Liktor. Der Liktor begleitet ihn in Köln mit seinem Beil und bezeichnet sich als „That von deinen Gedanken", als er die Reliquien der Heiligen Drei Könige im Dom zerschlägt (DHA IV, 105 ff.). Es reicht nicht, den Klerikalismus nur mit Worten zu kritisieren, er muss auch in der Praxis bekämpft werden. Ich habe auf diese dritte Station in Heines Schriftstellerbegriff schon in meinem ersten Heinebuch hingewiesen.[34] Von der Dreierformel „Künstler, Tribune und Apostel" treten der Künstler und Apostel bevorzugt in Erscheinung, der Apostel im Blick auf Heines gewandelten Gottesglauben in den Krankheitsjahren. Die Tribunenfigur wird von Jüngeren wahrgenommen, von Marx, Engels, Lassalle, auf die Heine im Alter setzt. Die einflussreichen Interpreten von Heines politischer Agenda wie Hans Kaufmann[35], Jost Hermand, Klaus Briegleb[36], Peter Stein und Jürgen Habermas haben die Arbeitsteilung nicht oder nicht genug in den Blick genommen und daher diesen wichtigen Einschnitt nicht berücksichtigt. Auch in Sengles Heinebild fehlt diese Stufe, weil er Heine ohnehin nie als politischen Dichter gelten lassen wollte.

Die Wandlungen von Heines Schriftstellerbegriff haben, überblickt man die folgenden hundert Jahre deutsche Literaturgeschichte, offensichtlich Schule gemacht. Wenn der Autor nach 1830 zum großen Prosaschriftsteller heranwuchs, so wurde das zum Paradigma für bedeutende deutsche Autoren im 20. Jahrhundert wie Franz Kafka, Thomas und Heinrich Mann, Robert Musil, Heimito von Doderer und viele andere. Sie verzichteten auf die Triade, die lange als unverzichtbarer Ausweis für anspruchsvolles Dichtertum galt, und nutzten die beschreibenden, erzählerischen und kritischen Vorzüge der Prosa-Diktion. Dass man im 20. Jahrhundert ein großer Autor sein konnte, ohne Verse geschrieben zu haben, verdankten sie dem von Heine realisierten Umbruch. Sie folgten ihm auch in den damit verbundenen Einzelkriterien: sich der eigenen Zeit als wesentliches Lebensthema zu öffnen, ohne auf den Kunstanspruch zu verzichten. Sie profitieren davon, dass Heine mit seiner Wendung den idealistischen Bann gebrochen hatte, der nur im hohen Stil gehaltenen, hochpoetischen Schreibweisen und Gattungen Berechtigung zugestand. Heine vollzog mit seiner Person eine grundsätzliche Umorientierung des Schriftstellerverständnisses, die als Jahrhundert-Ereignis zu bezeichnen ist. Er durchbrach den poetischen Zwang von Klassik und Romantik und schaffte damit die Voraussetzungen für ein modernes Schriftstellertum. Es wurde auch üblich, sich durch Selbstkritik gewandelten Zeitumständen anzupassen und von eigenen Fehlentwicklungen zu lösen. Nur wer sich verändern kann, bleibt lebendig und ausdrucksstark. Ein einziges Detail soll abschließend noch erwähnt werden: Thomas Manns Heine-Nachfolge. In seiner „Notiz über Heine" spricht er 1908 von der „denkmalswürdigen Erscheinung dieses Künstlerjuden unter den Deutschen" und rühmt das Börnebuch wegen der „genialsten deutschen Prosa bis Nietzsche".[37] In den schrecklichen Jahren der Hitler-Diktatur öffnet sich Thomas Mann wie Heine kritisch den Zeitereignissen und setzte ihnen ein humaneres, weltoffenes Deutschland entgegen. Ab Oktober 1940 hielt er über die BBC monatlich seine bilanzierenden Radioreden an die Landsleute, insgesamt 55 Ansprachen unter dem Titel „Deutsche Hörer". Gleichzeitig arbeitete er am „Doktor Faustus", der das tragische deutsche Schicksal im Roman festhielt, die Kritik an der verderblichen Symbiose von Ästhetizismus und Barbarei, an der Mitverantwortung eines großen Teils der deutschen Intelligenz an der Schande. Adrian Leverkühn als Symbolfigur für den selbstverschuldeten Untergang. Da sehe ich deutliche Nachwirkungen von Heines Handschrift, von Heines Vorgängerschaft.

Anmerkungen

Bei diesem Vortrag handelt es sich um einen Auszug aus einer noch ungedruckten Arbeit, in der ich das vielgliedrige Spektrum von Heines Schriftstellerbegriff auf wesentlich breiterer Grundlage darstelle. Ich hielt den Vortrag auf Einladung des Heinrich-Heine-Instituts, Düsseldorf zu meinem 90. Geburtstag am 24. Oktober 2020. Für Hilfe habe ich zu danken Elena Camaiani (Digitalisierung) und Dr. Ariane Neuhaus-Koch (Zitatnachweise).

1   Manfred Windfuhr: Rätsel Heine. Autorprofil – Werk – Wirkung. Heidelberg 1997.

2 Kurt Weinberg: Henri Heine. Romantique défroqué. Heraut du symbolisme français. New Haven, Paris 1954; S[iegbert]. S[alomon]. Prawer: Heine the Tragic Satirist. A Study of the Later Poetry 1827–1856. Cambridge 1961; Paul Konrad Kurz: Künstler, Tribun, Apostel. Heinrich Heines Auffassung vom Beruf des Dichters. München 1967; Heinrich Heine. Streitbarer Humanist und volksverbundener Dichter. Internationale wissenschaftliche Konferenz aus Anlaß des 175. Geburtstages von Heinrich Heine Weimar 1972. Weimar o. J. [1973]; Hanna Spencer: Dichter, Denker, Journalist. Studien zum Werk Heinrich Heines. Frankfurt a. M., Bern u. a. 1977; Jürgen Habermas: Heinrich Heine und die Rolle des Intellektuellen in Deutschland. – In: ders.: Eine Art Schadensabwicklung. Kleine politische Schriften VI. Frankfurt a. M. 1987, S. 27–54; Götz Großklaus: Heinrich Heine: Der Dichter der Modernität. München 2013.

3 Vgl. Kurz: Künstler, Tribun, Apostel [Anm. 2]. An der Verweisstelle in der „Romantischen Schule" steht die Dreierformel im Plural: „Künstler, Tribune und Apostel" (DHA VIII, 218).

4 Vgl. Höhn ³2004, S. VIII; Willi Goetschel: Heine and Critical Theory. London, New York 2019. Vgl. dazu die Besprechung von Karen Feldman in HJb 59 (2020), S. 289–291.

5 Vgl. den Kommentar in DHA XV, 1192 ff.

6 Vgl. Friedrich Sengle: Biedermeierzeit. Deutsche Literatur im Spannungsfeld zwischen Restauration und Revolution 1815–1848. Bd. 1–3. Stuttgart 1971–1980. Zu Sengles Heine-Interpretation habe ich mich ausführlicher schon 1995 geäußert. Vgl. Manfred Windfuhr: Spannungen als autorspezifischer Strukturzug. Friedrich Sengles Heinebild und der Stand der Heine-Diskussion. – In: HJb 34 (1995), S. 183–202. Angeregt durch Carlos Spoerhases Sengle-Projekt greife ich einige Hauptfragen dieser Beziehung noch einmal auf und ergänze sie um vorwiegend ästhetische Aspekte.

7 Friedrich Sengle: Zum Problem der Heinewertung. – In: Geist und Zeichen. Festschrift für Arthur Henkel. Hrsg. v. Herbert Anton u. a. Heidelberg 1977, S. 371–391, hier S. 379.

8 Vgl. Sengle: Biedermeierzeit [Anm. 6], Bd. 3, S. 581 ff.

9 Vgl. ebd., Bd. 2, S. 303 ff.

10 Novalis: Schriften. Hrsg. v. Paul Kluckhohn u. Richard Samuel. Leipzig 1929, Bd. 3, S. 349.

11 Georg Wilhelm Friedrich Hegel: Vorlesungen über die Ästhetik. Dritter Teil. Die Poesie. Hrsg. v. Rüdiger Bubner. Stuttgart 1984, S. 106 f. Es kann außer Betracht bleiben, dass gleichzeitig das Drama innerhalb der Triade als „die höchste Stufe der Poesie und der Kunst überhaupt" angesehen wurde (ebd., S. 259).

12 Johann Wolfgang von Goethe: West-Östlicher Divan. Hrsg. v. Ernst Beutler. Leipzig 1942, S. 219–221.

13 Manfred Windfuhr: Heine und der Petrarkismus. Zur Konzeption seiner Liebeslyrik. – In: ders.: Rätsel Heine [Anm. 1], S. 213–235. Der Erstdruck dieses Aufsatzes erschien in: Jahrbuch der Deutschen Schiller-Gesellschaft 10 (1966), S. 266–285.

14 Vgl. Sengle: Biedermeierzeit [Anm. 6], Bd. 3, S. 507.

15 Ebd., S. 556.

16 Karl Kraus: Heine und die Folgen. – In: ders.: Schriften. Hrsg. v. Christian Wagenknecht. Bd. 4: Untergang der Welt durch schwarze Magie. Frankfurt a. M. 1989, S. 185–210, hier S. 198 f.

17 Vgl. Gerhard Höhn: „Blutrosen" der Freiheit. Heinrich Heines Geschichtsdenken. – In: Heinrich Heine. Ästhetisch-politische Profile. Hrsg. v. Gerhard Höhn. Frankfurt a. M. 1991, S. 176–194.

18 Der Babylonische Talmud. Nach der ersten zensurfreien Ausgabe unter Berücksichtigung der neueren Ausgaben und handschriftlichen Materialien neu übertragen von Lazarus Goldschmidt. Bd. 8. Berlin 1933, S. 603 (fol. 37a). Es versteht sich, dass Heine als Jurist speziell am Synhedrin-Abschnitt interessiert war. Doch ließ sich bisher nicht klären, auf welche Quelle er sich stützte oder ob ihm ein so markantes Zitat aus früherer Belehrung

im Gedächtnis geblieben war. Auch in anderen seiner Werke finden sich Talmud-Spuren, am reichhaltigsten im „Rabbi von Bacherach". Dort bildete die Pessach-Haggada für die Sederfeier eine wichtige Grundlage (vgl. den Kommentar in DHA V, 529 ff.). In „Zur Geschichte der Religion und Philosophie in Deutschland" rühmt er Mendelssohn dafür, dass er die Zeremonialvielfalt vereinfacht und die verbleibenden Grundregeln aufklärerisch-vernünftig begründet hatte (vgl. DHA VIII, 72 f. und den Kommentar ebd., 876 ff.).

19 Sengle: Biedermeierzeit [Anm. 6], Bd. 3, S. 584.
20 Bekanntlich hat Heine die im Herbst 1830 entstandene Erstfassung der Helgoländer Briefe bzw. Tagebücher Anfang 1840 noch einmal überarbeitet, als er sie als zweites Buch ins Börnebuch integrierte. Die dabei nachweisbaren Änderungen betreffen aber nicht den Enthusiasmusstil, den „Freyheitsrausch", der von der Julirevolution ausgelöst wurde und die Umorientierung in Heines Schriftstellerprofil begründete. Die zitierten Aussagen stammen mit einiger Sicherheit aus der Erstfassung (vgl. DHA XI, 272–276).
21 Vgl. den Kommentar in DHA V, 408 ff.
22 Sengle: Biedermeierzeit [Anm. 6], Bd. 3, S. 1067.
23 Aus dem Gedicht „Wartet nur" in den „Neuen Gedichten" ist zu erfahren, dass Heine die gewünschte Stilform inzwischen beherrscht: Es beginnt mit der Strophe: „Weil ich so ganz vorzüglich blitze,/ Glaubt Ihr, dass ich nicht donnern könnt!/ Ihr irrt Euch sehr, denn ich besitze/ Gleichfalls für's Donnern ein Talent." Es folgt in spektakulärer Diktion, was sein „Donnerwort" zu gegebener Zeit anrichten wird (DHA II, 128).
24 Auch in anderen Zusammenhängen betont Heine in diesen Jahren, dass er nicht aus bloßer Lust oder Eitelkeit das „öffentliche Wort" führte. Er konnte, heißt es, „bey einer Revoluzion nur verlieren" (DHA VII, 525). In der Vorrede zu den „Französischen Zuständen" klagt er den Bundestag als „öffentlicher Sprecher" des „gemißbrauchten Volksvertrauens" an, der durch seine Beschlüsse vom 28. Juni 1832 die landständischen, konstitutionellen Rechte wesentlich eingeschränkt und das monarchische Prinzip wieder betont hatte (DHA XII, 72; vgl. auch den Kommentar ebd., 731 f.).
25 Sengle: Biedermeierzeit [Anm. 6], Bd. 2, S. 318.
26 Ebd., Bd. 3, S. 491 f., 496, 540, 542.
27 Georg Wilhelm Friedrich Hegel: Grundlinien der Philosophie des Rechts oder Naturrecht und Staatswissenschaft im Grundrisse. Berlin 1821, S. XIX (Vorrede). Nach dieser Formulierung setzt sich die Vernünftigkeit des Wirklichen *per se* durch, scheint auf menschliches Zutun nicht angewiesen zu sein. Durch die Platzierung in der Vorrede erhält die Sentenz eine zentrale Rolle.
28 Dolf Sternberger hält Heines Erinnerung für „denkbar unwahrscheinlich" und spricht von einem „Heinischen Phantom-Hegel". Dolf Sternberger: Heinrich Heine und die Abschaffung der Sünde. Mit einem Nachtrag 1975. Frankfurt a. M. 1976, S. 409 f.
29 Sengle: Biedermeierzeit [Anm. 6], Bd. 3, S. 544 und 584.
30 Georg Wilhelm Friedrich Hegel: Vorlesungen über Naturrecht und Staatswissenschaft Heidelberg 1817/1818. Mit Nachträgen aus der Vorlesung 1818/1819. Nachgeschrieben von Peter Wannenmann. Hrsg. v. Claudia Becker u. a. Mit einer Einleitung von Otto Pöggeler. Hamburg 1983, S. 192. Die aktivistische Version findet sich erst zu Anfang des letzten Drittels der Heidelberger Vorlesung. §134 gehört zum Hauptthema „Sittlichkeit", speziell „inneres Staatsrecht". Im Umkreis der Formulierung geht es um die Konstitution von Verfassungen und wie in ihnen die Vernünftigkeit des „Volksgeists" zum Ausdruck kommt. Unmittelbar voran geht die Bestimmung: „Der Volksgeist ist die Substanz" (ebd.). Auch sonst wird häufig betont, dass das Vernünftige auf Durchsetzung angewiesen ist. In §123 heißt es, damit das „Gute" sei, „kann der Staat Zwang zu Hilfe nehmen" (ebd., S. 173). Nach §124 steht den „Stiftern der Staaten [...] das Recht des Zwanges zu" (ebd., S. 174). Entsprechend legt §127 fest: „Die Freiheit muß s e i n, nicht aber im Sinne des Zufalls, sondern im Sinne der Notwendigkeit" (ebd., S. 177).

31 Vgl. Sengle: Biedermeierzeit [Anm. 6], Bd. 3, S. 305 f.
32 Ebd., S. 586.
33 Ebd., S. 582.
34 Vgl. Manfred Windfuhr: Heinrich Heine. Revolution und Reflexion. 2. Auf. Stuttgart 1976, S. 236.
35 Für Hans Kaufmann sind Dichter und Liktor „zwei Gestalten, die doch eins sind". Heine bleibt bei ihm Tribun. Hans Kaufmann: Politisches Gedicht und klassische Dichtung. Heinrich Heine. Deutschland. Ein Wintermärchen. Berlin 1958, S. 208–210.
36 Im Kommentar zum „Wintermärchen" beschränkt sich Briegleb bei der Liktoren-Stelle auf einen einzigen Begriff: „Doppelgänger-Motiv". Vgl. B IV, 1036. Damit wird die angesprochene Thematik ins rein Literarische verschoben. Zu diesem interessanten Fragenkomplex vgl. auch den Kommentar in DHA IV, 1113 f.
37 Thomas Mann: Notiz über Heine. – In: ders.: Das essayistische Werk. Hrsg. v. Hans Bürgin. Frankfurt a. M. 1960, Bd. 8, S. 19 f.

Heine. Baudelaire. Kontrastästhetik

Gerhard Höhn

> Alle Dinge sind ja nur durch ihren Gegensatz erkennbar.
>
> Heine an Immermann, 10. Juni 1823

Poètes maudits, tous les deux. Von der Kritik verrissen und geschmäht. Opfer von Pressekampagnen. Ihre Schriften vom Bundestag verboten, von einem Pariser Gericht mit Geldstrafe belegt. Ihre Werke zensiert und verstümmelt. Werkteile von Behörden unterdrückt und durch gerichtliche Anordnungen entfernt.

Politische Gründe zwangen den älteren ins Exil nach Paris, ökonomische Gründe den jüngeren ins Exil nach Brüssel. Wirtschaftliche Kämpfe trieben beide Dichter zeitgleich in große persönliche Krisen. Für den einen begann Ende 1844 ein gesundheitlich ruinöser Erbschaftsstreit. Im Sommer und Herbst desselben Jahres wurde der andere durch einen Familienbeirat rechtlich entmündigt und menschlich entwürdigt. Fortan musste er sich einem Vermögensverwalter unterwerfen, der monatlich eine bestimmte Geldsumme anzuweisen hatte. Immer größere Geldsorgen vertrieben ihn von 1864 bis 1866 aus Frankreich.

Paris war der Schauplatz eines halben bzw. eines ganzen Lebens. Beide Dichter haben zahlreiche Wohnungswechsel vorgenommen, bevorzugt auf der rive droite der Seine. Trotz des Altersunterschieds von 24 Jahren entstand das Haupt- und Spätwerk des einen neben dem Früh- und Hauptwerk des anderen. Kurz nach dem „Romanzero" erschienen die „Fleurs du Mal".

Revolutionen, Aufstände und ein Staatsstreich haben beider Leben und Denken bestimmt. Die Februarrevolution von 1848 erlebten sie aus größter Nähe. Heine als Zaungast. Auf dem Rücktransport von seiner Wohnung in eine Heilanstalt im Gobelin-Viertel wurde der schwerkranke Deutsche im Februar in Straßenkämpfe verwickelt, sein Wagen zweckentfremdet und zum Barrikadenbau verwendet.

G. Höhn (✉)
Düsseldorf, Deutschland
E-Mail: gerhard@hohn.fr

Der Franzose als Straßenkämpfer. Er hat die Februar-Revolutionäre publizistisch unterstützt; an der Juni-Revolution nahm er auf Seiten der Aufständischen teil.

Enge gemeinsame Freunde müssen von einem zum anderen gewechselt sein, wie Gérard de Nerval, der 1848 Heines Lyrik übersetzt hat, eine bahnbrechende Tat. Oder Théophile Gautier, der 1855 den ersten Band der „Reisebilder" (im Rahmen von Heines „Œuvres complètes" erschienen) mit einem Vorwort versehen und 1868 den ersten Band von Baudelaires „Œuvres complètes" mit herausgegeben und darin eine lange Notiz veröffentlicht hat. Ihr wichtigster französischer Verleger und Freund hieß Michel Lévy. Zusammen waren sie Mitarbeiter an derselben Zeitschrift wie z. B. der „Revue des deux Mondes". Ohne sich zu begegnen, haben beide die Ausstellung „Salon de 1846" aufgesucht und darüber berichtet.

Mit gut zehnjährigem Abstand hat dasselbe schwere körperliche Schicksal beide Dichter getroffen. Der eine litt nach Selbsteinschätzung an den Spätfolgen einer Syphilis – laut letzter medizinischer Untersuchung ist er an „Myasthenia gravis" erkrankt und gestorben[1] –, die Folgen von Schlaganfall, Lähmungen, Aphasie und Syphilis haben die Gesundheit des anderen ruiniert. In beiden Fällen kam es zu schweren Zusammenbrüchen, einmal im Mai 1848 im Louvre vor der Statue der Venus von Milo[2], zum andern 1866 in einer Kirche in Namur. Beide litten anschließend an schweren Lähmungen. Der eine war zu einer achtjährigen „Matratzengruft" verurteilt, der andere zu einer zweijährigen Agonie. Auf dem Totenbett wurden dem einen Opiate, Morphium, zuletzt Laudanum verabreicht. Der andre war schon seit längerer Zeit Opiomane. In Brüssel nahm er Laudanum gegen seine Schmerzen. Beide waren bis zum Tod im Vollbesitz ihrer intellektuellen Kräfte. Sie sind nur wenige Kilometer voneinander entfernt gestorben: Der Deutsche am Rond Point, am unteren Ende der Avenue des Champs Elysées; der Franzose in der Nähe des Arc de Triomphe, am oberen Ende der Avenue. Begraben wurden sie auf den Friedhöfen von Montmartre und Montparnasse.

Heine und Baudelaire haben auf dem Pflaster von Paris mächtige Meilensteine am Weg in die Moderne gesetzt. Sie haben die traditionelle Schönheitsvorstellung entsublimiert, den Übergang vom geschlossenen zum offenen Kunstwerk eingeleitet, eine neuartige urbane Liebeslyrik kreiert, neue lyrische Genres wie Zeitgedicht und Prosagedicht erfunden sowie den Maler Eugène Delacroix zum Prototyp des modernen Künstlers erkoren.

Aber das Jahrhunderttreffen zwischen ihnen hat nicht stattgefunden. Der größte deutsche Dichter des Vormärz und des 19. Jahrhunderts hat den größten französischen Lyriker der Moderne nicht zur Kenntnis genommen. Keine Spuren in Werk und Briefwechsel. Voneinander-Wissen ist aber anzunehmen.

Baudelaire hat sich dreimal ausgiebig, wenn auch ambivalent, mit Heine beschäftigt: Er hat Heine als Ästhetiker gelobt und ihm einen Platz in der Genese der Moderne zugewiesen; er hat den Dichter hoch verehrt, aber auch zwischenzeitlich aus weltanschaulichen Gründen abgelehnt.[3] – Heine hat bekanntlich 1831, 1834, 1843 und 1846 über die regelmäßig wiederkehrende Kunstausstellung „Le Salon" berichtet, zuletzt sehr knapp. In seiner ersten Serie formuliert der Dichter apropos von Decamps sein epochales Bekenntnis: „In der Kunst bin ich Supernaturalist." (DHA XII, 25) Das greift Baudelaire in seiner Broschüre „Salon de 1846" auf (SW 1, 212)[4], in der er Delacroix' Methode mit Heines Formel und einem langen Zitat definiert: „En fait d'art, je suis surnaturaliste." Ist Delacroix der Künstler seiner Zeit, dann erklärt das Zitat Heine, der den Bruch mit der aufklärerisch-klassischen Nachahmungstheorie vollzogen hat, zum entscheidenden Wegbereiter der Moderne.[5]

In Baudelaires 1852 erschienenem Aufsatz „L'Ecole païenne" befindet sich erneut ein langer Hinweis auf Heine und seine „Reisebilder" (SW 2, 189 ff.).[6] Der Text berichtet von einem Festessen „zum Gedenken an die Februarrevolution", bei dem ein revolutionärer Toast auf den (richtig verstandenen) Gott Pan bzw. den Paganismus ausgesprochen wurde. Baudelaire widerspricht vehement: „Mir scheint, solch ein überschwengliches Heidentum kann nur bei einem Menschen auftreten, der Heinrich Heine und seine von materialistischer Sentimentalität verseuchte Literatur zu viel, und schlecht, gelesen hat". Kritik am politischen Katholizismus bedeutet für Baudelaire offensichtlich Atheismus oder Religionskritik im Sinne radikaler Aufklärung. – 1865 publiziert der klassizistisch eingestellte Schriftsteller Jules Janin eine Generalabrechnung mit aktuellen französischen Dichtern und zitiert Fragmente von Heine. Ein posthum veröffentlichter Briefentwurf Baudelaires fertigt den Kritiker deswegen scharf ab, indem er ihm vorhält, es gebe nicht einen einzigen Dichter in „unserem armen Frankreich", den man Heine entgegenstellen könnte (SW 7, 237).[7]

Trotz oder wegen des einseitigen Befunds hat die Beziehung Heine/Baudelaire die Heine-Forschung immer wieder herausgefordert. Die Ger- und Romanisten sind gründlich, zumeist thematisch vorgegangen und haben vergleichbare Motive aufgespürt sowie Nähe, Affinität, Analogie oder Verwandtschaft betont.[8] Als Maßstab gilt allgemein Hugo Friedrichs „Die Struktur der modernen Lyrik" (1956 zuerst und 1985 in einer erweiterten Neuausgabe erschienen).[9] Der Romanist erklärt Baudelaire zum „Dichter der Modernität", während der Name Heine in diesem Standardwerk gänzlich fehlt.

Die Diskussion um die Beziehung Heine/Baudelaire bestätigt allgemein Friedrichs These, wird aber von der Absicht motiviert, notwendige Korrekturen anbringen zu müssen. Damit steht Heines Stellung zur Moderne weiter zur Debatte. Auf der Suche nach textstrukturellen Parallelen geht der vorliegende Beitrag von einer detaillierten Analyse der Schreibweise beider Dichter aus. Zu Grunde gelegt wird dafür der andernorts ausgearbeitete Begriff Kontrastästhetik.[10] Die Ausweitung dieses Ansatzes auf Baudelaire erscheint legitim, wenn man die Frage stellt, in welchem Maß die Zeitdiagnostiker Heine und Baudelaire, die gemeinsam eine polare Weltanschauung vertreten, neues dichterisches Material zu Tage befördert haben und zum andern, in welcher Form sie diese Stoffe in ihre Schreibweise aufgenommen und künstlerisch verarbeitet haben.

Im Folgenden behandelt Abschnitt I geschichtliche und begriffliche Voraussetzungen der Kontrastästhetik, Abschnitt II die Schreibpraxis in Heines Spätwerk (dem Baudelaire näher steht als dem Werk der radikalen mittleren Phase), Abschnitt III bis V Baudelaires Schreibweise (mittels dreier speziell ausgewählter Gedichtzyklen)[11] und Abschnitt VI Heines und Baudelaires Kontrastkunst.

I. Historische Voraussetzungen

Zeitdiagnostik

Heine und Baudelaire haben in Paris die bürgerliche Julimonarchie, die Zweite Republik und den Beginn des Zweiten Kaiserreichs erlebt. Vorausgegangen waren Revolutionen, Aufstände, Barrikadenkämpfe und ein Staatsstreich. (Nebenbei bemerkt: Nur vier Jahre nach Baudelaires Tod organisierte die Commune de Paris nach einem revolutionären Volksaufstand die Selbstverwaltung der Hauptstadt.) Nach seiner Ankunft in Paris musste Heine schnell erkennen, dass das neue Regime nicht in der Lage war, die postrevolutionären Probleme zu lösen. Die Julirevolution hatte, wie Heine später erklärte, „unsere Zeit gleichsam in zwey Hälften" auseinandergesprengt (DHA XI, 56). 1830 war eine Fraktion der Bourgeoisie, die Finanzbourgeoisie, an die Macht gelangt und konsolidierte ihre Stellung durch Unterdrückung der linken und rechten Opposition. Repräsentiert wurde sie durch den Typus des „Justemillionairs"[12] aus dem „Juste-milieu" (DHA XII, 118).

Gegen Ende der Julimonarchie hat der Kunstkritiker und Dichter Baudelaire im Vorwort zum „Salon de 1846" den bürgerlichen Machthabern eine Kampfansage mit unverkennbar anti-bourgeoisen Absichten gemacht. „Aux Bourgeois" lautet der Titel des Vorwortes, das so fortfährt: „Ihr seid die Mehrheit, – Zahl und Intelligenz; – also seid ihr die Macht, – die die Gerechtigkeit ist." (SW 1, 193) Kurz zuvor, am 7. Mai 1843, hatte sich Heine bereits in einer Korrespondenz gefragt, ob „der Geist der Bourgeoisie, der Industrialismus", schon „das ganze sociale Leben Frankreichs" durchdrungen hat („Lutezia" LIX; DHA XIV, 85).

Die Revolution von 1848 ist dann nicht *die* Revolution, die Heine erhofft hatte. Vernunft und Fortschrittsglaube sind für ihn aus der Geschichte verschwunden. Am 9. Juli 1848 schrieb er seinem Verleger Campe: „das ist Universalanarchie, Weltkuddelmuddel, sichtbar gewordener Gotteswahnsinn!" (HSA XXII, 287) Sind auch seine früheren Ideale von Freiheit und Gleichheit zerstört, so bescheinigt er jedoch Deutschland eine bessere Zukunft, d. h. die politisch-soziale Verwirklichung seiner demokratischen Ideen.

Baudelaire erlebt die Februar- und Junirevolution als aktiver Straßenkämpfer. Aber Staatsstreich (1851) und Kaisertum von Napoleon III. vernichten seinen Geschichts- und Fortschrittsglauben.[13] Die heraufziehende Bourgeoisgesellschaft stößt ihn ab. Baron Haussmanns urbane Modernisierung bedeutet für ihn Zerstörung des alten Paris. Den vorherrschenden Geist der neuen Zeit und Warenwelt diagnostiziert er als „spleen" und „ennui", d. i. Lebensüberdruss bzw. -ekel sowie Langeweile.[14] Seine dichterische Kulturkritik richtet sich voller Verachtung nicht nur gegen bourgeoise Moral- und Wertvorstellungen, sondern sie denunziert auch den unaufhaltsamen Verlust des Bedürfnisses nach Schönheit. Geschichtspessimismus setzt sich durch.

Auf der Straße

Heines und Baudelaires Zeitdiagnose lautet Weltriss, Zerbrechen der Ideale, Sinnverlust. Die neuen Wirklichkeiten werden als misstönende, dissonante, polare Gegensätze und Widersprüche wahrgenommen. Was dichterisch kontrastiv verarbeitet wird, liegt sozusagen auf der Straße. Das Großstadtleben kann den Künstlern ihr Rohmaterial offerieren.

Heine hatte schon 1827 in London schnell begriffen, in welchem Maße Kontraste unvermeidlich zum Gradmesser der industriellen Entwicklung geworden waren. Im Land der *Glorious Revolution* musste er schockartig erkennen, wie weit der politisch-soziale Fortschritt das ganze gesellschaftliche Leben durchdrungen hat. Der Gegensatz zwischen Armut und Reichtum war bereits so extrem entwickelt, dass er konkrete, sinnlich wahrnehmbare Gestalt angenommen hat. Der Autor hat Eindrücke, die der Anblick der Verelendung hinterlassen hat, zu einem bedrückenden Stadtbild verarbeitet, indem er die Zustände bewusst als Kontrast beschreibt: „Sie [die Armut in Gesellschaft des Lasters; G.H.] scheut das Tageslicht um so ängstlicher, je grauenhafter ihr Elend kontrastirt mit dem Uebermuthe des Reichthums, der überall hervorprunkt" (DHA VII, 217). Diesen sozialrevolutionären Gedanken des anwachsenden Unsichtbarwerdens von Armut wird Baudelaire weiterentwickeln.

In den 30er Jahren demonstriert das Pariser Theater dem Reporter Heine beispielhaft, wie Revolutionen alle traditionellen Autoritäten umgestürzt, aber unter der bourgeoisen Herrschaft auch unweigerlich neue Gegensätze hervorgebracht haben. Kontraste des Alltagslebens dienen den Komödienschreibern sozusagen als Stoffreservoir. Sie liegen auf der Straße wie z. B. „Contraste" zwischen alten Institutionen und „heutigen Sitten" oder die „Collision" (!) zwischen dem „edlen Enthusiasmus" und der industriellen Entwicklung. So können die Dramatiker von den sich auflösenden Familienbanden, speziell von den neuen Mann-Frau-Beziehungen innerhalb der französischen Kernzelle kreativ profitieren und sie zu plastischen Kontrasten verarbeiten (DHA XII, 237).

Ähnlich reagiert Baudelaire auf die geschichtlich-sozialen Umbrüche des Zweiten Kaiserreichs. Dem banal gewordenen, prosaischen Frankreich stellt er eine Welt voller Schönheit antithetisch entgegen. Sehr präzise beschreibt der Dichter z. B. in „Die Sonne" (s. u.) diese völlig neue Situation, indem er sich erinnert, wie er durch eine Vorstadt schweift, um „mein wunderliches Fechthandwerk" zu üben, in „allen Winkeln nach Reimen witternd, über Worte stolpernd wie über Pflastersteine und bisweilen auf lang erträumte Verse stoßend" (SW 3, 223). Alles ist jetzt poetisierbar geworden, in allem verbirgt sich Schönheit, im Niedrigen wie im Alltäglichen, im Banalen wie im Bösen, in der Traurigkeit wie im Schrecken.[15] Schon die Programmschrift „Salon de 1846" betont ausdrücklich: „Das Pariser Leben ist reich an poetischen und wunderbaren Sujets." (SW 1, 283)

Heine hat seine Stoffe auf Boulevards, in Passagen und in Cafés aufgespürt; Baudelaire hat sich auch auf Gassen und in Hinterhöfe begeben, um nicht allein Verborgenes ans Licht des Bewusstseins zu holen, sondern auch um Spuren von unbekannter Schönheit aufzudecken. Programmatisch bekennt er in einem Entwurf für ein Vorwort zu den „Fleurs du Mal": „Il m'a paru plaisant […] d'extraire la *beauté* du *Mal*" (OC, 185; Hervorh. G.H.). Nunmehr kann also alles poesiefähig sein, und damit vollzieht sich ein Paradigmenwechsel: Der traditionelle, auf ‚höhere' Sujets beschränkte Schönheitsbegriff wird umgewertet, Grenzen verschwinden, der Begriff vom Schönen selbst wird demokratisiert.

Heines und Baudelaires modernes Künstlertum manifestiert sich besonders in der Art, in der es ihnen gelungen ist, ihrer Opposition zur schlechten Wirklichkeit in Form von kontrastvoller Komposition und Sprache Ausdruck zu verleihen. Ihre Absicht lautet: Ihre Schreibpraxis soll die deutsche Misere noch miserabler, die trivial gewordene Welt der neuen Kaiserzeit in Frankreich noch trivialer erscheinen lassen.

Heines Kontrastbegriff und seine Geschichte

Kontraste sollen auffallen. Kontraste sollen stören. Kontraste sollen provozieren. Ihre Funktion erfüllen sie darin, real existierende Widersprüche störend bewusst zu machen, indem sie Schlaglichter auf gesellschaftliche und kulturelle Phänomene werfen, um sie auf- oder abzuwerten, zu loben oder zu verurteilen. Heine hat den Begriff „Kontrast" ungewöhnlich oft verwendet: rund 80-mal, wenn man nur die relevanten Stellen seines deutschsprachigen Werkes zählt. Der Gebrauch ist äußerst facettenreich.[16] Heines Deutschland-Kritik der 30er Jahre entzündet sich z. B. an dem weltanschaulich begründeten Dualismus von Spiritualismus und Sensualismus, der auf den aus der Antike überlieferten Antagonismus von Geist und Materie zurückgeht. Das polare Begriffspaar ermöglicht ihm, vor der Kontrastfolie fortgeschrittener Zustände (oder Persönlichkeiten) historisch überholte Verhältnisse mit spiritualistischer Konnotation deutlich spürbar zu verurteilen. Mangels detaillierter Arbeiten lässt sich dagegen Baudelaires Gebrauch des Kontrastbegriff quantitativ nur schwierig erfassen. Einige markante Passagen seiner ästhetischen Essays sowie seiner Vers- und Prosadichtungen, die hier analysiert werden, müssen ausreichen, um erste Auskünfte zu geben.

Der Begriff Kontrast geht bekanntlich auf das italienische „contrasto" zurück (lateinisch „contra stare", entgegenstehen). „Contrasto" fällt in den Bereich ästhetischer Wahrnehmung und bezeichnet den Gegensatz zweier Dinge, die sich gegenseitig störend hervorheben. Historisch gesehen besaß der Begriff in der französischen Malereitheorie des 17. Jahrhunderts, die den Hell/Dunkel-Kontrast zum Paradigma erkoren hat, zentrale Bedeutung. Mit Blick auf die Farbökonomie definiert z. B. Walter Kambartel Kontrast ausdrücklich als „eine durch Störung bewirkte Steigerung des Ungestörten", wobei er Störung mit dem Theoretiker Roger de Piles in dem Sinne versteht, dass „eine liebliche und gelinde Interruption" den Glanz der Farben „um ein mercklisches vergrössert und erhebt".[17]

Als Kronzeugen seiner Auffassung von Kontrastästhetik verehrt Heine die Schriftsteller Shakespeare und Cervantes. Vor allem sein Cervantes-Porträt stellt heraus, wie fundamental Vermischen und Kontrastieren als Stilmittel geworden sind. Den implizierten Störfaktor nennt Heine präzise „abschatten, parodieren". Das Genie seines spanischen Vorbildes besteht für ihn in einer damit verbundenen schreibtechnischen Innovation. Gemeint ist die meisterliche Art und Weise, in der Cervantes seine Doppelfigur Don Quijote/Sancho Pansa plastisch-figürlich dargestellt hat. Das beschreibt Heine mit den Begriffen „Abschattung", „Beleuchtung" und Vermischen zweier entgegengesetzter Welten (DHA X, 258). Das Zusammen- und Gegenspiel des Ritters mit seinem Knappen stellt für ihn einen historischen Höhepunkt in der Praxis von Kontrastphänomenen dar.

Dagegen ist nicht leicht auszumachen, inwieweit Heines Kontrast-Begriff in der kunsttheoretischen Tradition nach dem 17. Jahrhunderts steht. Aber aussagestarke Bildbeschreibungen erlauben aufschlussreiche Einblicke. (Nicht zu vergessen, dass der Genrebegriff Reise*bild* aus der Malereitradition stammt.) Das spanische *Siglo de Oro* stellt die Keimzelle einer neuen Kunst dar, in deren Tradition Heine sich selbst verortet. Neben Cervantes gehört der Maler Murillo zu den Künstlern, die es gewagt haben, die ideale Welt mit Madonna und Himmel nicht abgetrennt von der profanen Welt mit Betteljungen und Schmutz darzustellen. Die Technik des Schriftstellers und des Malers besteht darin, das eine als Kontrastfolie des anderen zu benutzen. Murillo gebührt deshalb beispielhafte Bedeutung (vgl. DHA X, 257), weil er „dem Himmel die heiligsten Farben stahl, womit er seine schönen Madonnen malte" und darauf „mit derselben Liebe auch die schmutzigsten Erscheinungen dieser Erde" „abbildete". Im Rückblick auf den Absatz „Auf der Straße" sei erwähnt, dass für Baudelaire gerade dieses Künstlertum berufen ist, seine eigene Schönheitsvorstellung zu verwirklichen.

Was nun die spanischen Schriftsteller und Murillo zu ihrem verpönten Vorgehen angetrieben hat, war nichts anderes als artistische Faszination gepaart mit künstlerischem Vergnügen; ihre Praxis war laut Heine ästhetisch motiviert:

> Es war vielleicht die Begeisterung für die Kunst selber, wenn diese edeln Spanier manchmal an der treuen Abbildung eines Betteljungen, der sich laust, dasselbe Vergnügen empfanden, wie an der Darstellung der hochgebenedeiten Jungfrau. Oder es war der Reitz des Contrastes, welcher eben die vornehmsten Edelleute, einen geschniegelten Hofmann wie Quevedo oder einen mächtigen Minister wie Mendoza, antrieb, ihre zerlumpten Bettler- und Gaunerromane zu schreiben [...]. (DHA X, 257)

Nichts anderes besagt Heines Hinweis auf die Artistik, die nötig ist, um einen Bettler zu malen, der sich laust, oder einen Bauern, der kotzt (vgl. DHA VIII, 157). Für Heine leisten nun gerade Genremaler Exemplarisches: Jan Steen (den er in „Schnabelewopski" gewürdigt hat) und in erster Linie Léopold Robert ist es gelungen, nicht nur weltanschaulich geprägten Geist/Materie-Kontrasten mit starken Farben Ausdruck zu verleihen, sondern auch die Überwindung des Dualismus dank Bildern einer befreiten und „ohne Opfer" versöhnten Menschheit darzustellen (DHA XII, 34). Nicht zuletzt fällt auf, wie intensiv Heine den Kontrastbegriff benutzt, um ästhetische Urteile oder Künstlerpolemik zu veranschaulichen. So orientiert „Kontrast" die Bildbeschreibungen von Decamps, Lessore und Delaroche in „Französische Maler" (DHA XII, 26, 27, 35 u. 38). Betont Heine noch die Meisterschaft des Kolorits z. B. bei Delacroix und

Decamps oder die gesteigerte Wirkung, wenn „dunkle Figuren auf hellen Grund gemalt werden" (DHA XII, 26), stellt sich die Nähe zu Baudelaires Moderne-Vorstellung unmittelbar ein.

Baudelaire und die kunsthistorische Tradition

Im Unterschied zu Heine hat sich Baudelaire gerade als Kunstkritiker und -theoretiker der Tradition der französischen Malereitheorie sehr verpflichtet gefühlt. Ein erstes wichtiges Zeichen setzt eine kleine Schrift aus der Zeit von „Salon de 1845" bzw. 1846. „Conseils aux jeunes littérateurs" richtet 1846 ausdrücklich praktische „Ratschläge" an junge angehende Schriftsteller, wobei der Text den Übergang von Kunsttheorie zu Mentalitätsphänomenen vollzieht. Kapitel IX „Von den Liebschaften" („Des maîtresses") warnt die Jungen vor drei Frauentypen, die ihnen gefährlich werden könnten. Schließlich werden nur zwei konträre „Klassen von Frauen" zugelassen: „die Dirne oder die dumme Frau – die Liebe oder der Kochtopf" (SW 1, 123). Der misogyne Ratschlag beruft sich nun ausdrücklich auf das „Gesetz der Gegensätze", im Original: „la loi des contrastes" (OC, 485). Dieses Gesetz gebietet laut Baudelaire über „die moralische Welt wie die Ordnung der Natur". Die Kommentare der „Œuvres complètes" und der „Sämtlichen Werke" bieten keine weiteren Angaben zu „loi des contrastes" an, mit einer Ausnahme.[18] Im Gegensatz dazu hat André Ferran betont[19], dass Baudelaire, der als enger Freund von Delacroix ebenso wie dieser sehr genau Farbtheorien mit ihren Harmonie- und Kontrastgesetzen kannte, hier auf ein damals im Umfeld seines Freundes sehr diskutiertes Werk verwiesen habe: Michel Eugène Chevreuls „De la loi du contraste simultané des couleurs" (1839).[20] Ferran stellt heraus, dass Baudelaire die Natur der Farben und der Gesetze wissenschaftlich studiert habe, welche „die Harmonien und die Kontraste" bestimmen. Das für das 19. Jahrhundert maßstabsetzende Werk wurde 1842 in der Pariser Zeitschrift „L'Artiste" vorgestellt, an der Baudelaire mitgearbeitet hat und in deren Redaktion er eintreten wollte. Das zentrale Gesetz unterrichtet Koloristen, d. h. moderne Maler in der Art und Weise, in der sie Primär- und Komplementärfarben (z. B. rot/grün) nebeneinanderstellen müssen, um die größtmögliche Wirkung erzeugen zu können.

Der „Salon de 1846", der die fundamentale Bedeutung der Farbe in der Moderne herausgestellt hat, nimmt eine polare Unterscheidung der Haupttendenzen vor, welche die romantische Kunst beherrschen. Die zentrale These geht auf die Nord/Süd-Opposition zurück und lautet: „Die Romantik ist eine Tochter des Nordens, und der Norden ist Kolorist" (SW 1, 199). Mit Norden sind die Nebelländer England, Flandern und Nordfrankreich gemeint, in denen die Fantasie blüht. Der Süden gilt dagegen als „naturalistisch", weil sich hier Natur und Mensch als schön selber genügen. Eine dritte Tendenz vertreten die spanischen Maler, denn sie gestalten „eher Kontraste, als daß sie Koloristen wären" (SW 1, 200). Diese Einordnung schließt die Spanier zwar von der

Moderne aus, stimmt aber gut mit Heines Ansicht von Murillo überein, sowohl in Bezug auf Farbgebung als auch auf Darstellung der Motive.

Wie sehr Baudelaire Kontrast (oder nicht) als Kriterium der Moderne ansieht, zeigen einige Urteile apropos zeitgenössischer Künstler. Der mit ihm befreundete Dichter Théodore Banville wird von ihm kritisiert, weil sein als traditionell angesehenes Werk weder „contraste" noch „dissonances" oder „discordances" gebilligt hat (OC, 739 f.).[21] Dasselbe Urteil trifft den Klassizisten Jules Janin, der ebenfalls Dissonanzen verpönt habe (SW 7, 239). Gegen Victor Hugo, einen Modernen, gilt, er verwende zu stark „ein System der Reihung, und der einförmigen Kontraste" (SW 1, 211). Anders der hochgelobte Richard Wagner. Sein „Tannhäuser" bringe den Kampf zweier Prinzipien, „dualité" genannt, zum Ausdruck, der die menschliche und die außermenschliche Welt durchzieht. Gemeint ist der Kampf, in dem „das Fleisch wider den Geist, die Hölle wider den Himmel, Satan wider Gott streitet" (SW 7, 108).[22] Am Anfang des zweiten Aktes der Oper lobt Baudelaire vor allem einen unwiderstehlichen „gewaltigen Kontrast" (SW 7, 110).

Die neue Ästhetik

Beide Dichter haben Konsequenzen aus der Farbenlehre und Kontrasttheorie gezogen und zu einer innovativen Poetik weiterentwickelt, die paradigmatisch für die moderne Literatur geworden ist. Ihre Ausformulierung enthält überraschend wortwörtliche Gemeinsamkeiten. Zur poetologischen Charakteristik seiner „Harzreise" hat Heine, wie bekannt, eine handwerkliche Metaphorik benutzt und sie als „zusammengewürfeltes Lappenwerk" bezeichnet, mit „bunten Fäden, die so hübsch hineingesponnen sind" (DHA VI, 134), dass sie an ein *Patchwork* erinnern. Die „Lappen" bestehen aus kleinformatigen Erzähleinheiten wie Anekdoten und Episoden, Reflexionen und Träumen, Fiktivem und Realem, die alle zwanglos aneinandergereiht werden können (vgl. HSA XX, 184). Ein derartiges Anschlussverfahren legt den Grundstein zu einer Poetik des Offenen Kunstwerks, die Baudelaire in den 60er Jahren richtungsweisend entwickeln sollte.

Nach den „Fleurs du Mal" mit ihrer traditionellen Gattung, dem Sonett, will Baudelaire einen neuen Werktypus erschaffen, der besser geeignet ist, die modernen Wirklichkeiten zu erfassen. Im Widmungsbrief der „Petits poèmes en prose", der sich an den Schriftsteller und Redakteur Arsène Houssaye richtet, präzisiert Baudelaire deren Komposition folgendermaßen: An diesem Werk ist „vielmehr alles daran, abwechselnd und wechselseitig, Kopf und Schwanz" (SW 1, 115). Diese Struktur bietet den unschätzbaren Vorteil: „Jeder kann einhalten, wo er mag"; es gibt keinen „unabsehbaren Faden einer überflüssigen Intrige". Man kann wie von einem Körper einzelne Wirbel entfernen und dennoch die Stücke wieder mühelos zusammenfügen. Jedes Stück ist lebendig, autonom und existiert für sich. Was der Widmungstext als Werk vorschlägt, ist eine „ganze Schlange", die aus Teilen besteht, die gefallen sollen.

Heines „Préface" zur französischen Ausgabe seiner „Reisebilder" hat 1834 eine andere Metaphorik benutzt, ohne in der Sache etwas abzuwandeln. Der Text spricht von „un théâtre d'exhibition", während das Kunterbunte der Verknüpfungstechnik bildlich mit „les {brusques saillies}, les étrangetés d'expression" bezeichnet wird (DHA VI, 350; dt.: „Absprünge, Wunderlichkeiten des Ausdrucks"; ebd., 348). Eine Affinität *expressis verbis* sticht hervor, wenn man dieses Verfahren mit Baudelaires Traum vom „Wunder einer poetischen Prosa" vergleicht – einer „musikalischen Prosa ohne Rhythmus und ohne Reim, schmiegsam genug, doch auch uneben und rauh genug [frz. heurtée], um sich den lyrischen Regungen der Seele, [...] den Wellenbewegungen der Träumerei, den jähen Ängsten [frz. „soubresauts"] des Gewissens" anzupassen (SW 8, 115). Weiter ist dort die Rede von einem „quälenden Ideal", das aus dem Leben in den riesigen Städten entsteht.[23] Die Übersetzungen für „heurtée", die hier im Mittelpunkt stehen, variieren zwischen „kantig", „sperrig" oder „rau".[24] Langenscheidts Wörterbuch legt dagegen eine passend erscheinende Version nahe und schlägt für „heurté" „kontrastreich" vor (bzw. kontrastiv). Bis in die Bildsprache herrscht dagegen Übereinstimmung zwischen Heines „brusques saillies" und Baudelaires „soubresauts"[25] – genau das, was ihre künstlerische Praxis als Maxime verwirklicht hat.

II. Heines Spätwerk

Die allgemein- und lebensgeschichtliche Wende nach 1848 hat Heine symbolisch als parallele Entwicklung mit radikal entgegengesetzter Ausrichtung erlebt. Den dramatisch empfundenen Zusammenfall von Historie und Biographie enthüllt er am 18. Januar 1852 seinem Verleger Campe mit den illusionslosen Worten: „In demselben Maße wie die Revolution Rückschritte macht, macht meine Krankheit die ernstlichsten Fortschritte" (HSA XXIII, 175).[26]

Sieben Jahre nach dem „Wintermärchen", das „Ein neues Lied, ein besseres Lied" (DHA IV, 92) angekündigt hatte, stimmt der „Romanzero" ebenfalls ein neues Lied, aber ein Lied vom Schlechteren an.[27] Hatte die „Doktrin" 1844 noch dazu aufgefordert: „Schlage die Trommel und fürchte dich nicht" (DHA II, 109), so kann der „gute Tambour" jetzt nur noch die Trommel zur letzten Ehre des „Enfant perdü" schlagen.

Der „Romanzero" erzählt von einer Welt, die völlig aus den Fugen geraten und in krasse Antinomien auseinandergefallen ist. Nicht Vernunft herrscht in den Erzählungen, sondern Unvernunft, nicht Fortschritt, sondern Verfall, nicht Glück, sondern Leiden – Leiden der Helden und Leiden der Opfer, und das Ich des „Lazarus"-Zyklus ist das elendste aller Opfer.

Wohin auch immer sich die Erzählungen begeben, in die Welt-, die Individual- oder die Völkergeschichte, überall kehrt der Zusammenhang von Aufstieg, Fall und Untergang wieder, von Götterdämmerung, Königsstürzen und Heldentoden – ein sinnloser Kreislauf, der alles menschlich Große und Schöne erfasst und an den Rand gedrückt hat. Die „Historien"-Galerie des „Romanzero" stellt mit immer gleichen Sujets Tod, Hinrichtung und Mord dar.

Gravierende Brüche und Widersprüche der Weltgeschichte inspirieren eine bewusst antithetisch vorgehende Schreibweise und lassen diese in besonderem Maße produktiv werden. Vor der Folie des allgemeinen Niedergangs melden einzelne Romanzen immer wieder Widerspruch, Kritik und Widerstand an, indem sie das bestehende Schlechte mit dem möglichen Besseren konfrontieren. Um den Unterschied zwischen Vernunft und Unvernunft in der Geschichte zu veranschaulichen, stellt Heine antithetisch Aufstieg der einen und Verfall der anderen gegenüber.

Heines „Romanzero" und Baudelaires „Fleurs du Mal" gehören zu den Werken mit der strengsten kompositorischen Geschlossenheit des Jahrhunderts. Beide Werke sind planmäßig nach Zyklen aufgebaut. „Spleen et Idéal", der erste und größte Zyklus der „Fleurs", umfasst in der Erstausgabe 77 Stücke, in der Mehrzahl Sonette, die sich in Subzyklen mit Bezug auf verschiedene verehrte Frauen unterteilen. Ihnen folgen vier ungleich kürzere Zyklen (insgesamt 23 Stücke). Heine hat dagegen eine triadische Komposition gewählt, mit der konsequenten Abfolge von Weltpolitik, Leiden eines Individuums und Leiden eines Volkes bzw. seiner Repräsentanten. Die Sammlung muss formal, stofflich und inhaltlich sehr Disproportionales integrieren. Die vier Strophen von „Der Asra" stehen z. B. im „Ersten Buch" neben den 151 Strophen des „Vitzliputzli", die acht Verse von „Weltlauf" („Lazarus" I) neben den 224 Strophen des epischen Großgedichts „Jehuda ben Halevy" aus dem „Dritten Buch" oder Erzählgedichte mit Stoffen aus aller Herren Länder neben Zeitgedichten über deutsche Zustände.

Aus der Perspektive der Opfer und Paria erzählt der „Romanzero" sinnloses Leiden in einer sinnlos gewordenen Welt. So ergreift sein Autor voller Anteilnahme die Partei der Ermordeten und Besiegten („Der Mohrenkönig"), der Aztekcn in „Vitzliputzli" und der Prinzen in „Spanische Atriden". Ebenso vertritt er die Sache der Betrogenen in „Der Dichter Firdusi", der Exilierten wie Apollo und der Unterdrückten, z. B. des Sklaven in „Der Asra". Oder er sympathisiert mit Außenseitern wie Schatzdieben, Henkern und Tänzerinnen. Diese letztere Einstellung ist charakteristisch und wird in Baudelaires Werk dominieren (s. u.). Die Kette des Scheiterns und Unterliegens setzt sich eindringlich im „Dritten Buch" des „Romanzero" fort und gipfelt in der Darstellung des tragischen Schicksals der großen spanisch-jüdischen Sänger und des jüdischen Volkes. Individuelles Leiden und Märtyrertum bezeugen den hohen Rang, den Heine dem Dichter (und sich selber) in der modernen Welt zuerkennt. Höchste Anerkennung und größte Ablehnung umkreisen z. B. Heines Jehuda ben Halevy, ein „Dichter von der Gnade/ Gottes". Eine Auffassung, die Baudelaire teilt. Das Dichter-Ich aus „Segen" („Blumen des Bösen") ist von seiner Existenz her zerrissen zwischen Verfluchung und Rettung, sieht sich jedoch im Schutz der „höchsten Mächte" stehen und preist Gott, welcher der Welt Grausamkeiten auferlegt sowie Opfer und Leiden abverlangt (DHA III, 135; SW 3, 61).

Das transhistorische Grundgesetz von Triumph und Scheitern verdeutlichen zudem Romanzen, die den Aufstieg der/des mit dem Absturz des/der anderen

‚abschatten'. Strukturiert werden die Gedichte auf der Zeitebene durch die Diskontinuität von Vergangenheit und Gegenwart, von „einst" und „jetzt" bzw. von Gegenwart und Zukunft. Dieses Spannungselement gehört zur Grundstruktur der Heine'schen Schreibweise.[28] Einzelschicksale wie „Pomare" und „Der Apollogott" lassen spürbar werden, wie krass Schönheit und Kunst an der Wirklichkeit gescheitert sind. „Heil der Königin Pomare!" jauchzen eingangs die Liebesgötter der wilden, fürstlichen und majestätischen Tänzerin aus dem damals eleganten Pariser Tanzlokal Mabille zu. Das Nachruf-Gedicht verzeichnet umso drastischer ihr Ende. Pomare ist in der Dachstube ihrer erbarmungsvollen „armen,/ Alten Mutter" gestorben. Das letzte Geleit gaben ihr ein Hund und ihr Friseur (DHA III, 31). Groß war auch das Leben des „blondgelockten" Sängers Apollo, dem „marmorschöne Weiber" zu Füßen lagen und der „lieblich" zur Leier gesungen hat. Der aus „Gräzia" verbannte Gott zieht jetzt in Amsterdam mit Komödianten und Prostituierten herum, darunter eine dicke, die „quikt und grünzelt"; wegen ihres „großen Lorbeerkopfputz/ Nennt man sie die grüne Sau." (DHA III, 32 ff.)

Durch den Kunstgriff der anachronistischen Vorverlegung gelingt es Heine, in dem Gedicht „Carl I." einen Epochenwandel aus der Perspektive des unvermeidlichen Opfers darzustellen – das Jahr 1649 figuriert als notwendiger Fluchtpunkt. Der englische König singt einem Köhlerkind in dessen Hütte ein „Wiegenlied", das zugleich sein eigener „Todesgesang" ist, denn diese Antizipation erkennt in dem Kind den zukünftigen Henker seiner sakrosankten Person (DHA III, 26 f.).

Dieser revolutionären Warnung an feudal-absolutistische Herrscher antwortet „Im Oktober 1849", das die heldenhafte Niederlage der ungarischen Revolutionäre beklagt. Im Kontrast zu „Carl I." verurteilt diese Romanze sowohl die antirevolutionäre Mentalität der Deutschen als auch die siegreiche Konterrevolution. „Germania, das große Kind," ist eben kein Köhlerkind und erfreut „sich wieder seiner Weihnachtsbäume". Mit der Konsequenz, die an die Wiederkehr des schlechten Gleichen erinnert, fährt das Gedicht fort: „Es muß der Held, nach altem Brauch,/ Den thierisch rohen Mächten unterliegen." (DHA III, 117 ff.)

Der fatale Geschichtsverlauf vermag jedoch nicht jeden kritischen Widerspruch und jede Alternative zu ersticken, wie z. B. nicht Kritik an modernen Zuständen, speziell an der Macht des Geldes, das sich anschickt, alle Verhältnisse zu durchdringen. So greift das spruchhafte Prologgedicht des „Lazarus"-Zyklus, „Weltlauf", den Grundwiderspruch zwischen reich und arm des biblischen Berichtes in chiasmischer Form auf: „viel" – „wenig"/„gar nichts" – „Etwas". Die schlicht erscheinenden Verse, die von dem Hilfsverb „haben" bestimmt werden (viermal), enden mit einer scharfen Anklage an die Adresse der Reichen: Wer nichts hat, der möge sich begraben lassen, „Denn ein Recht zum Leben, Lump,/ Haben nur die etwas haben." (DHA III, 105)

Im „Romanzero" werden überall Zeichen des Widerstandes bemerkbar, indem Heine gezielt Gegensätzliches aufspürt und auf Alternativen hinweist. So stehen an der Spitze der „Historien", wo der denkschwache und schläfrige König von Siam sich selber denunziert, auffallend Bilder von Integration oder sogar von Emanzipation. Der Geist einer neuen Zeit weht z. B. in „König Rhampsenit" aus

Ägypten. In der Auftakt-Romanze des „Ersten Buches" macht der König ausgerechnet einen Juwelendieb zu seinem Schwiegersohn und Erben. In „Schelm von Bergen" adelt der Herzog einen Scharfrichter, d. h. der Herrscher adelt den Beherrschten.

Es wäre auch falsch, wollte man die farbenfrohen „Historien"-Bilder als Exotismus oder Eskapismus verstehen. In Wirklichkeit hat der „Romanzero" den Umweg über fremde Länder gewählt, um dem eigenen Land einen Spiegel vorzuhalten. (Hier fragt man sich vorausgreifend, welche Einstellung Baudelaire in seinen Evasionsgedichten einnehmen wird.) Die historischen Einkleidungen des „Romanzero" haben vielmehr die Funktion, die deutsche Gegenwart mit dem zu konfrontieren, was nach 1848 geschichtlich noch aussteht. Eine ganze Reihe von Balladen veranschaulicht tatsächlich den Tod derjenigen, die nach 1848 ausgespielt haben: Adel und Klerus. Die Kritik falscher Zustände zeigt implizit die richtigen.

Der Epilog des „Lazarus"-Zyklus bekräftigt die Hoffnung, dass noch im Augenblick des Scheiterns der Glaube an die Vernunft in der Geschichte lebensfähig geblieben ist. „Enfant perdü" bezieht seine emotionale Wirkung aus kompositorischer Geschlossenheit, konkreter Bildlichkeit sowie aus dem Wechsel der Grundstimmung. Dem tragischen Auftakt folgen drei angriffslustige Strophen, bevor die beiden letzten die eigene tödliche Verwundung vor Augen führen. Die regelrecht mit stockender Stimme gesprochenen Schlussverse verbinden die Gewissheit des persönlichen Scheiterns mit der Zuversicht auf den siegreichen Fortgang des „Freyheitskrieges". Das macht das antithetische „nicht gebrochen" – „brach" bewusst. Die deutlich abgesetzten vier Schlussworte lassen mit ihrem ebenso melancholischen wie pathetischen „Nur" keinen Zweifel daran aufkommen, dass der Triumph des Schlechteren und der Untergang des Besseren nicht das letzte Wort in der Geschichte bleiben werden (DHA III, 121 f.).

Kontrastkomik

Kein Mittel ist so geeignet, Heterogenes zusammenzubringen wie Reime. Diese Praxis, die auf kleinen semantischen Skandalen beruht, hat sich besonders in der mittleren Lyrik Heines ausgebildet. Sie setzt sich in den 50er Jahren verstärkt fort, so dass sie als beispielgebend für die Kontrastästhetik gelten kann. Gibt es ein besseres Gegengewicht zu der pessimistischen Grundeinstellung des „Romanzero" als Komik, die auf der Mikroebene durch sprachliche Kontraste erzeugt wird?

Grelle Kontraste und wortspielerische Komik entheroisieren Geschichte, entsublimieren Leiden und verspotten Glaubenseifer. Allerdings ist die Komik des Lazarus, d. h. die des Dichters in eigener Sache, eine Komik ohne Heiterkeit (wie Wolfgang Preisendanz[29] betont hat), sondern vielmehr eine, die das Lachen im Halse ersticken lässt, gehört sie doch zur Überlebensstrategie eines Kranken, der wirklich nichts mehr zu lachen hat, aber damit nicht aufhören kann.

Die Ungereimtheiten dieser Welt werden, wie im früheren Werk, durch eine ausgefeilte Reimtechnik und -taktik regelrecht hervorgetrieben, Widersprüche und

Illusionen durch ‚Zwangspaarung' aufgedeckt. Höhere Weihe verliert, wer oder was sich Reime gefallen lassen muss wie „Monarchen" / „schnarchen" (DHA III, 14), „zur Goethefeyer!"/ „die alte Leyer" (DHA III, 117) oder wer als Vermächtnis „die perfiden/ Preußischen Hämorrhoiden" erhält (DHA III, 120). Gegen Körperlichkeit ist kein Kraut gewachsen, wenn es etwa von einer geköpften Hofdame heißt: „Sie fächert die Brust, die weiße,/ Und in Ermanglung eines Kopfs/ Lächelt sie mit dem Steiße" (DHA III, 29).

Kontrasteffekte entwickeln ihre herabwürdigende Wirkung, wenn eine banale Geste von „Frau Sorge" reicht, Lazarus' letzten Glückstraum zu zerstören (DHA III, 115 f.), oder wenn alles Höherwertige durch Vergleich zu Fall kommt: „Die Edelsteine vom höchsten Werth,/ Die liegen wie Erbsen hier auf der Erd'/ Hochaufgeschüttet; man findet dabey/ Diamanten so groß wie ein Hühner-Ey." (DHA III, 13 f.) Allein schon der Reimspott zeigt in „Disputation", auf welcher Seite der Dichter *nicht* steht, reimen sich doch so heterogene Dinge wie „Räucherfässer" und „Beschneidungsmesser", „Ochsen" und „Orthodoxen", „Rosinensauce" und „Frater Jose" (DHA III, 160, 163, 168). In dieser „Hebräischen Melodie" dient Küchenkomik dazu, in Form einer Unsinnsstrategie christliche *und* jüdische Dogmatik gleichzeitig zu verspotten. Der Rabbi, der das Trinitätsdogma trivialisiert und souverän verunglimpft, wirbt ausgerechnet mit den schmackhaftesten Speisen für den jüdischen Glauben: „Was Gott kocht, ist gut gekocht!" Dem hält der Mönch blasphemisch entgegen: „Christus ist mein Leibgericht" (DHA III, 168 u. 171).

Immer wieder rückt der Text absolut Konträres syntaktisch gegenüber wie z. B. „Freyling" und „Knechte" oder umgekehrt „lausigster Lump" und „Lord" (DHA III, 22) oder wie Edith Schwanenhals, die „Der Leiche ihrer Liebe" folgte, und vor allem Geoffroy Rudèl und Melisande von Tripoli, die den Kelch „Höchster Lust und tiefsten Leidens" leerten (DHA III, 25 u. 47). Oder die Mitglieder des Stamms der Asra, „Welche sterben wenn sie lieben" (DHA III, 42). Oder das Ich in „Auto-da-fe", das beides ins Kaminfeuer wirft, die „Trümmer/ Meines Glücks und Mißgeschicks." (DHA III, 105) Ein direktes Widerspiel verspottet anklagend das Menschenopfer in Mexiko: Vitzliputzli und seine Tempeldiener werden mit großen Katzen verglichen, die „statt Mäuse Menschen fressen" (DHA III, 68). ‚Kontrast' selber wird zu einem passenden Reimwort, wenn dessen Abwesenheit den schlimmsten Ort in eine begehrenswerte Alternative zur (abscheulich) „schönen Welt" umwandelt: „Da lob ich mir den Orkus fast;/ Dort kränkt uns nirgends ein schnöder Contrast" (DHA III, 186).

Faust III

Heines Abkehr vom Pantheismus nach 1848 hat seinen weltanschaulichen Dualismus, der asketischen Genussverzicht mit sinnlich erfülltem Leben kontert, nicht im gleichen Maß getroffen. Die beiden Libretti „Der Doctor Faust" und „Die Göttin Diana" sowie die Prosaschrift „Götter im Exil" fahren fort, die

Überlegenheit der heidnischen über die christkatholische Einstellung zu verteidigen, indem sie die ersten bis in die Details zum Zerrspiegel der zweiten machen. Die Libretti und der „Götter"-Text sind tatsächlich so von Gegensätzen durchdrungen, dass man sie als Musterbeispiele getanzter und ritueller Kontrastästhetik bezeichnen könnte.

Der Aufbau des Balletts erfolgt nach dem Gegensatz von christlich-bürgerlicher Welt und griechischer Antike. Akt I: Fausts gotisch eingerichtetes Studierzimmer, in dem die Ballettänzerin Mephistophela Unterricht in irdischen Dingen erteilt; Akt II: Schloss, Herzogspaar und Hofleute; Akt V: gotische Kathedrale, holländische Volksszene und Bürgermeisterpaar. Im Mittel- und Höhepunkt (Akt III) steht ein wüster Hexensabbat, der mit bizarren und hässlichen Wesen auf einer Bergkuppe stattfindet. Akt IV springt – krassester aller krassen Übergänge – auf eine griechische Insel und ihre sonnendurchflutete „ideale Landschaft" über (DHA IX, 93). Dort regiert Helena; dort herrschen Schönheit und Harmonie; dort atmet alles „griechische Heiterkeit, ambrosischen Götterfrieden".

Nicht allein Choreographie, Ausstattung und Regieanweisungen bezeugen Heines perfekte Praxis kontrastiver Kunst, sondern ebenso die oft eingeplanten „grellen" Wechsel von Handlung, Bühnenbild oder Musik. Mehrfach heißt die Anordnung: „Contraste" und kontrastieren. Besonders die Regieanweisungen verlangen den ständigen Wechsel von banalsten Pas und brillanten Pas-de-deux, von edlem Tanz und wilden Sprüngen, von zierlichen und dramatischen Pas, von zeremoniösen und freudigen Pas, von verzückten und persiflierenden oder von sittsamen und ausgelassenen Pas. Alles soll „plötzlich" wechseln: Süßestes *„dolce far niente"* geht abrupt in „wollüstige Freudenlaute" über („Die Göttin Diana"; DHA IX, 74). Auf dem Programm stehen so überraschende Tänze wie der „Nationaltanz Sodomas", ein gravitätisch „germanischer Walzer" oder ein steifer „bekannter Fackeltanz" (DHA IX, 120, 71 u. 72). Das Bürgermeisterpaar humpelt den „alten Großvatertanz", Faust tanzt mit dem Töchterlein, „ein blondlockiges Jungfrauenbild", ihre „sittsam bürgerlichen Hymeneen" (DHA IX, 96 f.). Zum Schluss lässt ein Gewitter alle Teilnehmer des Volksfestes in eine Kirche fliehen, deren volles Glocken-„Gedröhne" mit dem blitzenden „Höllenspektakel auf der Scene kontrastirt" (DHA IX, 97). Hier gibt es nichts Ewig-Weibliches mehr, das hinanzieht, sondern nur Teuflisches, das hinabzieht.

Die Göttin Diana

Vergleicht man die pittoresken Bühnenbilder des „Tanzpoems" „Faust" mit dem „Göttin Diana"-Ballett, treten Gemeinsamkeiten ebenso wie typische Gegensätze hervor. Das erste Tableau zeigt einen Dianatempel, der an den vierten Akt des „Doctor Faust" erinnert; das zweite Tableau spielt in einer christlich gotischen Ritterburg, die den gotisch bzw. feudal und katholisch ausgestatteten Akten eins, zwei und fünf des „Faust"-Balletts entspricht. Das dritte und vierte Tableau spielen in einer wilden Gebirgslandschaft mit Venusberg sowie im Inneren des Berges (gebaut wie ein Renaissancepalast!), so dass ein krasser Gegensatz zum Hexensabbat im dritten Akt des „Faust" aufbricht. Trieb der lüsterne, schwarze Bock auf der Bergkuppe sein dreistes Unwesen, dann vermag jetzt Bacchus, „der Gott der Lebenslust", den toten Ritter, Dianas Partner, sogar ins Leben zurückzubringen. In der „Glorie der Verklärung", mit der das „Diana"-Ballett endet, spiegelt sich die blasphemische Glorie der Vernichtung, die „Doctor Faust" abschließt. Die volle Überlegenheit des heidnischen Geistes wird nicht erst zuletzt durch eine anspruchsvolle choreographische Anweisung, die einen Zweitanz anordnet, beispielhaft dargestellt. Während Diana im Jagdkostüm „ihren göttlich edelsten Tanz" aufführt, lässt die christliche Burgfrau in den „tollsten Sprüngen" ihren Zorn heraus. Exemplarisch ist dieser „Pas-de-deux, wo griechisch heidnische Götterlust mit der germanisch spiritualistischen Haustugend einen parodistischen Zweykampf tanzt" (DHA IX, 72).

Die Götter im Exil

Der Geist der Antike und die Feier des Heidnischen setzen sich in diesem Spätwerk auf einzigartige Weise fort, indem sie die Gegenwelt plastischer, aber auch provokativer als die anderen mythologischen Schriften Heines ausgestalten. Der Titel enthält die Botschaft: Die antiken Götter sind nicht tot, sondern überleben im Exil (was auch Heines Schicksal nahekommt). Der Preis, den sie dem siegreichen Christentum zahlen mussten, lautet: Metamorphose, d. h. „Verteufelung" (DHA IX, 298). Was ins Exil abgedrängt worden ist, heißt Schönheit und befreite Sinnlichkeit.

Anders als die anderen Götter[30] lebt Bacchus nach der von Heine referierten Legende ausgerechnet als Superior in einem Tiroler Kloster zusammen mit zwei ebenfalls vermummten Fratres, dem geilen Priapus und dem dickwanstigen Silenus. Jedes Jahr nehmen sie heimlich an einer Orgie teil. Als Folie dient die Sichtweise eines jungen, unbescholtenen Fischers, aus der die Legende erzählt wird. So sieht der Fischer voller Entsetzen bildschöne Frauen mit Bacchus in „wunderschöner Jünglingsgestalt" auf dem Siegeswagen und Priapus mit Riesenphallus zur Seite.

Die Götter im Exil erleiden keine Götterdämmerung. Unleugbar hat sich aber 1853 ihre Situation grundlegend verändert: Sie sind älter, blasser, greisenhafter und farbloser geworden.[31] Weiß ist dann auch die ‚Farbe', welche sich die Unzucht-treibenden Teilnehmer des nächtlichen Bacchanals, Götter eingeschlossen, aufgetragen haben. Viele ihrer Gesichter sind „weiß wie Marmor"; sie tragen weiße Tuniken mit Purpursaum; die Gesichter der drei Mönche sind „schneeweiß, wie das der übrigen Versammlung" (DHA IX, 129). Umso schärfer kollidiert diese Blässe, die anonymisiert, mit dem bunten und dynamischen Treiben des Bacchanals. Emphase und Rhetorik des Berichts lassen etwas von der Faszination spüren, die von Gestalten ausgeht, die jedes Jahr nachts zusammenkommen, um

> [...] den alten fröhlichen Gottesdienst noch einmal zu begehen, [...] um noch einmal den Freudentanz des Heidenthums, den Cancan der antiken Welt, zu tanzen, [...] ganz ohne Dazwischenkunft der Sergeants-de-ville einer spiritualistischen Moral, ganz mit dem ungebundenen Wahnsinn der alten Tage, jauchzend, tobend, jubelnd: Evoe Bacche! (DHA IX, 130)

Diese Visionen mögen dem todkranken Dichter geholfen haben, seine trostlose Misere aufzuhellen und den Grautönen der neuen Zeit einen Spiegel vorzuhalten. Sie unterstreichen auch, wie sehr Heine den ursprünglichen Traum von individuellem Glück weder ausgeträumt noch verabschiedet hat.

III. Baudelaires Prologe

Baudelaires intellektuelle und poetische Welt besteht aus polaren Gegensätzen, die dem Werk ihre typisch spannungsvolle Struktur verleihen. Seine Weltanschauung kennzeichnet der Dualismus von Himmel und Hölle, Gott und Teufel bzw. Satan; seine Ästhetik gründet sich auf die Divergenz von Schönheit und Hässlichem bzw. Bösem, von Idealem und Banalem, von Erhabenem und Alltäglichem. Schon der Titel „Fleurs du Mal" bringt etwas Ästhetisches mit etwas Moralischem zusammen. Deren Hauptzyklus „Spleen et Idéal" konfrontiert zwei Welten miteinander. Das Sonett ist schon formal eine antithetische Lyrikform. „Petits poèmes en prose" vermischen zwei Gattungen.

Erhalten Prologe aufgrund ihrer Stellung im Ganzen besonderes Gewicht, dann muss den ersten Strophen und Zeilen von „Fleurs du Mal" und „Petits poèmes en prose" exemplarische Bedeutung zukommen, bringen sie doch Baudelaires polare Vorstellungen zum Ausdruck.

„Bénédiction" („Segen") eröffnet die beiden ersten „Fleurs du Mal"-Ausgaben. 1857 folgt „Die Sonne", 1861 ersetzt durch „Albatros". Die 1869 posthum erschienenen „Petits poèmes en prose" beginnen mit „Wolken". Alle vier Texte sind poetologische Dichtungen, weil sie die Stellung des Dichters in der modernen Gesellschaft zwischen Segen und Fluch reflektieren. In allen Werken entzündet sich die dichterische Fantasie am Dualismus von niederer und höherer Welt, letztere symbolisiert durch Sonne und Meer, Wellen und Wolken. Oder benannt mit abstrakten Begriffen, die letztlich unbestimmt bleiben wie „l'Infini", „l'Inconnu", das Unbegrenzte, das Unermessliche.

Die ersten Verse des ersten Gedichts des ersten Zyklus der „Blumen des Bösen" versuchen, die werkbestimmende Bipolarität im Konditional einzuführen. „Bénédiction" beginnt mit der Fiktion: „Wenn auf Geheiß der höchsten Mächte der Dichter in dieser öden Welt erscheint". „[Ö]de Welt" lautet französisch „monde ennuyé" und verweist damit direkt auf den zentralen Begriff „ennui". „Ennui" ist mit „spleen", wie erwähnt, der zweite Schlüsselbegriff, mit dem Baudelaire Symptome kollektiver Mentalitäten seiner Zeit analysiert (SW 3, 60 ff.). Diese „höchsten Mächte" haben den Dichter in eine feindliche bis tödliche Welt versetzt. So verkündet das religiös klingende Gedicht alles andere als

„Segen" und verbreitet vielmehr Blasphemie. Die Mutter des Dichters verflucht Gott wegen des Hasses und der Bosheit, mit denen er sie als Instrument zur Geburt ihres Sohnes benutzt habe. Sie droht, sie werde das Genie dieses „verkrüppelten Scheusals" ersticken und bereite einen höllischen Scheiterhaufen für ihre Verbrechen vor. Zudem muss der Dichter mit der Bösartigkeit der Gesellschaft, der er liebend begegnen möchte, rechnen. Die Imagination des Textes zeigt die *société* als argwöhnisch, grausam, scheinheilig und bereit, ihm „Asche" und sogar Spucke ins Essen zu mischen. Außerdem erscheint seine Frau als eine Art *femme fatale,* die entschlossen ist, ihrem Mann mit eigenen Nägeln das Herz herauszureißen und ihrem „Lieblingstier zum Fraß vorzuwerfen". Von seiner Familie droht also nichts weniger als zweifacher Tod.

Doch der Dichter, der ‚poète maudit', genießt unsichtbaren, göttlichen Schutz und Segen. Engel erhöhen ihn, indem sie ihm aus der bösen Welt emporhelfen. So kann er die Sonne genießen, sich an ihr berauschen sowie „ambroisie et le nectar vermeil" statt „Asche" und Spucke kosten; er kann auch mit Wind und Wolken spielen und sprechen. Schaut er fromm zum Himmel auf, um Gott zu preisen, wird ihm bewusst, dass Leiden den Dichter adelt und ihn mit einer wunderbaren „couronne mystique" belohnen wird.

Emblematisch erscheint dagegen die poetologische Selbstdeutung, die auf „Segen" folgt. „Bénédiction", das ist jetzt „Die Sonne", die dem Dichter in der urbanen Welt ermöglicht, sein dichterisches Handwerk auszuführen und seine Werke zu reflektieren (SW 3, 222 f.) In Parallelführung setzen Sonne und Dichter ihre segensreiche Kraft ein, um die Gegensätze positiv zu überwinden und die Alltagswelt umzugestalten – nicht nur die Natur, sondern auch die menschliche Welt, die geheilt, verjüngt und Freude spendend sein wird. Die Textvorstellung gipfelt darin, dass der Sonne bei ihrem Abstieg in die Städte ausdrücklich das gleiche gelingt wie dem Dichter mit seiner Fantasie: Sie „adelt" („ennoblit") das „Los der niedrigsten Dinge" – gemäß Baudelaires Kunstvorstellung die wahre Bestimmung des Poeten. Der homophone Reim „villes" / „viles" (Stadt/hässlich) betont, warum die Städte lebensfeindlich geworden sind.[32]

Eine maritime Szene ersetzt in der Zweitauflage der „Fleurs" alle positive Ausstrahlung durch das Bild einer Gegenwelt, die keinen höheren Schutz erteilt (SW 3, 64 f.). In „Albatros" besiegelt der Kontakt, den die „mächtigen Meervögel" mit Menschen erleiden müssen, ihr bedauernswertes Schicksal. Wird der Vogel, der sich in den Lüften elegant, schwerelos und „indolent" bewegt, von Seeleuten zum Spaß gefangen und auf Schiffsplanken gesetzt, bietet er ein erbärmliches, symmetrisch angelegtes Kontrastbild.[33] Der „König" des Azurs wirkt auf Erden „unbeholfen und verlegen", „linkisch und schlaff". Diesen Widerspruch signalisiert der Reim „oiseaux des mers" / „gouffres amers" (OC, 9; „Abgründe" ist ein zentrales Bild für Baudelaire). Außerdem hebt das ein Vers mit dem zeitlichen Gegensatz Vergangenheit / Gegenwart schroff und deutlich hervor: „Lui, nagure si beau, qu'il est comique et laid". In dieser Stellung erregt der Vogel nur noch den Hohn der Matrosen. Ebenso, so suggeriert das Poem, ergeht es dem Dichter, „dem Fürsten der Wolken", der den Stürmen trotzen kann, der aber seinen aufrechten ‚Gang' verliert, wenn er auf die Erde „exiliert" ist, von der Gesellschaft verspottet und zum Außenseiter erklärt.

Diese bipolare Poetik erhält acht Jahre später im Prolog zur Sammlung „Petits poèmes en prose" eine schlicht erscheinende, aber doch beeindruckende Ergänzung (SW 118 f.). Das sehr kurze Prosastück, das aus zwanzig Druckzeilen besteht, ist aussagestark mit „Der Fremdling" betitelt und besteht aus einem fiktiven Dialog zwischen dem Lyrischen Ich, einem „rätselhaften Menschen", und einem ‚normalen' Partner. Beide vertreten konträre Werte. Der Dialogpartner stellt sechs Fragen und erhält ebenso viele Antworten. Auf die Fragen: Wen oder was „liebst du am meisten"?, folgen nacheinander vier Absagen, eine konditionelle Zusage und ein Bekenntnis. Die Absagen richten sich gegen das familiäre und soziale Umfeld sowie gegen materielle Werte wie Gold (gleichgestellt mit Hass auf Gott, wie in „Bénédiction"). Eine Zusage mit Tempuswechsel zum Konditional erhält nur die Frage nach der Schönheit: „Wie gerne liebte ich sie, die göttliche, unsterbliche". Der unmittelbare, nur durch einen Satz getrennte Übergang von Hass auf Materielles zu Liebe für Immaterielles und Ideales führt zu dem in einfachen Worten gefassten Bekenntnis: „ich liebe die Wolken … die Wolken, die vorüberziehen, dort, in der Ferne… die wunderbaren Wolken!" Diese Sphärengebilde gehören zu den rekurrenten Topoi der Gegenwelt, die alles Maritime umfasst. Sie fungieren allesamt als Bildzeichen der unerreichbaren idealen Welt und deren Glücksversprechen. In der disharmonischen, gegenwärtigen Welt kann sich das Ich lediglich als Fremdling erfahren, wie der Titel es ankündigt.[34] Apropos: Erinnert der französische Titel „L'Etranger" an Albert Camus' Roman von 1942, lenkt die Wolkensymbolik den Blick zurück auf Heines „Romanze" VII aus den „Neuen Gedichten". Die Flucht aus der „engen Krämerwelt" entlockt dem Ich in „Anno 1829" die inständige Bitte: „Ihr Wolken droben, nehmt mich mit,/ Gleichviel nach welchem Ort! […] fort! nur fort!" (DHA II, 79 f.)[35] Und richtet den Blick voraus auf Bertolt Brechts „Erinnerung an die Marie A." aus der „Hauspostille".

IV. Baudelaires Reisebilder

Reisen gehört zu den Grundbedingungen allen Lebens. Reisen heißt mobil sein. Reisen bedeutet Aufbruch aus engen, historisch überholten Verhältnissen. Nichtreisen ist Synonym für Stillstand und Zurückbleiben.

Zweimal haben Reisen große literarische Erneuerungen ausgelöst. Als Heine 1824 durch den Harz wanderte, begann eine neue Epoche der deutschen Literatur. Als Baudelaire 1841/1842 in den Indischen Ozean aufbrach, lernte er eine Welt mit harmonischen Lebensformen kennen, die seine frühen Gedichte inspiriert und seine ganze Lyrik geprägt haben.

Heines „Reisebilder" verstehen sich als Signaturen der Zeit, welche die realen Fort- oder Rückschritte der Emanzipation in Europa auf den Punkt bringen. Baudelaires Reisetexte sind nicht real, sondern imaginär, fiktiv. Sie kennen weder Abfahrt noch wirkliche Heimkehr, weder Ziel noch Abschluss und finden vornehmlich an ein und demselben Ort statt: Paris. Sie behandeln weniger Auf- als Ausbrüche aus einer als ‚spleenig', langweilig und ennuyant abgelehnten Wirklichkeit. Ihre glückversprechenden Kontrastlandschaften liegen oft außerhalb von Raum und Zeit. Die Rückkehr in die Realität ist gleichbedeutend mit Desillusion. Heines Reisemotive sind politisch bestimmt, die von Baudelaire existenziell. Die Welt der Schönheit, die sie beschwören, ist meta-physischer Natur. Beziehen Heines „Reisebilder" ihre kritische Kraft aus ihrer politischen Gegenstellung zur Restauration in Deutschland, dann erhalten Baudelaires Gedichte ihre subversive Kraft durch die Ablehnung *en bloc* der Verhältnisse des Zweiten Kaiserreichs. Sie denunzieren deren moralische und materielle Werte und kündigen *ex negativo* eine andere Welt an. Auffallend ist, wie oft Baudelaire „Reise" als Titel verwendet, obwohl er selbst später nur nach Belgien gereist ist!

Dieses extrem gespannte Verhältnis von alltäglichen, trivialen Zuständen und Traumwelt hat eine ästhetische Verfahrensweise kreiert, die Gegensätze scharfkantig nebeneinanderstellt. Der vorliegende Versuch gruppiert fünf Vers- und dreizehn Prosagedichte zu zwei ‚virtuellen' Baudelaire-Zyklen, die einzeln und insgesamt die Hauptcharaktere dieser artistischen Innovation spürbar machen sollen.

Die Routen der zumeist maritimen, spirituellen Reisebilder folgen schematisch einem woher/wohin, einem nicht-mehr-hier/noch-nicht-dort. Es sind utopische Reisen. Sie stehen ferner antithetisch zu Nicht-Reisen bzw. Anti-Reisen. Oftmals zeitigen sie paradoxe Ergebnisse voller Dissonanzen, wenn nicht zwiespältige Resultate.

Utopie

„Voyage" ist ein bewusst eingesetzter, wiederkehrender Titel. „Invitation au voyage" heißt jeweils ein Text beider Sammlungen (SW 3, 158 ff.; SW 8, 172 ff.). Die ersten Reiseverse beschwören Bilder einer erfüllten, versöhnten Welt ohne Illusionseinbrüche. Das Lyrische Ich fordert in ambivalenter Ansprache ein „Mon enfant, ma soeur" zu einer Reise in eine unbestimmte Ferne auf, um „uns zu lieben und zu sterben." Die vage Angabe „là-bas" verherrlicht jedoch einen Sehnsuchtsort mit völliger sinnlicher Emanzipation. Allerdings lässt die Präzisierung „feuchte Sonnen" und verhangener Himmel auf eine holländische Küstenstadt schließen, aber dort herrschen wiederum exotische Zustände. Diese Utopie malen fünf artikellose Substantive mit unbestimmtem „alles" aus, die durch ihre klangliche Schönheit zu den einprägsamsten Versen im Werk des Dichters gehören. Sie werden wie in einem Ritual dreimal wiederholt: „Là, tout n'est qu'ordre et beauté,/ Luxe, calme et volupté." Wie um das Glücksversprechen einer sinnlich erfüllten und beherrschten Welt noch verlockender zu machen, reimt sich „beauté" harmonisch auf „volupté". Im Wechsel von Konditional (wie köstlich es wäre) und Präsens wird anschließend ein Zimmer beschrieben, dessen Ausstattung an die „Pracht des Orients" erinnert. Zudem werden wiederum Schiffe auf Kanälen zitiert, die ans Ende der Welt fahren, um alle sinnlichen Wünsche erfüllen zu können. Dieses Bild ist ausgeschmückt mit Sonnenuntergängen.

Der utopischen Vorstellung antwortet das erstmals 1857 gedruckte, gleichnamige Prosagedicht mit einer geträumten Liebeserklärung, das aber Zweifel an der Erfüllung anmeldet (SW 8, 172 ff.). Der Ich-Sprecher leidet an der Wirklichkeit, an den „froides misères", schwärmt aber davon, mit einer alten Freundin „ein herrliches Land, das Schlaraffenland" („pays de Cocagne") zu besuchen. Zur topographischen Bestimmung werden wieder der Norden und Nebel, Flüsse und Kanäle genannt, das Traumland ist jedoch ein *mixtum compositum* aus Konträrem, d. h. eine Synthese aus Abendland und Morgenland, derart, dass man es das „China Europas" nennen könnte – wollte man nicht von einem Öst-westlichen Divan sprechen (mit Anspielung auf den Orient als Ursprung der abendländischchristlichen Kultur). Mit Bezug auf die Versversion aus den „Fleurs du Mal" trägt das imaginäre, breit ausgeschmückte Schlaraffenland erneut in mehrfacher Wiederholung ästhetisch positive Kennzeichen wie schön, reich, still, lauter, Überfluss, Ordnung, Glück, leise, selig, steif, rein, leuchtend träumerisch (ohne Wollust). Die Ausstattung der fiktiven Gemächer ist wieder prächtig. Aber all der Luxus und Überfluss vermag nicht die skeptische Doppelfrage zu verdrängen: „Werden wir je in diesem Bilde leben, das mein Geist gemalt hat, werden wir je eingehen in dieses Bild, das dir gleicht?" Was jedoch bleibt: Alle einzelnen Traumgedanken sind wie Liebesbeweise, welche die geliebte Freundin dann dem Meer entgegenbringen wird, „qui est l'Infini".

Einen entgegengesetzten Weg betritt „Moestra et Errabunda" mit der Metapher der Schifffahrt (SW 3, 180 ff.). Im Mittelpunkt von „Die Traurige und rastlos Umschweifende" befindet sich die Wunschfantasie einer befreienden Rückkehr in das verlorene „Paradies der Unschuld". Die Konfrontation zweier Ozeane soll den Grund der Reise plausibel machen. Dem „schwarzen Ozean der schmutzigen Stadt" steht voller Verlockung ein anderer Ozean symmetrisch und konträr entgegen, aus dem „ein Leuchten" bricht, dessen Farben blau und klar sind und der tief ist „wie die Jungfräulichkeit". Doch Skepsis bricht sich mit der Frage Bahn, ob das Paradies, „wo unter lichter Bläue" nur kindliches Glück herrscht, nicht allzu fern ist, oder ob es nicht in unerreichbarer Ferne liegt – „ferner schon als Indien und China". Gezielt wird siebenmal „loin" („fern") wiederholt, um den Abstand zur Wunschwelt weiter zu vertiefen.

Lohnt es sich?

Sollte das Ziel einer Reise erreicht worden sein, steht die Rückfahrt an. Dann heißt es, mit großem Bedauern Abschied zu nehmen z. B. von Meer und Unendlichkeit („Schon!"; SW 8, 252 ff.). Das Naturphänomen Sonnenauf- und -untergang stürzt eine Gruppe Seereisender in tiefe Ambivalenz. Hundertmal haben sie gesehen, wie die Sonne „strahlend oder trüb" (Oxymoron) aufgegangen und ebenso oft „funkelnd oder räumlich" wieder untergegangen ist. Das monoton empfundene

Schauspiel hat die Gruppe gespalten. Die einen verwünschen die Reise wegen der Streitereien, des Verzichts und des mangelnden Komforts, der ihnen abverlangt wurde. Sie verwünschen die Nahrung, wobei sie sich nach Essen sehnen, das „nicht gesalzen ist wie dieses garstige Element, das uns trägt". Die Entfernung vom Land hat sie aber verrückt gemacht. Der Ruf „Küste […] in Sicht" verwandelt die schlechte Stimmung einer Gruppe in allgemeine Fröhlichkeit, zumal es ein „wunderbares, leuchtendes Land" ist.

Die andere geschilderte Gruppe repräsentiert der Sprecher, der sich nicht vom Anblick des „in seiner erschreckenden Einförmigkeit so unendlich vielgestaltigen Meer[es]" losreißen kann. Symmetrisch und konträr zur allgemeinen Fröhlichkeit ist er allein nur noch „traurig, unausdenkbar traurig" und voller Bitterkeit. Der Abschied von der „Schönheit ohnegleichen" des Meeres macht ihn „betrübt bis auf den Tod". Rufen die einen: „Endlich!", antwortet er: „Schon!" Aber auch der Sprecher ist gespalten. Das „wunderbare, üppige Land" Erde mit seinen sinnlichen Verheißungen und erotischen Genüssen verspricht ihm eine Rückkehr in die soziale Welt, die er als Meer-Anbeter trotzdem gerne annimmt. Am Schluss durchkreuzt ihn die tief empfundene Ambivalenz von Meer und Erde.

Die Frage, ob sich Reisen überhaupt lohnt, erfordert eine grundsätzliche Überlegung. Das von der Imagination ausgemalte Bild kann auch zu einer konträren Vorstellung führen. In „Die Pläne" malt sich ein tagträumerischer Liebhaber in einem Selbstgespräch aus, an welchem Ort und mit welcher Ausstattung er mit seiner Verehrten am liebsten leben möchte (SW 8, 200 ff.). Etwa in einem Palast? Mit Park und Marmorstufen, auf denen die Angebetete abends „in einem prächtig ausgezierten Hofgewand" wie eine Prinzessin herabsteigt? Oder in einer schönen Holzhütte am Meeresufer, etwa in einem tropischen Land mit üppigem, exotischem Ambiente? Ein dritter, völlig gegensätzlicher Ort erscheint jedoch als der richtige: Er liegt nicht fern, sondern nah; es handelt sich um eine saubere, rustikal eingerichtete Auberge mit gutem Essen, Wein und Bett, aber auch mit erotischen Versprechungen und Genüssen („voluptés"). Die zufällig gefundene, „erstbeste Herberge" also könnte in der Tat jede Glückssuche erfüllen. Deshalb stellt sich der Träumer zuletzt die paradoxe Frage: Warum eigentlich reisen, wenn „Plänemachen selber schon zu unserer Lust genügt?" (SW 8, 203) Für ihn ist letztlich die Imagination einfach stärker als die Wirklichkeit.

An dieses Immobilität gutheißende Reisebild schließt sich ein kleines kontemplatives, poetisches Prosastück an, das Stillstand in der Realität lobpreist („Der Hafen"; SW 8, 266 f.). Ein Hafen ist durch Abfahrt und Rückkehr eigentlich ein Mikrokosmos voller Bewegung, aber auch ein Ort der Ruhe. „Der Hafen" bietet eine Aussichtsterrasse mit bequemem Ausblick als idealen Standort für einen Menschen, der aller Kämpfe müde ist, den kein Fernweh mehr antreibt und der keine materiellen Wünsche mehr hat. Sein Leben steht still, er ist im Hafen seines irdischen Daseins angekommen. Aber gerade die Sicht auf die maritime Dynamik des Hafens bereitet ihm Vergnügen, wenn nicht sogar Ruhe! Fungiert der Hafen als Spiegelbild seiner selbst, dann wird das Leben dieses Menschen von einer anderen, höheren Bewegung ausgefüllt. Alles, was über den Horizont des Hafens hinausgeht wie z.B. „Weite des Himmels", die „bewegliche (!) Architektur der Wolken" und die „Färbungen des Meeres" erfreut seine Augen. Die gleichmäßige Bewegung der Wellen überträgt sich so tief in seine Seele, dass sie die „Freude am Rhythmus und an der Schönheit" wachhält und den Beobachter in seiner Imagination weiter in die unbewegte, ideale Welt versetzt – das wahre Ziel aller Reisen.

Ein Alptraum

Der mit fünfzehn Strophen längste Reisebericht von Baudelaire, „Eine Reise nach Cythera", wird aus der Erinnerung erzählt (SW 3, 300 ff.). Er ist das einzige der hier ausgesuchten Gedichte, welches das genaue Ziel der Seereise nennt: die einst Aphrodite geheiligte Insel Kythera im Ionischen Meer. Indem das Gedicht den zeitlichen Kontrast von einst und jetzt, von Mythos und desillusionierender Realität kompositorisch voll ausnutzt, gelingt es, antike Größe an heutiger Zerstörung so ‚abzuschatten', dass ein Bild des Grauens entsteht, das Heiliges Profanstem gegenüberstellt.

Der Ich-Sprecher muss vor Ort erfahren, dass Kythera, das einst „vielbesungene Land" und banale Eldorado „aller alten Junggesellen" (alt vs. jung), heute ein „ärmlicher Erdenfleck" geworden ist. Die mit reicher Vegetation gesegnete Insel, auf der Feste zu Ehren der Venus gefeiert wurden, ist jetzt nur noch eine karge Stätte, „felsig und öde". Wo früher Myrten grünten, Blüten aufgingen, edle Düfte vorbeizogen und die Sonne strahlte, ist jetzt alles „schwarz und traurig". Von der Küste aus sehen die Reisenden dann etwas Schockierend-Furchtbares: Wo einst ein Tempel stand und die Liebesgöttin gefeiert wurde, ragt jetzt ein Galgen mit drei Armen und einem erhängten Leichnam auf. Der von Vögeln zerfetzte Körper des Toten trägt Spuren eines nicht ‚normalen' Opfers: Die Insel ist verwüstet, sein Leib entmannt. Der Sprecher, der selbst auch früher schwere Qualen erleiden musste, identifiziert sich schließlich mit dem Gehenkten und gesteht: „deine Qualen sind die meinen!" Die Reise endet mit dem allegorischen Bild des modernen Dichters als grausam Gekreuzigten und erinnert an die Verfluchung aus dem poetologischen Prologgedicht „Segen".

So wie Kythera mit dem einstigen Venus-Kult dargestellt wird, erscheint das Gedicht als krasses Gegenstück zur „Göttin Diana" und zum Bacchanal in Heines „Götter im Exil".[36]

Dystopie

Keine Utopie ohne Dystopie. „Die Reise", das mit Abstand längste Gedicht der „Fleurs", das aus 36 vierzeiligen Strophen besteht, beendet 1861 den letzten „Fleurs du Mal"-Zyklus „Der Tod" und damit das ganze Verswerk (SW 3, 328 ff.). Nach all den anderen „Reise"-Titeln kündigt dieser Text mit dem schlichten Titel und dem bestimmten Artikel „Le" nicht eine, sondern *die* Reise an, die Reise als solche. Eine, die auch über die Gegenwelt hinausführen wird, nämlich in den Tod.

Das Prosagedicht unterscheidet grundsätzlich zwischen einfachen und wahren Reisenden. Das sind einmal jene, die motiviert allen engen, bedrückenden Verhältnissen entfliehen wollen, aber überall das Scheitern ihrer Paradiesvorstellungen erleben müssen. Ein „wir" bezieht Position gegen ein „ihr", was zu einer ganzen Reihe von oft kleinen Kontrastvergleichen und Ankündigungen führt, die sich ständig ins Gegenteil verkehren bzw. aus Verbindungen von Substantiven und Adjektiven bestehen, die sich widersprechen. Zum andern stellen sich jene als „die wahren Reisenden" heraus, „die fortgehen um des Fortgehens willen". So wie diejenigen, die sich vom Verhängnis oder Zufall treiben lassen; die „Vorwärts!" sagen, und „wissen nicht warum". Die einfachen Reisenden erinnern sich jedoch überall an wunderbare Dinge, Verhältnisse, Menschen, aber auch an Langeweile wie in der aktuellen Welt. Der Sprecher zieht ein völlig ernüchterndes Resümee: Die Welt ist überall „eine Oase des Grauens in einer Wüste der Langeweile." Schon der fünfmal mit Flexionen wiederholte Schlüsselbegriff „ennui" betont, wie aussichtslos alles Reisen ist.

Was bleibt am Schluss, wenn die Lebenszeit abgelaufen und abgeschlossen ist wie *die* Reise? Es bleibt der Ruf nach dem Ende, der Ruf, er, der Tod, möge die Anker lichten, um die unbewohnbare Welt zu verlassen. Sind schließlich „Meer und Himmel auch schwarz wie Tinte", ist dennoch nicht alles beendet, denn „unsre Herzen, die du kennst, sind voller Strahlen". Sollten „Hölle oder Himmel" ihre Bedeutung verloren haben, kann nichts, auch nicht das Nichts, dem Geist sein letztes Reiseziel zerstören, das da heißt: „Zur Tiefe des Unbekannten, etwas *Neues* zu erfahren!" Diese Reise durchbricht alle Welten, die alltägliche und auch die ideale – sie endet im Tod. Der eigentlich nicht das Letzte sein kann.

Über die Welt hinaus

Wo auch immer sie enden, Baudelaires Reisebilder kennen keine Grenzen und führen über alles Begrenzende hinaus. Wie auch immer Reisen reflektiert werden, sie sind ein Wert an sich. Diesen Gedanken hat schon das Gedicht „Die Pläne" entwickelt (s. o.; SW 8, 200 ff.). Deshalb kann der pessimistische Schluss von „Le voyage" nicht die letzte Etappe gewesen sein. Allein der Doppeltitel eines Prosagedichtes unterstreicht, dass Reisen etwas Existenzielles bedeutet: „Anywhere out of the world. N'importe où hors du monde" (SW 8, 292 ff.). „Irgendwo außer der Welt" signalisiert eindeutig Transzendenz, etwas, das jenseits der Welt des „ennui" liegt.

Diese Maxime mit alternativem Gehalt geht von einer allgemein-menschlichen Erfahrung aus: Man denkt nicht immer an das, was man hat, sondern an das, was man *nicht* hat. Ist jemand krank, träumt er zur Gesundung von einem Ort, an dem er gerade nicht ist und der sogar besser zur Genesung geeignet wäre. In einem fingierten Selbstgespräch wendet sich der Ich-Erzähler mit der Frage an „[s]eine

Seele, arme, durchkältete Seele", wo das Leben am besten wäre. Als Kontrastfolie zur Gegenwart käme z. B. das warme, fröhliche Lissabon in Frage oder Holland und Rotterdam mit der bewegten Hafenszenerie oder Batavia mit seiner tropischen Schönheit. Doch der Zustand der „Seele" lenkt die Wunschvorstellungen genau in die konträre Richtung, in die lebensfeindliche nordische Welt, d. h. ausgerechnet an die Ostsee oder an den Pol, wo die Lichtverhältnisse die herrschende Monotonie, „dieses halbe Nichts", nur noch verstärken. Für die „Seele" gibt es nur eine Lösung: „Wohin auch immer! wohin auch immer! wenn es nur außer der Welt ist!" Diese alternative Welt wäre im wahren Sinn des Wortes eine übersinnliche Welt. Eine Reise ins Jenseits könnte aber auch Tod sowie Nähe zu Göttlichem, zu ultimativem Glück bedeuten.

V. Baudelaires Soziale Bilder

Revolutionäre und reformerische Schriftsteller des Vormärz und der Julimonarchie haben die Lösung der sozialen Frage zur grundlegenden Aufgabe der modernen Gesellschaft erklärt. Heine hat in „Lutezia" die zukünftigen, französischen Zustände analysiert, mit dem Weberlied 1844 die proletarische Revolution angekündigt und in den „Geständnissen" die Hoffnung auf eine soziale Revolution erneuert. Und Baudelaire?

In ihren Spät- und Hauptwerken haben Heine und Baudelaire allen Gescheiterten und Opfern der geschichtlichen Entwicklung ihre Sympathie und Solidarität erwiesen, ja, Baudelaire hat nicht gezögert, Alten, Armen und Bettlern nicht nur ihre Würde zurückzugeben, sondern auch ihre unerkannte Schönheit zu unterstreichen. Indem er alles Niedere bzw. Erniedrigte zum Gegenstand seiner Vers- und Prosagedichte gemacht hat, ist es ihm gelungen, die Demokratisierung des Schönheitsbegriffs um eine subversive Dimension zu bereichern.

Bekanntlich hat Baudelaire das Motiv „regard" (Blick) oftmals verwendet, aber hier erscheint ungewöhnlich, wie sehr er die unmittelbare, physische Wahrnehmung von Armut und Elend verarbeitet hat. Immer wieder versuchen Bilder und Szenen, soziale Unsichtbarkeit der Armen und Alten sichtbar werden zu lassen und die Demütigung derjenigen zu denunzieren, die aus Scham unsichtbar bleiben wollen, oder, was Heine bereits in London erlebt hat (s. o.), die Kränkung der Armen, die das Tageslicht scheuen, anzuprangern. Heine und Baudelaire machen sich hier zu Sprechern all derer, die draußen vor der Tür der modernen Gesellschaft stehen und das sehen, was drinnen ist und für sie unerreichbar sein soll. Die drinnen sind, reagieren mit Missachtung, indem sie sich gegen Sichtbarkeit abschotten. Sichtbarkeit erscheint als Privileg der Reichen, die mit ihrem „innerem Auge" für die soziale „Nichtexistenz" der anderen verantwortlich sind. Dieser Problematik hat sich der Sozialphilosoph Axel Honneth im Zusammenhang mit seiner Anerkennungstheorie grundlegend gewidmet.[37]

Baudelaires große Innovation besteht nun in der Art und Weise, in der er die materiellen Trennwände, die zwischen Arm und Reich existieren, dank seiner

Kontrastpraxis gegenständlich gemacht hat. Als Beispiel sei auf ein weiter unten untersuchtes Prosagedicht vorausgedeutet: Wenn Arme draußen auf der Straße in ein Café schauen, stören sie die Ausblicke der wohlhabenden Cafébesucher, so dass es zum Konflikt kommt. In Szenen dieser Art werden für Baudelaire die Vorstellungen der Zuschauenden zur entscheidenden Instanz.

Im Unterschied zu Baudelaires ‚Reisebildern' sind die ‚Sozialen Bilder' Texte, die sich auf inner-, nicht auf außerweltliche Fluchtpunkte beziehen. Insgesamt fällt auf, dass die „Petits poèmes en prose" Armut stärker reflektieren als der Hauptzyklus aus den „Fleurs du Mal".

Augensprache

Eine starke Geste der Empathie-Bekundungen offenbart das Loblied auf „achtzigjährige Even" (eine oxymorale Fügung). Gemeint sind „Die alten Weiblein", alte Frauen, die viel gelitten haben und jetzt keine sinnlichen Bedürfnisse mehr empfinden (SW 3, 236 ff.).

Verzaubert vom Grauen, das alte Hauptstädte verbreiten, gesteht das Subjekt, es lauere gerne „verhutzelten und verführerischen Wesen" auf. In ihrer Vorstellung konfrontiert es gemäß dem Zeitschema einst/jetzt diese zerbrochenen, buckligen, „schlotterigen Mißgestalten" mit dem, was sie früher einmal waren: „Eponina, Laïs, d. h. Hetären der griechischen Welt oder Heldinnen. Oder Vestalinnen, Priesterinnen der Muse der Komödie, umjubelte Tänzerinnen, Kurtisanen und Heilige, die ein Leben voller Opfer, Leiden und Entsagung geführt haben. Um den Gegensatz auf die Spitze zu treiben, fordert das sich solidarisch fühlende Ich: „laßt sie uns lieben!". Als Beweis seiner Ernsthaftigkeit erklärt er sich bereit, mit ihnen zu leben und alles zu teilen, und damit sind ihre Laster und ihre Tugenden gemeint.

So alt und gebrechlich die „petites vieilles" sein mögen, so sind sie doch jung durch ihre *Augen*. Sie leben einzig und allein durch ihre Augen. Das lobpreisende Ich vergleicht diese Augen mit den lachenden „Himmelsaugen" kleiner Mädchen, oder mit Augen, die bei Nacht „wie ein Wasserloch" leuchten. Diese Augen sind „Brunnen", die sich mit einer Million Tränen gefüllt haben, es sind „yeux mystérieux", die ihren Zauber großem Leiden verdanken.

Enttäuschte, gescheiterte Existenzen vermeiden, behauptet das Subjekt im Einverständnis mit klugen Denkern, jeden Blickkontakt mit den offensichtlich so Erfolgreichen. Sie, die Gescheiterten blicken auf ihr glückloses Leben zurück, aber das, was sie jetzt sehen, lässt sie in öffentliche Gärten und an abgelegene, schattige Orte fliehen. Sie, die draußen sind, wollen sich ganz dem „Blick (regard) der sorglosen Müßiggänger", die innen sind, entziehen. Sie wollen in der Öffentlichkeit unsichtbar bleiben (SW 8, 152 ff.). Aber es gibt Dichter, die mit „erfahrene[m] Auge" das Schicksal dieser vom „Leben Verkrüppelten" rekonstruieren können. An deren Physiognomie lesen sie die Spuren vergangener Leidenschaften und erlittener, elementarer Entbehrungen. Was jedoch in ihrer

Imagination aus allem hervorsticht, das sind diese „hohlen und trüben Augen", in denen noch „die letzten Blitze des Kampfes flackern". Etwas, das nie seine individuelle Schönheit und Kraft verloren hat und auch nicht verlieren kann.

Schon die Komposition des analogen Prosagedichts „Die Witwen" veranschaulicht am Verhalten verschiedener alter Frauen, wie sehr soziale Gegensätze eine Gesellschaft zu spalten vermögen.[38] Das Gedicht berichtet von einem öffentlichen Konzert in einem Park. Im Blickpunkt: die „Menge der Parias", die sich um die Umzäunung des Konzertplatzes drängen und dadurch in zwei Gruppen aufgespalten werden. Auf der einen Seite die Reichen in langen Roben, Müßiggänger, die sich den Freuden des Lebens sorglos hingeben können. Aber etwas Wesentliches stört ihr Vergnügen: der Blick des „Gesindels" („tourbe"), das sich über die äußere *Schranke* lehnt, um gratis ein Stück Musik erhaschen zu können. Der Wortlaut eines einzigen Satzes stellt das sozial Trennende unmittelbar gegeneinander: Das, was fesselt, besteht in der Demütigung, wenn man sehen muss, „wie die Freude des Reichen tief in den Augen des Armen widerscheint".

Ein weiterer, realer Aspekt lässt diese Koexistenz zweier Welten in einem noch anderen Licht erscheinen. In der Volksmenge („plèbe") fällt dem Subjekt eine majestätische, große, „würdevolle Frau" in die Augen, die in eine Reihe „aristokratischer Schönheiten" vergangener Zeiten gehört. Das Zusammentreffen kommentiert der Ich-Erzähler mit einem Begriff, der Baudelaires Schreibweise klar auf den Punkt bringt. Ich erblickte ein Wesen, erklärt der Erzähler, „dessen Adel in einem auffälligen *Kontrast* stand zu der allgemeinen Trivialität seiner Umgebung" (Hervorh. G.H.) Das französische „éclatant contraste"[39] erfüllt hier eine intersoziale Funktion, macht es doch den Antagonismus zweier Welten bewusst. Trotz allem, so stellt sich das Ich in einer letzten humanen Wendung vor, findet sich die in schwarz gekleidete, trauernde Witwe aber nicht in der Welt der Reichen wieder. Wahrscheinlich, so die Imagination, hat sie das Eintrittsgeld ‚gespart', um dem Kind an ihrer Hand eine Kleinigkeit kaufen zu können.

Nicht allein Konzerte, sondern auch Volksfeste mit ihren Schaustellern können Demütigungen auslösen. Ein Beispiel zeigt, wie das Schicksal eines alten Gauklers das Los des Dichters in der modernen Welt widerspiegelt.

„Der alte Marktschreier", eine männliche Person unmittelbar nach den „Alten Weiblein" und den „Witwen", entrollt das äußerst bunte und detailreiche Bild eines ausgelassenen, lauten, dröhnenden Volksfestes, mit vielen Buden, reichlich Personal und Akrobaten (SW 8, 158 ff.). Eine Reihe von artikellosen Substantiven bringt so etwas wie Ruhe und Ordnung in das Durcheinander („Alles war nur Licht, Staub, Schreie, Freude, Tumult"). Es fehlt auch nicht der Geruch des Bratfetts, der so etwas „wie der Weihrauch dieses Festes" war. Am Ende der Budenreihe platzt die fröhliche Stimmung auseinander, stilistisch markiert durch den Wechsel vom Imperfekt zum *Passé simple*. Das Subjekt trifft auf einen armen Gaukler, dessen Zustand symmetrisch genau das Gegenteil von dem verkörpert, was das Volksfest ausmacht: Er ist „gebeugt, gebrechlich, altersschwach, ein Wrack von einem Menschen", seine Hütte armselig. Zwei aufeinander folgende Sätze mit konträrer Aussage genügen dem Erzähl-Subjekt, um die Situation überdeutlich werden zu lassen: Überall herrscht „die Freude, der Gewinnst, die

Verschwendung", überall gibt es genug Brot für morgen. Und nur durch ein Satzzeichen getrennt folgt darauf: „Hier das völlige Elend", das in komische Lumpen gehüllte Elend. In dieser Gestalt ‚triumphiert' die Wirklichkeit über die Kunst, denn die pure „Not", nicht Geschmack, hat für diesen empörenden „Kontrast" gesorgt.[40] „[L]e contraste" charakterisiert hier den sinnlich wahrnehmbaren, sozialen Gegensatz, der sich in der Person des alten Gauklers verkörpert. Weitere Kontraste entstehen durch eine konjunktionslose Reihung von ca. einem Dutzend negativ besetzter Verben und Adjektive (er „lachte nicht, [...] er tanzte nicht" etc.), mit dem Ergebnis: „Sein Schicksal war besiegelt." Was aber bleibt, ist sein „tiefe[r], unvergeßliche[r] Blick" („regard"), den der Gaukler über die Menge streifen lässt und mit dem er seine Würde geltend macht. Zum Schluss muss das Ich erkennen, dass das Bild des Gauklers dasjenige aller alten Dichter und damit auch sein eigenes ist, d. h. aller derjenigen, die sich selbst überlebt haben, die im Elend leben, von allen Freunden verlassen, auch von seinem früheren Publikum, das ihm einstmals zugejubelt hat.

Alter führt oft nicht nur zu einer Randexistenz, sondern auch zu Verzweiflung („Die Verzweiflung des alten Weibleins"). Auf den Prolog „Die Wolken", die Schönheit beschwören, folgt ein Prosagedicht, welches das Missgeschick einer einzelnen „verhutzelten Alten" erzählt, die einem hübschen Kind eine Freude bereiten möchte (alt/jung-Gegensatz) (SW 8, 120 f.). Dieses Kind sieht ihr, der Alten, ähnlich, beide sind ohne Haare und Zähne und erscheinen eher als hässlich. Die alte Frau begeht jedoch für sie einen schweren ‚Fehler': Sie will dem Kind nur zulächeln und es anschauen (Augen). Aber Liebkosungen erschrecken das Kind so sehr, dass es aufschreit. Die schroff abgelehnte, alles überbrückende Geste voller Menschenliebe lässt die „gute Alte" in tiefe Trauer und in „ewige Einsamkeit" verfallen. Humanes Verhalten ist selbst Kindern fremd geworden.

Klassenschranken

Reichtum und Elend können sich überall und unmittelbar gegenüberstehen. Geschieht das aber in einem luxuriösen, prachtvollen, glanzvollen, mit Gold ausgeschlagenen Pariser Café, passiert, wie oben erwähnt, etwas Ungewöhnliches. Der Prosatext Nr. XXVI verkehrt die vorhergehende Situation ins Gegenteil, indem er beispielhaft schildert, wie gerade weibliche Gefühllosigkeit ein ganzes Stück Humanität vernichten kann. Der Titel des Stücks nennt den Grund der Zurückweisung: Es sind „Die Augen der Armen" (SW 8, 208 ff.). Das Prosagedicht vertieft noch die Thematik der „Augensprache".

Das Subjekt des Textes versucht seiner Partnerin zu erklären, wie trotz Liebe Hass entstehen kann. Die Szene: Vor dem Café taucht ein vierzigjähriger, müde aussehender Mann mit einem kleinen Jungen und einem Baby auf. Alle sind in Lumpen gekleidet. Ihre sechs ungewöhnlich ernsten Augen starren voller Bewunderung auf die Fensterscheibe des Cafés. Das Ich reagiert danach beschämt und voller Mitleid auf diese „Familie von Augen", „famille d'yeux" – eine

Wortschöpfung, die wie keine andere derartig stark Baudelaires Reflexion über soziales Elend wiedergibt. Im Text richtet das Ich seinerseits den Blick auf die Augen der Angeredeten, die nicht ernst und starr sind, sondern im symmetrischen Kontrast dazu schön, weich, grün und vom Mond inspiriert. Ohne Mitleid mit den armen Ausgeschlossenen verlangt die Partnerin des Ichs, diese Familie, die sie schon mit ihren bloßen Blicken stört, zu entfernen. Sie erklärt: Diese Leute sind ihr „unerträglich mit ihren sperrangelweit aufgerissenen Augen!" Folglich sollen sie aus dem Blickfeld verschwinden, d. h. unsichtbar gemacht werden. Ein Prosastück wie „Die Fenster" beschreibt die ausdrucksstarke Gegenszene zu „Die Augen der Armen" (SW 8, 256 f. u. 208 ff.). Das Ich selbst beobachtet durch sein schwach beleuchtetes Dachfenster eine alte, runzelige und arme Frau und rekonstruiert ihre Geschichte voller Empathie. In diesem Fall hat alles auch seine eigene Selbstfindung befördert.

Welche sozialrevolutionäre Dynamik von Blicken ausgehen kann, hat bereits Heine in seinem „Lutezia"-Artikel vom 11. Dezember 1841 festgehalten, der eine bedrohliche Signatur des Zeitgeistes enthält. Der Korrespondent konfrontiert seine deutschen Leser mit einer Pariser Straßenszene aus der Vorweihnachtszeit; er blickt in die Gesichter der Menschen, die vor den ausgestellten „Luxus- und Kunstsachen" der Pariser Kaufläden stehen und malt die Vision aus:

> Die Gesichter dieses Publikums sind so häßlich ernsthaft und leidend, so ungeduldig und drohend, daß sie einen heimlichen *Contrast* bilden mit den Gegenständen, die sie begaffen, und uns die Angst anwandelt, diese Menschen möchten einmal mit ihren geballten Fäusten plötzlich dreinschlagen, und all das bunte, klirrende Spielzeug der vornehmen Welt mitsammt dieser vornehmen Welt selbst gar jämmerlich zertrümmern! (DHA XIII, 139; Hervorh. G.H.)

Ein weiteres Prosagedicht von Baudelaire ergänzt diese beiden Szenen durch den Bericht eines Ausschnittes, in dem ein offenbar harmloses Verhalten von unschuldigen Kindern soziale Gegensätze krass beleuchtet. In „Das Spielzeug des Armen" bietet ein knappes *face à face* dem Subjekt Gelegenheit, zwei konträre Welten so abzubilden, dass das Trennende, das Gitter eines Schlosses, in seiner materiellen Funktion bewusst gemacht wird. Aber Text Nr. XXVI rückt zugleich auch das Verbindende in den Mittelpunkt (SW 8, 176 ff.). Das Prosagedicht beginnt mit der Darstellung eines leuchtenden, schönen, eingezäunten Schlosses, das an einer Landstraße liegt. Hinter dem Gitter steht „ein schönes, frisches Kind, allerliebst herausstaffiert in seinem ländlichen Kostüm". Im Gras neben dem Kind liegt ein ebenso prachtvoll wie teuer ausgestattetes Spielzeug. Auf der anderen Seite des Gitters steht ein zweites Kind, das in allen Belangen gegensätzlich aussieht; es ist „schmutzig, schmächtig, rußverschmiert" – ein Gassenjunge, ein „Paria". Aber in der Vorstellung, im „Auge des Kenners" und Dichters, wäre es voller Schönheit, wenn es, wie bei einem Bild, von der „abstoßenden Patina des Elends" gesäubert würde. Die Unschuld des Kindes könnte durch die Solidarität des Dichters gerettet werden.

Die Komposition des Textes belässt es nicht allein dabei, „symbolische Gitter", die „zwei Welten" in Wirklichkeit materiell trennen, ins Zentrum zu stellen, sondern zeigt auch, und vor allem, wie die Trennung überwunden werden könnte. Stäbe sind durchlässig. Das nutzt das arme Kind, um dem reichen sein völlig anderes, unprätentiöses Spielzeug zu zeigen, das sofort gefällt: nichts Vergoldetes, sondern nur eine lebendige Ratte, die wohl aus Sparsamkeit angeschafft worden ist. Zum Schluss begegnen sich beide Kinder auf einfache, humane Weise; sie fühlen sich befreit und gleich. Das fasst der Erzähler präzise mit Worten zusammen, welche Gleichstellung durch Kursivierung von „égale" hervorheben und damit ein gutes Ende ankündigen: Sie „lachten einander brüderlich zu, mit schimmernd weißen Zähnen *beide*".[41]

Gibt Baudelaires dichterisches Werk den hinter Gittern, Zäunen und Fensterscheiben stehenden ihre menschliche Würde zurück, gehen in einem Fall die emanzipatorischen Ideen noch einen Schritt weiter. Das Versgedicht „Auf ein rothaariges Bettlerkind" entdeckt, unterstützt durch künstlerische Komposition, die Schönheit einer Bettlerin (SW 3, 222 ff.).[42] Das in der Frühphase des Dichters entstandene Gedicht versteht sich als Ehrenerweisung an eine damals bekannte Pariser Straßensängerin. Die vierzehn Strophen reihen Kontrastbild an Kontrastbild. Schon die erste Strophe, welche die scharfen Gegensätze „pauvreté" und „beauté" reimt, lässt sofort spürbar werden, was das „Weiße Mädchen im roten Haar" auszeichnet und was die Löcher im Kleid *nicht* verbergen können. Die Fantasie des Ich wertet körperlichen Nachteil zum Vorzug um: Ein „kränkelnder Leib voll Sommersprossen" erscheint als „lieblich" („douceur"). Oder: „schwere Holzschuhe" wirken „anmutiger" („plus galamment") als königlicher „Samtkothurn". Würde ihre erbärmliche Kleidung hoffähig umgerüstet, so die Fantasie, oder würde sie ein bisschen verführerisch auftreten, würden Dichter und lüsterne Edelmänner ihre kleine Kammer ausspähen und wahrscheinlich in ihrem Bett landen wollen. Doch die Rothaarige bettelt vor noblen Restaurants. Aber in der Imagination des Lobredners ist gerade nichts verführerischer als ihre Nacktheit. Das unterstreicht der letzte Reim, der „nudité" mit „beauté" zusammenbringt.[43]

Wie lässt sich die Frage der Armut lösen – lässt sie sich etwa durch persönlich erfinderische Programme lösen? Baudelaire, der den Sozialisten Pierre-Joseph Proudhon sehr geschätzt, aber auch kritisiert hat, entwickelt ein Programm, das einer Provokation gleichkommt. Es handelt sich um das Gegenprogramm aller „Beförderer der öffentlichen Wohlfahrt" und steckt an sich voller Gegensätze. Die materielle Armut – so das Subjekt – kann durch Prügel, d. h. durch Kampf besiegt werden, der nicht den ökonomisch, sondern den moralisch schwachen Zustand der Armen überwinden soll, indem er die angepriesene Gleichheit konkret unter Beweis stellt und Freiheit erobert. D. h. erst schlagen, dann wird zurückgeschlagen. In „Verprügeln wir die Armen!" trifft das Ich vor einem Wirtshaus einen sechzigjährigen Bettler, der seinen Hut hinhält (SW 8, 296 ff.). Es stürzt sich auf ihn, verprügelt ihn, verpasst ihm *ein* dick anschwellendes Auge, schlägt ihm *zwei* Zähne aus und schmettert seinen Kopf gegen eine Wand. Doch mit einem unglaublichen Ausbruch an Willenskraft rappelt sich der Bettler auf, schlägt seinem Gegner *beide* Augen blau, bricht ihm *vier* Zähne und schlägt ihn mit demselben Ast zusammen, mit dem er selbst verprügelt worden ist. Das Ich muss schließlich anerkennen, dass Prügel Würde retten und Anerkennung erkämpfen können. Anerkennung und Egalität sprechen präzise aus den wieder kursiv gesetzten Worten, die das Ich an den Bettler richtet: „Mein Herr, *Sie sind meinesgleichen!*" Zum Beweis seiner vorherigen Aggressivität schlägt es nun vor, seinen Geldbeutel zu teilen und empfiehlt dem Armen, unter seinen Mitbrüdern diese martialisch-philanthropische Lehre bekannt zu machen. Um mit Hegel zu sprechen, im Kampf aus Knechten Herren zu machen.

Dank ihrer formalen, kompositorischen Struktur verschärfen Baudelaires Vers- und Prosawerke die Wahrnehmung derjenigen, die, ob alt und/oder arm, ins Abseits und in den Schatten der Moderne abgedrängt worden sind – den Dichter selbst eingeschlossen. Gesten von Empathie und Solidarität richten sich an die Opfer des Fortschritts, die der Dichter alle wie ein *alter ego* empfindet. Diese sozialkritische Kraft steckt im Epilog der „Petits poèmes en prose", der aus einem Lobgesang auf die Geringsten unter allen Außenseitern besteht. Nach dem vorhergehenden, agonalen Text muss jedoch auch die in „Die guten Hunde" gestaltete animalische Gegenüberstellung wie eine erneute, echte Provokation wirken (SW 8, 300 ff.). Baudelaires Verherrlichung besteht aus seiner Reaktion auf das Bild eines belgischen Malers (Joseph Stevens: „L'intérieur du saltimbanque"). Der Auftrag unter Freunden lautete: etwas über die Hunde der Armen zu schreiben. Stellvertretend für die sozialen Konflikte werden die „bons chiens" mit den ‚mauvais chiens', das sind die Hunde der Reichen, scharf konfrontiert. Zu seiner Inspiration weist das Ich ausdrücklich die zitierte „akademische Muse" zur Seite und bittet die „Muse des Alltags", des „lebendigen Lebens" der Stadt um Hilfe. Sie soll helfen, dem Gesang auf „die guten, die armen Hunde", auf die „schmutzigen Hunde" („chiens crottés") eine würdevolle Form zu geben. Das sind die Hunde, die jeder verscheucht bis auf die Armen und den Dichter, der sie „mit einem brüderlichen Blick" betrachtet („œil fraternel", dt.: wörtlich „Auge"). Dagegen gilt ein „Pfui!" dem „geschleckten Hund" („bellâtre"), der gefallen will, gerne hochspringt und als Wachhund eine „vierpfotige Schlange" ist. Zwei aufeinander folgende Sätze lassen die soziale Repräsentanz des Gesangs überdeutlich werden: Lebt der verwöhnte, bourgeoise Hund auf dem „Seidenpolster" seines Körbchens, so ist der arme Hund „ohne Heim" („sans domicile", dt: obdachlos); er muss auf der Straße leben, herumstreunen und ist darauf angewiesen, einen anderen Armen mit geschärftem Blick („yeux clignotants et spirituels") um Aufnahme anzubetteln. Von einer allgemein politischen Lösung ihres Elends ist nichts zu erwarten: Die Vertreter der Republik beschäftigen sich laut Ich ausschließlich mit dem „*Glück der Menschen*" und haben keine Zeit für die „*Ehre* der Hunde".

Joseph Stevens: „L'intérieur du saltimbanque" (1857)

VI. Semantische Kollisionen

Auf der Mikroebene ihrer Werke kann sich Heines und Baudelaires Kontrastkunst virtuos entfalten. Der ganz auf „contra stare" und Stören begründeten Schreibpraxis gelingt es, ihre irritierende Wirkung voll zu entfalten. Was sich seit der „Harzreise" Bahn gebrochen hat, kehrt im Spätwerk Heines z. T. sogar verstärkt wieder. Baudelaire hat diese Verfahren modellhaft weiterentwickelt. Allerdings lassen sich mangels bekannt gewordener, passender Vorarbeiten verschiedene Aspekte des Heine'schen Kontrastprogramms[44] bei Baudelaire schwieriger nachweisen.[45]

Das Oxymoron ist *das* Stilmittel der Kontrastästhetik schlechthin. Es bezeichnet eine rhetorische Figur, die es ermöglicht, Heterogenes zusammenzubringen, d. h. Wortsegmente mit gegensätzlicher Bedeutung. Beide Dichter haben das Oxymoron ausgiebig verwendet, um zwiespältige Phänomene und ambivalente Gefühle eindringlich darzustellen. Ist das insgesamt nur ein besonderer Aspekt, dann vermag er aber – formal gesehen – die Nähe beider Dichter unmittelbar zu untermauern.

Heines lyrisches Spätwerk, um kurz daran zu erinnern, verwendet auffällige Wortzusammensetzungen und Wortverbindungen. Einzelne Gedichte sprechen z. B. von „wundersamer Schmerzlust", die der junge Jehuda ben Halevy beim Talmud-Studium empfindet (DHA III, 134); ferner versuchen sie, notwendiges Leiden mit der Maxime zu lindern: „Geheime Wollust schwelgt im Schmerz" (DHA III, 185), oder sie wollen den stechenden Blick der Elfen mit der zwiespältigen Andeutung verklären: „Verheißend ein süßes, doch tödtliches Glück" (DHA III, 79). Paradox erscheint die Satzverbindung „Im süßen Lied ist oft ein saurer Reim" (DHA III, 110).

Nationalsprachliche Gründe hindern Baudelaire wohl daran, seine Vorliebe für Oxymora in gleichem Maße wie Heine durch Komposita zu verwirklichen. Er hat jedoch z. B. Zusammensetzungen geprägt wie „soleil de glace" oder „harmonies de l'enfer" (SW 3, 114 u. SW 8, 194). Der Franzose bevorzugt vielmehr Verbindungen aus Substantiven und Adjektiven oder nur aus Adjektiven. Privilegiert erscheint die *contradictio in adiecto,* wie in „sérénité désolante de caractère" (SW 8, 274) oder wie in „jouissances fiévreuses" (SW 8, 150) bzw. „criminelle jouissance" (SW 8, 222) und einfach in „une symphonie muette" (SW 8, 174). Zwei oxymorisch verbundene Adjektive wie „funeste et béatifique" bezeichnen die Reaktionen bei einem umstrittenen Gegenstand, oder „infernal et divin" den Blick einer angesprochenen Schönheit (SW 8, 238 u. SW 3, 96). Oder der Schwan vor dem Louvre, der als „ridicule et sublime" erscheint (SW 3, 230).

Thematisch fallen vor allem Baudelaires Verknüpfungen mit Licht bzw. Helligkeit auf, die wohl auf den Hell/Dunkel-Kontrast zurückzuführen sind. So kann sich eine nächtliche Begegnung an der „pâle clarté" entzünden (SW 3, 140). Ferner ist nichts „plus ténébreux, plus éblouissant" als ein Fenster im Kerzenlicht (SW 8, 256). Selbst die Sonne, Symbol des Idealen, ließe sich verdunkeln zu „soleil noir", „wenn ein schwarzes Gestirn denkbar wäre, das Licht und Glück ausgießt" (SW 8, 258 f.). Außerdem wird eine Geliebte als „ma belle ténébreuse" beschworen, und ein geliebtes Gespenst kann zugleich „noire et pourtant lumineuse" sein (SW 3, 118 u. 126).

Ebenso auffällig sind Kombinationen, die eine Ambivalenz der Gefühle signalisieren. Der Sprecher in „Le galant tireur" reicht z. B. seine Hand „sa chère, délicieuse et exécrable femme" oder er verneigt sich vor „son inévitable et impitoyable Muse" (SW 8, 278). In einer anderen Situation liegt das Ich zu Füßen seines „maudite chère enfant gâtée" (SW 8, 262). Ebenso erblickt es im Traum voller Neid die „funèbre gaieté" alter Huren (SW 3, 252). Sehr grell: Die Vögel, die den Gehängten auf Kythera mit ihren Schnäbeln entmannt haben, waren „gorgés de hideuses délices" (vollgefressen von „gräßlichen Genüssen", womit das Geschlechtsteil gemeint ist) (SW 3, 302 f.). Selbst das Meer, das edle Element, kann auch als „monstrueusement séduisante" erscheinen (SW 8, 252).

Baudelaire vermag aus genannten Gründen andere Verfahren, die für Heines oxymorische Schreibweise typisch sind, nicht in vergleichbarem Maß fortzuführen. Mangels Vorarbeiten, zumindest aus der deutschen Forschung, lassen sich kaum Aussagen machen über das Vorkommen von asyndetischen Reihungen – den Geniestreichen, mit denen der junge Heine seine Leserschaft gestört hat. Ebenso wenig lässt sich etwas Zutreffendes über Wortkreuzungen sagen. Kommentare weisen auf Baudelaires Neologismen hin, sie erscheinen jedoch anders strukturiert als die von Heine. Ein typisches Beispiel, dieses Mal aus dem „Romanzero": „Doktrinärrin" (DHA III, 138). Auch Kontrastreime (s. o. Abschn. 7) sind kein vorrangiges Mittel in einem Werk, das in den „Fleurs du Mal" die unvergleichlich großen, homophonen Möglichkeiten der französischen Sprache schöpferisch ausgenutzt hat, um vielmehr höchstmögliche klangliche Harmonie zu erzeugen. Reimlosigkeit gehört dann in der zweiten Sammlung zur Grundstruktur.[46] Apropos Kontrastreime sei nur erinnert an „villes" / „viles" (s. o.) oder verwiesen auf das tödliche, wohlklingende Glücksversprechen, das „L'Invitation au Voyage" einleitet: „Aimer à loisir,/ Aimer et mourir" (SW 3, 158). Oder an „A une jeune Saltimbanque" mit dem Reim: „pauvre ange", (gestürzter Engel) / „fange" (Schlamm), in dem Geld liegt („Poésies retrouvées"; OC, 224).

Aber beide Meister der Kontrastkunst treffen sich bei dem Versuch wieder, mittels Kontrasteffekten den unvermeidlichen Einbruch des Alltäglichen, des Banalen in die erhabenere Welt zu denunzieren. Heines Rückgriff auf Körpermerkmale zerstört alle höheren Werte. So sind die „langen Fortschrittsbeine" des „Ex-Nachtwächters" Dingelstedt müde geworden, weil die „Hühneraugen jücken" und die „Schuhe drücken" (DHA III, 97). Als Paradebeispiel für Heines Praxis sei „Frau Sorge" aus dem „Romanzero" erwähnt. Das von allen verlassene Ich träumt von der Wiederkehr seines verlorenen Glücks, bis die tabakschnupfende Wärterin zur knarrenden Dose greift: „Es platzt die Seifenblase –/ Die Alte schneuzt die Nase." (DHA III, 116) Außerdem muss sich der Herrgott vorwerfen lassen, bei der Erschaffung des Menschen hätte doch „ein Ohr" genügt, um des berühmten Meyerbeers „Hemeroidhal-Musik" anhören zu können (DHA III, 401). Ein Beispiel aus dem Küchenbereich: „Der weiße Elephant" liebt nur „Dampfnudeln und Ossian" (DHA III, 17).

Im Unterschied zu Heine handhabt Baudelaire zur Zerstörung von Illusionen und Träumen wörtlich zu nehmende, *schlag*artige Mittel mit Schockwirkung. In „La chambre double" träumt der Erzähler von Augenblicken höchsten Glücks, bis ein fürchterlicher Schlag gegen seine Tür dröhnt und ihm das Gefühl vermittelt, als träfe ihn „der Hieb einer Hacke [...] in den Magen" (SW 8, 129). Als banale ‚Täter' kommen ein Gerichtsvollzieher, eine infame Konkubine oder der Laufjunge eines Zeitungsdirektors in Frage. Ähnlich verfährt „La Soupe et les nuages". Die Geliebte hat zum Essen eingeladen. Das Ich bewundert die Architektur des Esszimmers und ergeht sich in Träumereien, bis es plötzlich einen harten Faustschlag in den Rücken erhält. Eine „rauhe und reizende Stimme" (ein Oxymoron) ruft ihn mit der Frage zur Ordnung, ob er nicht seine Suppe essen wolle, statt in die Wolken zu schauen – eine triviale Geste, die auf den herausgehobenen Wolkenanbeter in „Der Fremdling" verweist (SW 8, 281). In „Pariser Traum" versetzt sich das Subjekt schließlich in eine metallische Zauberwelt. Beim Aufwachen in seiner grauenvollen Kammer wird ihm klar, dass die Uhr mit „dumpfen Schlägen" unerbittlich Mittag eingeläutet hat (SW 3, 267).

Epochenbegriffe lassen sich oft nicht genau eingrenzen, wie z. B. Vormärz, und stehen immer wieder zur Diskussion. In diesem Sinn hat der vorliegende Versuch die schreibpraktischen Konsequenzen des Begriffs Kontrastästhetik bis ins Detail zweier Werke analysiert, um die Problematik von Beginn und Entwicklung der Moderne erneut erörtern zu können. Geht man, wie hier unternommen, von strukturellen Gemeinsamkeiten aus, profitiert man davon, dass sich chronologische Zuordnungen erübrigen; dass die Suche nach Einflüssen, Rezeption, Abhängigkeiten oder Übernahmen obsolet wird; dass alles Beharren auf einen *einzigen* Begründer mit großem Namen an Interesse verliert und das mit Entdeckerlust benutzte Argument: „Das gab es alles schon bei…!" verblasst.

Hugo Friedrich hat seinen Grundbegriff mit „organisches Gefüge, eine typenhafte Gemeinsamkeit von Verschiedenem" definiert[47], betitelt sein Werk aber mit bestimmtem Artikel „Die Struktur der modernen Lyrik". Treffender wäre der artikellose Titel, denn Friedrich schließt bewusst politische Lyrik aus.

Ob Kontrastästhetik oder „typenhafte Gemeinsamkeit" – diese Modellvorstellung trifft jedoch auf eine paradoxe Festlegung, welche die Einheit in Frage stellt: DIE oder die Struktur hat zu einer doppelseitigen, gegensätzlichen Entwicklung geführt. Auf der einen Seite befinden sich die Nachfolger Baudelaires in der französischen und europäischen Lyrik des 19. und 20. Jahrhunderts, so wie Friedrich sie dargestellt hat. Diese Sprachkünstler konnten die Tradition des autonomen, hermetisch immer verschlosseneren Kunstwerks begründen. Auf der anderen Seite stehen die Nachfolger des Lyrikers und Prosaschriftstellers Heine, welche die Tradition der politischen Lyrik des deutschen 20. Jahrhunderts geschaffen haben, mit Namen wie Brecht und Tucholsky, Enzensberger und Biermann. Das ist die Tradition des offenen, auf Kommunikation und operativ auf Wirkung angelegten, politischen Kunstwerks.

Fragt man nach dem Grund dieser polaren Entwicklung, kommt man nicht daran vorbei, den Grundgestus von Heines und Baudelaires Kunst zu reflektieren. Für Heine existiert nur die reale, geschichtlich-gesellschaftliche Wirklichkeit, und er ignoriert die Idee einer überschwänglichen zweiten Welt. Weil diese Realität geschichtlich ist, könnte sie auch verändert werden. Damit steckt implizit ein historisches Ende im Spiritualismus, der nach Heines dualer Weltauffassung die wichtigste ideologische Stütze des zurückgebliebenen deutschen Feudalsystems ist. Baudelaires Weltbild charakterisiert hingegen der Glaube an eine außerzeitliche, zweite Welt. Das Böse besitzt eine Art ontologisches Fundament, was Unveränderlichkeit bedeutet. Aber keine Emanzipation ohne Rückbesinnung auf das Ideal der Schönheit, erreichbar durch Poesie und Imagination.

In seinem Prosa- und Lyrikwerk entwirft Heine „Signaturen", die dem wandelbaren Zeitgeist durch sinnlichen Ausdruck Präsenz verleihen sollen, das Böse eingeschlossen. Baudelaire legt dagegen die Idee einer Korrespondenz aller sinnlichen und übersinnlichen Dinge und Phänomene zugrunde. Auch wenn seine Artistik also immer auch auf die Versinnlichung einer idealen Welt abzielt, lassen sich nach der hier vertretenen Ansicht aber auch Baudelaires Soziale Bilder als Signaturen gemäß Heines Konzeption lesen: Beide arbeiten virtuos mit den Kontrasten, die sie in ihrer historischen Realität vorfinden, und formen aus ihnen denkwürdige Szenen, die deren Gegensätze schock-artig hervortreten lassen und so als Sinnbilder ihrer Zeit wirken.

Praktische Gemeinsamkeit muss nicht unbedingt geistige, intellektuelle Gemeinschaft bedeuten, um moderner Künstler zu sein. In ihrer Schreibweise vertreten beide Dichter ganz entschieden das *l'art pour l'art*-Prinzip. Deshalb kann kein grundsätzlicher Unterschied zwischen Heines „Blutrosen" der Freiheit[48] und Baudelaires „Blumen des Bösen" bestehen.

Anmerkungen

Dieser Beitrag ist der dritte Teil eines größeren Projektes zur Kontrastästhetik. Bisher erschienene Aufsätze zum Thema s. u., Anm. 10. – Ich danke Christian Liedtke für die intensive, freundschaftliche Zusammenarbeit.

1 Vgl. Guido Kluxen, Ronald D. Gerste: Heinrich Heines Krankheit – war es eine Myasthenie? – In: HJb 58 (2019), S. 72–83.
2 Zu Heines Zusammenbruch vor der Venus von Milo vgl. Baudelaires Fiktion „Der Narr und die Venus" (SW 8, 134 f.; s. Anm. 4). Ein vereinsamter Narr fleht die Göttin vergeblich um Erbarmen an: „Doch die unerbittliche Venus blickt teilnahmslos in die Ferne mit ihren Marmoraugen."
3 Baudelaires Heine-Rezeption wurde, soweit zu sehen, bisher nicht näher behandelt. Eine parallele, systematische Lektüre beider Werke bleibt ein Desiderat der Forschung. Eine Ausnahme bildet Burkhart Küsters Untersuchung, die Heines „Vorarbeit" für den Kunstkritiker Baudelaire herausgearbeitet hat, speziell zu Delacroix und Decamps. Vgl. Burkhart Küster: Heines Bedeutung für Baudelaires Beurteilung von Kunst. – In: HJb 48 (2009), S. 116–140, hier S. 127. Auf einzelne direkte und indirekte, bisher wenig bekannte Heinebezüge weisen z. B. die Indizes in Baudelaire: Œuvres Complètes [Anm. 4] sowie ders.: Écrits sur la littérature. Ed. Steinmetz [Anm. 4].
4 Baudelaires Schriften werden zitiert nach der zweisprachigen Edition Charles Baudelaire: Sämtliche Werke/Briefe in acht Bänden. Hrsg. v. Friedhelm Kemp u. Claude Pichois in Zusammenarb. m. Wolfgang Drost u. Robert Kopp. München 1975–1992 (im Folgenden abgekürzt: SW), und nach ders.: Œuvres Complètes. Tome I. Texte établi, présenté et annoté par Y.-G. Le Dantec. Révisée, complétée et présentée par Claude Pichois. Nouvelle édition. Paris 1976 (Bibliothèque de la Pléiade, vol. I). (abgek.: OC). Weitere verwendete Ausgaben: Charles Baudelaire: Écrits sur la littérature. Ed. établie, présentée et annotée par Jean-Louis Steinmetz. Paris 2005; ders.: Der Spleen von Paris. Kleine Prosagedichte. Hrsg., übertr. u. eingel. v. Irène Kuhn. Darmstadt 2011.
5 Sainte-Beuve, der die Stelle über Supernaturalismus 1833 in seinen „Lundis" zitiert, hat den Begriff wahrscheinlich an Baudelaire weitervermittelt. Missverständnissen ist die Beziehung zum Surrealismus ausgesetzt, auf den Heines Begriff rein historisch hinweist. 1924, im ersten „Manifeste du surréalisme", beruft sich Breton aber nicht so sehr auf Apollinaire, der den neuen Begriff im Vorwort zum „drame surréaliste" „Les mamelles de Tirésias" zuerst benutzt hat, als auf Nervals „Supernaturalisme", den der Dichter der „Filles du Feu" (1854) sicher von seinem Freund Heine übernommen hat.
6 Baudelaire referiert über zwölf Zeilen eine Passage aus „Reisebilder" IV, Anfang von Kapitel IV (DHA VII, 165 f.). Heine selbst wollte bekanntlich nicht gegen einen Mönch schreiben, weil in Italien Pfaffen volksverbundener sind als anderswo.
7 Lettre à Jules Janin. (1. Art. 1901; 2. 1887). Janins Text ist 1865 erschienen. Vgl. dazu: Gerhard R. Kaiser: Baudelaire pro Heine contra Janin. Text-Kommentar-Analyse. – In: HJb 22 (1983), S. 135–178.

8 Die Beziehung Heine/Baudelaire insgesamt wird in der Forschung sehr unterschiedlich bewertet. Vgl. Klaus Briegleb: Opfer Heine? Versuche über Schriftzüge der Revolution. Frankfurt a. M. 1986, S. 149 f. („Ähnlichkeit", „Nähe zweier Mentalitäten"); Dolf Oehler: Pariser Bilder I (1830–1848). Antibourgeoise Ästhetik bei Baudelaire, Daumier und Heine. Frankfurt a. M. 1979, S. 41 (betont zutreffend Heines „Verwandtschaft" mit Baudelaire aufgrund des Kompositionsprinzips, das im „kontrastieren" (!) von unteren und oberen Schichten der Gesellschaft besteht); Gert Sautermeister: Heine und Baudelaire – eine vergleichende Lektüre. – In: Nachmärz. Der Ursprung der ästhetischen Moderne in einer nachrevolutionären Konstellation. Hrsg. v. Thomas Koebner u. Sigrid Weigel. Opladen 1992, S. 43–78, hier S. 43, 66, 77 („mentale und ästhetische Analogien"; „Verwandtschaft"; „Affinität"); Paul Peters: Die Modernen vor den letzten Dingen: Heines Bimini, Baudelaires Voyage. – In: „Dichter unbekannt". Heine lesen heute. Hrsg. v. Dolf Oehler u. Karin Hempel-Soos. Bonn 1998, S. 125–152 („Korrespondenzen"); Sophie Boyer: La femme chez Heinrich Heine et Charles Baudelaire. Le langage moderne de l'amour. Paris 2004 (sieht Heine als „précurseur" bei der Genese von Baudelaires Frauenbild und dessen erotischer Lyrik); Claude Pichois: Baudelaire in Deutschland, Deutschland bei Baudelaire. Zwei kleinere Beiträge. – In: Baudelaire und Deutschland, Deutschland und Baudelaire. Hrsg. v. Bernd Kortländer u. Hans T. Siepe. Tübingen 2005, S. 9–14, hier S. 12 (weist auf als bedeutend geltenden „Einfluss Heines" hin); Paul Peters: Heine und Baudelaire oder: die alchimistische Formel der Modernität. – In: Baudelaire und Deutschland, Deutschland und Baudelaire. Hrsg. v. Bernd Kortländer u. Hans T. Siepe. Tübingen 2005, S. 15–51 (setzt den Akzent auf „Korrespondenzen, Ähnlichkeiten, Entsprechungen, Überschneidungen" [ebd., S. 16], aber auch auf Differenzen); Küster: Heines Bedeutung für Baudelaires Beurteilung von Kunst [Anm. 4], S. 137 (hebt die „Geistesverwandtschaft" zwischen den beiden Kunstkritikern hervor); Kaiser: Baudelaire pro Heine [Anm. 7]; Oliver Boeck: Heines Nachwirkung und Heine-Parallelen in der französischen Dichtung. Göppingen 1972 (Baudelaire: S. 115–158); aus der Sicht Baudelaires: Bernd Oei: Baudelaire und die Moderne. „Meine Blumen sind nichts als bittere Tränen". Baden-Baden 2020, S. 364–383 (behandelt unzuverlässig „Analogien" und „Differenzen, Kontroversen" zu und um Heine).

9 Hugo Friedrich: Die Struktur der modernen Lyrik. Von Baudelaire bis zur Gegenwart. Reinbek 1956; ders.: Die Struktur der modernen Lyrik. Von der Mitte des neunzehnten bis zur Mitte des zwanzigsten Jahrhunderts. Mit einem Nachwort von Jürgen v. Stackelberg [erw. Neuausg.]. Reinbek 1985.

10 Dieser Beitrag schließt an zwei grundlegende Vorarbeiten an: Gerhard Höhn: Kontrastästhetik. Heines Programm einer neuen Schreibart. – In: Heinrich Heine. Ein Wegbereiter der Moderne. Hrsg. v. Paolo Chiarini u. Walter Hinderer. Würzburg 2009, S. 43–66 (behandelt speziell die Makroebene: reale und fiktive Doppelporträt-Galerie) und ders.: „Sauerkraut mit Ambrosia". Heines Kontrastästhetik. – In: HJb 48 (2009), S. 1–27 (behandelt die Mikroebene: asyndetische Reihungen, Oxymoron, Wortkreuzungen, Reimkomik). Zur Kontrastkonzeption in der Forschung vgl. Höhn: Kontrastästhetik [s. o.], S. 45, Anm. 7. Zum Kontrastbegriff im Kontext Heine/Baudelaire vgl. Friedrich: Die Struktur der modernen Lyrik [Neuausg., Anm. 9] (dort nur zu Baudelaire; S. 40: „Grunddissonanz", S. 43: „dissonantische Großstadtbilder"); Boeck: Heines Nachwirkung und Heine-Parallelen [Anm. 8], S. 127 (übernimmt Baudelaires Kennzeichen der modernen Dichtung wie „Dissonanz, Diskrepanz und Ironie"); Oehler: Pariser Bilder I [Anm. 8], S. 41; Sautermeister: Heine und Baudelaire [Anm. 8], S. 69 (beide Dichter verwandeln ihr Material mittels „Disharmonie", „Dissonanz" und „Zwiespältigkeit"); Peters: Heine und Baudelaire [Anm. 8], S. 27 ff. (knüpft erhellend an die von Hugo Friedrich aufgestellte These des Dissonantischen als Charakteristikum moderner Lyrik an).

11 Ähnlich könnte man weitere Zyklen mit Themen zusammenstellen wie z. B. Frauenbild zwischen Heilige und Teufelin; oder: Der Dichter und die Masse Mensch. Fast alle Titel mit

"und" enthalten eine zweiteilige Struktur, wie das Prosagedicht „Der Narr und die Venus" (Nr. VII). Ebenso einzelne, hier nicht berücksichtigte Prosagedichte wie „Das Bekenntnis des Künstlers" (Nr. III), „Das doppelte Zimmer" (Nr. V), „Abenddämmerung" (Nr. XXII), „Die schöne Dorothea" (Nr. XXV) oder „Ein Vollblutpferd" (Nr. XXXIX).

12 Heine schrieb bereits am 19. November 1830 an Varnhagen: „Ich selbst hasse die aristocratie bourgeoise noch weit mehr" [als Adel und Kirche; G.H.] (HSA XX, 422). In „Lutezia" XXXII vom 31. März 1841 heißt es: „das Geld ist der Gott unserer Zeit und Rothschild ist sein Prophet" (DHA XIII, 123).

13 Baudelaire gibt nach 1851 alle Hoffnungen auf und verkehrt diese ins Gegenteil, gegen den Fortschritt („Raketen" XIV): „Welcher Begriff wäre törichter als der des Fortschritts, da doch der Mensch [...] immer dem Menschen ähnlich und gleich, das heißt immer ein Wilder bleibt" (SW 6, 208). Zur Entwicklung von Baudelaires politischem Denken bis zu den „Fleurs du Mal" vgl. Hartmut Stenzel: Der historische Ort Baudelaires. Untersuchungen zur Entwicklung der französischen Literatur um die Mitte des 19. Jahrhunderts. München 1980.

14 Der Begriff „Spleen" wurde von Heine zeitgleich benutzt in „Der Ex-Nachtwächter" und „Jehuda ben Halevy" (DHA III, 97 u. 136).

15 Vgl. Brief an Jules Janin: „Warum denn immer die Freude? [...] Warum sollte die Trauer nicht auch ihre Schönheit haben? Und das Grauen? Und alles? Gleichviel was" (SW 7, 242).

16 Zum Gebrauch des Kontrast-Begriffs vgl. Höhn: Kontrastästhetik [Anm. 10], S. 4 f.

17 Walter Kambartel: Kontrast. – In: Historisches Wörterbuch der Philosophie. Hrsg. v. Joachim Ritter, Karlfried Gründer u. Gottfried Gabriel. Bd. 4. Basel 1976, Sp. 1066 f. Roger de Piles und Jacques Testelin waren damals führende Theoretiker. Heute gilt Caravaggio als der große Meister der Kontrastmalerei. Zu Kontrast vgl. Friedrich Theodor Vischer: Ästhetik oder Wissenschaft des Schönen. Zum Gebrauch für Vorlesungen. Hrsg. v. Robert Vischer. Bd. 3 u. 4: Die Kunstlehre / Kunstlehre / Bildnerkunst / Malerei. Zwei Teile in einem Band. Hildesheim, New York 1975, S. 36 ff. (§ 498; wenig ergiebig; Shakespeare als Modell, wie bei Heine).

18 Ein informativer Hinweis auf Chevreul findet sich im Kommentar zu „Der Salon 1846", Kap. III: „Über die Farbe" (SW 1, 442 f.). Vgl. den Text Baudelaires zu Delacroix' Farbtheorie in SW 1, 201 ff.

19 André Ferran: L'esthétique de Baudelaire. Paris 1968, S. 141 f. Speziell zu Baudelaires Kunstkritik vgl. Wolfgang Drost: Kriterien der Kunstkritik Baudelaires. Versuch einer Analyse. – In: Baudelaire. Hrsg. v. Alfred Noyer-Weidner. Darmstadt 1976, S. 410–442.

20 Die Naturwissenschaftlerin Claudia Gottmann sieht in Chevreuls grundlegender farbtheoretischer Arbeit „das dritte Hauptwerk zur Farbenlehre" neben Newtons „Optics" und Goethes „Farbenlehre". Vgl. Claudia Gottmann: Malerei und Naturwissenschaft. Versuch einer Synthese. – In: Kultur & Technik 3 (1979), S. 17–32.

21 Vgl. SW 7, 182: „contraste" dort übersetzt mit „Gegensatz".

22 Vgl. „Mein entblößtes Herz" XI: „Jeder Mensch wird zu jeder Stunde gleichzeitig von zwei Forderungen bewegt: die eine führt ihn zu Gott, die andere zu Satan hin." (SW 6, 229). In OC, 1277 folgt Dualismus von „spiritualité" und „animalité".

23 Vgl. die Widmung an Arsène Houssaye: „haben Sie nicht versucht, den durchdringenden Ruf [cri strident] des *Glasers* in ein *Chanson* zu übersetzen [...]?" (SW 8, 115; Hervorh. G.H.)

24 Irène Kuhn übersetzt im Text mit „geschmeidig und zugleich sperrig genug" und im Vorwort mit „geschmeidig und zugleich rau genug". Baudelaire: Der Spleen von Paris [Anm. 4], S. 1 u. XIV.

25 Frz.: „saillie", dt.: plötzliche Bewegung, brüsker Vorstoß, auch Geistesblitz; „soubresaut", dt: brüsker Sprung, Erschütterung.

26 Zu „Romanzero" und den anderen Spätschriften vgl. Höhn ³2004, 140 ff., 450 ff., 462 ff., 466 ff.
27 Das Kernmotiv des „Romanzero" lautet: „Und das Heldenblut zerrinnt/ Und der schlechte Mann gewinnt." („Valkyren"). Das wird in der folgenden Erzählung „Schlachtfeld bey Hastings" anschaulich ausgeführt: „Gefallen ist der bessre Mann,/ Es siegte der Bankert, der schlechte". (DHA III, 21 u. 22.).
28 Zu einst/jetzt vgl. Höhn: „Sauerkraut mit Ambrosia" [Anm. 10], S. 12.
29 Vgl. Wolfgang Preisendanz: Heinrich Heine. Werkstrukturen und Epochenbezüge. München 1973. Zur Komik im „Romanzero" vgl. auch Christian Liedtke; „… es lachten selbst die Mumien." Komik und grotesker Humor in Heines „Romanzero". – In: HJb 43 (2004), S. 12–30.
30 Exilschicksale der griechischen Gottheiten: Apollo und Mars haben sich als Viehhirt und Landsknecht verdingt oder umgesattelt; Merkur, Jupiter und Bacchus teilen sich ihr Schicksal mit dem Dichter, weil es die Gesellschaft betrifft, in der sie leben. Keiner der vorchristlichen Götter hat seine ganze Kraft verloren.
31 Merkur erscheint als „jugendlicher Greis" (Oxymoron), Jupiter als „uralter Greis", die Mönche haben „eiskalte" Hände, und der Superior hat ein „marmorblasses Gesicht".
32 Vgl. dazu den Anfang der „Romanze" V aus „Neue Gedichte" von 1844, „Aus einem Briefe": „Die Sonne spricht:/ Was gehn dich meine Blicke an? […]/ Ich strale weil ich nicht anders kann." Sie weist kritische Blicke zurück. Tiere antworten mit Spott und Komik (DHA II, 77 f.).
33 Stefan Schulze hat an diesem Prosagedicht „Kontrastierung" als Textverfahren bis in die Details der Versstruktur mit großem Gespür herausgearbeitet. Vgl. Stefan Schulze: Die Selbstreflexion der Kunst bei Baudelaire. Eine literaturgeschichtliche Untersuchung. Heidelberg 1999, S. 17 ff.
34 Man könnte die Absagen an Familie, Vaterland, Gold und Gott mit den radikalen Flüchen auf Gott, König und Vaterland der „Schlesischen Weber" vergleichen.
35 Der Ausruf „fort! nur fort!" kehrt in Baudelaires „Anywhere out of this world" wieder als „N'importe où! N'importe où!"
36 Peters betrachtet „Le Voyage" und Heines „Bimini" als „thematisch verschwistert." Peters: Die Modernen vor den letzten Dingen [Anm. 8], S. 140.
37 Vgl. Axel Honneth: Unsichtbarkeit. Stationen einer Theorie der Intersubjektivität. Frankfurt a. M. 2003, S. 10 ff.
38 Selbst in der Trauer unterscheiden sich deutlich arme und reiche Witwen. Den Armen fehlt immer etwas, ein „Mangel an Harmonie", wegen Geldmangel, was aber umso größere Anteilnahme auslöst. Der Reiche dagegen trägt seine Trauer komplett, „in vollem Staat" (SW 8, 153). Zum Thema Vergnügen der Reichen / Augen der Armen vgl. die präzise Analyse von Heinz Nöding: Das Blut im Rinnstein, der Lumpensammler und die Schönheit: Themen Baudelaires. – In: Französische Literatur in Einzeldarstellungen. Bd. 2. Von Stendhal bis Zola. Hrsg. v. Peter Brockmeier u. Hermann H. Wetzel. Stuttgart 1982, S. 123–170, hier S. 153 ff.
39 Kuhn übersetzt „éclatant contraste" nicht mit Kontrast, sondern mit „lebhaft abstach". Baudelaire: Der Spleen von Paris [Anm. 4], S. 20.
40 Schulze untersucht eingehend das „Kontrastschema" dieses Textes. Vgl. Schulze: Die Selbstreflexion der Kunst bei Baudelaire [Anm. 33], S. 160 ff.
41 Das falsche Geldstück zeigt die Ambivalenz von Mitleid und Heuchelei (SW 8, 220 ff.). Der Freund des Ichs will zugleich mildtätig sein und ein Geschäft machen. Er selbst ist betroffen von der „stummen Beredsamkeit dieser flehenden *Augen*" und findet in der aufkommenden Demut etwas wieder, das „in den tränenden *Augen* geschlagener Hunde liegt." (Hervorh. G.H.)
42 Vgl. dazu Schulze: Die Selbstreflexion der Kunst bei Baudelaire [Anm. 33], S. 35 f.

43 In „Der Wein der Lumpensammler" erhebt sich ein Bettler im Traum über die elenden Bedingungen, unter denen er in einer vermüllten Vorstadt leben muss, indem er sich seine früheren Heldentaten mit Hilfe des Weins vergegenwärtigt (SW 3, 274 ff.).
44 Vgl. dazu Höhn: „Sauerkraut mit Ambrosia" [Anm. 10], S. 16 ff.
45 Baudelaire hat speziell keine Komiktheorie, aber 1855 eine anthropologische, im Detail physiologisch begründete Theorie des Lachens entwickelt: „Vom Wesen des Lachens" (SW 1, 284–305). Der Essay geht von der Doppelnatur des Menschen aus. Sein Hauptgedanke: Das Lachen ist satanisch, also ist es zutiefst menschlich. Es entspringt im Menschen aus der Vorstellung seiner eigenen Überlegenheit.
46 Vgl. zu Baudelaires Stilmitteln in den Prosagedichten Irene Kuhns Vorwort in Baudelaire: Der Spleen von Paris [Anm. 4], S. XIV ff.
47 Friedrich: Die Struktur der modernen Lyrik [Neuausg., Anm. 9], S. 12.
48 In „Reisebilder. Dritter Theil" fragt Heine nach der Rechtfertigung von Toten in Kriegen und präzisiert auf dem Schlachtfeld von Marengo: „dieses Schlachtfeld wo die Freyheit auf Blutrosen tanzte" (DHA VII, 71).

„Die Freiheit führt das Volk"
(„La Liberté guidant le peuple")
1830, Heine und Delacroix

Lucien Calvié

> Seinem reizbaren, empfindsamen Wesen entsprechend, ließ sich Delacroix mehr als jeder andere vom Zug der Ideen, der Ereignisse und der Leidenschaften seiner Zeit erregen. Gab er sich nach außen hin skeptisch, so teilte er doch ihre fiebernde Unrast, ging durch ihre Flammen hindurch.
>
> Théophile Gautier („Le Moniteur universel", 18. November 1864)[1]

„Enfants du siècle"

Die Altersgenossen Heinrich Heine (1797–1856) und Eugène Delacroix (1798–1863) sind einander eng verwandt, in erster Linie aufgrund ihrer Feinfühligkeit „dem Zug der Ideen, der Ereignisse und der Leidenschaften" ihrer Epoche gegenüber, einer Eigenschaft, die von Gautier, einem treuen Freund Heines, in Bezug auf Delacroix vermerkt wurde. Beide können im Bereich von Literatur bzw. Malerei als energische und selbstbewusste Neuerer betrachtet werden. Adolphe Thiers, ebenfalls 1797 geboren und damals liberaler Journalist beim „Constitutionnel", vermeinte schon 1822 im jährlichen Pariser „Salon" beim Anblick der „Barque de Dante" („Die Barke des Dante") bei Delacroix die Merkmale des Genialen entdeckt zu haben. Dieses Gemälde wird oft als der eigentliche Ausgangspunkt der romantischen Malerei in Frankreich betrachtet, zusammen mit dem dramatischen „Radeau de la Méduse" („Das Floß der Medusa") von Théodore Géricault (1791–1824) aus dem Jahr 1819. Dieser, einem

---

L. Calvié (✉)
Université Toulouse II-Jean-Jaurès, Toulouse, Frankreich
E-Mail: claude.calvie@orange.fr

© Springer-Verlag GmbH Deutschland, ein Teil von Springer Nature 2021
S. Brenner-Wilczek, *Heine-Jahrbuch 2021*, Heine-Jahrbuch,
https://doi.org/10.1007/978-3-662-64170-5_3

älteren, vorzeitig verstorbenen Bruder ähnlich, hatte den jungen Maler Delacroix in seinen Anfängen unterstützt.

Was die Aussage Thiers' zum „Genie" von Delacroix betrifft, so hätte er damals dasselbe auch von Heine sagen können. Als Opfer der Zensur und Unterdrückung im eigenen Vaterland und als im Pariser Exil lebender Schriftsteller wurde diesem von der Regierung Thiers ab 1836 eine jährliche Pension zugesprochen, die dem Gehalt eines Universitätsprofessors entsprach. Die Schriften Heines waren nämlich zusammen mit denen anderer Schriftsteller des sogenannten Jungen Deutschlands im November 1835 in Preußen und im Dezember im ganzen Deutschen Bund verboten worden.[2] 1848 wurde ihm diese Pension von der provisorischen revolutionären Regierung wieder entzogen. Wie Heine sich bitter beklagt, geschah dies auf Initiative Lamartines, eines sehr bekannten und populären Dichters, der damals das Amt des Außenministers bekleidete. Auch Delacroix erhielt durch Thiers' Vermittlung ab 1833 eine Art Dauereinkommen, indem dieser seine Bewerbungen für Dekorationsaufträge im Innenraum vieler wichtiger und prestigeträchtiger öffentlicher Gebäude in Paris wiederholt erfolgreich unterstützte.

Heine und Delacroix gehören beide jener brillanten und fieberhaft erregten Generation von Schriftstellern und Künstlern an, die zwischen den neunziger Jahren des 18. und dem ersten Jahrzehnt des 19. Jahrhunderts geboren wurden, darunter Balzac, Hugo – 1802: „Ce siècle avait deux ans! Rome remplaçait Sparte" („Dieses Jahrhundert war zwei Jahre alt, usw.")[3], eine wohlbekannte Formel in der französischen Literaturgeschichte, so wie sie, zumindest noch in den 1960er Jahren, an französischen Gymnasien gelehrt wurde –, Alexandre Dumas (der Ältere), Berlioz, George Sand, Nerval, Musset, Théophile Gautier, der in Polen in einer polnisch-französischen Familie geborene Chopin oder auch der aus Ungarn gebürtige Liszt, also Vertreter der Generation des französischen *romantisme*. Diese Generation der *enfants du siècle* (nach Mussets Formel aus seinem größtenteils autobiographischen Roman „La Confession d'un enfant du siècle" von 1836) fühlt sich angesichts des jüngsten revolutionären und napoleonischen Nationalruhms, demjenigen ihrer Väter und manchmal auch ihrer älteren Brüder, von Anfang an frustriert.

In Sachen Bonapartismus und napoleonischer Kultus vertreten Heine und Delacroix ähnliche Positionen. Heine sah in Napoleon den letzten Helden nach antikem Muster mit seinem marmornen Gesicht und seinem klaren olympischen Blick, im Gegensatz zum modernen und obskuren Prosaismus der Engländer, seiner hartnäckigsten Feinde.[4] Von Jugend auf war er von der emanzipatorischen Dimension der Revolution und des napoleonischen Reichs im Rheinland eingenommen, sei es auf dem linken Rheinufer mit seinen „normalen" Departements, die unmittelbar zur Französischen Republik gehörten, sei es auch auf dem rechten, bis 1814 lockerer in das politische und territoriale System Frankreichs eingegliederten Ufer mit seiner Heimatstadt Düsseldorf – sicherlich zum Vorteil der jüdischen Bevölkerung, aus welcher Heine stammte, aber auch zugunsten der allgemeinen bürgerlichen Gleichheit gegenüber den Privilegien des *Ancien Régime*. Nach der 1848er Revolution übertrug sich Heines Vorliebe sogar auf den Neffen des Kaisers, Louis-Napoleon Bonaparte, der wenig später zum Kaiser Napoleon III. gekrönt wurde.

Was Delacroix betrifft, der sein ganzes Leben lang ein „glühender Bonapartist" („un farouche bonapartiste") und ein „Nostalgiker"[5] des napoleonischen Kaiserreichs war und blieb, so schwankten dessen Gefühle nie, eine Haltung, die der Persönlichkeit seines überaus geliebten und bewunderten Vaters, Charles Delacroix (1741–1805) einiges verdankt. Dieser war zuerst bei Turgot, dem Reformminister Ludwigs XVI., in die Lehre gegangen und dann als Deputierter der Marne einer derjenigen gewesen, die für den Tod des Königs gestimmt hatten. Später wurde er *Représentant en mission,* also ein besondere Aufträge ausführender und soviel man weiß „gemäßigter" Agent des Terrors – und ein diesen Überlebender, ebenso wie Emmanuel Joseph Sieyès, bekannt als l'Abbé Sieyès, der Verfasser der weltberühmten Broschüre „Qu'est-ce que le Tiers État?" („Was ist der Dritte Stand?"), der 1795 auf die Frage: „Was haben Sie denn während des Terrors gemacht?" kaltblütig antwortete: „J'ai survécu" („Ich habe ihn überlebt"). 1795 zum Außenminister des Direktoriums ernannt, schloss sich Charles Delacroix 1799 dem Staatsstreich Bonapartes an und wurde 1800 *Préfet* (Präfekt) in Marseille und 1803 in Bordeaux. Hinzu kam noch die Erinnerung des jungen Eugène an den älteren Bruder Henri, der 1807 auf dem Schlachtfeld von Friedland den „Tod fürs Vaterland" gefunden hatte.

Wenn Heine in seinem Bericht über den „Salon" von 1831 – neben anderen französischen Malern wie Horace Vernet, Léopold Robert und dem Historienmaler Paul Delaroche (1797–1856), mit dem er dieselben Lebensdaten teilt – ausführlich auf Delacroix einging, erwähnte Delacroix Heine in seiner Korrespondenz und seinem „Tagebuch" kaum, außer zum Zeitpunkt von dessen Tod. Durch Théophile Gautiers Nachruf in der Pariser Presse informiert, vermerkt er traurig: „Warum wurden nicht ein paar Männer, die für die wahren und großen Talente eifern, davon benachrichtigt? Ich wusste noch nichts vom Tod des armen Heine."[6] Dieser Nachruf wurde dann vom Verlag Michel Lévy frères der französischen Ausgabe der „Tableaux de voyages" vorangestellt.[7]

Als aktiver Korrespondent der deutschen Presse in Paris hat sich Heine im Allgemeinen, sei es auch nur aus beruflicher Notwendigkeit, in den 1830er („Französische Zustände", „De la France") und 1840er Jahren („Lutetia", „Lutèce") über seine prominenten französischen Zeitgenossen aus den Bereichen Politik, Literatur und Kunst mehr ausgesprochen, als diese sich über ihn geäußert haben.

Beide Männer mochten sich vielleicht bei einer gemeinsamen Freundin begegnet sein, der berühmten und sozial sehr aktiven und einflussreichen George Sand in Paris, oder auch in deren schönem Landhaus in Nohant im Berry, wo häufig berühmte und interessante Persönlichkeiten verkehrten. Delacroix war mehr als einmal dort, fand dies stets angenehm und wohltuend nach den anstrengenden Pariser Mondanitäten, schuf dort viele Zeichnungen und Aquarelle sowie einige Gemälde, die er manchmal seiner Freundin schenkte, und er gab sogar Sands begabtem Sohn Maurice Zeichen- und Malunterricht. Es ist hingegen nicht ganz sicher, dass Heine 1837 dort gewesen ist, und noch unsicherer ist, ob er dort eine Liebesnacht mit Sand verbracht hat, wie er es 1837–1838 in seinen „Vertrauten Briefen an August Lewald über die französische Bühne" anklingen ließ, die zuerst in der „Allgemeinen Theaterrevue" auf Deutsch und dann in der „Revue du XIXe siècle" auf Französisch erschienen waren.[8]

Die Beziehung zwischen George Sand und Delacroix wurde oft als eine „verliebte Freundschaft" („amitié amoureuse") bezeichnet. Sand schrieb zum Beispiel 1838 an Delacroix: „Du weißt es wohl, ich wäre verrückt nach dir, wenn ich es nicht schon nach einem anderen [Chopin] wäre".[9] Wahrscheinlich hat man es hier eher mit einem tiefen und aufrichtigen Einverständnis zwischen zwei Künstlern von hohem Niveau zu tun, auch wenn Sand den Maler Delacroix mehr bewunderte – „ein Genie" auf derselben Stufe wie Michelangelo, urteilte sie noch 1854, mehr als dreißig Jahre nach dem ähnlichen Urteil des jungen Thiers – als Delacroix sie als Schriftstellerin schätzte, da er an ihren Werken, wie bei Alexandre Dumas dem Älteren, immer wieder, und zwar durchaus aus gutem Grund, dasselbe auszusetzen hatte, nämlich, dass sie zu schnell und zu schlampig schreibe und je nach dem Preis der gedruckten Seite oder Spalte „Zeilen schinde" („en tirant à la ligne").[10]

Sand, der Heine 1833 durch Liszt vorgestellt wurde, war für die Generation der *enfants du siècle* eine Art beruhigende Rettungsboje mit oft ironisch-mütterlicher Resonanz. Zum Beispiel schrieb sie 1843 an Delacroix, der sich wie so oft über seinen schlechten Gesundheitszustand beklagt hatte: „Mein liebes Kindchen" („Mon bon petit") und mahnte ihn: „Sie sind also krank? […] Sie haben meine Hygienevorschriften nicht genug beachtet, Bewegung, Luft."[11] Was Heine betrifft, so nennt er Sand oft vertraulich „liebe Cousine" und wird im Gegenzug entsprechend „lieber Cousin" genannt. Und Delacroix bezeichnet seine Freundin unter anderem höchst galant als seine „schöne, gute und liebe Freundin" oder gar als „schöne, liebe Frau".

Eine weitere Verbindung zwischen Sand und Delacroix wäre folgende: Auf den Wunsch von François Buloz hin, dem Direktor der „Revue des Deux Mondes", malte Delacroix 1834 ein Porträt von Sand in Männerkleidung und mit kurzem Haarschnitt, welches Musset zugedacht war, der die Liebesbeziehung zu ihr abgebrochen hatte, was die melancholische Färbung ihres Gesichts auf dem Bild erklärt. Und 1838 begann er ein Doppelporträt von Sand und Chopin zu malen, in der Absicht, es beiden zusammen zu schenken. Das Bild blieb jedoch unvollendet und wurde später auseinandergeschnitten und in zwei Teilen verkauft. Für Chopin hat Delacroix immer großen Respekt gehabt und ihn „einen Mann von ausgesuchter Vornehmheit" und den „wahrsten Künstler" genannt, dem er jemals begegnet sei.[12] Sands Beziehungen zu Heine waren freundlich, aber weniger eng, und 1848, als er bereits schwer krank und fast vollkommen gelähmt war, beurteilte er Sand streng, indem er behauptete, es sei „unwürdig" von ihr, einen armen „Sterbenden im Stich zu lassen".[13] Er meinte damit Chopin, der dann wenig später, 1849, auch tatsächlich starb.

Heine hat nie besondere Kenntnisse und Fähigkeiten im Zeichnen und in der Malerei gehabt, was ihn nicht daran hinderte, eine Reihe Artikel über französische Maler des Pariser „Salons" von 1831 zu veröffentlichen, so wie sein Mangel an technischen musikalischen Kenntnissen ihn nicht daran hinderte, längere Texte über große Komponisten seiner Zeit wie Rossini, Liszt, Chopin oder Berlioz zu schreiben.[14]

Sands und Gautiers Meinung nach, die gute Kenner ihres Fachs waren, hätte Delacroix als kultivierter, klarer und feinsinniger Beobachter ein guter

Schriftsteller werden können, vielleicht eine Art *Dandy* nach Baudelaire'scher Art. Baudelaire war vielleicht derjenige Kritiker dieser Zeit, der Delacroix am meisten bewunderte – er sah in ihm einen der großen „Leitsterne" („phares") der „modernen Kunst", zusammen mit Leonardo da Vinci, Michelangelo, Rubens oder Goya –, wobei er trotz oder vielleicht wegen dieser hohen Bewunderung seine Werke auf die tiefsinnigste und treffendste Weise zu beurteilen verstand. Und wer Delacroix' „Tagebuch" gelesen oder auch einfach nur durchgeschaut hat, das er von den frühen 1820er Jahren bis in die 1860er Jahre hinein führte – leider mit einer längeren Unterbrechung von den späten 1820er Jahren bis in die 1840er Jahre, also in der Zeit seiner größten malerischen Produktivität –, ist im allgemeinen von seinem unleugbaren schriftstellerischen Talent überzeugt.[15]

„Die Freiheit führt das Volk": Enthusiasmus und Distanz

Die Julirevolution ist ein wichtiger politischer Wendepunkt, obwohl manchmal politisch und historiographisch in seiner Bedeutung übersehen oder auf eine Weise, die man als ungerecht empfinden darf, minimiert zugunsten einer universelleren (1789) und einer radikaleren (1848), bereits sozial-proletarisch und in gewisser Weise sogar kommunistisch geprägten Revolution.[16]

1830, das waren auch andere Kämpfe im Vorfeld und in der Folge der „drei glorreichen Tage" Ende Juli: zu Beginn des Jahres die sogenannte – literarische wie auch politische – „bataille d'Hernani" („Schlacht von Hernani") um Hugos Theaterstück, dem von Gautier in seiner glühend roten Weste provokatorisch applaudiert wurde, dann „Contes d'Espagne et d'Italie" des jungen, 1810 geborenen Musset, „Le Rouge et le Noir" von Stendhal mit dem Untertitel „Chronique de 1830" und am Ende des Jahres Berlioz' donnernde „Symphonie Fantastique", die von Delacroix als „nervtötend" („assommante") empfunden wurde, während er für sich selbst jede Zuordnung oder Kategorisierung, sei es auch als „romantisch", energisch ablehnte, wobei er einmal sogar einem allzu eifrigen Bewunderer erklärte, der ihn lobend den „Victor Hugo der Malerei" genannt hatte, er wäre eigentlich „ein reiner Klassiker" („un pur classique").[17]

Wahrscheinlich meinte er damit, abgesehen von dem provokativen Spiel mit dem Paradox, das ganz in seiner Art lag, einen großen Künstler, der seine Zeit und seine Welt in ihrer Gesamtheit versteht und ausdrückt, auch wenn die Themen und Motive, mit denen er sich befasst, zumindest scheinbar, keine unmittelbare zeitgenössische Resonanz finden, wie es auch bei den wichtigsten Künstlern des antiken Griechenlands oder der italienischen Renaissance, auf welche er so oft anspielte, häufig der Fall gewesen war, oder wie bei Rubens, der ihn lange faszinierte und den er manchmal zur Verbesserung seiner eigenen Technik einfach schülerhaft kopiert hat.

Er vertrat also eine zugleich theoretische und praktische Position, die er auf subtile Art und Weise in einem „Des critiques en matière d'art" („Über die Kunstkritik") betitelten Artikel sozusagen angekündigt hatte. Er war schon im Mai 1829 in der „Revue de Paris" erschienen, und Delacroix äußerte sich darin ironisch über „ce beau immuable qui change tous les vingt ou trente ans" („jenes unveränderlich Schöne, das sich alle zwanzig bis dreißig Jahre ändert"), wobei er eine Art Forschungsprogramm formulierte:

> Die Geschichte des *wahren Schönen* und besonders die seiner Variationen ist wirklich lückenhaft [...] und es wird ohne Zweifel ein seltsames Schauspiel sein, es in allen seinen Formen zu sehen, aber immer gleich verehrt, wie das Messer, wenn ich einen so gemeinen Vergleich ziehen darf, dessen Klinge und Griff hundertmal erneuert worden waren und das immer noch dasselbe Messer war.[18]

Diese Auffassung ist der von Heine ziemlich ähnlich, so wie er sie oft ausgedrückt hat, zum Beispiel in dem Abschnitt „La littérature jusqu'à la mort de Goethe" („Über die Literatur bis zu Goethes Tod") in seinem Essay „De L'Allemagne", wo er eine Reihe von „wirklich großen" Künstlern und Schriftstellern aus verschiedenen Zeiten aufzählt, denen, von Homer und Phidias über Michelangelo, Cervantes und Shakespeare bis hin zu Goethe, das Streben nach „Perfektion" gemeinsam gewesen sei, bis in scheinbar anekdotische Details hinein oder in der Ausgestaltung der sogenannten „sekundären" Charaktere.[19] Aber war dies nicht auch, besonders auf dem Gemälde „Die Freiheit führt das Volk", eines der Merkmale von Delacroix' Arbeit? Zum Beispiel mit der seltsamen grünen und gerollten Socke am Fuß eines liegenden Toten im Vordergrund des weltbekannten Gemäldes?

Eugène Delacroix: La Liberté guidant le peuple (1830)

1830, Heine und Delacroix 73

1830, das war schließlich auch die als umfassendes Panorama inszenierte Historiografie von Jules Michelet (1798–1874), die nach dessen eigenen Aussagen aus dem „Blitz des Juli" entstanden war, welcher ihm das Schicksal Frankreichs entdeckt habe, für Europa und die Welt unaufhörlich die Revolution zu repräsentieren, die „sein wahrer ewiger Name" („son vrai nom éternel") sei.[20]

Wer kennt heute – Schüler und Lehrer eingeschlossen – noch Hugos Gedicht, das der große Historiker der republikanischen Mentalität Maurice Agulhon 1980 für „die rührendste unserer patriotischen Hymnen" („le plus émouvant de nos hymnes patriotiques") hielt?[21] Im Juli 1831, genau ein Jahr nach der Julirevolution im Auftrag Louis-Philippes verfasst, wurde diese Hymne auf „alle Toten des Juli" in französischen Schulen bis 1914–1918 und auch später noch auswendig gelernt und aufgesagt. Der Autor dieser Zeilen erinnert sich gut daran, wie er dieses Gedicht 1954 in seiner Grundschule aus dem Kopf („par cœur") rezitiert hat:

> Ceux qui pieusement sont morts pour la patrie
> Ont droit qu'à leur cercueil la foule vienne et prie.
> Entre les plus beaux noms leur nom est le plus beau.
> Toute gloire près d'eux passe et tombe éphémère ;
> Et, comme le ferait une mère,
> La voix d'un peuple entier les berce en leur tombeau.[22]

Die „kleine" Julirevolution – im Verhältnis zur „großen" Revolution von 1789 – fand ein breites und lang anhaltendes Echo in Europa, da Frankreich wieder dem gerecht zu werden schien, was Michelet als seine spezifisch revolutionäre Mission definierte, wie es auch Heine auf seine eigene Art und Weise oft tat.

In Griechenland, das nach einem neunjährigen, oft brutalen Befreiungskrieg gegen die Unterdrückung durch das Osmanische Reich bereits im Februar 1830 seine – 1832 diplomatisch anerkannte – Unabhängigkeit errang, ist ein Anklang an das französische Revolutionsgeschehen nicht zu verkennen. Das Gefühl der Brüderlichkeit zwischen dem kurzen französischen Kampf von 1830 und dem langen griechischen Kampf offenbart sich in der relativen Nähe der allegorischen Frauenfiguren auf Delacroix' Gemälden „La Grèce sur les ruines de Missolonghi" („Griechenland auf den Ruinen von Missolonghi") aus dem Jahr 1826 und „La Liberté guidant le peuple" („Die Freiheit führt das Volk") von 1830/1831, und vielleicht noch deutlicher auf den zahlreichen Skizzen zu diesen Bildern.[23] Die vorläufig besiegte griechische Figur trauert in hieratischer Pose in den blauen und weißen Kleidern der Jungfrau Maria. Die französische Figur, die mit dieser Jungfrau nichts gemein hat, ist kräftig und siegreich, mit ihrer phrygischen, also griechischen Mütze, ihrem griechischen Profil, der schönen Bewegung ihrer leichten griechischen Tunika und ihrer kräftigen Büste, wobei die letzteren beiden Attribute wahrscheinlich durch die Statue der Venus von Milo inspiriert wurden, die 1820 auf der griechischen Insel Milos entdeckt und 1821 von König Ludwig XVIII. dem Louvre geschenkt worden war, wo Delacroix ein häufiger und aufmerksamer Besucher war[24], genauso wie Heine, der im Mai 1848, wie er es im September 1851 im Nachwort zum „Romanzero" erzählt, während seines letzten

Besuchs im Louvre vor dem Standbild der „Göttin der Schönheit" (B VI, 184) zusammenbrach, in die Knie gezwungen durch die schwere Erkrankung des zentralen Nervensystems, an der er acht Jahre später starb, wobei er irrtümlicherweise immer noch an einen venerischen Ursprung dieser unerbittlichen Krankheit glaubte.

Auch in manchen italienischen Staaten sowie in einigen Staaten des Deutschen Bundes hatte die französische Julirevolution Nachwirkungen. Auf das große Fest der deutschen Liberalen und Demokraten im Mai 1832 in Hambach in der bayerischen Pfalz, in der Nähe der französischen Grenze, an dem Delegationen mit Flaggen aus ganz Europa teilnahmen, folgten im Juni und Juli auf Initiative von Österreich und Preußen repressive Maßnahmen auf dem Territorium des gesamten Deutschen Bundes, die eine Verschärfung der 1819 in Karlsbad verabschiedeten Dekrete bedeuteten. Kurz nach der Julirevolution trennte sich Belgien, angeführt von der freidenkerischen oder katholischen Bourgeoisie, vom Königreich der Niederlande. In Spanien und Portugal kämpften in dynastischen Konflikten Absolutisten und Liberale gegeneinander, wobei 1839 in Spanien Letztere nach einem langen, seit 1834 andauernden Bürgerkrieg den Sieg davontrugen.

Und schließlich erfassten die Unruhen, eher in Form eines politischmilitärischen Aufstands, 1830/1831 auch das sogenannte Königreich Polen oder „[Wiener]Kongress-Polen", eine weite Zone unter russischer Besatzung im zentralen und östlichen Teil Polens, die sich eine relative Autonomie gegenüber dem russischen Zaren bewahrt hatte, im Gegensatz zur preußisch besetzten Zone um Posen / Posznań sowie zur österreichisch besetzten Zone in Galizien, deren Autonomie von den Regierungen in Berlin und Wien fast vollständig aufgehoben worden war.

Das ganze liberale Europa begeisterte sich für die Sache der unterdrückten polnischen Nation[25], insbesondere in Italien, wo eine gewisse Ähnlichkeit zwischen der Situation Polens und der demütigenden Situation des italienischen Vaterlands unterstrichen wurde, vor allem im lombardo-venezianischen Königreich um Mailand, Verona und Venedig, das direkt der Autorität Österreichs unterworfen war, und in geringerem Maße auch in der Toskana und in den Fürstentümern Modena und Parma, die 1815 in das dynastische System der Habsburger Monarchie integriert worden waren.

In den Staaten des Deutschen Bundes bildeten sich zahlreiche „Polenvereine", und „Polenlieder" wurden von damals berühmten deutschsprachigen Dichtern wie Lenau, Uhland, Herwegh, Kerner, Chamisso und Platen verfasst.[26] In Frankreich war die – politisch gegen die Passivität der Minister der Julimonarchie gerichtete – Begeisterung in den Kreisen des wachsenden liberalen Katholizismus um Lamennais und seine Zeitung „L'Avenir" besonders groß. Der junge Montalembert übersetzte ein langes patriotisches Gedicht des polnischen Dichters Adam Mickiewicz (1798–1855) und versah es mit einem glänzenden Vorwort.[27] Wie viele andere Polen lebte Mickiewicz, dessen Lebensdaten denen Heines fast genau entsprechen, damals im Pariser Exil.

In den sogenannten „Briefen aus Helgoland" schildert Heine rückblickend diese gesamteuropäische, sowohl polenfreundliche als auch revolutionär-liberale Stimmung und insbesondere seine eigene Reaktion auf die Nachricht von der Julirevolution in Paris, die ihn erreichte, als er sich noch für eine ganz kurze Zeit in Deutschland befand: „La Fayette, die dreifarbige Fahne, die Marseillaise… Ich bin wie berauscht […]. Ich bin der Sohn der Revolution und greife wieder zu den gefeiten Waffen" (B IV, 53).[28] Kurz nach seiner Niederlassung in Paris im Mai 1831 als Pressekorrespondent fand Heine diese Eindrücke, Gefühle und Betrachtungen in gestraffter und sublimierter Form auf dem großen Gemälde von Delacroix „La Liberté guidant le peuple" („Die Freiheit führt das Volk") wieder, das auch den Titel „Scène(s) de Barricade(s)" („Barrikadenszene(n)"), „La Barricade" („Die Barrikade") oder „La Liberté" („Die Freiheit") trug und im Pariser „Salon" vorgestellt wurde.

Dieser „Salon", der erste nach der Julirevolution, war auch das erste Pariser Ereignis, über das Heine in der deutschen Presse berichtete. Seine Berichte erschienen zuerst im Oktober und November 1831 im „Morgenblatt für gebildete Stände" des Verlegers Cotta in Stuttgart, jedoch ohne die Passagen, die besonders politisch wirken mochten, und dann in ungekürzter Fassung im ersten Band seines „Salon" im Dezember 1833. Heines deutscher Text ist hier mehr als doppelt so lang wie der entsprechende französische Text, der allerdings im Allgemeinen nicht als wortgetreue Übersetzung betrachtet werden kann.[29]

Auszüge aus diesen Berichten waren schon im Januar 1832 auf Französisch im Pariser „Le Globe" erschienen, einer Zeitung, die Heine regelmäßig las und die sich vom Liberalismus hin zum Saint-Simonismus entwickelt hatte. „Le Globe" hatte auf gewisse saint-simonistische Elemente in Heines Kommentar zum „Salon" von 1831 hingewiesen und diese mit Beifall aufgenommen. In der Tat ist in Heines Kommentar zum Gemälde „Die Schnitter" von Léopold Robert von „einer noch verhüllten [saint-simonistischen; L.C.] Doktrin" die Rede, „die von einem Kampfe des Geistes mit der Materie nichts wissen will […] und die sinnliche Welt ebenso heilig achtet wie die geistige; ‚denn Gott ist alles, was da ist'." (B III, 53)[30] Nach Heines Kommentar zu diesem Gemälde findet der moderne Pantheismus des Saint-Simonismus seinen Ausdruck in der Sinnlichkeit des warmen und sonnigen italienischen Sommers und in der aktiven oder schmachtenden Schönheit der weiblichen und männlichen Körper, und darin, dass „Roberts Schnitter […] nicht nur sündenlos [sind], sondern […] keine Sünde" (B III, 56)[31] kennen.

Diese Berichte erschienen 1833 in vollständigerer Form – jedoch immer noch unter Selbstzensur ohne die politisch kritischen Stellen – in einer von Heine kontrollierten Übersetzung unter dem Titel „Salon de 1831" in dem Band „De la France" beim Pariser Verlag Eugène Renduel, dem Verlag der meisten französischen Romantiker wie Hugo, Gautier, Nerval usw., und dann noch einmal 1857, ein Jahr nach Heines Tod, in seinen „Œuvres complètes" bei Michel Lévy frères in Paris.

In Bezug auf Delacroix' Gemälde liegen die Unterschiede zwischen dem deutschen und dem kürzeren französischen Text der Ausgabe von 1857 in der

Streichung einer Anspielung auf die vermeintliche Mittelmäßigkeit der belgischen Revolution von 1830, die als eine einfache „belgische Rebellion" (B III, 40) („rébellion belge"[32]) bezeichnet wird, und, in beiden Ausgaben, in dem Fehlen einer Reihe von längeren, scheinbar anekdotischen Ausführungen über die gegensätzlichen Reaktionen des Pariser Publikums auf das Gemälde, „ein Bild", so bemerkt Heine, „vor welchem ich immer einen großen Volkshaufen stehen sah und das ich also zu denjenigen Gemälden zähle, denen die meiste Aufmerksamkeit zuteil worden." (B III, 39)[33]

Wahrscheinlich ging es für den Exilanten Heine darum, mit der notwendigen Vorsicht und Zurückhaltung vorzugehen, um den Eindruck einer doppelten Kritik an Louis-Philippes *juste milieu*[34] zu vermeiden, also einerseits an dem legitimistischen Konservatismus der Periode 1815–1830, der, obwohl schon im Niedergang begriffen, immer noch aktiv war, und andererseits an dem wachsenden oppositionellen Republikanismus, der sich seines Sieges im Juli beraubt fühlte, durch Louis-Philippe und durch diejenigen, die manchmal vom Pariser Volk „la Banque" („die Bank") genannt wurden, wie Jacques Laffitte und Casimir Perier, die zugleich Bankiers und aktive Politiker waren. Diese doppelte Stoßrichtung spielte im Übrigen eine wichtige Rolle in Heines langen und oft präzisen politischen Analysen in seinen deutschen Presseartikeln von Ende 1831 bis Sommer 1832, die dann in „De la France" wiederaufgenommen wurden.

Heines vorsichtige Haltung gegenüber dem neu etablierten Regime der Julimonarchie überschneidet sich merkwürdigerweise mit dem ereignisreichen und schwankenden politischen Schicksal von Delacroix' Gemälde: Nach dem „Salon" 1831 von Louis-Philippe persönlich erworben, wurde es zuerst großzügig ausgestellt, dann aber schnell vor der Öffentlichkeit verborgen, weil es, wie befürchtet wurde, möglicherweise zum Aufruhr hätte führen können. Diese Abfolge von öffentlicher Ausstellung und Geheimhaltung sollte sich bei der Revolution von 1848–1849 wiederholen. Im Folgenden war das Gemälde nicht öffentlich zugänglich, bis es anlässlich der Weltausstellung von 1855 in Paris im Rahmen einer Retrospektive der Werke von Delacroix mit ausdrücklicher Zustimmung Napoleons III. erneut ausgestellt wurde.

Welches sind nun die Elemente des deutschen Textes, die im französischen Text der beiden Ausgaben von 1833 und 1857 gestrichen wurden?

Auf der revolutionären Seite der unteren Volksschichten ruft ein ‚*Épicier*': „*Mâtin*, diese *Gamins* haben sich wie Riesen geschlagen!" Und „eine junge Dame" (B III, 41)[35] bemerkt, dass unter den dargestellten Charakteren der Student der Eliteschule Polytechnique mit seinem charakteristischen Hut fehlt, der auf zahlreichen – mehr als vierzig, nach Heine – Gemälden oder Grafiken zum Thema der drei Julitage im „Salon" abgebildet ist. Allerdings irrt sich die Dame, da der typische Hut eines Polytechnikers im Hintergrund in Richtung des Gewehrs erscheint, das der junge Bourgeois mit einem Zylinder trägt. Dessen Gesichtszüge könnten, zumindest einigen zeitgenössischen Kommentatoren zufolge, die von Delacroix selbst sein. Daher rührt die Legende, Delacroix sei ein überzeugter Revolutionär, was durchaus nicht der Fall war, wie man im Folgenden sehen wird.

Auf der entgegengesetzten Seite, der des „karlistischen" Legitimismus – nach dem Namen des 1830 abgedankten Königs Karl X. –, reproduziert Heine das Gespräch zwischen einem „noble[n] *Papa*" und seinem Töchterchen, das die Frau mit dem nackten Oberkörper und ihrer emanzipatorischen phrygischen Haube, die es schlicht als „rote Mütze" bezeichnet, „dreckig" findet. Und der „*Papa*" mit den glatten Händen des Müßiggängers erklärt daraufhin lächelnd, dass eine solche „Freiheitsgöttin […] mit der Reinheit der Lilien" nichts zu tun habe, also mit den Lilien der 1815 restaurierten Monarchie, deren weiße Flagge 1830 durch die blau-weiß-rote Fahne der französischen Nation ersetzt wurde, und dass eine solche Göttin Menschen hasse, die wie das Töchterchen und er selbst mit feinem, sauberem weißem Leinen bekleidet seien.

Ein die Szene beobachtender katholischer Priester, ja sogar „eine Eminenz", der – Heines Meinung nach aus Vorsicht vor dem Straßenvolk oder vielleicht auch wegen seines „bösen Gewissens" – Zivilkleidung trägt, bemerkt zynisch, dass eine Radikalisierung der Revolution wünschenswert wäre, weil sie deren Untergang bedeuten würde, da die Revolution wie in den dramatischen 1790er Jahren ihre eigenen Kinder verschlingen würde.

Mit dieser zynischen klerikalen Bemerkung wird eine negative Verkettung zwischen der „kleinen" Revolution von 1830 und der „großen" von 1789 hergestellt. In einer Art Prosahymne unterstreicht Heine dann die zumindest scheinbar glückliche Vereinigung zwischen Paris, der – besonders bei untergehender Sonne – so schönen Stadt, und der aufgehenden Sonne der siegreichen Freiheit, der Freiheit des Juli 1830 nach der Freiheit des Juli 1789. So zeichnet sich zumindest scheinbar eine ausgeprägt revolutionäre Perspektive ab, die jedoch eine gewisse Zweideutigkeit und ein gewisses Zögern nicht ausschließt, wobei der jüngste Sieg der Freiheit im Juli 1830 durch die Erinnerung an den selbstzerstörerischen Radikalismus der 1790er Jahre relativiert wird und durch die Gespräche zwischen dem „noble[n] Papa", seinem Töchterchen und dem Kleriker die Schwäche der „goldenen Mitte", des *juste milieu,* also eines provisorischen und zerbrechlichen Kompromisses zwischen der legitimen Monarchie und der ebenso legitimen Republik, zumindest implizit demonstriert wird.

Heine, Delacroix und die Idee der Freiheit

Heine war mit den technischen Fragen des Zeichnens und der Malerei wenig vertraut, und er gab selbst zu, er werde sich daher „also darauf beschränken, die öffentliche Meinung zu referieren" (B III, 30)[36], also die verschiedenen Positionen der französischen Presse, die er als Pariser Korrespondent der deutschen Presse ohnehin zu lesen hatte, in Teilen zu reproduzieren. In der Tat sind in der französischen Presse der Zeit präzise Passagen auszumachen, die höchstwahrscheinlich Heine direkt inspiriert haben.[37] Hier zwei Beispiele, die die weibliche Allegorie der Freiheit betreffen sowie die Figuren, die ihr auf dem Gemälde von Delacroix folgen.

In dem saint-simonistischen Organ „Le Globe" vom 12. Mai 1831 steht seltsamerweise, die Charaktere des Gemäldes seien keine realen Gestalten, sondern „Karikaturen", während die Freiheit selbst die Züge einer „poissarde" trage, also eines Fischweibs oder einer Fischhändlerin, die traditionell als Inbegriff der Vulgarität gilt. Und dieses charakteristische Wort „poissarde" findet sich identisch im französischen und im deutschen Text Heines wieder. Weiterhin wird die „poissarde", dem „Globe" zufolge, von einigen „zerlumpten" Gestalten begleitet, die wie bedrohliche Straßendiebe aussähen, die gerade eine „Postkutsche" angreifen. Diese düsteren Straßendiebe werden im französischen Text Heines als „le peuple, cette crapule" und im deutschen Text mit dem fast identischen Ausdruck „diese gemeinen Leute, diese Crapüle" (B III, 40) charakterisiert.

Und am 30. Mai 1831 wird in „Le National"– einer Zeitung, die schon vor 1830 von den liberalen Historikern und aus der Provence (Marseille und Aix) stammenden Freunden Thiers und François Mignet mitbegründet wurde und die sich dann allmählich mit dem Journalisten Armand Carrel (1800–1836) in die Richtung der republikanischen Linken entwickelt hatte – in derselben politisch-ideologischen Färbung wie in „Le Globe" die weibliche Allegorie der Freiheit mit einer gewöhnlichen Frau aus dem niederen Volk verglichen, die „aus dem Weinhandel" kommt, wobei also der Weinhandel den Fischhandel ersetzt, ohne dass der Sinn verändert wird:

> Die Freiheit ist alles andere als eine Jungfrau [vgl. im deutschen Text von Heine: „diese Figur erinnert mich an jene peripatetischen Philosophinnen, an jene Schnelläuferinnen der Liebe oder Schnelliebende, die des Abends auf den Boulevards umherschwärmen" (B V, 40)]; sie sieht ganz anders aus, und statt vom Himmel herunterzukommen, könnte man glauben, sie komme direkt aus dem Weinhandel.[38]

In diesen beiden linken Presseorganen also, dem des Saint-Simonismus und dem des Republikanismus, findet sich merkwürdigerweise genau dieselbe Kritik an Delacroix' Gemälde, er habe mit seiner „vulgären", ja sogar „dreckigen" Frauenfigur – paradoxerweise genauso wie im Munde des „noblen" Töchterchens im Gespräch mit ihrem „noble[n] Papa" (B III, 41) – das Volk herabgesetzt und respektlos behandelt, ohne dass auf die allegorische bzw. symbolische Bedeutung der Figur hingewiesen würde, geschweige denn auf die „griechischen" Züge ihres klar gezeichneten Profils – hier benutzt Delacroix bezeichnenderweise die Technik der klar gezeichneten „Linie", um den Wortschatz seines „klassischen" oder „neo-klassischen" Gegenspielers Ingres aufzugreifen – und ihre phrygische, also griechische Mütze, Merkmale die doch fast allein schon die ganze politische Bedeutung der gemalten Szene tragen.

Eine andere mögliche Quelle für Heines Kommentar zu diesem Gemälde sowie vielleicht sogar für das zwischen Oktober und Dezember 1830 entstandene Gemälde selbst ist das bereits im August desselben Jahres veröffentlichte Gedicht „La Curée" des Republikaners Auguste Barbier (1805–1882). Dass dieser Text in vielen Einzelheiten an das Gemälde Delacroix' erinnert, wurde schon in der französischen Presse der Zeit vermerkt. Aus diesem langen Gedicht soll hier die Strophe zitiert werden, die dem Gemälde von Delacroix und auch Heines Kommentar dazu vielleicht am nächsten kommt, insbesondere was die allegorische Figur der Freiheit in ihrer physischen Beziehung zu den ihr folgenden Gestalten aus dem Volk betrifft: zu dem jungen Bourgeois oder Intellektuellen mit Zylinder, dem Arbeiter oder Handwerker, dem armen Bauern, dem Pariser Straßenkind – das vielleicht das Vorbild für die Figur des Gavroche in Victor Hugos Roman „Die Elenden" („Les Misérables") war – und dem Studenten der École Polytechnique. Dieses Volk mit allen seinen sozialen Schichten oder Klassen, in der revolutionären Tat zumindest momentan vereint, ist letzten Endes identisch mit der vereinten und souveränen Nation unter dem riesigen Schutzemblem der blau-weiß-roten Fahne:

> C'est que la Liberté n'est pas une comtesse
> Du noble faubourg Saint-Germain […]
> C'est une forte femme aux puissantes mamelles,
> À la voix rauque, aux durs appas,
> Qui, du brun sur la peau, du feu dans les prunelles,
> Agile et marchant à grands pas,
> Se plaît aux cris du peuple, aux sanglantes mêlées,
> Aux longs roulements des tambours […]
> Qui ne prend ses amours que dans la populace,
> Qui ne prête son large flanc
> Qu'à des gens forts comme elle, et qui veut qu'on l'embrasse
> Avec des bras rouges de sang.[39]

Eine äußerst radikale Vision also, bis hin zu den schrecklichen „blutroten Armen" der Liebhaber der Freiheitsgöttin. Und doch war Delacroix' persönliche politische Position, im Einklang mit seinem sozialen Milieu und seiner Familie, viel gemäßigter. Sein Vater, den er bewunderte, war ein „moderater" Jakobiner, vielleicht eher noch ein überzeugter Patriot, der sich 1799 wie viele Jakobiner auf die Seite Bonapartes gestellt hatte, und seine Mutter eine hochgebildete, feine, zarte und sensible Frau aus einer berühmten Tischlerfamilie, Luxushandwerkern, fast schon Künstlern, die im Dienste des Königs Ludwig XV. standen.

Delacroix schrieb im Oktober 1830 an seinen älteren Bruder Charles: „Ich arbeite jetzt an einem modernen Gegenstand, einer Barrikade, und wenn ich nicht für das Vaterland gesiegt habe, so werde ich wenigstens für es malen".[40] Und es ist in der Tat das französische Vaterland mit der Trikolore, der Fahne der 1790er Jahre und des ersten Kaiserreichs Napoleons I. – mit dem „Chant du Départ" als Nationalhymne, die heute noch für manche Ohren patriotischer und vielleicht revolutionärer klingt als die „Marseillaise"–, das Delacroix auf seinem großen Gemälde neben der allegorischen Frauenfigur der Freiheit als den wirklichen Helden der Julirevolution präsentiert, der das Volk zum Sieg und zur politischen Macht führt.

All dies wäre mit einer Tatsache in Beziehung zu setzen, über die Alexandre Dumas der Ältere berichtete, nämlich dass der bloße Anblick der trikoloren Nationalflagge auf der Kathedrale Notre-Dame Delacroix unversehens für die Julirevolution gewinnen konnte, nachdem er doch bis dahin sehr vorsichtig und zurückhaltend, ja sogar ängstlich gewesen war, weil die zunehmende Gewalt im Verlauf der Ereignisse ihn erschreckte.

Übrigens lässt sich eine kleine, aber doch klar erkennbare Trikolore oben auf der Pariser Kathedrale auf dem dunklen Hintergrund des Gemäldes ausmachen, die der überdimensionalen Trikolore entspricht, welche im oberen Vordergrund von der allegorischen Frauenfigur hochgehalten wird.

Dumas, der sich für die Julirevolution eingesetzt hatte, indem er an der Spitze einer Gruppe von Freiwilligen das Hôtel de Ville in Paris eroberte und besetzte, bestreitet, dass Delacroix ein „leidenschaftlicher Republikaner" gewesen sei, wie es ein Gerücht besagte, das aus jenem anderen Gerücht entstanden war, nach dem der junge, elegante Bourgeois oder Intellektuelle mit dem Zylinder auf dem Kopf ein Selbstporträt des Malers wäre. Laut Dumas dominierte im Juli 1830 das Gefühl der Angst bei seinem Freund Delacroix, der seines Erachtens eine durchaus „aristokratische Natur" war und vielleicht der Mann, der sich von all denen, die er jemals gekannt habe, am wenigsten für die Revolution erklärt habe.

Delacroix schrieb am 17. August 1830 an einen Neffen, er hoffe, wie alle Menschen „mit gesundem Menschenverstand", dass durch die Lösung, Louis-Philippe zum König zu machen, „die Republikmacher sich ruhig halten mögen" („que les faiseurs de république consentiront à se tenir au repos"). Und auch der republikanische Bildhauer Antoine Etex, der für den Schutz des Louvre gegen eventuelle Plünderungen verantwortlich war und der zu diesem Zweck zahlreiche Künstler mobilisiert hatte, darunter den „romantischen" Delacroix und den „klassischen" Ingres – ein ehemaliger Schüler Davids und Anhänger der gezeichneten „Linie" im Gegensatz zur „Farbe", die Delacroix am Herzen lag –, behauptet, Delacroix sei alles andere gewesen als ein militanter Revolutionär.[41]

Der Angst, die bei Delacroix trotz seines bonapartistischen Patriotismus vorherrschte, entsprechen gewissermaßen, auf dem Hintergrund einer gemeinsamen und aufrichtigen Napoleonophilie, ja sogar Napoleonolatrie, bei Heine die skeptische Distanz und die je nach ihren jeweiligen Objekten mehr oder weniger beißende bzw. wohlwollende Ironie. Bei Delacroix kommt vielleicht auf dem Gemälde von 1831 die Distanzierung von der unerträglichen physischen Gewaltausübung in der Julirevolution durch den grausamen Anblick der im Vordergrund übereinander gehäuften Toten zum Ausdruck, jener Toten sowohl aus der revolutionären Zivilbevölkerung als auch aus dem der Revolution unterlegenen Militär – all jener von Louis-Philippe genannten „Toten des Juli", die 1831 in dem schon zitierten Gedicht von Hugo geehrt worden waren, jener Toten also, die für das hohe Menschenopfer stehen, welches die Verwirklichung der Freiheit in der Geschichte fordert.

In seinem Bericht über Delacroix' Gemälde erwähnt Heine einen „großen Gedanken", der „dieses gemeine Volk, diese Crapüle, geadelt und geheiligt und die entschlafene Würde in seiner Seele wieder aufgeweckt" habe (B III, 40).[42]

Dieser „große Gedanke" ist die Idee der Freiheit und ihrer allmählichen Verwirklichung in der Geschichte durch einen langsamen Fortschritt, der von Zeit zu Zeit durch aufeinanderfolgende Revolutionen, wie 1789 und 1830, wiederbelebt und beschleunigt wird. Diese Idee war Heine, Delacroix und vielen anderen zumindest teilweise gemeinsam und wurde von der deutschen Aufklärung und den französischen *Lumières* sowie von der 1789er Revolution übernommen, freilich mit Abweichungen, die ihrem jeweiligen Charakter und ihrer besonderen Situation entsprachen.

Präziser formuliert ist diese „abstrakte und positive Idee"[43], die bei Delacroix durch die allegorische Figur der Freiheit repräsentiert wird, das, was Heine mehr als einmal mit der sprachlich und begrifflich merkwürdigen Wendung der „Volkwerdung der Freiheit" (B V, 461) charakterisiert hat. Auf der Philosophie der Geschichte und des Rechts fußend, die er an der Universität Berlin in den frühen 1820er Jahren unmittelbar aus dem Munde Hegels rezipiert hatte und von der er manchmal dachte, sie besitze eine Art geheime Korrespondenz im Denken und in den parlamentarischen Reden des liberalen französischen Historikers und Politikers François Guizot (1787–1874), fasste Heine in Hegels Gefolge die in der Geschichte progressiv entstehende Freiheit als eine Freiheit auf, die mit der menschlichen Vernunft oder dem menschlichen Geist identisch oder wesensgleich war.[44]

Die Heine'sche „Volkwerdung der Freiheit" ist eine Formel, die Delacroix, der sich so intensiv und so oft mit der präzisen Farbe, der präzisen Bewegung und dem präzisen sprachlichen Ausdruck befasst hat, trotz seines politischen Moderantismus vielleicht nicht abgelehnt hätte und die sogar als Titel – unter vielen anderen mehr, wie wir sahen – auf das Gemälde von 1830/1831 hätte passen können. Die Freiheit ist nur insofern eine „Führerin" für das Volk, als dieses sich mit ihr identifiziert, sie durch die revolutionäre Handlung konkret in sich aufnimmt und als sie im Gegenzug, nach Heines Formel, selbst „Volk werden" kann.

„Rekonstruiert" man die Etymologie des Worts Idee, so lässt es sich übrigens auf das indogermanische *weid* zurückführen, auf Altgriechisch *eidos* und auf Latein *idea*, mit dem lateinischen Verb *videre / video* (sehen) sowie mit *wid* in der keltischen, bzw. gallischen Sprache verwandt. Der Wortstamm führt in seiner verstärkenden Form mit *tr-* oder *dr-* zu den wohlbekannten *Druiden*, die besser, klarer, weiter und tiefer als andere sehen können, und weiterhin zu den Wissenschaftlern, Ärzten, Philosophen, Priestern und Wahrsagern oder auch zu allen diesen Berufen zusammen, welche die Druiden im Idealfall in Personalunion ausübten.

Die „Idee" wäre demnach identisch mit dem, was gut, klar und genau wahrgenommen wird, mit einer „Vision" also, die zugleich objektiv richtig und durchaus persönlich oder subjektiv ist und somit vielleicht die erste und wichtigste Grundlage jeder gelungenen Malerei bildet. Womit wir zu Delacroix und zu seinem wirklich unerschöpflichen Gemälde zurückkehren und dabei auch Heine und sein wiederholtes Lob wiederfinden, das er seit den 1820er Jahren dem „klaren Griechenauge" gespendet hat, dem des „klassischen" Goethe in der Literatur und der Kunst und dem des „klassischen" Napoleon in der Politik.[45]

„Griechische" Klarheit und Genauigkeit werden also gegen den Nebel und die durchaus gewollten und bewussten Ungenauigkeiten der deutschen Romantik gesetzt – chronologisch und ideologisch ist diese vom französischen *romantisme* verschieden, mit welchem Heine biographisch und ideologisch, sei es nur durch den Verleger Eugène Renduel, verbunden ist – sowie auch gegen den „Obskurantismus" der politischen Reaktion bzw. die Teutomanie oder Deutschtümelei, die Heine von den frühen 1820er Jahren bis zu seinem Tode immer wieder bekämpft hat – vielleicht die beständigste Komponente seiner politischen Position.[46]

Und vor diesem Hintergrund könnte man schließlich auch herausfinden, was Delacroix vielleicht anlässlich seiner improvisierten, aber für die Entstehung vieler seiner Werke so wichtigen Marokko-Reise im Jahre 1832 meinte, als er behauptete, es sei die immer noch gegenwärtige und lebendige griechische und römische Antike, die er dort in der freien Luft, im vollen Licht und in der blendenden Sonne angetroffen habe und die ihn massiv ergriffen habe. Diese klar und präzis wahrgenommenen Wirklichkeiten, Formen, Farben, Situationen und Menschen, also diese „Ideen" in der oben erläuterten Wortbedeutung, hat er in seinen zahlreichen Zeichnungen und Aquarellen fast systematisch direkt aus dem Leben archiviert – wie in einem technischen und theoretischen „Wörterbuch" der Malerei, so sagte er, indem er zuweilen mit dem Gedanken spielte, ein solches „Wörterbuch" wirklich zu schreiben und zu veröffentlichen – und bis in die 1850er und 1860er Jahre in vielen Gemälden immer wieder gestaltet und interpretiert.

Anmerkungen

1 „Par sa nature nerveuse, impressionnable, Delacroix, plus que personne, vibrait au passage des idées, des événements et des passions de son temps. Malgré une apparence sceptique, il en partageait les fièvres, il en traversait les flammes." Théophile Gautier: Eugène Delacroix [1864]. – In: ders.: Histoire du romantisme. Paris 1874, S. 200–217, hier S. 212. Abgesehen von den französischen Texten Heines aus den Ausgaben von Renduel und Michel Lévy frères (bzw. HSA) wurden alle französischen Zitate vom Autor dieses Artikels ins Deutsche übertragen, der seiner Freundin und Kollegin Mechthild Coustillac (Toulouse) für ihre wertvolle Hilfe bei der Redaktion danken möchte.
2 Über das Junge Deutschland und die Bedeutung des Verbots vgl. Lucien Calvié: Le Renard et les raisins. La Révolution française et les intellectuels allemands. 1789–1845. 2e édition revue et augmentée. Parthenay 2018, S. 185–207.
3 L'Œuvre de Victor Hugo. Poésie. Prose. Théatre. Édition classique. Choix, notices et notes critiques par Maurice Levaillant. Paris 1965, S. 195.
4 Vgl. Lucien Calvié: Le Soleil de la liberté. Henri Heine (1797–1856), l'Allemagne, la France et les révolutions. Paris 2006, S. 241–256, und ders.: Henri Heine et les dieux de la Grèce. – In: Romantisme 113 (2001), S. 29–42.
5 Arlette Sérullaz, Vincent Pomarède: Eugène Delacroix. La Liberté guidant le peuple. Paris 2012, S. 7.
6 „Pourquoi n'a-t-on pas averti quelques hommes zélés pour les vrais et grands talents? Je ne savais pas encore la mort de ce pauvre Heine." Zit. n. Joseph Dresch: Heine à Paris. 1831–1856. Paris 1956, S. 143.

7 Vgl. HSA XIV, 11–15.
8 Vgl. HSA XVIII, 152 f., und B III, 302 f. August Lewald (1792–1871), ein 1812 zum Protestantismus und 1852 zum Katholizismus konvertierter Jude, der seit 1828 mit Heine befreundet war, als sie sich in Hamburg kennenlernten, war zuerst Schauspieler, dann Theaterregisseur und Journalist. In Stuttgart gründete er zwei Zeitschriften, die er bis 1837 bzw. 1846 herausgab: „Europa. Chronik der gebildeten Welt" (1835–1846, zuerst Stuttgart, dann Karlsruhe), und die „Allgemeine Theaterrevue"(1835 bis 1837, Stuttgart).
9 „Vous le savez bien, je serais folle de vous si je ne l'étais d'un autre." George Sand: Lettres d'une vie. Choix et présentation Thierry Bodin. Paris 2004, S. 316.
10 Vgl. Vincent Pomarède: „Il parle mieux que je n'écris". À propos de George Sand et d'Eugène Delacroix. – In: George Sand. Une nature d'artiste. Exposition du bicentenaire de sa naissance. Paris 2004, S. 87–95, und Arlette Sérullaz: „Amie et sœur bien chère". – In: ebd., S. 75–81.
11 „Vous êtes donc souffrant ? […] Vous avez trop négligé mes prescriptions hygiéniques, l'exercice, l'air." Sand: Lettres [Anm. 9], S. 427.
12 „Un homme d'une distinction rare [et] le plus vrai artiste". Zit. n. Anne-Marie de Brem: La Maison de George Sand à Nohant. Paris 2010, S. 23.
13 „Indigne […] d'abandonner un mourant." Zit. n. Dresch: Heine à Paris [Anm. 6], S. 71.
14 Vgl. Michael Mann: Heines Musikkritiken. Hamburg 1971 und Albrecht Betz: Der Charme des Ruhestörers. Heine-Studien. Ästhetik und Politik II. Aachen 1997, S. 65–84.
15 Vgl. Eugène Delacroix: Journal. Nouvelle édition intégrale établie par Michèle Hannoosh. Bd. 1, 2. Paris 2009.
16 Vgl. Maurice Agulhon: L'éclair de juillet des Trois Glorieuses. – In: Le Monde, 27. Juli 1980, und ders.: 1830 dans l'histoire du XIXe siècle français. – In: Romantisme 28/29 (1980), S. 15–27.
17 Zit. n. Gilles Néret: Delacroix. 1798–1863. Le prince des romantiques. Paris 2004, S. 13.
18 „L'histoire du vrai beau, et surtout l'histoire de ses variations, paraît une lacune véritable […] et ce sera, sans doute, un spectacle curieux, de le voir sous toutes ses formes et toujours révéré, comme ce couteau, passez-moi la bassesse de la comparaison, dont la lame et le manche avaient été renouvelés cent fois, et qui était toujours le même couteau." Eugène Delacroix: Propos esthétiques. La Rochelle 2013, S. 12.
19 Vgl. z. B. B III, 399 und HSA XVI, 138.
20 Jules Michelet: Le Peuple [1846]. Introduction et notes de Paul Viallaneix. Paris 1974, S. 75.
21 Agulhon: L'éclair de juillet [Anm. 16].
22 L'Œuvre de Hugo [Anm. 3], S. 228: „Diejenigen, die fromm für die Heimat starben,/ Haben ein Recht, dass die Menge zu ihrem Sarg kommt und betet./ Unter den schönsten Namen ist ihr Name der schönste./ Alle Herrlichkeit vergeht in ihrer Nähe und fällt der Vergänglichkeit anheim;/ Und wie es eine Mutter tun würde,/ Wiegt sie die Stimme eines ganzen Volkes in ihrem Grab".
23 Vgl. Sérullaz, Pomarède: Eugène Delacroix [Anm. 5], S. 20 (Text) und 60–65 (Bilder).
24 Vgl. Marie-Laure Castelnau: La madone des faubourgs. – In: Delacroix. La fureur de peindre. Le Figaro hors-série Nr. 109, März 2018, S. 102–104.
25 Vgl. Pologne. L'insurrection de 1831. Sa réception en Europe. Hrsg. v. Daniel Beauvois. Lille 1982.
26 Vgl. Der polnische Freiheitskampf und die liberale deutsche Polenfreundschaft. Hrsg. v. Peter Ehlen. München 1982 und Polenlieder. Eine Anthologie. Hrsg. v. Gerhard Koziełek. Stuttgart 1982.
27 Vgl. Adam Mickiewicz: Livre des pélerins polonais traduit et préfacé par Charles de Montalembert, suivi d'un „Hymne à la Pologne" par Félicité de La Mennais. Paris 1833.

Der tatsächliche Übersetzer war Bogdan Jański (1807–1840), ein junger polnischer Exilant in Paris, während Montalembert eine stilistische Überarbeitung durchführte.

28 „Lafayette, le drapeau tricolore, la Marseillaise. Je suis comme enivré […] Moi aussi, je suis la fils de la révolution, et de nouveau je tends les mains vers les armes sacrées" (HSA XVII, 27). Über Heines Kommentar zum Pariser „Salon" von 1831 vgl. Betz: Der Charme [Anm. 14], S. 51–64.

29 Vgl. L. Calvié: Le Soleil de la liberté [Anm. 4], S. 19–26.

30 Auch Henri Heine: De la France. Paris 1833, S. 326 f., und HSA XVIII, 131. „Car Dieu est tout ce qui est" („Denn Gott ist alles, was da ist") ist in der französischen Ausgabe von 1833, nicht aber in der von 1857 (Michel Lévy frères bzw. HSA) zu lesen.

31 Auch Heine: De la France [Anm. 30], S. 327 und HSA XVIII, 131.

32 Heine: De la France [Anm. 30], S. 301.

33 „[…] tableau devant lequel j'ai toujours vu un grand concours de peuple et que je range […] au nombre de ceux sur lesquels l'attention s'est portée le plus". Heine: De la France [Anm. 30], S. 299, und HSA XVIII, 119.

34 *Juste milieu* im Sinne einer ruhigen und wohlhabenden „goldenen Mitte" zwischen den beiden „Extremen" des royalistischen Legitimismus und des Republikanismus.

35 Französische Wörter im deutschen Text Heines sind kursiv gedruckt.

36 „Je me bornerai donc à me faire l'écho de l'opinion générale". Heine: De la France [Anm. 30], S. 285, und HSA XVIII, 114.

37 Zur Rezeption von Delacroix' Gemälde in der französischen Presse der Zeit vgl. Nicos Hadjinicolaou: „La Liberté guidant le peuple" de Delacroix devant son premier public. – In: Actes de la Recherche en Sciences sociales 28 (1979), S. 3–26.

38 „La liberté n'est rien moins qu'une vierge; elle a l'air de tout autre chose, et au lieu de descendre du ciel, on pourrait croire qu'elle sort de chez le marchand de vin." L[ouis]. Peisse: Salon de 1831. Cinquième article: M. Delacroix – Romantisme. – In: Le National, 30. Mai 1831 (Jg. 2, Nr. 130), o. S. [S. 4]. Vgl. im französischen Text von Heine die „philosophes péripatéticiennes" oder die „dévergondées péripatéticiennes" sowie die „Vénus des rues". Heine: De la France [Anm. 30], S. 300 und HSA XVIII, 120.

39 Auguste Barbier: Poésies. Iambes et poèmes. Paris 1841, S. 15. „Diese Freiheit ist keine Gräfin/ Aus dem edlen Faubourg Saint-Germain […]/ Sie ist eine starke Frau mit kräftigen Brüsten,/ Mit heiserer Stimme und hartem Reiz,/ Welche, mit brauner Haut und feurigen Augen,/ Leichtfüßig weit ausschreitend,/ Das Geschrei der Menge und das blutige Gewühl genießt,/ Und auch den langen Trommelwirbel […]/ Die ihre Liebschaften nur im niederen Volke sucht/ Die ihre breite Flanke nur denjenigen bietet,/ Die so stark sind wie sie, und die umarmt werden will/ Mit blutroten Armen". Das Gedicht erschien erstmals 1831 in „La Revue de Paris".

40 „J'ai entrepris un sujet moderne, une barricade, et si je n'ai pas vaincu pour la patrie, au moins peindrai-je pour elle." Zit. n. A. Sérullaz, A. Daguerre de Hureaux, S. Guégan u. V. Pomarède: L'ABCdaire de Delacroix. Paris 2008, S. 82.

41 Zu Delacroix' Reaktionen auf die Julirevolution, wie sie unter anderem von Dumas dem Älteren und von Etex beschrieben wurden, vgl. ebd., S. 12–14.

42 „[…] une grande pensée [qui] ennoblissait ce peuple, cette crapule, et réveillait dans son âme la dignité endormie". Heine: De la France [Anm. 30], S. 300 f., und mit wenigen Abweichungen HSA XVIII, 120.

43 „Idée abstraite et positive". Castelnau: La Madone [Anm. 24], S. 104.

44 Zur „Volkwerdung der Freiheit" und deren Hegelscher Bedeutung bei Heine vgl. Lucien Calvié: Heine / Marx. Révolution, libéralisme, démocratie et communisme. Uzès 2013, S. 153–155, und ders.: Le Soleil de la liberté [Anm. 4], S. 70–72. Vgl. Margaret A. Rose: Heines „junghegelianisches" Bild von Delacroix. – In: HJb 18 (1979), S. 27–34, die den „großen Gedanken" Heines als eine Art Synthese des Berliner Hegelianismus und des Pariser Saint-Simonismus interpretiert.
45 Vgl. Calvié: Le Soleil de la liberté [Anm. 4].
46 Vgl. Lucien Calvié: Un romantique européen, critique du romantisme politique allemand: Heinrich Heine. – In: Les Romantismes politiques en Europe. Hrsg. v. Gérard Raulet. Paris 2009, S. 497–518.

„Zuleima, du bist meine heil'ge Kaaba"
Arabismen in Heines Lyrik
Eine lexikalische Bestandsaufnahme

Zouheir Soukah

In der ersten Hälfte des 19. Jahrhunderts entwickelte sich die orientalisierende Dichtung zu einer der markanten literarischen Gattungen in Deutschland. Sie resultierte aus dem Bestreben einiger Lyriker der deutschen Romantik, eine universale Lyrik zu stiften, indem sie Stoffe und Motive fremder Kulturen und vor allem der orientalischen Kultur zu übernehmen pflegten.[1] Die Schlüsselfiguren dieser Bewegung in Deutschland waren die Brüder Friedrich und August Wilhelm von Schlegel, der Dichter und Übersetzer Friedrich Rückert (1788–1866), der auch als einer der Begründer der deutschen Orientalistik gilt, sowie der Lyriker August von Platen (1796–1835), der die frühmittelalterlichen arabisch-persischen „Ghasel"-Gedichte in die deutsche Literatur einführte. Das epochemachende Werk dieser Gattung stammt jedoch von Wolfgang von Goethe, nämlich dessen Gedichtsammlung „West-östlicher Divan" (1819), die reich an literarischen Arabismen ist.[2] Allerdings beschränkte sich das deutsche Interesse an dem Orient und seinen Literaturen nicht nur auf Rückert, Platen und Goethe, sondern es beschäftigten sich im Zuge dieser romantischen Strömung zahlreiche deutsche Dichter produktiv mit orientalischen Motiven. Zu ihnen gehört neben Ferdinand Freiligrath (1810–1876) oder Georg Daumer (1800–1875) zweifelsohne auch Heinrich Heine.

Heines Beschäftigung mit dem „Orient" ist unverkennbar und vielseitig. Vor allem zeigt sich der große Einfluss des literarischen Orients (im Allgemeinen) und der orientalisierenden Strömung (im Spezifischen) auf Heines dichterisches Werk. Dabei spielen primär die arabisch-andalusische Epoche in Spanien sowie die altarabische Literatur eine bedeutungsvolle Rolle. Sie waren für ihn literarische Inspirationen aus der faszinierenden Welt des „Orients". Poetische Belege dafür sind zahlreich. Da sind zunächst frühere Texte, die Heine in seinen jungen Jahren geschrieben hat, darunter die Tragödie „Almansor" (1821), die Gedichte „Ständchen eines Mauren" (1821), „Almansor" (1825), sowie „Donna Clara" (1823) und

---

Z. Soukah (✉)
Düsseldorf, Deutschland

das (nicht zur Veröffentlichung bestimmte) Widmungsgedicht „Fröhliche Mahle", das er 1820 einem Bonner Kommilitonen ins Stammbuch schrieb. Dazu kommen noch Gedichte aus den 40er und 50er Jahren. Dazu zählen „Ali Bey" (1839), „Der sterbende Almansor" (1847; es handelt sich um die zweite Fassung des „Ständchen eines Mauren") sowie die 1851 im „Romanzero" veröffentlichten Gedichte „Der Asra", „Der Dichter Firdusi", „Der Mohrenkönig" und „Jehuda ben Halevy".

Besonders Heines Jugendtragödie „Almansor" zeugt von seiner „schwärmerische[n] Würdigung der maurischen Kultur".[3] Das Werk gehört – so Fendri – zu den dichterischen Werken aus der ersten Hälfte des 19. Jahrhunderts, „deren Stoff der historisch-dichterischen Welt des ‚Maurentums' entlehnt ist", die er unter dem literarischen Begriff „Maurenromantik" einordnet.[4] Die „Almansor"-Tragödie, die um das Jahr 1500 im untergangenen maurischen Emirat von Granada spielt, ist eines von drei literarischen Werken Heines mit diesem arabischen Titel. Der fiktive maurische Held Heines, Almansor, kommt wiederum vor in dem gleichnamigen Gedicht, dessen Entstehung „mit der im Juni 1825 vollzogenen Konversion Heines zum Protestantismus" verbunden ist, vor, denn in diesem Gedicht konvertiert der maurische Held Almansor auch zum Christentum.[5] Ein weiteres Heine-Gedicht, das den gleichen Namen im Titel trägt, erschien 1847: „Der sterbende Almansor" (in der ersten Fassung von 1821 hieß es „Ständchen eines Mauren"). Dieses Motiv des durch die spanischen Christen bezwungenen andalusischen Muslims kommt auch in Heines Gedicht „Der Mohrenkönig" vor. Darin geht es um den letzten maurischen König Muhammad XII. von Granada (Boabdil). In diesem 1851 erschienenen Gedicht rehabilitiert Heine diesen letzten „Mohrenkönig".[6] Nach Fendri gilt als Vorlage zu diesem Gedicht Washington Irvings (1783–1859) Buch „Chronicle of the Conquest of Granada" (1829).[7] Neben muslimischen Schlüsselfiguren der untergangenen maurischen Kultur in Spanien befasst sich Heine mit berühmten jüdisch-andalusischen Literaten, die innerhalb der islamisch-andalusischen Kultur in Spanien lebten. Dazu gehören etwa Jehuda ben Halevy, Moses ibn Esra und Solomon ibn Gabirol, die er in seinem Gedicht „Jehuda ben Halevy" erwähnt. Dieses Gedicht besitzt im Zyklus „Hebräische Melodien" eine „Sonderstellung".[8] Nach Fendri gilt Michael Sachs' Buch „Die religiöse Poesie der Juden in Spanien" (Berlin 1845) als Hauptquelle dieses langen Gedichtes.[9]

Im Rahmen seiner Beschäftigung mit der altmaurischen Kultur in Spanien samt ihren muslimischen und jüdischen Motiven und Figuren, die sich meist auf Quellen „mit historischem Charakter"[10] stützt, zeigt Heinrich Heine besonderes Interesse an den klassischen arabischen bzw. persischen Literaturen. Konkrete Beispiele dafür bieten Heines Gedichte „Der Asra", „Der Dichter Firdusi" sowie das Widmungsgedicht „Fröhliche Mahle". Während „Der Asra" „den offensichtlichsten und zugleich bekanntesten Bezug in Heines poetischem Werk" zu der alten arabischen Liebeslyrik „Ghasel" vor allem am Beispiel der Liebesfiguren „Leila und Madschnun" bezeugt[11], zeigt sich das Gedicht „Der Dichter Firdusi" aus Heines Sammlung „Romanzero" am „persischsten".[12] Für Fendri gehört es zu den „schönsten und gelungenen deutschen Meisterballaden".[13] Darüber hinaus konnte Fendri Heines Widmungsgedicht „Fröhliche Mahle" auf eine eingedeutschte arabische Vorlage zurückführen.[14] Nach ihm ist der Ursprung dieses kurzen Gedichtes die „Hamasa", „eine Sammlung arabischer Dichtungen aus vor- und frühislamischer Zeit, die von dem Dichter und Philologen Abu Tammam (gest. um 846 n. Ch.) zusammengetragen […] wurde."[15] Das Gedicht vermittelt – so Fendri – das Indiz, dass Heine auch Beziehung zu der zweiten bedeutendsten Anthologien altarabischer Dichtung gehabt hat, nämlich „Mu'allaqat".[16]

Somit geht Fendri davon aus, dass die untergegangene arabisch-andalusische Literatur bzw. Kultur als dichterisches Motiv „von Anfang bis Ende im Mittelpunkt" von Heines kulturellem Interesse war.[17] Es handelt sich hier also um ein besonderes Interesse, das Fendri in seiner akribischen Monographie „Halbmond, Kreuz und Schibboleth. Heinrich Heine und der islamische Orient" (1980) fundiert analysiert und nachweist.[18] Vor ihm lieferte Walter Kanowsky in seinem Aufsatz „Heine als Benutzer der Bibliotheken in Bonn und Göttingen" eine Liste der von Heine entliehenen Bücher, die unter andrem im Zusammenhang mit Heines Tragödie „Almansor" stehen.[19] Dabei handelt es sich vor allem um die folgenden Bücher:

> Ignaz A. Feßler: Die alten und die neuen Spanier. Ein Völkerspiegel. Versuch einer Geschichte der Spanischen Nation. Bd. 1, 2. Berlin 1810.
>
> Esprit Fléchier: Histoire du Cardinal Ximenes. Paris 1693.
>
> Franz Lorenz von Dombay: Geschichte der mauretanischen Könige. Verfaßt von Ebul-Hassan Aly Ben Abdallah, Ben Ebi Zeraa. Aus dem Arabischen übersetzt und mit Anmerkungen erläutert. Agram 1794-1797.
>
> Ginés Pérez de Hita: Histoire chevaleresque des Maures de Grenade, précédée de quelques réflexions […] avec des notes historiques et littéraires, par A. M. Sané. Bd. 1, 2. Paris 1809.[20]

In diesem Beitrag geht es um die von Heine verwendeten Arabismen, die wir vor allem in den oben genannten dichterischen Texten vorfinden.[21] Es handelt sich um 72 ausgewählte, bedeutende Arabismen, deren sprachhistorische Kontexte ich in dieser Bestandsaufnahme zunächst kurz besprechen möchte, um anschließend ihr Vorkommen in Heines poetischer Welt zu dokumentieren.[22] Ins Deutsche gelangten die Arabismen im Großen und Ganzen indirekt über andere europäische Sprachen. Denn historisch gab es sehr selten einen direkten und intensiven kulturellen Kontakt zwischen den deutschsprachigen und arabischen Räumen.[23] Darum betont Tazi, dass „das arabische Lehngut in der deutschen Sprache" im Rahmen des langen Kulturaustausches zwischen Morgenland und Abendland verstanden werden kann.[24] Zudem zählen die Kreuzzüge, die arabische Expansion im Mittelmeer (Spanien 711, Sizilien 827) und die Handelsbeziehungen zu den wichtigen „Voraussetzungen dieser Sprachberührung", und an „diesem Entlehnungsprozeß waren das Mittellatein, die ibero- und galloromanischen Sprachen […] beteiligt".[25] Dabei ist es zu bemerken, dass in keiner anderen romanischen Sprache so viele Arabismen vertreten sind wie im Spanischen. Dies merkt man in Heines Arabismen, die zum größten Teil aus dieser europäischen Vermittlungssprache kommen.[26]

Heines lyrische Arabismen, die zum ersten Mal in einer Bestandsaufnahme dargestellt werden, zeugen nicht nur von seinen fundierten Kenntnissen über die Geschichte der maurischen Kultur und Literatur und deren muslimische und jüdische Schlüsselfiguren im maurischen Spanien.[27] Vielmehr zeigen sie seine gründliche Beschäftigung mit den arabischen und persischen Literaturen. Vor allem nimmt hier das berühmte Werk „Tausendundeine Nacht" eine besondere Stellung ein, mit dem Heine „vom Knabenalter bis zu seinen späteren Lebensjahren […] vertraut"[28] war. Fendri geht davon aus, dass Heine die Hammersche Übertragung „Der Tausend und Einen Nacht noch nicht übersetzte Märchen, Erzählungen und Anekdoten" (1823/1824) gelesen hat.[29] Dazu zählen ganze arabische Literaturgattungen, wie die Makamen, und Lyrik-Gattungen (wie „Ghasal", „Hamasa" und „Mo'allakat")[30] sowie literarische Motive (wie vor allem „Mödschnun und Leila").[31] Darüber hinaus gehören dazu auch berühmte Literaten aus dem arabisch-persischen Raum (wie Dschami, Hafis und Firdusi usw.).[32]

Abasside
Auch: Abbasiden. Arabisch: عبّاسيّون
Die Abbasiden bildeten die zweite große Dynastie der islamischen Welt, die 750 der Dynastie der Umayyaden in der Regierung des arabisch-islamischen Kalifats nachfolgte. Sie hatten ihre Hauptstadt zunächst in Bagdad, bevor diese 1258 durch die Mongolen erobert wurde. Das Abbasiden-Kalifat regierte in Kairo weiter. Mit der Eroberung Kairos durch die Osmanen 1517 wurde die Dynastie der Abbasiden praktisch abgelöst.[33]
Das Wort kommt in Heines „Almansor"-Tragödie vor.

Abderam
Auch: Abderrahman. Arabisch: عبد الرحمن. Männlicher arabischer Vorname.
Zwei historische Persönlichkeiten mit diesem Namen kommen bei Heine vor: Zum einen Abd ar-Rahman I. (arabisch: عبد الرحمن الداخل, spanisch: Abderramán), der als erster muslimischer Gouverneur von Córdoba in Andalusien (756–788) das umayyadische Exilreich auf der Iberischen Halbinsel begründete, das ungefähr dreihundert Jahre lang Bestand hatte.[34] Er wird in Heines „Almansor"-Tragödie erwähnt. Zum anderen „Abderam der Dritte" (DHA III, 143); das ist Abd ar-Rahman III., der den Beinamen „Erheber des Gesetzes" trug und ab 912 das andalusische Ummayyadenreich regierte. Er herrschte 50 Jahre lang und führte als erster Regent der zweiten Umayyadendynastie den Titel „Kalif". Heine nennt seinen Namen in dem Gedicht „Jehuda ben Halevy".

Abdul
Abkürzungsform von Abdullah. Arabisch: عبد الله
Männlicher arabischer Vorname (Siehe: Abdullah)
Das Wort kommt in Heines Gedicht „Der sterbende Almansor" zweimal vor.

Abdullah
Arabisch: عبد الله. Männlicher arabischer Vorname.

Das Wort kommt in Heines „Almansor"-Tragödie als fiktive muslimische Figur vor. Er ist der leibliche Vater Zuleimas und zugleich Stiefvater Almansors.

Abenceragen
Auch: Abencerragen. Arabisch: جارس ونب
Die Abencerragen waren ein maurisches Geschlecht im andalusischen Reich Granada. Diesen Namen erhielten sie nach einem Mitglied der Familie, Jussuf ben Zerragh, dem Vertrauten von König Mohammed VII. von Granada (genannt „Boabdil"; 1370–1408), der durch den Untergang seines Reiches 1408 bekannt wurde.[35] Über sie berichtet Ginés Pérez de Hita in seinem Buch „Historia De Los Vandos De Los Zegríes Y Abencerrages Cavalleros Moros De Granada".
Das Wort kommt in Heines „Almansor"-Tragödie vor.

Alpuxarr
Auch: Alpujarras oder La Alpujarra (geläufig). Arabisch: تارشبلا
Eine historische Region aus der Zeit des islamischen Andalusien. Hier soll sich der maurische König Mohammed VII. von Granada nach seiner Kapitulation kurzfristig aufgehalten haben, bevor er nach Fes in Marokko flüchtete.[36]
Das Wort kommt in Heines Gedicht „Der Mohrenkönig" (in: „Romanzero". Erstes Buch: „Historien") vor.

Alcharisi
Arabisch: يزيرحلا
Vollständiger Name: Juda al-Charisi. Arabisch: يزيرحلا ىيحي. Hebräisch: יהודה אלחריזי (1165/1170 in Toledo – 1225/1235 Aleppo). Er war ein andalusisch-jüdischer Dichter und Übersetzer aus dem Arabischen ins Hebräische.[37]
Sein Name kommt in Heines Gedicht „Jehuda ben Halevy" (in: „Romanzero". Drittes Buch: „Hebräische Melodien") vor.

Alfaquis
Singularform: Alfaqui. Arabisch: هيقفلا
Islamischer Rechtsgelehrter, der sich mit der islamischen Rechtswissenschaft und islamischem Recht beschäftigt.[38]
Das Wort kommt in Heines „Almansor"-Tragödie vor.

Alhambra
Arabisch: ءارمحلا (die Rötliche)
Der Palast- und Festungskomplex in der Stadt Granada in Spanien, der als eines der bedeutendsten Beispiele des andalusischen Stils der islamischen Kunst gilt.[39]
Das Wort kommt in Heines „Almansor"-Tragödie vor.

Ali

Arabisch: علي Männlicher arabischer Vorname.
Der Name kommt in Heines „Almansor"-Tragödie als männliche fiktive Hautfigur vor. Ali ist der leibliche Vater von Almansor und der Stiefvater Zuleimas, der sich auf den Namen Don Gonsalvo taufen ließ, als er glaubte, dass Almansor tot sei.[40]

Ali Bey

Arabisch: علي باي
Titelfigur des gleichnamigen Gedichtes in Heines „Neue Gedichte", „Romanzen" XIV. Das kurze Gedicht erschien 1839. Fendri bestätigt die Annahme, dass es „unter dem direkten Einfluss des brennenden Tagesthemas" um den algerischen Freiheitskämpfer Abd el-Kader (1808–1883) entstand, der den Widerstand gegen die französische koloniale Unterwerfung Algeriens anführte.[41]

Alkaden

Auch: Kadi. Arabisch: القاضي (Richter)
Islamischer Richter. Das arabische Wort wurde Anfang des 18. Jahrhunderts aus dem Spanischen ins Deutsche entlehnt.[42]
　　Das Wort kommt in Heines Gedicht „Donna Clara" in „Buch der Lieder", „Die Heimkehr" vor.

Alkolea

Auch: Alcolea. Arabisch: القليعة (kleine Festung).
Andalusische Gemeinde in der Provinz Córdoba im heutigen Spanien.
　　Das Wort kommt in Heines Gedicht „Almansor" in „Buch der Lieder", „Die Heimkehr" vor.

Allah

Arabisch: الله
Allah ist das arabische bzw. koranische Wort für Gott.
　　Das Wort kommt mehrmals in Heines „Almansor"-Tragödie sowie im „Almansor"-Gedicht, „Aly Bey", „Der Mohrenkönig", und in „Der Dichter Firdusi".

Almansor

Arabisch. المنصور Auch: Mansor منصور (Der Siegreiche). Männlicher arabischer Vorname.
Titel von drei Werken Heines: „Almansor"-Tragödie, „Almansor"-Gedicht und „Der sterbende Almansor". Die Tragödie „Almansor", deren fiktive Heldenfigur ebenfalls Almansor heißt, besteht aus acht Bildern und wurde 1823 veröffentlicht und uraufgeführt. Sie knüpft an die Epoche der Muslimherrschaft auf der iberischen Halbinsel an.[43] Nach Fendri führte diese Tragödie den jungen Dichter zu einer intensiven und ernsthaften Beschäftigung mit der islamisch-arabischen Kultur.[44] Dazu bemerkt Kanowsky, wie „auffallend umfangreich Heines Quellenstudium zum ‚Almansor'" war.[45] Über dieses Frühwerk schreibt Heine selbst:

„Ich habe mit aller Kraftanstrengung daran gearbeitet, kein Herzblut und keinen Gehirnschweiß dabey geschont" (HSA XX, 36). Nach Fendri weist die arabisch-islamische Geschichte zahlreiche historische Persönlichkeiten mit diesem Namen auf.[46] Darunter vor allem Abu Dschafar al-Mansur (714–775), der Gründer Bagdads und der eigentliche Begründer des abbasidischen Kalifates, sowie auch der maurische Herrscher Muhammad ibn Abi Amir, genannt al-Mansur bi-llah, der von 978 bis 1002 im Kalifat von Córdoba regierte.

Der Name kommt in Heines „Almansor"-Tragödie mehrmals sowie im „Almansor"-Gedicht und in „Der sterbende Almansor" vor.

Alradschid
Arabisch: الرردشيد. Auch Raschid رشيد. Männlicher arabischer Vorname.
Im Werk Heines ist mit diesem Namen der berühmte Abbasiden-Kalif Harun ar-Raschid (763–809) gemeint, der zwischen 786 und 809 in Bagdad regierte. Unter seiner Regierung erreichte das Kalifenreich die größte kulturelle Blüte. Er kommt in der orientalischen Sammlung „Tausendundeine Nacht" als Idealtypus des muslimischen Kalifen vor. Fendri geht davon aus, dass Heine ihn in „Briefe aus Berlin" erwähnt.[47] Der vollständige Name kommt auch in Heines „Französische Maler" (1834) vor. Davor kommt er in Heines „Almansor"-Tragödie vor.

Alvares
Arabisch: الفارس.
Der arabische Reiter. Ein Fluss in Spanien sowie ein portugiesischer Familienname.
Das Wort kommt in Heines „Almansor"-Gedicht vor.

Amulett
Arabisch: الحمالة ḥamala.
Als Anhänger getragener, kleiner Gegenstand, dem man unheilabwehrende und glückbringende Kräfte zuschreibt.[48]
Das Wort kommt in Heines Gedicht „Almansor" vor.

Ansari
Arabisch: أنصاري.
Im Arabischen wie auch im Persischen wird dieses Wort meist als Nachname verwendet. Das Wort kommt in Heines Gedicht „Der Dichter Firdusi" (in „Romanzero". Erstes Buch, „Historien") vor. Nach Fendri ist hier der persische Dichter Abu l-Qasim Hasan Unsuri (961–1039/40) gemeint, der den jungen Dichter Firdusi entdeckte und ihm den Auftrag vermittelte, „Schah Name" (Königsbuch) zu dichten.[49] Heine lässt ihn in seinem Gedicht „eher als ein[en] Favorit[en] des Sultans ohne bestimmte Funktion" erscheinen.[50]

Arabesken
Pluralform von: Arabeske. Arabisch: يبرع
Das geschwungene Pflanzenranken-Ornament der islamischen Kunst.[51]
Das Wort kommt in „Jehuda ben Halevy" (in: „Romanzero". Drittes Buch: „Hebräische Melodien") und in dem späten, erst aus dem Nachlass veröffentlichten Gedicht „Es träumte mir von einer Sommernacht" vor.

Arabien
Arabisch: العرب
Mit dieser Bezeichnung ist die Arabische Halbinsel gemeint.
Das Wort kommt in Heines „Almansor" Tragödie in diesem Sinne vor, und in „Prinzessin Sabbath" („Romanzero", „Hebräische Melodien") ist es nicht nur eine geographische, sondern auch eine kulturelle Bezeichnung.

Asra
Arabisch: عذرة
Das Wort ist der Titel eines kurzen Gedichtes Heines „Der Asra". Dieses 1851 erschienene Gedicht thematisiert die unerfüllbare Liebe eines Sklaven („Der Asra") zu einer Sultanstochter. Nach Fendri stellt die Bezeichnung Benou-Azra den Zentralbegriff dieses Fragment-Gedichtes dar, das sei „ein in der Liebe unter allen arabischen Stämmen berühmter Stamm; ihre Art zu lieben sei sprichwörtlich geworden."[52] Fendri bewertet dieses Gedicht als den „offensichtlichsten und zugleich bekanntesten Bezug in Heines poetischem Werk zu der Liebesdichtung der Araber" und geht davon aus, dass Heine dazu Stendhals „De l'amour" (1822) als Quelle verwendete.[53]
Das Gedicht „Der Asra" befindet sich in Heines „Romanzero".

Boabdil
Arabisch: أبو عبد الله Abu Abdallah.
Gemeint ist der letzte maurische König Muhammad XII., der bei den christlichen Spaniern seiner Zeit als „Boabdil" bekannt war sowie spanisch el chico, „der Junge" oder auch arabisch الزغبي / az-Zugbi, „der Unglückliche" genannt wurde. Er war von 1482 bis 1483 und von 1485 bis 1492 Emir von Granada.
Das Wort kommt in Heines „Almansor"-Tragödie sowie in dem Gedicht „Der Mohrenkönig" („Romanzero", „Historien") vor, das Boabdils Abzug aus Granada schildert.

Califen
Pluralform von Chalif. Arabisch: خليفة (Kalif)
Im islamisch-arabischen Raum bezeichnet das Wort einen Stellvertreter oder Nachfolger im Allgemeinen. Im Spezifischen wird das Wort häufig als Titel für religiös-politische Führer benutzt.[54] Das arabische Wort kommt in Heines „Almansor"-Gedicht vor. In Singularform „Chalif" kommt das Wort in Heines Gedicht „Jehuda ben Halevy" vor.

Coran
Arabisch: القرآن. Der Koran
Er ist die Heilige Schrift des Islam, die gemäß dem Glauben der Muslime die wörtliche Offenbarung Gottes an Mohammed enthält. Das heilige Buch des Islam soll Heine in Lüneburg gelesen haben, wo er sich vom September 1823 bis Januar 1824 im Elternhaus aufhielt.[55] Es handelt sich um Friedrich Boysens Übersetzung (1773), die auf dem arabischen Original fußt.[56]

Das Wort kommt in Heines „Almansor"-Gedicht und in „Der Dichter Firdusi" vor.

Eblis
Auch Iblis. Arabisch: إبليس. Teufel.
Im Islam gilt er als der oberste der ungläubigen Dschinnen. Er nimmt die Rolle des Feindes der Menschen ein. Die Bezeichnung kommt häufig im Koran vor.[57]

Das koranische Wort kommt in Heines „Almansor"-Tragödie vor.

Fatima
Arabisch: فاطمة (Fatema).
Arabischer weiblicher Vorname. Auch der Name von Mohammeds Tochter.

Das Wort kommt in Heines „Almansor"-Tragödie vor.

Firdusi
Arabisch/Persisch: فردوسي
Hier ist Abu l-Qasem Firdausi أبو القاسم الفردوسي (1019–1026) gemeint, der berühmte persische Dichter und Autor des etwa 60.000 Verse umfassenden Werkes „Schahname" (Königsbuch), das als Nationalepos des persischsprachigen Raumes gilt.[58] Als Hauptquelle für das Gedicht „Der Dichter Firdusi" benutzte Heine Joseph von Hammers „Geschichte der schönen Redekünste Persiens, mit einer Blüthenlese aus zweyhundert perdischen Dichter" (Wien 1818).[59]

Das Wort kommt in Heines „Der Dichter Firdusi" vor.

Gabirol
Arabisch: جبيرول. Hebräisch: גבירול
Gemeint ist der im muslimischen Spanien lebende arabisch-jüdische Dichter und Philosoph Solomon ibn Gabirol (1031–1058). Sein vollständiger Name lautet im Arabischen: سليمان بن جبيرول. Im Hebräischen: שלמה אבן גבירול. Im Lateinischen nennt man ihn Avicebron bzw. Avencebrol der Latiner.[60]

Das Wort kommt in Heines Gedicht „Jehuda ben Halevy" vor.

Ganzuls
Arabisch: الزعل (az-Zagal). Der Tapfere.
Hier ist der maurische König Muhammad XIII. Abu Abd Allah az-Zaghall gemeint. Er beteiligte sich im Bürgerkrieg von Granada gegen Muhammad XII. (Boabdil). Er war von 1485 bis 1486 einer der letzten maurischen Emire von Granada.[61]

Das Wort kommt in Heines „Almansor"-Tragödie vor.

Gazelle
Arabisch: غزالة gasal.
Gattung zierlicher Antilopen Afrikas und Asiens.
    Das Wort kommt in „Almansor"-Tragödie vor, in der Pluralform „Gasellen" steht es in dem Gedicht „Ali Bey".

Ghasel
Arabisch: غزل
Altarabische Gedichtform, die bereits aus der vorislamischen Zeit stammt und vor allem in der persischen Lyrik des Mittelalters zu Blüte kam. Das Wort taucht in Heines Gedicht „Jehuda ben Halevy" auf.

Gomeles
Arabisch: يوسف بن قماشة
Gemeint ist Jussuf ben Zerragh, der Vertraute des maurischen Königs Mohammed VII. von Granada (genannt „Boabdil"), der durch den Untergang seines Reiches 1408 bekannt wurde. Jussuf ben Zerragh gehört dem edlen maurischen Geschlecht der Abencerragen an.[62]
    Das Wort kommt in der „Almansor"-Tragödie vor.

Habahbah
Arabisch: حبابة
Arabischer weiblicher Vorname. Hababah ist auch der Vorname einer Sängerin und Dichterin, die im Harem des umayyadischen Herrschers Yazid II. lebte. Sie starb im Jahr 724. Das Wort kommt in Heines „Almansor"-Tragödie als Name einer fiktiven muslimischen Dienerin vor, die zum Christentum übertreten musste. Heines Auswahl dieses Namens bezeugt zusätzlich, dass er mit „Tausendundeine Nacht" in ihrer deutschen Fassung vertraut war.[63]

Hamahmah
Arabisch: حمامة. Feldtaube.
Arabischer weiblicher bzw. männlicher Spitzname. Das Wort kommt in Heines „Almansor"-Tragödie als Name eines muslimischen männlichen Dieners, der in Heines Tragödie mit seiner Taufe den typischen Dienernamen Pedrillo erhielt, vor.[64]

Harem
Arabisch: حريم Harem. Geheiligter Bereich.
Der Ausdruck Harem bezeichnet einen bewachten und abgeschlossenen Wohnbereich eines Hauses, in dem die weiblichen Angehörigen und die unmündigen Kinder eines muslimischen Familienoberhaupts leben. Ursprünglich bedeutet das Wort das Unzugängliche und bezeichnet damit den für Fremde verbotenen Frauenraum im islamischen Orient.[65]
    Das Wort kommt in Heines „Almansor"-Tragödie und in „Jehuda ben Halevy" vor.

Hariri
Arabisch: الحريري
Al-Hariri (geboren im Irak 1054) war ein arabischer Dichter und Grammatiker aus dem 11. Jahrhundert. Er ist vor allem durch seine Makamen bekannt geworden; eine klassische literarische Gattung, die er nach dem Vorbild seines Vorgängers Al-Hamadani (starb 1007) zur Blüte brachte (siehe Makame). Sein Hauptwerk, das eine homogene Sammlung von 50 Makamen bildet, hat Friedrich Rückert unter dem Titel „Die Verwandlung des Abu Seid von Serug" übersetzt und 1826 herausgegeben. Heine kannte dieses klassische Werk.[66]

Das Wort kommt im „Almansor"-Gedicht vor.

Hassan
Arabisch: حسن. Gut, der Gute.
Arabischer männlicher Vorname. Der Vorname ist vor allem durch Hassan ibn Ali (624–670), den Enkel Mohammeds, bekannt.

Das Wort kommt in Heines „Almansor"-Tragödie als Name einer männlichen muslimischen Hautfigur vor. Sein Hassan war früher Diener im Hause von Almansors Vater Abdullah und wird dann ein „Glaubenskämpfer" gegen die christlichen Spanier.

Huris
Arabisch: روح hur. Kollektivbildung zu huriya حورية. Paradiesjungfrau nach islamischem Glauben. Im Koran ist nur die Kollektivbildung zu finden.[67]

Das koranische Wort kommt in Heines „Almansor"-Tragödie sowie auch in der Schreibweise „Houris" in Heines Gedicht „Ali Bey" vor.

Jasmin
Arabisch: ياسمين
In warmen Gebieten heimische Gattung der Ölbaumgewächse mit stark duftenden Blüten. Daraus wird Jasminöl gewonnen.[68]

Das Wort kommt in der „Almansor"-Tragödie vor und taucht auch außerhalb des unmittelbar „orientalischen" Kontextes auf: in dem frühen Gedicht „Minneklage" (1821) und den 1838 entstandenen Versen „Es kommt der Lenz mit dem Hochzeitgeschenk".

Jehuda ben Halevy
Arabisch: أبو الحسن بن اللواي. Hebräisch: יהודה הלוי
Berühmter andalusisch-jüdischer Philosoph und bedeutendster hebräischer Dichter (1075–1141), dem eine vorrangige Stellung in der Poesie der Juden im Mittelalter eingeräumt wurde. In dem gleichnamigen Gedicht-Fragment aus dem „Romanzero" steht er als Titelfigur im Mittelpunkt.[69]

Kaaba
Arabisch كعبة (Würfel).
Steinbau in der großen Moschee von Mekka, Urheiligtum der Araber, dessen Kult als das zentrale Heiligtum des Islam aufgenommen wurde.[70]
    Das Wort kommt in der „Almansor"-Tragödie vor.

Kaf
Arabisch/Persisch: قاف (Qaf)
In der persischen Mythologie gilt es als ein die Welt umschließendes, ringförmiges Gebirge, jenseits dessen das unendliche Nichts beginnt. Als reales topographisches Vorbild dafür kommen Elburs, Hindukusch oder auch Kaukasus in Frage.
    Das Wort kommt in der „Almansor"-Tragödie vor.

Kalif
Siehe: Calif

Kamel
Arabisch: جمل (Gamal)
Das Kamel wurde in Kleinasien durch die Kriege zwischen dem Byzantinischen Reich und den arabischen Stämmen bekannt. Mit den Eroberungszügen der Osmanen kam das Tier auch in den südöstlichen Teil Europas und somit nach Spanien.[71]
    Das Wort kommt in der „Almansor"-Tragödie und den Gedichten „Fröhliche Mahle", „Der Dichter Firdusi", „Jehuda ben Halevy", „Der weiße Elephant" und „Hans ohne Land" vor.

Koran
Siehe Coran

La Illa Il Allah
Arabisch: ال الا الله (Deutsch: „Es gibt keinen Gott außer Gott").
Das Glaubensbekenntnis im Islam, das die erste der fünf Säulen des Islam bildet.
    Das Wort kommt in der „Almansor"-Tragödie vor.

Laute
Arabisch: العود (al-ud). Instrument aus Holz.
Arabisches Zupfinstrument mit bauchigem Klangkörper und sechs Saiten, gestimmt wie eine Gitarre.[72]
    Das Wort kommt in der „Almansor"-Tragödie vor.

Leila
Arabisch: ليلى/ ليلة
Arabischer weiblicher Vorname. Das arabische Wort ist in den Formen Laila, Leila oder Leyla zu finden.

Das Wort kommt in der „Almansor"-Tragödie im Zusammenhang mit der klassischen orientalischen Liebesgeschichte arabischen Ursprungs مجنون ليلى „Madschnun Laila" (dt. der von Laila Besessene) vor, die Heine kannte. Die früheste bekannte Form dieser Geschichte datiert aus der zweiten Hälfte des 7. Jahrhunderts.[73]

„Medschnun und Leila". Persisch-arabische Buchillustration des 16. Jahrhunderts

Mahomet
Arabisch: محمد. Mohammed
Er gilt im Islam als Prophet und Gesandter Gottes. Auch: männlicher Vorname. Wie es zu seiner Zeit noch üblich war, pflegte Heine „diesen Namen in der archaischen verstümmelten Form Mahomet (d) wieder zugeben."[74] Diese

veraltete Form kommt an mehreren Stellen in Heines Werk vor, darunter in der „Almansor"-Tragödie und in „Der Dichter Firdusi".

Makame
Arabisch: مقامة maqama. (Zusammenkunft, Aufenthalt)
Die Makame ist eine klassische Gattung der arabischen Literatur. Formal zeichnet sie sich durch die Verwendung von Reimprosa aus. Typisch für Makame ist das Auftreten eines Helden in bestimmten Konfliktsituationen. Zu den Pionieren dieser Gattung gehören sowohl Al-Hamadani (969–1007) als auch Al-Hariri (1054–1122). Mit seiner musterhaften Al Hariri-Übersetzung führte Friedrich Rückert die Makame in die Weltliteratur ein.[75] Nach Fendri gehören die Makamen des Hariri „zu den klassischen arabischen Literaturdenkmälern, die Heine unmittelbar bekannt waren".[76]
Das Wort kommt in Heines Gedicht „Jehuda ben Halevy" vor.

Mandoline
Arabisch: طنبور tanbur: Zither
Das Wort kommt in Heines Gedicht „Jehuda ben Halevy" vor.

Mödschnun
Arabisch: م.مجنون verrückt, besessen.
„Madschnun Laila" ist die Bezeichnung für die männliche Hauptperson „Qais" (قيس) in einer klassischen orientalischen Liebesgeschichte arabischen Ursprungs. Qais geht an seiner unglücklichen Liebe zu Laila zugrunde. Fendri weist darauf hin, dass „dieser Stoff der keuschen Leidenschaft, die zum (Märtyrer-)Tode führt, [...] als eines der populärsten Liebesthemen im islamischen Orient [gilt]".[77] Als Quelle für diesen Stoff gilt der Liebesroman „Laili u Magnun" des persischen Dichters Abdu r-Rahman Gami (1414–1492), den Heine in deutscher Übersetzung gelesen hat.[78] Es handelt sich um A. Th. Hartmanns „Medschnun und Leila. Ein persischer Liebesroman von Dschami. Aus dem Französischen übersetzt", 1808 in Amsterdam erschienen.[79]
Das Wort kommt an drei Stellen der „Almansor"-Tragödie vor.

Mohamet
Arabisch: محمد
Diese Schreibweise kommt in Heines Gedicht „Der Asra" vor.
Siehe: Mahomet

Morabit
Arabisch مرابط
Singularform von Morabit: Einsiedler.
Islamischer Einsiedler, ursprünglich eine islamische Sekte in Nordafrika, aus der sich die Almoraviden bildeten. Heute eine allgemeine Bezeichnung für Heiligengräber.[80]
Das Wort kommt in der Pluralform Morabiten in der „Almansor"-Tragödie vor.

Moschee
Arabisch: مسجد masgid: Gebetshaus.
Der rituelle Ort des gemeinschaftlichen islamischen Gebets.
  Das Wort kommt in der „Almansor"-Tragödie vor.

Moses ibn Esra
Arabisch: موسى بن عزرا. Hebräisch: משה ןבא ערזא
Andalusisch-jüdischer Schriftsteller und Philosoph (1055–1138). Er gilt als „einer der bedeutendsten Dichter der iberisch-sephardischen Kultur."[81] Zusammen mit Salomon ibn Gabirol und Halevy bildet er die andalusisch-jüdische Dichterschule.[82]
  Der Name kommt in Heines Gedicht „Jehuda ben Halevy" vor.

Moslem
Arabisch: مسلم muslim. Der sich Gott unterwirft. Auch Muslim: Angehöriger des Islam.
  Das Wort kommt mehrmals in der „Almansor"-Tragödie vor.

Mufti
Arabisch: مفتي Rechtsgutachter.
Islamischer Rechtsgelehrter, der Gutachten zu einzelnen Rechtsfällen erstellt.[83]
  Das Wort kommt in Heines Gedicht „Der Dichter Firdusi" vor.

Mumie
Arabisch: مومياء (einbalsamierter Leichnam). Persisch: موم
Das Wort „Mumie" leitet sich ursprünglich vom persischen Wort „mum" bzw. „mom" ab was ungefähr „Erdpech" bedeutet. Die Einbalsamierung der ägyptischen Leichen führte man zum Teil mit Asphalt durch, den die Araber im 9. Jahrhundert als Arzneimittel verwendet haben.[84]
  Das Wort kommt in Heines Gedichten „Jehuda ben Halevy" und „Rhampsenit" vor.

Omaijad
Arabisch: أمويي
Die Omaijaden (auch: Umajjaden)
Die erste Dynastie der muslimischen Kalifen. Sie regierte 661 bis 749/750 und wurde von den Abbasiden gestürzt. Ihr Regierungszentrum war Damaskus. Zwischen 756 und 1031 existierte ein Emirat der Omaijaden im andalusischen Córdoba.[85]
  Die Pluralform Omaijaden kommt in Heines „Almansor"-Tragödie und in „Jehuda ben Halevy" vor.

Sarazene
Singularform von Sarazenen. Arabisch: شرقيون. Sarqijjun: Morgenländer.

Die ursprüngliche Benennung für Muslime und alle nicht-christlichen Völker, gegen welche die Kreuzzüge unternommen wurden.[86]

Das Wort kommt in Heines Gedichten „Jehuda ben Halevy" und „Hans ohne Land" vor.

Schach
Arabisch/Persisch: شاه Schah: König. Auch ein strategisches Brettspiel.

Das Wort kommt in Heines Gedicht „Der Dichter Firdusi" im Sinne von persischem König vor.

Schach Nameh
Arabisch/Persisch: شاهنامه Sahname (Königsbuch).
Im Deutschen bekannt als „Königsbuch" oder „Buch der Könige". Es ist das Lebenswerk des persischen Dichters Firdusi (940–1020) und das Nationalepos des persischsprachigen Raumes.[87]

Das Wort kommt in Heines Gedicht „Der Dichter Firdusi" vor.

Simurgh
Auch: Simorgh. Persisch/Arabisch: السِيمُرغ/سين موروغ
Ein Fabelwesen der persischen Mythologie. Es gilt als König der Vögel und soll übernatürliche Kräfte haben.[88] Der mythische Vogel ist in den Märchen „Aus Tausend und einer Nacht" vorzufinden.

Das Wort kommt in Heines „Almansor"-Tragödie vor.

Sultan
Arabisch: سلطان (Herrscher und Herrschaft).
Der islamische Herrschertitel. Das Herrschaftsgebiet eines Sultans wird als Sultanat bezeichnet.[89]

Das Wort kommt in Heines Gedichten „Der Asra", „Aucassin und Nicolette" und „Hans ohne Land" vor.

Tamburin
Arabisch طنبور. Persisch: تنبور tanbur:
Musikinstrument sowie Trommelschläger bzw. Trommler.[90] Der Ausdruck kam als französisches Lehnwort ins Deutsche.

Das Wort kommt in Heines „Almansor"-Tragödie vor.

Tarik
Arabisch: طارق tariq
Arabischer bzw. islamischer männlicher Vorname. Der Name ist im arabisch-islamischen Raum bekannt durch Tariq ibn Ziyad (670/720), den berberisch-muslimischen Feldherrn und Eroberer des Westgotenreichs.[91]

Das Wort kommt in Heines „Almansor"-Tragödie vor.

Turban
Arabisch: عمامة
Eine männliche Kopfbedeckung vorislamischen Ursprungs.
Heine erwähnt diese Kopfbedeckung in dem frühen Gedicht „Fragen" und in „Jehuda ben Halevy".

Zambrah
Arabisch: زمرة
Maurischer Tanz in Granada im damaligen muslimischen Andalusien, der bis heute als Untergattung des spanischen Flamencos noch existiert. Heute auch als Zambra Mora bekannt.[92]
Das Wort kommt in Heines „Almansor"-Tragödie vor.

Zegris
Arabisch: زغري
Name eines arabischen Adelsgeschlechts des Königreichs von Granada. Es geriet mit den Abencerragen im Granada-Bürgerkrieg aneinander. Während sich die Abencerragen mit der neuen christlichen Herrschaft in Granada arrangierten, leisteten die Zegris Widerstand.[93]
Das Wort kommt in Heines „Almansor"-Tragödie vor.

Zuleima
Arabisch: سُليمى. Arabischer weiblicher Vorname.
Fiktive weibliche Hauptfigur in Heines „Almansor"-Tragödie, die Pflegetochter Alis und die leibliche Tochter Abdullahs, die nach ihrer Taufe Donna Clara heißt. Zudem kommt der Name in beiden Fassungen von Heines Gedicht „Der sterbende Almansor" bzw. „Ständchen eines Mauren" vor.

Anmerkungen

1 Vgl. Georges Tamer: Den Orient begrifflich denken. Überlegungen zur Erforschung der arabisch-islamischen Geistesgeschichte. – In: Asiatische Studien 68 (2014), S. 557–577, hier S. 559.
2 Zu Goethes Beschäftigung mit dem Orient vgl. u. a. Katharina Mommsen: Goethe und der Islam. Frankfurt a. M. 2001.
3 Mounir Fendri: Halbmond, Kreuz und Schibboleth. Heinrich Heine und der islamische Orient. Hamburg 1980, S. 23.
4 Vgl. ebd.
5 Vgl. ebd., S. 79.
6 Vgl. ebd., S. 85.
7 Vgl. ebd., S. 89.
8 Ebd., S. 91.

9 Vgl. ebd. Vgl. dazu auch Florian Scherübl: Heinrich Heine und Michael Sachs. Das Verhältnis von Hagada und Halacha in „Jehuda ben Halevy" vor dem Hintergrund von Heines Quelle „Die religiöse Poesie der Juden in Spanien". – In: HJb 55 (2016), S. 16–27.
10 Fendri: Halbmond, Kreuz und Schibboleth [Anm. 3], S. 19.
11 Vgl. ebd., S. 141.
12 Ebd., S. 112.
13 Ebd.
14 Vgl. ebd., S. 20 f.
15 Ebd., S. 129.
16 Vgl. ebd.
17 Vgl. ebd., S. 93.
18 Dabei ist zu bemerken, dass einige Gedichte in Fendris Buch außer Acht blieben. Dazu zählt vor allem „Ständchen eines Mauren" („Der sterbende Almansor").
19 Vgl. Walter Kanowsky: Heine als Benutzer der Bibliotheken in Bonn und Göttingen. – In: HJb 12 (1973), S. 129–153.
20 Vgl. dazu ausführlich Fendri: Halbmond, Kreuz und Schibboleth [Anm. 3], S. 43 f.
21 An dieser Stelle möchte ich Herrn Christian Liedtke für die wertvollen Ergänzungen und zahlreichen Hinweise danken.
22 Arabismen in Heines Prosa werden hier nicht berücksichtig, da dies den Rahmen dieses Beitrags überschreiten würde.
23 Vgl. Raja Tazi: Arabismen im Deutschen. Lexikalische Transferenzen vom Arabischen ins Deutsche. Berlin 1998, S. 3.
24 Ebd.
25 Ebd.
26 Einen guten Überblick über die Arabismen in deutscher Sprache bietet: Kleines Lexikon deutscher Wörter arabischer Herkunft. Hrsg. v. Nabil Osman. München 1979.
27 Vgl. dazu ausführlich Fendri: Halbmond, Kreuz und Schibboleth [Anm. 3], S. 15–72, und Anne Maximiliane Jäger: „Besaß auch in Spanien manch' luftiges Schloß". Spanien in Heinrich Heines Werk. Stuttgart, Weimar 1999.
28 Fendri: Halbmond, Kreuz und Schibboleth [Anm. 3], S. 153.
29 Ebd., S. 154.
30 Ebd., S. 96–172.
31 Vgl. ebd., S. 96–105.
32 Ebd., 111–126.
33 Vgl. Ulrich Haarmann: Geschichte der arabischen Welt. München 2001, S. 101–164.
34 Vgl., ebd., S. 266–275.
35 Vgl., ebd., S. 266–275 u. S. 53.
36 Vgl., ebd., S. 53.
37 Vgl., ebd., S. 329–330.
38 Vgl., ebd., S. 48.
39 Vgl. Osman (Hrsg.): Kleines Lexikon [Anm. 26], S. 24.
40 Vgl. Fendri: Halbmond, Kreuz und Schibboleth [Anm. 3], S. 26.
41 Vgl. ebd., S. 229, und den Kommentar in DHA II, 590.
42 Vgl. Osman (Hrsg.): Kleines Lexikon [Anm. 26], S. 67.
43 Vgl. Fendri: Halbmond, Kreuz und Schibboleth [Anm. 3], S. 21.
44 Vgl. ebd., S. 74.
45 Kanowsky: Heine als Benutzer der Bibliotheken [Anm. 19], S. 141.
46 Vgl. Fendri: Halbmond, Kreuz und Schibboleth [Anm. 3], S. 80.
47 Vgl. ebd., S. 161.
48 Vgl. Osman (Hrsg.): Kleines Lexikon [Anm. 26], S. 29.
49 Vgl. Fendri: Halbmond, Kreuz und Schibboleth [Anm. 3], S. 126.

50 Ebd.
51 Vgl. Osman (Hrsg.): Kleines Lexikon [Anm. 26], S. 31.
52 Fendri: Halbmond, Kreuz und Schibboleth [Anm. 3], S. 142.
53 Vgl. ebd., S. 141.
54 Osman (Hrsg.): Kleines Lexikon [Anm. 26], S. 69 f.
55 Vgl. Fendri: Halbmond, Kreuz und Schibboleth [Anm. 3], S. 206.
56 Vgl. ebd., S. 207.
57 Vgl. Osman (Hrsg.): Kleines Lexikon [Anm. 26], S. 62.
58 Vgl. Die Grossen der Weltgeschichte. Bd. 3: Harun ar-Raschid bis Petrarca. Hrsg. v. Kurt Fassmann unter Mitwirkung von Max Bill u. a. Zürich 1973, S. 119.
59 Vgl. Fendri: Halbmond, Kreuz und Schibboleth [Anm. 3], S. 122.
60 Vgl. ebd., S. 92.
61 Vgl. Haarmann: Geschichte der arabischen Welt [Anm. 32], S. 275–282.
62 Brockhaus: Conversations-Lexikon. Allgemeine Deutsche Real-Encykloppädie (Vol. 1). Frankfurt a.M. 1875, S. 53.
63 Vgl. Fendri: Halbmond, Kreuz und Schibboleth [Anm. 3], S. 149–154.
64 Vgl. ebd., S. 26.
65 Vgl. Osman (Hrsg.): Kleines Lexikon [Anm. 26], S. 59.
66 Vgl. Fendri: Halbmond, Kreuz und Schibboleth [Anm. 3], S. 145.
67 Vgl. Osman (Hrsg.): Kleines Lexikon [Anm. 26], S. 61 f.
68 Vgl. ebd., S. 65.
69 Vgl. Fendri: Halbmond, Kreuz und Schibboleth [Anm. 3], S. 91.
70 Vgl. Osman (Hrsg.): Kleines Lexikon [Anm. 26], S. 66.
71 Vgl. ebd., S. 70.
72 Vgl. ebd., S. 81.
73 Vgl. Fendri: Halbmond, Kreuz und Schibboleth [Anm. 3], S. 97.
74 Ebd., S. 230.
75 Vgl. ebd., S. 84.
76 Ebd., S. 147.
77 Ebd., S. 98.
78 Ebd., S. 99.
79 Ebd., S. 100.
80 Vgl. Osman (Hrsg.): Kleines Lexikon [Anm. 26], S. 82.
81 Carsten Schapkow: Vorbild und Gegenbild. Das iberische Judentum in der deutsch-jüdischen Erinnerungskultur 1779–1939. Köln, Weimar, Wien 2011, S. 187.
82 Vgl. Fendri: Halbmond, Kreuz und Schibboleth [Anm. 3], S. 92.
83 Vgl. Osman (Hrsg.): Kleines Lexikon [Anm. 26], S. 93.
84 Vgl. ebd., S. 93.
85 Vgl. Haarmann: Geschichte der arabischen Welt [Anm. 32], S. 101–109.
86 Vgl. Osman (Hrsg.): Kleines Lexikon [Anm. 26], S. 108.
87 Vgl. ausführlich dazu Theodor Nöldeke: Das iranische Nationalepos. Berlin 1920.
88 Vgl. Martin Thomas Pesl: Das Buch der Tiere. 100 animalische Streifzüge durch die Weltliteratur. Wien 2017, S. 75.
89 Vgl. Osman (Hrsg.): Kleines Lexikon [Anm. 26], 115.
90 Ebd., S. 120.
91 Ebd., S. 56.
92 Vgl. Gerhard Steingress: Cante flamenco. Zur Kultursoziologie der andalusischen Moderne. Berlin 2013, S. 274.
93 Vgl. den Kommentar in DHA V, 427.

Heine's Flowers in Schumann's „Myrthen"

Anhad Arora

On their wedding day, 12th September 1840, Robert Schumann presented Clara Wieck with a sumptuously bound book of Lieder with the title, „Myrthen". A „Blütenlese" in song, the book contained 26 settings of texts representing the world of literature: from Robert Burns writing about the West and North to Johann Wolfgang von Goethe, Friedrich Rückert and Heinrich Heine encoding symbols of the South and East.[1] To herald the union of marriage and the prophetic future it signified, Robert gifted Clara a world in song.

To the reader who encountered „Myrthen" in the nineteenth century, Schumann's marital and costly material considerations would have been clear.[2] Emblazoned on the front page of the first edition is the collection's colourfully ornamented title, whose borders are adorned with myrtle arabesques. On the next page an illustration (see Figs. 1 and 2) shows a myrtle-wielding angel flying through the sketched contours of a cloud with a message of love „seiner geliebten Braut". These considerations flow from „Myrthen", which, according to Grimm's „Wörterbuch", were employed „als Sinnbild[er] der Liebe und des Brautstandes."[3]

In setting poetry from Goethe's „West-östlicher Divan" (1819) and Rückert's „Östliche Rosen" (1822), as well as such lyrics as Heinrich Heine's „Die Lotosblume", Schumann tapped into a rich vein of discourse and representation in early-nineteenth-century German-speaking culture, the „symbolic geography" of the Orient and its agent, Orientalism.[4] Schumann employed the Orient's accruing symbolism, understood here after Goethe's „Divan" as the interplay between sensual („sinnlich") phenomena and the concept beyond („übersinnlich")[5], to overlay and undergird „Myrthen" with an aesthetic Orientalism rooted in literary culture.[6] For „Myrthe" not only signifies „Liebe" and „Brautstand". In Grimm's „Wörterbuch"[7], the „Myrte" is listed as „ein orientalisches Gewächs" that spread

---

A. Arora (✉)
Merton College, Oxford University, Oxford, UK
E-Mail: anhad.arora@merton.ox.ac.uk

© Springer-Verlag GmbH Deutschland, ein Teil von Springer Nature 2021
S. Brenner-Wilczek, *Heine-Jahrbuch 2021*, Heine-Jahrbuch,
https://doi.org/10.1007/978-3-662-64170-5_5

Figure 1 Title-page of „Myrthen", published by Kistner (1840)

over southern Europe in antiquity. „Myrthe" can function simultaneously as „ein Ziergewächs in Schilderungen südlicher oder paradiesischer Landschaften" and „nach classischem Vorbild […] in Kranz-oder Straußform […] als Sinnbild der Liebe und des Brautstandes". While the topographies of such „Landschaften" are heterogeneous – „südlich"/„paradiesisch" and classical antiquity/Orient are not synonymous – the myrtle evokes the notion of the „Sehnsuchtsort", of which the Orient is a recognisable type.

The myrtle's manipulable gesture towards the faraway, however construed, was evidently central to the design of Schumann's „Liederheft". John Daverio has noted that the concept and arrangement of flowers in their participation in „Blumensprache", the veiled but infinitely suggestive transfer of messages

Figure 2 Dedication „Seiner Geliebten Braut.", „Myrthen" (Kistner, 1840), Heft I

between lovers, „found consummate expression [in „Myrthen"]".[8] However, Daverio neither explains how and in what form „Blumensprache" might take place, nor addresses the crucial Orientalist underpinnings of such a dialogue. Taking the myrtle's gesture towards the paradisal and Daverio's premise that „Blumensprache" found „consummate expression" in „Myrthen" as points of departure, I explore Schumann's thematization of an Orientalist „Blumensprache" in his settings of Heine's „Die Lotosblume" and „Du bist wie eine Blume". I have fused the two hypotheses with the conviction that an understanding of Orientalism in these two songs hinges on an interaction with „Blumensprache" just as much as an interpretation of „Blumensprache" relies on its contextualisation in Orientalist discourse. „Die Lotosblume" and „Du bist wie eine Blume" „orientalise themselves" by their „worldliness"[9] – culture, intellectual context and historical location – and not by specific Orientalist musical formulae.

By arguing that Schumann avoids „Orientalist musical formulae" I refer primarily to the most authoritative musical representation of the Orient at the end of the eighteenth and first decades of the nineteenth centuries, the „Janissary" or „Turkish" topic. Reaching its summit in the overture to Mozart's Orientalist rescue opera, „Die Entführung aus dem Serail", the „Janissary" relied on the gaudy mixture of percussive, woodwind and brass timbres to imitate the sound of the marching band. In derivative or morphed form, the „Janissary" sounded on keyboard instruments – literally, through the „Janitscharenzug", a pedal mechanism that would strike a bell, and figuratively, by translating the simplified harmonies and periods of the military corps into keyboard writing.[10] By Schumann's time, however, the „Janissary" had become something of a musical relic.[11] In a concert review of Haydn's „Military Symphony" published in the „Neue Zeitschrift für Musik" in 1840, which Schumann edited, Haydn's employment of the „Janitscharenmusik" was dismissed as „etwas Kindisches und Geschmackloses".[12] The disregard of the „Janissary" brings Goethe into play. Goethe wrote in the „Divan" that since the Orient would not come to us („zu uns herüber kommen"), readers and cultural products would have to undergo a process of self-transformation, of „Orientalisation" („so müssen wir uns orientalisiren"), if they were to interact with the productions of Oriental thinkers („Productionen der herrlichsten Geister").[13] Parody would not suffice. The means and end of Goethe's Orientalisation are empathy and engagement, rather than mere caricature.

„Blumensprache"

Before considering „Blumensprache", it should be noted that the flower was a ubiquitous Romantic image with myriad functions. As a symbol of longing in Goethe's „Wilhelm Meisters Lehrjahre" (1795/1796), which is given as a literary example of „Myrte" in the Grimm's „Wörterbuch", the flower contributed to represent the promised land where „die Citronen blühn… die Myrte still und hoch der Lorbeer steht".[14] As a symbol of rejuvenation in the conclusion to Johann Gottfried Herder's „Volkslieder" (1778/1779), the dew from foreign clouds could nourish the decaying branches of German „Poesie": „[...] ich könnte sehr beredt sein, wenn ich von dem Nutzen schwätzen wollte, den manche verdorrte Zweige unsrer Poesie aus diesen unansehnlichen Tautropfen fremder Himmelswolken ziehen könnten."[15] As an all-encompassing emblem for Romantic practice, most notably through the „blaue Blume" in Novalis' „Heinrich von Ofterdingen" (1802), the flower, in the words of Nicholas Germana, became the symbol of „truth and poesy".[16] Reflecting Romantic practice, on the other hand, the flower was also used sceptically. As a hackneyed trope, the flower gave Heine an image in his „Romantische Schule" (1836) to support, with hints of irony, Goethe's „Divan":

> Unbeschreiblich ist der Zauber dieses Buches: es ist ein Selam, den der Occident dem Oriente geschickt hat, und es sind gar närrische Blumen darunter: sinnlich rothe Rosen, Hortensien wie weiße nackte Mädchenbusen, spaßhaftes Löwenmaul, Purpurdigitalis wie lange Menschenfinger, verdrehte Krokosnasen und in der Mitte, lauschend verborgen, stille deutsche Veilchen. Dieser Selam aber bedeutet, daß der Occident seines frierend

mageren Spiritualismus überdrüssig geworden und an der gesunden Körperwelt des Orients sich wieder erlaben möchte. (DHA XIII, 161)

In these examples, the flower found commonalities between one part of the world and another. It mediated divides, as Friedrich Rückert, the renowned Orientalist, analogised in his poem „Die Form des Ghasels":

Die neue Form, die ich zuerst in deinen Garten pflanze,
O Deutschland, wird nicht übel stehn in deinem reichen Kranze.[17]

In Rückert's poem, the integration process of the Persian „Ghasel" form into German literature is likened to the generative development of a flower, growing organically and unobtrusively.

From an early age Robert Schumann's flower carried connotations invoking a time of new poetic beginning. A diary entry from 1828, a year in which Schumann penned a number of aesthetic and intellectual opinions[18], reads:

Ach! Warum wird doch jedes schöne Gefühl, von dem der kleine Sterbliche in irgend einer Minute seines Ephemerenlebens durchdrungen war, einmal eine Thräne u. eine unendliche Wehmuth – warum müssen wir glücklich seyn, um einmal über ein all zu großes verlornes Glük zu seufzen? – O! es liegt jedes schöne Gefühl, jeder herrliche Gedanke nur hinter einem Gottesacker u. einem Grabhügel: aber Gottesäker [sic!] liegen meistens nach Osten zu: möchten auch wir, wenn wir die welkenden Blumen auf d. Grabhügel sehen, immer denken, daß sie im Osten mit uns blühend wieder aufersteh'n. Ich will es denken.[19]

Schumann hopes that the flowers of a poetic practice will rise again „with us" in the East. His Oriental flower suggests a quasi-biblical transformation, the fragrant flowerbeds of the East wafting westwards as Herder wrote earlier in his free adaptation of the „Song of Songs", „Lieder der Liebe" (1778): „Vielleicht ward dieser Seufzer mit einer schmachtenden Blume, mit einer duftenden Morgenrose übersandt; das sehnende Mädchen duftet mit hinüber".[20] Schumann also seems to have taken on the idea of flowers speaking for human sentiment, the natural world offering a rich resource for the expression of inexpressible emotion. In another diary entry from 1828, he notes how the languages of music and flowers step in where speech fails:

Wenn der Mensch etwas sagen will, was er nicht kann, so nimmt er die Sprache der Töne oder die der Blumen – denn die Blumenwelt ist ja so heilig als die Tonwelt u. in Schmerzen oder in der Freude geht der Mensch am liebsten an die Saiten oder in die Natur, u. beyde sind ja Bürgen einer Gottheit u. einer Unendlichkeit.[21]

Flowers and music possess languages of their own, which can be harnessed to communicate messages, „wenn der Mensch etwas sagen will, was er nicht kann […]". Schumann alludes to the possibility that the flower's multiple directions and mediating tendencies could be channelled into bouquets of meticulously and humanly construed meaning – „die Sprache […] der Blumen".

Upon inspection, the ideas that underpinned „Blumensprache" can be seen to gain their significance and supporting structures from a body of literature concerned with the Orient. In this regard, two texts provide gateways into conceptualising Schumann's flower that rises in the East, both of which Daverio has cited in his work. The first comes from a passage that Schumann might have read, on the „Blumenchiffre der Morgenländer" from Johann Ludwig Klüber's „Kryptographik: Lehrbuch der Geheimschreibekunst" (1809)[22], in which Klüber lists the various uses to which certain flowers are put and the combinations according to which they are made to speak.[23] Klüber was not the first to write about „Blumensprache" or the technique of conversing using flowers. Among others[24], Herder had already written of the „Wörterbuch der Liebe" and the language of flower-speak in the „Lieder der Liebe": „Und da in Orient dies Alles Natur ist, da die Geliebten keine schönere Sprache haben, als daß sie einander Blumen zusenden, sich damit fragen und Antwort geben, und jede in diesem Wörterbuch der Liebe ihre bestimmte Bedeutung hat [...]."[25] Klüber, however, enlarges the constituency of „Blumensprache" to include „Bilder und Allegorien", writing that „Morgenländer [...] besitzen, besonders für die Sprache des Herzens, die Kunst, Gedanken, insgeheim, ohne alle Charaktere, durch Blumen mitzuteilen."[26] Klüber continues: „Es ist die Kunst, ein Selam, d. h. ein Bouquet von natürlichen Blumen zu binden, die alle nach einer geheimen Bedeutung gewählt und geordnet sind."[27] One of these Oriental flowers is the „Myrthe" which Klüber associates with „heurathen".[28]

Klüber's passage resonates in Goethe's comments in an essay from the „Noten und Abhandlungen" to the „Divan" on „Blumen- und Zeichenwechsel", which Schumann almost certainly read.[29] Goethe first cautions against solely attributing instances of „stumm[e] Unterhaltung" to „Blumensprache". Individual flowers are not the only natural phenomena gathered into a bouquet; „alles Sichtbare, Transportable" belongs to an Oriental tradition of riddling.[30] Goethe proceeds to list common Oriental plants whose meanings are conferred by rhyming-endings, which the recipient was supposed to fill in: for „Myrthen", he suggests „will dich bewirthen".[31] Goethe and Klüber reveal that „Blumensprache" was at once the art of employing the symbolism of particular flowers in combination and the broader Oriental practice of encoding secret messages through symbolic media. To both, „Blumensprache" becomes an Orientalist metaphor for „stumm[e] Unterhaltung", an unspoken pact between author and recipient.

„Die Lotosblume" and „Du bist wie eine Blume"

One floral combination in „Myrthen" can be found in „Die Lotosblume" and „Du bist wie eine Blume". This combination, like „Blumensprache", also has Orientalist roots. Despite its absence from Klüber's „Kryptographik" and Goethe's „Noten", the lotus flower of Robert Schumann's and Heinrich Heine's „Die Lotosblume" was a common image employed in evocations of the Orient, both in literature and song. In Heinrich Stieglitz's „Wandrer im Osten" from the first volume of the „Bilder des Orients" (1831), a collection of lyric poetry in Orientalist mode that energised a number of song composers in the 1830s, the poet waxes lyrical about the silent mourning of the lotus and the devotional beds of the Ganges:

> [...] Bei des Lotos stiller Trauer
> Andachtschauer –
> An des Ganges duft'gem Bette
> Ist die Stätte.[32]

The lotus as a symbolic context for devotion was also employed by Heine in „Wir saßen am Fischerhause", which Schumann set as „Abends am Strand", published in his „Romanzen und Balladen I", Op. 45 and composed in the same year as „Myrthen", Schumann's so-called „Liederjahr". The poem tells of a group of intimates, sitting by a fisherman's house, gazing at the sea. The boundlessness of the sea has enlivened their imaginations, conjuring images

> [...] von fernen Küsten
> Vom Süden und vom Nord,
> Und von den seltsamen Menschen [Völkern]
> Und seltsamen Sitten dort.

Inverting the tone in the fifth stanza of the poem, the protagonist quietly invokes the Ganges, where „Riesenbäume blühn". The protagonist continues to illustrate the „schöne, stille Menschen" who „vor Lotosblumen knien". Flanks of devotees genuflecting at the base of the lotus flower stand in marked contrast to the „schmutzige Leute" in „Lappland" who „quäken und schrein" (DHA I, 215 f.). The same tone is adopted in „Auf Flügeln des Gesanges", the poem immediately preceding „Die Lotosblume" in the „Lyrisches Intermezzo".[33]

> Auf Flügeln des Gesanges,
> Herzliebchen, trag' ich dich fort,
> Fort nach den Fluren des Ganges,
> Dort weiß ich den schönsten Ort.
>
> Dort liegt ein rothblühender Garten,
> Im stillen Mondenschein;
> Die Lotosblumen erwarten
> Ihr trautes Schwesterlein. (DHA I, 141)

In „Die Lotosblume", however, Heine inverts the power dynamic. From the devotees in submission to the lotus, it is now the lotus flower who fears the expository splendour of the sun, bowing its head in expectation of the moon's arrival. The poem in Schumann's song, as published in 1840, with Heine's original text indicated in square brackets, reads:

> Die Lotosblume ängstigt
> Sich vor der Sonne Pracht,
> Und mit gesenktem Haupte
> Erwartet sie träumend die Nacht.
>
> Der Mond, der [das] ist ihr Buhle
> Er weckt sie mit seinem Licht,
> Und ihm entschleiert sie freundlich
> Ihr frommes Blumengesicht.

Sie blüht und glüht und leuchtet
Und starret stumm in die Höh';
Sie duftet und weinet und zittert
Vor Liebe und Liebesweh'. (DHA I, 142)

Heine's poem presents an interpretative conundrum. While it is clear that the first two stanzas refer to the sun and the moon respectively, it is only to be implied that the lotus flower reveals, in thinly veiled metaphor, its „frommes Blumengesicht" to the moon in the third stanza. The first two lines of the third stanza represent in the positive the lotus' expectation: „Sie blüht und glüht und leuchtet". The second two lines, however, deftly turn anticipation into dread. Why is the flower trembling and crying from love and the pain of love? What does the flower see as „sie starret stumm in die Höh"? The overall mood is tense, as if something is afoot.

Schumann's song stages this tension (see Figs. 3 and 4). At the beginning, all is calm.

Figure 3 „Die Lotosblume", „Myrthen" (Kistner, 1840), Heft II, p. 2v

Figure 4 „Die Lotosblume", „Myrthen" (Kistner, 1840), Heft II, p. 2r

Pulsations of crotchets are suspended in the right hand, supported in the left hand by a regularly unfurling harmonic rhythm, which activates a cadence in F major on „Pracht", before modulating to C major on „Nacht". Above it, the voice sings in dignified snippets of text, with each line given equal weight in its systematic punctuation by rests. The opening lines of the second stanza shift perspective with Heine. „Der Mond der ist ihr Buhle" is sung in A flat major to highlight its difference from the splendour of the sun. The tone here is mercurial, otherworldly; the change of key is unprepared. But no sooner do we arrive in the shadow of night than the music jolts back into F major to accompany the critical lines, „Und ihm entschleiert sie freundlich". The return to F major re-exposes the glare of the sun, but there is no time to contemplate – in real time, at least – the issue of whom the flower sees up above. With the lines „Sie blüht und glüht und leuchtet", the pace suddenly quickens, quite literally through the performance direction „nach und nach schneller". Chromatic alterations and a diminishing harmonic rhythm in the accompaniment similarly propel the voice through „Sie blüht und glüht", affording no space to languish in the flower's bloom, towards a fleeting highpoint, and the highest note of the vocal line, G, on „zittert" at the prospect of love and, graphically, its pain. The rests, once an indicator of equanimity, now take on a breathless and aspirant air. They seem rushed – violently so. Only after the heights of „weinet und zittert" does the music come to a close with the repeated lines: „Vor Liebe und Liebesweh'", but even here the tone is impassioned. Top Fs resound in the voice as the accompaniment grumbles in the depths of the keyboard.

Schumann's song captures the tension and ambiguity of Heine's lyric, packing subtlety and miniature outpour into a small space. Yet, it is important to note that the drama of the setting is not achieved through „exotic" means or techniques, in spite of the provenance and cultural symbolism of the lotus. The harmonic language, varied phraseology, raising of expectation and postponement of arrival are all uncannily familiar. So, too, on the face of it, is the poem Schumann selected. The lotus in „Die Lotosblume" lacks the signifying marker of place of „Wir saßen am Fischerhause" or „Auf Flügeln des Gesanges", itself relying on literary culture for contextualisation. The couched and concealed Orientalism of „Die Lotosblume", a consequence of the absence of exoticising musical markers, allows the song to forge parallels with non-Orientalist songs from 1840: „Zwielicht" or „Mondnacht", for example, from the „Liederkreis", Op. 39, which similarly trope on the glorious but somehow disquieting isolation of night. That Orientalist and non-Orientalist lyrics can enter into dialogue, rather than the former being cordoned off from the latter, should point to the openness and open-endedness of Schumann's Orientalist project – dangerously, as admitting the identities of Orientalist and non-Orientalist songs threatens to invalidate the practice of identifying „Orientalism" in its own right.

„Die Lotosblume" comes to bear upon Schumann's setting of Heine's „Du bist wie eine Blume" in a number of poetic and musical ways. First, on a poetic note, both make use of similar imagery and language. In „Du bist wie eine Blume", the protagonist's prayer to God to maintain the status of the flower – „betend daß Gott dich erhalte" – recalls both the handsome young men who kneel before the lotus in „Abends am Strand" and the dignity of the lotus' „gesenkte[s] Haupt" in „Die Lotosblume". The interruptive „Wehmuth", in Schumann's setting coloured by a pungent augmented sixth in the piano part and a descending tritone in the voice, the so-called „diabolus in musica", also resonates with the „Liebesweh'" of the „Lotosblume", expressed by a descending perfect fourth. One also imagines that the two poems, if viewed in conjunction, offer complementary perspectives on the same scenario. „Die Lotosblume" tells in the third person of how the lotus waits for the moon, but cuts off just before the revelatory act. Seizing the moment, the protagonist in „Du bist wie eine Blume" starts where the „Die Lotosblume" ends. The protagonist of „Du bist wie eine Blume", sun or moon according to this view, rhapsodises on the purity, the beauty and the gentleness of the flower trembling and crying before it. But the rhapsody is perturbing; the protagonist hesitates by self-questioning. The song's text differs from Heine's original, given in square brackets, with Schumann fixing Heine's fluid ordering of „hold", „schön" and „rein" into an incantation: „so schön so rein und hold"[34]:

> Du bist wie eine Blume,
> So schön so rein und hold [hold und schön und rein];
> Ich schau dich an, und Wehmuth
> Schleicht mir ins Herz hinein.
>
> Mir ist, als ob ich die Hände
> Aufs Haupt dir legen sollt',
> Betend, dass Gott dich erhalte
> So schön so rein und hold [rein und schön und hold]. (DHA I, 261)

Second, along with narrative commonalities, one senses a musical kinship in their shared employment of a flowing piano accompaniment, with continuous right-hand chordal motion, as well as the preference for the darkened hue of the flat key: „Die Lotosblume" is in F major; „Du bist wie eine Blume" is in A flat. Perhaps this is where Schumann answers the question of whom the flower sees, the sun or the moon. In „Die Lotosblume", while the sun's music sits in F major, the moon's music shifts to A flat major, if only for a short while. Both songs are also characterised by an affective tension, which is derived from the poems' mood of anticipation, rather than fulfilment. The tension of „Die Lotosblume" has already been mentioned. For its part, the translucent texture and melodic-harmonic climaxes of the postlude to „Du bist wie eine Blume" teeter on the brink of overflow (see Fig. 5).

A third complement can be discerned in their placement, which, both between songs and collections, was vital to Schumann's compilatory thinking. One notes, for example, the preparation of „Myrthen", Op. 25, by the final song of the Heine „Liederkreis", Op. 24 (1840), „Mit Myrten und Rosen", which describes the temporary interment of song in the hope that it will rise again „im fernen Land" with the rekindling of love:

> Nun liegen sie stumm und todtengleich [Todten gleich]
> Nun starren sie kalt und nebelbleich.
> Doch auf's Neu' die alte Gluth sie belebt,
> Wenn der Liebe Geist einst über sie schwebt
> [...]
> Einst kommt dies Buch in deine Hand,
> Du süßes Lieb' im fernen Land. (DHA I, 65)

The rekindling of love finds expression in the opening song of „Myrthen", Rückert's „Widmung": „Du meine Seele, du mein Herz…". Ordering is also important within „Myrthen" itself.[35] „Die Lotosblume" is flanked by the „Divan-Lieder" – the „Lieder aus dem Schenkenbuch" on one side and „Talismane" and „Lied der Suleika" on the other. „Du bist wie eine Blume" is succeeded by a setting from Rückert's „Östliche Rosen", a collection that opens with a paean „Zu Göthe's west-östlichem Diwan".[36] Placing the songs in Orientalist complexes only strengthens the Orientalist bond. Furthermore, one should note that „Du bist wie

Figure 5 „Du bist wie eine Blume", „Myrthen" (Kistner, 1840), Heft IV, p. 10v

eine Blume" occurs after „Die Lotosblume" in the collection, which may prompt the reader to see the „Blume" through the image of the lotus. The shift from the third person of „Die Lotosblume" to the first person of „Du bist wie eine Blume" would invite such a perspective. The lyric bind between „Die Lotosblume" and „Du bist wie eine Blume" would be most pronounced in an album of songs dedicated to the German soprano, Wilhelmine Schröder-Devrient, in c. 1848.[37] In Schröder-Devrient's „Liederheft", Clara and Robert position the two songs adjacently, prefaced by „Widmung" and „Der Nußbaum". Here, as in „Myrthen", „Die Lotosblume" comes first, „Du bist wie eine Blume" following on. Eight years after their composition, in c.1848, the commonalities between „Die Lotosblume" and „Du bist wie ein Blume" were still keenly felt.

Reading Schumann's Orientalism

The curatorial practice of moulding the meanings of song in context re-establishes one of Schumann's identities as a reader who both created by reading and enlisted the help of other readers to give voice to his songs. I will deal with these two entwined points in turn. First, Schumann as a reader. Viewing Schumann as a reader might seem axiomatic, especially when one takes into account that the compositional process of song in the main begins with the act of reading and responding to text. Even at the end of the compositional process, according to Schumann, the essence of a text should be derivable from a song, which is individually tailored to the expression of poetic „Züge", as he wrote in 1840 about the praiseworthy elements of Norbert Burgmüller's songs:

> Auseinandersetzen, was ein schönes Lied, will ich nicht. Es ist so schwer und leicht, als ein schönes Gedicht. „Nur ein Hauch sei's" sagt Göthe [...] Das Gedicht mit seinen kleinsten Zügen im feineren musikalischen Stoffe nachzuwirken, gilt ihm das höchste, wie es allen gelten sollte.[38]

Applying Schumann's logic, a song should capture and reproduce the essence of its poetry, including an Orientalist essence, if applicable. I would thus advocate viewing Schumann not solely as an astute reader of poetry, but also as an observant and sympathetic critic of Orientalism in literary culture. For instance, in Goethe's „Divan", Robert wrote to Clara in 1838 with a transcription of the „Divan" poems „Freude des Daseyns ist groß" and „Wie mit innigstem Behagen", the latter of which would become the „Lied der Suleika" in „Myrthen", he found a poet who had composed into verse Oriental mores and feelings: „Im Divan hat sich Goethe nähmlich in orientalische Sitten u. Empfindungen hineingedichtet."[39] He continues, professing with the authority of one well-versed in matters of Orientalism: „Es ist das Feinste, was die deutsche Literatur bis jetzt aufzuweisen hat". The first statement offers insight into the motivations of Goethe's project, which Andrea Polaschegg describes as „das Unternehmen einer philo-ethno-logischen Akkulturation."[40] Schumann practically speaks with Goethe here, who, in the „Einleitung" to the „Noten" admits his aspiration to write with learned cognisance of the Oriental's „Gesinnungen" and „Sitten":

> Am liebsten aber wünschte der Verfasser vorstehender Gedichte als ein Reisender angesehen zu werden, dem es zum Lobe gereicht, wenn er sich der fremden Landesart mit Neigung bequemt, deren Sprachgebrauch sich anzueignen trachtet, Gesinnungen zu theilen, Sitten aufzunehmen versteht.[41]

Schumann's paraphrase of Goethe is not inconsequential; it indicates familiarity with the „Noten" and a sensitivity to the nuances of Goethe's project.

Returning now to the possible interaction between „Orientalist" and „non-Orientalist" songs mentioned earlier. It has been alluded to, but bears repeating, that the rubric of the collection, „Myrthen", cleared ground for Schumann to pluck lyrics for their ability to evoke „südlich[e] und paradiesisch[e] Landschaften". Schumann's sensitivity to the connotations of the rubric suggests that his sense for reading Orientalism must have also extended to an understanding of how paratexts and paracultures shape the thematic content of poetry and song. Considering Heine's poem with this in mind, the unspecified flower in „Du bist wie eine Blume" takes on new significance. It lacks the qualifier of the „blaue Blume" of Romanticism, or even the sweet-smelling red rose of Rückert's „Östliche Rosen", which sends „einen Gruß wie Duft der Rosen [...] an ein Rosenangesicht" and which Schumann simply titled „Aus den Östlichen Rosen" in „Myrthen", rather than borrowing Rückert's „Ein Gruß an die Entfernte"[42], to draw attention to the song's poetic origin. Schumann's flower remains unspecified. But rather than being framed in the negative in terms of dangerous deficiency, the ambiguity of the unnamed flower becomes a condition of possibility. „Du bist wie *eine* Blume" remains open to being shaped by the Orientalist songs and cultures that surround it.[43]

The second of these points, Schumann's invitation to interpretation by other readers, offers the opportunity to reflect on method by way of conclusion. Schumann's deeply personal aesthetics of song in „Myrthen", infused in the publication through illustrations, the dedication and the rubric, should empower readings that aim to reinscribe subjectivity, including an Orientalist subjectivity („Sitten u. Empfindungen"), where it might otherwise be glossed over. From the point of view of reception history, this is because reading the „Liederheft" staged – and still stages – an introspective act, informed by ideals of inwardness and intimacy that critics and musicians have commonly associated with the genre, as Jennifer Ronyak has explored.[44] From a compositional perspective, it is also because, during 1840, song provided Schumann with a medium for the expression and exploration of familiar and unfamiliar subjectivities.[45] Schumann ceased writing entries in his diary just as he began composing songs. One of the few entries we have from the period is the terse but telling note, „Im Februar reicher Liedersegen, darüber alles vergessen", which licenses critical perspectives that pay attention to a confessional mode.[46] This critical perspective streams out of a number of songs; take the final stanza of „Mit Myrten und Rosen" as an example, which describes the liberation of song's magic spell by a loving reader:

> Dann löst sich des Liedes Zauberbann,
> Die blassen Buchstaben schaun dich an,
> Sie schauen dir flehend ins schöne Aug',
> Und flüstern mit Wehmuth und Liebeshauch. (DHA I, 66)

Without evocation, a silent death (or a deathly silence) is song's fate. Song comes back to life, however, when eyes hover over the coffined book, its letters and characters, „Buchstaben", gazing back imploringly.[47]

I have traced what might be termed an „internal Blumensprache", the dialogue between „Die Lotosblume" and „Du bist wie ein Blume", which is engaged by poetic, musical, narrative and ordering procedures. For „Blumensprache" to reach its full potential, however, one has to ask whether the recipient of the message, after Goethe, sensed the invitation to „stumm[e] Unterhaltung". I began the essay with the remark that Clara Wieck was the destined reader and dedicatee of the

Liederheft. Did she identify the shift of narrative perspective from the third person of „Die Lotosblume" to the intimate „du" that directs „Du bist wie eine Blume"? Did she notice a dissolution of the disembodied Orientalist image into one that speaks directly to the Occidental reader, to her? There is some evidence to suggest that Robert's song engendered a response.[48] In Clara's setting of Emanuel Geibel's „Die stille Wasserrose", published as the sixth and last of her exquisite „Sechs Lieder", Op. 13, in 1844, the „Wasserrose" of the first line is changed to „Die stille Lotosblume". The key, moreover, is A flat, the same as „Du bist wie eine Blume". In „Die stille Lotosblume", the lotus no longer trembles with anticipation at the pain of love, as in Heine's poem. Spellbinding the swan, who sings itself to death at the sight of beauty, the lotus now inflicts this pain, albeit unknowingly:

> Im Wasser um die Blume
> Kreiset ein weißer Schwan,
> Er singt so süß, so leise
> Und schaut die Blume an.
> Er singt so süß, so leise
> Und will im Singen vergehn.
> O Blume, weiße Blume,
> Kannst du das Lied verstehn?

The second and third songs of the collection, Heine's „Sie liebten sich beide" and Geibel's „Liebeszauber" were presented to Robert by Clara in 1842. The fifth, „Ich hab' in deinem Auge" to a poem by Rückert, was gifted to Robert in 1843.[49] „Die stille Lotosblume" ends not with a perfect cadence, the confirmation of closure, but with an „open" dominant seventh, an antecedent chord that prepares closure and is thus charged with expectation. „Kannst du das Lied verstehen?", Clara seems to be asking. If Clara conceived of „Die stille Lotosblume" as a response – agonistic or complementary – to Robert's setting, she might have been reciprocating Robert's „Blumensprache", that veiled and elusive dialogue between lovers „nach orientalischer Weise".[50]

Notes

I would like to thank Professor Philip Bullock and Professor Laura Tunbridge for providing feedback and encouragement on the piece in its various guises. I also thank Professor Henrike Lähnemann for generously translating the paper given at the „Forum Junge Heine Forschung" in December 2020.

1. For the sources of Schumann's texts in „Myrthen", see Barbara Turchin: Robert Schumann's Song Cycles in the Context of The Early Nineteenth-Century „Liederkreis". Phil. Diss. Columbia University 1981, pp. 410–412.
2. Schumann noted down „Buchbinder" on 8th and 10th September, which suggests that he was closely involved with the book's production. On the 8th, we read „Dem Buchbinder für Myrthen"; on the 10th, „Buchbinder Stumme". Robert Schumann: Tagebücher. Hrsg. v. Gerd Nauhaus. Leipzig 1987, vol. 3, p. 161.

3 Art. „Myrte". – In: Deutsches Wörterbuch von Jacob Grimm und Wilhelm Grimm. Leipzig 1885. Vol. 12, column 2845.
4 Todd Kontje: German Orientalisms. Ann Arbor 2004, pp. 1–2.
5 My idea of the symbol is taken from Goethe's „West-östlicher Divan" and retains its ambiguous „Sinnlichkeit" and „Übersinnlichkeit". The symbol differs from allegory, which sees the latter substitute completely for the former. The two poems that articulate this most clearly are „Offenbar Geheimniss" and „Wink". Cf. Johann Wolfgang von Goethe: West-östlicher Divan. Hrsg. v. Hendrik Birus. Frankfurt a. M. 1994, vol. 1, pp. 32–33. Erich Trunz identifies this technique, taken up by Goethe in the „Divan", as a trope of Hafizian mysticism: „Sind sie das eine oder das andere? Sie sind beides; eben das ist östliche Art [...]. Der Wein ist der Wein und zugleich berauschendes Übermaß des Anteilhabens am Göttlichen der Welt. Alles ist zugleich sinnlich und geistig, dinglich und mystisch." – In: Johann Wolfgang von Goethe: Werke. Hamburger Ausgabe in vierzehn Bänden. Hrsg. v. Erich Trunz. München 1978, vol. 2, p. 538.
6 For more on Heine's Orient, see Mirjam Weber: Der „wahre Poesie-Orient". Eine Untersuchung zur Orientalismus-Theorie Edward Saids am Beispiel von Goethes „West-östlichem Divan" und der Lyrik Heines. Wiesbaden 2001; Patrick Fortmann: Heine's Divan. West-Eastern Voyages after Goethe. – In: Publications of the English Goethe Society 89 (2020), pp. 157–172; and Joseph A. Kruse: Heinrich Heine und der Orient. – In: Der Deutschen Morgenland. Bilder des Orients in der deutschen Literatur und Kultur von 1770 bis 1850. Hrsg. v. Charis Goer u. Michael Hofmann. München 2008, pp. 165–178.
7 Art. „Myrte" [note 3].
8 „Blumensprache" in Schumann's oeuvre has been touched upon by John Daverio, but in the context of musical enciperment. Daverio does not delve into the structural tropes or thematization of „Blumensprache" in individual Lieder, or assess how „Blumensprache" might function in a song context beyond the level of rubric. He does, however, comment on the texts of Goethe and Klüber (see note 22). Cf. John Daverio: Crossing Paths: Schubert, Schumann, Brahms. Oxford 2002, esp. pp. 65–87, p. 85.
9 Edward Said: Culture and Imperialism. New York 1993, p. 13.
10 For a neat overview of the various critical issues surrounding the „Turkish" topic, see Mary Hunter: The *Alla Turca* Style in the Late Eighteenth Century. Race and Gender in the Symphony and the Seraglio. – In: The Exotic in Western Music. Ed. by Jonathan Bellman. Boston 1998, pp. 43–73. For „Turkish" stops on historical pianos, see Robert Winter: Orthodoxies, Paradoxes and Contradictions. Performance Practices in Nineteenth-Century Piano Music. – In: Nineteenth-Century Piano Music. Ed. by R. Larry Todd. New York 1990, pp. 16–54, p. 38.
11 Several scholars have noticed the mounting disenchantment with the „Janissary" across the nineteenth century. Cf. David Gramit: Orientalism and the Lied: Schubert's „Du liebst mich nicht". – In 19th-Century Music 27 (2003), pp. 97–115, p. 98; and Joanna Neilly: Alla Turca versus the Romantic East. E.T.A. Hoffmann and Oriental-Style Music. – In: German Life and Letters 67 (2014), pp. 139–158.
12 [Anon.:] Fünftes Abonnementconcert. – In: Neue Zeitschrift für Musik Bd. 13, Nr. 40 (14.11.1840), p. 160.
13 Goethe: Divan [note 5], „Uebergang von Tropen zu Gleichnissen", p. 200.
14 „Kennst du das Land..." is perhaps the *locus classicus* of song yearning for the faraway. The lines have typically been read in musical settings as a longing for Italy. One of Fanny Hensel's early Lieder, dating from 1822, made this explicit, titling the poem „Sehnsucht nach Italien" (H-U 50). There was, however, an overlap in the imageries used to describe Italy and the Orient, discoverable in Goethe's „West-östlicher Divan", which harked back

to his youthful „Italienische Reise" (1816). For more on Hensel's setting, see R. Larry Todd: Fanny Hensel. The Other Mendelssohn. Oxford 2010, pp. 64–65; and Susan Wollenberg: Songs of Travel. Fanny Hensel's „Wanderings". – In: The Songs of Fanny Hensel. Ed. by Stephen Rodgers. Oxford 2021, pp. 55–60. On Mignon in song, see Terence Cave: Mignon's Afterlives. Crossing Cultures from Goethe to the Twenty-First Century. Oxford 2011, pp. 197 ff.

15 Johann Gottfried Herder: Werke in zehn Bänden. Hrsg. v. Ulrich Gaier. Frankfurt a. M. 1990, vol. 3: Volkslieder, Übertragungen, Dichtungen, p. 427. Schumann read Herder in in his youth. Cf. Schumann: Tagebücher [note 2], vol. 1, pp. 157 and 332.

16 Nicholas Germana: The Orient of Europe. The Mythical Image of India and Competing Images of German National Identity. Newcastle, 2009, p. 91. On the flower's participation in a network of symbols of longing and unending, see Thomas McFarland: Romanticism and the Forms of Ruin. Wordsworth, Coleridge and the Modalities of Fragmentation. Princeton 1981, p. 7 ff. Heine's ironic flower, the image that dismantles Romanticism, also becomes something of a leitmotiv in Schumann's „Dichterliebe". For more on such flowers, including their mirror-images in the context of musical analysis, see Berthold Hoeckner: Paths through „Dichterliebe". – In: 19th-Century Music 30 (2006), pp. 65–80.

17 Cited after Hendrik Birus: Goethes Annäherung zum Ghasel und ihre Folgen. – In: Orientdiskurse in der deutschen Literatur. Hrsg. v. Klaus-Michael Bogdal. Bielefeld 2007, pp. 125–140, p. 135.

18 It seems that 1828 was an important year in Schumann's aesthetic development, as much as can be gleaned from his notebooks and diaries. In 1828, Schumann wrote about Schubert's „Variations", which he described as „das vollendetste romantische Gemälde, ein vollkomner Tonroman – Töne sind höhere Worte". He also noted the metaphysical qualities of song: „Im Gesang ist das Höchste vereint, Wort u. Ton, der unariticulirte Menschenbuchstabe; er ist die eigentliche extrahirte Quintessenz des geistigen Lebens". Schumann: Tagebücher [note 2], vol. 1, esp. pp. 96–110. The quotes are from pp. 96 and 105, respectively.

19 Ibid., pp. 85–86.

20 Herder: Volkslieder [note 15], p. 434.

21 Schumann: Tagebücher [note 2], vol. 1, p. 101.

22 Johann Ludwig Klüber's „Kryptographik. Lehrbuch der Geheimschreibekunst" was at the centre of a debate surrounding Robert's musical enciphcrment of Clara. For a discussion of the documents and protagonists, see Daverio: Crossing Paths [note 8], pp. 83–86. Daverio notes the passages in question – and alerted me to their affinities – but does not acknowledge their Orientalist background, which is evident from his mistranslation of „Blumenchiffre der Morgenländer" as 'Flower-cipher[s] of the Occident". Ibid., p. 85.

23 Ibid.

24 See note 48.

25 Herder: Volkslieder [note 15], p. 440.

26 Johann Ludwig Klüber: Kryptographik. Lehrbuch der Geheimschreibekunst (Chiffrir- und Dechiffrirkunst) in Staats- und Privatgeschäften. Tübingen 1809, p. 281.

27 Ibid., pp. 281–282.

28 Ibid., p. 283.

29 Goethe: Divan [note 5], pp. 209–212. Daverio notes that Schumann set „Dir zu eröffnen", the cipher-poem included in „Chiffer" from the „Noten und Abhandlungen", under the title „Liebeslied", published subsequently in his „Lieder und Gesänge", Op. 51. Cf. Daverio: Crossing Paths [note 8], p. 85

30 Goethe: Divan [note 5], p. 209.

31 Ibid., p. 211.

32 Heinrich Wilhelm August Stieglitz: Bilder des Orients. Leipzig 1831, Vol. 1, p. xxi. The collection became extremely popular with Lied composers in the 1830s, after it was extolled in the article [anon.:] Stoff zu Kompositionen. – In: Berliner Allgemeine Musikalische

Zeitung Jg. 7, Nr. 46 (13.11.1830), pp. 366–367. Schumann was editor of the „Neue Zeitschrift für Musik" when they reviewed Julius Stern's and Norbert Burgmüller's settings of poems from the „Bilder des Orients". For a review of Stern's „Bilder des Orients", Op. 3, see [anon:] Lieder und Gesänge. – In: Neue Zeitschrift für Musik Bd. 10, Nr. 51 (25.6.1839), p. 201. For Burgmüller's, see [anon.]: Norbert Burgmüller. – In Neue Zeitschrift für Musik Bd. 11, Nr. 18 (30.08.1839), pp. 70–71. Elsewhere, Burgmüller was singled out for praise by Robert Schumann in his article on the state of contemporary Lied composition. Robert Schumann: Drei gute Liederhefte. – In: Neue Zeitschrift für Musik Bd. 13, Nr. 30 (10.10.1840), pp. 118–119.

33 Felix Mendelssohn immortalised the poem in his setting, grouped in his „Sechs Gesänge", Op. 34 (publ. 1837) along with his setting of „Ach, um deine feuchten Schwingen" from Goethe's „Divan".

34 For a discussion of Schumann's amendments and an insightful reading of the setting, see Susan Youens: Heinrich Heine and the Lied. Cambridge 2007, pp. 277–285, esp. p. 280.

35 Hans-Joachim Hinrichsen has noted Schumann's sophisticated text-choice and -clustering in the collection, with the „Divan-Lieder" engaging in dialogue with the opening and closing „Rückert-Lieder". Cf. Hans-Joachim Hinrichsen: Musikalische „Divan"-Rezeption. – In: Goethe Jahrbuch 136 (2019), pp. 72–74.

36 Friedrich Rückert: Östliche Rosen. Drei Lesen. Leipzig 1822, pp. 1–3.

37 Benjamin Binder refers to the album in Benjamin Binder: Song in Concert as Observed by the Schumanns: Toward the Personalisation of the Public Stage. – In: German Song Onstage. Lieder Performance in the Nineteenth and Early Twentieth Centuries. Ed. by Natasha Loges and Laura Tunbridge. Bloomington 2020, pp. 52–69, p. 58.

38 Schumann: Drei gute Liederhefte [note 32], p. 118.

39 Clara und Robert Schumann: Briefwechsel. Hrsg. v. Susanna Ludwig and Eva Weissweiler. Bd. 1. Frankfurt a. M. 1984, p. 152. After the transcription, Robert continues: „Ist das nicht vornehm? Dichtest Du denn nicht Clara – nein Du bist selbst ein Gedicht."

40 Andrea Polaschegg: Der andere Orientalismus. Regeln deutsch-morgenländischer Imagination im 19. Jahrhundert. Berlin 2005, p. 316.

41 Goethe: Divan [note 5], p. 138.

42 Friedrich Rückert: Gesammelte Gedichte. Erlangen 1837, vol. 4, p. 109.

43 This critical perspective chimes with the aesthetic of the Romantic fragment, the overriding condition that artworks are unfinished and need host contexts, readers and cultures to fulfil their potential, which has been used plausibly as a frame to conceptualise Schumann's music. David Ferris writes: „The metaphor of the fragment turns aesthetic meaning into an interactive process between the artist and the audience: meaning is not inherent in the work of art, but is realised and interpreted anew by each person who encounters it, in an ongoing process that can potentially continue forever." David Ferris: „Was will dieses Grau'n bedeuten?" Schumann's „Zwielicht" and Daverio's „Incomprehensibility Topos". – In: The Journal of Musicology 22 (2005), pp. 131–153, p. 136. For a thorough and systematic treatment of the fragment as it pertains to Schumann's songs and cycles, see David Ferris: Schumann's Eichendorff „Liederkreis" and the Genre of the Romantic Cycle. Oxford 2000.

44 Cf. Jennifer Ronyak: Intimacy, Performance and the Lied in the Early Nineteenth Century. Bloomington 2019.

45 Ibid. Ronyak explores the affective paradox of expressing inwardness in her book. The exploration of unfamiliar subjectivities from the perspective of gender includes Adelbert von Chamisso's „Frauenliebe und Leben", which Schumann also set in 1840. For more, see Kristina Muxfeldt: Vanishing Sensibilities: Schubert, Beethoven, Schumann. Oxford 2012, Chap. 3.

46 Schumann: Tagebücher [note 2] vol. 2, p. 96.

47 Hoeckner notes this as a trait of both the „Liederkreis", Op. 24 and „Dichterliebe". Cf. Hoeckner: Paths [note 16], p. 66.
48 One also notes, more broadly, that the flower held particular significance for Clara Schumann, who kept a „Blumenbuch" for Robert between 1854 and 1856. „Blumensprache" might have played an important role in the „Blumenbuch" as well. In the words of Ingrid Bodsch and Gerd Nauhaus, „Begegnen wir gerade zu Anfang des 19. Jahrhundert seiner Reihe von Büchern, die ihren Leserinnen mit der Aufbereitung der antiken Literatur und der darauf basierenden christlichen Symbolik die Sprache der Blumen nahebringen [...], so wird die vermeintliche Eindeutigkeit bald verwischt durch die Rezeption der beliebten orientalischen Blumensprache Selam [...], aber auch, wie ein zeitgenössischer Autor schreibt, weil ‚jeder gute und schlechte Dichter auf neue Sinnbilder geräth', weshalb die Blumensprache weniger einer ‚Buchstabenschrift' als den ‚Hieroglyphen' entspräche." Clara Schumann: Blumenbuch für Robert 1854–1856. Hrsg. v. Gerd Nauhaus u. Ingrid Bodsch unter Mitarb. v. Ute Bär u. Susanna Kosmale. Frankfurt a. M. 2006, p. 8.
49 Nancy B. Reich: Clara Schumann. The Artist and the Woman. Ithaca 2001, pp. 306–307.
50 Daverio suggests this possibility in John Daverio: Robert Schumann. Herald of a „New Poetic Age". Oxford 1997, p. 535, n. 82.

Heinrich Heine und Gerhart Hauptmann als Lyriker

Hans-Joachim Rickes

In seiner autobiographischen Schrift „Ecce Homo" hielt Friedrich Nietzsche 1888 fest: „Den höchsten Begriff vom Lyriker hat mir *Heinrich Heine* gegeben".[1] Die Wertschätzung, die in dieser Aussage zum Ausdruck kommt, wird in der gegenwärtigen Germanistik weithin geteilt. Zumindest dürfte unstrittig sein, dass Heinrich Heine die deutsche Lyrik entscheidend fortentwickelt und bereichert hat – mit seinem Gefühl für Formen und Reime, seinem Gespür für Klang und Rhythmus, für Innigkeit wie Ironie, seinem Witz, Esprit und seiner Kreativität bei Wortneubildungen und -variationen.

Vergleichbares Lob für den Lyriker Gerhart Hauptmann wird man dagegen schwerlich finden. Es müsste zudem mit Widerspruch rechnen, auch aus der Hauptmann-Forschung selbst. 1980 hat Karl S. Guthke prägnant festgehalten: „[Gerhart Hauptmanns] lyrisches Talent war gering und ist es zeitlebens geblieben."[2] Und diese Sichtweise ist verbreitet. So ist Hauptmanns Lyrik in den maßgeblichen Anthologien deutscher Dichtung kaum noch oder gar nicht vertreten. Lohnt es also überhaupt, sich mit diesem Teil seines Werkes zu beschäftigen und es auch noch in Beziehung zu Heines Lyrik zu setzen? Schließlich gründet Gerhart Hauptmanns – immer noch – großer Name in der deutschen Literaturgeschichte vor allem auf seinem dramatischen Werk, den straff komponierten, ungemein bühnenwirksamen naturalistischen Stücken wie „Die Weber" – für die Heines Weberlied eine wichtige Anregung bildete[3] –, „Die Ratten", „Der Biberpelz" oder „Rose Bernd". Nicht zufällig erhielt er den Nobelpreis für Literatur 1912 vor allem für diesen Teil seines Werkes, der bis heute auf den Theaterbühnen lebendig geblieben ist. Bei den Prosatexten stellt sich die aktuelle Situation schon differenzierter dar. Einige Werke sind noch Lehrgegenstand in Schule und Universität – etwa die Erzählung „Bahnwärter Thiel", der

---

H.-J. Rickes (✉)
Institut für Deutsche Literatur, Humboldt-Universität zu Berlin, Berlin, Deutschland
E-Mail: joachim.rickes@bundestag.de

kleine Roman „Der Ketzer von Soana", mitunter auch die umfangreichen Texte „Die Insel der großen Mutter" sowie „Der Narr in Christo Emanuel Quint". Anderes wird dagegen kaum noch behandelt. Und Hauptmanns Lyrik steht, wenn man Karl Guthke folgt, ganz am Rande des Gesamtwerks.

Aus Sicht der vorliegenden Studie ist der pauschalen Ablehnung seiner Gedichte nicht zuzustimmen. Vielmehr wird davon ausgegangen, dass es ergiebig ist, einzelne Texte genauer zu betrachten. Dabei wird in drei Schritten verfahren. Zunächst wird – auch mit Blick auf den Heine-Einfluss – kurz das lyrische Gesamtwerk skizziert, anschließend auf einige aus Sicht des hier tätigen Interpreten beachtenswerte Gedichte hingewiesen. Ein bestimmter Text, der für die genannte Fragestellung besonders aufschlussreich ist, wird dann im dritten Teil genauer analysiert. Abschließend geht es im größeren Zusammenhang nochmals um die Perspektive Heine und Hauptmann. Ein Hinweis vorab: Unter Hauptmanns Lyrik werden im Folgenden die kürzeren Werke verstanden. Seine umfangreichen Versepen wie „Till Eulenspiegel" (1928) oder „Der große Traum" (1942) wären ein eigenes Thema.

I

Wenn heute von dem 1862 geborenen, 1946 verstorbenen Schlesier die Rede ist, bleiben zwei Gesichtspunkte oft außer Acht. Zum einen war er zu Lebzeiten der weitaus bekannteste deutsche Schriftsteller – der jüngere, aufstrebende Thomas Mann z. B. brauchte Jahrzehnte, um aus seinem Schatten zu treten.[4] Zum anderen wird oft vergessen, dass der als Bühnenautor berühmte Hauptmann seine schriftstellerische Laufbahn als Lyriker begann. Die 1888 fertiggestellte Gedichtsammlung „Das bunte Buch" ist dementsprechend das Werk eines jungen, unsicheren und seinen Weg suchenden Künstlers, der wenige Jahre zuvor noch die Laufbahn des Bildhauers anstrebte.[5] Bedenkt man diese Entstehungssituation, bietet „Das bunte Buch" eine beachtliche Zusammenstellung von Stimmungs- und Landschaftsgedichten sowie verschiedenen Sagen und Märchen in Versform. Das Vorbild Heine ist wiederholt zu spüren, u. a. in einigen Meeresgedichten, die an den Zyklus „Die Nordsee" erinnern.[6] Noch eindeutiger ist dies der Fall in dem folgenden Text:

Gestorbenes Erz

   Ich weiß nicht, was soll es bedeuten,
   daß meine Träne rinnt
   zuweilen, wenn ferne das Läuten
   der Glocke, der Glocke beginnt.   5

   Die Sonne umhüllt sich mit Rosen
   Und taucht ins Schilf am Ried,
   Die Wellen, die leisen, die losen,
   sie flüstern ins heilige Lied

Die Wellen, die Gräser, die Föhren,   10
sie lauschen rings umher
Die Menschen, sie lieben und hören
die Glocke, die Glocke nicht mehr.

Es geht, ein verlassener Armer,
ihr Ton durchs öde Land: 15
Er predigt vom großen Erbarmer,
den Gott aus dem Himmel gesandt.

Er predigt das Licht und den Frieden
den Christus hat gebracht,
denn wieder gebietet hinieden   20
der grausame Krieg und die Nacht.

Du hallende, dröhnende Klage
am stillen Gotteshaus:
du Geist der vergangenen Tage,
dein Reich der Versöhnung ist aus!   25

Wohl hast du zu Grabe geleitet
manch müdes Menschenherz,
nun ist auch dein Hügel bereitet,
du armes, **gestorbenes Erz**.[7]

Nicht nur die aus der „Loreley" vertraute Anfangszeile „Ich weiß nicht, was soll es bedeuten" (2) lässt das Vorbild erkennen.[8] Auch verschiedene andere Motive aus dem „Buch der Lieder" klingen nach (vgl. z. B. ebenso 6–8). Die traurig-düstere Stimmung dieses – recht konventionellen – Gedichts ist kein Zufall. Thematisch überwiegt in Hauptmanns frühem Gedichtband, der durch eine unglückliche Publikationsgeschichte erst Jahrzehnte später[9] erschienen ist, Melancholisches und Schauriges; besonders augenfällig in den Gedichten „Im Nachtzug" und „Die Selbstmörder".[10] Dementsprechend treten als weitere Vorbilder vor allem Annette von Droste-Hülshoff, aber auch Joseph von Eichendorff und Detlev von Liliencron hervor.

Obwohl Hauptmann sich schon bald auf andere Gattungen konzentrierte, hat er die Lyrik nie aufgegeben. Sein Leben lang verfasste er immer wieder Gedichte, die oft als Anlasstexte auf Personen und Orte entstanden. Der Band „Ährenlese" von 1939 stellt viele dieser Werke zusammen und unterscheidet sie dabei u. a. in „Kleine Dichtungen", „Sonette", „Kleine Reime" und „Gelegenheitsdichtungen".[11] Hier ist nicht mehr Heine bzw. die anderen genannten Autorinnen bzw. Autoren das maßgebliche Vorbild, sondern Goethe.[12] Hauptmann-Gedichte wie „Zueignung", „Eislauf", „Blume der Dichtkunst" oder auch „Rätsel" lassen schon von den Titeln her den Zusammenhang zu thematisch ähnlichen Goethe-Texten erkennen. Dieser Bezugspunkt zeigt sich ebenso in den eigenwilligen „Hans Wurst"-Gedichten, die innerhalb von Hauptmanns Lyrik einen Sonderfall bilden. Es handelt sich um kurze Knittelverse, in denen der Dichter launige und auch selbstkritische Gespräche mit einer Holzpuppe führt – z. B. über seine im Alter zunehmende Ähnlichkeit mit Goethe. Eines dieser Kurzgedichte lautet:

„Man sagt, ich hätte Augen wie Goethe! Ich erröte."[13] Der Vollständigkeit halber sei erwähnt, dass kurz vor Hauptmanns Tod 1946 noch ein kleiner Band „Neue Gedichte" erschienen ist – eine Sammlung älterer und neuer Texte, die nun ganz im Zeichen der von Hauptmann angestrebten Goethe-Nachfolge stehen.[14]

Gerhart Hauptmann (1862–1964). Radierung von Emil Orlik (1909)

Im Blick auf Hauptmanns Lyrik fällt der Formenreichtum ebenso ins Auge wie die für ihn typische Verarbeitung bzw. Anverwandlung historischer und literarischer Stoffe. Der Gesamteindruck der Gedichtsammlungen ist dabei ähnlich: Neben vielen Texten, die eher konventionell wirken und vor allem biographisch bzw. werkgenetisch von Interesse sind, finden sich einzelne Gedichte, die wegen ihrer sprachlichen und thematischen Ausgestaltung vertiefte Beachtung verdienen.

II

Im zweiten Teil werden dafür verschiedene Beispiele angeführt, die zunächst bei den Stimmungs- und Naturgedichten aus „Das bunte Buch" ansetzen. Wie der folgende Text erkennen lässt, gelingen dem jungen Autor klanglich und gedanklich durchaus eindringliche Bilder:

Abend

Purpurschimmer tränketss
die Rebenhügel.
Tiefer und tiefer senket
ihre dunklen Flügel   5
die Nacht.
Lautlos fallen
Schleier herab auf Schleier.
Wolkenpilger wallen
Fern zur Sonnenscheidefeier   10
Sacht
wecket ein Hauch in der Bäume
lautlosen Wipfeln die Träume.
Eh wir's gedacht,
hat sie mit bleichem Munde   15
getrunken das Gold der Abendstunde:
die alte Nacht.[15]

Die Schlussformulierung „die alte Nacht" (17) deutet eine für Hauptmann charakteristische, mythische Weltsicht an, auf die noch zurückgekommen wird. Eine andere, für den Autor typische Motivik findet sich in dem folgenden Gedicht:

Abendstimmung

Hin durch den Forst schießt eine weiße Schlange,
spitz ist ihr Haupt, ihr Schweif verweht im Winde;
darunter braust auf stählernem Gewinde
der Erdenpuls in nimmermüdem Gange.   5

Verschwunden ist sie tief im Forste lange,
stumm ragt die Kiefer, um die rote Rinde
spielt schon der Nachthauch, schweifen Nebel linde,
und Uhuschrei tönt ferneher und bange.

Ein Tümpel liegt in weltvergeßnen Träumen,   10
vom Frühlingsregen angefüllt, am Raine;
es spiegeln drin sich einsam Ost und Westen.
Tiefblau der Ost steht über schwarzen Bäumen,
die Stirn geziert mit einem Demantsteine;
der Westen prahlt mit fahlen Sonnenresten.[16]   15

In diesem Text sind die Natur- und Abendbilder verknüpft mit Hauptmanns u. a. aus „Bahnwärter Thiel" bekannter Technikrezeption und -kritik. Beides kommt in der eigentümlichen Wortbildung „Erdenpuls" (5) prägnant zum Ausdruck.

Die Fortentwicklung von Hauptmanns früher Lyrik hin zum späteren Werk illustrieren seine verschiedenen Hiddensee-Gedichte. Von seiner lebenslangen Begeisterung für die Ostseeinsel, auf der er 1930 das luxuriöse „Haus Seedorn" erwarb, kündet das folgende Gedicht aus dem Jahr 1885:

Mondscheinlerche

Hiddensee, den 29. Juli 1885

Von dem Lager heb' ich sacht
meine müden Glieder;
eine warme Sommernacht
draußen stärkt sie wieder.   5

Mondschein liegt um Meer und Land
dämmerig gebreitet;
in den weißen Dünensand
Well' auf Welle gleitet.

Unaufhörlich bläst das Meer   10
eherne Posaunen;
Roggenfelder, segenschwer,
leise wogend raunen.

Wiesenfläche, Feld und Hain
zaubereinsam schillern;   15
badend hoch im Mondenschein
Mondscheinlerchen trillern.

„Lerche, sprich, was singst du nur
um die Mitternachtsstunde?
Dämmer liegt auf Meer und Flur   20
und im Wiesengrunde."

„Will ich meinen Lobgesang
halb zu Ende bringen,
muss ich tag- und nächtelang
singen, singen, singen!"[17]   25

Hauptmann blieb Hiddensee bis ins hohe Alter verbunden. Im folgenden Text aus dem Jahr 1943 ist der Blick auf die Insel ganz von einem melancholischen Abschiedsgestus geprägt:

[Hier, wo mein Haus steht]

Hier, wo mein Haus steht,
wehte einst niedriges Gras:
ums Herz Erinnerung weht,
wie ich dereinst mit Freunden saß.   5
Wir waren zu drein,
vor Jahrtausenden mag es gewesen sein.
Es war einsam hier,
tief, tief!   10
So waren auch wir.
Verlassenheit über der Insel schlief.
Dann kam der Lärm,
ein buntes Geschwärm:
entbundener Geist,   15
verdorben, gestorben zu allermeist.

> Und nun leben wir in fremdmächtiger Zeit,
> verschlagen wiederum in Verlassenheit.
> In meines Hauses stillem Raum
> herrscht der Traum.[18] (20)

Nach den Formulierungen „die alte Nacht" in dem Gedicht „Abend" und „der Erdenpuls" in „Abendstimmung" klingt auch in den Zeilen 13–18 von „[Hier, wo mein Haus steht]" ein typischer Hauptmann-Ton an.[19] Das gilt insbesondere für das Kompositum ‚fremdmächtig' in der Zeile 17: „Und nun leben wir in *fremdmächtiger* Zeit" (Herv. JR), in dem anonyme, dem Menschen nicht greifbare Machtverhältnisse beschworen werden.

Eines der bekanntesten Hauptmann-Gedichte der späteren Jahre ist sein poetisches „Testament". In diesem 1935 entstandenen Sonett gibt der berühmte Dramatiker im fortgeschrittenen Alter launige, selbstironische Hinweise für die Ausgestaltung seines Begräbnisses:

> Testament
>
> Schauspieler sollen mich zu Grabe tragen,
> nachdem der Vorhang endlich ist gefallen.
> Dorfkinder mögen „Frösche" lassen knallen,
> Dorfmusikanten sollen Pauken schlagen.   5
>
> Erkläre mich Hanswurst den Leuten allen!
> Er mag voran auf einem Eslein reiten:
> „Er hatte gute, hatte schlechte Zeiten,
> er wurde ausgezischt und hat gefallen."
>
> So mag der Possenreißer sich verbreiten!   10
> Und sorgt dafür, dass mir die Leute lachen,
> die feiertäglich meinen Sarg begleiten.
>
> Kein Staatsvertreter möge Witze machen,
> denn ihre Kunst war niemals auf der Höhe:
> nichts da von Staats- und von gelehrten Sachen!
>
> Die Leichenpredigt handele über Flöhe![20] 15

III

Im dritten Teil erfolgt eine genauere Auseinandersetzung mit dem Gedicht „Glas" aus dem Jahr 1933. Das hat zwei Gründe. Zum einen spricht dieser Text den hier tätigen Exegeten an, er löst unmittelbares Interesse aus – nach Emil Staiger die erste und wichtigste Voraussetzung für den literaturwissenschaftlichen Zugang.[21]

Zum anderen ist das Gedicht besonders geeignet, die Eigenart von Hauptmanns lyrischem Schaffen herauszuarbeiten. Zunächst der Text:

Glas

Glas, Glas
was ist das?
Es ist und ist nicht,
es ist Licht und kein Licht, 5
es ist Luft und nicht Luft,
es ist duftloser Duft.
Und doch ist es hart,
ungesehen harte Gegenwart
dem gefangenen Vogel, der es nicht sieht 10
und den es in die Weite zieht.

Ein Lied möcht' ich dichten von Glas,
einen Hymnus ersinnen
im Geiste tief innen
vom trockenen Naß. 15
Es gleicht dem Geist,
des Nichts und Alles sich selber speist.
Auch Glas ist Geist und Körper zugleich.
Der Körper ist hart, der Geist ist weich.
Dein glutgeborenes gläsernes Reich, 20
gebildet von Schöpferhändefleiß,
ringt mit der nichtigen Unkrautblume um den Preis.

Es funkeln mit Kelchen wie aus Eis
Unkrautblumen wie auf Edens Wiesen,
Blumen in duftlosen Paradiesen: 25
selig, wer sie zu finden weiß!
Den Schoß ihrer Blumen begattet das Licht,
so daß sie brennend in Liebe beben -
aber Früchte tragen sie nicht.
Ein leises Klingen, ein leises Schweben, 30
ist des Empfängers Wiedergeben.
Eigentlich sind sie selber nicht.
Ist es der Geist, der den Körper baut,
nenn' ich jede von euch seine Braut,
erstanden im Geist, vom Geiste durchflossen, 35
doch vom brennenden Urquell des Lebens entsprossen.

Und so ist mir ein glühender Kelch bewußt,
mit Purpur gefüllt, mit Leben, mit Lust.
Das Nichts umschließt die lebendige Flut,
und dieses durchdringt und durchglänzt es mit Glut. 40
Die Seele, das Nichts, wird mit Wonnen geletzt,
das Tote mit brennenden Tropfen benetzt,
und im gläsernen Gras, im Gras aus Glas
wird ein seltsam klingelndes Leben geweckt.
Hier zaubert das Glas, hier zaubert das Sein: 45

Begeistung trinkst du aus Schein und aus Stein!
So will es der Gott - und der Trank heißt Wein.

Glas, Glas,
was ist das?
Es glänzt wie Wasser und ist nicht naß.   50
Gieß Wasser in ein gläsernes Glas,
klar und rein:
es wird wie Glas im Glase sein.
Und ist es Wein,
dann ist das gläserne Glas voll Farbe und Duft,   55
und selber, das Glas, ist nichts oder Luft:
eine Form aus Luft, eine Form aus Nichts,
ein leeres, leuchtendes Kind des Lichts.

Wo bist du, Glas? Ich sehe dich nicht,
nur den Strahl, der sich in dir bricht.   60
Du bist vielleicht nur ein Gleichnis vom Geist,
ein Spiegel, von Bildern und Strahlen gespeist.
Geist hat weder Zeit noch Ort
und ist trotzdem aller Horte Hort.

Rapallo, 4. Januar 1933[22]   65

Nach dem ersten Lektüreeindruck hätten dem sechsstrophigen Gedicht einige Kürzungen nicht geschadet, insbesondere in den Strophen zwei, drei und vier. Manche Übergänge wirken sprunghaft, einige Assoziationen irritierend und verschiedene Reime gesucht. Die wiederholte Verwendung des Pleonasmus „gläserne(s) Glas" (51 und 55) kann man als manieristisch empfinden.

Aber man sollte diese ersten Eindrücke nicht überbewerten, das Gedicht auch nicht unterschätzen. Vielmehr empfiehlt sich, den Text im zweiten Durchgang einer genaueren Analyse zu unterziehen und dabei auch verschiedene Kontexte zu berücksichtigen. So hatte Gerhart Hauptmann schon lebensgeschichtlich einen Bezug zum Glas, insbesondere zur schlesischen und böhmischen Glashüttenindustrie wie Glasbläserkunst. In seinem Werk finden sich davon immer wieder Spuren, u. a. in „Die versunkene Glocke" (1886), „Hanneles Himmelfahrt" (1893) sowie in dem Stück „Und Pippa tanzt!" von 1906, das den Untertitel „Ein Glashüttenmärchen" trägt. Ebenso hat er sich philosophisch-weltanschaulich seit Anfang der dreißiger Jahre intensiv mit dem Glas als Symbol für Geistiges und Seelisches auseinandergesetzt.[23]

Das hier untersuchte Gedicht ist eine Meditation[24] über das Wesen des Glases – eine für Hauptmann typische Ausgangshaltung. Das Glas wird angedichtet und zum Gegenstand einer fortlaufenden Reflexion gemacht. Diese erfolgt in der ersten Strophe durch eine dreifache Befragung. Der erste Zugang „Glas, Glas, was ist das?" (1 f.) wird mit Paradoxien beantwortet: „Es ist und ist nicht/ es ist Licht und kein Licht,/ es ist Luft und nicht Luft" (4 f.), gefolgt von dem Oxymoron „duftloser Duft" (7). Ein vierter Hinweis betont die Härte, aber auch die Durchsichtigkeit von Glas; Eigenschaften, deren Auswirkungen z. B. hinter Fenstern eingeschlossene Vögel zu spüren bekommen, ohne den Grund zu verstehen (8–12).

Dieser Einstieg leitet in Strophe 2 über zu vertieften Überlegungen, die nun bewusst als poetische Auseinandersetzung stattfinden: „Ein Lied möcht' ich dichten vom Glas,/ einen Hymnus ersinnen/ im Geiste tief innen." (12 ff.) Dies hebt den meditativen bzw. performativen Grundzug des Gedichts hervor. Beachtenswert ist am Ende der Strophe der Hinweis auf den Entstehungsprozess, der das Glas als Ergebnis eines Materie und Geist verbindenden Handelns bewusst macht: „Dein glutgeborenes gläsernes Reich,/ gebildet von Schöpferhändefleiß" (19 f.). Dieser Vorgang wird als ein handwerklich-schöpferischer Prozess herausgestellt und zugleich mit dem Element des Feuers in Verbindung gebracht. Hier klingt Heraklits Vorstellung von der Entstehung der Welt aus dem Feuer an – weitere Bezüge zu den vier Elementen durchziehen das Gedicht insgesamt.

Die dritte und vierte Strophe vertiefen die Betrachtung des Glases als Ergebnis der Glasbläserkunst und der Glasmalerei, wobei Hauptmanns genaue Kenntnisse des Herstellungsvorgangs ins Auge fallen. Dabei wird die Verbindung von Naturprozessen und Kulturschaffen herausgestellt: Die gemalten Blumen auf dem Glas sind „erstanden in Geist, vom Geiste durchflossen,/ doch vom brennenden Urquell des Lebens entsprossen." (35 f.) Die vierte Strophe hebt einleitend erneut die meditative Perspektive hervor: „Und so ist mir ein glühender Kelch bewußt" (37). Dies leitet gedanklich über zur Funktion des Glases als Trinkgefäß, insbesondere für den Wein: „mit Purpur gefüllt, mit Leben, mit Lust" (38). Im Folgenden wird zum einen die Wechselwirkung zwischen dem leer kaum sichtbaren und dem gefüllten Glas herausgestellt: „Das Nichts umschließt die lebendige Flut/ und dieses durchdringt und durchglänzt es mit Glut" (39 f.) Zum anderen bewirkt der Genuss des Weines eine „Begeistung" (46), die zugleich die Gegenwart des Weingottes Dionysos signalisiert und den Text bzw. den betrachteten Gegenstand zum Mythischen hin öffnet.

Aufschlussreich für die weitgespannte Perspektive des Gedichts ist die bereits erwähnte Benennung der vier Elemente. Nach Luft und Feuer in den Strophen eins, zwei und drei kommt in der vierten Strophe auch das Element Erde zur Sprache. Wenn es dort heißt: „Begeistung trinkst Du aus Schein und aus *Stein*!" (46, Herv. J.R.), bezieht sich das zunächst überraschende Wort „Stein" auf den Umstand, dass Quarzstein ein wesentlicher Bestandteil für die Glaserzeugung ist.

Die fünfte Strophe erinnert mit der Wiederholung der Eingangsfrage „Glas, Glas, was ist das?" (49 f.) zunächst an den fortdauernden Prozess des Meditierens. Sie wendet sich dann dem Element des Wassers zu, das die Wahrnehmung des Glases wiederum verändert: „Gieß Wasser in ein gläsernes Glas/ klar und rein:/ es wird wie Glas im Glase sein." (51 ff.). Im Gegensatz zum Wasser lässt der Wein den Inhalt des Glases auch olfaktorisch hervortreten, bringt das Gefäß selbst aber zugleich zum Verschwinden: „Und ist es Wein,/ dann ist das gläserne Glas voll Farbe und Duft/ und selber, das Glas, ist nichts oder Luft:/ Eine Form aus Luft, eine Form aus Nichts,/ ein leeres, leuchtendes Kind des Lichts" (54–58).[25]

Die Bedeutung des Lichts, die bereits zu Beginn des Gedichts anklingt und fortlaufend thematisiert wird, greift die Schlussstrophe auf, in der sich der Sprecher nochmals unmittelbar an das Glas wendet: „Wo bist du, Glas,/ Ich sehe dich nicht/ nur den Strahl, der sich in dir bricht." (59 f.) Die Meditation mündet in eine – vorläufige – Erkenntnis, die den Gegenstand als Sinnbild einer höheren Instanz deutet: „Du bist *vielleicht* nur ein Gleichnis vom Geist,/ Ein Spiegel, von Bildern und Strahlen gespeist." (61 f., Herv. J.R.) Auffällig ist dabei der Hinweis auf die Spiegelwirkung von Glas – ein Aspekt, der bislang im Gedicht nicht angesprochen wurde und die Abhängigkeit des Reflektierens von vorhandenen „Bildern und Strahlen" (62) hervorhebt. Die letzten Zeilen formulieren dann – ganz im Stil des späten Goethe – eine Sentenz: „Geist hat weder Zeit noch Ort/ und ist trotzdem aller Horte Hort." (63 f.)

Wie gezeigt, wird in Hauptmanns „Hymnus" (13) auf das Glas bzw. den Geist von Strophe zu Strophe fortschreitend eine Perspektive entfaltet, die den betrachteten Gegenstand von seinem Ursprung in der Natur bis zur Gestaltung durch Kultur und Kunst, von der Materie zum Geist, aber ebenso von der Gegenwart ins Mythische und zurück führt. Dabei wird nicht etwa linear Erkenntnis gewonnen, sondern das Objekt in immer neuen gedanklichen Anläufen umkreist. In diesem Prozess tritt u. a. hervor, wie aus den vier Elementen in einem schöpferischen Prozess ein Kulturgegenstand entsteht, der aber zugleich dem Mythos und dem Geist verbunden ist. Ein solches Verschmelzen von Zeiten, Ereignissen, Eindrücken und Wahrnehmungen ist charakteristisch für Gerhart Hauptmanns Dichtungsverständnis.[26] Er ist ein *poeta vates,* ein kündender Dichter und Seher, der, von seinem Gegenstand ergriffen und mit dem Sein inspirativ verbunden, die Worte herausströmen lässt. Als prophetischer Dichter steht er in einer poetischen Tradition seit Pindar, die in der deutschen Literatur von Klopstock über Hölderlin bis zu Rilke reicht. Anzumerken ist, dass bei Hauptmann in den Vorgang des Kündens eine Vielzahl von Studien einfließen. Der umfassend belesene Nobelpreisträger war, wie die bereits zitierte Studie von Phillip Mellen zeigt, im Hinblick auf die Glassymbolik u. a. mit den Schriften von Platon, Paracelsus, Jakob Böhme, Schopenhauer, aber auch den buddhistischen Koans und dem persischen Dichter Hafis vertraut.[27]

Beachtenswert ist schließlich am Ende des „Glas"-Gedichts die Angabe: „Rapallo, 4. Januar 1933" (65). Solche Hinweise zu Ort und Zeit der Entstehung des Textes wurden von Hauptmanns Redakteuren, wie Peter Sprengel angemerkt hat, bei vielen späten Gedichten eingefügt. Durch diese Datierung wird der gegenwärtige Leser auf einen historischen Kontext aufmerksam, dessen Einbeziehung bei dem hier untersuchten Text die Dimension einer verdeckten Zeitkritik hervortreten lässt. Schließlich deutet die Frage „Wo bist Du, Glas? *Ich sehe Dich nicht*" (59, Herv. J.R.) die Abwesenheit des Geistes in der Gegenwart an – zumal dieser in der Schlusszeile zum „Hort" (64), zur Schutzinstanz in geistferner Zeit erklärt wird.[28] Anders ausgedrückt: Durch den Entstehungshinweis tritt eine distanzierte Sicht auf die Gegenwart hervor – eine Zeitdiagnose, die freilich im Allgemeinen verbleibt und auch mit Blick auf den Entstehungszeitpunkt Anfang 1933 wohl nicht konkret politisch zu deuten ist.[29]

Am Ende der Analyse dieses keineswegs leicht zugänglichen Gedichts[30] wird der Blick nochmals auf Hauptmanns Ton gerichtet. Wie bei den Gedichten „Abend" und „[Hier, wo mein Haus steht]" enthält „Glas" verschiedene Zeilen bzw. Passagen, in denen ein eigener Hauptmann-Ton hervortritt. Knapp zusammengefasst und damit keineswegs erschöpfend charakterisiert, ist er bestimmt durch eigentümliche Wortbildungen und -verbindungen, durch die Überblendung von Alltäglichem mit Mythischem bzw. Geistigem sowie knappe, klanglich fließende Binnen- und Endreime. Dieser Hauptmann-Ton – der längst nicht in allen seinen Texten deutlich wird – ist u. a. in den beiden Schlussstrophen zu hören:

> Gieß Wasser in ein gläsernes Glas;
> Klar und rein:
> Es wird wie Glas im Glase sein.
> Und ist es Wein,
> dann ist das gläserne Glas voll Farbe und Duft,
> und selber, das Glas, ist nichts oder Luft:
> eine Form aus Luft, eine Form aus Nichts,
> ein leeres, leuchtendes Kind des Lichts.
>
> Wo bist du, Glas? Ich sehe dich nicht,
> nur den Strahl, der sich in dir bricht.
> Du bist vielleicht nur ein Gleichnis vom Geist,
> Ein Spiegel, von Bildern und Strahlen gespeist.
> Geist hat weder Zeit noch Ort
> und ist dennoch aller Horte Hort. (54-64)

IV

Wie gezeigt, kann es erhellend sein, sich mit Gerhart Hauptmanns Lyrik zu beschäftigen. Nicht alles, was er in diesem Felde geschrieben hat, ist konventionell oder zeitgebunden, bei genauer Betrachtung sind durchaus Texte zu finden, die näher zu behandeln sich als aufschlussreich erweist. Natürlich ist Hauptmann, was seine literaturgeschichtliche Bedeutung als Lyriker betrifft, kein Heine. Diese Vergleichsperspektive zwischen beiden Schriftstellern lässt sich, auf andere Teile des jeweiligen Gesamtwerkes bezogen, allerdings auch umkehren: Heine ist, was seine wenigen Versuche auf dem Feld des Dramas angeht – die frühen Tragödien „Almansor" sowie „William Ratcliff" oder das späte Ballett „Doktor Faust" – eben auch kein Hauptmann. Im einen wie im anderen Fall handelt es sich um Nebenwerke, die freilich nicht aus dem Blick geraten sollten.

Die im Vorhergehenden angelegte Vergleichsperspektive eröffnet noch eine weitere Dimension. Heines Profil als Schriftsteller tritt in der Kontrastierung mit dem Seher-Dichter Hauptmann besonders deutlich hervor. Der Düsseldorfer Autor ist kein *poeta vates,* kein schauender und unmittelbar kündender Dichter, sondern ein reflektierter und distanzierter *poeta doctus.* Aus dieser Grundhaltung heraus misstraut er allem visionären Überschwang und überzieht ihn mit Spott und Ironie. In einem anderen Sinne als Hauptmann ist Heine aber gleichwohl ein Seher, beweist er u. a. in seiner Lyrik einen unbestechlich klaren Blick für gesellschaftliche und politische Verhältnisse wie kommende Veränderungen. Das gilt z. B. für das überaus kritische Deutschland- und Preußen-Bild in „Deutschland.

Ein Wintermärchen", aber ebenso für zahlreiche späte Gedichte wie z. B. die Ankündigung einer kommenden Berliner Revolution in „Die Menge thut es".[31] Bei ihm sind solche Einsichten jedoch gerade nicht von Gefühl und Inspiration geprägt, sondern von rationaler, kritischer Analyse. Gegenüber Hauptmanns ursprünglicher Seinsverbundenheit bildet Heines distanzierte Intellektualität[32] den entscheidenden Differenzpunkt zwischen beiden Autoren.

Zum Schluss noch eine Anmerkung aus dichtungstheoretischer Perspektive: Der Typus des kündenden Dichters, des *poeta vates,* hat in der deutschen Literatur seit dem Beginn des 20. Jahrhunderts mehr und mehr an Ansehen verloren – zugunsten des intellektuellen *poeta doctus* oder auch *poeta creator,* wie er u. a. von Thomas Mann vertreten wird. Insofern steht Heine gegenwärtigen Schriftstellerkonzepten[33] sogar deutlich näher als der wesentlich spätere, in seiner Lyrik mitunter fast unzeitgemäß wirkende Gerhart Hauptmann. Aber auch scheinbar Unzeitgemäßes kann, wie z. B. Friedrich Nietzsches „Unzeitgemäße Betrachtungen" belegen, von Reiz und Interesse sein.

Anmerkungen

Erweiterte Fassung eines Vortrags bei der Heinrich Heine Gesellschaft, Düsseldorf gemeinsam mit der Heinrich Heine Gesellschaft, Sektion Berlin-Brandenburg am 31. März 2021.

1 Friedrich Nietzsche: Ecce Homo. Wie man wird, was man ist. – In: ders.: Sämtliche Werke. Kritische Studienausgabe. Hrsg. v. Giorgio Colli u. Mazzino Montinari. 15 Bde. München, Berlin, New York, Bd. A 6, S. 286.
2 Karl S. Guthke: Gerhart Hauptmann. Weltbild im Werk. München 1980, S. 56.
3 Vgl. dazu: Heinz Dieter Tschörtner: Gerhart Hauptmann und Heinrich Heine. Mit einem unbekannten Brief. – In: HJb 36 (1997), S. 168–172.
4 Vgl. dazu: Joachim Rickes: Gerhart Hauptmann und Thomas Mann gehen sich aus dem Weg (2013). Online unter URL: http://publikationen.ub.uni-frankfurt.de/frontdoor/index/index/docId/28773 [letzter Zugriff: 19.5.2021].
5 Vgl. Peter Sprengel: Gerhart Hauptmann. Bürgerlichkeit und großer Traum. Eine Biographie. München 2012, S. 93 ff.
6 Vgl. u. a. Gerhart Hauptmann: Gewitterstimmungen am Meer – In: ders.: Sämtliche Werke. Bd. IV: Lyrik und Versepik. Hrsg. v. Hans-Egon Haas. Frankfurt a. M. 1964, im Folgenden zitiert unter der Sigle LV, hier S. 41 ff. sowie: Gerhart Hauptmann: Kreidebleicher Junimond, ebd., S. 46 f.
7 LV, S. 36 f.
8 Vgl. dazu Henning Baumeister: „Das Lied der Loreley, meint man, könne nicht mehr gehört werden". Zu den „Gnaden des souveränen Gedankens" bei Gerhart Hauptmann. – In: HJb 36 (1997), S. 173–176. Auf weitere Heine-Bezüge in lyrischen und dramatischen Werken Hauptmanns – u. a. auf die Versdichtungen „Bimini" und „Vitzliputzli" – wird hingewiesen in Sprengel: Gerhart Hauptmann [Anm. 5], S. 223 sowie Lia Secci: Vitzliputzli di Heinrich Heine e Der weiße Heiland di Gerhart Hauptmann. – In: Heinrich Heine. Ein Wegbereiter der Moderne. Hrsg. v. Paolo Chiarini u. Walter Hinderer. Würzburg 2009, S. 343–352.
9 Vgl. Sprengel: Gerhart Hauptmann [Anm. 5], S. 115 und 127 f.
10 Vgl. LV, S. 54 ff. und S. 60 f.

11 Weitere lyrische Hauptmann-Texte finden sich in: Gerhart Hauptmann: Sämtliche Werke. Bd. XI: Nachgelassene Werke. Fragmente. Hrsg. v. Hans-Egon Haas, fortgeführt von Martin Machatzke. Frankfurt a. M. 1974, S. 603–750. Im Folgenden zitiert unter der Sigle NWF.
12 Programmatisch dazu Hauptmanns Gedicht „Goethe" aus dem Jahr 1928: „Großer Lehrer an meiner Seite,/ Großer Freund, mit dem ich schreite:/ angeschlossen in Gottes Namen,/ stets bereit, dich nachzuahmen." NWF, S. 682.
13 LV, S. 300. Vgl. zur Bedeutung dieser Knittelverse Sprengel: Gerhart Hauptmann [Anm. 5], S. 673 f.
14 Hauptmanns lyrische Produktivität insgesamt ist im Zeichen der von ihm angestrebten Goethe-Nachfolge zu sehen, für die ein umfangreiches, viele Formen vom Knittelvers bis zum Sonett umfassendes Lyrikwerk unabdingbar war. In diesen Zusammenhang gehört ebenso Hauptmanns Goethe entlehnter Verkünder-Gestus.
15 LV, S. 31.
16 LV, S. 37.
17 LV, S. 44 f.
18 Gerhart Hauptmann: Hier, wo mein Haus steht, NWF, S. 708 f. Dem Gedicht wird in späteren Publikationen der Titel „Die Insel" vorangestellt, vgl. ebd., S. 708 f. Vgl. zu weiteren Hiddensee-Gedichten LV, 198 ff.
19 Dieser Gesamteindruck schließt nicht aus, dass in Zeile 16 ein Heine-Echo vorliegen könnte. Die Formulierung „verdorben, gestorben" findet sich auch in Heines Zyklus „Tragödie", der den Abschluss des „Verschiedene"-Zyklus in „Neue Gedichte" bildet. In der letzten Strophe des zweiten Gedichts heißt es: „Sie sind gewandert hin und her,/ Sie haben gehabt weder Glück noch Stern,/Sie sind *verdorben, gestorben*. (DHA II, 74: Herv. J.R.). Für diesen Hinweis danke ich Christian Liedtke (Heinrich-Heine-Institut, Düsseldorf).
20 Gerhart Hauptmann: Testament, NWF, S. 695.
21 Vgl. Emil Staiger: Die Kunst der Interpretation. Studien zur deutschen Literaturgeschichte. Zürich 1957, S. 11 ff.
22 LV, S. 179–181.
23 „Gerhart Hauptmann saw in glass a substance whose properties enabled the attentive observer to establish a link with that higher plane of existence written about by traditional idealists." Phillip Mellen: Through a Glass Darkly. Glass as Symbol in Gerhart Hauptmann's View of Ideality. – In: Colloquia Germanica 23 (1990), S. 272–287, hier S. 272.
24 Vgl. ebd., S. 277.
25 Mellen argumentiert, dass in diesem Zusammenhang nicht realer Wein in einem realen Glas gemeint sei, sondern dass es vielmehr um die Symbolik für Geistiges gehe. Vgl. ebd., S. 282. Der in der nächsten Strophe folgende Hinweis auf die olfaktorische Wirkung des Weines (54 f.) spricht jedoch für die Realität von Wein und Glas.
26 Vgl. z. B. die Überblendung von Zeiten und Orten in dem Gedicht „Nur wenig Schritte", LV, S. 158.
27 Mellen: Through a Glass Darkly [Anm. 23], S. 277 f. f.
28 Ein unauffälliger Bezug zwischen Glas und Gegenwart klingt bereits in Strophe 1 an: „Und doch ist (Glas) hart, *ungesehen harte Gegenwart*/ dem gefangenen Vogel, der es nicht sieht/ und den es in die Weite zieht." (9–11, Herv. J.R.).
29 Vgl. dazu: Peter Sprengel: Der Dichter stand auf hoher Küste. Gerhart Hauptmann im Dritten Reich. Berlin 2009, insb. das Kapitel „Machtwechsel", S. 9 ff.
30 Dieser Umstand dürfte auch mit der Genese des Textes zusammenhängen, der aus einzelnen, seit 1930 entstandenen Vorarbeiten und Fragmenten im Jahr 1933 zu einem Ganzen gefügt wurde. Vgl. dazu: Mellen: Through a Glass Darkly [Anm. 23], S. 277. Beachtens-

wert ist ebenso, dass Hauptmann seine Reflexionen über das Wesen des Glases in weiteren Texten bis in sein letztes Lebensjahr fortführte. Vgl. dazu ebd., S. 281 ff.

31 Vgl. dazu: Joachim Rickes: Heinrich Heine zwischen Paris und Berlin. Überlegungen zu seinem Zeitgedicht „Die Menge thut es". – In: Wirkendes Wort 68 (2018), S. 27–38.

32 Treffend zum Ausdruck kommt dieses Charakteristikum im Titel einer neueren Heine-Biographie: Rolf Hosfeld: Heinrich Heine. Die Entdeckung des europäischen *Intellektuellen*. München 2014 (Herv. J.R.).

33 Vgl. dazu: Monika Schmitz-Emans: Entwürfe und Revisionen der Dichterinstanz – poeta vates, poeta imitator, poeta creator. – In: Handbuch Sprache in der Literatur. Hrsg. v. Anne Betten, Ulla Fix, Berbeli Wanning. Berlin 2017, S. 205–237.

Zur Geschichte der Heine-Edition in der Weimarer Republik und im Nationalsozialismus
Unbekannte Zeugnisse im Goethe- und Schiller-Archiv Weimar

Renate Francke

Seit den Aufsätzen von Gudrun Jäger „Friedrich Hirth – Heine-Forscher und erster Komparatist im Nachkriegsdeutschland" im „Heine-Jahrbuch" 2004 und Hartmut Steinecke „,Schluß mit Heinrich Heine!' Der Dichter und sein Werk im nationalsozialistischen Deutschland" im „Heine-Jahrbuch" 2008[1] sind keine weiteren Arbeiten zur Heine-Edition in der ersten Hälfte des 20. Jahrhunderts erschienen. Das dürfte auch der unzureichenden Quellenlage geschuldet sein. Durch die Erschließung und Verzeichnung des Bestands Heine-Säkularausgabe (HSA) im Goethe- und Schiller-Archiv Weimar (GSA) sind nun zeitgenössische Dokumente verfügbar geworden, die neue Details zu dem Thema bieten.

Dieser Bestand mit der Signatur GSA 176 umfasst eine Sammlung von Kopien der Werke und Briefe von und an Heinrich Heine (Grundlage für die Text- und Kommentarbände der HSA) und Materialien von der Hand und aus dem Besitz der Heine-Forscher und -Sammler Ernst Elster, Erich Loewenthal, Eric Benjamin, Fritz H. Eisner und Walter Wadepuhl (Quellen zur Editionsgeschichte).

Die K o p i e n s a m m l u n g wurde seit 1954 von den Nationalen Forschungs- und Gedenkstätten der klassischen deutschen Literatur in Weimar (NFG, heute Stiftung Weimarer Klassik) für eine Gesamtausgabe von Heines Werken, Briefwechsel und Lebenszeugnissen angelegt, die anlässlich des 100. Todestags von Heinrich Heine auf einer internationalen Heine-Konferenz in Weimar im September 1956 inauguriert wurde.[2]

Den Hauptteil der Werkmanuskripte bildet die Sammlung der Handschriften aus Heines Nachlass in Gestalt von Fotokopien, die 1956 aus dem Besitz von Walter Wadepuhl angekauft wurden. Die Originale hatte Ernst Elster 1900 und 1905 für den Leipziger Verleger und Autographensammler Hans Meyer erworben.

R. Francke (✉)
Weimar, Deutschland

Meyer verkaufte den Hauptteil des Heine-Nachlasses 1922 durch Elsters Vermittlung an die Marburger Bankiers Carl und Albert Strauß, die ihn um weitere Manuskripte bereicherten. Auch um den Verkauf der bei Meyer verbliebenen Heine-Handschriften, der sogenannten Kleinen Sammlung Meyer, bemühte sich Elster weiter.[3] Den Rest erwarb Ende 1936 oder Anfang 1937 Salman Schocken.

Ernst Elster hatte sich von Meyer und den Brüdern Strauß die ausschließlichen wissenschaftlichen Nutzungsrechte ihrer Sammlungen zusichern lassen. Die Werkhandschriften ließ er im Kunsthistorischen Institut der Universität Marburg auf Plattenaufnahmen festhalten[4] und nutzte sie für den Variantenapparat seiner zweiten Heine-Ausgabe, die in Meyers Verlag, dem Bibliographischen Institut Leipzig, 1925 mit vier Bänden herauskam. Vier weiter vorgesehene Bände erschienen nicht mehr. Nach Meyers Tod 1929 machte der Verlag Hermann Böhlau in Weimar Elster ein Angebot, die Ausgabe fortzuführen. Es scheiterte aber an der für Elster unerfüllbaren Bedingung, sich mit 50.000 Reichsmark an der Finanzierung zu beteiligen.[5]

Die Folgen eines Schlaganfalls im Jahr 1933 und die politische Entwicklung machten es Elster unmöglich, seine Editionspläne weiter zu verfolgen. Als im Frühjahr 1936 bei ihm in Marburg der amerikanische Germanist Walter Wadepuhl mit einer Empfehlung von Albert Strauß und dem Vorschlag erschien, Elsters gesamtes Heine-Material zu erwerben und seine Arbeiten in den USA fortzuführen, ging er nach anfänglichem Sträuben darauf ein. Wadepuhl hatte seit 1931 jährlich Goethe-Studien in Weimar betrieben. Als Stipendiat des American Council of Learned Societies untersuchte er im Staatsarchiv Weimar Quellen für Goethes Verhältnis zu Amerika.[6] Er wurde auch vom Direktor der Großherzoglichen Bibliothek Werner Deetjen unterstützt. 1935 hatte Wadepuhl auf seiner Rückreise von Weimar in die USA Albert Strauß kennengelernt. Wadepuhl informierte Deetjen über das Angebot von Albert Strauß[7], und Elster erkundigte sich am 8. April 1936 bei Deetjen nach Wadepuhl, weil ein amerikanischer Kollege, Wadepuhls akademischer Lehrer Alexander Hohlfeld, Zweifel an dessen Eignung bei ihm vorgebracht hatte.[8] Im September 1936 kam Wadepuhl wieder nach Marburg und erwarb für 5.000 Reichsmark Elsters Kopien der Sammlungen Strauß und Meyer, die Vorarbeiten für seine zweite Heine-Ausgabe und den größten Teil seiner Materialsammlung, neben 3.000 Drucken auch Abschriften (Typoskripte) von Briefen von, an und über Heine.[9]

Anfang 1936 war in Berlin eine andere Initiative in Sachen Heine-Edition von dem Tuchgroßhändler und Heine-Forscher Fritz H. Eisner und dem Gymnasiallehrer und Heine-Editor Erich Loewenthal ausgegangen, die den seit 1919 in Paris lebenden Herausgeber von Heines Briefen Friedrich Hirth bei der Suche nach unveröffentlichten Briefen unterstützten. Eine briefliche Anfrage Eisners bei Salman Schocken, ob dieser einen Brief Heines an Campe aus seiner Sammlung für eine Publikation freigeben würde, wurde von Mitarbeitern des Schocken Verlags Berlin als Publikationsangebot missverstanden. Der Verlagsleiter Lambert Schneider (Schocken selbst war 1934 nach Palästina ausgereist) war hoch interessiert an einer neuen Briefausgabe und sogar an einer Neuaufnahme und Weiterführung von Elsters zweiter Werkausgabe.

Loewenthal wurde Anfang 1937 mit der Ausarbeitung von Richtlinien für die Briefausgabe und mit dem Plan der Werkausgabe beauftragt. Im März 1937 verpflichtete Schneider vertraglich Hirth als Bearbeiter für vier Briefbände und Loewenthal für zwölf Werkbände.[10]

Elster war in die Verhandlungen mit dem Verlag eingebunden und empfahl Wadepuhl in seiner Nachfolge als Mitarbeiter. Er überließ dem Verlag Ende 1937 den Rest seiner Arbeitsunterlagen.[11] Schneider machte Wadepuhl in einem Brief vom 8. Dezember 1936 ein großzügiges Angebot für die Bearbeitung von Werkbänden, auf das Wadepuhl am 26. Dezember einging. Er kündigte die Lieferung von vier Bänden im Laufe des Jahres 1937 an. Die Sendungen blieben aber aus, und Wadepuhl verschob seinen angekündigten Besuch in Berlin zum Vertragsabschluss auf den Sommer 1938. In Schneiders Briefen an Wadepuhl wurde die Briefausgabe nicht erwähnt. Nach einer Information, dass Hirth in den USA eine neue Briefausgabe angekündigt habe, fragte Wadepuhl am 9. Februar 1938 brieflich bei dem ihm persönlich unbekannten Hirth nach. Er erhielt von Hirth ein umfangreiches schmeichelhaftes Schreiben vom 27. Februar 1938. Darin hieß es:

> Sie wissen sicherlich durch Elster, dass eine neue Ausgabe der Briefe und Werke Heines geplant ist, die ich zum grössten Teil allein besorgen soll. [...] Obwohl ich einen festen Vertrag für die Ausgabe der Briefe und Werke – auch diese müssen einer völligen Umgestaltung auf Grund tausender von Handschriften, die ich zutage brachte, unterzogen werden – besitze, hätte ich den Wunsch, einen anderen Herausgeber an meine Stelle treten zu lassen. In erster Reihe denke ich an Sie, sehr geehrter Herr Professor. Ich möchte alle meine Manuskripte verkaufen, dies deshalb weil ich Gelegenheit habe, in den nächsten Jahren eine Reihe von Büchern, die mir am Herzen liegen, in dem grössten Pariser Verlage erscheinen zu lassen. Mein Wunsch wäre deshalb, mich von den Arbeiten an Heine völlig zu befreien, da ich nicht Zeit hätte, meine Bücher – politischen Inhalts – und Heine zu bearbeiten. Für Sie wäre dies eine Gelegenheit, mit einem Heinewerke an die Oeffentlichkeit zu treten, das Ihnen Unsterblichkeit sichern würde. Selbstverständlich würde ich Ihnen alle meine Rechte an meinem Verlagsvertrage abtreten, würde Ihnen meine Manuskripte überlassen und Ihnen sogar meine Heinebibliothek überweisen, die insbesondere an französischer Heineliteratur sehr reich ist. Selbstverständlich würden Sie allein als Herausgeber der Ausgabe zeichnen – mein Name würde völlig verschwinden.

Dafür verlangte Hirth 15.000 Dollar. Wadepuhl lehnte dankend ab, weil er diesen Preis nicht aufbringen könne und Hirth nie seines Namens berauben würde.[12]

Im Juni 1938 kam Wadepuhl nach Europa, reiste durch Österreich und verhandelte in Berlin über die Werkausgabe. Er beschloss die Reise mit einem Besuch bei Albert Strauß im Meraner Exil. Mit dem Dampfer, der Wadepuhl im September 1938 nach New York brachte, wurde auch die Heine-Sammlung Strauß als Geschäftspapierfracht befördert. Wadepuhl übergab sie nach der Ankunft Strauß' Sohn Hans. Als die Heine-Ausgabe im Sommer 1939 wegen Liquidierung des Schocken Verlags aufgegeben werden musste[13], hatte Wadepuhl noch nichts beim Verlag vorgelegt. Er brach alle Verbindungen zu den Mitarbeitern des Verlags und zu Elster ab.

Lambert Schneider beschäftigte Loewenthal nun in seinem eigenen Verlag als Bearbeiter von Shakespeare-, Aristophanes- und Platon-Ausgaben, Shakespeares Zeitgenossen und italienischen Novellen. Er bereitete eine Sturm- und Drang-Ausgabe vor, als er verhaftet, nach Auschwitz deportiert und dort am 13. März 1943 ermordet wurde. Ein Freund und Kollege, der Romanist Eberhard Brost, rettete Loewenthals Papiere, darunter die Kleine Sammlung Meyer, aus dessen Ghetto-Wohnung.[14] Loewenthals Bibliothek wurde von der Gestapo beschlagnahmt. Brost lagerte in Schneiders Auftrag bei Beginn der Bombardierung Berlins Loewenthals Materialien in einem Safe im Charlottenburger Rathaus ein. Nach Kriegsende fand er das Fach mit den Heine-Manuskripten geplündert vor. Aber Loewenthals Papiere waren erhalten. Brost schickte sie 1947 an Eisner, der 1938 nach London emigriert war.

Hirth arbeitete nach dem Krieg weiter an einer neuen Briefausgabe. Eisner unterstützte ihn dabei und bat Wadepuhl brieflich am 15. Oktober 1946, unter Berufung auf Loewenthal und die Schocken-Ausgabe, um seine Mitwirkung. Wadepuhl lehnte in seiner Antwort vom 2. November 1946 jede Zusammenarbeit mit Hirth ab und schlug dafür Eisner eine gemeinsame, auf beider Material gegründete Briefausgabe vor. Eisner warb weiter beharrlich um Wadepuhls Unterstützung für Hirths Ausgabe.[15] Erst nach Hirths Tod stellte Wadepuhl unter ganz veränderten Auspizien 1955 doch noch sein Material für den letzten Band zur Verfügung.

Wadepuhl hatte sich im August 1949 brieflich bei dem Präsidenten der Goethe-Gesellschaft Andreas B. Wachsmuth als Goethe-Forscher vorgestellt. Er lernte ihn persönlich erst 1953 bei einem Besuch in Berlin kennen. In seinen Briefen an Wachsmuth brachte Wadepuhl immer wieder seine Heine-Arbeiten ins Gespräch und erwog, seine Heine-Sammlung der Berliner Universität oder dem Goethe- und Schiller-Archiv in Weimar zu vermachen. Wachsmuth beriet Wadepuhl dann bei seinen Verhandlungen mit den NFG.[16] Diese hatten sich eher zufällig ergeben. Der Direktor dieser Einrichtung, Helmut Holtzhauer, war von Ernst Grumach auf einen Artikel des amerikanischen Germanisten Ernst Rose in der Zeitschrift „Wirkendes Wort" 1952/1953 hingewiesen worden, in dem Wadepuhl als Verwalter des Heine-Nachlasses erwähnt wurde.[17] Holtzhauer nahm am 10. November 1954 brieflich Kontakt mit Wadepuhl auf. Dieser antwortete am 4. Dezember mit dem Angebot einer druckfertigen kritischen Werk- und Briefausgabe. In der Folge eines dichten Briefwechsels erwarben die NFG 1956 Wadepuhls Materialien und übertrugen ihm die Herausgabe der Werke und der Briefe an Heine, während Eisner Heines Briefe in der Heine-Säkularausgabe bearbeitete. Wadepuhls Vorlagen erwiesen sich als unbrauchbar; er zog sich allmählich von der HSA zurück.

Die NFG waren vor allem an den von Wadepuhl übergebenen Fotokopien interessiert, denn sie ersetzten zu dieser Zeit die Originale. Die Sammlung Strauß, um deren Ankauf sich auch die NFG bemüht hatten, wurde zwar noch 1956 von der Stadt Düsseldorf erworben, stand aber nicht zur Verfügung. Die Handschriften der Kleinen Sammlung Meyer sind bis auf wenige Ausnahmen[18] verschollen. Elsters Kopien sind die einzigen Belege ihrer Existenz. Wadepuhl übergab den NFG auch ein Bestandsverzeichnis der umfangreichen Sammlung Eric Benjamin sowie Fotokopien und Abschriften einiger Originale daraus. Dieses Verzeichnis hatte Wadepuhl nach Benjamins Tod 1945 für eine Versteigerung der Sammlung angefertigt. Schocken, der inzwischen in New York lebte, ersteigerte die Manuskripte; sie wurden erst 1966 mit dem Erwerb der gesamten Heine-Sammlung Schocken durch die Bibliothèque Nationale in Paris zugänglich.

Die Kopien der Briefe von und an Heine wurden mehrheitlich von Fritz H. Eisner eingebracht. Er bearbeitete Heines Briefe für die HSA (Bd. 20–23).

Die Materialien zur Editionsgeschichte stammen zum größten Teil aus dem Besitz von Eisner, ein kleiner Teil wurde von Wadepuhl übergeben. Der wichtigste und vielfältigste Bestand darin sind die von Loewenthal stammenden Dokumente: Aufsatztexte und -entwürfe, Korrekturbögen, Abschriften und Beschreibungen von Heine-Manuskripten, Literaturexzerpte und -verzeichnisse, ein Lebenslauf mit Veröffentlichungsliste aus dem Jahr 1938 sowie 58 Briefe von (Typoskriptdurchschläge) und an Loewenthal aus der Zeit von 1924 bis 1939.[19] Diese Dokumente hatte Eisner aus dem Verlag Lambert Schneider durch Eberhard Brost erhalten. Sie wurden, soweit er sie nicht schon werkbezogen der HSA zur Verfügung gestellt hatte, nach seinem Tod 1977 an die NFG übergeben. Ergänzt wird Loewenthals Briefwechsel durch 23 Briefe aus Wadepuhls Korrespondenz.

Die von Loewenthal überlieferten Dokumente betreffen ausschließlich seine Heine-Arbeiten. Das älteste stammt aus dem Beginn seiner Studienzeit. Sie belegen, dass Loewenthals Beschäftigung mit Heine weit über die innovativen Editionen hinausging, mit denen er an die wissenschaftliche Öffentlichkeit trat.

Von 1921 bis 1925 arbeitete er neben seiner Gymnasiallehrertätigkeit, die er sehr ernst nahm[20], als Lektor für Heines Werke im Verlag Hoffmann und Campe, Hamburg/Berlin (Verlagssitz war seit 1911 Berlin). Verlagsbesitzer war seit 1918 Albert Brinitzer. Bisher mit Publikationen zu angewandter Kunst in Erscheinung getreten, belebte er nicht nur die Tradition des ursprünglichen Heine-Verlags wieder (er bemühte sich um den Wiedergewinn der Heine-Manuskripte aus dem von seinem Vorgänger verkauften Verlagsarchiv[21] und legte Werke von Heine-Gefährten neu auf), er verlieh ihm auch ein modernes Image. Brinitzer strebte bei seinen Verlagsprodukten eine Verbindung von Texttreue mit der Schönheit moderner Buchausstattung an, die auch von den bibliophilen Vereinigungen gepflegt wurde.[22] Als Herausgeber für eine zwölfbändige Ausgabe von „Heines Werken in Einzelausgaben mit Bildern aus seiner Zeit" gewann Brinitzer den prominenten Bibliophilen Gustav Adolf Erich Bogeng, der fünf Bände selbst textkritisch bearbeitete und davon vier mit historisch-kritisch fundierten Einleitungen versah. Die übrigen sieben Bände bearbeitete Loewenthal textkritisch. Mit den Bänden 11 und 12, „Der lyrische Nachlass" und „Der Prosa-Nachlass", setzte er einen editorischen Meilenstein.[23]

Loewenthal war auch federführend als Mitherausgeber und Autor an einem Werbeinstrument des Verlags für ein breiteres Publikum beteiligt: der Zeitschrift „Bimini. Ein buntes Blatt", die 1924 mit 19 Heften erschien.[24]

Als sich Brinitzer 1925 wegen finanzieller Schwierigkeiten aus dem Verlag zurückzog, fand Loewenthal für ein neuartiges Projekt keine Publikationsmöglichkeit mehr: Er hatte aus den Manuskripten der Italien-Reisebilder (im Besitz Eric Benjamins) die Druckvorlage für eine frühe Fassung „Reise nach Italien von H. Heine" vorbereitet.[25]

Für ein Buch über Heines „Mouche", das auch auf Dokumente in Benjamins Besitz gestützt war, entwickelte Loewenthal zwischen 1931 und 1938 mehrere Versionen, ohne eine davon veröffentlichen zu können.[26] Außer drei kleinen Aufsätzen 1926 im „Berliner Tageblatt" (über Heine- und Campe-Briefe) und in der „Literarischen Welt" und der „Frankfurter Zeitung" (über Briefe der „Mouche" zu Heines Tod) erschienen bis 1937 keine Heine-Arbeiten von Loewenthal mehr. Erst der Kontakt mit dem jüdischen Schocken Verlag Berlin ermöglichte ihm wieder eine Buch-Publikation: Er gab 1937 in der Schocken-Bücherei „Der Rabbi von Bacherach. Ein Fragment" mit den dazugehörigen Briefen und einem Nachwort heraus. Das Nachwort wurde im „Heine-Jahrbuch" 1964 wieder abgedruckt.[27]

Von Loewenthals intensiver Arbeit an der geplanten Heine-Ausgabe finden sich nur wenige Spuren in seinen Papieren. Für die editorischen Richtlinien gibt es ein paar Konzeptbruchstücke. Auch seine Arbeit an den Werkbänden ist nur mit einigen Vorarbeiten zum „Buch der Lieder" und zum „Rabbi von Bacherach" belegt. Aus ihnen lässt sich schließen, dass ein ausführlicher Variantenapparat mit detaillierter Überlieferung vorgesehen war. Loewenthals vordringlichste und nachhaltigste Arbeit an der Heine-Ausgabe war die Redaktion von Hirths Briefbänden. Zur theoretischen Fundierung orientierte er sich an modernen Ausgaben; über Details seiner Redaktion geben seine Korrespondenzen mit Hirth, Elster und Eisner Auskunft.

Als die Liquidierung des Schocken Verlags schon im Gange war, legte Loewenthal Schocken noch ein Buchprojekt vor: eine Heine-Biographie. Damit hatte er sich seit Mitte der zwanziger Jahre beschäftigt, wie verschiedene Textbruchstücke belegen.

Eine Fülle verschiedenartiger Arbeitsmaterialien vermittelt einen Eindruck von Loewenthals peniblem Forscher- und Sammlerfleiß: Handschriftentranskriptionen und -beschreibungen, Literaturexzerpte und -listen sowie Rezeptions- und Quellenbelege auf fast 200 Blättern und Blättchen. Darin finden sich, als seltene Zeugnisse persönlicher Interessen und Empfindungen, auf der Rückseite eines Blatts mit Transkriptionen eine expressionistische Zeichnung, zwei Frauen darstellend, und die Fotokopie eines Briefes von Goethes Mutter aus der Sammlung Varnhagen der Preußischen Staatsbibliothek Berlin.[28]

Auch im erhaltenen Briefwechsel Loewenthals werden persönliche Verhältnisse selten angesprochen. In seinen eigenen Briefen artikuliert sich eine grenzenlose, völlig uneigennützige Hilfsbereitschaft und wissenschaftliche Entdeckerlust. Die Korrespondenz mit Elster ist erst seit 1931 belegt, dürfte aber bereits nach der Veröffentlichung von Loewenthals Dissertation „Studien zu Heines ‚Reisebildern'" (1922)[29] begonnen haben. Elster rezensierte sie 1925 freundlich.[30] Er arbeitete auch an „Bimini" mit und plante im Verlag Hoffmann und Campe eine Veröffentlichung des Heine-Campe Briefwechsels. Aus Elsters Briefen an Loewenthal spricht die Wertschätzung des jüngeren Kollegen und nach 1933 tiefe Besorgnis um sein Schicksal. Loewenthal antwortete darauf dankbar und mit Hochachtung vor Elsters Lebenswerk. Er informierte Elster über seine Entdeckungen, Ankäufe von Heine-Manuskripten (u. a. für Benjamin und Gottschalk) und über seine Arbeit an der Schocken-Ausgabe.

Loewenthals wichtigster Briefpartner war wohl Eric Benjamin. Über diesen in New York lebenden, aus Österreich oder Deutschland stammenden Heine-Kenner und -Sammler ist so gut wie nichts bekannt, obwohl er mit Elster, Hirth, Schocken und amerikanischen Heine-Sammlern in Verbindung stand. Nur ein einziger Brief von ihm an Loewenthal vom 23. August 1928 aus Wien ist überliefert, drei von Loewenthal an Benjamin in New York aus dem Sommer 1939. Aus Benjamins außerordentlich lebendigem und humorvollem Brief geht hervor, dass er Loewenthal schon länger kannte und ihn öfter bei seiner Familie in Berlin besuchte. Mit kaufmännischer Sachkenntnis und bibliophilem Sachverstand geht er auf eine Reihe von Projekten ein, die ihm Loewenthal für seinen

Handschriftenbestand vorgeschlagen hatte: eine „Reisebilder"-Ausgabe (wahrscheinlich die „Reise nach Italien von H. Heine"), eine Mappe aus der „Matratzengruft", eine Ausgabe der Zeitschriftenfassung des „Atta Troll". Während Benjamin Loewenthals utopische Kalkulationen widerlegt, zeigt er sich sehr angetan von dessen „Idee, ein Heine-Nachschlagebuch zu schaffen". Aus Loewenthals Briefen an Benjamin erfährt man, dass sich die beiden mit einer „Mouche"-Publikation beschäftigten, nachdem Benjamin die Briefe der „Mouche" an Alfred Meißner aus dessen Nachlass in Österreich erworben hatte, und dass Loewenthal wegen des Scheiterns der Ausgabe die Anlage eines „Heine-Archivs" plante. Das Wichtigste aber geht aus knappen Bemerkungen Loewenthals hervor: Benjamin war der einzige (außer Lambert Schneider und Eisner, die sich vergeblich an Schocken wandten), der für Loewenthals Rettung tätig wurde, indem er sich um Affidavits für dessen Einreise in die USA bemühte.[31] Loewenthals vertrauensvolle Bitte um Hilfe in seinem letzten überlieferten Brief an Wadepuhl vom 15. Dezember 1938 war wahrscheinlich nicht beantwortet worden.

Erich Loewenthal (1894–1943). Fotografie aus dem Besitz von Eric Benjamin

Die 48 Briefe umfassende Korrespondenz zwischen Loewenthal und Hirth 1937–1938 ist ein reiner Arbeitsbriefwechsel. Loewenthal redigierte gründlich und kompetent den ersten von Hirth vorgelegten Briefband. Am 21. März 1937 äußerte er sich lobend über das Vorwort, wandte aber ein: „Von den Vorschußlorbeeren, die Sie mir in Ihrem Vorwort so verschwenderisch zollen, möchte ich absehen und nur dazu die Bitte äußern, das o e in meinem Namen freundlichst beim Satz zu seinem Recht kommen zu lassen."

Hirth reagierte am 24. März verlegen-humorig, dass ihm ein „mechant malheur" passiert sei. „Solche Unwesentlichkeiten sollten Sie mir nicht allzu hoch anrechnen – auch nicht in den Texten der Briefe Heines." Im nächsten Brief vom 6. April 1937 machte Hirth zusammenhanglos eine Bemerkung, die Loewenthal tief kränken musste: „Von Ihren Ausgaben des lyrischen und des Prosanachlasses wollen wir lieber nicht sprechen. Ich lege Ihnen diese nicht zur Last, sondern dem originellen Brienitzer. Nach welchen Grundsätzen Sie verfuhren, konnte ich niemals herausbringen." Loewenthal reagierte nicht darauf und blieb im weiteren Briefwechsel sachlich, während Hirth ihn nicht als Partner, sondern als Angestellten behandelte.

Das Ende der Redaktionstätigkeit beschrieb Loewenthal am 23. April 1939 in einem Brief an Eisner. Ausführlich schildert er die Einstellung der Ausgabe und die Auseinandersetzungen Schockens mit Hirth über dessen finanzielle Forderungen, bei denen auch der Erwerb des gesamten Hirthschen Materials durch Schocken im Gespräch war. Loewenthal schrieb weiter:

> Mein Vertrauen zu Prof. H. ist zutiefst erschüttert. Er hat in einer jeder unter gebildeten Menschen üblichen Weise Hohn sprechenden Form seinen Sekretär sich an mich wenden lassen. Natürlich habe ich ihm sein gesamtes Material umgehend restlos zurücksenden lassen. Sein Kommentar ist voll von meinen mit Bleistift vorgenommenen Ergänzungen, Berichtigungen, Nachweisen, in denen ungeheure Arbeit steckt: ich habe nichts davon ausradiert. Was einmal damit geschehen soll, weiß ich nicht. Ich habe ihm in den Jahren unseres Briefwechsels wegen der Ausgabe einen großen Teil ihm unbekannter und wichtiger Dinge aus meinem Material [...] übersandt: er wird alles das natürlich eines Tages, wenn er zur Veröffentlichung ohne mich kommt, so benutzen, als ob sein eigenes Verdienst die Dinge hervorgezogen hätte.[32]

Damit wird Wadepuhls romanhaft anmutende Schilderung im Vorwort seiner Heine-Monographie[33] ad absurdum geführt:

> Durch diese Verhandlungen [über die Schocken-Ausgabe in Berlin im Sommer 1938; R.F.] wurde ich besser mit Dr. Löwenthal bekannt. Wir waren oft bis Mitternacht beisammen und schmiedeten Heine-Pläne. Bei einem solchen Zusammensein in seiner Wohnung, Küstriner Straße 14, zeigte er mir einmal ein dickes Konvolut. Das, sagte er zu mir, ist Hirths Kommentar zu seinem Briefwechsel, den ich vor kurzem durch den Schocken-Verlag erhalten habe; es ist eine wertlose, unbrauchbare Arbeit, und ich werde jetzt eine völlig neue Bearbeitung vornehmen müssen. Mit diesen Worten warf er das Manuskript in meiner Gegenwart in den offenen Kamin.

Mit seiner Befürchtung sollte Loewenthal Recht behalten. Im Vorwort des ersten, 1949 erschienenen Bandes seiner neuen Briefausgabe gedenkt Hirth verstorbener Literaturwissenschaftler, darunter des „Altmeister[s] der Heineforschung, Ernst Elster, der vor seinem Ableben dieser Ausgabe sein wertvolles Interesse hatte angedeihen lassen"[34], erwähnt aber Loewenthal mit keinem Wort.

In seiner ersten Heine-Publikation nach Kriegsende, dem Aufsatz „Heinrich Heines letzte Liebe" in der Monatszeitschrift „Das goldene Tor" (1947)[35], in dem er als Erstveröffentlichung zwei Briefe der „Mouche" an Alfred Meißner über Heines Tod abdruckte, verschwieg er, dass Loewenthal diese Briefe bereits 1926 in zwei Artikeln erstmals aus Meißners Nachlass publiziert hatte.[36] Loewenthal hatte Hirth in einem Brief vom 30. Mai 1937[37] zu Nachforschungen über die „Mouche" angeregt, die dieser in seinem Aufsatz dann verwertete. Der Vergleich der Brieftexte beweist schließlich, dass Hirth Loewenthals Drucke stillschweigend übernommen und mit irreführenden Angaben versehen hat.

Im Briefwechsel Loewenthal-Hirth taucht mehrmals ein Name auf, der Hirths Reputation nach Kriegsende schwer belastete: Dr. Körner. Der Journalist Ernst Feder, der im Pariser Exil Hirth kennengelernt hatte, verdächtigte 1946 in einem Artikel in der New Yorker Zeitschrift der deutsch-jüdischen Emigranten „Aufbau" Hirth der Kollaboration mit den Nationalsozialisten, speziell der Freundschaft mit einem Staatssekretär Görings, Dr. Paul Koerner, der eine große Heine-Bibliothek besitze.[38] Tatsächlich hatte Hirth im ersten Band seiner Heine-Briefwechselausgabe 1914 einem Dr. Paul Körner und im dritten Band 1920 Dr. Paul Koerner für Unterstützung aus seiner Sammlung gedankt.[39] Damit war aber nicht der (nicht promovierte) spätere Staatssekretär gemeint, sondern der Jurist und Heine-Sammler Dr. Paul Koerner, von 1912 bis 1915 zusammen mit Alfred Kerr Besitzer der Zeitschrift „Pan"[40], in der er auch mehrere Heine-Artikel veröffentlichte.[41] Aus dem Briefwechsel zwischen Loewenthal und Hirth lässt sich entnehmen, dass er für den Schocken Verlag oder Lambert Schneider Kurierdienste leistete.

Loewenthals Korrespondenz mit Eisner ist nur einseitig mit vier Briefen aus dem Jahr 1939 überliefert. Darin zeigt sich ein enges persönliches Verhältnis zwischen beiden, in dem der nur ein Jahr ältere Eisner eine Art Beschützerrolle einnahm. Kryptische Bemerkungen Loewenthals über die Sammlung Gottschalk erlauben die Vermutung, dass er ein Gutachten für ihren Verkauf erstellen sollte – vielleicht die Voraussetzung für ihr Auftauchen 1991 auf dem Londoner Autographenmarkt.[42]

Brachte Loewenthal die wissenschaftliche Kompetenz in die Heine-Edition ein, so war Eisner ihr Motor, nicht nur für die Schocken-Ausgabe. Sofort nach Kriegsende begann er die während der nationalsozialistischen Herrschaft zerstreuten Heine-Manuskripte zu suchen. Davon vermittelt sein erhaltener Briefwechsel mit Sammlern und Institutionen in aller Welt nur eine unvollkommene Vorstellung. Seit 1946 bemühte er sich um Unterstützung für Hirths neue Briefausgabe. Obwohl Wadepuhl 1954 nicht mehr auf Eisners Bitten um Mitarbeit geantwortet hatte, nahm dieser am 23. Dezember 1954 wieder brieflich Kontakt auf, um ihn zu informieren, „dass ein namhafter Verlag in Westdeutschland sich mit der Absicht trägt eine abschliessende Ausgabe der Werke Heines zu bringen". Man habe ihn nach potentiellen Mitarbeitern gefragt, und er frage nun Wadepuhl nach seiner Bereitschaft.[43]

In Eisners Materialsammlung zu Heines Briefen befinden sich viele Zeugnisse für seine Mitarbeit an Hirths Ausgabe. In den Kommentarbänden hat er seine Entdeckungen nie gekennzeichnet. Auch in seinen eigenen Briefen erscheint Eisner immer uneitel, bescheiden und loyal. Allerdings sind von seinen Korrespondenzen mit Hirth nur ein und mit Salman Schocken zwei Briefdurchschläge überliefert. Nur der Briefwechsel mit Wadepuhl ist vollständig erhalten. Unter Hirths Briefen an Eisner, die voller Aufträge stecken, fällt ein aggressives offizielles Schreiben auf: „Ernst Feders schamlose Verleumdungen / Von Universitätsprofessor Dr. Friedrich Hirth".[44]

In seinem Brief an Schocken vom 8. November 1939 äußert Eisner die erneuerte Bitte um Hilfe zu Loewenthals Rettung ins Exil. In Schockens Briefen aus dem Zeitraum von 1947 bis 1957 hallt Eisners beharrliches, wenngleich vergebliches Werben um Schockens Unterstützung für Heine-Editionen aller Art wider.

Der Teilbestand Material Ernst Elster im GSA enthält nur einen geringen Bruchteil seiner an Wadepuhl und den Schocken Verlag übergebenen Arbeitsunterlagen. Dazu gehören Vorarbeiten zu seinem 1929 als Privatdruck erschienenen Katalog der Sammlung Strauß[45], der ursprünglich anscheinend ausführlicher angelegt war, und ein für „Bimini" vorgesehener Beitrag „Wer ist gemeint?" zusammen mit einer ablehnenden Beurteilung von Loewenthal. Das wichtigste Zeugnis von Elsters Vorstellung von moderner Edition sind zwei Korrekturexemplare des ersten Bands seiner neuen Heine-Ausgabe aus dem Jahr 1921. Seine „Vorrede" informiert, dass in den Lesarten alle abweichenden Fassungen der Handschriften und Drucke verzeichnet würden. Sie sind viel umfangreicher als in dem 1925 tatsächlich herausgegebenen ersten Band. Fotokopien von Briefen und Material zu Heines Familie waren wohl für die von Elster begonnene Heine-Biographie bestimmt; Belege für zwei fertige Kapitel, die Wadepuhl in seinen Briefen an Albert Strauß erwähnt, sind nicht überliefert. Der Durchschlag eines Briefes von Elster an Albert Strauß' Neffen Georg Guggenheim vom 22. April ergänzt inhaltlich die Korrespondenzen Wadepuhls.

Im Teilbestand Material Walter Wadepuhl ist nichts von seiner mehrmals brieflich erwähnten Heine-Werk- und Briefausgabe überliefert. Er enthält auch nichts von Elsters Arbeiten an seiner zweiten Ausgabe, nur ein von Wadepuhl angefertigtes Typoskript „Heinrich Heine / Addenda & Corrigenda zu Bd. 1–4 von Ernst Elsters zweiter Ausgabe". Eine Liste „The Heine Collection Eric Benjamin" wurde von Wadepuhl nach Sichtung von Benjamins Nachlass für eine Auktion 1945 angefertigt und mit Preisangaben versehen. Aus dem Nachlass von Eric Benjamin stammen wichtige Dokumente: ein Aufsatz des Sammlers „My collection of the Heine/Laube correspondence" (mit Änderungen von Wadepuhl für eine Publikation vorbereitet), eigenhändige Transkriptionen Benjamins von Heine-Manuskripten und einige Blätter aus Benjamins Briefwechsel, bei denen sich eine Fotografie Erich Loewenthals befindet. Von Bedeutung für die Editionsgeschichte sind schließlich Wadepuhls Korrespondenzen mit Albert Strauß und Familie, mit dem Schocken Verlag und mit Holtzhauer – von der Schocken-Ausgabe zur Heine-Säkularausgabe.

Anmerkungen

1 Vgl. Gudrun Jäger: Friedrich Hirth – Heine-Forscher und erster Komparatist im Nachkriegsdeutschland. – In: HJb 43 (2004), S. 216–234; Hartmut Steinecke: „Schluß mit Heinrich Heine!" Der Dichter und sein Werk im nationalsozialistischen Deutschland" – In: HJb 47 (2008), S. 173–205; zuvor Thomas Neumann: „... beim Heine aber könnte uns der Rahm von der Milch geschöpft werden." Oskar Walzels Heine-Ausgabe im Insel Verlag. Briefe und Dokumente. – In: Archiv für Geschichte des Buchwesens 54 (2001), S. 219–270.
2 Vgl. Helmut Holtzhauer: Zur Säkularausgabe von Heines Werken, Briefwechsel und Lebenszeugnissen. – In: Weimarer Beiträge 3 (1957), S. 267–277.
3 In einem Artikel über den Briefwechsel Heine-Laube (GSA 176/129) gibt Eric Benjamin an, 1924 das „Atta Troll"-Manuskript und etwas später den Briefwechsel zwischen Heine und Laube durch Elsters Vermittlung von Meyer erworben zu haben. Im April 1933 wurde in einer Auktion der Firma Hellmut Meyer & Ernst die gesamte Handschriftensammlung Hans Meyers versteigert, im Katalog begleitet von einer Würdigung des Sammlers durch Ernst Elster.
4 Die Originalplatten sind nicht erhalten, weitere Abzüge nicht bekannt.
5 Der Vorgang wird von Elster in einem Brief an Georg Guggenheim vom 22. Oktober 1937 (GSA 176/125) geschildert. Das Archiv des Verlags ist nicht erhalten.
6 Vgl. Walter Wadepuhl: Goethe's Interest in the New World. Jena 1934.
7 Vgl. GSA 132/809.
8 Vgl. GSA 132/561.
9 Wadepuhls Briefwechsel mit Elster ist in seinem Nachlass in den Florida Atlantic University Libraries, Boca Raton, überliefert.
10 Vgl. Volker Dahm: Das jüdische Buch im Dritten Reich. Zweiter Teil: Salman Schocken und sein Verlag. Frankfurt a. M. 1981, Sp. 575–581.
11 Darüber informiert ein Brief Loewenthals an Elster vom 25. Januar 1938 (GSA 176/36).
12 Die Briefe befinden sich in Wadepuhls Briefwechsel mit dem Schocken Verlag (GSA 176/133 und 139).
13 Details finden sich in Wadepuhls Briefwechsel mit dem Schocken Verlag (GSA 176/133 und 139), vgl. dazu Dahm: Das jüdische Buch [Anm. 10].
14 Vgl. Lambert Schneider: Rechenschaft über vierzig Jahre Verlagsarbeit 1925–1965. Heidelberg 1965.
15 Vgl. GSA 176/134 und 140.
16 Vgl. GSA 149/41.
17 Vgl. Ernst Rose: Die Leistungen der amerikanischen neueren Germanistik während des letzten Jahrzehnts (1939–1951). – In: Wirkendes Wort 3 (1952/1953), S. 34–46.
18 In Wadepuhls Verzeichnis der Kleinen Sammlung Meyer (GSA 176/2) sind die 1933 verkauften Manuskripte bezeichnet.
19 Weitere Lebenszeugnisse Loewenthals befinden sich im Zentralarchiv zur Erforschung der Geschichte der Juden in Deutschland in Heidelberg. Es handelt sich um Vorlesungsnachschriften und um amtliche Dokumente, wahrscheinlich Bewerbungsunterlagen für den Verlag Lambert Schneider, aus dessen Archiv dieser Bestand stammt.
20 Loewenthal schrieb dazu am 10. Juli 1931 an Elster: „Was Sie über die unablässige äußere und innere Bewegung schreiben, in der ich mich durch die Schultätigkeit befinde, trifft den Kern der Dinge; ich kann auch nicht anders als mich im Unterricht voll hingeben und ausgeben" (GSA 176/36).
21 Ein Brief Elsters an Brinitzer vom 24. Mai 1923 im Heine-Institut Düsseldorf (Sammlung Gottschalk) belegt Brinitzers Bemühungen um Manuskripte aus der Kleinen Sammlung

Meyer. In zwei Briefen des Verlags Hoffmann und Campe an Loewenthal von 1924 werden neue Gedichthandschriften angezeigt (GSA 176/32).
22 Eisner hat die Besprechung einer Veranstaltung des Berliner Bibliophilen-Abends im „Berliner Tageblatt" vom 17.6.1921 aufgehoben, bei der Brinitzer einen Faksimiledruck der „Harzreise" seines Verlags vorstellte (GSA 176/49).
23 Vgl. Heinrich Heine: Werke in Einzelausgaben. Mit Bildern aus seiner Zeit. Neudurchgesehene Originalausgabe. Hrsg. v. G[ustav] A[dolf] E[rich] Bogeng. Bd. 1–12. Hamburg, Berlin 1921–1926.
24 Neben Loewenthal waren Alfred Kerr und Alfred Richard Meyer Herausgeber und Autoren der Zeitschrift, beide Befürworter der Weimarer Republik. Brinitzer verlegte auch sozialdemokratische Schriften, darunter den „Deutschen Revolutions-Almanach 1919" und den „Deutschen Revolutions-Almanach für das Jahr 1920". Einige Autoren und Illustratoren der Almanache arbeiteten bei „Bimini" mit.
25 Loewenthal erklärte Hirth am 4. Juni 1937, dass die Veröffentlichung an finanziellen Schwierigkeiten des Verlags gescheitert sei (GSA 176/38).
26 Das Exposé einer Fassung schickte Loewenthal „wie verabredet" am 26. April 1931 an den Geschäftsführer des Berliner Bibliophilen-Abends, Emil F. Tuchmann (GSA 176/39).
27 Vgl. Heinrich Heine: Der Rabbi von Bacherach. Ein Fragment. Mit Zeichnungen von Ludwig Schwerin. Mit den zugehörigen Briefen Heines und mit einem Nachwort hrsg. v. Erich Loewenthal. Berlin 1937; Erich Loewenthal: Der Rabbi von Bacherach. – In: HJb 3 (1964), S. 3–16, sowie den erneuten Nachdruck in Heinrich Heine. Hrsg. v. Helmut Koopmann. Darmstadt 1975, S. 32–48.
28 Diesen Brief hatte Loewenthal vermutlich entdeckt, als er aus Rahel Varnhagens Nachlass eine Publikation für den Schocken Verlag vorbereitete: den Briefwechsel mit ihrem Bruder Ludwig Robert. Das Manuskript befand sich bei den 1947 von Brost an Eisner geschickten Papieren. Eisner überließ es 1969 dem Leo Baeck Institute New York (vgl. GSA 176/73), das es später den Bearbeitern der Ausgabe „Rahel Varnhagen. Gesammelte Werke" (München 1983) zur Verfügung stellte. Die Originale in der Biblioteka Jagiellońska in Kraków waren damals noch nicht zugänglich. So wurde im Band IX doch noch eine Arbeit von Loewenthal veröffentlicht.
29 Erich Loewenthal: Studien zu Heines „Reisebildern". Berlin, Leipzig 1922.
30 Vgl. Ernst Elster: [Rez.] Erich Loewenthal [Dr. phil.], Studien zu Heines „Reisebildern". […] Berlin u. Leipzig, Mayer u. Müller, 1922. 172 S. 8°. – In: Deutsche Literaturzeitung für Kritik der internationalen Wissenschaft 46 (1925), H. 12, Sp. 570–572.
31 Vgl. GSA 176/29 und 35.
32 GSA 176/33 und 38.
33 Vgl. Walter Wadepuhl: Heinrich Heine. Sein Leben und seine Werke. Köln 1974, S. XI f.
34 Friedrich Hirth: Vorwort. – In: Heinrich Heine: Briefe. Erste Gesamtausgabe nach den Handschriften. Hrsg. u. eingel. v. Friedrich Hirth. Bd. 1. Mainz, Berlin 1949, S. IX-XIV, hier S. XIII.
35 Vgl. Friedrich Hirth: Heinrich Heines letzte Liebe. – In: Das goldene Tor 2 (1947), S. 408–421.
36 Vgl. Erich Loewenthal: Die „Mouche" über Heines Tod. Ein unveröffentlichter Brief.– In: Die literarische Welt. Jg. 1926, Nr. 8 (19. 2.), S. 5; ders.: Die „Mouche" über Heines Tod. Ein unbekannter Brief – In: Frankfurter Zeitung. Jg. 1926, Nr. 867 (21.11.).
37 Vgl. GSA 176/38.
38 Vgl. Ernst Feder: Der Fall Hirth. Fragwürdige Vergangenheit eines Mainzer „Universitätsprofessors". – In: Aufbau Bd. 12, Nr. 38 (20.9.1946), S. 7–8. Zu dem Artikel und seinen Folgen vgl. Jäger: Friedrich Hirth [Anm. 1], S. 228 f.
39 Vgl. Heinrich Heines Briefwechsel. Hrsg. v. Friedrich Hirth. Bd. 1. München, Berlin 1914, S. 126, und ebd., Bd. 3. München, Berlin 1920, S. XI.

40 Vgl. Donatella Germanese: Pan (1910–1915). Schriftsteller im Kontext einer Zeitschrift. Würzburg 2000, S. 39 f.
41 Vgl. etwa P. Koerner: Heines Weber-Lied (ältere Fassungen). – In: Pan Jg. 2, Nr. 21 (11.4.1912), S. 622 f.
42 Sie wurde vom Heinrich-Heine-Institut, Düsseldorf erworben. Vgl. Joseph A. Kruse: „O, des liebenswürd'gen Dichters, / Dessen Lieder uns entzücken". Ein privates Heine-Archiv ungeahnten Ausmaßes. – In: Die Sammlung Gottschalk und weitere Heine-Archivalien. Hrsg. v. Heinrich-Heine-Institut u. d. Kulturstiftung der Länder. Düsseldorf 1992, S. 6–10.
43 Vgl. GSA 176/134.
44 Vgl. GSA 176/65.
45 Vgl. Ernst Elster: Die Heine-Sammlung Strauß. Ein Verzeichnis. Marburg a. d. Lahn 1929.

„Liebe Kleine!"
Briefe Fanny Lewalds an Ludmilla Assing aus der Sammlung Varnhagen

Gabriele Schneider

Die Sammlung Varnhagen in Krakau enthält insgesamt 24 Briefe Fanny Lewalds an ihre Cousine Ludmilla Assing. Eine recht einseitige Korrespondenz, denn die Gegenbriefe sind dort – bis auf einen – nicht zu finden, auch nicht an anderer Stelle. Im Nachlass Fanny Lewalds in der Berliner Staatsbibliothek findet sich nur ein Brief Ludmillas an sie aus dem Jahr 1876, ein Kondolenzbrief zum Tod von Adolf Stahr, Fannys Ehemann, sowie in der ebenfalls in Berlin aufbewahrten Sammlung Adam[1] ein Brief von ihr aus dem Jahr 1874, ebenfalls ein Kondolenzbrief, zum Tod von Fannys Bruder Otto Lewald.

Ob die Briefe Ludmilla Assings vernichtet wurden, ist nicht bekannt. Nur ihre Freundin Baronin Emma von Schwanenfeld hatte Fanny Lewald ausdrücklich aufgefordert, ihre Korrespondenz zu vernichten, sie sei zu privat.[2] Aber selbst der sehr intime Liebesbriefwechsel mit Adolf Stahr aus den Jahren 1845 bis 1852 wurde nicht vernichtet, vielmehr hatten Lewald und Stahr die Absicht, den Briefwechsel, der immerhin ihr Leben in der Vor-, Haupt- und Nachphase der Revolution von 1848 beschreibt, als Memoiren zu veröffentlichen. Allerdings kam das Vorhaben vor dem Tod der beiden Briefpartner nicht über erste redaktionelle Arbeiten hinaus, erst seit 2017 liegt der fast komplette Briefwechsel in einer dreibändigen Ausgabe vor.[3]

Es lag kein Grund vor, dass Fanny Lewald die Briefe ihrer Cousine nicht behalten wollte oder nicht behalten hat. Ihre eigenen Briefe an sie haben unterschiedlichen Charakter, wurden zu besonderen Anlässen geschrieben, waren manchmal nur kurze Billets, die keine Antwort erforderten – weshalb in einigen Fällen vielleicht auch keine erfolgt sein mag.

Die Briefe an Ludmilla Assing und ihre beiden Briefe an Fanny Lewald geben jedoch Aufschluss über die Beziehung der beiden Frauen und ihr Leben als prominente Schriftstellerinnen des 19. Jahrhunderts.[4]

G. Schneider (✉)
Mettmann, Deutschland
E-Mail: Drs.Schneider@t-online.de

Brief 1

Königsberg d. 6ten Mai 1842

Seit Jahren hatte ich mir vorgenommen, Ihr Lieben! Euch wenigstens schriftlich nahe zu treten und mit der Saumseligkeit sicheren Besitzes, von Tag zu Tag gezögert. Ich dachte immer, Ihr bleibt mir ja, und werdet, wann ich auch komme, mich freundlich willkommen heißen. – Als dann meine arme Mutter starb, wollte ich dem Onkel schreiben, der ihr der theuerste von ihren Geschwistern gewesen und mit dem sie eine ziemlich freudlose Jugend in innigster Gemeinschaft verlebt. Ich hielt es fast für eine Pflicht ihm zu schreiben, und auch das unterblieb. Wenn das Leben so gewaltig auf uns eindrängt, wie bei dem Verluste unserer Geliebten, hat man so viel zu thun, sich in sich selbst und den neuen Verhältnissen zurecht zu finden, daß man auf die Nachsicht seiner Freunde rechnen darf, denen man genug zu thun nicht im Stande ist.

Nun steht Ihr Armen selbst an seinem Grabe, und ich fühle vollkommen, wie Ihr leiden mögt. Der Verlust unserer Mutter, den wir nie vergessen werden, ist noch eine frisch blutende und tief schmerzliche Wunde. Möge Gott Euch beistehen, wie er uns geholfen; nur freilich sind wir glücklicher als Ihr, da uns der beste Vater und zwei grundbrave, treue Brüder geblieben. Ich möchte Euch so gern an der Liebe Theil nehmen lassen, die für uns sorgt, und mich quält förmlich der Gedanke, Euch, die Ihr noch so jung seid, allein zu wissen, auf Euch allein gestützt.

Gott weiß! ob wir uns jemals im Leben begegnen; und wenn Ihr mir nicht beisteht, werden die Kinder von zwei Geschwistern, die sich so herzlich lieb hatten, als meine Mutter und Euer Vater, vielleicht nach wenig Jahren nichts mehr von einander wissen. Das wäre traurig und unrecht. Laßt lieber einen Theil jener Liebe in uns fort wirken und ein Band werden, das uns vereinigt hat, wenn vielleicht ein günstiges Schicksal uns einmal zusammenführt. – Vor allen Dingen schreibt uns bald, wie es Euch geht und was Ihr für Eure nächste Zukunft beschlossen; der Gedanke daran beschäftigt Vater und uns alle auf das Lebhafteste, wir dachten, daß Ihr vielleicht Berlin zu Eurem Aufenthalte wählen würdet, weil dort, so viel ich weiß, der einzige Verwandte, der Bruder Eurer Mutter lebt. Schreibt uns doch bald. Vor etwa drei Wochen fanden wir eine Silhouette vor, welche unseren Großeltern von ihren, damals in Königsberg lebenden Kindern, zur Silberhochzeit geschenkt worden. Auch das Bild Eures Vaters und meiner Mutter war darunter; ich bewahrte das Eine für uns, und schickte die Silhouette Eures Vaters, den ich damals in vollstem Wohlsein glaubte, an Otto nach Berlin mit der Bitte, sie Euch gelegentlich zukommen zu lassen; weil ich dachte, daß es Euch und Onkel Freude machen würde, dies alte Blatt zu sehen. Es ist noch in Otto's Händen und er schickt es Euch bald, wenn Ihr es wünscht.

Auch mit Onkel Assur in Berlin geht es zu Ende. Man wird ernsthaft, wenn man so eine ganze Generation dahin schwinden sieht. Tante Nathan ist den 70er Jahren nahe und so scheint Tante Schwerin bestimmt, die Letzte ihres Hauses zu sein. Ein schrecklicher Gedanke! Ich sagte neulich zu den Schwestern: wenn mich manchmal meine 30 Jahre etwas langweilen, ist es mir anderseits eine egoistische Wonne, daß ich, nach dem gewöhnlichen Laufe der Natur, nicht bestimmt sein werde, den Tod der Meinen zu überleben. Es ist zu entsetzlich, nicht mit sterben zu können, wenn man es wünscht und darum ist es mir lieb, die Älteste meiner Geschwister zu sein. – Als wir von dem Tode Eures Vaters hörten, war es uns ein Trost, daß meine arme, kranke Mutter diesen Bruder nicht mehr zu überleben brauchte. Es war ihr sehnlichster Wunsch ihn wiederzusehen – nun ist es geschehen.

Lebt wohl, Ihr lieben Lieben! und wenn Ihr empfindet, wie ich, lernen wir uns jetzt besser kennen und hoffentlich lieben. – Möge Euch Kraft werden, die erste Zeit, die Euch jetzt bevorsteht, zu durchleben. – Mit innigster, wärmster Theilnahme Eure

Fanny Lewald

Das ist der erste Kontakt der Cousinen Fanny Lewald (1811–1889) sowie Ludmilla (1821–1880) und Ottilie Assing (1819–1884). Fanny Lewald und Ludmilla Assing werden als Schriftstellerinnen in Deutschland Berühmtheit erlangen. Ihr Lebensweg wird sich kreuzen, beide begeistern sich für die Revolution von 1848 und lieben Italien, beide unterstützen das italienische Risorgimento, ja werden – Ludmilla – gar „Teil der Bewegung".[5] Nach dem Tod des Vaters David Assur Assing (1787–1842) erlebten die jüngeren Cousinen im Mai 1842 noch den Brand in Hamburg und zogen dann in der Tat nach Berlin zu ihrem Onkel Karl August Varnhagen (1785–1858). Nach familiären Auseinandersetzungen verließ Ottilie Berlin wieder und wanderte 1852 nach Amerika aus, wo sie ebenfalls Schriftstellerin wurde und für die Befreiung der Sklaven kämpfte. Ihre Mutter, Rosa Marie Assing, geb. 1783, Varnhagens Schwester, war bereits 1840 verstorben, und die Mädchen somit Waisen. Finanziell waren sie unabhängig, in literarischen Kreisen waren sie bereits etabliert.[6]

Fanny Lewald und ihre sieben jüngeren Geschwister Otto, Moritz, Clara, Minna, Elisabeth, Marie und Henriette waren seit dem 6. Dezember 1841 Halbwaisen; ihre Mutter Zipora (1790–1841) starb nach langer Lungenkrankheit und Auszehrung durch zahlreiche Geburten.

Wie im Brief erwähnt, waren Zipora und David Assur Geschwister, die ihre Kindheit in einer jüdischen Familie in Königsberg verlebt hatten, sie waren die jüngsten von 13 Kindern des Kaufmanns Assur Levi und Caja, geb. Mendel; die orthodoxe Familie war aus Kurland und Posen eingewandert. David Assur hatte als Regimentsarzt an den Freiheitskriegen teilgenommen; nachdem er 1808 sein medizinisches Studium beendet hatte, ließ er sich taufen, um in Hamburg-Altona als Armenarzt praktizieren zu können und nannte sich seitdem David Assur Assing. Zusammen mit seiner Frau Rosa Marie führte er in Hamburg einen literarischen Salon, in dem Autoren des Jungen Deutschland (Ludolf Wienbarg, Theodor Mundt und Karl Gutzkow) sowie jüdische Intellektuelle und Reformer (Salomon Ludwig Steinheim und Gabriel Riesser) verkehrten.

Ludmilla sollte bis zum Tod Varnhagens 1858 bei ihrem Onkel bleiben und anschließend seinen umfangreichen Nachlass erben, verwalten und teilweise herausgeben. Als Sammlung Varnhagen wurde das umfassende Archiv von Lebenszeugnissen 1876 testamentarisch von Ludmilla der Staatsbibliothek zu Berlin überantwortet; im Zweiten Weltkrieg wurde es in das schlesische Kloster Grüssau ausgelagert, von dort gelangte es nach der Vertreibung der deutschen Mönche in die Jagiellonen-Bibliothek nach Krakau, wo es sich noch heute befindet, wie auch die hier erstmals veröffentlichten Lewald-Briefe.

Fanny Lewalds Wunsch, dass sie als älteste vor den Geschwistern sterben solle, wird nicht erfüllt werden: Nachdem ihr Vater, der Königsberger Kaufmann David Markus (seit 1831 Lewald) im Mai 1846 im Alter von nur 59 Jahren überraschend einem Schlaganfall erlag, stirbt Bruder Moritz im Januar 1847 in Tiflis, wo er als

Arzt arbeitete, an der Cholera; auch Bruder Otto wird vor ihr sterben (1874) sowie ihre Schwestern Clara (1877) und Henriette (1886).

Brief 2

Gute Ludmilla! Otto war 6 Wochen ernstlich krank, sonst hätte ich Ihnen schon früher irgend ein Lebenszeichen gegeben und Ihnen gesagt, daß mir es leid ist, wie wir uns gar nicht sehen. Ich will schon lieber nicht an Formen halten, will – obgleich im Rechte – gern nachgeben und wir müssen doch versuchen, ob die Kinder unsrer Eltern sich denn so fern bleiben müssen.

Ich komme morgen Nachmittag, gegen 4 Uhr zu Ihnen und bitte, daß Sie mir schreiben, falls Sie nicht zu Hause wären; denn in dem Wetter sind vergebliche Wege eben kein Vergnügen. Uebrigens bin ich seit 3 Tagen eigentlich nicht mehr in Berlin, denn ich habe meinem Vetter Lewald das Versprechen gegeben, den nächsten Sommer, wenigstens theilweise, in Baden bei ihm zu leben und da ich dies Stückchen Welt, dies reizende Baden sehr liebe, wundre ich mich, warum ich nicht schon lange so klug war, ja zu sagen, wenn Lewald und seine Frau mich baten.

Nun hat er sich eine Villa bauen lassen und meint, er sei jetzt im Stande, einen genügsamen Menschen ziemlich anständig aufzunehmen, ich möchte also kommen, sobald es Sommer wird. Ich freue mich wie ein Kind darauf.

Ist denn Ottilie noch in Hamburg? Das erfahre ich aber morgen also farewell and be at home to morrow my dear! Adieu

Yours sincerely
Fanny Lewald

d. 19ten November 43
Sonntag

Mittlerweile ist auch Fanny Lewald nach Berlin gezogen. Noch wohnt sie als Kostgängerin in einem Durchgangszimmer bei einer Verwandten, bei Tante Assur am Hausvogteiplatz, wie sie in ihrer Autobiographie „Meine Lebensgeschichte"[7] beschreibt. Dies ist die Witwe des Onkels, der im ersten Brief erwähnt wird. Hier wird sie mit einigen Schwestern auch nach der Rückkehr von ihrer Italienreise 1846 wohnen, Schwester Marie wird für einige Zeit bei dem ebenfalls in Brief 1 erwähnten Onkel Nathan in Königsberg leben.[8]

Ihren Großcousin, August Lewald (1792–1871), einen Vetter ihres Vaters, wird Fanny Lewald im Sommer 1845 auf ihrem Weg nach Italien besuchen. Der Publizist und Schriftsteller war der literarische Entdecker Fannys gewesen: 1840 hatte er ihre Beschreibung der Huldigungsfeier für den neu gekrönten König Friedrich Wilhelm IV. in Königsberg in der von ihm herausgegebenen Zeitschrift „Europa. Chronik der gebildeten Welt" abgedruckt und damit Fanny Lewalds Tätigkeit als Schriftstellerin in Gang gesetzt. August Lewald lebte seit 1834 in Süddeutschland, von 1849 bis 1862 war er Regisseur am Stuttgarter Hoftheater. Wie Fanny in ihrer „Lebensgeschichte" beschreibt, baute er in Baden-Baden „eben in jener Zeit mit großer Vorliebe an einer Villa auf der Höhe unterhalb des Schlosses, die er künftig zu bewohnen beabsichtigte."[9]

Im Juni 1844 unternimmt Fanny Lewald stattdessen eine Badereise nach Teplitz in Nordböhmen zusammen mit ihrem Onkel Friedrich Jacob Lewald, ehem. Markus (1796–1856), und seiner zweiten Frau Pauline.[10]

Briefe Fanny Lewalds an Ludmilla Assing

Brief 3

Liebe Ludmilla! Ich habe gestern Mad. Bloch gesagt, daß wir sie gemeinsam besuchen wollten, und sie hat mich gebeten, wir möchten morgen, Sonntag, zu Mittag kommen; sie habe ohnehin Sie in den nächsten Tagen dazu auffordern wollen. Man ißt um 2 ½ Uhr und so viel ich weiß sind nur noch einige Herren außer uns beiden Cousinen da. – Nun merken Sie auf: können Sie die Einladung nicht annehmen, so schreiben Sie es noch heute an Mad. Bloch ab – zweitens wollen wir Sie abholen, je nach dem Wetter zu Fuß oder zu Droschke, und wenn Sie das nicht wollen, schreiben Sie es uns. Schreiben sie nicht, so passen Sie hübsch am Fenster auf und fliegen, soweit das in diesem Wetter möglich ist, in die geöffneten Arme u.s.w. Eurer

d. 25ten November 1843 wohlaffectionirten wirklichen
Cousine 1. Classe
mit Eichenlaub.
Fanny

Fanny Lewalds erste Romane „Clementine" und „Jenny" sind – auf Wunsch des Vaters noch anonym – beide in diesem Jahr bei Brockhaus veröffentlicht worden; darauf bezieht sich wohl auch der Verweis auf das Eichenlaub in der Unterschrift, das sie als „autora laureata" ausweist. Sie hat nun bald, ab 1845, die bescheidenen Mittel, eine eigene, wenn auch dürftige Wohnung in der Markgrafenstraße zu beziehen.

Der Familie Bloch war sie seit ihrem ersten Berlin-Aufenthalt 1839 verbunden. Der Präsident der Preußischen Seehandlung hatte Fanny in die Berliner Gesellschaft eingeführt.[11]

Lewalds Bruder Otto (1813–1874) lebte ebenfalls in Berlin. Er war Anwalt und machte sich als Verteidiger im Polenprozess und im Magistratsprozess der Bettine von Arnim 1847 einen Namen.[12] Er war es wohl, der Ludmilla gemeinsam mit Fanny abholen wollte.

Brief 4

Liebe Ludmilla! ich möchte wohl wissen, ob Sie die Mundt'schen Vorlesungen besuchen werden und ob Sie schon einen Platz gewählt haben. Ottos Theilnahme daran, ist sehr ungewiss und ich möchte dann oder darum einen Platz in Ihrer Nähe nehmen, damit ich nicht ganz unter Fremden sitze, was mich langweilt. Vielleicht kommen Sie ohnehin dieser Tage zu uns, damit wir das besprechen. Viel Liebes und Schönes

von
Ihrer
Fanny Lewald

d. 28/12 1843

Theodor Mundt (1808–1861), dessen Romane „Madonna" und „Moderne Lebenswirren" durch den Bundestagsbeschluss vom 10. Dezember 1835 gegen das Junge Deutschland verboten worden waren, erhielt nach der Aufhebung der preußischen Sanktionen gegen das Junge Deutschland 1842 eine Privatdozentur an der Philosophischen Fakultät der Berliner Universität. Diese Vorlesungen wollen die Cousinen besuchen.

Ab Frühjahr 1844 erhielt Fanny Lewald Zugang zum privaten Freundeskreis Theodor Mundts und seiner Frau Klara, die als Schriftstellerin historischer Romane unter dem Namen Luise Mühlbach bekannt wurde.[13] Dort lernte sie auch die engste und persönlichste Freundin kennen, die sie jemals hatte: Therese von Bacheracht.

Brief 5
Liebe Ludmilla! mit dem Fahren ist es wie ich Ihnen gesagt und ich bedaure, Sie nicht holen zu können. Zurückbringen aber können wir Sie […]¹⁴, und wegen des Hereinkommens können Sie, die oft allein erscheint, doch nicht in Sorge sein, da Sie uns bestimmt schon dort finden und wir Sie gleich durch alle Strudel durchbugsiren können. In der Hoffnung Sie in fröhlichster Tanzlaune am Donnerstag Abend zu sehen, Ihre

Fanny Lewald

d. 31ten Januar 1844

Brief 6
Mein liebes Kind! Erstens schicken Sie mir ein Theaterbillet für Fräulein von Schmehling, die möglicher Weise solo hingehen will; zweitens kommen Sie hübsch punkt fünf und machen Sie sich auf eine Metamorphose gefaßt, die Ihnen angenehm sein wird. Statt meiner wird Frau Agnes Guttentag Sie in das Theater begleiten, die lebhaft wünscht Sie kennen zu lernen, da der alte Dr. Guttentag, in treuer Anhänglichkeit für Ihren Vater, von der Tochter dringend Auskunft verlangt hat über Sie.

Sie gewinnen einmal einen chapéron mariée¹⁵, zweitens eine angenehme Gesellschafterin. Ich kann nicht von der Partie sein, weil wir ein Diner bei Mad. Alexander Mendelsohn vor haben, das erst um 4 Uhr beginnt und das mir mehr Vergnügen verspricht, als Signor Napoleone, der schon an embonpoint leidet, was ich hasse.

Nehmen Sie es nicht übel wenn ich à la princesse Rodolphe ein wenig Vorsehung spiele. Agnes erwartet Sie um 5 Uhr bei mir. Auf baldiges Sehen

d. 14ten Februar 44

Fanny

Man kann sehen, dass die Beziehung zwischen den Cousinen vertrauter wird. Sie siezen sich zwar immer noch und werden das auch beibehalten, aber Fanny Lewald ist weniger förmlich als am Anfang der Korrespondenz, sie gibt mehr von ihrer eigenen, zuweilen kapriziösen Persönlichkeit preis.

Die in Brief 6 angesprochene Diner-Einladung findet bei Alexander Mendelssohn (1798–1871), Sohn des jüdischen Bankiers Joseph Mendelssohn, statt.¹⁶

Brief 7
<u>Freitag</u>

Liebes Herz! Wollen Sie heute einen guten Platz zum Bentin¹⁷ im Franz. Theater, so kann ich Ihnen einen überlassen; sie¹⁸ kosten aber heute 20 Sgr. Wollen Sie, so holen Sie mich um 5 ½ Uhr ab. Von Herzen

d. 28/2 45

Ihre
Fanny Lewald

Brief 8

Berlin, d. 24ten Juni 1845

Es ist hübsch von Ihnen, liebe Kleine! daß Sie mir schreiben und obgleich ich entsetzlich auf dem Sprunge bin und Zehntausenderlei will und möchte, antworte ich Ihnen sogleich auf die Gefahr, daß es ein Monsterbrief werde. Schadet aber Nichts, wenn's Herz nur Schmerz ist. Nicht wahr?

Daß sie genießen, voll genießen, ist geschiet. Es ist bei weitem das Klügste was wir thun können und wahrscheinlich sind wir eigens zum Genießen geschaffen. Ich glaube es, weil unsere Natur sich so gegen das Leiden, wie gegen ein Unrecht revoltirt. Um so thörichter, daß Sie den Ärger über die preußischen bornes[19] als blinder Passagier in den Postwagen nehmen. Ich schwöre Ihnen, ich nehme mir fest vor, sobald ich im Postwagen sein werde, gar Nichts mehr zu denken, und wo möglich möchte ich mich sogar verlieben, um in schöner Natur – von allem Wissensdrang entladen, in ihrem Quell gesund zu baden. Was kümmert uns dann die Politik? ich möchte – wenn ich nicht zufällig Autor wäre und als solcher Pflichten hätte, die Politik ruhig denen überlassen, die dazu Cigarren rauchen und Zweckessen genießen. Ueberlegen Sie nur die schreiende Ungerechtigkeit! Die Männer begießen ihren Enthusiasmus, ihren Freiheitseifer mit Champagner, hüllen ihn in geliebte Rauchwolken und Sie armes Kleinchen! wollen sich mit trockenem Munde darüber ärgern! Das sollen Sie wirklich nicht! Der Aerger enlaidirt[20] und Nachdenken macht Falten auf der Stirne. Ueberlassen Sie dies meinem grauen Haupte und genießen Sie ungestört durch Friedrich Wilhelm den Vierten. Uebrigens schreiben Sie vortrefflich und so sehr glaube ich an Ihre technische Geschicklichkeit, daß ich – bei Eröffnen des Briefes fest überzeugt war, die Ansicht der Wehlsteine[21] hätten Sie irgendwie hervorgebracht – etwa von der linken Seite mit stumpfer Nadel gekratzt, oder so Etwas. Wahrhaftig ich glaubte es.

Ihren Brief brachte mir Fedor Wehl, der mir lieber wird, da ich ihn näher kennen lerne. Ich sehe ihn noch vor meiner Abreise, die am Sonnabend[22] vor sich geht. Bis Ende August bleibe ich in der Schweiz und hoffe zu den Oktoberfesten in Rom zu sein. Gott gebe, dass ich von den Meinen gute Nachrichten erhalte und selbst wohl bleibe, dann steht mir hoffentlich eine genussreiche Zeit bevor. Wollten Sie diese noch bisweilen durch Nachrichten von sich verschönern, so dankte ich es Ihnen von Herzen. Wenn Sie z.B. Ende Juli mir post restant nach Genf schrieben, so würde ich – wie wohl ein wenig spät den Brief erhalten. Mit dem Antworten müssen Sie es aber nicht nach dem Kerbholz mit mir nehmen. Hören Sie, Liebe?

Mundt's habe ich einmal bei der Gräfin Ahlefeld, zweimal in ihrer Wohnung besucht. Ihr Onkel sieht prächtig aus und ist sehr mobil. – Minna gefällt sich mehr und mehr in Hamburg, ich lege sie Ihnen ans Herz. Otto geht Donnerstag auf drei Wochen in den Harz, dann auf 14 Tage nach Hamburg. Den ersten August muß er zurück und im Amte sein.

Für einen, der in der Abreiseunruhe ist, ist dies ein langer Brief. Möge er Ihnen sagen, daß ich Ihnen gut bin. Sie wissen es ja, auch ohne daß ich Worte darüber mache. Behalten Sie mich lieb und grüßen Sie Ihre Schwester. Mein Roman ist fertig und muß dieser Tage erscheinen, auch für die Urania und Europa habe ich Beiträge gegeben, die Letzteren[23] möchten Sie – jetzt nach der Reise – interessiren. Dresdens Gallizin u. Dgl.

Gott behüte Sie! – Fanny Lewald

Leider ist der Brief Ludmillas, auf den Fanny hier antwortet, nicht zu finden oder erhalten. Noch immer nennt Fanny Lewald die jüngere Cousine leicht herablassend „liebe Kleine", doch sie hat ihre Anerkennung gefunden. Wie sie selbst verfasste diese Feuilletons und politische Berichte (z. T. anonym) für diverse Zeitungen und Zeitschriften, darunter zu dieser Zeit der „Telegraph für Deutschland". Ausdrücklich lobt Lewald ihre Darstellungsweise. Worauf sich die „preußischen Engstirnigkeiten" beziehen, ist nicht eindeutig zu ermitteln ohne den Gegenbrief. Es kann aber ein politischer und/oder moralischer Hintergrund angenommen werden, der mit der Rolle Assings als Feuilletonistin zu tun haben könnte. Es gibt Hinweise in Assings Tageblättern, dass sie ab 1843 in der Rubrik „Miscellen" des „Telegraph" anonym Beiträge und 1846 unter dem Pseudonym Achim Lothar auch eine Novelle veröffentlichte.[24] Gab es Probleme mit der Zensur? Die hatte Cousine Fanny auch schon erlebt bei ihrer Novelle „Der dritte Stand", in der man einen Revolutionsaufruf gefunden zu haben meinte. Man ließ diesen Vorwurf aber fallen, weil die Novelle von einer Frau geschrieben war.[25]

Hatte Ludmillas Verhältnis zu dem gleichaltrigen Dramatiker und Journalisten Feodor Wehl (1821–1890), den sie „eine Zeitlang schwärmerisch liebte"[26], Anstoß erregt, obwohl sie ihre Neigung eigentlich nicht offenbarte? Immerhin hatte sie ab Ende 1843 die Berlin-Korrespondenz Wehls für den „Telegraph" während dessen sechsmonatiger Festungshaft wegen Beleidigung in Magdeburg übernommen.[27] In Zusammenhang mit diesem Verhältnis steht vermutlich das „Genießen", das Fanny Lewald der Cousine empfiehlt. Fanny Lewald schreibt den Brief unmittelbar vor ihrer Italienreise, die ihr eigenes Leben grundlegend verändern wird und von der sie erst im Oktober des darauffolgenden Jahres zurückkehren wird. Sie trifft dort die Liebe ihres Lebens, Adolf Stahr (1805–1876), und wird das unverhoffte Glück in vollen Zügen genießen. Ihren Vater allerdings wird sie nicht mehr wiedersehen, er stirbt vor ihrer Rückkehr am 9. Mai 1846 in Königsberg. Das Leben der Geschwister Lewald nimmt nun eine Wende. Fanny Lewald lebt fortan vom Ertrag ihrer schriftstellerischen Arbeit, den Grundstock ihres Kapitals bildet ihr Anteil aus dem Verkauf des Königsberger Elternhauses, dessen Ertrag unter den Geschwistern aufgeteilt wird. Der Erlös ihrer ersten Romane[28] ermöglicht es ihr, die Reise nach Italien anzutreten; aus den Reiseaufzeichnungen entsteht das erste ihrer erfolgreichen Reisebücher, das „Italienische Bilderbuch" (1847).

Wo genau sich die Geschwister Minna und Otto in Hamburg aufhalten, ist nicht bekannt, es ist aber zu vermuten, dass dort noch weitere Assur-Verwandte lebten.[29]

Brief 9[30]
Sonnabend

Liebe Kleine! Anbei die Bücher mit schönem Dank. Von Reisen wird Nichts, es ist nicht nöthig – mein Wille war gut, das muß mir genügen, besonders in Stimmungen wie der Meinen, die jetzt gerade nach keiner Seite hin sehr rosig sind.

Gehen Sie heut in die Akademie? Ich nicht. Doch hoffe ich Sie bei Frl. Solmar zu sehen, wohin ich um 8 Uhr komme. Wenn Sie nicht mit dem Onkel hingehen, holen Sie mich ab. Es ist mir nämlich, als Sie es sagten, ganz befremdlich gewesen, daß der halbe Winter vorbei ist, und wir uns so wenig sahen. Ich habe mir Vorwürfe darüber gemacht.

Fanny

Fanny Lewald ist im Januar 1850 in großer Sorge um Adolf Stahr, als sie zwei Wochen lang ohne Nachricht von ihm ist. Zudem ist ihr Bruder Otto schwer erkrankt. Am 10. Januar 1850[31] schreibt sie an Stahr: „Wie traurig fängt dies Neujahr an, ein sehr trüber Brief von Dir – Otto schwer krank – u dann gar keine Nachricht von Dir u Angst um Dich."

Brief 10
Berlin Januar 1850[32]

Liebste Ludmilla! ich war neulich u auch heute auf dem Weg zu Ihnen. Neulich hielt mich ganz einfach das Glatteis zurück, heute mein Bruder, den ich traf, u der mich mitzugehen bat. Es ist aber doch Sünde, daß man sich <u>gar nicht</u> sieht! – Haben Sie also Ihren Abend frei, so kommen Sie zu mir, denn ich bleibe nun schon die Abende öfter zu Hause. Kommen Sie <u>heute</u>, so machen Sie mir eine Freude – ob Sie eine haben, muss ich Ihnen überlassen, da ich wahrscheinlich allein sein werde, wenn nicht jemand unerwartet kommt.

Kommen Sie doch, wenn Sie können! – Und wollen Sie Ihrem Herrn Onkel für sein liebenswürdiges Billet danken u ihm sagen, daß Frl. Bölte sich, wie immer bei strenger Kälte, wohl befand, als sie mir schrieb.

Freundlichst gesinnt Ihre

Fanny Lewald

Seitdem Fanny Lewald im Dezember 1848 in Berlin auf der Oberwallstraße 5 eine eigene Wohnung bezogen hatte, erhielt sie häufiger Besuch von Ludmilla Assing, u. a. bei den festen Besuchstagen Fannys am Montag, ihren Salonabenden.[33] Die Behauptung, man sehe sich in diesem Winter gar nicht, kann nur bedingt stimmen, zumindest treffen die Cousinen bei Gesellschaften anderer aufeinander, bei der Salonière Henriette Solmar, bei der Frau des Malers Wilhelm Nerenz und bei dem preußischen Abgeordneten und Juristen Julius Gierke.[34]

Ab Mai 1850 wird sich Fanny Lewald auf eine mehrmonatige Reise nach England und Schottland begeben, wo sie auch häufig mit der hier erwähnten, seit 1839 in London lebenden Schriftstellerin Amalie Bölte (1811–1891) zusammentrifft, die sich im Herbst 1849 in Berlin aufgehalten hatte. Allerdings kühlt sich die anfängliche Freundschaft zu Bölte schnell ab, da Fanny Lewald enttäuscht ist, dass sich die englischen Kontakte Böltes doch nicht als so weitreichend erwiesen, wie sie ihr noch in Berlin glauben gemacht hatte.[35]

Zwischenzeitlich hat Fanny Lewald einen historischen Roman um den Preußen-Prinzen Louis Ferdinand veröffentlicht.[36] Von ihr in bester Absicht geschrieben und gründlich recherchiert, stieß das „Zeitbild" auf herbe Kritik bei Rezensenten, Lesern und vor allen Dingen bei Karl August Varnhagen und vielleicht auch bei Ludmilla Assing wegen des dichterisch sehr freien Umgangs der Autorin mit historischen Persönlichkeiten wie Rahel Varnhagen.[37] Das liebenswürdige Billet Varnhagens ist also eher fraglich zu dieser Zeit, wenngleich nach außen sicher die Form gewahrt wurde. Am 21.6.1849 hatte Fanny Lewald an Adolf Stahr geschrieben: „Heute früh erhielt ich einen Brief von Varnhagen, der sich offenbar durch meinen Roman verletzt fühlt."[38] Varnhagen wies sie auf Unrichtigkeiten hin, die er bei vorheriger Durchsicht des Romans hätte korrigieren können. Ihre persönliche Widmung des Romans hindere ihn, eine Kritik des Romans zu verfassen, zu der Fanny Lewald ihm ein Freiexemplar geschickt hatte. Außerdem verübelte Varnhagen es „Fannys Roman, daß er so nach beiden Seiten, der demokratischen und der höfischen hin gefallen wolle…"[39] Andere Zeitgenossen Rahels wie Bettine von Arnim waren ebenfalls sehr erbost über Fanny Lewalds dichterische Freiheit.[40] Allerdings lenkte Varnhagen später – im Frühjahr 1850 – insoweit ein, als er Lewalds Revolutionserinnerungen von 1848[41] in der „Nationalzeitung" besprach. Lewald empfand das wie „eine innere Freisprechung".[42]

Allerdings – ein Missbehagen wird bleiben, auf beiden Seiten, in Brief 24 spricht Fanny Lewald ihrer Cousine gegenüber ein „gewisses scheues Misstrauen" an, das sie stets gegen ihren Onkel verspürt habe.

Brief 11

Berlin Februar 1850[43]

Liebste Ludmilla! wollen Sie zu Ihrer großen Liebenswürdigkeit noch einen Gipfel hinzufügen, so kommen Sie um ein Uhr zu mir, lassen Sie sich bedanken u trinken Sie bei mir Kaffee. Wahrscheinlich finden Sie Wehl bei mir. Weil ich den zu Mittag erwarte, schreibe ich Ihnen weiter Nichts, denn ich habe starke Migraine u schreibe dies liegend. Schriebe ich mehr, so müsste ich sicherlich liegen bleiben u Wehl absagen lassen. Kommen Sie also Beste?

F.

Im ausführlichen, tagebuchartigen Briefwechsel Fanny Lewalds mit Adolf Stahr ist im Februar 1850 nur ein Besuch Feodor Wehls verzeichnet, er war zu Beginn des Monats Gast an ihrem Montagabend.[44]

Die große Liebenswürdigkeit Ludmilla Assings dagegen lässt sich benennen: Sie kopierte auf Wunsch von Fanny Lewald ein Porträt Adolf Stahrs nach einer Zeichnung Rudolf Lehmans aus dem Sommer 1848[45], Fanny Lewald wollte das Bild dem gemeinsamen Freund Johann Jacoby schenken.[46] – Ludmilla Assing war eine begabte Zeichnerin und schuf viele Porträts der Besucher ihres Onkels Varnhagen. – Sie begann mit der Arbeit an Stahrs Porträt am 22. Januar und nahm am 8. März letzte Änderungen vor.[47] Es könnte also durchaus sein, dass dieser Brief erst Anfang März geschrieben wurde und falsch datiert wurde. Dafür spricht auch, dass zu diesem Zeitpunkt Fanny Lewalds Beziehungen zu Ludmillas Onkel Varnhagen nur vordergründig höflich zu nennen sind: „Varnhagen kam sich für das Buch bedanken[48] mit der gleißendsten Freundlichkeit, hinter der die Abneigung hell hervorleuchtet."[49] – Die zuvor erwähnte „Freisprechung" erfolgt erst später.

Adolf Stahr (1805–1876). Radierung von Ludwig Pietsch nach der Zeichnung von Rudolf Lehmann

Auch in späteren Jahren beurteilt Varnhagen die schriftstellerische Leistung Fanny Lewalds kritisch. Mit seinen Einwänden gegen ihren Roman „Wandlungen" (1853) steht er nicht allein da. Am 15. Oktober 1855 ist der Roman Thema eines Gesprächs mit Heinrich Heine, den sie bei einem Parisaufenthalt besucht und zu dem sie seit 1848 eine freundschaftliche Beziehung pflegt. Er wundert sich über „Dieses unverblümte Hinstellen der eigenen Tendenz! Dieses offene Preisgeben der innersten Meinung kann Ihnen einmal teuer zu stehen kommen. Sie müssen durchaus vorsichtiger sein!"[50] Heine warnt die befreundete Schriftstellerin, ihre Ansichten über Ethik und Religion unverhohlen zu äußern. Nach Lewalds eigenen Aussagen stellt der Roman die ausdrückliche Abkehr von der jungdeutschen Tendenz dar.

Doch zurück zur Beziehung der beiden Cousinen.

Brief 12
Charfreitag

Liebe Ludmilla! Sie haben für Therese immer so viel Theilnahme gehabt, daß ich Ihnen sagen muß, daß ich die allerbesten Nachrichten von ihr habe. Der 25 Seiten lange Brief ist vom Schiffe u aus Batavia geschrieben u bringt Nichts als Gutes, da „selbst die nicht endenden physischen Leiden der Seekrankheit, mir erleichtert wurden durch Heinrichs sich nicht eine Viertel Sekunde verläugnende, ausdauernde Güte und Liebe." Ihr Empfang in Batavia ist der Beste gewesen. Sie sind d. 16ten Januar angekommen, u wollten nach verschiedenen Bällen u Ceremonien „mit weiß und schwarz karierten Menschen" Ende Januar nach dem Landhause des Gouverneurs gehen, bis sie sich nach des Obristen Standquartier Surabaya auf der Nordküste begeben. – Sagen sie es doch Wehl, oder besser schicken Sie ihm das Blatt, denn auch er gehört zu den Menschen, die an Therese geglaubt u sie geliebt haben.

Lassen Sie sich bald bei mir sehen. Ich bin wie ein Seidenwurm in Arbeit eingesponnen. Kommen Sie vielleicht morgen um 3 Uhr? Dann gehen wir ein Ende. Viele Empfehle Herrn von Varnhagen. Freundlichst F. Ld.

Es gibt einen Tagebucheintrag Ludmilla Assings vom 30. März 1850, der sich ausführlich mit Therese von Bacherachts Brief beschäftigt, den Fanny Lewald ihr offenbar bei einem Besuch vorgelesen hatte.[51]

Am 27. März 1850 hatte Fanny die gute Nachricht von ihrer engen Freundin Therese von Lützow, geschiedene von Bacheracht, aus Java erhalten. Nach einer aussichtslosen Liaison mit Karl Gutzkow und der Trennung ihrer unglücklichen Ehe mit dem Diplomaten von Bacheracht hatte die Schriftstellerin Therese kurz zuvor ihre Jugendliebe Heinrich von Lützow geheiratet und war mit ihm an seinen Dienstort nach Ostindien gegangen, um ein neues Leben anzufangen.[52] Doch für Therese wird es kein Aufbruch in eine glückliche Zukunft. Sie bekommt noch mit 46 ein Kind, findet andere finanzielle Verhältnisse des Ehemanns vor, als dieser angegeben hatte, und wird zwei Jahre später mit 48 Jahren, kurz vor der Heimreise nach Deutschland, an einer Infektionskrankheit sterben.

Brief 13
Weimar d. 21ten Mai 1851[53]

Nur zwei Worte des Dankes, beste Ludmilla! für die freundlichen Zeilen, die Sie dem Briefe unseres gemeinsamen Freundes Wehl beigefügt haben. Ich habe ihm umgehend geantwortet, u werde in diesen Tagen ein Capitel aus dem zweiten Bande für ihn abschreiben lassen, wie ich Vieweg auch angewiesen habe, ihm ein Rezensionsexemplar zu schicken. Läßt dies lange auf sich warten – was mir schon begegnet ist – u kommt ihm der Brief früher zu Händen, so zeigt er es wohl an. Da ich die Sache von hier aus ganz in Viewegs Händen lasse, kann ich nicht so für Pünktlichkeit einstehen.

Weimars Umgegend ist für mich die spazierbarste, die ich in ganz Deutschland kennen gelernt habe, u ich bilde mich hier in Stahrs Begleitung, der für ein Paar Wochen zu mir gekommen ist, zum Landrevisor aus; so durchlaufen wir die Umgegend. – Dabei sind hier doch von der früheren guten Zeit, die Traditionen in einer gewissen geistigen Freiheit zurückgeblieben, so daß auch die Geselligkeit meine Erwartungen übertrifft. Namentlich die alten Frauen sind charmant und das Acharnement[54] gegen die Revolution tritt selbst in den Hofumgebungen nicht hervor. Es läßt sich in Zeiten des „Stillliegens und Wartens" hier gewiß sehr friedlich leben. Ich bleibe wahrscheinlich bis Anfang Juli hier, u gehe dann in einen Landaufenthalt, wenn ich hier nicht eine Gartenwohnung finde, in der ich meine nöthige Brunnenkur brauchen kann. Schreiben Sie mir hieher u schreiben Sie mir, wie Sie leben u wie es Ihnen geht?

Von Kinkels habe ich die besten Nachrichten aus London. Johanna schreibt entzückt u erhaben von ihrem Glücke, u sehr zufrieden über ihren Empfang. Möge es so fortgehen – ich zweifle nicht daran – u bin auch gewiß, daß die Kenntniß der engl. Staatsverhältnisse wesentlich auf Kinkels u der andren Freunde nächste Handlungsweise influiren wird.

Treulich u in bester Gesinnung die Ihre

Fanny Ld.

Fanny Lewald und Adolf Stahr treffen sich Ende April 1851 in Weimar, wo sie zwei Monate bleiben und im Hotel Erbprinz wohnen. Adolf Stahr ist – nach seinem Abschied aus dem Lehrberuf wegen einer chronischen Kehlkopferkrankung – auf der Suche nach neuen Berufsmöglichkeiten, und die scheinen sich am Weimarer Hof abzuzeichnen; auf Vorschlag des befreundeten Franz Liszt soll er die Leitung des Schauspiels und die Redaktion einer neu zu gründenden Zeitschrift übernehmen.[55] Leider werden sich die Pläne zerschlagen, wie schon so viele zuvor. Stahrs Einkünfte sind entscheidend für die Entwicklung seiner Beziehung zu Fanny Lewald und einer möglichen Scheidung von seiner Ehefrau Marie, geb. Krätz, mit der er seit 1834 verheiratet ist und fünf Kinder hat. Immerhin hat Fanny Lewald ihre Berliner Wohnung gekündigt und damit einen entscheidenden Schritt nach vorn getan. Mit ihrem Aufenthalt in Weimar und bis Ende des Jahres 1851 in Jena leitet sie die letzte Phase des langen Weges zu ihrem gemeinsamen Leben ein, wenngleich das Ziel noch fern ist. Erst als Adolf Stahr im Januar 1852 seine Pension für die Tätigkeit im Staatsdienst beantragt und den Entschluss fasst, Oldenburg zu verlassen, sich mit der Familie in Jena niederzulassen, im zivilrechtlichen Zuständigkeitsbereich des Großherzogs von Sachsen-Weimar-Eisenach, mit dem Fanny Lewald befreundet ist und von dem sich beide eine Beschleunigung der Scheidungsangelegenheit erhoffen, kommt Bewegung in die seit Jahren festgefahrene Situation. Als es Fanny Lewald gelingt, eine Ausbildungsstelle für Alwin, den ältesten Sohn Stahrs, in einer Drogerie im Zentrum Berlins zu finden und noch dazu eine Wohnung, in der sie alle drei gemeinsam Platz haben, ist endlich der Weg frei. Ende Juni 1852 verlässt Stahr seine Familie in Jena und zieht nach Berlin; im März 1854 wird die Scheidung ausgesprochen, und am 6. Februar 1855 endlich können Fanny Lewald und Adolf Stahr vor dem Gesetz die Ehe eingehen, die sie privat längst geschlossen haben.

Kurz vor der Abreise Fanny Lewalds nach Weimar ist ihre Erzählsammlung „Dünen- und Berggeschichten" bei Friedrich Vieweg erschienen, in der Fanny Lewald nach dem Vorbild Boccaccios „Decamerone" die Form der Rahmenerzählung erprobt. Von ihrem Verleger erntet sie viel Lob für das Buch[56], für das Wehl offenbar ein Rezensionsexemplar erhalten soll.

Johanna Kinkel war im Januar 1851 ihrem Mann ins Londoner Exil gefolgt. Fanny Lewald und Adolf Stahr hatten im Frühjahr 1850 vor Lewalds Englandreise den Kontakt zu Johanna Kinkel in Bonn gesucht, mit der sie sich anfreundeten.[57] Zu dieser Zeit stand Gottfried Kinkel in Köln vor Gericht und wurde beschuldigt, versucht zu haben, die Staatsverfassung umzustürzen. Nach seiner Verurteilung wurde er am 11. Mai ins Zuchthaus Spandau verlegt, aus dem er Anfang November 1850 von seinem Freund Carl Schurz befreit wurde.

Brief 14

Jena d. 28ten November 1851

Der Monat soll nicht zu Ende gehen, beste Ludmilla! ohne Ihnen meinen Dank für Ihren letzten Brief zu bringen. Sie wissen selbst, wie eine Krankheit den Menschen aus dem Zuge bringt, der mit seinem Thun u Treiben auf eine gesunde Zeiteintheilung angewiesen ist; u ander Seits habe ich solche Scheu vor dem Kranksein bekommen, daß ich mir wirklich nicht ganz so viel zumuthe, als ich mir in den letzten Jahren fast immer mit Glück abzugewinnen vermochte.

Ein einsames Leben, wie ich es doch, den bei weitem größten Teil des Lebens hindurch, führe, hat darin Etwas Gefährliches, daß es uns zu einer unausgesetzten geistigen Thätigkeit antreibt, u jeder etwas lebhafte Mensch ist sich fraglos die anstrengendste Gesellschaft. All das sanfte, gemeinsame Ausruhen beim Frühstück, bei den Mahlzeiten, nach dem Abendessen, fehlt uns; wir entbehren der Erholung mit Andern über Nichts ganz mühlos und angenehm zu plaudern – wir arbeiten, schreiben, lesen, denken – u nicht alle Gedanken, die man hat – sind heiter. Da greift dann das Denken die Kopfnerven an, u ehe man es sich versieht, muß man sich von Blutigeln Rath schaffen lassen gegen sich selbst. Indeß hat Jena für mich das Angenehme, daß mir nicht nur die Gegend, sondern auch die Menschen gut gefallen, u es kann leicht geschehen, daß ich mich für die nächsten Jahre hier niederlasse, wobei natürlich alljährige Besuche in Berlin zu den Dingen gehören, die sich von selbst verstehen. Doch fasse ich darüber vor dem nächsten Herbste noch keinen definitiven Entschluß. Zunächst[58] komme ich, wenn nicht unvoraussichtliche Dinge es verhindern, den 27ten, 28ten Dezember nach Berlin u bleibe den ganzen Januar dort; dann aber gehe ich hieher zurück. – Fürs Erste werde ich bei meinem Bruder absteigen, später aber doch eine meublirte Wohnung nehmen, um ihn u mich nicht zu geniren, da wir doch viel verschiedene Bekannte haben. – Indeß muß es ganz in seiner Nähe sein, da ich dort essen will, um möglichst viel mit den Geschwistern zusammen zu sein, u doch auch Zeit für meine andern Lieben übrig zu behalten. Daß Sie, wenn ich den Sommer hier bin, einmal für eine Weile zu mir kommen, mich für den Herbstbesuch zu entschädigen, darauf rechne ich zuverlässig, denn Jena soll gerade im Frühjahr wunderhübsch u angenehm sein. […][59]

Wollen Sie mir eine Liebe thun, gute Ludmilla, so danken Sie Ihrem Onkel für den neuen Beweis seines Wohlwollens, der mir das letzte Blatt der Jahreszeiten gebracht hat. Wie lieb mir das war, können Sie denken. Danken Sie Herrn von Varnhagen für mich, bis ich selbst es mündlich thun kann. Was ich für einen wunderlichen Handel mit Herrn Max Rosenhain erlebt habe, wird Wehl Ihnen vielleicht geschrieben haben. Es giebt doch Arten von Courage, die wenn auch nicht gerade erfreulich, so doch merkwürdig sind, u ich gestehe Ihnen, daß die Rosenhain'sche Dreistigkeit etwas Frappirendes für mich hatte, das nicht Aerger war. Ich glaube, es war Verwunderung wie man sie bei einem sehr geschickten Taschendiebstahl empfindet.

> Ist Ihnen wohl Hettners kleines Werk über das moderne Drama schon zu Gesicht gekommen? Wie mir scheint, ist es eine vortreffliche, eben so fleißige als geistreiche Arbeit, u obschon es nach vielen Seiten negirt, ist doch ein so positives sittliches, der Gegenwart angehörendes u die Zukunft versprechendes Element darin, daß ich die reinste Freude an der Arbeit gehabt habe. Ein Angriff gegen Gervinus misfällt [sic!] mir, sonst ist mir Alles daran sympathisch gewesen.
>
> Ich schreibe kindisch genug wieder ein Mährchen – ein anderes habe ich im Sommer gemacht, lasse sie aber nicht drucken – sondern hebe sie mir auf für spätere Zeit. Nun bin ich damit aber morgen oder übermorgen fertig, u will dann was Ordentliches anfangen, um mit begonnener Arbeit ins Neujahr zu gehen. – Sagen Sie mir bald so viel von sich, als ich Ihnen von mir gesprochen habe. Grüßen sie mir alle lieben Bewohner der Bank u die Gräfin Ahlefeld herzlich, u bleiben Sie mir gut. Sie sind solch <u>treues</u> Herz, dass es etwas <u>ist</u>, wenn Sie Einem gut sind. Von Herzen die Ihre
> Fanny Lewald.

Fanny Lewald klagt Ende November / Anfang Dezember 1851 über rheumatische Beschwerden: „Mit meiner Gesundheit geht es besser", schreibt sie in einem Brief vom 1. Dezember 1851 an Stahr,

> [...] aber es ist ein rheumatischer Zustand in mich gekommen, der sich in Schmerzen in Armen und Händen, Beinen u Knöcheln, bisweilen in Zahnweh, sogar in Gesichtsschmerzen äußert, die ich nie gekannt habe. Indes es ist doch da u fordert mehr Schonung, als ich mir sonst zugewendet habe.[60]

Nachdem Fanny Lewald und Adolf Stahr Frühjahr und Sommer 1851 gemeinsam in Weimar verbracht haben[61], lebt Fanny Lewald bis zum Jahresende allein in Jena. Ungestört von geselligen Ablenkungen kann sie sich auf ihre Arbeit konzentrieren, einen Reisebericht („England und Schottland") fertigstellen, Pläne für neue Vorhaben entwickeln („Wandlungen", „Kein Haus", „Meine Lebensgeschichte") und an Märchen Fingerübungen betreiben.[62] Das Weihnachtsfest verbringt sie bei ihrer Schwester Elisabeth, die Mitte 1847 den Maler Louis Gurlitt geheiratet hat, in Nischwitz mit den Kindern Wilhelm, Otto und Cornelius. Anfang des Jahres 1852 ist sie wieder in Berlin und lebt dort zunächst im Hotel Roter Adler an der Kurstraße, in unmittelbarer Nähe zur Wohnung ihres Bruders. Nach Jena kehrt sie nicht wieder zurück.

1851 gab es große Veränderungen in der Familie Lewald. Bruder Otto heiratet Elisabeth Althaus aus Detmold. Sie ist eine Schwester von Friedrich und Theodor Althaus, Schriftsteller und Demokraten der 48er Bewegung. Martha, die Tochter des Paares, kommt am 28. März 1852 zur Welt; Fanny ist Bruder und Schwägerin in dieser Zeit eine große Hilfe. Auch für Minna Lewald hat sich ein Heiratskandidat gefunden, der Landwirt David Minden aus Königsberg. Schwester Clara lebt ebenfalls in Königsberg, seit 1847 verheiratet mit dem Kaufmann Franz Dorsch. Henriette und Marie bleiben unverheiratet, Marie arbeitet als Übersetzerin.

Max Rosenhayn, Schullehrer in Marienburg, hatte im Oktober 1851 eine 1842 anonym in der Zeitschrift „Europa" erschienene Erzählung Lewalds, „Der Stellvertreter", unter dem Titel „Die Einquartierung" unter seinem Namen in der Zeitschrift „Die Jahreszeiten" veröffentlicht. Empört schreibt sie an Stahr:

[…] ich werde augenblicklich an Wehl schreiben, wie das zusammenhängt u wer der unverschämte Mensch ist, der sich auf diese Weise fremde Arbeiten zunutze macht. Sie ist 1841 oder 42 in der Europa ohne meinen Namen abgedruckt. Gibt es ein Rechtsmittel dagegen, so werde ich es anwenden, denn die Unverschämtheit nimmt in Dtl wirklich überhand u es muss darin Ordnung gemacht werden.[63]

Fanny Lewald entschließt sich, über Feodor Wehl eine Anzeige in der „Kölnischen Zeitung" zu platzieren, „damit ich mit dem lumpigen Menschen [=Rosenhayn] in gar keinen Kontakt komme."[64] Die Anzeige erscheint schließlich in der „Leipziger Allgemeinen", Wehl bittet auch um Aufnahme der Anzeige in anderen Zeitungen[65], der Ideenräuber wird bloßgestellt.

Gräfin Elisa von Ahlefeldt (1788–1855), die Freundin Carl Leberecht Immermanns, gehört zu den Berliner Bekannten Fanny Lewalds.

Mit dem erwähnten Literatur- und Kunsthistoriker Hermann Hettner (1821–1882) waren Fanny Lewald und Adolf Stahr seit ihrem ersten Romaufenthalt ab 1845 befreundet. 1851, während des halbjährigen Aufenthalts Fanny Lewalds in Jena, lebte Hermann Hettner ebenfalls in der thüringischen Stadt, wo er als außerordentlicher Professor an der Universität lehrte. Seine Schrift „Das moderne Drama" erschien 1852.

Im Beisein Hettners trifft Fanny Lewald Anfang September 1851 auch ihre Cousine Ludmilla, die mit ihrem Onkel Varnhagen und Henriette Solmar im Jenaer Hotel Sonne abgestiegen ist, wie sie an Adolf Stahr schreibt:

V. u die beiden waren sehr herzlich, <...> V. war sehr frisch, sehr angeregt u so voll abondon[66], dass er aufwartete u mit den Fingern Hasenbraten aß, weil auf dem Tisch kein Platz zu Tellern mehr war. Nach Dir fragten alle teilnahmsvollst. Hettners u ich waren allein dort u blieben nur bis 9 Uhr, weil man heute um 8 Uhr abreisen wollte.[67]

Brief 15
Beste Ludmilla!
Ich komme mit großem Vergnügen von Ihrer Einladung Gebrauch zu machen, muß aber Professor Stahr entschuldigen, der schon seit Montag ein Engagement bei seinem Freund Döring angenommen hat, u da die Herren erst um 3 ½ Uhr essen, wird es für ihn zu spät zu Ihnen zu kommen. Er dankt Ihnen u grüßt Sie bestens.
 Auf Nachmittag also. Was ist das heute für ein heller, schöner Tag!
                    Ihre
d. 30/11 53   Fanny Lewald

Als dieser Brief geschrieben wird, lebt Adolf Stahr bereits seit mehr als einem Jahr dauerhaft in Berlin. Dort führt er das andere Leben, für das er sich mit der Weltfrau Fanny Lewald entschieden hat, das Kontrastprogramm zum unspektakulären Familienleben in „Oedenburg", wie er Oldenburg gern nannte. Zu seinen ganz alten Freunden allerdings gehört der Schauspieler Theodor Döring, der 1845 an das Berliner Hoftheater berufen wurde. Stahr kannte ihn vermutlich aus seiner Zeit in Prenzlau.

Brief 16
Liebe Ludmilla!
Ich bin seit Freitag wieder so unwohl, daß ich nicht daran denken kann, morgen Jemand bei uns zu sehen, u möchte doch nicht, daß Sie spät den weiten Weg zu uns machen. Wollen Sie, wenn Sie heute Abend zur Gräfin[68] gehen, es auch dieser sagen, für den Fall, daß Sie uns die Freude Ihres Besuches zugedacht hätten, so werden Sie mich verbinden.
   Herzlich

Ihre
Fanny Lewald

Sonntag d. 22/1 54

Brief 17
Liebste Ludmilla! Ich war gestern nicht aus, wie mein Mädchen Ihnen unnöthiger Weise sagte, sondern lag in brennender Hitze zu Bett, denn das Leiden ist wiedergekehrt. Heute war ich nun Mittag auf Commando in der Luft, bin aber todmüde, u tauge zum Magen gerade so, wie eine Flöthe zum Trommelschlagen. Selbst das Schreiben macht mir Kopfweh – u heute kommen Gurlitts u in 12 Tagen sollen wir fort. Ich bin wirklich ganz desperat. Gehe es Ihnen u Ihrem Onkel besser

Ihre
ergebene[69]

d 15/5 54   Fanny Lewald

Brief 18
den 23. Juni 1855. Berlin[70]
Sonnabend
Ich bin schon seit Tagen für morgen auf ein Geburtstagsdiner nach Potsdam geladen u muß also Ihren Sonntagskaffee leider <u>entbehren</u>, den ich mir aber Montag ausbitten kommen werde, wenn Sie dann welchen für mich haben sollten.
   Ihrem verehrten Onkel meine ergebensten Empfehle. – Denken Sie! Ich werde heute bon gré malgré[71] den Faust sehen, mit Freunden, die mich liebenswürdig dazu zwingen u werde heillose Kopfschmerzen erndten [sic!], was kein Schauspieler der Erde mir vergütet. Wie glücklich könnte ich manches Menschenkind mit dem Billette machen! – Ich hatte gesagt „Ich müßte noch etwas dazu bekommen, wenn ich in das Theater gehen sollte!" – u nun schickt man mit der gleichen Einladung ein schönes Bouket, da muß ich wohl – aber wer hält nachher meine Kopfschmerzen aus? – Wenn Sie doch gehen könnten für mich! Sie gehen so gern u ich sehe darin für heute ordentlich ein Stück Arbeit. –
   Meine Beste! Montag mehr!

Fanny Lewald Stahr

Brief 19
Paris Rue Castiglione No.4
d 14ten Oktober 55
Theure, liebe Ludmilla! Sie haben durch Otto u Elisabeth gewiß eben so gut Nachricht von uns gehabt, als wir von Ihnen, wenn schon diese Letzern in Bezug auf Ihren verehrten Onkel nicht so befriedigend waren, als wir es gewünscht hätten. Indeß, dieser Sommer, der gar kein Sommer war, hat wohl Jedem mit Katarrhen u ähnlichem Unfug zugesetzt, u wir wollen hoffen, daß diesmal der Winter uns Alle für den Sommer schadlos halten werde. Möge der Onkel Ihnen u uns Allen jetzt schon wieder in seiner frischen Munterkeit hergestellt sein.
   Uns ist es – unberufen!! – sehr gut gegangen, u ich war seit Jahren nicht so wohl als hier in Paris. Bleibt es so, haben wir schon aus diesem Gesichtspunkte unsere Reise zu seegnen [sic!], abgesehen von dem vielen Bedeutenden u Wichtigem, das wir dann doch nebenher gesehen haben. Stahr ist sehr fleißig hier. Ich hatte mir vorgesetzt während der

ganzen Reise Nichts zu thun, u habe dies Versprechen, mir selbst wie immer treu, auch wundervoll gehalten.

Diesen Brief nimmt Herr Philarète Chasles[72] mit, der nach Deutschland geht, um es kennen zu lernen. Das ist für alle Franzosen ohne Schaden, denn selbst die Geistreichsten wissen von unserer neueren Litteratur und dem jetzigen Deutschland Nichts. Wir sind ihnen noch immer das blonde, träumerische Volk, das für Jean Paul schwärmt u mit „Hoffmans" Phantasien sich herumträgt – u daß in Deutschland dies längst begraben ist, das begreifen sie nicht. Ihr Onkel u Sie Alle erwerben sich wirklich ein Verdienst darum, wenn Sie, wie wir es hier thun, den Franzosen eine Aufklärung über Deutschland beibringen.

In vier, fünf Wochen sind wir wohl wieder am eigenen Heerde, u sehen Sie Alle wieder. Möge dann der Winter uns wieder öfter u mehr zusammenführen als der vorige, in dem allerlei Krankheit u Störniß uns voneinander hielt.

Stahr grüßt Sie herzlich u ich bin mit herzlicher Freundschaft

Ihre
Fanny Lewald Stahr

Liebe Cousine![73]
Nun zwei Worte der herzlichsten Grüße von eigner Hand. Wenn wir gern nach Berlin zurückkehren, so sind es unsere lieben erprobten Freunde, die uns dabei vorschweben, denn sonst – graut es uns etwas vor dem grauen trostlos langweiligen Sitze des Constablerthums. Bleiben Sie uns also gut wie wir Ihnen, damit wir das immer noch schöne Paris nicht allzu sehr vermissen
Treulich ergeben
Adolf Stahr

Nach ihrer Eheschließung im Februar 1855 verbringen Fanny Lewald und Adolf Stahr das Jahr ab Juli auf Reisen; nach Breslau und Baden-Baden geht es im Herbst zur Weltausstellung nach Paris, wo sie auch Heinrich Heine besuchen.[74]

Adolf Stahr an Ludmilla Assing

Venedig 25 Octbr 58.
Wie ein Donnerschlag am wolkenlosen Himmel hat mich die Kunde von dem Hingange Ihres theuren Onkels, meines verehrten unvergeßlichen Freundes in demselben Augenblicke getroffen, wo ich im Geiste mich der Aussicht erfreute, ihm in gewohnter Weise die Frucht langer Arbeit an meinem Lessing u die Erzeugnisse meines Italischen Wiedersehns vorlegen u mich seiner langjährigen oft erprobten Theilnahme erfreuen zu dürfen.

Seit der unglücklichen Stunde wo mir von dem zufällig ergriffenen Zeitungsblatte die Todesnachricht des verehrten Greises entgegenstarrte, habe ich keine reine Stunde des Genusses mehr in dem Lande meiner Sehnsucht gehabt, das ich endlich nach 12 Jahren wiederzusehen so glücklich war. Erlassen Sie mir jeden weiteren Ausdruck meines Empfindens. Sie kennen mich, u wer mich kennt, weiß, wie tief u aufrichtig dasselbe in mir ist u in diesem Falle aus so vielen Gründen sein muß. Auch wär ich dazu jetzt völlig außer Stande. Nur diesen Zuruf konnte ich nicht zurückhalten! – Ein großes Stück Vergangenheit u Gegenwart des Daseins ist auch mir mit dem Geschiedenen entrissen!

Bis zu unserem Wiedersehen u persönlich gegenseitigem Aussprechen nehmen Sie die Versicherung der innigsten Theilnahme Ihres

ganz ergebenen
Adolf Stahr

Brief 20

Venedig d. 25ten Oktober 58
Beste Ludmilla! wir hatten seit Tagen u Tagen keine deutsche Zeitung gesehen, als wir am 20ten in Verona, im Moment der Abreise, in einem Kassenhause die Augsburger Zeitung zur Hand nahmen u so ganz plötzlich die Nachricht von dem Verluste erhielten, den Sie nicht allein erlitten haben. Man wird in Deutschland erst recht empfinden, welchen Platz

Ihr Onkel in der Litteratur ausfüllte, nun er leer geworden ist. Aber mitten in der Betrübnis über Ihres Onkels Hingang, drängte sich mir doch das Gefühl auf, wie sein Loos auch in Bezug auf seinen Tod, ein wundervoll glückliches gewesen ist.

Anerkannt von der Nation u von seiner Zeit, geehrt von allen, die ihn kannten, sorgenfrei, geistesfrisch bis an sein Lebensende, von treuster Liebe u Pflege umgeben, relativ gesund, hat er ein schönes Alter erreicht, u ist ohne lange Qual dem Tode zugeführt worden. Man kann denen, die man am Meisten liebt, nichts Besseres wünschen, wenn schon an u für sich der Tod immer etwas Barbarisches bleibt.

Sie haben obenein das beglückende Bewußtsein dem verehrten Greise sein Alter leicht u unfühlbar gemacht zu haben, soweit das in eines Menschen Macht gegeben ist, u Sie sind in einem Alter, in welchem man sich noch leicht eine neue Zukunft gründet, wenn man, wie Sie, auf einen schönen Weg gestellt u Herr seines Wollens u Handelns ist. Möge Ihre Zukunft Sie zufrieden stellen, das wünsche ich Ihnen von Herzen.

Wir haben einen angenehmen Sommer u Herbst verlebt, haben nach 12 Jahren endlich einen Theil des geliebten Italiens wiedergesehen, u damit, neben außerordentlich schönen Tagen u Wochen, die Ueberzeugung gewonnen, daß es für uns möglich war u ist, nach Italien zurückzukehren.

In der ersten Hälfte des November sind wir hoffentlich wieder zu Hause; ich denke nicht, daß wir hier unseren Aufenthalt wesentlich ausdehnen, da Regen u Nebel den Aufenthalt in den Lagunen sehr trübe machen. Sobald wir zu Hause sind, hoffe ich Sie zu sehen. Bis dahin u darüber hinaus, gehe es Ihnen nach all Ihren Wünschen. Die

Ihrige
Fanny Lewald Stahr

Kann ich Ihnen Etwas leisten
oder thun, so sagen Sie es
mir ganz einfach

Im Herbst 1858 unternahmen Fanny Lewald und Adolf Stahr zum ersten Mal seit 1846 eine Reise nach Italien. Adolf Stahr schreibt darüber seinen Reisebericht „Herbstmonate in Oberitalien", der 1860 bei Schulze in Oldenburg erschien.

Wie die „Allgemeine Deutsche Biographie" verzeichnet, war die Trauer groß, als Karl August Varnhagen von Ense am 10. Oktober 1858 starb. Die Nachwelt konnte jedoch nicht wissen, was die von seiner Nichte Ludmilla veröffentlichten Tagebücher Varnhagens über ihn preisgaben. Dass er ein Kritiker des restaurativen Systems und des preußischen Königs war, überraschte wenig, aber seine Aufzeichnungen stellten sowohl ihn selbst als auch viele Persönlichkeiten seines engen Umfeldes bloß.

Brief 21

Liebste Ludmilla!

Anbei ein Brief des Fürsten Pückler an Sie, der mich in stille Verzweiflung setzt, weil ich beim Herausnehmen desselben das Siegel verletzt, d. h. zerrissen habe. Solche Dinge sind mir aber so <u>durchaus</u> unangenehm, daß ich Ihnen mein Couvert mitschicke, um Ihnen zu zeigen, daß es unmöglich war, ihn anders herauszubekommen. Hätte ich gewußt, daß der Brief nicht an mich war, so hätte ich ihn stecken lassen. Da es mir aber häufig begegnet ist, zwei Briefe vom Fürsten auf einmal zu erhalten, so zog ich die ganze Einlage auf einmal heraus, u das Unglück war eben geschehen. Daß ich ihn nicht gelesen habe, brauche ich Ihnen hoffentlich nicht zu versichern. Meine Briefe bekomme ich wohl zurück.

Ihnen einen guten Morgen wünschend, freundlichst

d. 14/4 60 Fanny Lewald Stahr

Brief 22[75]
Freitag

Mein Mädchen, liebste Ludmilla! sollte sich gestern mündlich nach Ihrem Ergehen erkundigen u hat es vergessen. Ich frage also schriftlich an u hoffe auf guten Bescheid.

Wir hatten Sie neulich sicher zu sehen gehofft, u wenn wir auch jetzt am Tage nicht auf die Straße kommen, da Stahr die Hitze nicht erträgt, so spreche ich, falls Sie nicht ausgehen allein bei Ihnen vor, wenn Sie zu Hause bleiben. Heute von 5 Uhr ab bin ich <u>nicht</u> frei – aber in den zeitigen Morgenstunden bin ich's jetzt so ziemlich.

Ich denke und hoffe, es solle sich morgen entscheiden, wohin wir Dienstag gehen.

Treulich die Ihre

Fanny Lewald-Stahr

Brief 23

Berlin Mathäikirchstraße 21
Den 26ten Januar 74

Ich wollte unseren Glückwunsch für Sie, liebe Ludmilla! nicht in der Welt umherwandern lassen, u schreibe Ihnen erst heute, da ich Sie in das Haus zurückgekehrt vermuthe, das Ihnen – wie ich es von Herzen für Sie hoffe – nun zu einer wahren Heimath u Häuslichkeit geworden sein wird. Möchten Sie in Ihrer Ehe alles finden, was Sie von ihr erwartet haben – u damit erst die rechte Lust des Lebens, das Leben für Andere, für Sie beginnen. Mit sich selber ist man im Grunde so bald fertig, daß es gar nicht der Mühe lohnt, sich viel darum zu sorgen. Sie haben einen sehr ungewöhnlichen Schritt gethan – aber ich glaube Sie sind klug u beharrlich in Ihren Neigungen, u Sie werden sich Glück zu bereiten u zu bewahren verstehen. Ich wünsche Ihnen dieses u würde mich recht freuen, einmal Zeuge desselben zu sein – obschon wir keine nahe Aussicht dazu haben.

Es geht aber Gottlob wieder gut bei uns. Stahr hat sich, seit Sie ihn gesehen haben, vollständig erholt, u ich flehe zu allen guten Geistern, daß sie mir mein Ein u Alles lange noch so frisch wie jetzt erhalten u daß ich – mit allen meinen Rheumatismen u noch einigem dazu wenn's so sein soll – ausdaure, so lange der geliebte Mann mich braucht. Ich war, als Sie bei uns waren, in großer Angst um ihn, weil er so schwach geworden war. Jetzt ist er wieder ganz der Alte, viel jünger als seine Jahre – aber: sehr viel lieben heißt sehr viel sorgen – meine ganze Seele hängt an diesem einen Gut.

Neulich hat mir Frl. Hasger Ihren jetzigen Verleger empfohlen u der junge Mann war selbst schon vorher bei mir. Ich konnte jedoch von seinen Anerbietungen keinen Gebrauch machen, da ich Nichts zu vergeben u auch kaum Etwas angefangen habe. Doch danke ich für Ihren guten Willen.

Von unseren gemeinsamen Bekannten, habe ich, da ich erst seit Neujahr wieder herauskomme, nicht viel gesehen, weiß aber, daß es Allen – je nach Alter u Umständen – ganz erträglich geht.

Stahr grüßt Sie herzlich. Er ist wieder fleißig an der Arbeit für eine neue Auflage des <u>Torso</u>. Er hat schöne Erfolge mit seinen Arbeiten, was mich sehr glücklich macht.

Und so leben Sie wohl! U gehe es Ihnen wohl! Lassen Sie uns von sich hören u erinnern Sie sich unserer mit Empfehlen an Ihren Gatten. Wie immer

Fanny Lewald Stahr

Anlass des Schreibens ist die Eheschließung der zu diesem Zeitpunkt 53-jährigen Ludmilla Assing mit dem 25-jährigen Offizier Cino Grimelli, ein weiterer Skandal in ihrem Leben, so die deutschen Zeitungen. Seitdem sich Ludmilla Assing 1861 in Florenz niedergelassen hatte, verbrachte sie nach einer Verurteilung in Abwesenheit wegen Majestätsbeleidigung dort den Rest ihres Lebens.[76] Ihre Veröffentlichung der Tagebücher ihres Onkels in 14 Bänden zwischen 1862 und 1870 hatten dazu geführt, dass sie gleichzeitig weltbekannt und steckbrieflich gesucht wurde. Die Tagebuch-Bände, die das Jahr 1848 betrafen, ließ Otto von Bismarck beschlagnahmen, den Verleger Brockhaus setzte er durch ein Zeitungsverbot unter Druck. In Italien schuf sich Ludmilla Assing einen neuen Wirkungskreis, schrieb zweisprachig für deutsche und italienische Zeitungen und übersetzte aus dem Italienischen. Sie führte einen kosmopolitischen Salon und schloss sich dem linken Flügel des Risorgimento, der italienischen Einheitsbewegung, an. Im Herbst 1861 hatte sie auf Empfehlung des mit ihr befreundeten Georg Herwegh Kontakt aufgenommen zu Piero Cironi (1819–1862), einem italienischen Revolutionär, Publizisten und Schriftsteller, mit dem sie schon bald eine Liebesbeziehung verband, laut Nikolaus Gatter „mutmaßlich die einzige erfüllte ihres Lebens"[77], sie galt sogar als seine Verlobte. Die Beziehung endete tragisch, Cironi erkrankte an Schwindsucht und starb bereits im Dezember 1862. Ludmilla Assing verfasste seine Lebensgeschichte in deutscher und italienischer Sprache, 1865 erschien „Vita di Piero Cironi" in Prato, 1867 „Piero Cironi. Ein Beitrag zur Geschichte der Revolution in Italien" in Leipzig.[78] Er blieb nicht der einzige italienische Revolutionär, dem sie nahestand und über dessen Leben sie schrieb, Giuseppe Mazzini (1805–1872) gehörte ebenfalls dazu; sie publizierte zudem in der von diesem gegründeten Zeitung „Il Popolo d'Italia". Zu einem weiteren Mitstreiter Cironis, dem verheirateten Andrea Giannelli, unterhielt sie eine Liebesbeziehung. Der gemeinsame Sohn Carlo starb 1863 nach wenigen Wochen, die Beziehung endete 1865.[79] Noch eine weitere Beziehung scheiterte, zu dem zehn Jahre jüngeren Paolo Mantegazza, einem liberalen Physiologen, Anthropologen und Darwinisten, ab 1865 Abgeordneter des italienischen Parlaments.

Hatte man sich bereits Jahre zuvor über den Lebenswandel ihrer Cousine Fanny Lewald empört, die im Zusammenleben mit dem zunächst noch verheirateten Adolf Stahr gesellschaftliche Tabus gebrochen hatte, war die emanzipierte Lebensweise Ludmilla Assings Gegenstand von Spott und Glossen in der Presse, bereits ein Theaterbesuch ohne männliche Begleitung erregte Aufsehen und Stirnrunzeln.[80] All dies wird der in Deutschland lebenden Cousine bekannt gewesen sein. Allein, ihre Vermutung, dass mit der Eheschließung Ludmillas wie bei ihr selbst Ruhe ins Leben der Cousine in Italien kommen würde, wird sich nicht bewahrheiten. Die Ehe mit Grimelli sollte nur wenige Wochen dauern, fünf Jahre nach der Trennung beging Grimelli in Modena Selbstmord.[81]

Der hier erwähnte angegriffene Gesundheitszustand Adolf Stahrs ist für Fanny Lewald kein Novum. Sie lernte ihn 1845 in Rom kennen, als er, vom Oldenburger Großherzog beurlaubt, auf einer Reise in den Süden versuchte, seine chronische Kehlkopferkrankung zu heilen, die ihm die Ausübung seines Lehrberufs unmöglich gemacht hatte. Die Erfolge, die der einflussreiche Kritiker und Schriftsteller verbuchte, konnten den Verlust eines „Brotberufs" ab 1852, einer Festanstellung im Schuldienst, zwar nicht wettmachen, aber mildern. Er verfasste mehrere Reisebücher, kunsthistorische Arbeiten – wie der hier erwähnte „Torso. Kunst, Künstler und Kunstwerke der Alten" (1854 ff.), Übersetzungen von Aristoteles, biographische und literarhistorische Werke über Lessing und Goethe, die zum Teil hohe Auflagen erreichten. Reisen zu Brunnenkuren in diverse Heilbäder gehörten zum Leben des Ehepaars Lewald-Stahr, man traf sie auf Helgoland, in

Swinemünde, in Bad Ragaz, Liebenstein, Schlangenbad, Thale, Karlsbad und Baden-Baden. Adolf Stahr ist zu dem Zeitpunkt, als dieser Brief geschrieben wird, 69 Jahre alt; vor seinem 70. Geburtstag im darauffolgenden Jahr zieht er sich eine schwere Lungenentzündung zu, von der er sich nicht mehr erholen wird.

Doch zuvor muss Fanny Lewald den Tod ihres jüngeren Bruders Otto im Alter von 61 Jahren erleben:

Brief 24

Berlin Mathaikirchstraße 21
den 22ten Juni 74

Ihr Brief, meine theure Ludmilla! hat mich sehr gerührt u mir sehr wohl gethan. Wie das spätere Leben mich auch von dem direkten Zusammenhang mit meinem Bruder getrennt hat, die längste Zeit seines wackren, redlichen u tapfren Lebens, die ersten 40 Jahre waren mein, u ich bin ihm – wie er es einmal zu Emma Herwegh sagte – nicht nur eine Schwester, sondern ein <u>Bruder</u> gewesen, wie er mir. Zehn spätere Jahre habe ich, um ihn mir zu erhalten, unsägliche Kränkungen ertragen, u Stahr hat sich aus Liebe für mich überwunden, sie mit mir zu ertragen, bis das: bis hieher u nicht weiter – endlich gesprochen werden mußte. – Vierzehn Jahre sind darüber hin gegangen – sie waren nicht leicht, da wir an demselben Orte lebten; Otto hatte mir allmählich seine Kinder geschickt, wir wünschten einander zu den Geburtstagen schriftlich Glück – das befreiende u lösende Wort ist nie gesprochen worden –u doch sahen u sprachen wir uns an dritten Orten <u>freundlich</u>. Zuletzt hatte ich ihm am 2. Mai nach Karlsbad Glück gewünscht u am 4. einen herzlichen Brief, wie es seiner absolut liebenswürdigen Natur entsprach, erhalten. <u>Gesehen</u> habe ich ihn nach seiner Rückkehr nicht– u da ich gewohnt war, sein krankes, aber immer freundliches Gesicht, mir im Thiergarten aus dem Wagen zunicken zu sehen, so vermisse ich ihn an jedem Tage, u kann den Mond u den grünen Rasen nicht sehen, ohne an ihn zu denken, der es nicht mehr sieht. Meine eigene Jugend ist mit ihm begraben – u ich habe nur zum Geschick zu flehen, daß es mir den geliebten Mann erhalte, den das spätere Leben mir zu eigen gemacht, u der mein ganzes Glück ist.

Wie man aber gerade solchen Verlusten gegenüber, die freundliche Neigung schätzt, die sich uns aus den früheren Tagen entgegenbringt, das, liebe Ludmilla! haben Sie in dem Augenblicke empfunden, in dem Sie mir schrieben, u es hat mir um so mehr gut gethan, als ich immer den Glauben hatte, Ihr Onkel u Sie, deren Freundschaft für Stahr mich immer sehr freute, hätten Etwas <u>gegen mich</u> u möchten mich <u>nicht</u>. Das hat mir Varnhagen u Ihnen gegenüber eine Art Unfreiheit u ein gewisses scheues Misstrauen gegeben. Ich habe das nie ausgesprochen als gegen Pückler einmal, der mir aber sagte, ich bilde mir das ein u er habe Sie nie anders als mit Neigung von mir sprechen hören. Das hat mich damals erfreut u beschämt –da les individues [sic!] comme les sociétés la conscience de leur mort haben, quand leur fin est prochain, so will ich Ihnen das doch einmal sagen, u Ihnen die Hand reichen, da ich es noch kann.

Bei uns ist es seit jetzt vor einem Jahre nicht gut gegangen; nur der April u Mai waren für Stahr so gut, daß er recht wieder auflebte. Jetzt hat er 3 Wochen am Podagra gelegen – den Winter lagen wir beide einmal ebenso lange alle beide zugleich, was recht arg war – u nun wollen wir den 27ten nach Liebenstein; von dort, wenn alles gut steht, Ende August nach Ragaz gehen, u vor dem 1ten Oktober zu Hause sein, da uns dann möglicher Weise eine uns höchlich peinliche Wohnungskündigung u zu Ostern ein Umzug bevorsteht.[82] Das Haus ist verkauft, u wir hören, der neue Besitzer wolle es umbauen. Ich habe angefragt u keine bestimmte Antwort von ihm erhalten. Nach Italien können wir schwerlich wieder, so sehr mich danach verlangt. Wir haben nicht mehr Selbstvertrauen genug dazu.

Wohl Ihnen, daß Sie so gescheut u in der Lage gewesen sind, sich festen Boden unter den Füßen in Italien geschafft zu haben – obschon ich einen solchen außer dem Vaterlande mir nicht ersehnt habe. Möchten Sie in Haus u Ehe immer glücklich sein.

Ihre neuen Publikationen habe ich noch nicht gesehen – aber ehrlich gestanden es bedauert, daß Sie Pücklers[83] Briefe an noch lebende Personen veröffentlich haben. Es hat so viel böses Blut gegeben – u wozu? – Man hat wirklich genug an den Gegnern, die man sich bisweilen nothgedrungen erschaffen muß – wozu sich Wohlwollende in Gegner wandeln? Ich sage Ihnen das, liebe Ludmilla! weil Sie gut gegen mich gewesen sind, u weil ich weiß, aus wachsender Erfahrung weiß, wie man mit steigenden Jahren, die Neigung, das Wohlwollen der Menschen u Ruhe nöthig hat. Stahr drückt Ihnen die Hand. Herzlich dankbar die Ihre

Fanny Ld. St.

Die Beziehung Fanny Lewalds zu ihrem nur zwei Jahre jüngeren Bruder Otto war zwiespältig. Die Tatsache, dass sie selbst nach der Schließung der Privatschule, die sie in Königsberg besucht hatte, ab September 1824 zusehen musste, wie ihre Brüder Otto und Moritz weiterhin das Gymnasium besuchen durften, während sie nach einem rigiden Stundenplan den Tag zu Hause verbringen musste, weckte „einen brennenden Neid auf meine Brüder […]."[84] Andererseits akzeptierte sie Otto nach dem Tod des Vaters 1846 uneingeschränkt als Familienoberhaupt – eine Verantwortung, die schwer auf Otto Lewald zu lasten schien, immerhin hatte er fünf unverheiratete Schwestern.

Sie schätzt seinen juristischen Rat, seine anfängliche Hilfe bei Vertragsverhandlungen und Honorarfragen mit Verlegern, er setzt ihren Ehevertrag auf. Allerdings gibt es zahlreiche Bemerkungen und Hinweise in ihrem Briefen an Adolf Stahr, die zeigen, dass Otto Lewald eine Doppelmoral praktizierte, selbst ein Verhältnis zu einer verheirateten Frau – Amalie de Chaufpié, der Gattin eines Hamburger Arztes[85] – unterhielt, was er seiner Schwester in der Beziehung zu Adolf Stahr verübelte. Die ungleiche Stellung von Mann und Frau in der Gesellschaft des Vor- und Nachmärz wird am Beispiel der beiden Geschwister deutlich. Was ein Mann ungehindert tun durfte, schickte sich für eine Frau keinesfalls.

Immerhin, Otto Lewald hatte vor seiner älteren Schwester Respekt, wie diese erstaunt während einer Gesellschaft erfuhr:

„Lewald!" – ruft Abegg[86], „können Sie das leugnen, dass Sie viel Respekt vor Ihrer Schwester haben?" – Und der gute Junge wird rot, als presse man einem 20-jährigen ein Liebesgeständnis ab u sagt ganz verwirrt: „Ja! Den Respekt, der auf Achtung gegründet ist, den habe ich vor ihr."[87]

Tatsächlich achtete er die Schwester als gleichrangig: „Gestern – Montagssoiree – fragte die Herwegh den Otto: ‚Welche Schwester haben Sie am liebsten?' – ‚Die Minna.' – ‚Nicht Fanny?' – ‚O das ist was ganz anderes! Die Fanny ist mein einziger Bruder!'"[88]

Fanny Lewald irrte allerdings, wenn sie glaubte, sie könne ihrem Bruder plausibel machen, dass ihr Verhältnis zu Adolf Stahr für sie eine Lebensnotwendigkeit war: „Das Zusammenleben mit Otto hat den Vorteil, dass er fühlt, wie mich die Liebe zu Dir von vielen Familientraditionen emanzipiert hat, u dass er mein Recht erkennt, nicht nach Traditionen, sondern nach meiner Überzeugung zu leben."[89]

Nach einem dreiwöchigen Helgolandaufenthalt zusammen mit Stahr im Spätsommer 1849, wo sich das Paar keineswegs versteckte, sondern den Kontakt suchte zu den anwesenden Künstlern und Wissenschaftlern, wie dem Maler Rudolf Lehmann und dem Chemiker Eilhart Mitscherlich, dem Dichter und Theaterintendanten Franz Dingelstedt, dem Musiker Franz Liszt sowie politischen Flüchtlingen wie Julius Fröbel, kam es zu einem heftigen Streit zwischen Fanny und Otto Lewald, bis Weihnachten sprachen die Geschwister kein Wort miteinander. Die Beziehung hatte Schaden genommen, noch nicht dauerhaft, aber es blieb auf Seiten Fannys eine grundlegende Skepsis: „Ich bin glücklicher allein gewesen diese ganze Zeit als seit Jahren in der Familie. Ich war ruhiger, einiger in mir selbst u freier." Am 20. September 1849 schrieb Otto Lewald seiner Schwester einen Brief, in dem er seine grundsätzliche Ansicht ihres Verhaltens rechtfertigte, und kam zu dem Ergebnis: „Nein Fanny, wir sind zu verschieden. Gebe Gott Dir fortdauernd diese Selbstzufriedenheit. Ich wünsche es Dir, wage aber kaum es zu hoffen."[90]

Zwar unterstützte Fanny die Heirat ihres Bruders mit Elisabeth Althaus, half bei der Niederkunft der Schwägerin im Frühjahr 1852, aber der endgültige Bruch der Geschwister war unaufhaltsam.

Auch Ludmilla Assing kannte den Cousin gut. Seit sie in Berlin lebte, war sie mit Fanny und Otto zusammen in der Berliner Gesellschaft ein- und ausgegangen, wie die frühen Briefe Fanny Lewalds hier dokumentieren.

1871 hatte sie Otto als Anwalt gebeten, ihre Interessen bei der Veröffentlichung des Nachlasses von Fürst Hermann von Pückler-Muskau zu vertreten. Neben den Tagebüchern ihres Onkels Varnhagen gab sie zwischen 1861 und 1874 einen Großteil des Briefwechsels ihrer Tante Rahel Varnhagen heraus und übernahm damit die von ihrem Onkel begonnene editorische Arbeit. In ihrem Testament hatte Rahel Varnhagen nach ihrem Mann ihrer Schwägerin Rosa Maria Assing, bzw. ihrem Schwager David Assing und deren Kindern ihre Schriften zur Herausgabe vermacht.[91] Die Sammlung der eigenen Schriften war seit 1841 durch Autographen anderer Schriftsteller ergänzt worden.[92] Es lag also nahe, dass Ludmilla Assing mit Nachlasspublikationen von befreundeten Schriftstellern betraut wurde. So schreibt sie am 24. Februar 1874 aus Florenz einen Briefentwurf an Otto Lewald:

> Mein lieber Otto,
> ich spreche heute Ihre Hilfe an, in einer Angelegenheit, die mir sehr wichtig ist. Mein verstorbener Freund, der Fürst Hermann von Pückler=Muskau hatte mir seit Jahren seine Papiere, Briefschriften, Tagebücher u.s.w. als Vermächtnis bestimmt, damit ich dieses Material benutzend, seine Lebensbeschreibung verfassen könne. Leider scheint er hierüber nichts in seinem Testamente verfügt zu haben, aber er übergab schon im voraus seinem Geheimsekretär Billy Masser in Kisten verpackt diese Papiere, damit ich sie nach seinem Ableben erhielte. Daß dies der Wille des Fürsten bis zum letzten Augenblicke war, ist zweifellos, und Billy kann es beschwören. Aus den Beilagen, besonders aus einem Briefe an den Präsidenten Hartmann sehen Sie den genauen Sachverhalt. Ich glaube daß Billy, der in alle geheimsten Angelegenheiten des Fürsten eingeweiht war, zuverlässig ist, aber er hat sich von der Universalerbin einschüchtern lassen und die Kisten auf ihre Drohung ausgeliefert. [...][93]

Ludmilla Assing möchte, dass Otto Lewald ihre Interessen im Streit mit der Familie Seydewitz vertritt. Die Nichte des Fürsten, Marie von Pachelbl-Gehag, geb. Seydewitz, hatte das Barvermögen und Inventar ihres Onkels geerbt, wozu die nachgelassenen Papiere gehörten. Otto Lewald konnte den Auftrag von Cousine Ludmilla nicht annehmen, als Hausanwalt der Familie Seydewitz war er befangen. Ludmilla Assing veröffentlichte 1873 und 1874 in zwei Bänden „Fürst Hermann von Pückler-Muskau. Eine Biographie" bei Hoffmann und Campe in Hamburg und zwischen 1873 und 1876 seinen Briefwechsel und seine Tagebücher in neun Bänden in Berlin beim Verlag Wedekind und Schwieger.

Ausnahmsweise gibt es zu diesem Brief einen Gegenbrief der Cousine:

Ludmilla an Fanny

29. Juni 1874

Meine liebe, gute Fanny
herzlichen Dank für Ihren lieben Brief. Wie sehr verstehe ich Ihren Schmerz über den dahingegangenen Bruder. Ich, die ich ja so viele meiner Lieben verloren, weiß nur zu gut, daß man mit ihnen ein Stück seines eigenen Lebens verliert, und nur scheinbar, nicht in Wahrheit, gewöhnt man sich an solche Verluste. Ich freue mich, daß sie noch so kurz vor Ottos Tode einen liebevollen Brief von ihm hatten; dergleichen ist wohlthuend, dergleichen sind die Freuden des Schmerzes.

Wie gern höre ich, daß es Stahr wieder besser geht; möge er und Sie mit ihm, sich recht erfrischen in dem schönen, anmutigen Liebenstein, das ich kenne, das ich in vergangenen glücklichen Tagen mit meinem Onkel gesehen habe. Meine aufrichtigsten Wünsche und Gedanken begleiten Sie beide dorthin.

Was mich betrifft, meine liebe Fanny, [seien Sie versichert]⁹⁴ daß ich meiner Natur nach treu bin, und mich nie verändern kann, und so auch gewiß nicht gegen Sie. Mich freut es, daß Pückler, zu dessen größten Vorzügen der der Wahrhaftigkeit gehört, Ihnen dies bestätigt hat. Für meinen Onkel waren die hohen Treppen, um zu Ihnen zu gelangen, ein schwer zu überwindender Übelstand, was er vielleicht Ihnen nicht deutlich genug ausgesprochen hat, was ich aber wußte und sah, da ihm jede Treppe schwer wurde. Das „gewisse scheue Misstrauen" habe ich nie an Ihnen bemerkt, und Sie immer gleich liebenswürdig und gut gegen mich befunden.

Und nun zu meinen Veröffentlichungen über Pückler.

Glauben Sie mir, daß ich immer geneigt bin, gutem Rath zu folgen, und gewiss gern dem Ihrigen; aber ich suche vergeblich, welche die Briefe Pücklers an noch lebende Personen sein könnten, die böses Blut gemacht haben sollten?

Die einzigen Lebenden, deren Briefwechsel gedruckt worden, sind die Gräfin Hahn⁹⁵ und Marlitt, in denen gar nichts Verletzendes vorkommt; und außerdem waren beide Damen mit der Veröffentlichung einverstanden. Nur Böswillige können also gegen Sie mir diesen Vorwurf gemacht haben. Wenn Sie wüßten, mit welcher Schonung und Rücksicht ich das bedenkliche Material geordnet habe, wie viele ich hätte kompromittiren können! Wer unzufrieden sein soll, ist wie ich höre, Grimm und die Bettinentöchter wegen der Briefe Bettinens.⁹⁶

Aber Bettine gehört der Litteratur an, und sie, die selbst in „Ilius Pamphilius und die Ambrosia"⁹⁷ den Korb hat drucken lassen, den ihr der junge Nathusius gab, kann auch ganz ertragen, daß nach ihrem Tod ihre wunderlichen Beziehungen zu Pückler bekannt werden, die übrigens kein Liebesverhältnis waren. Ich habe noch immer mit der Fortsetzung der Pückler'schen Sachen viel zu thun, und außerdem mit denen meines Onkels. Jetzt wird sein Briefwechsel mit Rahel gedruckt, ein Buch, an dem mein ganzes Herz hängt. Es ist gut, daß ich diese Beschäftigungen habe – ich lebe allein wie früher.

Mit Vergnügen höre ich aus Berlin, daß Ihr neuer Roman „Benedikt" außerordentlich gefällt.[98] Leider habe ich ihn noch nicht zu sehen bekommen. Für deutsche Bücher ist Florenz, sonst so schön, ein unbequemer Ort.

Mit herzlichen Grüßen an Stahr umarme ich sie, meine liebe Fanny, und bin unwandelbar

Ihre
Ludmilla[99]

Es gibt einen weiteren Kondolenzbrief, den Ludmilla Assing ihrer Berliner Cousine schickt:

Ludmilla an Fanny
Florenz, den 6. Oktober 1876
Via Luigi Alamanni 27

Meine theure Fanny,

es wurde mir ganz unheimlich und wehmüthig zugleich zu Muthe, als ich diesen Augenblick die Berliner Zeitung in die Hand nahm, und ich darin ganz plötzlich von dem Dahinscheiden Stahrs betroffen wurde. Ach, wie ist so schmerzlich, die Freunde und Genossen einen nach dem anderen zu verlieren!

Und wie bedaure ich Sie, meine liebe Fanny, um diesen unersetzlichen Verlust!

Ich, die ich selbst so viele meiner Geliebten verloren habe, weiß ganz bis in seine tiefsten Tiefen, was ein solcher Verlust bedeutet. Ich umarme Sie stillschweigend, was können Ihnen Worte helfen.

Aber wenigstens sollen Sie wissen, daß ich mit Ihnen fühle.

Möchten Sie doch nach Italien kommen, das schöne Land [wird /kann][100] wenn auch nicht Sie trösten, doch Ihnen wohlthun. Gern hätte ich, wenn auch nicht sogleich, doch bald eine Zeile von Ihnen, um zu wissen, wie es Ihnen geht bei so viel Kummer und Schmerz.

Bleiben Sie meiner treuen Anhänglichkeit und Zuneigung stets versichert, mit der ich bin

Ihre Sie liebende Cousine
Ludmilla Assing

Auch Stahr nannte mich gern seine Cousine! Eben denke ich lebhaft an meinen Onkel, der gewiss Stahr mit uns sehr betrauert hätte.[101]

Mit dem Tod Adolf Stahrs am 3. Oktober 1876 ist für Fanny Lewald das Schlimmste eingetreten. Die Trauer der Witwe ist grenzenlos, wie ihre privaten Briefe, vor allem an ihren Lieblingsneffen Wilhelm (Memmo) Gurlitt bezeugen. Mit seinem Tod hat sie nicht nur das Zentrum ihres Lebens verloren, sondern sie vermisst auch den intellektuellen Austausch mit Stahr.

Im Nachlass Fanny Lewalds in der Handschriftenabteilung der Berliner Staatsbibliothek ist ein großes ledergebundenes Album erhalten, in dem sie alle Beileidsbekundungen, Visitenkarten, Telegramme und Nachrufe in Zeitungen zum Tod ihres Mannes aufbewahrte.[102]

Am liebsten verbringt sie die Zeit mit seinen Arbeiten, mit denen sie sich als Erbin seines gesamten gedruckten und ungedruckten literarischen Nachlasses einschließlich seiner und fremder Korrespondenz beschäftigt. Sie unternimmt eine Neuauflage des Kunstbuches „Torso"[103], bei der ihr Wilhelm Gurlitt behilflich ist, der sich im Vorjahr als klassischer Archäologe habilitiert hatte und bald darauf einen Ruf an die Universität Graz erhalten sollte.

Fannys wirtschaftliche Existenz ist gesichert.

Es ist nicht wirtschaftliche Notwendigkeit, die Fanny Lewald in den nächsten 13 Jahren bis zu ihrem eigenen Tod zur Arbeit treibt. Nach dem Motto „Arbeiten und nicht müde werden"[104] veröffentlicht sie weiterhin Reiseberichte, Novellen, Romane und Memoiren, darunter ihr Spätwerk, den Großroman „Die Familie Darner" (1887), sowie Erinnerungen an Heinrich Heine und Fürst Hermann von Pückler-Muskau (ab 1886).[105]

Noch zweimal kommt Fanny Lewald nach Italien; im Sommer 1877 reist sie über Dresden und Bad Ragaz nach Rom, wo sie sich bis Ende April 1878 aufhält. 1880 unternimmt sie im Herbst ihre letzte Reise nach Italien, der gemeinsame Aufenthalt mit ihrer Schwester Henriette in Rom dauert bis Mai 1881.

Vielleicht haben sich die beiden Cousinen 1877/1878 noch einmal in Italien getroffen, Ludmilla Assing lebte seit 1868 in dem von ihr errichteten Haus in der Via Luigi Alamanni 27 in Florenz. Bei Lewalds letzter Italienreise war es bereits zu spät, Ludmilla Assing starb am 25. März 1880.

Fanny Lewald, die sich – beeinflusst durch ihre eigene defizitäre Schulbildung – stets für die Bildung und Erziehung von Frauen und Mädchen einsetzte, hätte sicher die Stiftung ihrer Cousine befürwortet, die nach dem Tod Assings 1881 die Scuola Ludmilla Assing ins Leben rief, ein Unternehmen, mit dem die Stifterin eine „dezidiert politische und feministische Zielsetzung"[106] verband.

In ihrem Demokratieverständnis, ihrem Einsatz für Frauenbildung als Grundlage gesellschaftlichen Wandels, ihrer selbständigen Lebensführung und schriftstellerischen Tätigkeit standen sich die beiden Frauen in nichts nach, beide waren Ausnahmeerscheinungen des 19. Jahrhunderts. Doch weder die geistige noch die familiäre Verwandtschaft führte zu einem engen oder intensiven Verhältnis.

Anmerkungen

1 Die Autographensammlung des Berliner Sammlers Herbert Adam, die die Stiftung Preußischer Kulturbesitz im Juli 1980 mit Hilfe der Deutschen Klassenlotterie erwarb. Sie dokumentiert die deutsche Geistesgeschichte vom 18. bis 20. Jahrhundert.
2 „Es ist unter ganz diskreten Personen meines Kreises neuerdings durch viele Jahre alte Briefe solch Unangenehmes geschehen, dass ich mich und die mir Nahestehenden davor hüte, keine Briefe mehr zu schreiben, wenn man mir nicht verspricht, sie zu verbrennen. […] Die Bacheracht, alle, haben es schon für mich getan." Undatierter Brief von Fanny Lewald an Emma Baronin von Schwanenfeld, 1847, Nachlass Lewald-Stahr, Staatsbibliothek zu Berlin Preußischer Kulturbesitz, Kasten 6, Mappe 115, Blatt 31 verso.
3 Gabriele Schneider, Renate Sternagel (Hrsg.): Ein Leben auf dem Papier. Fanny Lewald und Adolf Stahr. Der Briefwechsel 1846 bis 1852. Bd. 1–3. Bielefeld 2014, 2015, 2017.
4 Die Briefe werden in chronologischer Reihenfolge in der Originalschreibweise wiedergegeben. Dabei ergibt sich die Reihenfolge aus dem Kontext der Briefe, in einigen Fällen ist die Datierung fraglich; daher wurde die Reihenfolge in der Sammlung, so wie sie mir als Digitalisate aus Krakau zur Verfügung gestellt wurden, geändert. Alle Briefe Fanny Lewalds sind am oberen Rand von Ludmilla Assing gekennzeichnet mit „Fanny Lewald", Ort und Datum, an dem der Brief verfasst wurde, mit Ausnahme der Briefe 9, 22 und 23.

Brief 9 und 22 tragen keinerlei Datumsangabe, weder von Ludmilla Assing noch von Fanny Lewald, bei Brief 23 fehlt die Absenderangabe von Ludmilla Assing.
5 Christina Ujma: Stadt, Kultur, Revolution. Italienansichten deutschsprachiger Schriftstellerinnen des 19. Jahrhunderts. Bielefeld 2017, S. 133.
6 Vgl. dazu Nikolaus Gatter: „Letztes Stück des Telegraphen. Wir alle haben ihn begraben helfen…" Ludmilla Assings journalistische Anfänge im Revolutionsjahr. – In: Internationales Jahrbuch der Bettina-von-Arnim-Gesellschaft 11/12 (1999/2000), S. 101–120, hier S. 103.
7 Fanny Lewald: Meine Lebensgeschichte. Neu hrsg. v. Ulrike Helmer. Frankfurt a. M. 1989. Bd. 3, S. 114.
8 Vgl. dazu Schneider/Sternagel (Hrsg.): Ein Leben auf dem Papier [Anm. 3], Bd. 1, S. 213 und 282.
9 Lewald: Lebensgeschichte [Anm. 7], Bd. 3, S. 282.
10 Vgl. ebd., S. 121 f. Er war der Präsident der oberschlesischen Eisenbahn aus Breslau. Der hier erwähnte Zweig der Breslauer Linie der Familie Lewald ist übrigens heute im Besitz des schönsten Porträts von Fanny Lewald, das 1851 von David Wihl angefertigt wurde. Vgl. dazu Schneider/Sternagel (Hrsg.): Ein Leben auf dem Papier [Anm. 3], Bd. 3, S. 489 ff., sowie: Salonfähig. Frauen in der Heine-Zeit. Hrsg. v. Beate Borowka-Clausberg. Heidelberg 2016, S. 10 f. Das Bild befindet sich im Privatbesitz von Ferdinand Fremerey in Wangen.
11 Vgl. Lewald: Lebensgeschichte [Anm. 7], Bd. 3, S. 78.
12 Vgl. Schneider/Sternagel (Hrsg.): Ein Leben auf dem Papier [Anm. 3], Bd. 1, S. 537 ff.
13 Vgl. Lewald: Lebensgeschichte [Anm. 7], Bd. 3, S. 241–248.
14 Durchgestrichenes Wort.
15 Eine verheiratete Anstandsdame.
16 Bei Dr. Guttentag könnte es sich um den Berliner Verleger Immanuel Guttentag (1817–1862) handeln, der u. a. die Guttentag'sche Sammlung preußischer Gesetze herausgab. Fräulein Berta Leopoldine Schmeling (1801–1889) gehört zum Berliner Bekanntenkreis Fanny Lewalds, Napoleone Rossi war ein italienischer Bassist, der 1810 in Lucca geboren wurde und 1833 in Florenz sein Debüt gab. Seine füllige Figur gefällt Fanny Lewald offenbar wenig.
17 Bei Bentin handelt es sich um einen Tänzer, vgl. „Illustrirte Zeitung". Leipzig, Berlin u. a., Bd. 5, Nr. 123, 8. November 1845, S. 303.
18 Die Theaterkarten.
19 Grenzen, Engstirnigkeiten.
20 Macht das Leben schwer.
21 Ein Aussichtspunkt in der sächsischen Schweiz.
22 Freitag durchgestrichen.
23 Ab hier bis Briefende an den Rand des Blattes quer geschrieben.
24 Vgl. dazu Gatter: „Letztes Stück des Telegraphen…" [Anm. 6], S. 106.
25 Vgl. Lewald: Lebensgeschichte [Anm. 7], Bd. 3, S. 166 f.
26 Gatter: „Letztes Stück des Telegraphen…" [Anm. 6], S. 107.
27 Vgl. ebd.
28 Darunter der vor der Abreise erschienene Roman „Eine Lebensfrage" sowie die Erzählung „Ein armes Mädchen", die in der „Urania auf das Jahr 1846" erscheinen wird. Ob und unter welchem Titel die anderen hier erwähnten Beiträge Lewalds erschienen sind, ist bisher nicht bekannt.
29 Otto Lewald hielt sich evtl. bei seiner Freundin Amalie von Chaufpié auf, vgl. Anm. 85. Ludmilla Assing weilte bei ihren Hamburg-Aufenthalten in Eimsbüttel bei Onkel Wolff.
30 Undatiert, muss sich aber auf den folgenden Brief beziehen, da Fanny betroffen ist, dass sich die Cousinen gar nicht sehen.

31 Schneider/Sternagel (Hrsg.): Ein Leben auf dem Papier [Anm. 3], Bd. 3, S. 37.
32 Dieser Brief wie auch die beiden nachfolgenden sind nicht von Fanny Lewald selbst datiert.
33 Vgl. dazu Schneider/Sternagel (Hrsg.): Ein Leben auf dem Papier [Anm. 3], Bd. 2, S. 437, 470, 522, 656, 701, sowie Bd. 3, S. 72 f., 112 ff., 129 und 132.
34 Vgl. ebd., Bd. 3, S. 46, 51 und 102.
35 Vgl. ebd., S. 230. Ludmillas Tageblätter – die Nikolaus Gatter mir freundlicherweise zur Verfügung gestellt hat – belegen vielmehr regelmäßige Treffen mit Fanny in den Jahren 1849 und 1850 bis zur Abreise Fanny Lewalds nach England und Schottland im April; der Kontakt wird sofort nach Fannys Rückkehr im Herbst 1850 wieder aufgenommen.
36 Fanny Lewald: Prinz Louis Ferdinand. Breslau 1849.
37 Vgl. Schneider/Sternagel (Hrsg.): Ein Leben auf dem Papier [Anm. 3], Bd. 3, S. 95.
38 Ebd., Bd. 2, S. 548.
39 Ludmilla Assing, Tageblatt vom 2. Dezember 1849, Sammlung Varnhagen, Krakau; Mikrofilmkopie im Besitz von Nikolaus Gatter.
40 Schneider/Sternagel (Hrsg.): Ein Leben auf dem Papier [Anm. 3], Bd. 2, S. 788.
41 Fanny Lewald: Erinnerungen aus dem Jahre 1848. Bd. 1, 2. Braunschweig 1850.
42 Schneider/Sternagel (Hrsg.): Ein Leben auf dem Papier [Anm. 3], Bd. 3, S. 132 (Brief an Stahr von Ostersonntag 1850).
43 Der Brief ist irrtümlicherweise hinter dem folgenden Brief vom Karfreitag 1850 einsortiert.
44 Vgl. Schneider/Sternagel (Hrsg.): Ein Leben auf dem Papier [Anm. 3], Bd. 3, S. 84 (Brief 374 vom 6.2.1850).
45 Das Porträt findet sich auf dem Cover der Briefedition „Ein Leben auf dem Papier".
46 Vgl. Schneider/Sternagel (Hrsg.): Ein Leben auf dem Papier [Anm. 3], Bd. 3, S. 104.
47 Ebd., S. 113.
48 Lewald: Erinnerungen aus dem Jahre 1848 [Anm. 41].
49 Schneider/Sternagel (Hrsg.): Ein Leben auf dem Papier [Anm. 3], Bd. 3, S. 114 (10. März 1850).
50 Gabriele Schneider: Fanny Lewald und Heine. Sein Einfluß und seine Bedeutung im Spiegel ihrer Schriften. – In: HJb 33 (1994), S. 202–216, hier S. 212.
51 Schneider/Sternagel (Hrsg.): Ein Leben auf dem Papier [Anm. 3], Bd. 3, S. 129.
52 Vgl. Renate Sternagel (Hrsg.): Therese von Bacheracht: „Heute werde ich Absonderliches sehen". Briefe aus Java 1850–1852. Königstein / Taunus 2006.
53 Am oberen Rand ist ein falsches Datum von Ludmilla eingetragen, nämlich der 15. Mai 1851.
54 Die Wut.
55 Schneider/Sternagel (Hrsg.): Ein Leben auf dem Papier [Anm. 3], Bd. 3, S. 561.
56 Vgl. ebd., S. 500.
57 Vgl. ebd., S. 148.
58 Durchgestrichenes, korrigiertes Wort.
59 Familienangelegenheiten, Lewald berichtet von ihren Geschwistern.
60 Schneider/Sternagel (Hrsg.): Ein Leben auf dem Papier [Anm. 3], Bd. 3, S. 669.
61 Adolf Stahr verfasste darüber einen Reisebericht: Weimar und Jena. Ein Tagebuch. Bd. 1, 2. Oldenburg 1852.
62 Vgl. Schneider/Sternagel (Hrsg.): Ein Leben auf dem Papier [Anm. 3], Bd. 3, S. 574.
63 Ebd., S. 615.
64 Ebd., S. 633.
65 Ebd., S. 656.
66 Locker, natürlich.
67 Schneider/Sternagel (Hrsg.): Ein Leben auf dem Papier [Anm. 3], Bd. 3, S. 584.
68 Gemeint ist die Gräfin Ahlefeldt, vgl. Brief 14.
69 Anmerkung daneben: „das ist ein Zeichen wie verduselt ich bin."

70　Datierung von Ludmilla Assing.
71　Wohl oder übel.
72　Der französische Literaturkritiker und Journalist Philarète Chasles (1798–1873).
73　Zusatz von Stahr. Ich bedanke mich bei Renate Sternagel, die in der Lage ist, Adolf Stahrs unleserliche Schrift zu entziffern und sie für mich transkribiert hat.
74　Vgl. den Kommentar zu Brief 11.
75　Undatiert. Der Brief könnte kurze Zeit vor dem folgenden verfasst worden sein, Fanny Lewald erwähnt hier den schlechten Gesundheitszustand ihres Mannes.
76　Vgl. Nikolaus Gatter: „Ameisenarbeit!" Ludmilla Assings Lebensspuren in Florenz. – In: Makkaroni und Geistesspeise. Almanach der Varnhagen-Gesellschaft. Hrsg. v. Nikolaus Gatter. Berlin 2002, S. 300–308, hier S. 300.
77　Ebd., S. 302, s. besonders Anm. 9.
78　Vgl. ebd.
79　Vgl. ebd.
80　Vgl. ebd., S. 303.
81　Vgl. ebd., S. 302 f.
82　Die Wohnung in der Mathäikirchstraße bleibt bis 1885 ständiger Wohnsitz Fanny Lewalds, lediglich die Hausnummer wird von 18 in 21 umgewandelt.
83　Ab hier bis Briefende ist der Text quer an den linken Rand des Blattes und auch der beiden vorangegangenen Seiten geschrieben. Über Ludmilla Assings Veröffentlichung der Briefe Pücklers ist Fanny Lewald empört, wie sie an ihren langjährigen Korrespondenzpartner, den Großherzog Carl Alexander von Sachsen-Weimar schreibt: „Was haben Königliche Hoheit! aber zu dem Unfug gesagt, den Frl. Assing wieder mit den Briefen des Fürsten Pückler angerichtet hat? Mit hat es geradezu weh getan, das Bild des mir werten Mannes in solcher Weise entstellt zu sehen. […] Mir scheint dies den lebenden Besitzern [von Briefen und anderen persönlichen Dokumenten, G. S.] gegenüber fast eben ein solcher Eingriff in das eigentliche Recht eines Menschen, wie die bisher unerhörte Weise, in welcher jetzt von Gregor Samarow in den Illustrierten Zeitungen die regierenden Fürsten, die ersten Staatsmänner, Fürst Bismarck, Herr von Keudell, die Fürstin Bismarck, in Romanen als Marionetten behandelt werden […]." Mein gnädigster Herr! Meine gütige Korrespondentin! Fanny Lewalds Briefwechsel mit Carl Alexander von Sachsen-Weimar 1848–1889. Mit e. Einf. v. Eckart Kleßmann u. Anm. v. Rudolf Göhler. Weimar 2000, S. 267 f. (Lewalds Brief Nr. 160 vom 9.2.1873). Unter dem Pseudonym Gregor Samarow und Leo Warren veröffentlichte Martin Oskar Meding Zeitromane mit Porträts berühmter Zeitgenossen, vgl. ebd. S. 434.
84　Lewald: Lebensgeschichte [Anm. 7], Bd. 1, S. 142.
85　Vgl. ebd., S. 221 und 459. Der Ehemann von Otto Lewalds Freundin ist wohl niemand anders als Herman de Chaufpié (1801–1856), der mit Heinrich Heine bekannt war und in Caput 23 des „Wintermährchens" erwähnt wird.
86　Ehemaliger Polizeipräsident in Königsberg.
87　Schneider/Sternagel (Hrsg.): Ein Leben auf dem Papier [Anm. 3], Bd. 1, S. 475.
88　Ebd., S. 569.
89　Ebd., S. 511. Im Sommer lebt Fanny Lewald mit Schwester Henriette und Otto in der Sommerfrische außerhalb Berlins in Lützow an der Spree.
90　Schneider/Sternagel (Hrsg.): Ein Leben auf dem Papier [Anm. 3], Bd. 2, S. 784.
91　Vgl. Nikolaus Gatter: „… sie ist vor allen die meine …" Die Sammlung Varnhagen bis zu ihrer Katalogisierung. Anhang: Die Sammlung Varnhagen in Testamenten und Verfügungen. – In: Wenn die Geschichte um eine Ecke geht. Almanach der Varnhagen Gesellschaft. Hrsg. v. Nikolaus Gatter. Berlin 2000, S. 239–271, hier S. 261.
92　Vgl. ebd., S. 244 f.
93　Nikolaus Gatter hat mir freundlicherweise den Brief Ludmilla Assings aus seinem Archiv zur Verfügung gestellt.

94 Unvollständig im Original.
95 Der Briefwechsel zwischen Hermann von Pückler-Muskau und Ida Hahn-Hahn erschien in: Briefwechsel und Tagebücher des Fürsten Hermann von Pückler-Muskau. Bd. 1. Hrsg. v. Ludmilla Assing. Hamburg 1873, S. 273–346. Ebd. erschienen im Anschluss von S. 347–402 auch die Briefe an Eugenie John, geb. Marlitt.
96 Der Briefwechsel zwischen Bettine von Arnim und Hermann von Pückler-Muskau wurde 2001 neu herausgegeben: „Die Leidenschaft ist der Schlüssel zur Welt". Bettine von Arnim, Hermann von Pückler-Muskau. Briefwechsel 1832–1844. Hrsg. u. erl. v. Enid u. Bernhard Gajek. Stuttgart 2001. Ursprünglich waren die Briefe abgedruckt in: Briefwechsel und Tagebücher des Fürsten Hermann von Pückler-Muskau. Bd. 1 [Anm. 95], S. 82–272.
97 Bettine von Arnim: Ilius Pamphilius und die Ambrosia. Berlin 1848. Bettinas Briefwechsel mit dem Publizisten und Stifter Philipp von Nathusius (1815–1872) wurde vor dem Erscheinen von der Zensur konfisziert. 1836 hatte er Bettine von Arnim kennengelernt, die er seitdem schwärmerisch verehrte und mit der er einige Jahre in engem Briefkontakt stand. Über dieses Buch Bettines verfasste Fanny Lewald ihre einzige Rezension: Der Cultus des Genius. Briefe an Bettine von Arnim.– In: Blätter für literarische Unterhaltung Jg. 1849, Nr. 171–174, 18. Juli ff., S. 682 f., 686 f., 690 f. u S. 964 f.
98 Fanny Lewald: Benedikt. Berlin 1874.
99 Staatsbibliothek zu Berlin, Handschriftenabteilung, Nachlass 141 (Sammlung Adam), Kapsel 50.
100 Unvollständig im Original.
101 Nachlass Lewald-Stahr, Staatsbibliothek zu Berlin, preußischer Kulturbesitz, Handschriftenabteilung, Kasten 9, Nr. 130.
102 Ebd., Kasten 10, Nr. 130.
103 Vgl. Brief 23.
104 Fanny Lewald: Die Frauen und das allgemeine Wahlrecht. – In: Westermann's Jahrbuch der Illustrirten Deutschen Monatshefte. Bd. 28, April 1870 – September 1870, S. 97–103, hier S. 102.
105 Diese und Lebensbilder weiterer Persönlichkeiten wie Johanna Kinkel, Wilhelmine Schröder-Devrient, Hortense Cornu u. a. wurden 1888 zusammengefast in „Zwölf Bilder nach dem Leben".
106 Gatter: „Ameisenarbeit!" [Anm. 76], S. 307.

Heinrich-Heine-Institut
Sammlungen und Bestände
Aus der Arbeit des Hauses

Kahldorf über Amerika

Unbekannte Briefe von Robert Wesselhöft aus den Vereinigten Staaten

Christian Liedtke

In Erinnerung an Richard E. Schade

Der Name Kahldorf war im Vormärz ein rotes Tuch für die Obrigkeit; seine bloße Erwähnung reichte aus, um die deutschen Polizeibehörden in Alarmzustand zu versetzen. Über zwanzig Jahre lang war der Mann, der sich hinter diesem Pseudonym verbarg, ein Stachel im Fleische der Restauration: Robert Wesselhöft (1796–1852).[1] Wann immer es eine rebellische Initiative gab, vor allem aus burschenschaftlichen Kreisen, war er in einer führenden Rolle dabei. In die Literaturgeschichte eingegangen ist er allerdings mit einem vergleichsweise moderaten Werk: seiner 1831 unter dem Namen Kahldorf bei Hoffmann und Campe (mit dem fingierten Verlagsort Nürnberg) verlegten Streitschrift „Über den Adel in Briefen an den Grafen M. von Moltke".[2] Das lag jedoch weniger an seinem eigenen Text als vielmehr an der keineswegs moderaten Vorrede von Heinrich Heine, die ihm vorangestellt war. „Ich hätte nimmermehr mit solcher Mäßigung die adligen Prätensionen und Erblügen diskutieren können" (DHA XI, 139) wie Kahldorf, bekannte Heine und garnierte seine Vorrede stattdessen mit Attacken gegen die Aristokratie. Er ahnte schon vor der Publikation, dass er sich „vielleicht vergaloppirt" haben könnte mit diesen „absichtlichen Unvorsichtigkeiten" (HSA XX, 435). Sie sollte denn auch seine letzte in Deutschland geschriebene Veröffentlichung sein, denn wenige Wochen danach zog er ins Exil nach Paris. Neun Jahre später musste auch Kahldorf emigrieren, nachdem er lange polizeilich verfolgt und belangt worden war.

Robert Wesselhöft gelang es, die deutschen Widrigkeiten hinter sich zu lassen und sich in den Vereinigten Staaten eine neue Existenz als Arzt und erfolgreicher Gesundheits-Unternehmer aufzubauen. Das Archiv des Heinrich-Heine-Instituts konnte vor einiger Zeit den ersten bisher bekannt gewordenen Brief, den

---

C. Liedtke (✉)
Heinrich-Heine-Institut, Düsseldorf, Deutschland
E-Mail: christian.liedtke@duesseldorf.de

Wesselhöft von dort aus nach Deutschland schickte, erwerben. Er soll hier erstmals vorgestellt werden, zusammen mit anderen bislang nicht ausgewerteten Zeugnissen, die neue Einblicke in die Umstände seiner erzwungenen Emigration bieten und ein Licht auf Wesselhöfts neues amerikanisches Leben werfen.

I

> Ach! die ganze Zeitgeschichte ist jetzt nur eine Jagdgeschichte. Es ist jetzt die Zeit der hohen Jagd gegen die liberalen Ideen, und die hohen Herrschaften sind eifriger als je und ihre uniformirten Jäger schießen auf jedes ehrliche Herz, worin sich die liberalen Ideen geflüchtet, und es fehlt nicht an gelehrten Hunden, die das blutende Wort als gute Beute heranschleppen. Berlin füttert die beste Koppel, und ich höre schon wie die Meute losbellt gegen dieses Buch. (DHA XI, 145)

Mit diesen Worten beschloss Heine seine Vorrede zu Kahldorfs „Über den Adel". Tatsächlich wurde das Buch, das selbst der liberal eingestellte schlesische Oberpräsident Merckel als „geistreiche, aber sehr boshafte und desto mehr aufregende Arbeit"[3] anprangerte, sogleich in Preußen und andernorts verboten. Das Pseudonym – das allerdings schnell gelüftet war[4] – schützte Wesselhöft zwar vor den von Heine beschworenen Folgen, allerdings nur, was die Konsequenzen aus seiner Autorschaft dieser Streitschrift betraf. Denn die „Meute" hatte ihn ohnehin längst in ihren Fängen, und diese eindringlichen Schlussworte Heines könnten auch als Motto über Robert Wesselhöfts Lebensgeschichte stehen.

Der in Chemnitz geborene und in Jena aufgewachsene Sohn des Buchdruckers Johann Carl Wesselhöft (1767–1847; sein Kompagnon war Carl Friedrich Frommann) hatte die Klosterschule Roßleben besucht, zuvor hatte er Privatunterricht u. a. bei dem Theologen Wilhelm Martin Leberecht de Wette (1780–1849), der 1819 großes Aufsehen erregen sollte, als er seines Lehrstuhls an der Berliner Universität enthoben und aus Preußen verbannt wurde, weil er einen tröstenden Brief an die Mutter des Kotzebue-Attentäters Carl Ludwig Sand geschrieben hatte. 1815 hatte Robert Wesselhöft in Jena ein Studium der Rechtswissenschaft begonnen. Mit seinem leidenschaftlichen Eintreten für Rede- und Versammlungsfreiheit und seiner Begeisterung für die burschenschaftlichen Ideale übernahm er früh eine Führungsrolle in der nationalliberalen studentischen Einheitsbewegung. Er gehörte zu den Gründungsmitgliedern der Urburschenschaft; in seiner Funktion als Sprecher der Jenaischen Burschenschaft formulierte und unterzeichnete er am 11. August 1817 die Einladung zum Wartburgfest[5], der ersten großen politischen Kundgebung der Restaurationsepoche. Er leitete 1818 die Gründungsversammlung der Allgemeinen Deutschen Burschenschaft, deren Vorsteher er wurde, und 1819 auch die erzwungene Auflösungsversammlung der Jenaer Burschenschaft, die notwendig wurde, weil die Karlsbader Beschlüsse Studentenverbindungen auf dem Gebiet des Deutschen Bundes untersagt hatten. Aus seiner Feder stammte die Adresse an Großherzog Karl August von Sachsen-Weimar-Eisenach, die diese Versammlung als letzte Botschaft verabschiedete.[6]

Als manche Verbindungsstudenten nach dem Verbot heimlich aktiv blieben, tat Wesselhöft mit. Als Abgesandter der Jenaer Gruppe nahm er 1820 am geheimen Burschentag in Dresden teil und trat 1821 dem Jünglingsbund bei, einer burschenschaftlichen Geheimorganisation. 1822 wurde er beim Bundestag in Nürnberg zu ihrem Vorsitzenden gewählt.[7]

> Robert Wesselhöft, Studios. jur., damals schon im Begriff, die Universität zu verlassen (ein schon bei dem Wartburgfeste als politischer Schwärmer hervorgetretener Jüngling), gab diesem Vereine, dessen Mitglieder zugleich zu der wiedererstandenen Burschenschaft gehörten, eine ausschließliche politische Tendenz […].

So hieß es in einer Broschüre, die 1826 die Vergehen der Mitglieder des Jünglingsbunds aus Sicht der Anklagebehörde schilderte. Auf der Grundlage von Spitzelberichten und Aussagen der Inhaftierten bietet sie eine Innenansicht des Bundes und seiner Zusammenkünfte. In ihr wird betont, dass er sich vor allem auf Robert Wesselhöfts Anregung hin zum Ziel setzte,

> […] sich durch den Austausch der Ansichten über die Einrichtung des bürgerlichen Lebens, vornehmlich über Staats-Verfassungen, und das politische Leben der Völker zu verständigen, und sich auch geistiger Weise für das nachfolgende bürgerliche Leben zur Verbreitung und Ausführung der als richtig erkannten Ueberzeugungen zu verbinden.[8]

Was aus heutiger Sicht wie das Programm einer normalen politischen Organisation oder Partei wirkt, galt damals als staatsgefährdend kriminell und sollte streng geahndet werden.

Zu den Mitgliedern des Jünglingsbundes gehörten übrigens neben Wesselhöft noch drei weitere Personen, die später auf die eine oder andere Weise in Heinrich Heines Leben eine Rolle spielen sollten: Johannes Wit genannt von Döring, Gustav Kolb und Arnold Ruge. Letzterer attestierte Wesselhöft in seinen 1862 erschienenen Lebenserinnerungen rückblickend eine Führungsrolle im Jünglingsbund, die er allerdings mit einem gewissen „Diktatorbewußtsein" ausgefüllt habe. „Robert Wesselhöft war in der That wegen seiner mit schonungslosem Witz gewürzten Grobheit berühmt und gefürchtet." Der spätere Vordenker des Linkshegelianismus befand dennoch – oder wohl gerade deswegen –, seine „bedeutende Persönlichkeit" und „seinen klaren Kopf" hätte man später im Parlament in der Paulskirche, dem er selbst angehörte, gut gebrauchen können.[9] Dort fehlte Wesselhöft jedoch, denn er zählte zu denjenigen politischen Talenten, die von den Repressalien der Obrigkeit zermürbt und in die Emigration gedrängt wurden. Ob er aber wirklich in die Frankfurter Nationalversammlung gepasst hätte? Mit seiner liberalen Grundhaltung, seiner Begabung als temperamentvoller Redner und mit seiner persönlichen Überzeugungskraft gewiss. Weniger aber vielleicht mit seiner grundlegenden Skepsis gegenüber der Demokratie-, Reform- oder gar Revolutionsfähigkeit Deutschlands, wie er sie schon 1821 äußerte:

> Uns Deutschen fehlt es nun einmal an dem genialen Schwung, vermöge dessen andere Völker außerordentliche Erscheinungen in der Geschichte ihrer Zeit großartig auffassen. Eine Menge Rücksichten, das kalte Gesetz und die steife Convenienz haben seit Jahrhunderten die Regungen des deutschen Geistes mehr und mehr verknöchert, und eine Engherzigkeit herbeigeführt, von der uns nur unter Thränen zu helfen sein wird.[10]

Auch plakative vaterländische Rhetorik war ihm fremd, stattdessen legte er stets einen egalitären und ausgeprägt anti-autoritären und vor allem anti-aristokratischen Zug an den Tag.

Das gilt nicht nur für Robert Wesselhöfts politische Aktivitäten, sondern auch für seine Schriften. Dazu zählen u. a. der frühe Versuch einer zeitgeschichtlichen Schilderung und Einordnung der Rolle der Burschenschaft (1828)[11], die aufsehenerregende Dokumentation über den Kotzebue-Attentäter Carl Ludwig Sand[12] (1821) und natürlich die unter dem Pseudonym Kahldorf publizierte Streitschrift „Über den Adel in Briefen an den Grafen M. von Moltke" (1831), in der er mit rechtsgeschichtlichen, juristischen und politischen Begründungen gegen die bestehenden Vorrechte des Adels argumentiert. Dabei geht er so gründlich, respektvoll und sachlich abwägend gegen seinen Kontrahenten Magnus Graf von Moltke vor, dass Heine ihm in seiner Vorrede zu dem Buch „indische[] Geduld" attestiert und anerkennend festhält:

> Der hochgeborene Kämpe sitzt auf seinem Turnierroß und behauptet kek die mittelalterliche Zote, daß durch adlige Zeugung ein besseres Blut entstehe als durch gemein bürgerliche Zeugung, er vertheidigt die Geburtsprivilegien, das Vorzugsrecht bey einträglichen Hof- Gesandtschaft- und Waffenämtern, womit man den Adligen dafür belohnen soll, daß er sich die große Mühe gegeben hat geboren zu werden, und so weiter; – dagegen erhebt sich ein Streiter, der Stück vor Stück jene bestialischen und aberwitzigen Behauptungen und die übrigen noblen Ansichten herunterschlägt, und die Wahlstädte wird bedeckt mit den glänzenden Fetzen des Vorurtheils und den Wappentrümmern altadliger Insolenz. Dieser bürgerliche Ritter kämpft gleichsam mit geschlossenem Visir, das Titelblatt dieser Schrift bezeichnet ihn nur mit erborgtem Namen, der vielleicht späterhin ein braver *nom de guerre* wird. Ich weiß selbst wenig von ihm zu sagen, als daß sein Vater ein Schwertfeger war und gute Klingen machte. (DHA XI, 139)

1838 bezog Wesselhöft zudem in der Broschüre „Berlin und Rom" Stellung in einer weiteren wichtigen Zeitfrage: dem lange schwelenden Konflikt zwischen der katholischen Kirche und dem preußischen Staat, der 1837 in den sogenannten „Kölner Wirren" gipfelte. Diese Schrift erschien ebenfalls unter dem Namen Kahldorf, und obwohl auf dem Titelblatt „Leipzig" und „Bei Friedrich Volckmar" stand, war der Verlag auch diesmal in Wirklichkeit wieder Hoffmann und Campe.[13]

Wesselhöfts Publikationen wurden meistens zensiert und auch schnell verboten. Tatsächlich verfolgt und schließlich auch hart bestraft wurde er aber als Aktivist der Burschenschaft: Ins Visier der Polizei geriet er im Zuge der sogenannten „Demagogenverfolgung", die vor allem den politisch organisierten Studenten galt. Schon nach dem Wartburgfest sowie unmittelbar nach der Ermordung Kotzebues war Wesselhöft verhört worden, und 1819 hatte er wegen seiner Bekanntschaft mit Sand für einige Zeit Stadtarrest in Jena. Die Teilnahme am Dresdener Burschentag kostete ihn dann vorerst seine berufliche Karriere. 1821 war er in Jena zum Doktor der Rechte promoviert worden und hatte eine Stelle als Akzessist am Kriminalgericht in Weida angetreten. Weil er bei der Dresdener Versammlung dabei war, wurde er nun entlassen und als untauglich für den Staatsdienst befunden. Wirklich zum Verhängnis wurde ihm aber erst die Zugehörigkeit zum Jünglingsbund. Dieser geheime Zusammenschluss blieb zwar lose, inhaltlich unbestimmt und ohne jede äußere Wirkung; er beschränkte sich auf einzelne Zusammenkünfte, bei denen viel diskutiert wurde, ohne dass es je zu irgendwelchen Manifestationen oder gar Aktionen gekommen wäre. Dennoch betrachtete die Polizei ihn als staatsgefährdende Verschwörung, zumal sie dem Verdacht nachging, dass auch ein „Männerbund" existierte oder geplant war, der die Studenten mit älteren, gefährlicheren Aktivisten zusammenbringen sollte. Sie jagte ein Phantom, denn es gab diesen Bund gar nicht, und auch der Jünglingsbund war im Grunde nur wenig mehr als ein Phantom aus Worten und Ideen. Aber als er 1823 an die Polizei verraten wurde, war die anschließende juristische Verfolgung der entdeckten Mitglieder unerbittlich.

Robert Wesselhöft wurde am 13. Januar 1824 in Erfurt „gefänglich eingezogen und weggebracht".[14] Er kam zunächst auf die Berliner Stadtvogtei und wurde am 24. Februar ins Staatsgefängnis Köpenick überführt. Seine Untersuchungshaft dort dauerte bis zum Juni 1826, anschließend wurde er in der Zitadelle Magdeburg inhaftiert.[15] Die Ermittlungen und Verhöre im Zuge dieser schon bald „berüchtigten Köpeniker Untersuchungen"[16], wie sie in der Presse genannt wurden, führte der Leitende Direktor des Polizeiministeriums (und spätere preußische Justizminister) Karl Albert von Kamptz (1769–1849), der 1822 in E. T. A. Hoffmanns „Meister Floh" als „Polizeischnüffler Knarrpanti" verspottet worden war und dessen Gendarmerie-Codex zu den Büchern gehört hatte, die 1817 beim Wartburgfest symbolisch verbrannt worden waren.[17]

Im Prozess vor dem Breslauer Oberlandesgericht wurde Wesselhöft verteidigt von Karl Ludwig Schede (1774–1833), der als Regierungsrat sowie Notar am Kammergericht Berlin tätig war – ein künstlerisch und literarisch interessierter Mann, befreundet mit Friedrich Schleiermacher und Ludwig Tieck, dessen Rechtsbeistand er auch war.[18] Wesselhöft hatte seine Zugehörigkeit zum Jünglingsbund gestanden, aber Schede machte u. a. geltend, dass es zu gar keiner strafbaren Handlung durch den Bund gekommen war und vor allem dass dessen Treffen nicht auf preußischem Staatsgebiet stattfanden; da Wesselhöft außerdem zu der Zeit kein preußischer Untertan war, könnten auch die preußischen Gesetze in diesem Fall nicht gegen ihn zur Anwendung kommen, da er kein Verbrechen in Preußen oder einer preußischen Provinz begangen habe. Er beantragte seine Begnadigung unter Anrechnung der bereits abgesessenen Haftzeit.[19] Doch das Gericht fällte 1828 ein hartes Urteil: „daß der R. Wesselhöft wegen Theilnahme an einer verbotenen, das Verbrechen des Hochverraths vorbereitenden, geheimen Verbindung des Rechts, die preuß. National-Cocarde zu tragen, verlustig zu erklären und mit einem fünfzehnjährigen Festungsarrest zu bestrafen"[20] sei. Er verbüßte die Strafe auf der Zitadelle Magdeburg, in der er ohnehin bereits seit 1826 einsaß.

1831 wendete sich das Blatt. Im Zuge einer Amnestie wurde Robert Wesselhöft begnadigt und freigelassen, nach insgesamt sieben Jahren in Gefangenschaft. Der liberal eingestellte Großherzog von Sachsen-Weimar-Eisenach, Karl Friedrich ließ in Preußen verurteilte, ehemalige Burschenschafter für den Staatsdienst zu, und so konnte Wesselhöft sogar wieder auf seine alte Position in Weida zurückkehren. 1831 zum Inquirenten befördert, wurde er 1833 zum Assessor am Kriminalgericht in Weimar ernannt. Was auf den ersten Blick aussieht wie eine Rehabilitierung und der Beginn eines beruflichen Aufstiegs, war in Wirklichkeit der entscheidende Schritt auf dem Weg in die Emigration. Denn dort traf Wesselhöft auf hartleibig konservative Vorgesetzte, die ihn, im Unterschied zum Großherzog, keineswegs dulden wollten – im Gegenteil: Sie machten ihm das Leben schwer und drangsalierten ihn systematisch, um ihn aus dem Land zu drängen. Und so ist er „[...] in Weimar schließlich dem Argwohn und Anmaßlichkeit seines Vorgesetzten zum Opfer gefallen. Man hat die Klage des Ungehorsams unter solchen Umständen gegen ihn erhoben, daß er sich davon überzeugte, die Aussicht auf weitere Beförderung im Staatsdienst wäre nicht vorhanden."[21] Die gegen ihn erhobenen Vorwürfe waren zwar offensichtlich konstruiert und hielten vor Gericht nicht stand, führten aber, wie Wesselhöft selbst in dem unten wiedergegebenen Brief an Gustav Hänel ausführlich schildert, zu seiner Emigration. Zermürbt gab er schließlich auf und ließ sich auf das ‚Angebot' ein, das man ihm aufdrängte. Das „Staats-Handbuch des Groß-Herzogthumes Sachsen Weimar-Eisenach" vermeldete 1840 seine Pensionierung[22]; dahinter stand eine außergerichtliche Abmachung: eine Zahlung von 3.500 Talern an Wesselhöft, wofür er sich im Gegenzug verpflichtete, die Stadt zu verlassen und nach Amerika auszuwandern.

II

„[...] freye Geister haben jetzt im Nothfall einen [...] Zufluchtsort, würde auch ganz Europa ein einziger Kerker, so gäbe es jetzt noch immer ein anderes Loch zum Entschlüpfen, das ist Amerika, und Gottlob! das Loch ist noch größer als der Kerker selbst." (DHA VII, 73) Was Heine in seiner „Reise von München nach Genua" schrieb, galt in der Zeit der verstärkten Fahndung und strafrechtlichen Sanktionierung von „Demagogen", Jünglingsbündlern und seit 1832 auch Unterstützern und Teilnehmern des Hambacher Fests in besonderem Maße. „Jede Erhöhung des behördlichen Verfolgungsdrucks im Deutschen Bund führte zu einer neuen burschenschaftlichen Emigrationswelle nach Amerika, vor allem nach 1822/1823, 1833 und 1848/1849."[23] Robert Wesselhöft hatte aber auch noch konkretere, persönliche Gründe für seine Übersiedlung in die USA: Sein Bruder Wilhelm und sein Cousin Johann Georg Wesselhöft waren bereits dort.

Letzterer war 1832 in die Vereinigten Staaten gekommen. Johann Georg Wesselhöft (1804–1859), der bei Frommann und Wesselhöft in Jena das Druckerhandwerk gelernt hatte, ließ sich in Philadelphia nieder, wo er eine deutsche Buchhandlung gründete (später auch Filialen in Baltimore, Cincinnati, New York u. a.) und 1834 die Zeitung „Die alte und neue Welt", die zeitweilig das wichtigste deutsche Journal in der Union war, „the flagship newspaper of the German language before 1848".[24] 1835 rief er die Agentur „J. G. Wesselhöft's Adress- und Nachweisungs-Bureau der alten und neuen Welt" ins Leben. Deren Zweigstellen in Philadelphia, Baltimore, New York und dem französischen Le Havre boten umfassende Dienste für deutsche Auswanderer an, sie waren Arbeits- und Wohnungsvermittlung, Reisebüro, Postlager und -Nachsendestelle zugleich und halfen außerdem dabei, nach Amerika ausgewanderte Familienangehörige oder Bekannte zu lokalisieren.[25]

Während Johann Georg Wesselhöft aus wirtschaftlichen Gründen den Weg in die Vereinigten Staaten gesucht hatte, war Wilhelm Wesselhöft (1794–1858)[26] ein politischer Flüchtling. Er hatte in Berlin, Würzburg und Jena Medizin studiert und als Burschenschafter der ersten Stunde zusammen mit seinem Bruder Robert am Wartburgfest teilgenommen. 1819 hatte er in Berlin eine Haftstrafe abgesessen, die Mainzer Zentralkommission zur Untersuchung hochverräterischer Umtriebe hatte ihn im Visier. Er entzog sich der Verfolgung durch Flucht nach Frankreich. Später ließ er sich in Basel nieder, wo er eine medizinische Dozentur an der Universität bekam. Als ihm 1824 die Auslieferung nach Preußen drohte, emigrierte er nach Amerika und gehörte dort zu den ersten praktizierenden Homöopathen. Als sein Bruder Robert ihm 1840 folgte, lebte Wilhelm in Allentown, Pennsylvania, wo er mit Constantin Hering (1800–1880), einem Schüler des Homöopathie-Begründers Samuel Hahnemann, und anderen deutschen Kollegen 1835 die „Nord-Amerikanische Akademie der homöo-pathischen Heilkunst" („Allentown Academy") gegründet hatte. Sie wurde zwar 1839 schon wieder geschlossen, stellte aber als erste Lehranstalt einen Meilenstein für die Verbreitung der Homöopathie in Amerika dar.[27] Kurz darauf zog er nach Boston. Dort genoss er hohes gesellschaftliches Ansehen, und in seiner florierenden Praxis behandelte er u. a. einige prominente „literarische" Patientinnen und Patienten: die Dichterin Emily Dickinson, den Vater der Schriftstellerin Louisa May Alcott und Sophie Hawthorne, geb. Peabody, die Ehefrau von Nathaniel Hawthorne.

Als Robert Wesselhöft sich im August 1840 mit seiner Familie in Bremen einschiffte, reiste er also nicht ins Unbekannte, sondern folgte, gut vorbereitet, der familiären „Vorhut". Dennoch eröffnete sich für ihn eine in jeder Hinsicht neue Welt: Aus Deutschland verschwunden, taucht er nun auf der anderen Seite des Atlantiks in einem neuen Beruf und in gänzlich neuer Rolle wieder auf. Sein erstes überliefertes schriftliches Lebenszeichen von dort ist der Brief an den Verleger Friedrich Arnold Brockhaus vom 1. Dezember 1841, der für das Archiv des Heinrich-Heine-Instituts, Düsseldorf erworben werden konnte.[28] Er zeigt Wesselhöft zu Beginn seines zweiten amerikanischen Jahres, vorläufig etabliert in Cambridgeport, Massachusetts.

Herrn F. A. Brockhaus
Wohlgeboren
propr. manu
Leipzig.[29]

Cambridge Port Decbr 1. 1841.

Herrn F A Brockhaus Wohlgeb. in Leipzig.

Ihren Brief vom 16. August d. J.[30] erhielt ich am 17. Nov. Ihnen die angenehme Überraschung auszudrücken, welche mir dadurch bereitet wurde, versuche ich vergeblich auszudrücken. Alles, was uns von jenseits des Ozeans berührt, selbst wenn es nicht von so lieben u braven Händen käme, wie der Ihrigen, hat bei uns einen unaussprechlichen

Werth. Es ist wie ein magisches Band mehr, daß uns an die frühere Heimat knüpft, obgleich sie für uns nur durch unsere Freunde noch Werth hat. Glauben Sie nicht, mein verehrter Freund, daß wir uns hier unglücklich fühlen, weil wir unsere Heimat, mit all dem Lieben, was sie umschließt, zärtlich lieben. Nachdem wir hier ein recht ruhiges u hoffentlich auch nährendes Plätzchen gefunden, von dem aus sich das Weitere abwarten läßt, ist auch meine Frau[31] heimatlicher hier. <u>Sie</u> verlor alles, außer mir u ihren Kindern; <u>ich</u> fand neue Brüder u sehr geliebte Jugendfreunde wieder, unter ihnen der treffliche Dr. Karl Beck, Prof. der Lat. Sprache an der Cambridge-Harvard-University, der Stiefsohn de Wette's.[32] Nachdem ich den Küstenstrich von Virginia bis Massachusetts bereist hatte, fiel mir die Wahl meiner künftigen Niederlassung nicht schwer. Sie glauben nicht, wie gezwungen für einen Fremden das Leben in diesen Staaten ist, die vornehmlich aus Deutschen bestehen. Ich will Ihnen auch hier kein Gemälde davon geben u Sie auf die Ergüsse meiner Muse u meines Herzens vertrösten, die ich allmälig sammle u Ihnen dann zur Verbreitung an meine Freunde als Ms. zuzuschicken gedenke. Den miserabeln Namen Kahldorf werde ich fortbehalten, er ist nun mahl bekannt, u ich glaube, mancher kennt mich seit der Universität unter keinem anderen Namen. – Ich hatte viele Jahre vorher vorausgesehen, daß mich eine Katastrophe treffen würde. Nachdem ich die tückischen Scharlatane, welche über mein Land zu gebieten hatten, ihr nachtragendes, gewaltsames, dummfreches Wesen hatte kennen lernen, sah ich auch deutlich, daß sie nur auf Gelegenheit lauerten, mich zu verderben. Man hatte mich 1831 im Staatsdienst gefesselt, weil man fürchtete, ich könne gefährlich werden. Dies war / der Grund, weshalb ich aus der Medizin für fünf Jahre ein Studium in aller Stille machte. Freilich konnte ich niemand die Absicht sagen, aber dennoch haben mich meine Freunde redlich unterstützt. Daß ich in früheren Jahren Anatomie u manches Naturwissenschaftliche studirt, that mir jetzt sehr noth. Schon im Jahre 1826 äußerte ich gegen meine vertrautesten Freunde, daß ich nicht in Weimar bleiben könne u werde. Nur meine Eltern, d. h. die Liebe zu ihnen hielt mich zurück. Mein Bedarf ist der Anregung von aussen aus zu thun, was man nicht lassen kann, was man nicht unterlassen sollte. Mein hiesiges Leben ist das eines Arztes. Ich brauche mich dessen nicht zu schämen; ich weiß, daß ich selbst in Deutschland auf dieser Flöte mich hören lassen konnte, u daß sie selbst Eingeweihten nicht schlecht klingt. Ich habe hier bereits Beweise abgelegt, um die man mich beneidet, u ich lasse es xxxgehen. Mein Bruder, Dr. Wilh. Wft, der seither in Allentown in Pa[33] lebte, ist seit einige Monate auch nach Boston, eine halbe Stunde von hier gezogen; seine schieren Kenntnisse in jedem Zweig der Arzneiwissenschaft u seine lange Praxis machen ihn mir zum Anhalt. Wir leben sehr vertraut u Sie sehen daß mir zwischen zwei Freunden wie er u Dr Beck wenig fehlen kann. Indessen macht man auch hier sehr interessante neue Bekanntschaften. Die Universität zu Cambridge, das eine Viertelstunde von hier ist, hat sehr ausgezeichnete Leute, die mir alle Freundschaft erweisen. Mir fehlt nichts als der medizinische Dr Hut u wüsste ich ihn anständiger Weise zu erhalten, so würde ich mich sehr glücklich schätzen. Von Jena ihn zu verschreiben würde meinen famulis ein gaudium sein, denn ich habe keinen Grund zu glauben, daß sie sich anständiger aufführen würden als früher. – In literarischer Hinsicht habe ich noch nicht viel Ausbeute gewonnen. Ich übersetze eine unlängst hier erschienene Novelle, Monaldi, u gedenke das Ms. bis Weihnachten an Sie abgehen zu lassen. Sollte es sich für Hrn Schücking eignen desto besser. Ich halte die Intuitionen für sehr schön, den Stil für zu emphatisch. Es ist eine Malernovelle, von dem bekannten am. Maler Washington Allston, der etwa drei Häuser von mir wohnt. Ich werde eine Art Einleitung dazu geben. Der Text ist 200 Seiten engl elegant gedruckt. Mit einer nur kurzen Einleitung könnte es im deutschen Druck etwa eben so viel werden. – Ich denke Ihnen bald einen Katalog aller hier aus dem Deutschen übersetzter Werke senden zu können. Man muß drgl mühsam zusammen stoppeln, auch de Wettes Theodor[34] ist hierzul. gut übersetzt worden u wird sehr gelesen.

 Haben Sie die Güte mei[nen] Saldo von diesem t͟t Jahre u überhaupt bis jetzt an Herrn // A. Diaconus Chr. Klopfleisch[35] in Jena zu senden. Ich gebe ihm heute Nachricht. – Seit dem Mai werden Sie auch einige Berichte von mir erhalten haben, u besonders seit dem Juni. Ich glaube nicht xxx zu thun, wenn ich die schnellste xxx [Gele]genheit, di[e] xxx dafür benutze, wünschte alles zu wissen, wie die Berichte ankommen, ob regelmäßig, xxx. // Die Beendigung des Conversationslexikons[36] macht auch mir Freude. Leider habe ich die seit dem Juli 1840 erschienen Hefte noch nicht erhalten. Sollten Sie dieselben an Fr Frommann[37] nicht abgeliefert haben, so bitte ich [es] sofort zu thun. – Nun, mein verehrtester Freund, nochmals Dank für Ihren Brief u die B[itte] um Wiederholung. Meinen Freunden einen innigsten Gruß, besonders Hofrath Hänel[38] in Lpz u WFriedrichshofen[39] in Magdeburg. Des letzteren Meßsendung[40] u lieber Brief sind kürzlich bei mir eingetroffen. Tausend Dank, Ihr RWesselhö[ft]

Der Brief ist ein aufschlussreiches biographisches Dokument, sowohl was Wesselhöfts zurückliegendes deutsches Leben betrifft als auch im Hinblick auf das vor ihm liegende amerikanische. Letzterem blickt er in diesem Schreiben mit vorsichtigem Optimismus entgegen, auf ersteres mit spürbarer Verbitterung zurück. Ob er auch zu jenen von der Strafjustiz verfolgten Burschenschaftern gehörte, für die, wie Gerber beobachtet hat, „die keineswegs mit der Märtyrer-Schablone zu erfassende innere Auseinandersetzung mit der Kriminalisierung ihrer jugendlichen Sozialisation zur Identitätskrise"[41] wurde, ist nicht gewiss. Deutlich ist aber, dass jene Kriminalisierung auf jeden Fall zu einer Radikalisierung und Verfestigung von Wesselhöfts Oppositionshaltung geführt hat:

> Die scharfen polizeilichen Verhöre, denen man ihn damals unterzog, und die feindliche Haltung des preußischen Staates gegen die Burschenschaft, die er für eine dringend nötige Reform des akademischen Lebens und Brauchs hielt, erweckten bei ihm einen gerechten Unwillen, der ihn allmählich aus einem eifrigen, treuergebenen Patrioten in einen Feind des Staates verwandelte, wie dieser sich damals gestaltete und betätigte.[42]

Aber der Brief zeigt auch, mit wie viel langfristiger Überlegung Wesselhöft sein neues Leben plante, wie früh ihm klar war, dass er auf lange Sicht versuchen müsste, jenen „tückischen Scharlatanen" zu entkommen. So wandelte er seine Gefängnisstrafe in einen Neuanfang um. Bei seinem heimlichen Medizinstudium „in aller Stille" kamen ihm die Haftbedingungen auf der Zitadelle Magdeburg entgegen, die offenbar nicht allzu streng waren. Ähnlich wie zehn Jahre später Werner (von) Siemens – der 1841 in Magdeburg inhaftierte Ingenieur richtete sich in seiner Zelle ein Labor für chemische Experimente ein, die ihm dann sein erstes Patent bescherten – legte auch Wesselhöft hier die Grundlage für seine weitere Karriere. Die amerikanische Verlegerin und Pädagogin Elizabeth Peabody, die ihn später in Boston kennenlernte, notierte über seine Haftzeit: „It was not *carcere duro,* like that of the Italians in Spielberg; but, during the seven years of imprisonment, he had considerable intercourse, especially with the physicians of Magdeburg."[43] So erhielt er die Erlaubnis, einen Arzt bei dessen Patientenbesuchen zu begleiten, wobei sich herausstellte, „daß Wesselhöft eine ausgesprochene Gabe besaß, richtige Diagnosen zu stellen".[44] Auf dieser „Gabe" und den konsequent verfolgten Studien baute er sein amerikanisches Leben auf, so dass er schon ein Jahr nach seiner Übersiedlung an Brockhaus schreiben konnte: „Mein jetziges Leben ist das eines Arztes."

„Offensichtlich gab es ein Netzwerk ehemaliger Burschenschafter, welches unter den Bedingungen der Neuen Welt mehr oder weniger stark zusammenhielt."[45] Diese Beobachtung Lönneckers trifft besonders für Massachusetts zu und war ein entscheidender Grund für die Standortwahl Wesselhöfts, der wusste, dass er hier auf „neue Brüder u sehr geliebte Jugendfreunde" treffen würde. Der im Brief erwähnte Karl Beck war ebenso Jünglingsbündler wie der gemeinsam mit ihm nach Cambridge gekommene Karl Follen (1796–1840), der den geheimen Bund seinerzeit ins Leben gerufen hatte. Zusammen mit Wilhelm Wesselhöft waren sie aus Basel nach Amerika emigriert, beide waren Professoren an der Harvard University geworden. Sie waren erklärte Anhänger Jahns und in dieser Hinsicht radikaler eingestellt als Wesselhöft – Follen etwa hatte 1816 die Satzung der „Christlich-Teutschen Burschenschaft" verfasst, die Juden ausdrücklich ausschloss (diesen judenfeindlichen und chauvinistischen Zug von Teilen der Burschenschaftsbewegung findet man bei Wesselhöft nicht, auch wenn seine Broschüre „Teutsche Jugend in weiland Burschenschaften und Turngemeinden" von 1828 eine Apologie seines Jenaer Lehrers Follen ist). Beide bemühten sich um die Verbreitung des Turnens in Amerika: Beck übersetzte Jahns „Deutsche Turnkunst" ins Englische, Follen gründete eine Turnschule an der Harvard University.[46]

Robert Wesselhöft kam also in ein vertrautes soziales Umfeld. Der wichtigste „Anhalt" in beruflicher Hinsicht war dabei sein Bruder. Er arbeitete zeitweilig mit ihm zusammen, und auch der ersehnte „medizinische Dr Hut" gelangte wohl mit seiner Hilfe schließlich auf seinen Kopf. Durch Wilhelms Verbindung nach Basel konnte Robert Wesselhöft 1843 aus der Ferne an der dortigen Universität promovieren, er reichte eine Dissertation über „Wahrnehmungen bei der Scharlach-Epidemie in den Vereinigten Staaten von Nord-Amerika im Sommer und Herbst 1842" ein.[47] Bei der Bekämpfung dieses Krankheitsausbruchs („terror of Boston") hatte sein Bruder sich besonders hervorgetan und damit seinen Ruf als Arzt begründet.[48]

III

Durch diesen Brief wird erstmals deutlich, dass Robert Wesselhöft in Amerika nicht nur seine neue berufliche Laufbahn als Arzt, sondern auch seine publizistischen Aktivitäten konsequent vorantrieb. „Ich übersetze eine unlängst hier erschienene Novelle, Monaldi", heißt es in seinem Brief an Brockhaus vom 1. Dezember 1841. Sie stammte von Washington Allston (1779–1843), einem Pionier der amerikanischen romantischen Landschaftsmalerei. Nach einem längeren Aufenthalt in Europa und mehreren Jahren in London hatte er sich in Cambridgeport niedergelassen. Neben der Malerei betätigte Allston sich auch literarisch. „Monaldi" wurde 1841 in Boston gedruckt[49], im selben Jahr erschien auch eine Ausgabe in England; entstanden war die Erzählung bereits 1822. Es ist die Geschichte eines jungen italienischen Malers (mit autobiographischen Zügen), sie verbindet eine Liebeshandlung mit Stilelementen der englischen Schauerliteratur („Gothic Romance") und ist durchsetzt mit ästhetischen Reflexionen.[50]

Wesselhöfts Übertragung ins Deutsche erschien 1843 bei Brockhaus, der Übersetzer wird auf dem Titel wunschgemäß mit dem „miserabeln Namen Kahldorf" genannt.[51] Sein kurzes Vorwort, das er dem Verleger im Dezember 1841 als „eine Art Einleitung" angekündigt hatte, ist ein Widmungsbrief an einen Weimarer Freund, den Maler Friedrich Preller den Älteren (1804–1878). Der Künstler, der in jungen Jahren von Goethe gefördert worden war und später Hofmaler und Direktor der Fürstlichen freien Zeichenschule in Weimar werden sollte (und 1869 Ehrenbürger der Stadt), ist eine Ausnahmeerscheinung unter Wesselhöfts Freunden, denn er ist einer der wenigen darunter, der nicht zur Burschenschaft gehört hatte. Die Zueignung seiner „Monaldi"-Übersetzung an Preller, schreibt Wesselhöft, diene dazu „Dir zu zeigen, wie sehr ich an Dich denke, wie lieb ich Dich habe und wie das bischen Wasser zwischen uns kein Scheidewasser ist, sondern ein Erinnerungs- und Liebeleiter."[52] Der Maler und Autor Allston sei „nicht mehr blond, oder braun, oder schwarz, aber es ist ein sehr jugendliches Herz unter seinem grauen Dache"[53]; seine Einschätzung des literarischen Wertes der Erzählung, die Wesselhöft im Brief an Brockhaus angedeutet hatte, führt er hier nun etwas aus:

> Unverkennbar trägt der Stil Spuren jugendlicher Schwulst und Schwerfälligkeit, des Strebens, eine gewisse Ideenfülle mit Worten auszudrücken, hin und wieder an sich. Ungeachtet ich diese fühlte, vermochte ich nicht, sie in der Übersetzung zu verwischen, ohne der Eigenthümlichkeit zu schaden. Daneben scheint der Stil des Verfassers einer anderen Zeit anzugehören, welche die schweren Perioden liebte. Allein in der Anordnung des Ganzen, in der Vertheilung von Licht und Schatten, in der Ökonomie des Stücks, ist etwas Malerisches.[54]

Kahldorf/Wesselhöft kommt auch auf das amerikanische Publikum zu sprechen, an das „Monaldi" sich richte, nutzt diese Überleitung dann aber nicht für eine ausführlichere Schilderung seiner Eindrücke des dortigen Lebens, sondern belässt es bei einigen Impressionen. Er bemängelt die „Wolfsgier nach Besitz"[55], die den Alltag bestimme, schwärmt von den vielfältigen Naturschönheiten und der Weite der Landschaften, die einen Maler wie Preller reizen müssten, und stellt, persönlich wie politisch motiviert, fest:

> Eins steht hoch, höher als Alles erhöht in der amerikanischen Menschenbrust, und dies ist der aus der alten Welt hieher geflüchtete Grundsatz von der Heiligkeit und Unverletzlichkeit der Rechte der Person. Dies zu fühlen, mit unaussprechlicher Dankbarkeit diese Wohlthat anzuerkennen, muß man hier zu leben gezwungen werden. Es tröstet selbst für den Verlust des Vaterlandes.[56]

Wesselhöfts Frage im Brief an Brockhaus, ob sein deutscher „Monaldi" sich „für Hrn Schücking eignen" könnte, blieb unbeantwortet. Vermutlich wollte er damit vorschlagen, dass der Publizist und Schriftsteller Levin Schücking (1814–1883), dessen Bücher bei Brockhaus erschienen und der eng mit Verlag verbunden war, das Werk rezensieren könnte. Dazu kam es jedoch nicht; in den im Sächsischen Staatsarchiv im Bestand F. A. Brockhaus, Leipzig verwahrten Briefen von Schücking an Brockhaus aus diesem Zeitraum findet sich nichts, was darauf hindeuten könnte, dass dies einmal thematisiert worden wäre. Zudem trat Schücking 1843 eine feste Stelle als Redakteur Cotta'schen „Allgemeinen

Zeitung" an. In dem Augsburger Journal ist keine Rezension des „Monaldi" erschienen. Brockhaus' eigene „Blätter für literarische Unterhaltung" aber brachten eine Besprechung, wenn auch wohl nicht von Schücking. Sie zeigt das Bemühen, dem Buch etwas Gutes abzugewinnen: „Trotz der fast krampfhaften Exaltation, womit dieser Roman besonders in der zweiten Hälfte geschrieben ist, enthält er doch manche sehr dramatisch-lebendige Stelle und viele psychologisch beherzigenswerthe Bemerkungen." Ungebrochenes Lob findet der Rezensent aber für Kahldorf: „Die kurze Vorrede des Übersetzers interessirte den Berichterstatter durch ihre Naturfrische fast mehr als die Erzählung Allston's", und selbst die wenigen Seiten „reichen hin, um Kahldorf in einem sehr günstigen und liebenswürdigen Lichte erscheinen zu lassen".[57]

Auch wenn Washington Allston sein Nachbar war, „der etwa drei Häuser von mir wohnt", wie er Brockhaus schrieb, war Wesselhöft „mit ihm nicht bekannt".[58] Eine andere Nachbarin kannte er dagegen gut: Direkt nebenan, in der Ellery Street 8 – das Haus steht heute noch – lebte die in Cambridge geborene Schriftstellerin Margaret Fuller (1810–1850). Wie aus ihrem Tagebuch hervorgeht, behandelte Robert Wesselhöft sie gelegentlich ärztlich, und sie betrachtete ihn als Freund.[59] Dass sie auf die Nachbarn aus der Alten Welt neugierig war, ist nicht verwunderlich, hatte sie doch seit längerem ein besonderes Interesse an Deutschland entwickelt.[60] Und just zu dieser Zeit arbeitete sie an ihrer englischen Übersetzung von Bettina von Arnims „Die Günderode"; der erste (und einzige veröffentlichte) Teil davon erschien 1842 im Bostoner Verlag von Elizabeth Peabody.[61] Weitaus mehr Zeit als mit Robert Wesselhöft verbrachte sie mit dessen siebenjähriger Tochter Minna. Diese erinnerte sich später: „I had known Miss Fuller in my childhood when she was our next-door neighbor in Ellery Str Cambridge. She made a pet of me & the isolated little German girl was indebted to her for a thousand trifles that made a child happy."[62] Zwanzig Jahre später sollte Minna Wesselhöft das von ihrer Nachbarin begonnene Werk vollenden: 1861 erschien die von ihr fortgeführte und vervollständigte Übersetzung der „Günderode".[63]

Der Rezensent, der die bei Brockhaus erschienene „Monaldi"-Übersetzung von Kahldorf in den „Blättern für literarische Unterhaltung" („BlU") besprach, lobte an dessen Vorwort besonders die, wenn auch kurzen Ausführungen über Amerika: „Diese Darstellung erinnert etwas an die Manier des anonymen Verf. der ‚Transatlantischen Reiseskizzen' und macht uns begierig, von dem Übersetzer Größeres und Selbständiges über Nordamerika zu lesen."[64] Das Publikum konnte nicht wissen, dass dies eine versteckte Bemerkung *pro domo* war. Denn von dem hier so schmeichelhaft mit Charles Sealsfield (er schrieb nämlich die „Transatlantischen Reiseskizzen") verglichenen Autor war in Wirklichkeit längst schon etwas „Größeres und Selbständiges über Nordamerika" in den Spalten der „BlU" zu lesen gewesen.

Der Brief an Brockhaus vom 1. Dezember 1841 lenkt die Aufmerksamkeit erstmals auf das bisher nicht bekannte Ausmaß von Wesselhöfts publizistischer Tätigkeit in Amerika und die Kontinuität seiner Verbindung mit dem Leipziger Verleger. Die „Ergüsse meiner Muse u meines Herzens", die Robert Wesselhöft Brockhaus darin ankündigt, trafen nämlich offenbar tatsächlich regelmäßig in Leipzig ein, so dass er sich im Brief an Hänel (s. u.) zu Recht als Brockhaus' Amerika-Korrespondent bezeichnet. Eingedenk dieses Briefes lassen sich Amerika-Artikel der „BlU", die anonym mit einer Autorenchiffre erschienen, nun mit großer Sicherheit Wesselhöft zuschreiben, jedenfalls sofern sie mit der Ortsangabe „Boston" versehen sind oder aus Neuengland berichten. Der erste, auf den das zutrifft, erschien fast genau ein Jahr, nachdem dieser Brief geschrieben wurde.[65] Den „miserabeln Namen Kahldorf", den Wesselhöft „fortbehalten" wollte, setzten die „BlU" allerdings nur im Jahre 1847 unter seine Artikel.[66] Sonst erschienen diese mit wechselnden Autorenchiffren, es gibt aber auch drei sehr umfangreiche Artikelserien, die mit „R. Wesselhöft" gezeichnet sind.[67]

Die Berichte weisen eine große thematische Bandbreite auf: Universitäts- und Familienleben, Kindererziehung, Umgangsformen (insbesondere zwischen Frauen und Männern), Parteipolitik, Architektur, Gasthöfe, Landwirtschaft, Schulwesen und Lehrlingsausbildung, Buchhandel, technische Erfindungen, Kirchliches, Essgewohnheiten – alles wird in bunter Mischung gleichrangig vorgestellt. Dabei geht es nicht um die Schilderung einzelner Ereignisse mit Nachrichtenwert, sondern um die Vermittlung eines allgemeinen Eindrucks vom Leben in den Staaten anhand von Alltagsbeobachtungen, die generalisiert und meinungsfreudig bewertet werden. Manche darunter wirken zeitlos und treffen heute noch zu, etwa wenn der Korrespondent erklärt, dass es verpönt sei, zu Fuß zu gehen und praktisch jeder Weg mit einem Fahrzeug zurückgelegt werde, dass fast alle aus Europa übernommenen Techniken gegenüber der Alten Welt deutlich verbessert würden mit Ausnahme des Bäckerhandwerks oder wenn er die beiden großen politischen Parteien miteinander vergleicht: „Der Demokratismus hat immer näher zur Wahrheit, selbst wenn er sich von ihr verirrt hat, als der amerikanische Whiggismus; denn dieser ist ein geldaristokratischer Egoismus."[68]

Die Verwerfungen der Parteipolitik verwirren Wesselhöft zwar – „Ich habe lange dem Treiben der Parteien zugesehen, ohne es ganz zu verstehen, und täglich steigen mir neue Räthsel auf"[69], gesteht er ein –, aber in den Grundsatzfragen sieht er sehr klar:

> Die Politik der Sklavenstaaten ist unfehlbar falsch. Es ist unmöglich, daß sie dem Andrange der Freiheitsideen und der Vernunft christlicher Anschauung auf die Dauer widerstehen können. Sie müssen nachgeben und das Princip allgemeiner gleicher Menschenrechte adoptiren, früher oder später. Sollten sie aber den Kampf dagegen wagen, so steht zu erwarten, daß der mächtige Norden sie isolirt. Und doch ist jedem klar, daß nur beide zusammen diese Union bilden können und ein Theil ohne den andern eine höchst precaire Stellung einnehmen würde.[70]

Dabei macht er sich über die Motive der Nordstaaten keine Illusionen. Er benennt „die vorgeschützte Humanität des Nordens" und dessen „faulen Fleck" deutlich: „der Norden hat seine Sklaven wie der Süden, nur daß die europäischen Sklaven nach fünf Jahren frei und Bürger werden."[71]

Manchmal scheint der alte Burschenschafter durch, etwa wenn er landsmannschaftliche Rivalitäten zwischen deutschen Einwanderergruppen beklagt oder auf das Wartburgfest anspielt. Und einmal, so scheint es, spricht er unmittelbar von seiner eigenen Geschichte und Haltung als Emigrant:

> Lassen Sie sich nicht etwa einreden, daß ich und daß meine Freunde von denen ich spreche Erzdemagogen seien. Sie irren Alle die Das sagen. Wir lieben und beweinen unser Vaterland; aber Nichts hat uns in den letzten sechs Jahren hier allmälig heimischer gemacht als alles Das was daheim in Staat und Kirche seitdem geschehen ist. Die Sehnsucht daheim zu leben und zu sterben vergeht uns jährlich mehr, ob auch die liebe Heimat immer noch der Maßstab bleibt nach welchem wir Alles zu messen geneigt bleiben.[72]

IV

Die Verbitterung darüber, dass man ihn in der Heimat als „Erzdemagogen" verschrien hatte, hing Wesselhöft also noch lange nach. Frischer als in der oben zitierten, sechs Jahre nach der Emigration geschriebenen Passage ist sie in einem Brief, der ein halbes Jahr nach dem oben wiedergegebenen ersten Lebenszeichen an Brockhaus entstand. Der Empfänger ist Gustav Friedrich Hänel (1792–1878), Professor für Rechtsgeschichte an der Leipziger Universität, spezialisiert auf die Edition antiker römischer Rechtsquellen. Seit 1838 war er Hofrat, später wurde er Dekan der juristischen Fakultät. Wesselhöft hatte mit ihm zusammen die Klosterschule Roßleben besucht.[73] Am 15. Juli 1842 schreibt er Hänel – es ist die erste Kontaktaufnahme nach seiner Übersiedlung – im Auftrag seines Freundes Karl Beck. Der Latein-Professor der Harvard University möchte in Deutschland Bücher für die Bibliothek erwerben. Hänel als Altphilologe in der Bücherstadt Leipzig und Freund seines Freundes Wesselhöft ist der geeignete Ansprechpartner. Beck schreibt in dieser Angelegenheit am 14. Juli 1842 an Hänel und übergibt seinen Brief Wesselhöft, der einen Tag später seinen eigenen Brief hinzufügt. Allerdings legt er ihn nicht einfach mit ein, sondern schreibt ihn auf Becks Brief, indem er diesen um 180° dreht und zwischen Becks Zeilen seine eigenen setzt, wodurch am Ende beide Briefe schwer zu entziffern sind. Überliefert ist dieses doppelte Schreiben in der Universitätsbibliothek Leipzig.[74] Wiedergegeben wird hier nur der persönliche Teil von Wesselhöfts Brief, Becks Schreiben sowie diejenigen Passagen von Wesselhöft, die nur den Bücherankauf betreffen, werden weggelassen:

> Mr Gustav Haenel
> Hofrath. Prof. jur.
> Leipzig
> Germany
> engl Steamer. /
>
> Cambridge, July 15 1842.
>
> Mein Freund Dr. Beck, Stiefsohn de Wette's, hat mir diesen Brief mit der Bitte übergeben, dazuzusetzen oder zu ändern, was ich für nöthig halte. Damit ich dies in der gehörigen Weise vollbringe begrüße ich Dich u Deine liebe Frau zuvörderst mit aller Herzlichkeit u Freundschaft, nicht ohne eine gewisse Regung der Sehnsucht zu unterdrücken. Ferner lasse ich alle Persönlichkeiten jetzt besser bei Seite indem ich bloß erwähne, daß wir alle hier leidlich gesund sind u uns recht wohl befinden; sofern eine Verpflanzung in fremden

Boden nicht eine gewisse Leere oder Vollheit involvirt, die sich mit den Händen nicht greifen, aber tief in der Seele empfinden läßt.

Was nun die Absicht Becks betrifft, die er im Auftrag der Universität hier ausspricht, so denke ich [...]. /

Du wirst wahrscheinlich wissen wollen, was ich hier thue? „Ja, was machst denn du da?" höre ich alle meine Freunde u Bekannten fragen. Ich war seit Längerem gesattelt, abgesattelt zu werden u ein anderes Pferd reiten zu müssen. Meine Neigung u mein guter Stern führte mich zur Medizin, schon in Mgdbg zur Allopathie, später zur Homöopathie. Sobald ich wußte daß die Regierung einen Gewaltstreich an mir verüben wollte, was ich sogleich sah u bemerkte, entschloß ich mich alle Zeit u Kraft auf dieses Studium zu wenden u so ging ich sehr getrost weiter. Es ist in Weimar bekannt, daß ich mich der Medizin widmete, aber sie wissen nicht, was ich damit machen wollte. Sie glaubten, ich studire, wie ich sei vergiften wolle. Denn sie trauten mir zu, daß ich bei irgend einer Gelegenheit mich an ihnen rächen, oder als Oberdemagog das Oberste zu Unterst kehren werde. In solchen Fällen findet ein Hundsfott von Minister (Herr von Fritsch[75]) immer einen dummen Jungen bei der Regierung (Herr Vize-Kanzler von Mandelsloh[76]), der sich gebrauchen ließ, ohne zu Erröthen die heilige Gerechtigkeit zu einer Schandtat zu mißbrauchen. Freimaurer führten den Reigen; ich hatte in meinem nächsten Vorgesetzten den Maurer beleidigt. Man gab mir Schuld erstens ein Testament zu m. Gunsten gemacht zu haben, als dies nicht ging, dessen Einrichtung zu meinen Gunsten erschlichen zu haben, u als sich herausstellte, daß eigentl gar kein Vortheil aus jenem Testament, als dessen Erbe ich eingesetzt war, bleiben kann, wenn Begraebn u Schulden bezahlt waren, als ich in allen Instanzen freigesprochen war, hat man sich blamirt / u machte eine neue polizeil Untersuchung wegen Ungehorsam, Advokatur u Praxis ohne Ermächtigung, Beleidigung meines Vorgesetzten, u als ich bewies, daß alle diese Beschuldigungen aus der Luft gegriffen waren u den Amtsweg gegen Fiskus zu betreten drohte, bot man mir Geld zu meiner Auswanderung. Um diese elenden Händel loszuwerden, nahm ich 3500 Thaler u ging, fast todtgeärgert.

Ich bin hier wieder aufgelebt, praktizire als Arzt, u habe bereits in diesem Jahre mein Brod verdient, denke auch, daß es noch besser werden wird. Du hast keinen Begriff von diesem Schurkenstücke. Als man merkte, daß das Appellationsgericht in Leipzig der ganzen xxx der Reg. nicht bestehen würde, bearbeitete man die Richter einzeln u angesichts der Schwäche der Gründe welche die Reg. vorbrachte, wußte man einen dreitägigen Kampf im Ober-App. Gericht für das für u Wider zu veranlassen. Martin[77] sagte mir nochmals: „Wenn es auf gewisse Dinge im Rechte ankäme, man hätte Sie ohne Weiteres verurtheilt. Allein es läßt sich nicht aus Gründen verurtheilen, die nicht in den Acten liegen." Er selbst rieth mir den Kampf aufzugeben überzeugt, daß man alles aufbieten werde, mich moralisch u physisch zu vernichten, gerade weil man im Unrecht gegen mich sei u sich öffentlich preisgegeben u bloßgestellt fühle. – Hier nun lebt man sehr frei in solchen Beziehungen, in andern Beziehungen ist man mehr abhängig von der Regierung als irgendwo. Davon ließe sich ein sehr dickes Buch schreiben. Das Partheiwesen, welches hier herrscht ist ekelhaft, aber selbst in seiner gegenwärtigen extremen Gemeinheit noch interessant genug. Man sieht das bessere Kommende durchschimmern. Der Präsident Tyler, so sehr die Ultrawhig-Parthei ihn verschreien mag, ist ein ganz unbescholtener, tüchtiger Mann u weiß was er thut. Diese Parthei berechnete ihn zu leiten, er ließ sich aber nicht leiten. Harrison war ein altes Weib, ihn würde man geleitet haben; der Himmel war aber der neuen, jungen Republik günstig u brachte den Vizepräsidenten zur Regierung.[78] Hier in Massachusetts ist der Druck der Zeit[79] noch nicht so gefühlt worden als in anderen Staaten. Das in Neuengland herrschende Manufaktur- u Fabrikwesen ist nicht wie in England auf die Unterdrückung der Arbeiter gegründet. Man will kein Armenthum u bezahlt daher hohe Taglöhne. – Meine Frau ist am schlimmsten von uns allen daran, weil sie nicht englisch / spricht u bis jetzt nur selten Gelegenheit hatte um allhier sich zu üben. Die Kinder gedeihen trefflich u sind kerngesund. Ich habe mich wenigstens von der letzten Niederlage sehr erholt. Wahrsch werde ich ein Office in Boston eröffnen. Dort fehlt ein Hilfs Consul. Ich würde eine solche Stelle annehmen, zumal immer mehr Deutsche hierherkommen. Dein RWht

Wesselhöft schildert hier ausführlich die Weimarer Regierungs-Intrige, die schließlich zu seiner Emigration führte. 1839 war er von der Anklage der Erbschleicherei und Testamentsfälschung freigesprochen worden, aber seine Arbeitsstelle war nun erst recht vermintes Terrain für ihn. Dass er sich dabei einem Komplott von Freimaurern gegenübersah, muss – auch wenn es auf den ersten Blick so wirkt – nicht unbedingt als Verschwörungsfantasie bewertet werden, denn von Fritsch war tatsächlich seit 1818 der Meister vom Stuhl der Weimarer Loge Anna Amalia von den drei Rosen[80] (der auch Goethe angehört hatte). Ob das Vorgehen gegen Wesselhöft jedoch wirklich so damit zusammenhängt, wie er hier vermutet, ist ungewiss. Eher scheint es, als sei er Opfer eines regierungsinternen Machtkampfes geworden, denn Staatsminister von Fritsch war „ein eifriger Verfechter der Staatsautorität auf politischem Gebiet, und hier geriet er gelegentlich zu den freieren Ansichten des Großherzogs Carl August in Widerspruch"[81], so dass das Vorgehen gegen einen prominenten Burschenschafter und Adelskritiker ein Stich des erzkonservativen Ministers gegen den liberalen Großherzog gewesen sein könnte.

Doch diese bittere Angelegenheit hat Wesselhöft auf seine neue medizinische Laufbahn gebracht, die er auch in diesem Brief optimistisch sieht. Seinen Weg „zur Homöopathie" verdankte er vor allem seinem Bruder Wilhelm, der schon lange auf diesem Wege war und nun in Amerika als Pionier weiter voranging. Seine Lehranstalt in Allentown war ein Anfang gewesen, wenn auch vorerst ohne Erfolg. Doch der stelle sich bald ein. Zu Beginn der 1840er Jahre kam die aus Deutschland importierte Homöopathie in Nordamerika stark in Mode, und Neuengland war das Zentrum dieses Trends, wobei sich, wie Cécile Roudeau dargestellt hat, mit der Diskussion über Homöopathie auch generelle Fragen nach gesellschaftlichen Reformen, Geschlechterrollen u. a. verbanden. „Homeopathy had its journals, it schools and hospitals […]. Homeopathy was, to paraphrase Oliver Wendell Holmes, the hub of the New England universe […]".[82] Die Homöopathie war allenthalben Gesprächsstoff, sie polarisierte und fand in den intellektuellen Kreisen Neuenglands sowohl prominente Gegner als auch Befürworterinnen, vor allem unter den Transzendentalisten. Zu den Anhängerinnen zählten die Schriftstellerin Louisa May Alcott, der Abolitionist William Lloyd Garrison oder auch die Verlegerin und Pädagogin Elizabeth Peabody (sie schrieb 1859 einen Nachruf auf Wilhelm Wesselhöft[83]), zu den bekannten Gegnern Nathaniel Hawthorne und dessen Schriftstellerkollege, der Mediziner Oliver Wendell Holmes.

1842, zur Entstehungszeit des Briefes an Hänel, waren Robert und Wilhelm Wesselhöft in den Fokus dieser Debatte gerückt. Sie hatten seit einiger Zeit eine gemeinsame homöopathische Praxis in West Roxbury bei Boston, als Oliver

Wendell Holmes Wilhelm in zwei Vorträgen über „Homoepathy and Its Kindred Delusions" in der hochangesehenen Boston Society for the Diffusion of Useful Knowledge angriff und als Quacksalber brandmarkte.[84] Wilhelm Wesselhöft schwieg, und auch sein Bruder trat zunächst nicht mit einer öffentlichen Gegenrede auf, reagierte dann aber mit einer als Privatdruck erschienenen Erwiderung (seiner ersten englischsprachigen Publikation).[85] Darin vertrat er seinen Standpunkt deutlich, verzichtete aber auf Polemik und blieb im Ton respektvoll – ähnlich, wie er es elf Jahre zuvor zum Erstaunen Heinrich Heines in der Kahldorf-Denkschrift „Über den Adel" getan hatte. Dennoch schlug die Debatte hohe Wellen in der ‚besseren Gesellschaft' Neuenglands und fand sogar ihren Niederschlag in der Literatur: Nathaniel Hawthorne, dessen Ehefrau Sophie, geb. Peabody zum Verdruss des berühmten Autors der Homöopathie anhing (und von Wilhelm Wesselhöft behandelt wurde), soll die Kontrahenten Holmes und Wesselhöft in seiner Erzählung „Rappaccini's Daughter" (1844) porträtiert haben, wobei er Robert Wesselhöft die Rolle des boshaften Scharlatans zuwies.[86]

Ob jener Disput der Grund für Robert Wesselhöfts zeitweilige Überlegung war, erneut die Karriere zu wechseln? Den Plan, den er am Schluss seines Briefes an Hänel äußerte, nämlich als „Hilfs Consul" für deutsche Einwanderer in Boston zu arbeiten – vielleicht hatte er dabei die Agentur seines Cousins in Philadelphia im Sinn – verfolgte er aber nicht weiter. Statt auf Einwanderer, die übers Wasser kamen, setzte er auf Einheimische, die ins Wasser wollten.

V

Als er nach seiner Entlassung aus der Magdeburger Haft erkrankt war, hatte Robert Wesselhöft sich einer Kaltwasserkur unterzogen, und zwar im schlesischen Gräfenberg bei dem (Wieder-) Erfinder dieser Behandlungsmethode, Vinzenz Prießnitz (1799–1851) persönlich. In der 1830 eröffneten und schnell sehr beliebten Kaltwasser-Heilanstalt des autodidaktischen Naturarztes hatte Wesselhöft, ohne es damals schon zu wissen, das Modell für seine eigene Unternehmung gefunden.

In Amerika angekommen, begann er schon bald, systematisch ein geeignetes Gelände und Geldgeber zu suchen. Beides fand er 1844, und am 29. Mai 1845 öffnete in Brattleboro, Vermont die Wesselhöft Water-Cure[87] ihre Türen (und Schleusen). Eine seiner Bostoner Patientinnen soll ihn auf diesen idealen Ort aufmerksam gemacht haben, im Tal des Connecticut River und durchzogen von dem Flüsschen Whetstone Brook. Die Anlage, die Wesselhöft dort einrichtete, bestand aus zwei miteinander verbundenen Hauptgebäuden (eines für die Damen, eines für die Herren), ausgestattet mit großen und kleinen Badebecken, Wannenbädern und Duschen – alle gespeist aus den berühmten Felsenquellen der Umgebung – und möblierten Zimmern. In der Mitte zwischen beiden Häusern lag der große Speisesaal und Salon. Es gab zudem Außenbecken und Badehäuser direkt bei den Quellen und in den idyllischen Hügeln. 130 Patientinnen und Patienten fanden hier Platz. Bei der Eröffnung waren es ganze 15, doch schon 1846 kamen über 300 – so viele strömten herbei, dass sie auch in umliegenden Gästehäusern und Privatunterkünften wohnten. Wesselhöft schwamm mit seiner Einrichtung auf einer Erfolgswelle, denn die Wasserkur (oder Hydropathie) war der große Gesundheitstrend der Zeit. Überall in Amerika, vor allem in Vermont entstanden solche Anstalten[88], doch keine war so beliebt und glanzvoll (und so teuer) wie die Wesselhöft Water-Cure in Brattleboro.

Das Hauptgebäude der Wesselhoeft Water-Cure in Brattleboro, Vermont

Von dort schrieb Wesselhöft im Dezember 1846, vier Jahre nach dem ersten Brief an Hänel, erneut an den Leipziger Freund:[89]

> Hofrath, Prof. Dr. Hänel
> Wohlgeb.
> Leipzig /
>
> Hofrath Prof Hänel, Leipzig.
>
> Brattleboro, Vt | (Vermont) U. States of N. America
> Dec. 18. 1846
>
> Geliebter Freund!
>
> Du erinnerst dich gewiß unserer letzten Correspondenz anlangend Vermehrung der Biblioth. zu Cambridge auf dem Wege des Auctionskaufes. Dr Karl Beck, de Wette's Stiefsohn, Prof. der lat. Sprache in Cambridge (Harvard University) geht jetzt d 1sten T. [des] Jahres v hier nach Deutschland, er kommt wahrscheinlich später nach Leipzig

u wird dich aufsuchen, u dir sagen, wie es mir geht. Im Ganzen gut; ich habe aber wahrl nicht auf der faulen Haut gelegen. Sehr geehrt! Dr. Med. geworden! Kaltwasseranstalt seit 1 1/2 J. hier, (in der reizendsten Gegend, die ich in Amerika kenne, u die ich nicht schöner in Deutschl gesehen,) für 130 Patienten. Fürchterl Arbeit, aber lucratives Geschäft, interessant in ärztl Beziehung – eine bedeutende Evolution des Menschengeistes gegen die Krankheiten des civilisirten Lebens u des sogen. rationellen, von der heiligsten, hochverehrten, Medizinerei. Wir müssen die Augen auf machen! Vier bis sechs Wochen in einer Wasseranstalt jährl würden unsere Gelehrten verjüngen; besonders Gebrauch der verschiedenen Duschen zur Erfrischung der Spinal u Unterleibsnerven von der medulla oblongata[90] etc. Sapienti sat! Wenn Dich der Schuh drückt, versuche es; brauchst nicht gerade zu schwitzen, laß sie jeden Tag früh reiben u geh ins große Kaltbad, trage eine nasse Binde um den Leib, drücke, u nimm tägl 1 bis 2 Schlucke, gehe in die Luft auf die Berge, trink Wasser daß die Brunnenkresse zum Ellbogen heraus wächst (doch nicht mehr als 8-10 Gläser), entsage dem Wein, Weib, Koffee u Thee nebst Gewürzen für diese Zeit, u Du wirst die Folgen wohl höchst überzeugend fühlen. Für Deine Frau wäre es sehr nöthig sie hierher zu <u>uns</u> zu schicken; ich habe auch etwelche Felsenquellen – Meine Kinder gedeihen in der Bergluft treffl. Mein ältester Sohn[91], jetzt 13, ist ein sehr lieber Junge, Gemüth seiner Mutter, mittelmäßiger, mehr mathematischer Kopf, guter xxx; Dr Siedhof, ein deut. Philolog u Erzieher / mit Familie seit vielen Jahren im Lande, hat ihn in Erziehung.[92] Die anderen sind zuhaus, doch wächst das älteste Mädchen[93], 11 Jahre, heran u wird als interessant u hübsch, aber <u>germanisch</u>, nicht engl, d. h. xxxtüchtig kraftvoll bezeichnet. Ich habe 3 Jungen u 4 Mädchen, das jüngste 1 ½ Jahr; die letzten 3 in Am. geboren. Meine Frau ist, Gott lob, gesund u jugendl genug um ihre Freude an den Bälgern zu haben. An mir hat sich wenig verändert. Ich werde in kurzem 50 J. Weniger Haare auf dem Kopf, noch viel Kraft, mehr Hang zur Bequemlichkeit, als ich jetzt noch gebrauchen kann, doch immer noch elastisch genug um wieder auf zu steigen, wenn ich einmal auf die schiefe Seite falle. Ich habe ein Gefühl des Trotzes in mir gegen alle Anfeindung der Welt u würde mich eher todtschlagen als bedrängen lassen, ü dies habe ich eigentl keinen Ehrgeiz, die Liebe gibt mir alles; ohne sie bin ich träg u kraftlos. Hier hat mich das Money making nicht geblendet. Ich danke dem Lande das große Gefühl persönl Freiheit u dadurch eine Ruhe, die mich in Deutschl stets floh. Ich fühlte innigen Dank u beschloss hier, wo jede Kraft sich entfalten kann, nützlich zu werden. Ich hatte zieml gute, doch nicht durch die Praxis geübte Kenntnisse der Medizin von Magdeburg u Wei – in Voraussicht möglicher Fälle – mir erworben; hier studirte ich die Schwächen der Mediziner u des physischen u moralischen und Einzel- und Familienlebens u gründete darauf u auf gute sonstige Kenntnisse, so wie auf den noch unbekannten Wassergebrauch, mit der Hilfe mehrerer Freunde meinen Ruf. Ich stand zwar mit m. Bruder Wilh. zusammen, er war aber gleich so mit Praxis in Boston überhäuft u ich 1 Stunde von ihm in Cambridge so beschäftigt, daß ich ihm kaum Zeit zu einer Consult. stehlen mußte. So ochste ich die Nächte durch u die Morgen, alles anderthalb Jahre lang, studirte besonders die neuere, sehr veränderte Physiologie wieder, u faßte die Ansicht, daß die Pathologie chirurgisch oder anatomisch aufzugreifen, wie es jetzt, u wahrscheinl am Schlusse einer Periode der mediz. Wissenschaft, Schreber[94] u seine Schüler thun – nur für die unselige allopath. Praxis mit ihren Medizinstümpern einen Werth habe, nicht für Homöopathie u Wasserk. Demohnachtend habe ich der Anatomie u Chemie Studien gewidmet u glaube zu wissen, was sie werth ist – ohne Chirurg zu sein. Ich kann aber jetzt auch ein „Bein setzen" (I know bone setting[95]) wenns nicht zu knollig hohlrückrig ist. Nur Schneiden thue ich nicht u stechen, obwohl ich schon manchen Narren den Staar gestochen. /

Unter meine grösten Sorgen gehört die home-education meiner Kinder die wesentl m. Frau unter sich hat. Ich halte Lehrer, einen engl u einen deutschen u einen französischen, da ich auch einige kranke Kinder deutscher Eltern bei mir habe. Aber die Beschäftigung, der geistige Lustwald – das ist die Noth! Meine Frau bittet mich daher an einen Freund in Deutschl zu schreiben, ihr eine gute Kinderliteratur zu schaffen. Wir haben die Erziehung sokratisch kath. Geistl gehabt u sie sind abgethan, mit ihrer Verhärtungstheorie verbraucht. Ich wünschte, daß ein in dieser Sphäre bewanderter Freund mir bei Antiquaren u in Auctionen u Läden eine kleine Bibliothek aufmachte. Ich habe Beckers Weltgeschichte[96], wünschte aber desselben

1. Becker's Geschichte des Troj. Krieges u der Odyssee 2 Bände; er hat auch xxx xxx xxx nacherzählt.[97]
2. Reisen des jungen Anacharsis (deutsch)[98]
3. Des Knaben u des Mädchens Lustwald.[99]
4. Grimms Mährchen.
5. Veit Webers Volksmährchen (theilweise herrl für Kinder)[100]
6. Musäus Schriften. (Mährchen)[101]
7. Campes Robinson u Entdeckung v Amerika, auch dessen Reisen.[102]
8. Salzmann's Elementarbücher. (die besten).[103]
9. Tausend u eine Nacht.[104] (weiß wohl daß nicht alles für Kinder darin)
10. ~~Vielleicht selbst~~ Weiße's Kinderfreund.[105]
11. Gute Feenmährchen (es gibt gute französische, übersetzt) für Kinder. Manches dieser Bücher ist jetzt Schund in Deutschl; ich habe sie aber nicht vergessen; wenn eine poetische Ader in einem Kinde ist, so wird sie dadurch geweckt.
12. Gumal & Lina[106] u was dabei einschlägt.

Du siehst nun schon, wo ich hinaus will. Es mag sich daran vieles noch anschließen, was ich vielleicht nicht dem Namen nach kenne. Die Literatur soll für kleine u erwachsene Kinder u für die Mütter, sie zu unterhalten, sein. – Alles, was nicht in feste Lederrücken u Faden gebunden, laß so, einfach u nett binden. Sende Addr.: Mr. Charles Ernenputsch, New York u dirigire an mich, wie oben am Datum, mit Hinweglassung des unterstrichenen Theils. Laß es nach Bremen an J. C. Petersen gehen, der die Fracht zahlt u vom Schiffer vertrimmt u alles sonst besorgt. Mit der Absendung muß ein offenes Inhaltsverzeichniß aller Werke u Bände, nebst Werthangabe jedes Werks inclusive der Bände, so niedrig als es das Gewissen erlaubt, an Charles Ernenputsch beigegeben werden. Der neue Zoll zählt 10% vom Werthe der Bände. Dann sendest Du alsbald Rechnung oder Wechsel auf 2 Monate Sicht, wenn er groß ist, kleinen auf 1 oder keine Sicht, an mich. Ich werde gern 50 Dollar dieses Jahr daran spendiren. Einige gute Bilderbücher für die Kleinen dürfen nicht fehlen, so auch Bilder zum anmalen. Sobald eine Bücher Kiste fertig ist, laß sie abgehen. Zu irgend einer Zeit sammelt sich eine neue, so daß sie nächstes Jahr Weihnachten hier sein kann, wozu sie im Sept., spätestens Oct. abgehen müßte, mit Bemerkung an Petersen (zu Weihnachtsgeschenken.); Du mußt Dir durchaus keine Kosten u Mühe machen; laß jemand, der ein Paar Thaler verdienen / will, es thun u höchstens strecke ihm das Geld vor u bewirthe ihn mit Deiner Frau. Du kannst auch von Brockhaus wahrscheinl jeder Zeit Vorschuß bekommen dessen Kahldorf u Briefschreiber aus den V. St. ich bin. Ich verwende alles zu Büchern, da er jedoch nicht mit Antiquargeschäften zu thun haben mag, so ists vielleicht besser wir zahlen direct.

Wir sehnen uns oft nach Leipzig u den hilfr. flinken Schuhen zur Erheiterung dazu. O wie göttlich seid Ihr regirt, wie dankbar müßt Ihr sein, daß man Euch auf so angenehme Weise die Prädestinationslehre in den Leib jagt u damit tröstet: Wer hängen soll, ersäuft nicht. Dennoch lieben wir unser liebes Vaterland, u nur wenige Menschen ausgenommen, die uns verhaßt sind, denken wir gern dahin zurück. Wir machen oft Pläne zu einer Reise mit u ohne Geld, doch bleibe ich dabei, daß ich nicht als Leiche zurückkehren mag. Meine Frau träumte neul, sie sei dort u sehnte sich gewaltig nach unserm reizenden Brattleboro u xxx zurück. Ich träumte gestern ich ich sei ein alter Greis u tränke mit einigen Freunden jungen 11er[107] in Deutschl u nie hat ein Wein mir so gut geschmeckt. Er wurde aus Töpfchen, die mit Rosinen oder Hausreben verklebt waren, getrunken. Er sah grünlich aus, die Zapferin, ein schönes Weib, u der Wirth schworen bei Abgabe jedes Töpfchens, jene mit drei Fingern auf die linke Brust, dieser mit aufgehobenem Spund, daß es recht sei, u die schöne, starke, junge Kellnerin gab mir bei jedem neuen Töpfchen einen warmen, langen Kuß auf Stirn oder Wange. Alles ernst u feierlich. Nie in meinem Leben hat mir ein Wein herrlicher geschmeckt. Ich konnte den Geschmack selbst nach dem Erwachen noch fühlen. Im wahren Leben denke ich das ganze Jahr nicht an Weintrinken; die Kneipe nur ächt germanisch, eine Art Keller mit Gang bei einigen Tischen; rings eine Anzahl Gäste, alle still; Käse, Butter u Brod wird dazu genossen. – Du siehst die Heimat ist nicht vergessen. Ich glaube // aber gewiß daß wir unter keiner Bedingung, Emmi[108] ausgenommen, in Deutschl wieder auf die Dauer leben möchten. Dazu trägt eine schöne Heimat, mehrfacher Haus u Landbesitz u ein blühendes Geschäft u xxx bessere Gelegenheit unsere Kinder leidl zu erziehen u zu unterrichten viel bei. Weißt Du eine gute bügerl Erziehung für Mädchen? // Meine Frau meint, daß unsere Minna[109] in 1 oder 2 Jahren eine solche brauchen werde, um zur tüchtigen Hausfrau zu gedeihen. Wir haben hier in der Art nichts. Wenn sie kommt, wird sie deutsch, engl u franz. sprechen, aber sonst ihr Wissen Stückwerk sein. Tüchtige Haushaltung ist die Hauptsache. Dies könnte Veranlassung zur Reise werden. – Wenn Du oder Deine // Frau uns von meiner Schwiegerin, jetzt verwitwete Frau Magister xxx Johanna Martin, geb. Hecker[110] Nachricht verschaffen könntest, würden wir sehr dankbar sein. Wie gehts dem alten Wilhelm in Rosleben?[111] Allen herzl. Grüße.

Euer RWesselhoeft.

(auch Bürgermeister Otto[112] mit herzl. Grüßen)
// Allen unseren lieben Freunden Herzliche Grüße. RW.

Die Wasserkur, die Wesselhöft Hänel in diesem Brief empfiehlt, falls ihn „der Schuh drückt", ist nur die „Light"-Version dessen, was die Patientinnen und Patienten in Brattleboro über sich ergehen lassen mussten, beginnend um 4 Uhr am Morgen. Wesselhöft persönlich achtete auf die korrekte Durchführung der Anwendungen und die strikte Einhaltung aller Vorschriften. Aber es wurde viel mehr geboten als nur Wasser, es gab Gymnastik, gemeinsame Spiele und Geselligkeit an der frischen Luft – damals in Amerika ungewöhnlich –, Billard und Kegeln, jeden Mittwoch und Samstag war Tanz im großen Salon. Am Klavier saß dabei Christian Schuster, ein politischer Flüchtling aus Mainz, der sogar eigens eine „Water-Cure Polka" komponiert hatte. Die Kurgäste spielten zusammen mit den Ortsansässigen Theater und musizierten, 1847 legten sie in gemeinschaftlicher Arbeit Spazierwege an.[113]

Die „Water-Cure Polka" von Christian Schuster

All das wirkt beinahe eher wie eine Kommune als wie ein Kurort. Behandlungserfolge und einzelne Fallgeschichten wurden in Broschüren oder Zeitschriften wie dem in New York gedruckten „Water-Cure Journal, and Herald of Reforms, Devoted to Physiology, Hydropathy and the Laws of Life" publiziert – Schweigepflicht war unbekannt –, Robert Wesselhöft gab eine eigene Monatszeitung („The Green Mountain Spring") heraus; besonders wichtig darin waren die Namenslisten der Gäste, denn diese waren die beste Reklame.

Zu den prominenten Kurgästen in Brattleboro gehörten der ehemalige US-Präsident Martin van Buren, die Söhne des ehemaligen Vizepräsidenten John Calhoun, der Polarforscher Elisha Kent Kane, der Chronist der nordamerikanischen Kolonialgeschichte Francis Parkman, ein berühmter Abolitionist wie Samuel Gridley Howe ebenso wie einer der bekanntesten Plantagenbesitzer (und Sklavenhalter) John Stoddard. Vor allem die literarische Elite war vertreten: Fanny Fern, Julia Ward Howe, Richard Henry Dana, Henry Wadsworth Longfellow. Harriett Beecher Stowe, die 1852 mit ihrem Roman „Uncle Tom's Cabin" den Lauf der Geschichte verändern sollte, verbrachte 1846/1847 sogar elf Monate in Brattleboro.[114] Sie war besonders angetan von Robert Wesselhöft selbst und schrieb an ihren Ehemann in Cincinnati:

> [...] the more I talk with Dr. W. the more I am convincend of the efficiency of this course for <u>every sort</u> of disease – for in reality it is only a strict & rigid enforcement of <u>all</u> the laws of health. [...] The Dr treats us with great kindness – seems interested for us. [...] The Dr is an honourable and liberal man [...].[115]

Sie führt viele Gespräche mit Wesselhöft, und als ihre Abreise näherrückt, bittet sie ihren Mann um Geld für ein Geschenk, das sie ihm machen möchte: „I also want the privilege of getting something for the doctor – a book or some keepsake as mere expression of grateful feeling for the unwaried kindness which he & his have bestowed upon me – kindness to which I had no claims & which I shall never forget [...]."[116]

Der Dichter Longfellow – der Wesselhöft schon zuvor, in Cambridge kennengelernt hatte –, ist ebenfalls ein überzeugter Patient. Er schickt später auch seinen Bruder zu ihm in Behandlung. Von seiner eigenen Erfahrung berichtet er:

> Brattleboro' is one of the prettiest places in New England, in the midst of the hills, and with delightful drives and walks in every direction.
> Wesselhoeft's „Aquatic Institute" is in a very flourishing and successful condition, but so crowded that no new patients can be received for a month to come. [...] I think very well of the Doctor though his experience has not yet been very extensive. He is shrewd and circumspect. I think before the summer is out he will have effected some striking cures [...]; altogether I am quite satisfied with the establishment.[117]

Zeugnisse wie die von Harriett Beecher Stowe und Longfellow zeigen, dass ein wesentlicher Erfolgsfaktor für die Water-Cure offenbar die Persönlichkeit Wesselhöfts selbst war. Viele Patientinnen und Patienten zeigten sich fasziniert von ihm. Charisma und Überzeugungskraft, die ihn schon in den Tagen der Burschenschaft ausgezeichnet hatten, kamen ihm auch hier zugute. Von dem „Diktatorbewußtsein", das Ruge bei ihm ausgemacht hatte, keine Spur – allenfalls bei seinem strengen Gesundheits-Reglement, aber nicht im sonstigen Umgang mit seinen Gästen. Zwar war er durchaus leidenschaftlich in seinen ärztlichen Meinungen – wie die Äußerungen über die allopathischen „Medizinstümper" im Brief an Hänel zeigen –, aber er war kein missionarischer Eiferer. Ein konventioneller Mediziner, der im Juli 1847 als erklärter Skeptiker zu ihm kam und zehn Tage lang seine Behandlung prüfte, schrieb hinterher beeindruckt:

> Dr. Wesselhoeft, the very gentlemanly proprietor, received me with great kindness and treated me with marked courtesy. [...] I shall always remember my sojourn of ten days at Brattleboro, as among the most pleasant of my life. [...] Dr. Wesselhoeft is a man of good sense, well informed in his system; and I believe him to be an honest man and a gentleman [...]. As to the establishment, I can hardly conceive of one being more thoroughly adapted to the purpose. There is an abundant supply of cold freestone water, and the various baths are admirably arranged.[118]

Was für eine Wandlung: vom berüchtigten „Erzdemagogen" Kahldorf zum einfühlsamen Gesprächspartner sensibler Patientinnen, vom „ungehorsamen" Rebellen zum strengen, aber jovialen Kurdirektor, vom Häftling zum Gentleman. Im zweiten Brief an Hänel meint man, etwas von dieser Wandlung zu erkennen. Verbitterung über das in Deutschland erlittene Unrecht ist hier jedenfalls nicht mehr so stark zu spüren wie vier Jahre zuvor. Geblieben ist davon das „Gefühl des Trotzes [...] gegen alle Anfeindung der Welt", aus dem Wesselhöft in seiner neuen Welt offenbar viel Energie zieht. Und seine Opposition gegen Autoritäten richtet sich nun vor allem gegen die etablierte und vorherrschende konventionelle „Medizinerei". Wie zuvor als Burschenschafter in der deutschen Politik steht er auch als Arzt, als Vertreter von Homöopathie und Hydropathie auf Seiten dessen, was er als Reform des Hergebrachten erachtet.

Anders als in dem früheren Brief an Hänel hat Robert Wesselhöft hier nicht seine Vergangenheit im Blick, sondern seine gegenwärtige Aufgabe und die Zukunft, vor allem die seiner Kinder. Sein Schreiben bietet Einblicke in ihre Erziehung, und Wesselhöfts persönlicher Kinderliteratur-Kanon sowie die Mühe, die er auf seine Bücherbestellung verwendet, machen deutlich, welch hohen Stellenwert Bücher und Bildung haben – nicht zuletzt weil sie sprachlich und kulturell eine Brücke in die alte Heimat schlagen.

Mit einem Preis von 10 Dollar am Tag war die Wesselhöft Water-Cure teuer und dadurch ausgesprochen exklusiv. Aber auch die Kosten für den Unterhalt der Anlage und das Personal waren hoch – ein zweiter Arzt wurde eingestellt (ebenfalls aus Deutschland), es gab Küchen- und Haushaltspersonal, Gärtner, medizinische Hilfskräfte für die verschiedenen Wasserprozeduren (angeleitet wurden sie von Wesselhöfts Frau). Wie aus dem Brief an Hänel hervorgeht, standen Lehrer für Kinder, die die Wasserkur mitmachten, auf der Gehaltsliste, auch mussten Feuerholz und das Essen, das für die Gäste inclusive war, bezahlt werden. Zudem zeigte sich Robert Wesselhöft oft kulant gegenüber weniger begüterten Patienten. Harriett Beecher Stowe berichtet von einem Gespräch mit ihm:

> Mary & I had an interesting talk with the Dr yesterday. When we congratulated him on the prospect of doing so much good, he seemed gratified – but said – nobody here will believe that a man will live for an idea. They all laugh at me if I say so – So I think best to say nothing about it. They think it is for money that I do all this – but I have made no money yet – & whether I shall is very doubtful.[119]

Das bestätigt, was Wesselhöft an Hänel über das „Money making" und seine idealistische Motivation schreibt. Auch wenn die Wasserkur gewiss ein „lucratives Geschäft" war: Trotz Gästeflut und sprudelnder Einnahmen floss auch viel Geld wieder ab, und Elizabeth Peabody stellte fest: „[...] the Wesselhofts were better physicians than financiers."[120]

Im Alter von immerhin schon 44 Jahren hatte Robert Wesselhöft seine Heimat verlassen müssen, wobei er eine juristische Karriere und das zuvor so kämpferisch verfolgte Ziel, an einer politischen Veränderung und Erneuerung Deutschlands mitzuwirken, aufgab. Aber es war ihm gelungen, noch einmal von vorne anzufangen und sich innerhalb kurzer Zeit eine neue Existenz auf einem in jeder Hinsicht unbekannten Feld aufzubauen. Es beflügelte ihn, dass er nun gestalten konnte, anstatt sich immer nur wehren zu müssen. „Wie ein Traum ist einem die Erinnerung an die deutsche Policei, Censur, die ‚Maßregeln', die Gnade und Ungnade"[121], hieß es in einem seiner Artikel für Brockhaus. In Amerika, „wo jede Kraft sich entfalten kann", wie er dem Leipziger Freund Hänel schrieb, entfaltete er seine Kraft und ergriff mit erstaunlicher Anpassungsfähigkeit die Chancen, die er erkannte. Dass er „nicht auf der faulen Haut gelegen" hat, ist offensichtlich.

Die Traumschilderung in Wesselhöfts Brief an Hänel vom 18. Dezember 1846 ist psychologisch aufschlussreich. Mit den Küssen der schönen Wein-Kellnerin, die wie eine Versöhnung mit Deutschland wirken, erinnert sie ein wenig an Heinrich Heines Gedicht „Ich hatte einst ein schönes Vaterland". Gegenüber Hänel hatte Wesselhöft zwar Überlegungen zu einer Reise nach Deutschland erwähnt, jedoch kategorisch ausgeschlossen, auf Dauer wieder dort zu leben. Aber er sollte dort sterben. 1851 verließ er Brattleboro, schon erkrankt, um nach Deutschland zu reisen, wo er seine Söhne besuchte, die dort für einige Zeit studierten. 1852 starb Robert Wesselhöft in Reudnitz, in der Nähe von Leipzig. Seine Witwe versuchte danach noch, die Wesselhöft Water-Cure in Brattleboro weiterzuführen, aber die Hoch-Zeit der Hydropathie und der Kaltwasserbäder war bald vorüber; sie löste die Anstalt auf und zog nach Boston. Zwei ihrer drei Söhne wurden in ihrer amerikanischen Heimat Ärzte – und einige von deren Nachfahren ebenfalls; da das gleiche für die Nachkommen seines Bruders Wilhelm gilt, kann man mit Fug und Recht von einer „medical dynasty"[122] sprechen, auch wenn dieser Begriff dem Anti-Aristokraten Kahldorf kaum gefallen hätte. Der dritte Sohn fiel 1861 im Alter von 23 Jahren in einer der ersten Schlachten des Bürgerkrieges als Freiwilliger in den Reihen des Unionsheers.[123] Zusammen repräsentieren die Söhne also die beiden Facetten ihres Vaters, die sich in den hier vorgestellten Briefen spiegeln: den reformfreudigen Arzt Robert Wesselhöft und den Kämpfer für Gerechtigkeit und Freiheit Kahldorf.

Anmerkungen

1 Zu Wesselhöfts Lebenslauf und Bildungsgang vgl. die aus erster Hand stammenden Angaben in der im Zusammenhang mit dem Prozess wegen seiner Zugehörigkeit zum „Jünglingsbund" entstandenen Broschüre: Vertheidigungsschrift für Robert Wesselhöft, ausgearbeitet vom Regierungsrath Schede in Berlin. Für Verwandte und Freunde als Manuskript zum Druck befördert und mit einigen nothwendigen Anmerkungen versehen von Johann Carl Wesselhöft. Jena 1826. Vgl. außerdem [Johannes George Ludwig Hesekiel:] Album der Schüler zur Kloster Roßleben von 1742 bis 1854. Halle 1854, S. 49 f.; Starr Willard Cutting: Ueber die Schriften des Jenaer Burschenschafters und amerikanischen Arztes Robert Wesselhoeft. – In: Jahrbuch der Deutschamerikaner für das Jahr 1918. Hrsg. u. red. v. Michael Singer. Chicago 1917, S. 63–72; Helge Dvorak: Wesselhöft, Robert. – In: ders.: Biographisches Lexikon der Deutschen Burschenschaft. Bd. 1: Politiker. T. 6: T-Z. Heidelberg 2005, S. 276–280.

2 Kahldorf [d. i. Robert Wesselhöft]: Über den Adel in Briefen an den Grafen M. von Moltke. Hrsg. v. Heinrich Heine. Nürnberg 1831.
3 Zit. n. DHA XI, 743. Die Angaben im Kommentar der beiden historisch-kritischen Heine-Ausgaben (ebd. und ebd., 945 [Register]; HSA IV, 448 und 526 [Register]) sind zu korrigieren: Es handelt sich nicht um den dort jeweils ohne Vornamen genannten „Breslauer Polizeipräsidenten", sondern um Friedrich Theodor von Merckel (1775–1846), der von 1816 bis 1820 und erneut von 1825 bis 1845 preußischer Oberpräsident der Provinz Schlesien war und in Breslau residierte. Er galt der Staatsregierung in Berlin „wegen seiner liberalen und reformfreudigen Haltung" als suspekt. Konrad Fuchs: Merckel, Friedrich Theodor. – In: Neue Deutsche Biographie. Bd. 17 (1994), S. 122–124, hier S. 123.
4 In der sehr wohlwollenden Rezension des Buches durch „E." heißt es: „Der Verfasser – man nennt als solchen Robert Wesselhöft, so eben aus der preußischen Festung Magdeburg, wo er wegen burschenschaftlicher Vergehen seit 1823 gehalten worden, entlassen […]." E.: [Rez.] Kahldorf über den Adel […]. – In: Nürnberger Blätter. Literarische Zeitschrift aus und für Süddeutschland. Jg. 3, Nr. 96, 12.08.1831, S. 384.
5 Vgl. Robert Wesselhöft: Sendschreiben der Jenaischen Burschenschaft an sämmtliche protestantische Universitäten Deutschlands. – In: Dietrich Georg Kieser: Das Wartburgfest am 18. October 1817. In seiner Entstehung, Ausführung und Folgen. Nach Actenstücken und Augenzeugnissen. Jena 1818, S. 91–93.
6 Ihr Wortlaut ist überliefert bei Robert Keil: Vor fünfzig Jahren. – In: Die Gartenlaube Jg. 1869, Nr. 26, S. 408–411, hier S. 410.
7 Über den Verlauf der Nürnberger Versammlung und Wesselhöfts Wahl vgl. den auf gerichtlichen Zeugenaussagen beruhenden Bericht in: Actenmässige Darstellung der Versuche Deutschland in Revolutions-Zustand zu bringen. Hrsg. v. Carl Follenberg [d. i. Johann Daniel Ferdinand Neigebaur]. Leipzig 1831 (Geschichte der geheimen Verbindungen der neuesten Zeit, H. 4), S. 57 ff.
8 Erkenntniß wider die Mitglieder des sogenannten Jünglingsbundes auf den Grund der zu Cöpnik stattgefundenen Untersuchungen und der hierüber verhandelten Akten, gesprochen von dem Königl. Ober-Landesgericht zu Breslau mit ausdrücklicher Erlaubniß des Königl. Preuß. Hohen Ministerii der geistlichen, Unterrichts- und Medicinal-Angelegenheiten. Halle 1826, S. 9.
9 Arnold Ruge: Aus früherer Zeit. Bd. 2. Berlin 1862, S. 259, 257, 317.
10 [Robert Wesselhöft:] Carl Ludwig Sand, dargestellt durch seine Tagebücher und Briefe von einigen seiner Freunde. Altenburg 1821, S. IV.
11 Vgl. [Robert Wesselhöft:] Teutsche Jugend in weiland Burschenschaften und Turngemeinden. Materialien zu dem verheißenen ersten Theile der Fragmente aus dem Leben des Abentheurers Ferd. Johannes Wit, gen. von Döring. Mit Bezugnahme auf des Hrn. von Lindenfels freisinnige Bemerkungen über den zweiten Theil dieser Fragmente. Magdeburg 1828. Das Buch erschien in stark zensierter Form. Es ist vor allem eine Verteidigung Karl Follens und richtet sich gegen Wit von Dörings denunziatorische Ausführungen. Vgl. dazu Harald Lönnecker: Von der Urburschenschaft bis zum Ende des Deutschen Bundes (1815–1866) – Eine historiographische Würdigung der zeitgenössischen Arbeiten. – In: 200 Jahre burschenschaftliche Geschichtsforschung – 100 Jahre GfbG – Bilanz und Würdigung. Jahresgabe 2009 der Gesellschaft für burschenschaftliche Geschichtsforschung e. V. (GfbG). Hrsg. v. Klaus Oldenhage. Koblenz 2009, S. 2–38, hier S. 31 ff. 1824 verfasste Wesselhöft während seiner Haft in Köpenick eine „Geschichte der Jenaischen Burschenschaft", die in Abschriften kursierte. Vollständig ediert wurde sie von Peter Kaupp und Klaus Malettke in: 175 Jahre Wartburgfest. 18. Oktober 1817–1818. Oktober 1992. Studien zur politischen Bedeutung und zum Zeithintergrund der Wartburgfeier. Hrsg. v. Klaus Malettke. Heidelberg 1992 (Darstellungen und Quellen zur Geschichte der deutschen Einheitsbewegung im neunzehnten und zwanzigsten Jahrhundert, Bd. 14), S. 233–362. Zu Wesselhöfts Schriften im Kontext der frühen Historiographie der Burschenschaft vgl. Stefan Gerber: „Burschenschaft, was warst

du?" – Entstehungsbedingungen der Burschenschafts- und Korporationsgeschichtsschreibung im 19. und frühen 20. Jahrhundert. – In: 200 Jahre burschenschaftliche Geschichtsforschung – 100 Jahre GfbG – Bilanz und Würdigung. Jahresgabe 2009 der Gesellschaft für burschenschaftliche Geschichtsforschung e. V. Hrsg. v. Klaus Oldenhage. Koblenz 2009, S. S. 39–57, hier S. 41 ff.

12 Vgl. [Wesselhöft:] Carl Ludwig Sand [Anm. 10].
13 Kahldorf [d. i. Robert Wesselhöft]: Berlin und Rom. Unpartheiische Betrachtungen über den Conflict der preußischen Staatsregierung mit dem römischen Stuhl. Leipzig 1838. Dass Hoffmann und Campe der tatsächliche Verlag ist, geht aus dem Brief von Julius Campe an Heinrich Heine vom 4. April 1838 hervor. Vgl. HSA XXV, 129 und den Kommentar HSA XXV K, 116.
14 Baireuther Zeitung Nr. 32, 13. Februar 1824, S. 129.
15 Zu Chronologie und Verlauf der polizeilichen und kriminalgerichtlichen Untersuchungen sowie des Gerichtsverfahrens gegen Wesselhöft vgl. Acten-Stücke über die unter dem Namen des Männer-Bundes und des Jünglings-Bundes bekannten demagogischen Umtriebe. Hrsg. v. Carl Follenberg [d. i. Johann Daniel Ferdinand Neigebaur]. Leipzig 1833 (Geschichte der geheimen Verbindungen der neuesten Zeit, H. 7).
16 [Anon.:] Wie die Köpeniker Untersuchungen geleitet wurden. – In: Nürnberger Blätter. Literarische Zeitschrift aus und für Süddeutschland. Jg. 3, Nr. 126, 21.10.1831, S. 501–503, hier S. 501. Vgl. auch [Anon.:] Köpenicker Untersuchungen. – In: Conversations-Lexikon der neuesten Zeit und Literatur in vier Bänden. Bd. 2: F-L- Leipzig 1833, S. 750–755.
17 Vgl. die Aufstellung bei Robert Keil, Richard Keil: Die burschenschaftlichen Wartburgfeste von 1817 und 1867. Erinnerungsblätter. Jena 1868, S. 22. Verbrannt wurden allerdings keine wirklichen Bücher, sondern man kaufte, wie Robert Wesselhöft in seinen Erinnerungen an das Wartburgfest berichtet, in einer Buchhandlung „mehrere Riese Makulatur und bildete daraus Packete, welche die Originalwerke der zum Feuer verdammten Schriftsteller vorstellen sollten". Ferdinand Maßmann „zeigte dann jeden einzelnen Titel, den er mit großer Frakturschrift auf einen besonderen Bogen geschrieben hatte" und las ihn vor, während jeweils ein Makulaturballen im Feuer landete. [Wesselhöft:] Teutsche Jugend in weiland Burschenschaften [Anm. 11], S. 16.
18 Über Karl Ludwig Schede vgl. die seiner Ehefrau Caroline, geb. Wucherer gewidmete Romanbiographie von Hans Georg Schede: Caroline Schede. Eine Geschichte des privaten Lebens in der Goethezeit. Berlin 2018 (Berliner Intellektuelle um 1800, Bd. 5) sowie die knappen Informationen bei Manuel Dichtl: Der Orthopäde Prof. Dr. Frenz Schede (1882–1976). Leben und Werk. Med. Diss. [masch.]. Regensburg 2012, S. 50.
19 Vgl. Vertheidigungsschrift für Robert Wesselhöft [Anm. 1], S. 16.
20 Follenberg (Hrsg.): Acten-Stücke [Anm. 15], S. 18.
21 Cutting: Ueber die Schriften des […] Robert Wesselhoeft [Anm. 1], S. 66.
22 Auf der Liste „Pensionirte. A. Vom Civil-Etat" steht: „Robert Wesselhöft, Kriminalgerichts-Assessor". Staats-Handbuch des Groß-Herzogthumes Sachsen Weimar-Eisenach für das Jahr 1840. Weimar o. J. [1840], S. 274.
23 Harald Lönnecker: „Überall, wohin ich ging, fand ich stets auch gute alte Freunde …". Akademische Netzwerke zwischen Deutschland und den USA ca. 1819/1820–1850. – In: Deutschland und die USA im Vor- und Nachmärz. Politik – Literatur – Wissenschaft. Hrsg. v. Birgit Bublies-Godau u. Anne Meyer-Eisenhut. Bielefeld 2018 (Jahrbuch des Forum Vormärz Forschung, 23. Jg., 2017.), S. 83–127, hier S. 96.
24 A. Gregg Roeber: Readers and Writers of German. – In: A History of the Book in America. Bd. 2: An Extensive Republic. Print, Culture and Society in the New Nation, 1790–1840. Hrsg. v. Robert A. Gross u. Mary Kelley. Chapel Hill 2010, S. 472–482, hier S. 477. Wesselhöfts Buchhandelsunternehmen endete nach anfänglichem Erfolg 1843 in einem

finanziellen Fiasko. Zu seiner Biographie vgl. Gustav Körner: Das deutsche Element in den Vereinigten Staaten von Nordamerika 1818–1848. Zweite Ausgabe mit Zusätzen und Berichtigungen. New York 1884, S. 32 ff.; Robert E. Cazden: Johann Georg Wesselhöft and the German Book Trade in America. – In: The German Contribution to the Building of the Americas. Studies in Honor of Karl J. R. Arndt. Hrsg. v. Gerhard K. Friesen u. Walter Schatzberg. Hanover 1977, S. 217–234.

25 Vgl. z. B. die Ankündigung in: Allgemeiner Anzeiger und Nationalzeitung der Deutschen, Nr. 250, 13.09.1836, Sp. 3189 ff.

26 Zu seinem Lebenslauf vgl. Elizabeth Peabody: Memorial of Dr. William Wesselhöft. To which is added, his last address to the Homoeopathic Association. Boston 1859 (die Verfasserin ist die Schwägerin des Schriftstellers Nathaniel Hawthorne); Fritz D. Schroers: Lexikon deutschsprachiger Homöopathen. Hrsg. v. Institut für Geschichte der Medizin der Robert Bosch Stiftung. Stuttgart 2006, S. 162; Jonathan Davidson: The Wesselhoefts. A Medical Dynasty from The Age of Goethe to the Era of Nuclear Medicine. – In: Journal of Medical Biography 25 (2017), S. 214–222, hier S. 215 ff.

27 Über die Geschichte der Akademie und ihre Gründer informiert ausführlich die Website von Sylvain Cazalet: American Homeopathy was started in Bath (2003), URL: http://www.homeoint.org/cazalet/bath/index.htm [letzter Zugriff: 28.07.2021]. Ein interessantes Zeugnis ist außerdem die Rede, die Wilhelm Wesselhöft bei der Grundsteinlegung hielt. Sie ist abgedruckt in: Blätter für literarische Unterhaltung Nr. 150, 30.05.1837, S. 606–608. Sie ist eine politische Rede und aufschlussreich für das Selbstverständnis Wesselhöfts als enthusiastisch bekennender Deutschamerikaner. Es ist nicht auszuschließen, dass sein Bruder Robert der Verfasser dieses Artikels über die Akademiegründung ist.

28 Heinrich-Heine-Institut, Düsseldorf, HHI.AUT.2015.5008.2. 1 Bl., 2 beschr. S. Sehr dünnes Papier, braune Tinte (schlägt durch). Randläsuren führen zu kleinen Textverlusten, insbesondere in den ohnehin schwer leserlichen, klein und quer auf den Rand geschriebenen Passagen. Keine postalischen Stempel oder Vermerke, so dass der Brief wohl per Gelegenheit geschickt oder einer anderen Sendung beigelegt war. Recto oben rechts von anderer Hand die Notizen „Wesselhöft / Propria manu." und „b. 18/II"; Letzteres ist wohl ein Antwortvermerk des Empfängers. – Die Wiedergabe folgt der Handschrift. Herausgeber-Ergänzungen (von Textverlusten oder versehentlich fehlenden Wörtern) stehen in eckigen Klammern, Unterstreichungen im Original sind als Unterstreichungen wiedergegeben, von Wesselhöft gestrichene Wörter sind durchgestrichen. Abkürzungen werden nicht aufgelöst. Nicht entzifferte Wörter und Textverluste sind durch „xxx" dargestellt. Der Beginn einer neuen Seite wird durch „/" angezeigt; Text, der am Seitenrand in Querschrift steht, ist mit „//" markiert.

29 Die Adresse ist in Querschrift über den Text der recto-Seite geschrieben.

30 Nicht überliefert.

31 Ferdinanda Emilia Wesselhöft, geb. Hecker (1801–1891) aus Eythra bei Leipzig.

32 Karl (Charles) Ludwig Beck (1798–1866) aus Heidelberg. Nach dem frühen Tod seines Vaters hatte seine Mutter den Theologen Martin Leberecht de Wette geheiratet, der der Hauslehrer der Familie Wesselhöft gewesen war. Von der Demagogenverfolgung bedroht, floh Beck nach Basel, wo sein Stiefvater lebte. Von dort emigrierte er 1824 in die USA. Er war Philologe und wurde 1832 Latein-Professor an der Harvard University in Cambridge. 1865 wurde er ins Repräsentantenhaus von Massachusetts gewählt.

33 Pennsylvania.

34 [Wilhelm Martin Leberecht de Wette]: Theodor oder des Zweiflers Weihe. Bildungsgeschichte eines evangelischen Geistlichen. Bd. 1, 2. Berlin 1822 (2. Aufl. 1828). Der Bildungsroman von Wesselhöfts früherem Lehrer war 1841 in den USA in englischer Übersetzung erschienen. Vgl. [Wilhelm Martin Leberecht] de Wette: Theodore; Or, The Skeptic's Conversion. History of the Culture of a Protestant Clergyman. Transl. From the

German by James F. Clark. Bd. 1, 2. Boston 1841. Eine zweite Auflage kam 1856 heraus. Der Übersetzer James Freeman Clarke (1810–1888) war ein bekannter reformorientierter evangelischer Prediger und Publizist, der in Boston eine unitarische Gemeinde gegründet hatte. Er war eng mit der Schriftstellerin Margaret Fuller befreundet, die in Cambridgeport Robert Wesselhöfts Nachbarin war. Zu seiner deutsch-amerikanischen Vermittlungsarbeit (er übersetzte u. a. Gedichte Goethes und Schillers) vgl. Wesley J. Thomas: James Freeman Clarke, Apostle of German Culture to America. Boston 1949.

35 Johann Christian Adam Klopfleisch (1799–1881), Archidiakon in Jena, war wie Wesselhöft Gründungsmitglied der Jenaer Burschenschaft, vgl. Robert Keil, Richard Keil: Die Gründung der deutschen Burschenschaft in Jena. Jena 1865, S. 155, und nahm am Wartburgfest teil. Vgl. Klopfleischs Bericht „Der Studentenfrieden auf der Wartburg" in Keil: Die burschenschaftlichen Wartburgfeste [Anm. 16], S. 15 ff. (zuerst in: Isis, H. XI/XII, Nr. 195, 1817, Sp. 1553–1559, der beschlagnahmten „Wartburgfest-Nummer" der von Lorenz Oken bei Brockhaus herausgegebenen Zeitschrift). 1874 wurde er zum Ehrenbürger Jenas ernannt. Für ein Verzeichnis seiner Schriften (meist gedruckte Predigten) vgl. Gesamtverzeichnis des deutschen Schrifttums 1700–1910 (GV). Bearb. unter d. Leitung v. Hilmar Schmuck u. Willi Gorzny. Bd. 76. München u. a. 1983, S. 362.

36 Das bei Brockhaus verlegte, in Heftlieferungen erscheinende Subskriptionswerk: Conversations-Lexikon der Gegenwart. Ein für sich bestehendes und in sich abgeschlossenes Werk, zugleich ein Supplement zur achten Auflage des Conversations-Lexikons, sowie zu jeder frühern, zu allen Nachdrucken und Nachbildungen desselben. Bd. 1–4. Leipzig 1838–1841. Der letzte Band des populären Nachschlagewerks war 1841 herausgekommen.

37 Friedrich Johannes Frommann (1797–1886), Sohn von Carl Friedrich Ernst Frommann, der zusammen mit Robert Wesselhöfts Vater (seinem Schwager) in Jena die Druckerei Frommann und Wesselhöft geführt hatte. Seit 1830 leitete Friedrich Frommann Verlag, Druckerei und Sortiment alleine. Er war später Mitbegründer und Vorsitzender des Börsenvereins der Deutschen Buchhändler zu Leipzig und wurde Ehrenbürger von Jena und Leipzig. Frommann war Turner und Burschenschafter und nahm am Wartburgfest teil.

38 S. u., Abschn. 4 und 5.
39 Nicht ermittelt.
40 Wohl eine Büchersendung von der Leipziger Messe.
41 Gerber: „Burschenschaft, was warst du?" [Anm. 11], S. 42.
42 Cutting: Ueber die Schriften des [...] Robert Wesselhoeft [Anm. 1], S. 65.
43 Peabody: Memorial of Dr. William Wesselhöft [Anm. 26], S. 29.
44 Cutting: Ueber die Schriften des [...] Robert Wesselhoeft [Anm. 1], S. 66.
45 Lönnecker: „Überall, wohin ich ging [...]" [Anm. 23], S. 86.
46 Vgl. Rudolf Cronau: Drei Jahrhunderte deutschen Lebens in Amerika. Eine Geschichte der Deutschen in den Vereinigten Staaten. Berlin 1909, S. 349 f. Durchsetzen konnte sich das Turnen erst mit der Einwanderungswelle der deutschen „Forty-Eighters". Der erste deutsche Turnverein Amerikas wurde im Oktober 1848 in Cincinnati gegründet. Viele weitere folgten und sollten später im Bürgerkrieg eine wichtige Rolle spielen. Vgl. Carl Wittke: Refugees of Revolution. The German Forty-Eighters in America. Philadelphia 1952, S. 148 ff. Zu Follen vgl. Frank Mehring: Karl/Charles Follen. Deutsch-Amerikanischer Freiheitskämpfer. Eine Biographie. Gießen 2004.
47 Vgl. Cutting: Ueber die Schriften des [...] Robert Wesselhoeft [Anm. 1], S. 67. Die Dissertation ist bibliographisch nicht nachweisbar, auch über die Promotion gibt es keine Dokumente. Cutting erwähnt ebd. außerdem eine Promotion Robert Wesselhöfts an der University of Pennsylvania.

48 „William Wesselhoeft's success in treating scarlet fever endeared him to many parents in the Boston community and helped build up a lucrative practice." Davidson: The Wesselhoefts [Anm. 26], S. 216.
49 Washington Allston: Monaldi. A Tale. Boston 1841.
50 Zur Charakterisierung vgl. die Erläuterungen in: The Correspondence of Washington Allston. Hrsg. v. Nathalia Wright. Lexington 1993, S. 596 ff.
51 Monaldi. Eine Erzählung. Aus dem Englischen des amerikanischen Malers Washington Allston übersetzt von Kahldorf. Leipzig 1843.
52 Ebd., S. 1 f. der Vorrede (unpaginiert).
53 Ebd., S. 2 der Vorrede (unpaginiert).
54 Ebd., S. 4 f. der Vorrede (unpaginiert).
55 Ebd., S. 7 der Vorrede (unpaginiert).
56 Ebd., S. 8 f. der Vorrede (unpaginiert).
57 [Anon.:] [Rez.] Monaldi. Eine Erzählung. Aus dem Englischen des amerikanischen Malers Washington Allston, übersetzt von Kahldorf. Leipzig, Brockhaus 1843. Gr. 12 1 Thlr. – In: Blätter für literarische Unterhaltung [im Folgenden abgekürzt: BlU] Nr. 272, 28.09.1844, S. 1086–1088, hier S. 1087, 1086, ebd.
58 Allston: Monaldi [Anm. 49], S. 3 der Vorrede (unpaginiert).
59 Vgl. Martha L. Berg, Alice de V. Perry: The Impulses of Human Nature. Margaret Fuller's Journal from June through October 1844. – In: Proceedings of the Massachusetts Historical Society, Third Series, 102 (1990), S. 38–126, hier S. 76, S. 120.
60 Vgl. dazu Christel-Maria Maas: Margaret Fullers transnationales Projekt. Selbstbildung, feminine Kultur und amerikanische Nationalliteratur nach deutschem Vorbild. Göttingen 2006, S. 27 ff.
61 Günderode. Boston 1842. Weder Bettina von Arnim noch die Übersetzerin Margaret Fuller werden genannt. Zu Fullers Auseinandersetzung mit Bettina von Arnim vgl. Konstanze Bäumer: Margaret Fuller (1810–1850) and Bettina von Arnim. An Encounter between American Transcendentalism and German Romanticism. – In: Internationales Jahrbuch der Bettina-von-Arnim-Gesellschaft 4 (1990), S. 47–69; Barbara Becker-Cantarino: Zur Rezeption ‚Bettinas' in England und Neuengland. – In: Bettina von Arnim Handbuch. Hrsg. v. Barbara Becker-Cantarino. Berlin 2020, S. 609–621, hier S. 612 ff.
62 Minna Wesselhöft an Unbekannt, o. D. Handschrift in den Margaret Fuller Papers, Boston Public Library, online unter URL: https://www.digitalcdarommonwealth.org/search/commonwealth:mp48w020g (dort Bild 2 von 4) [letzter Zugriff: 13.08.2021]. Dieses Zeugnis wird kommentiert bei Bäumer: Margaret Fuller [Anm. 60], S. 58 ff.
63 Correspondence of Fräulein Günderode and Bettine von Arnim. Boston 1861. Der Name der Übersetzerin Minna Wesselhöft wird nicht genannt. Der Band kombiniert ihre und Margaret Fullers Übersetzungen, der Anhang enthält zudem Minna Wesselhöfts Übertragung von Bettina von Arnims Gedicht „Der Franke in Egypten". Vgl. ebd., S. 339. Minna Wesselhöft übersetzte weitere Bücher, und zwar sowohl vom Deutschen in Englische als auch umgekehrt. Vgl. z. B. William Dean Howells: Voreilige Schlüsse. Novelle. Autorisirte Übersetzung von Minna Wesselhöft. Stuttgart 1876; Johannes Blochwitz: A Brief History of Turkey. From the German by Mrs. M. Wesselhoeft. Boston 1877. Vgl. auch Anm. 109.
64 [Anon.:] [Rez.] Monaldi [Anm. 57], S. 1086.
65 Vgl. [Anon. (Robert Wesselhöft):] Correspondenz-Nachrichten („Boston, im Oct. 1842"). – In: BlU Nr. 361, 27.12.1842, S. 1458–1459.
66 Vgl. Kahldorf: Mittheilungen aus den Vereinigten Staaten von Nordamerika – In: BlU Nr. 140, 20.05.1847, S. 558–560; Nr. 141, 21.05.1847, S. 563–564; Nr. 142, 22.05.1847, S. 566–568; Nr. 152, 01.06.1847, S. 606–608; Nr. 153, 02.06.1847, S. 611–612; Nr. 154, 03.06.1847, S. 614–616; Nr. 274, 01.10.1847, S. 1095–1096. Datiert sind diese Artikel zwischen September 1846 und Juli 1847.

67 Vgl. R. Wesselhöft: Das Familienleben in den Vereinigten Staaten. – In: BlU Nr. 41, 10.02.1843, S. 163–164; Nr. 42, 11.02.1843, S. 167–168; Nr. 43, 12.02.1844, S. 171–172, Nr. 44, 13.02.1843, S. 175–176; ders.: Die Universitäten in den Vereinigten Staaten. – In: BlU Nr. 99, 09.04.1843, S. 393–395, Nr. 100, 10.04.1843, S. 397–399; ders.: Sitten, Gebräuche und Ansichten in den Vereinigten Staaten. – In: BlU Nr. 338, 03.12.1844, S. 1350–1352; Nr. 339, 04.12.1844, S. 1355–1356; Nr. 340, 05.12.1844, S. 1358–1359; Nr. 341, 06.12. 1844, S. 1363–1364.

68 Wesselhöft: Das Familienleben [Anm. 67], BlU Nr. 44, 13.02.1843, S. 175. Die Whig Party ist allerdings nicht mit der heutigen Republikanischen Partei gleichzusetzen, deren Aufstieg begann, als die nationalistischen, protektionistischen Whigs wegen der Sklavenfrage auseinanderbrachen.

69 [Anon. (Robert Wesselhöft:)] Die Parteien in den Vereinigten Staaten („Boston, im Nov. 1843"). – In: BlU Nr. 47, 16.04.1844, S. 186–188, hier S. 187.

70 Kahldorf: Mittheilungen [Anm. 66], BlU Nr. 274, 01.10.1847, S. 1096.

71 Ebd.

72 Ebd., Nr. 141, 21.05.1847 S. 564.

73 Vgl. [Hesekiel:] Album der Schüler [Anm. 1], S. 38.

74 Universitätsbibliothek Leipzig, Slg. Hänel/8/42. 2 Bl., 4 beschr. S. Auf der Außenseite der Faltung von Hänels Hand: „Empfangen am 4. Aug". Poststempel: „Paid July 30 1842" und „Forwarded through Willmer & Smiths British & American Package Express Office Liverpool", weitere unleserliche Stempel und postalische Vermerke. Zur Edition vgl. Anm. 28.

75 Karl Wilhelm von Fritsch (1769–1850), seit 1815 Staatsminister des Großherzogtums Sachsen-Weimar-Eisenach. Der konservative Politiker hatte Weimar beim Karlsbader Kongress (1819) vertreten.

76 Christian Friedrich Karl von Mandelsloh (1787–1869), weimarischer Vizekanzler.

77 Gemeint ist vermutlich Robert Wesselhöfts Schwager, Magister Carl Gottlob Martin (1777–1842) aus Plauen, Lehrer an der Leipziger Nicolaischule. Er war verheiratet mit Johanna Hecker, der Schwester von Wesselhöfts Ehefrau.

78 William Henry Harrison (1773–1841), der neunte Präsident der USA, war im April 1841 nach nur einem Monat im Amt verstorben, daraufhin war Vizepräsident John Tyler (1790–1862) zum Präsidenten aufgerückt. Harrison war von seiner Whig-Partei auf bestimmte Gesetzesvorhaben und Personalentscheidungen festgelegt worden. Tyler jedoch, den man aus taktischen Gründen zum Vize-Kandidaten gemacht hatte, um Stimmanteile aus den Südstaaten zu garantieren, sah sich an diese Direktiven nicht gebunden und verfolgte seine eigene, der Parteilinie zuwiderlaufende Politik, woraufhin er als amtierender Präsident von den Whigs ausgeschlossen wurde und teilweise mit den Demokraten zusammenarbeitete.

79 Bezieht sich auf die amerikanische Wirtschaftskrise, die eine direkte Folge der Spekulationskrise von 1837 war. Diese hatte eine nationale Depression mit hoher Verschuldung des Gesamtstaats sowie der Bundesstaaten ausgelöst. Erst Mitte der 1840er Jahre erholte sich das Land davon.

80 Vgl. Eugen Lennhoff, Oskar Posner, Dieter A. Binder: Internationales Freimaurer Lexikon. München 1980 (Nachdruck von 1932), S. 543.

81 Wolfgang Huschke: Fritsch, Carl Wilhelm von. – In: Neue Deutsche Biographie. Bd. 5 (1961), S. 623–624, hier S. 624.

82 Cécile Roudeau: Elizabeth Peabody, Stuart Phelps and the Transatlantic Homeopathic Politics of Reform. – In: Transatlantic Conversations. Nineteenth-Century American Women's Encounters with Italy and the Atlantic World. Hrsg. v. Beth L. Lueck, Sirpa Salenius, Nancy Lusignan Schulz. Durham 2017, S. 157–176, hier S. 157. Zu den gesellschaftlichen Kontexten der Diskussionen und der Rolle von Frauen dabei vgl. Anne Taylor Kirschmann: A Vital Force. Women in American Homeopathy. New Brunswick, New Jersey, London 2004.

83 Vgl. Peabody: Memorial of Dr. William Wesselhöft [Anm. 26].
84 In der gedruckten Fassung der beiden Vorträge werden die Brüder Wesselhöft allerdings nicht namentlich erwähnt. Vgl. Oliver Wendell Holmes: Homoeopathy and its Kindred Delusions; Two Lectures Delivered Before the Boston Society for the Diffusion of Useful Knowledge. Boston 1842.
85 Robert Wesselhöft: Some Remarks on Dr. O. W. Holmes's Lectures on Homoeopathy and its Kindred Delusions; Communicated to a Friend. Boston 1842.
86 Vgl. Thomas Woodson: Doctor Wesselhoeft and Doctor Rappaccini. – In: Nathaniel Hawthorne Review 28 (2002), S. 1–28; gegen diese Interpretation mit direktem Bezug auf Wesselhöft argumentiert Jonathan A. Cook: The Biographical Background to „Rappaccini's Daughter". – In: Nathaniel Hawthorne Review 31 (2005), S. 34–73.
87 Vgl. die ausführliche Darstellung von Wesselhöfts Wasserheilanstalt bei Mary R. Cabot: Annals of Brattleboro 1681–1895. Bd. 2. Brattleboro 1922, S. 563 ff. Vgl. aus heutiger medizinhistorischer Sicht James S. Brust: The Wesselhoeft Watercure. – In: Aceso. Journal of the Boston University School of Medicine Historical Society 4 (2016), H. 1, S. 32–36. Für Hinweise danke ich Jeanne M. Walsh von der Brooks Memorial Library, Brattleboro, für Bildmaterial Dana Sprague und der Brattleboro Photo Collection.
88 Vgl. Harry Bischoff Weiss, Howard R. Kemble: The Great American Water-cure Craze. A History of Hydropathy in the United States. Trenton 1967; Mark Bushnell: Hidden History of Vermont. Charleston 2017, S. 87 ff.
89 Universitätsbibliothek Leipzig, Slg. Hänel/10/9. 2 Bl., 4 beschr. S. Auf Bl. 1 recto oben rechts von Hänels Hand: „Erh. am 6. Febr. 47" und die Ziffer „14", links von anderer Hand „9". Poststempel: „Basel 2 Fevr. 1847", ein weiterer Poststempel unleserlich. Zur Edition vgl. Anm. 28.
90 Das verlängerte Mark am unteren Teil des Hirnstamms.
91 Conrad Wesselhöft (1834–1904), in Weimar geboren, studierte später Medizin in Harvard; er war Homöopath mit einer Praxis in Boston sowie Professor und Mitbegründer der Boston University School of Medicine, die Homöopathie lehrte. Vgl. Davidson: The Wesselhoefts [Anm. 26], S. 217 f.
92 Carl Siedhof (1803-nach 1867) hatte in Jena Klassische Philologie studiert und war Gymnasiallehrer in Ostfriesland, bevor er mit seiner Frau und vier Kindern auswanderte. Er eröffnete 1846 in Newton, Mass. ein Jungeninternat. Vgl. Wilt Aden Schröder: Carl Friedrich Wilhelm Siedhof. – In: Biographisches Lexikon für Ostfriesland. Hrsg. v. Martin Tielke. Bd. 1. Aurich 1993, S. 318–321. Vgl. die Broschüre dieser von Conrad Wesselhöft besuchten Schule: Plan and regulations of Dr. Charles Siedhof's Private Boarding School for Boys, Newton Centre, Mass., opened in 1846. Boston 1848.
93 Minna Wesselhöft. Vgl. Anm. 109.
94 Moritz Schreber (1808–1861), Orthopäde und Dozent an der Universität Leipzig.
95 Eine Vorform von Orthopädie und Chiropraktik, ausgeübt von selbsternannten Heilern (vorwiegend männlich) ohne formale Ausbildung, die ihr Wissen mündlich innerhalb der Familie weitergaben. Besonders berühmt war die Familie Sweet, Bonesetter über zehn Generationen. Sie praktizierten in ganz Neuengland, auch zu Wesselhöfts Zeit. Vgl. Robert J. T. Joy: The Natural Bonesetters. With Special Reference to the Sweet Family of Rhode Island. A Study of an Early Phase of Orthopedics. – In: Bulletin of the History of Medicine 28 (1954), S. 416–441, hier S. 425 ff.
96 Karl Friedrich Becker: Weltgeschichte für Kinder und Kinderlehrer. Bd. 1–9. Berlin 1801–1805. Der früh verstorbene Historiker Karl Friedrich Becker (1777–1806) hatte mit diesem illustrierten Werk nachhaltigen Erfolg. Es wurde später von anderen Autoren überarbeitet und fortgesetzt.

97 Karl Friedrich Becker: Erzählungen aus der alten Welt für die Jugend. Bd. 1–3. Halle 1801–1803. Als Wesselhöft diesen Brief schrieb, lagen bereits sieben Auflagen dieser beliebten Nacherzählungen antiker Sagen vor; viele weitere, immer wieder bearbeitete folgten.

98 Jean-Jacques Barthélemy: Reise des jungen Anacharsis durch Griechenland, viertalb hundert Jahr vor der gewöhnlichen Zeitrechnung. Nach der zweyten Ausgabe des Originals übersetzt von Hn. Bibliothekar [Johann Erich] Biester. Bd. 1–7. Berlin 1789–1793. Dreißig Jahre lang schrieb Jean-Jacques Barthélemy (1716–1795) an seiner „Voyage du jeune Anacharsis en Grèce dans le milieu du quatrième siècle avant l'ère vulgaire", die 1788 erstmals erschien. Darin lässt er seinen jugendlichen Helden durch das Griechenland des klassischen Altertums reisen und in Tagebuchform davon berichten. Der mit vielen Landkarten und anderen Illustrationen versehene Abenteuerroman unterrichtet umfassend über die Antike; er wurde in viele Sprachen übersetzt und gehörte zum europäischen Bildungskanon. In Deutschland erschienen verschiedene Ausgaben davon, darunter auch Auszüge in Handbuchform für den Unterricht; das Werk war Schul- und Universitätslektüre.

99 [Heinrich Dittmar:] Der Knaben Lustwald. Bd. 1, 2. Nürnberg 1821, 1822; [ders.:] Der Mägdlein Lustgarten. Bd. 1, 2. Erlangen o. J. [1822, 1823]; [ders.:] Der Kinder Lustfeld oder erste belebende Mittheilungen der Mütter an ihre Kleinen, zugleich als erstes unterhaltendes Lesebuch für Kinder. Frankfurt a. M. 1827. Die illustrierten, von dem Pädagogen Heinrich Dittmar (1792–1866) zusammengetragenen Lesebücher mit Liedern, Gedichten, Erzählungen und Märchen gehören zu den frühesten Werken, „die auf die romantische Kindheitsauffassung und auf literaturtheoretische Grundpositionen der Klassik und Romantik reagieren und ein neues Verständnis von Kinderliteratur dokumentieren". Handbuch zur Kinder- und Jugendliteratur. Von 1800 bis 1850. Hrsg. v. Otto Brunken, Bettina Hurrelmann, Klaus-Ulrich Pech. Stuttgart, Weimar 1998, S. 905.

100 Veit Weber [d. i. Leonhard Wächter]: Sagen der Vorzeit. Bd. 1–7. Berlin 1787–1798. Diese populäre Reihe, die der Historiker Leonhard Wächter (1762–1837) unter dem Pseudonym Veit Weber veröffentlichte, versammelt im engeren Sinne keine „Volksmährchen", wie Wesselhöft hier aus der Erinnerung schreibt, sondern volkstümliche Erzählungen und abenteuerliche Rittergeschichten, die in einem stilisierten, romantisierten Mittelalter spielen. Seine Einschränkung, sie seien „theilweise" herrlich für Kinder ist vermutlich dem Umstand geschuldet, dass manche dieser Erzählungen ein „Gemisch von derbem Humor und oft geradezu frivolem Spott und Hohn auf Einrichtungen der katholischen Kirche" bieten, wie man es „nicht gröber in den Schwänken des Mittelalters" findet. Max Mendheim: Wächter, Leonhard. – In: Allgemeine Deutsche Biographie. Bd. 40 (1896), S. 428–431, hier S. 430.

101 Johann Karl August Musäus: Volksmährchen der Deutschen. Bd. 1–5. Gotha 1782–1786. Mit dieser in verschiedensten Gesamt- und Einzelausgaben verbreiteten und schon bald ins Englische, Französische und andere Sprachen übersetzten Sammlung von Märchen, Sagen und Volkserzählungen prägte Johann Karl August Musäus (1735–1787) einen eigenständigen, bewusst kunstvollen Märchenerzählstil, der der nachfolgenden Erzählweise der Romantik und vor allem der Brüder Grimm entgegenstand.

102 Joachim Heinrich Campe: Robinson der Jüngere. Zur angenehmen und nützlichen Unterhaltung für Kinder. Bd. 1, 2. Hamburg 1779, 1780; ders.: Die Entdeckung von Amerika. Ein Unterhaltungsbuch für Kinder und junge Leute. Bd. 1–3. Braunschweig 1781, 1782; ders.: Erste Sammlung merkwürdiger Reisebeschreibungen für die Jugend. Bd. 1–12. Hamburg 1785–1793; ders.: Neue Sammlung merkwürdiger Reisebeschreibungen für die Jugend. Bd. 1–7. Braunschweig 1802–1806. All die von Wesselhöft genannten Werke von Joachim Heinrich Campe (1746–1819), dem Pionier der Volksaufklärung, des Philantropismus sowie der Kinder- und Jugendliteratur in Deutschland, waren Bestseller und lagen in zahlreichen unterschiedlichen Ausgaben, Auflagen und Bearbeitungen vor.

103 Christian Gotthilf Salzmann: Moralisches Elementarbuch, nebst einer Anleitung zum nützlichen Gebrauch desselben. Bd. 1, 2. Leipzig 1782, 1783. Der evangelische Pfarrer Salzmann (1744–1811) war der Gründer des Philanthropin Schnepfenthal, sein „Elementarbuch" für den Religionsunterricht kleinerer Kinder gilt als eines der bedeutendsten Werke der pädagogischen Literatur im 18. Jahrhundert. Zum Erfolg des Buches trugen die Stiche von Daniel Chodowiecki maßgeblich bei. Wie auch seine zwischen 1778 und 1787 in acht Bänden erschienenen „Unterhaltungen für Kinder und Kinderfreunde" war es nicht als Lektüre für die Kinder selbst gedacht, sondern sollte Eltern und Lehrern „kindgemäßen literarischen Stoff und Anregungen für das erzieherische Gespräch" bieten. Leonhard Friedrich: Salzmann, Christian Gotthilf. – In: Neue Deutsche Biographie. Bd. 22 (2005), S. 402–403, hier S. 402.

104 Die meisten deutschen Übertragungen der Erzählungen aus „Tausendundeine Nacht" (etwa von Johann Heinrich Voß [1781–1785] oder von Max Habicht, F. H. van der Hagen und Karl Schall [1825]) basierten auf der zwischen 1704 und 1708 erschienenen französischen Übertragung von Antoine Gallard, der einerseits religiöse und erotische Aspekte des Originals verändert oder weggelassen hatte, andererseits einige in den arabischen Vorlagen gar nicht enthaltene Geschichten hinzugefügt hatte. Die erste deutsche Übersetzung aus arabischen Urtexten (von Gustav Weil) erschien zwischen 1837 und 1841. Es gab zahlreiche Fortsetzungen und Varianten.

105 „Der Kinderfreund", herausgegeben von dem Aufklärungsschriftsteller Felix Christian Weiße (1726–1804), war die erste pädagogische Kinderzeitschrift. Sie erschien von 1775 bis 1782 in 24 Bänden, später folgte noch der „Briefwechsel der Familie des Kinderfreundes" (12 Bde., 1784–1792).

106 Kaspar Friedrich Lossius: Gumal und Lina. Eine Geschichte für Kinder, zum Unterricht und Vergnügen, besonders, um ihnen die ersten Religionsbegriffe beizubringen. Bd. 1–3. Gotha 1795–1800. Kaspar Friedrich Lossius (1753–1817), Diakon der Erfurter Predigerkirche und Leiter der Bibliothek des Evangelischen Ministeriums im Augustinerkloster Erfurt, hatte die abenteuerlich-erbauliche, in Afrika angesiedelte Robinsonade ursprünglich für den Religionsunterricht seiner eigenen Kinder geschrieben; der Verleger Julius Perthes, der Bruder seiner Schwiegermutter, regte ihn dazu an, sie als Buch zu veröffentlichen. Es wurde ein großer Erfolg; bis 1890 erschienen über zehn Auflagen sowie Übersetzungen ins Englische, Französische und andere Sprachen. Über die Lektüre des Buches berichtet z. B. Carl Gutzkow: Aus der Knabenzeit. Frankfurt a. M. 1852, S. 144, 147.

107 Der Wein des Jahrgangs 1811 galt als herausragend gut. Der „Elfer" wurde auch „Kometenwein" genannt, weil in jenem Jahr ein Komet zu sehen gewesen war und er als ein ebensolches Jahrhundertereignis betrachtet wurde.

108 Emma Wesselhöft (1843–1914) blieb in Amerika. Sie heiratete 1873 den in England geborenen Astronomen Arthur Searle (1837–1920), Professor an der Harvard University und zeitweilig Leiter des dortigen Observatoriums.

109 Ihre in Weimar geborene Tochter Minna (1835–1913) heiratete 1851 den Deutschamerikaner Moritz Otto. Als Witwe bezog sie 1886 zusammen mit ihrer Mutter und ihrer Schwester Selma (geb. 1846) ein Haus in der Bostoner Marlborough Street, wo die beiden Schwestern eine Privatschule für Mädchen betrieben (Mrs. & Miss Wesselhoeft's Home and Day School for Girls). Vgl. die ausgezeichnete Webseite über die Gebäude im Bostoner Stadtteil Back Bay, URL: https://backbayhouses.org/21-marlborough/ [letzter Zugriff: 13.08.2021]. Zu Minna Wesselhöfts Übersetzungen vgl. Anm. 63. Merkwürdig ist, dass ihre Eheschließung zwar aktenkundig ist, sie jedoch weder in Dokumenten noch in Publikationen unter ihrem Ehenamen Otto auftaucht. Auch ihr Nachruf erwähnt weder diesen Namen noch ihren Witwenstand. Für diesen Hinweis danke ich Lee Ha von der Brattleboro Historical Society.

110 Die Schwester von Wesselhöfts Ehefrau. Ihr Mann, Magister Carl Gottlob Martin, war 1842 verstorben. Vgl. Anm. 77.
111 Benedikt Wilhelm (1763–1847) war von 1800 bis 1837 Rektor der Klosterschule Roßleben, die Wesselhöft und Hänel besucht hatten. Als 1836 sein 50-jähriges Dienstjubiläum begangen wurde (er hatte dort 1786 als Konrektor angefangen), verfasste Wesselhöft die Festschrift. Vgl. Robert Wesselhöft: Das goldene Jubiläum des Rectors Benedict Wilhelm zu Kloster Rosleben, begangen am 17. Mai 1836. Nebst einer Charakteristik des Jubelgreises. Weimar 1836.
112 Nicht ermittelt. Vielleicht Moritz Otto, der später Minna Wesselhöft heiratete (vgl. Anm. 109), oder ein Verwandter von diesem. Brattleboro hatte niemals einen Bürgermeister, so dass „Bürgermeister Otto" ein Spitzname oder eine scherzhafte Bezeichnung sein muss. Außer über die Eheschließung mit Minna Wesselhöft gibt es keine weiteren Informationen über die Familie Otto. Für diese Auskunft danke ich herzlich Lee Ha von der Brattleboro Historical Society.
113 Vgl. die Beschreibung der medizinischen Prozeduren und der geselligen Aktivitäten bei Cabot: Annals of Brattleboro [Anm. 87], S. 571 f.
114 Zu diesem wichtigen Abschnitt in ihrem Leben vgl. Joan D. Hedrick: Harriet Beecher Stowe. A Life. New York, Oxford 1994, S. 173 ff.; Nancy Koester: Harriet Beecher Stowe. A Spiritual Life. Grand Rapids, Cambridge 2014, S. 98 ff.; zur Bedeutung von Naturheilkunde und Homöopathie für ihr Werk vgl. Sara L. Crosby: Women in Medicine in Nineteenth-Century American Literature: From Poisoners to Doctors, Harriett Beecher Stowe to Theda Bara. Cham 2018, S. 37 ff.
115 Harriett Beecher Stowe an Calvin Stowe, 27.05.1846. Schlesinger Library, Radcliffe Institute, Harvard University, Cambridge, Abb. der Originalhandschrift online unter URL: https://iiif.lib.harvard.edu/manifests/view/drs:43838882$1i, seq. 1 ff. [letzter Zugriff: 28.07.2021].
116 Harriett Beecher Stowe an Calvin Stowe, 24.01.1847. Ebd., URL: https://iiif.lib.harvard.edu/manifests/view/drs:43838882$22i, seq. 22. [letzter Zugriff: 28.07.2021].
117 Henry Longfellow an James Russell Lowell, 18.08.1845. Letters of Henry Wadsworth Longfellow. Hrsg. v. Andrew Hilen. Bd. 3. Cambridge 1972, S. 81 f.
118 John C. Darby: Water as Remedy in Disease. – In: The Western Journal of Medicine and Surgery. Third Series, Vol. X, Nr. 1, July 1852, S. 1–16, hier S. 2.
119 Harriett Beecher Stowe an Calvin Stowe, 14.08.1846 [Anm. 115], URL: https://iiif.lib.harvard.edu/manifests/view/drs:43838882$6i, seq. 6 [letzter Zugriff: 28.07.2021].
120 Peabody: Memorial of Dr. William Wesselhöft [Anm. 26], S. 32.
121 [Anon. (Wesselhöft):] Die Parteien in den Vereinigten Staaten [Anm. 69], S. 186.
122 Vgl. Davidson: The Wesselhoefts [Anm. 26].
123 Reinhold Wesselhöft (1838–1861). Vgl. den Nachruf auf ihn in: The Massachusetts Register, 1862. Containing a Record of the Government and Institutions of the State, Together with a Very Complete Account of the Massachusetts Volunteers. Boston 1862, S. 157.

„Oh, die Verleger!"

Unbekannte Briefe von Karl Hillebrand

Anna Maria Voci

Kürzlich konnte das Heinrich-Heine-Institut, Düsseldorf für sein Archiv fünf bis jetzt unbekannte Briefe erwerben, die der Essayist, Literaturkritiker, Historiker und Kulturvermittler Karl Hillebrand (1829–1884) in den Jahren 1875, 1878, 1880 und 1881 an Robert Oppenheim schrieb, den Berliner Verleger seiner Hauptwerke.

Den Heine-Spezialisten ist der Name Hillebrand vor allem deswegen bekannt, weil er zwischen 1849 und 1850 in Paris für einige Monate Sekretär und Vorleser Heines war, welcher ihm aus seiner „Matratzengruft" fast den ganzen „Romanzero" diktierte. Sein Name verdient jedoch nicht nur in Verbindung mit demjenigen des großen Dichters erwähnt und erinnert zu werden. Denn in den späten sechziger, aber vor allem in den siebziger Jahren des 19. Jahrhunderts war Hillebrand in Europa und in den Vereinigten Staaten von Amerika bis zu seinem Tod ein sehr bekannter Intellektueller, und zwar in erster Linie als hervorragender Essayist sowie als engagierter Vermittler zwischen vier Ländern und Kulturen: Deutschland, Frankreich, Italien und England. Nach der Einschätzung eines großen deutschen Historikers des 20. Jahrhunderts war er „der bedeutendste deutsche Essayist seiner Zeit".[1] Kurz nach seinem Ableben geriet er jedoch weitgehend in Vergessenheit. Erst die 1960 publizierte Monographie von Wolfram Mauser[2] trug zu seiner Wiederentdeckung bei. Es folgte dann 1986 ein Band, in dem die Vorträge einer 1984 in Florenz zur hundertsten Wiederkehr seines Todes veranstalteten Tagung veröffentlicht wurden.[3] 2015 erschien eine weitere Monographie über den „deutschen Weltbürger" Hillebrand.[4]

Geboren am 17.09.1829 in Gießen, nahm der von den Idealen der radikalen Demokratie animierte Student Hillebrand 1848 an den Kämpfen in Frankfurt am Main und 1849 am Badischen Aufstand teil. Er wurde gefangen genommen und zum Tode verurteilt. Ihm gelang aber die Flucht nach Frankreich. Nach einem kurzen Aufenthalt in Paris übersiedelte er nach Bordeaux, wo er ein Studium

---

A. M. Voci (✉)
Roma, Italien

der Philologie, Geschichte und der neueren Literaturen absolvierte. 1857 wurde er französischer Staatsbürger. 1861 erlangte er das Doktorat an der Sorbonne mit einer Arbeit über den florentinischen Politiker und Chronisten Dino Compagni (1246/1247–1324).[5] 1863 wurde er als Professor für vergleichende Literatur an die Universität Douai berufen. 1866 nahm er seinen ersten Wohnsitz in Paris. Dort nahm er am geistigen und geselligen Leben teil, bewegte sich in den ersten Salons der Stadt, wurde Mitarbeiter der bedeutendsten französischen Zeitschriften und Zeitungen und gewann hohes Ansehen als Kritiker und Publizist. 1868 erschien ein erster Band einer von ihm geplanten, dann aber nicht fortgeführten Reihe von „Études historiques et littéraires", der Aufsätze zur italienischen Literaturgeschichte enthielt.[6] Bereits in den fünfziger Jahren hatte sich auch eine politische Wandlung in ihm vollzogen: Der einstige Demokrat war ein Vertreter des gemäßigten Liberalismus oder der liberal-konservativen Grundanschauung sowie des klassisch-humanistischen Bildungsideals geworden. In den sechziger Jahren widmete er sich dem Ziel, den Franzosen die geistigen und politischen Zustände Deutschlands näher zu bringen. Dazu dienten sowohl seine Übersetzung und Herausgabe von Karl Otfried Müllers „Geschichte der griechischen Literatur", zu der er ein umfangreiches Vorwort über die deutsche historische Schule schrieb[7], als auch sein Buch „La Prusse contemporaine et ses institutions" (Paris 1867) sowie seine Aufsatzreihe „La societé de Berlin de 1789 à 1815", die 1870 in der angesehenen „Revue des deux mondes" erschien.

Der Ausbruch des deutsch-französischen Kriegs im Sommer 1870 zwang Hillebrand erneut zur Flucht. Er ging zuerst nach London und kurz danach von dort als Korrespondent der „Times" nach Rom. 1871 ließ er sich in Florenz nieder. Berufungen an die Universitäten Bonn, Gießen, München, Straßburg und Harvard sowie an das Florentiner Istituto di Studii Superiori Pratici e di Perfezionamento lehnte er ab. Er entschied sich, Privatgelehrter zu bleiben und von seiner Feder zu leben. Bis zu seinem Tod blieb er in Florenz, von wo aus er ausgedehnte Reisen nach England, Deutschland und in die Schweiz unternahm. Die Florentiner Jahre sind auch seine fruchtbarsten und glänzendsten gewesen. Er widmete sich nun der geistigen Vermittlung zwischen Italien und Deutschland: Zwischen 1872 und 1876 war er Italienkorrespondent der Augsburger „Allgemeinen Zeitung"; von 1874 bis 1877 gab er eine Zeitschrift mit dem Titel „Italia" heraus, durch die er sich vornahm, zum besseren Verständnis zwischen diesen beiden Ländern beizutragen. Er schrieb ein unvollendet gebliebenes historisches Werk über die Geschichte Frankreichs zwischen 1830 und 1870[8]; er publizierte zahlreiche Essays, in denen er wissenschaftliche Ergebnisse in einer künstlerisch vollendeten Form vermittelte, in den führenden deutschen, englischen und italienischen Revuen. Seine besten Aufsätze, durch die er die geistigen, literarischen, politischen und sozialen Zusammenhänge in Frankreich, Italien, England und Deutschland zu erklären versuchte, fasste er in den sieben zwischen 1873 und 1885 erschienenen Bänden der Sammlung „Zeiten, Völker und Menschen" zusammen, welche Hillebrands Ruhm als führender deutscher Essayist begründete. Mit nur 55 Jahren starb er in Florenz am 18. Oktober 1884.

Der Verleger seiner sieben Essaybände war der Berliner Robert Oppenheim. Die Lebensdaten dieses Verlegers konnten nicht ermittelt werden. Wir wissen auch nicht, wie Hillebrand mit ihm in Kontakt kam. Man könnte aber eine Vermutung aufstellen: Es wäre nämlich möglich, dass Hillebrand durch die Vermittlung des liberalen Politikers, Juristen und Publizisten Heinrich Bernhard Oppenheim (1819–1880) mit ihm in Kontakt trat. Dieser war ein enger Freund von Hillebrands gutem Freund Ludwig Bamberger (1823–1899) und veröffentlichte in den frühen siebziger Jahren einige seiner eigenen Schriften ebenfalls bei dem Verleger Robert Oppenheim. Möglicherweise war er auch mit diesem verwandt. Robert Oppenheims Verlag existierte seit 1869, als er ihn in Berlin gründete. Bei ihm erschien 1873 der erste Band von Hillebrands Essaysammlung „Zeiten, Völker und Menschen" mit dem Titel „Frankreich und die Franzosen in der zweiten Hälfte des XIX. Jahrhunderts. Eindrücke und Erfahrungen", der 1874 eine zweite Auflage, 1879 eine dritte erfuhr. Auf uns gekommen ist eine interessante Bemerkung Hillebrands bezüglich des Gesamttitels seiner Essaysammlung „Zeiten, Völker und Menschen", der beim Erscheinen des ersten Bandes (1873) festgelegt wurde. Offenbar wurde dieser Titel aber nicht von Hillebrand selbst ausgewählt, und der Autor war nicht zufrieden mit ihm. Denn am 12.03.1877 schrieb er an Richard Wagner: „Der dumme Titel ist mir von meinem Verleger [eben Oppenheim, A.M.V.] auferlegt worden, der ‚gesammelte Aufsätze' zu ledern fand."[9]

1874 erschienen anonym bei Oppenheim Hillebrands „Zwölf Briefe eines ästhetischen Ketzers", eine Art ästhetisches Manifest der Deutsch-Florentiner Künstlerkolonie, das einen großen Publikumserfolg hatte und gleich im selben Jahr eine zweite Auflage erlebte. Ihr Autor wurde jedoch sogleich identifiziert. 1875 folgte der zweite Band der Essaysammlung „Zeiten, Völker und Menschen" mit dem Titel „Wälsches und Deutsches"; 1876 der dritte „Aus und über England"; 1878 der vierte mit dem Titel „Profile"; 1881 der fünfte „Aus dem Jahrhundert der Revolution"; 1882 der sechste „Zeitgenossen und Zeitgenössisches". Der siebte Band wurde posthum im Jahre 1885 von Hillebrands Witwe, Jessie, herausgegeben und trug den Titel „Culturgeschichtliches. Aus dem Nachlasse von Karl Hillebrand". 1890 übernahm Karl J. Trübner (Straßburg) den literarhistorischen und sprachwissenschaftlichen Teil des Verlags Robert Oppenheim.[10] Bei Trübner wurden in der Folge die Neudrucke und Neuauflagen der Bände von Hillebrands Essaysammlung publiziert, die nach 1885 erschienen.

Bekanntlich ist die Beziehung zwischen einem Autor und seinem Verleger nicht immer einfach. Denn es handelt sich in erster Linie um eine geschäftliche, nicht um eine vorwiegend intellektuelle oder gar persönliche Beziehung. Man braucht nur an den wohlbekannten Fall der immer wieder spannungsgeladenen Verhältnisse Goethes zu seinen Verlegern (Göschen, Ettinger, Unger, Vieweg) zu denken (nur mit dem ehrlichen, tüchtigen und ihn restlos bewundernden sowie „untertänigen" Johann Friedrich Cotta verstand sich Goethe gut)[11], wie auch an die schwierige Beziehung Schopenhauers zu dem Verlag Brockhaus in Leipzig[12], an die konfliktträchtige Zusammenarbeit Heines mit seinem Hamburger Verleger Julius Campe[13] oder an die Auseinandersetzungen Nietzsches mit seinem Chemnitzer Verleger Ernst Schmeitzner.[14] Auch Hillebrand machte da keine

Ausnahme, obwohl, wie ich noch zeigen werde, sein Verhältnis zu Robert Oppenheim stetig gut war: Seine Erfahrungen mit zwei anderen deutschen Verlegern, mit denen er zu tun hatte, waren für ihn dagegen eher enttäuschend.

Als Korrespondent aus Rom und Florenz für die Augsburger „Allgemeine Zeitung" stand Hillebrand vier Jahre lang (1872–1876) in Beziehung zu einem der bedeutendsten Verlagshäuser Deutschlands, dem Cotta-Verlag. Während der zweiten Hälfte des Jahres 1876 kam es zu einigen Meinungsverschiedenheiten zwischen ihm und Carl von Cotta. Hillebrand hatte die Mitarbeit an dem Blatt und ein Honorar angenommen, das durchschnittlich niedriger war als das, was er von anderen Tageszeitungen oder Zeitschriften hätte beziehen können, weil die „Allgemeine Zeitung" ihm ein ständiges Einkommen garantierte und weil sie ihm gleichzeitig während der Sommermonate, als er sich wegen seiner „Geschichte Frankreichs" zur Arbeit in die Archive in Wien, Turin und Berlin begab, eine gewisse Freiheit gewährte. Natürlich wurde er für jene Sommermonate, während er nicht für die Zeitung arbeitete, auch nicht bezahlt. Mit der Zeit gefiel aber Carl von Cotta dieses Arrangement immer weniger. Der Bruch wurde unvermeidlich und vollzog sich Ende Oktober 1876. Cotta teilte Hillebrand am 25.10.1876 mit, er wolle ihm ab dem 1. November 1876 sein Honorar um die Hälfte abschneiden, was Hillebrand als eine Kündigung empfand, die auf eine ihn beleidigende Weise vollzogen worden sei. Am 28.10.1876 schrieb er an Cotta:

> Ihre Pflicht war es […], wenn Sie sich meiner Mitarbeit entledigen wollten, mich mindestens 6 Monate (anstatt 2 Tage) vorher davon zu verständigen, vielleicht auch mir die Gründe Ihrer Unzufriedenheit mitzutheilen. Daß natürlich nach einem solchen Vorgehen mir jede Beziehung zu Ihrem Hause, wie zur ‚Allg[emeinen] Z[ei]t[un]g' unmöglich wird, versteht sich von selbst.[15]

Eine ähnliche Behandlung erfuhr Hillebrand durch die Gebrüder Paetel (Elwin und Hermann), die die „Deutsche Rundschau" verlegten.[16] Seit ihrer Gründung im Herbst 1874, die Hillebrand mit Begeisterung begrüßte, weil er in ihr ein Mittel zur Schaffung einer nationalen Kultur in der nun endlich zur politischen Einheit gelangten deutschen Nation sah und einen Ort der hohen Publizistik, der die Beiträge führender Vertreter der deutschen Kultur und Wissenschaft vereinigen sollte, war er ein ständiger Mitarbeiter dieser literarischen und wissenschaftlichen Revue gewesen. Die „Deutsche Rundschau", deren erste Nummer im Oktober 1874 herauskam, erlebte einen großartigen, raschen Erfolg und sie setzte sich innerhalb der ersten zwei Jahre ihrer Existenz als die bedeutendste nationale Zeitschrift durch. In ihr publizierte Hillebrand neunzehn Aufsätze, darunter elf über französische Themen. Mit der „Rundschau" handelte er dasselbe dauerhafte Verhältnis aus, das ihn mit der „Allgemeinen Zeitung" verbunden hatte, um mit einem festen, in vier Raten pro Jahr ausgezahlten Geldbetrag rechnen zu können. Dieses Honorar betrug jährlich 3.000 Mark und wurde in vier Raten ausgezahlt, deren jede sich auf 750 Mark belief. Dieses Arbeitsverhältnis verlief reibungslos, solange er gesund blieb. Als er aber im Laufe des Jahres 1881 an der Schwindsucht erkrankte und arbeitsunfähig wurde, bekam er im Dezember 1881, wenige Tage bevor die letzte Rate seines Honorars für 1881 fällig wurde, ein

Kündigungsschreiben von den Verlegern der Zeitschrift, den Brüdern Paetel. Am 28.12.1881 schrieb er an Ludwig Bamberger:

> Liebster Freund, ich vergaß Ihnen in meinem Gestrigen zu sagen, daß mir die Herren Gebr[üder] Paetel gekündigt haben, mit einem großen Schwall von Schmeicheleien u.s.w., aber gekündigt, drei Tage vor Verfallzeit ihrer nächsten Rate. Und wenn ich nun auf die 750 M. gerechnet hätte um meine Miethe zu zahlen! Genau wie die Cotta. Oh, die Verleger!

Er fügte aber gleich hinzu: „Mit Ausnahme R[obert] Oppenheim's, des honorigsten, vornehmsten Geschäftsmannes, mit dem ich noch zu thun gehabt."[17]

Aus seiner Beziehung mit eben diesem vornehmen und ehrenwerten Geschäftsmann, der offenbar eine Ausnahme unter den Verlegern darstellte, sind nun einige, leider nur bruchstückhafte Korrespondenzstücke aufgetaucht, welche ein interessantes Licht auf Hillebrands schriftstellerische Werkstatt werfen.

Gegenstand dieser fünf Briefe[18] sind drei Bände der Sammlung „Zeiten, Völker und Menschen", nämlich der erste („Frankreich und die Franzosen", 1873; ^{2}1874; ^{3}1879), der zweite („Wälsches und Deutsches", 1875) und der fünfte („Aus dem Jahrhundert der Revolution", 1881). Eine Frage, die Hillebrand offenbar wichtig war, weil er wiederholt auf sie zu sprechen kommt, war die einer dritten „vermehrten" Auflage seines Buches über Frankreich und die Franzosen, das vor allem in Deutschland und England eine sehr gute Aufnahme erfahren hatte, während es in Frankreich ziemlich kühl aufgenommen wurde. Aus Hillebrands Brief an Oppenheim vom 08.12.1878 erfahren wir, dass es soweit war: Der Verleger hatte eine neue, dritte Auflage dieses vergriffenen Buches beschlossen. An seinen Verleger schreibt er auch über die Angelegenheit der französischen Übersetzung dieses Werks, welche nach vielen vergeblichen Anläufen erst 1880 auf Grundlage seiner dritten, 1879 erschienenen Auflage zustande kam. 1880 wurde auch eine englische Übertragung dieses Buches veröffentlicht. Es geht dann um Geschenkexemplare der Bände seiner Essaysammlung an wichtige, traditionsreiche Einrichtungen wie die britische Royal Institution, bei der Hillebrand 1879 sechs „Lectures on the History of German Thought" vom Siebenjährigen Krieg bis Goethes Tod hielt; darüber hinaus um eine Liste der Frei- und Rezensionsexemplare bezüglich des fünften Bandes der Sammlung („Aus dem Jahrhundert der Revolution", 1881), um Publikationsverträge, um Honorarfragen oder um Berichtigungen von Druckfehlern. Interessant ist die ganz kaufmännische und buchhändlerische Überlegung, die Hillebrand in seinem Brief vom 03.05.1875 anstellt: Er schlägt vor, die Publikation des dritten Bandes der Sammlung („Aus und über England", 1876) zu verschieben, und zwar um ein Jahr nach dem Erscheinen ihres zweiten Bandes („Wälsches und Deutsches", 1875). Der Verkaufspreis der Einzelbände sei mit 5,50 Mark (oder, wie er schreibt, Reichsmark), sehr hoch: „11 R[eichs]m[ark] gibt Niemand gerne auf einmal aus; hat man aber einmal sich für einen Band entschieden, so bleibt's gewöhnlich dabei. Nach einem Jahre aber ist die Neuigkeit eine neue Versuchung." Dieser kluge Vorschlag Hillebrands wurde offenbar von Robert Oppenheim angenommen.

Der Brief vom 08.12.1878 zeigt Hillebrand auf dem Zenith seiner wissenschaftlichen Produktion und seines Ruhmes: Der Druck des zweiten Bandes seiner vom Verlag Perthes veröffentlichten Geschichte Frankreichs von 1830 bis 1870 stand bevor; Perthes hatte ihn gebeten, auch bei ihm einen Essayband zu publizieren, was Hillebrand ablehnte, weil er sich Oppenheim gegenüber moralisch und vertraglich verpflichtet fühlte; Oppenheim war nun bereit, die dritte Auflage seines erfolgreichen Werkes über Frankreich und die Franzosen zu verlegen; für den Frühling 1880 war Hillebrand eingeladen, sechs Vorlesungen über deutsche Geistesgeschichte an der Royal Institution von London zu halten, einer der bedeutendsten wissenschaftlichen Institutionen Europas. Es war also „viel Heu auf seiner Gabel", so viel, dass er für das Jahr 1880 keinen neuen Band seiner Essaysammlung „Zeiten, Völker und Menschen" bei Oppenheim veröffentlichen wollte. Schließlich erlaubt der Brief vom 08.07.1880, einen Blick in die gängige Praxis berühmter Autoren zu werfen, ihre Aufsätze wiederholt und an verschiedenen Orten erscheinen zu lassen. Diesmal geht es um Hillebrands Essay über die Edition des Briefwechsels zwischen der russischen Kaiserin Katharina II. und Friedrich Melchior von Grimm, der fast gleichzeitig sowohl in der „Deutschen Rundschau" als auch im fünften Band seiner Essaysammlung („Aus dem Jahrhundert der Revolution", 1881) publiziert wurde.

Der Lesesaal der Royal Institution, London. Radierung von Thomas Rowlandson und Auguste Charles Pugin (1809)

1.

Florenz Mai 3. 1875.
Hochgeehrter Herr,

Ich bin im Besitze Ihres freundl[ichen] Schreibens vom 28ten April und erwarte nun täglich die mir versprochenen Freiexemplare.[19] Aus München und Paris habe ich schon Nachricht von der Ankunft dorts[elbst].

Für eine Abschrift der Liste würde ich Ihnen sehr dankbar sein, damit ich von den mir gegönnten 10 Exemplaren keinen doppelten Gebrauch mache.

Die Ausstattung ist sehr schön und ich hoffe sehr auf einen Erfolg trotz des etwas hohen, aber ganz gerechtfertigten Preises. Die contractlich bestimmte Summe der Ablösung meines Gewinnantheiles ist für jeden Band R[eichs]th[aler] 300 = R[eichs]m[ark] 900. (Ihre betr[effenden] Briefe sind vom 13ten Oct[ober] 1874 beziehungsweise Postkarte vom 29 Oct[ober].)

Was meinen Sie zu einem Aufschieben des Bandes über England?[20] Er ist hinlänglich annoncirt und vielleicht ist's besser[21] ein Jahr zwischen den beiden Bänden verstreichen zu lassen: 11 R[eichs]m[ark] gibt Niemand gerne auf einmal aus; hat man aber einmal sich für einen Band entschieden, so bleibt's gewöhnlich dabei. Nach einem Jahre / aber ist die Neuigkeit eine neue Versuchung. Bitte mir darüber gefälligst zu antworten. Ihre Wünsche sollen Befehle für mich sein und drei Tage später wird das M[anu]s[cript] in Metzger & Wittig's[22] Händen sein, wenn Sie's wirklich für besser halten gleich vorzugehen.

Ist eine Aussicht auf eine 3te Auflage von Frankreich?[23]
Yours truly,
Karl Hillebrand

Besten Dank für das mir zugleich zugesandte Buch, das ich natürlich noch nicht gesehen.

2.

ce 19 Août 1875[24]
Verehrter Herr Oppenheim,

Da bin ich schon wieder mit einer Bitte.

Ein Herr Mohler[25] aus Nancy bittet um die Erlaubniß mein Buch über Frankreich[26] übersetzen zu dürfen. Wahrscheinlich wird's ihm gehen wie den sechs verschiedenen Uebersetzern, die sich schon an mich gewandt: er wird keinen Verleger finden. Sollte es ihm jedoch gelingen, so / möchte ich, er übersetzte die 3te Auflage[27]; denn ich glaube, ich habe viel und sehr vortheilhaft verändert, ausgeführt, beschnitten u.s.w. Ist eine Aussicht auf eine 3te Auflage vorhanden, wär's noch erst in einem oder 2 Jahren, so würde ich ihm mein Exemplar der 2ten Ausgabe mit allen handschriftlichen Änderungen schicken (natürlich eine Copie für mich behalten); aber natürlich ginge das nicht, wenn hernach keine / 3te Auflage käme und die Uebersetzung dem allein[28] gedruckten deutschen Original nicht gliche. Ich würde dem Uebersetzer meinen Antheil der Uebersetzungsrechte (500 Fr[ancs]) abtreten.

Wollen Sie Herrn Mohler (29bis Faubourg Stanislas, Nancy) ein Exemplar von Wälsches und Deutsches[29] schicken. Es hat in Frankreich sehr gefallen, wie vorausgesehen.[30]

Wann soll ich das M[anu]s[cript] für „Von und über England"[31] schicken? Ich könnte es im Laufe des Octobers spediren. /

Adressiren Sie für's Erste bitte Laibach poste restante: dann Turin poste restante etwa von 10 Sept[ember] ab.[32]

Sind die Exemplare für die Frau Kronprinzessin[33] und Graf Seckendorff[34] nach Potsdam abgegangen?

In Eile, wie immer, Ihr ganz ergebener

Karl Hillebrand

P. S. Hauptzweck dieses ist zu fragen ob und wann etwa eine Aussicht auf eine 3te Auflage von Frankreich u[nd] die Fr[anzosen][35] zu erwarten ist.

3.

Florenz Dec[ember] 8. 1878.[36]

Sehr geehrter Herr Oppenheim,

Ich bin im Besitze Ihres Geehrten vom 5. Dec[ember] und beeile mich Ihnen darauf zu antworten.

Die neue Auflage meines Frankreich u.s.w.[37] kommt mir sehr erwünscht; und auch die vorgeschlagenen Bedingungen sind mir recht. Die Schwierigkeit ist die Zeit. Der Druck meines II Bandes Franz[ösischer] Geschichte[38] beginnt ebenfalls am 1. Januar: und soll ich 4 Druckbogen wöchentlich corrigiren; habe auch noch die drei letzten Kapitel (von zehn) zu schreiben. Nun weiß ich freilich, daß Perthes[39] manchmal zu viel Heu auf / seine Gabel nimmt; und ich hoffen kann, der[40] Druck zieht sich hinaus. Dann aber wieder habe ich versprochen im Mai und Juni sechs Vorlesungen in der Royal Institution zu halten[41], was mich wieder 6-8 Wochen an der Arbeit hindert. Indeß will ich mein Möglichstes thun, um Ihnen am 1. Januar das M[anu]s[cript] zu schicken. Ich lasse den Anhang dießmal weg[42]; dagegen füge ich Vieles im Text hinzu. Sie können also auf 20 Bogen zählen; vielleicht, ja wahrscheinlich, werden [es] auch 22. Ich würde Ihnen darum dringend rathen, noch dickeres / Papier zu nehmen, damit der Band nicht allzusehr gegen Band II-IV abfallt [sic], welche alle 26-30 Bogen haben. Auch müßte der Druck recht rasch vorwärts gehen, etwa 3 Bogen die Woche, was Ihnen erlauben würde den Band im März auszugeben; und es wäre mir darum zu thun (auch in Ihrem Interesse), er wäre in London, ehe ich ankomme. Die Royal Institution ist eine Anstalt wo nur Faraday's[43], Tyndals[44], Huxleys[45], Max Müllers[46] etc. auftreten und meine Vorlesungen, wenn sie auch noch so schlecht ausfielen, werden die allgemeine Aufmerksamkeit auf mich richten. Bei / dieser Gelegenheit möchte ich Sie bitten, doch an die Library of the Royal Institution die drei letzten Bände meiner Zeiten, Völker und Menschen[47] zu schicken, mit einem Zettel: from the author und der Bemerkung: the first volume being out of print will follow as soon as the new edition is completed.

Perthes hat mich um einen Band Essays gebeten. Ich habe es ihm verweigert, weil ich mich Ihnen gegenüber für moralisch, wenn nicht vertragsmäßig, gebunden hielt. Wohl hätte ich des Materials dazu die Fülle; aber da ich schon den II Band meiner Geschichte zähle[48], so möchte ich nicht gerne dieß Jahr noch einen neuen Band veröffentlichen. Ich würde deßhalb mit Ihnen keinen 5ten Band vor 1880 oder 1881 geben.[49]

Hochachtungsvollst Ihr ganz erg[ebener]
Karl Hillebrand

4.

Baden Baden
Villa Kleist

Juli 8.1880[50]

Einliegend, verehrtester Herr Oppenheim, den unterschriebenen Contract.

Zugleich erlaube ich mir noch eine Frage. Meint „die Ausgabe im October 1880"[51], daß das Buch Ende October an die Sortimentshändler verschickt wird, oder daß es auch wirklich schon an die lesenden Käufer kömmt? Der Grund meiner Frage ist folgender: ich habe einen Aufsatz über Katharina II geschrieben, der durchaus in den Band gehört und das Gesammtbild Europas im 18. Jahrh[undert], das ich darin zeigen möchte, wesentlich ver- / vollständigen würde. Nun kann aber dieser Aufsatz, der schon im Mai hätte erscheinen sollen, und der im Laufe dieses Monats gedruckt wird, so daß ich einen Abzug der Correcturen in wenig Wochen an Metzger & Wittig[52] schicken kann, aus verschiedenen Ursachen erst im Novemberheft der Rundschau erscheinen.[53] Demgemäß dürfte der Band[54], der ihn enthält[55], erst im December an die lesenden Käufer kommen, mit anderen Worten, fände die Versendung am 30. October statt, / gleichzeitig mit dem Erscheinen in der Rundschau, so dürfte der eigentliche Verkauf erst ab 30 November beginnen; selbst das wäre früh. Lasse ich den Aufsatz ganz weg, so verliert der Band sehr viel an Werth & Leben, sowie auch an Umfang (statt 380 Seiten nur 320). Ich will nun mein möglichstes thun, daß er schon am 1. October in der Rundschau erscheine; wäre das aber nicht möglich, so geht meine Frage dahin, ob der Nachtheil für Sie sehr groß wäre, wenn der Band erst December[56] oder gar erst Januar erschiene? Eine Antwort gelegentlich; es hat gar keine Eile.[57] /

Ich benutze auch die Gelegenheit um Sie zu bitten, nach englischer Sitte in Frankreich und die Franzosen, 3te Auflage[58], beiliegende verstörende Errata auf einem kleinen dünnen Stückchen Papier[59] vor dem Titel in die noch nicht versandten Exemplare einkleben zu lassen.

Hochachtungsvollst ergeben

Karl Hillebrand

NS. Wenn Sie die ersten Druckfehlerberichtigungen nicht billigen, so wäre es vielleicht möglich ohne allzu große Kosten, einen Neudruck des Titels zu veranstalten? Auf alles Das eine gelegentliche Antwort, bitte.

Druckfehler[60]

Titelblatt: lies stark vermehrte statt gänzlich umgearbeitete Auflage.
S. 13. Ueberschrift lies Familie statt Gesellschaft
S. 31. Z. 5. von oben ließ fröhnen statt führen[61]
S. 310. Z. 11 von unten ließ Matamorpose statt Metamorphose.[62]

5.

Florenz Jan[uar] 2 1880 [recte: 1881][63]
50. Lung'Arno Nuovo

Sehr geehrter Herr Oppenheim,

Anbei die neue & definitive Liste. –[64]

Den Empfang von R[eichs]m[ark] 1982 als Honorar für B[an]d V[65] & VI[66] habe ich Ihnen ja wohl schon angezeigt. – Warum der Druck[67] nicht fortschreitet, begreife ich nicht recht. Ich hatte am 18. December die letzten Fahnen corrigirt & seitdem keine Revision[68] erhalten.

Wegen der Cath. II[69] so glaube ich eine sehr gute Uebersetzerin gefunden zu haben, falls es Nichts ist mit der Londoner Dame. Ich habe von der Dame, / von der ich rede, eine sehr gute Uebersetzung aus dem Französischen gelesen. Sie kommt überdies hieher im

April, für drei Monate, was die Sache erleichtern würde. Ob sie aber frei ist es zu unternehmen, weiß ich nicht. – Meine Frau[70] wäre freilich die Beste; aber sie hat viel Anderes auf dem Halse, wird auch sofort nervös, wenn sie eine Arbeit zu einer bestimmten Zeit liefern muß und nicht fertig zu werden fürchtet u.s.w. Was / die Sache selbst anlangt, so würde ich Ihnen doch sehr rathen noch einmal zu überlegen, ob ein solches Buch <u>überhaupt</u> Chance hat sich zu verkaufen. Ich kenne das deutsche Publikum zu wenig.

Darf ich Sie bitten, mir, wenn Sie mir meine Freiexemplare von Band V.[71] zuschicken, auch je zwei Exemplare von Bd. I-IV[72] beizulegen und mein Conto mit diesen 8 Bänden zum Nettopreis zu belasten?

Mit freundlichsten Grüßen

Ihr ganz ergebener
Karl Hillebrand /

<u>Vergleiche die alten Listen wegen der Adressen.</u>

<u>Freiexemplare.</u>

1) Max ~~Koban~~,[73] ~~12 Quai de Bacalan Bordeaux~~
    M[onsieur] <u>Delannoy</u>[74], Rue du Gouvernement Douai
2) I[hre] K[aiserliche] u[nd] K[önigliche] H[oheit] die Frau <u>Kronprinzessin</u>[75] durch C[arl] v[on] Normann[76] Berlin
3) <u>Fr[au] Ch[arlotte] Hillebrand</u>[77], 16 Clarkstreet Cincinnati (Ohio)
4) <u>Fr[au] Marie Hillebrand</u>[78] – Neuenhain bei Bad Soden (Frankfurt a[m] M[ain].)
5) <u>Fr[au] Prof. J[ulius] Hillebrand</u>[79], 27. Lindwurmstr. München
6) H[enry] W[illiam] K[ent] Roscoe[80] Esq[uire] 8 Atherstone Terrace S[outh] Kensington, London
7) <u>Geh[eimer] Rath H[einrich] v[on] Sybel</u>[81], Berlin
8) <u>M[onsieur] H[ippolyte] Taine</u>[82], de l'Académie française, Paris
9) Herm[an] Grimm, Berlin (J. J. k. n. 9/I)[83]
10-15) Prof. K[arl] Hillebrand – Florenz

<u>Recensionsexemplare</u>
1) <u>A[ngelo] de Gubernatis</u>[84], Istituto superiore Florenz
2) <u>G[aetano] Oliva</u>[85], Liceo Dante, Florenz
3) <u>Dr. J[ohann] A[ndreas] Scartazzini</u>[86] – Soglio, Kanton Graubünden
4) <u>Mr. A[ntonio] Gallenga</u>[87], The Falls Llandogo – per Coleford Monmouthshire
5) <u>Geh[eimer] R[at] A[lfred] von Reumont</u>[88], Aachen.
    Die beiden ersten (Nuova Antologia & Riv[ista] Nazionale) können auch an mich gesandt werden. Das 3te ist für die Riv[ista] europea; das 4te für <u>Times</u>; das 5. hoffentlich für <u>Augs[burger] Allg[emeine] Z[ei]t[un]g</u>.
6) <u>Miß Helen Zimmern</u>[89], 7. Tyndale Terrace Canonbury Square London (für's Athenaeum)

Es ist schade, dass aus diesem Briefwechsel nur so wenige Stücke aufgetaucht sind. Denn die Korrespondenz zwischen Hillebrand und dem „honorigsten, vornehmsten Geschäftsmann" Robert Oppenheim muss sehr viel ausgedehnter gewesen sein und sich vermutlich von 1873 bis zu Hillebrands Tod erstreckt haben.

Anmerkungen

Für die Hilfe bei der sprachlichen Revision dieses Beitrags und der Transkription der Briefe bin ich Herrn Christian Liedtke sehr dankbar.

1. Rudolf Vierhaus: Zeitgeschichte und Zeitkritik im essayistischen Werk Karl Hillebrands. – In: Historische Zeitschrift 221 (1975), S. 304–325, hier S. 307 (wieder abgedr. in: ders.: Vergangenheit als Geschichte. Studien zum 19. und 20. Jahrhundert. Hrsg. v. Hans Erich Bödeker, Benigna von Krusenstjern u. Michael Matthiesen. Göttingen 2003, S. 370–389).
2. Wolfram Mauser: Karl Hillebrand. Leben, Werk, Wirkung. Dornbirn 1960.
3. Karl Hillebrand eretico d'Europa. Atti del Seminario (1–2 novembre 1984). Hrsg. v. Lucia Borghese. Florenz 1986.
4. Anna Maria Voci: Karl Hillebrand. Ein deutscher Weltbürger. Rom 2015. Vgl. auch dies.: Karl Hillebrand: vergessen, missverstanden oder unverstanden? Ein Forschungsbericht. – In: HJb 46 (2011), S. 166–182 (in einer erweiterten Fassung wieder abgedr. in: dies.: Karl Hillebrand [s. o.], S. 25 ff.).
5. Karl Hillebrand: Dino Compagni. Étude historique et littéraire sur l'époque de Dante. Paris 1862.
6. K[arl] Hillebrand: Études historiques et littéraires. Tome I: Études italiennes. Paris 1868.
7. Otfried Müller: Histoire de la littérature grecque jusqu'à Alexandre le Grand. Traduite, annotée et précédée d'une étude sur Otfried Müller et sur l'école historique de la philologie allemande par K. Hillebrand. 2 Bde. Paris 1865 (^{2}1866).
8. Karl Hillebrand: Geschichte Frankreichs von der Thronbesteigung Louis Philipp's bis zum Falle Napoleon's III. Erste Abtheilung. Geschichte des Julikönigtums (1830–1848). Erster Theil: Die Sturm- und Drangperiode des Julikönigthums (1830–1837). Gotha 1877; Zweiter Theil: Die Blüthezeit der parlamentarischen Monarchie (1837–1848). Gotha 1879.
9. Dieser im Nationalarchiv der Richard-Wagner-Stiftung Bayreuth aufbewahrte Brief wird zitiert nach Hans von Wolzogen: Briefe an Richard Wagner. – In: Bayreuther Blätter 31 (1908), S. 260–268, hier S. 268. Vgl. auch Voci: Karl Hillebrand [Anm. 4], S. 15, Anm. 2.
10. Vgl. den Brief von Trübner an den Grazer Romanisten Hugo Schuchardt vom 20.12.1890, in der Webedition zugänglich unter URL: http://schuchardt.uni-graz.at/id/letter/6281 [letzter Zugriff: 15.06.2021], sowie ebd. unter URL: http://schuchardt.uni-graz.at/id/letters/2331 [letzter Zugriff: 15.06.2021] auch die Briefe, die Robert Oppenheim zwischen 1877 und 1888 an Schuchardt richtete. Dort auch die wenigen biographischen Informationen über Oppenheim, die ich oben mitgeteilt habe.
11. Vgl. Siegfried Unseld: Goethe und seine Verleger. Frankfurt a. M. 1991; ^{2}1993; Nachdruck 1998.
12. Vgl. Alfred Estermann: Schopenhauers Kampf um sein Werk. Der Philosoph und seine Verleger. Frankfurt a. M. 2005.
13. Vgl. Gerhard Höhn, Christian Liedtke: Eine „literarische Ehe" zu Beginn der Moderne. Heinrich Heine und Julius Campe. – In: „Der Weg von Ihrem Herzen bis zu Ihrer Tasche ist sehr weit!" Aus dem Briefwechsel zwischen Heinrich Heine und seinem Verleger Julius Campe. Hrsg. u. m. einer Einleitung v. Gerhard Höhn u. Christian Liedtke. Hamburg: 2007, S. 9–30; 201–203.
14. Vgl. Malcom B. Brown: Friedrich Nietzsche und sein Verleger Ernst Schmeitzner. Eine Darstellung ihrer Beziehung. Frankfurt a. M. 1987.
15. Hillebrand an Carl von Cotta, Florenz, 28.10.1876. Deutsches Literaturarchiv, Marbach, Cotta-Archiv (Stiftung der Stuttgarter Zeitung).

16 Vgl. zum folgenden Voci: Karl Hillebrand [Anm. 4], S. 503 ff.
17 Hillebrand an Ludwig Bamberger, Arcachon, 28.12.1881. London School of Economics, Archives, Bamberger Papers.
18 Heinrich-Heine-Institut, Düsseldorf, Signaturen: HHI.AUT.2009.5023.2, HHI.AUT.2012.5017.1 bis 4. Die Wiedergabe folgt den Handschriften. Ergänzungen von mir stehen in eckigen Klammern, Unterstreichungen in den Originalen sind auch hier als Unterstreichungen dargestellt. Von Hillebrand gestrichene Wörter sind durchgestrichen. Der Beginn einer neuen Seite wird durch „/" angezeigt.
19 Er bezieht sich auf den eben erschienenen Band II seiner bei Robert Oppenheim publizierten Essaysammlung „Zeiten, Völker und Menschen" (im Folgenden abgekürzt: ZVM): Wälsches und Deutsches. Berlin 1875.
20 Karl Hillebrand: Aus und über England. Berlin 1876 (ZVM III).
21 Nach „besser" hatte Hillebrand „als" geschrieben, was er dann strich.
22 Die Leipziger Druckerei des Verlags Robert Oppenheim.
23 Karl Hillebrand: Frankreich und die Franzosen in der zweiten Hälfte des XIX. Jahrhunderts. Eindrücke und Erfahrungen. Berlin 1873 (ZVM I); ^{2}1874. Die dritte, „gänzlich umgearbeitete" oder „stark vermehrte" Auflage (vgl. dazu die Briefe vom 08.12.1878 und vom 08.07.1880) sollte erst 1879 bei Oppenheim erscheinen.
24 Am linken Rand Notiz von anderer Hand, wohl von Oppenheim: „21/8.", dann schräg: „erhalten 27/IX". Auf fol. 2v unten von anderer Hand, wohl von Oppenheim, der Vermerk „Florenz Berlin 19.VIII.75". Der Ort, aus dem dieser Brief geschrieben wurde, ist abgekürzt und unlesbar. Hillebrand befand sich damals im Urlaub zwischen Österreich und Slowenien. Wenige Tage vor diesem hatte Hillebrand am 14.08.1875 einen Brief an Franz Liszt mit der Ortsangabe „près Laibach" geschrieben. Vgl. Briefe hervorragender Zeitgenossen an Franz Liszt. Nach den Handschriften hrsg. v. La Mara. Bd. 3: 1836–1886. Neue Folge. Leipzig 1904, S. 197 f. Am 18.08.1875 hatte seine damalige Lebensgefährtin Jessie Laussot (sie sollten erst 1879 heiraten können), die mit ihm in den Urlaub gefahren war, einen Brief an Mario Pratesi aus dem österreichischen Villach adressiert. Vgl. Carteggio inedito di Mario Pratesi. Eds. Anne Urbancic and Carmela Colella, Victoria University Library (Toronto), 2009. Online unter URL: http://pratesi.vicu.utoronto.ca/ricerca [letzter Zugriff: 09.05.2021]. Es ist daher sehr wahrscheinlich, dass auch dieser Brief an Oppenheim aus Villach geschrieben wurde.
25 Nicht weiter identifiziert.
26 Hillebrand: Frankreich und die Franzosen [Anm. 23].
27 Vgl. Anm. 35.
28 „allein" geschrieben über das Wort „Original", das Hillebrand dann strich.
29 Hillebrand: Wälsches und Deutsches [Anm. 19].
30 Schräg über diesen Satz von anderer, vermutlich Oppenheims Hand der teilweise unleserliche Vermerk: „27/IX… zu senden…"
31 Hillebrand: Aus und über England [Anm. 20].
32 Hillebrand verbrachte den Sommer 1875 zwischen Österreich und Slowenien, ging dann Mitte September nach Turin, um im dortigen Archiv Recherchen zu seinem Buch über die Geschichte Frankreichs von 1830 bis 1870 (vgl. Anm. 8) durchzuführen.
33 Die deutsche Kronprinzessin Victoria (1840–1901), die Gemahlin des Kronprinzen Friedrich Wilhelm (1831–1888), des späteren Kaisers Friedrich III. Im April 1875 hatte das Kronprinzenpaar während einer Italienreise Florenz besucht und sich dort einige Tage aufgehalten. Durch die Kunstschätze dieser Stadt waren Victoria und Friedrich Wilhelm von Jacob Burckhardt, der sich damals in Florenz aufhielt, und Karl Hillebrand geführt worden. Auch über die folgenden Jahre blieb Hillebrand mit dem Kronprinzenpaar in Kontakt.

34 Götz Burkhard Graf von Seckendorff (1842–1910), seit 1872 Kammerherr bei der deutschen Kronprinzessin Victoria.
35 Hillebrand: Frankreich und die Franzosen [Anm. 23]. Die französische Übersetzung der dritten Auflage des Buches erschien ein Jahr nach der dritten Auflage des Werkes und wurde von Eugène Minoret besorgt: Karl Hillebrand: La France et les Français pendant la seconde moitié du XIXe siècle. Impressions et observations. Paris 1880.
36 Am oberen und unteren Rand Vermerke von Sammlerhand. Oben links schräg, wohl von Oppenheims Hand: „beantwortet s[iehe] Copirbuch 12/12./78" und auf fol. 2v oben links: „Pechel [?] beauftragt zu Duncker & Humblodt zu belasten 12/12.78."
37 Die dritte Auflage von „Frankreich und die Franzosen", dem ersten Band seiner Essay-sammlung „Zeiten, Völker und Menschen". Vgl. Anm. 23 sowie den vorangehenden Brief vom 19.08.1875.
38 Vgl. Anm. 8.
39 Der Verleger von Hillebrand: Geschichte Frankreichs [Anm. 8].
40 Zuerst hatte er „die" geschrieben, das er dann strich und mit „der" fortfuhr.
41 Daraus wird Hillebrands Buch: Six Lectures on the History of German Thought from the Seven Years' War to Goethe's Death. Delivered at the Royal Institution of Great Britain May & June 1879. London 1880.
42 Dieser Anhang bestand aus dem Aufsatz „Französische Stimmen über Deutschlands Gegenwart und Zukunft".
43 Der Naturforscher und Physiker Michael Faraday (1791–1867).
44 Der Naturwissenschaftler und Physiker John Tyndall (1820–1893).
45 Der Biologe Thomas Henry Huxley (1825–1895).
46 Der Sprach- und Religionswissenschaftler Friedrich Max Müller (1823–1900).
47 Das waren die Bände II, III und IV.
48 Er bezieht sich auf seine „Geschichte Frankreichs". Vgl. Anm. 8.
49 Zu diesem V. Band seiner Essays vgl. die zwei folgenden Briefe an Oppenheim vom 08.07.1880 und 02.01.1881.
50 Schräg darüber, wohl von Oppenheims Hand: „16/7 beantw[ortet] s[iehe] Copirbuch". Auf fol. 2v von anderer Hand: „Baden-Baden 8.7.80. Hillebrand, Karl".
51 Gemeint ist die Ausgabe von ZVM V („Aus dem Jahrhundert der Revolution"), die bei Oppenheim mit dem Datum 1881 erschien.
52 Vgl. Anm. 22.
53 Karl Hillebrand: Katharina II. und Grimm. – In: Deutsche Rundschau 25 (1880), H. Okt.-Dez., S. 377–405.
54 Gemeint ist der Band V von ZVM.
55 Nach „enthält" hatte Hillebrand zuerst „eigentlich" geschrieben, was er dann strich.
56 Nach „December" hatte Hillebrand zuerst „erschiene" geschrieben, was er dann strich.
57 Hillebrands Bitte wurde stattgegeben, denn der V. Band der Sammlung ZVM („Aus dem Jahrhundert der Revolution") erschien mit dem Datum 1881.
58 Hillebrand: Frankreich und die Franzosen [Anm. 23].
59 Nach „Papier" hatte Hillebrand zuerst „einkleben" geschrieben, was er dann strich und durch „vor dem Titel" ersetzte.
60 Schräg auf diesem Zettel, wohl von Oppenheims Hand: „16/7 m[anu]sc[ript] hierfür an M[etzger] & W[ittig] gesandt. Correkturen arbeiten".
61 Diese Berichtigung wurde anscheinend nicht ausgeführt. Eine Kontrolle in der zweiten Ausgabe (1886) der dritten Auflage des Werkes ergibt, dass die von Hillebrand gewünschten Änderungen auf dem Titelblatt und in der Überschrift auf S. 13 sowie die Berichtigung in der Zeile 11 der S. 310 ausgeführt wurden, aber der Druckfehler auf S. 31, Zeile 5 nicht korrigiert wurde.

62 Bei dieser letzten Berichtigung muss sich Hillebrand vertan haben, denn das Umgekehrte ist richtig: „Metamorphose" statt „Matamorpose".

63 Bei der Jahresangabe hat sich Hillebrand vertan: Das neue Jahr war gerade angefangen, und er datierte noch aus Versehen mit dem alten. Aus dem Inhalt des Briefes geht eindeutig hervor, dass er 1881 geschrieben worden ist. Außerdem steht auf fol. 2v von anderer Hand, wohl von Oppenheim: „Florenz 2.I.81 Hillebrand, K[arl]" Von dieser Hand steht schräg auf fol. 1r: „5/I Metzger & W[ittig] gemahnt. 5/I Ersucht mit L[eipzig] dann zu verhandeln bis M 20,00 für d[en] Bogen". Zu Metzger & Wittig vgl. Anm. 22. Die Adressangabe ist nicht handschriftlich, sondern in das Briefpapier eingedruckt.

64 Die Liste der Frei- und Rezensionsexemplare von ZVM V.

65 Karl Hillebrand: Aus dem Jahrhundert der Revolution. Berlin 1881 (ZVM V).

66 Karl Hillebrand: Zeitgenossen und Zeitgenössisches. Berlin 1882 (ZVM VI).

67 Er bezieht sich auf den Druck des V. Bandes von ZVM.

68 Die Revision der Druckbogen.

69 Vielleicht bezieht er sich hier auf eine deutsche Übersetzung des Briefwechsels zwischen der russischen Kaiserin Katharina II. und Friedrich Melchior von Grimm, der vorwiegend auf französisch geführt und damals gerade veröffentlicht worden war: Pisma Imperatrizi Ekaterini II k Grimmou (1774–1796). Pisma Grimmou k Imperatrizi Ekaterini. Hrsg. v. J. Grot. St. Petersburg 1878–1880. In den V. Band der Sammlung ZVM (vgl. Anm. 65), S. 107–169, war Hillebrands Aufsatz über diese Edition aufgenommen, der den Titel „Katharina II. und Grimm" trug. Kurz davor war dieser Aufsatz in einer nur geringfügig gekürzten Fassung in der Deutschen Rundschau 25 (1880), H. Okt.–Dez., S. 377–405, erschienen (vgl. den Brief Hillebrands an Oppenheim vom 08.07.1880). Dieser Beitrag ist der Gegenstand zweier am 18.04. und am 19.10.1880 datierten Briefe Hillebrands an den Herausgeber der „Deutschen Rundschau", Julius Rodenberg (Goethe-Schiller-Archiv Weimar, 81/VI, 1, 2).

70 Jessie Hillebrand, geb. Taylor, verwitwete Laussot (1826–1905). Sie war eine gebürtige Britin, die die deutsche, französische und italienische Sprache hervorragend beherrschte, da sie mehrere Jahre in Frankreich, Deutschland und Italien gelebt hatte.

71 Vgl. Anm. 65.

72 Vgl. Anm. 19, 20 und 23. Bei dem IV. Band von ZVM handelt es sich um Karl Hillebrand: Profile. Berlin 1878.

73 Nicht weiter identifiziert.

74 Nicht weiter identifiziert.

75 Die deutsche Kronprinzessin Victoria. Vgl. Anm. 33.

76 Karl von Normann (1827–1888), seit 1864 Privatsekretär der preußischen, dann deutschen Kronprinzessin Victoria.

77 Hillebrands Schwester Charlotte (1828–1908). Nach Aufenthalten in London und Paris war sie 1871 nach den USA ausgewandert, wo sie sich in Cincinnati, Ohio niederließ. Dort gründete sie eine Mädchenschule.

78 Die älteste Schwester Karls (1821–1894), die damals eine Erziehungsanstalt für Mädchen in Neuenhain leitete.

79 Wohl die Witwe von Karls älterem Bruder Julius Hubert (1819–1868). Er war Jurist, ging 1850 als Privatdozent nach Zürich, wo er 1851 außerordentlicher, 1860 ordentlicher Professor wurde. 1866 übersiedelte er nach Freiburg i. Br. Kurz danach verstarb er dort.

80 Henry William Kent Roscoe (1850–1925) war ein englischer Rechtsanwalt. Er übersetzte die dritte Auflage von Hillebrands Buch über Frankreich und die Franzosen (vgl. Anm. 23) für den Verlag Trübner & Co.: Karl Hillebrand: France and the French in the Second Half of the Nineteenth Century. London 1881.

81 Der Historiker Heinrich von Sybel (1817–1895), Professor in Marburg, München und Bonn, Begründer der „Historischen Zeitschrift", seit 1875 Leiter der preußischen Staatsarchive. Sybel war der Verfasser einer vielgelesenen Geschichte der Revolutionszeit von 1789–1795. Bd. 1–5. Düsseldorf 1853–1879.

82 Mit dem Philosophen und Historiker Hippolyte Taine (1828–1893) war Hillebrand seit den frühen sechziger Jahren in freundschaftlicher und kollegialer Beziehung. Nach 1870 war allerdings eine vollständige Entfremdung zwischen den beiden eingetreten. Hillebrand schickte ihm ein Exemplar vom Band V der Sammlung ZVM („Aus dem Jahrhundert der Revolution"), weil Taine 1876 und 1878 die ersten zwei Bände seines historischen Werkes „Les origines de la France contemporaine" publiziert hatte, welche sich mit dem *Ancien régime* und mit der Revolution von 1789 befassten. Insbesondere enthielt dieser Band V der Sammlung ZVM eine Besprechung von Taines Monographie über die Revolution von 1789 mit dem Titel: Siebzehnhundert neun und achtzig, vgl. ZVM V, S. 170–213.

83 Herman Grimms Name wurde von anderer Hand (wohl derjenigen Oppenheims) eingetragen, versehen mit einem Einweisungszeichen am Rand. Die nachfolgende Aufzählungsnummer wurde durch Überschreibung von „9" zu „10" geändert. Die Abkürzung hinter dem Namen ließ sich nicht entschlüsseln. Mit dem Kunsthistoriker und Essayisten Herman Grimm (1828–1901) war Hillebrand viele Jahre freundschaftlich verbunden. Aller Wahrscheinlichkeit nach haben sich die beiden in Florenz kennengelernt, wo Grimm sich oft mit seiner Frau Gisela aufhielt. Grimm hatte einen Beitrag über Leonardo da Vinci in der von Hillebrand herausgegebenen Zeitschrift „Italia" veröffentlicht (Italia 1, [1874], S. 140–155).

84 Der Ethnologe, Orientalist, Literaturhistoriker und Sprachforscher Angelo De Gubernatis (1840–1913) war Professor für Sanskrit und Glottologie am Florentiner Istituto di Studi Superiori. Im 1. Band der von Hillebrand herausgegebenen Zeitschrift „Italia" (1874) hatte er einen Beitrag über Manzonis „Die Verlobten" und den historischen Roman in Italien (S. 179–190) publiziert. Seine Rezension von Hillebrands Buch (ZVM, Bd. V) erschien innerhalb eines längeren Berichts von De Gubernatis über ausländische Literatur in: Nuova Antologia di Scienze, Lettere ed Arti. Seconda serie, XXVI (1881), S. 150–164, hier S. 154–155.

85 Der klassische Philologe und Gymnasiallehrer Gaetano Oliva (1837–1907), Übersetzer einiger der Werke Platos sowie (zusammen mit Giuseppe Müller) der „Griechischen Geschichte" von Ernst Curtius (1877–1884). Eine Rezension von ihm konnte nicht nachgewiesen werden.

86 Giovanni Andrea Scartazzini (1837–1901) war ein Schweizer reformierter Geistlicher und Danteforscher. In den sechs Bänden des Jahrgangs 1881 der „Rivista Europea. Rivista Internazionale" erschien keine Rezension von ihm.

87 Der Schriftsteller und Journalist Antonio Gallenga (1810–1895). Er hatte seit 1839 lange Zeit in England als Flüchtling gelebt, war allerdings seit 1848 für längere Perioden nach Italien zurückgekehrt. Viele Jahre lang war er Auslandskorrespondent der „Times". Auch er hatte der von Hillebrand herausgegebenen Zeitschrift einen Beitrag geliefert: Abseits der Schienenwege. Reiseeindrücke. – In: Italia 1 (1874), S. 156–178.

88 Der Historiker und Diplomat Alfred von Reumont (1808–1887) hatte viele Jahre in Florenz gelebt. Auch er hatte in Hillebrands Zeitschrift publiziert: Das Collegio del Cambio zu Perugia. – In: Italia 2 (1875), S. 57–74. Wie Hillebrand war er ebenfalls ein bedeutender Kulturvermittler zwischen Deutschland und Italien und ein geachteter Mitarbeiter der Augsburger „Allgemeinen Zeitung". Eine Rezension von Hillebrands Buch durch Reumont erschien darin jedoch nicht.

89 Die anglo-deutsche Schriftstellerin Helen Zimmern (1846–1934), Kulturvermittlerin zwischen England und Deutschland, hatte sich damals durch zwei Monographien über Schopenhauer und Lessing hervorgetan: Schopenhauer. His Life and Philosophy. London 1876; Gotthold Ephraim Lessing. His Life and his Works. London 1878. In den folgenden Jahren wird sie eine bedeutende Rolle in der frühen englischsprachigen Nietzsche-Rezeption spielen. Später ließ sie sich in Florenz nieder, wo sie sich seit den siebziger Jahren oft aufgehalten und Hillebrand und seine Frau kennengelernt hatte. Ihre anonyme Anzeige von Hillebrands Buch erschien in: The Athenaeum Nr. 2804, 23. Juli 1881, S. 112.

Von Blogs und Blumen
23. Internationales Forum
Junge Heine-Forschung

Sabine Brenner-Wilczek

Zum 23. Mal haben das Heinrich-Heine-Institut, die Heinrich-Heine-Gesellschaft und das Institut für Germanistik der Heinrich-Heine-Universität Düsseldorf jungen Forschenden die Möglichkeit geboten, ihre Thesen zum Werk Heinrich Heines einem interessierten und fachkundigen Publikum zu präsentieren. Im Jahr 2020 fand das Internationale Forum Junge Heine-Forschung mit seinem anregenden Austausch und den an jeden Vortrag anschließenden Diskussionen nicht wie sonst üblich in der Bibliothek des Heine-Instituts statt. Pandemiebedingt wurden die Vorträge am 4. Dezember 2020 in digitaler Form über den Zoom-Account der Heinrich-Heine-Gesellschaft gehalten.

Insgesamt stellten vier Forscherinnen und Forscher ihre aktuellen Arbeiten vor: Ildana Gataullina aus Nischni Nowgorod (Russland) beschäftigte sich in ihrem Beitrag vergleichend mit verschiedenen russischen Heine-Übersetzungen. Zu Heines „Almansor" hatte Paul Csillag aus Florenz (Italien) geforscht. Unter dem Titel „Don Gonzalvo oder Ali?" setzte er sich mit Identitätskonflikten in der Heine-Tragödie auseinander. Anhad Arora aus Oxford (England) beschäftigte sich als Musikwissenschaftler mit der orientalischen Blume als Motiv, einerseits in der Lyrik Heinrich Heines und andererseits mit deren musikalischer Umsetzung in den Heine-Vertonungen von Robert Schumann. Lena Bauer aus Düsseldorf hat an einem digitalen Projekt zu Heines Geburtstag mitgewirkt und berichtete in ihrem Vortrag über das Konzept dieser Initiative aus medienwissenschaftlicher Perspektive. Über den besten Vortrag 2020 entschied eine Jury, bestehend aus Sabine Brenner-Wilczek (Direktorin des Heinrich-Heine-Instituts), Volker Dörr (Lehrstuhlinhaber der Germanistik II der Heinrich-Heine-Universität) und Felix Droste (Vorsitzender der Heinrich-Heine-Gesellschaft). Die Jury komplettierte als festes Mitglied erstmalig der Heine-Biograf Christian Liedtke (Archivar

S. Brenner-Wilczek (✉)
Heinrich-Heine-Institut, Düsseldorf, Deutschland
E-Mail: sabine.brennerwilczek@duesseldorf.de

des Heinrich-Heine-Instituts und Redakteur des Heine-Jahrbuchs). Zudem war Kyra Gerber (Amsterdam), die im Jahr 2019 den Preis des Forums Junge Heine-Forschung gewonnen hatte, in der Jury. Es ist gelebte, fruchtbare Praxis, dass die Preisträgerin oder der Preisträger dann Teil der Jury des Forums Junge Heine-Forschung im darauffolgenden Jahr wird.

Eröffnet wurde der Reigen der Vorträge durch Ildana Gataullina. Sie schloss ihr Bachelor-Studium am Lehrstuhl für Germanistik und Translationswissenschaft an der Staatlichen Linguistischen Dobroljubow-Universität Nischni Nowgorod mit Auszeichnung ab. Nach einem Erasmus-Aufenthalt in München führt sie nun ihre Forschung in einem Master-Studium fort. Im Jahr 2020 war sie aktuelle Heine-Stipendiatin an der Heinrich-Heine-Universität. Hierbei handelt es sich um einen durch das Kulturamt der Landeshauptstadt Düsseldorf finanzierten und durch das Germanistische Seminar der Heinrich-Heine-Universität und das Heine-Institut fachlich betreuten Forschungsaufenthalt. An der Staatlichen Linguistischen Dobroljubow-Universität Nischni Nowgorod wird verstärkt zu Heine geforscht, in Zukunft soll hier sogar eventuell ein Heine-Zentrum eingerichtet werden. Ildana Gataullina unternahm einen „Vergleich historischer und neuer Übersetzungen von Heine-Werken ins Russische aus der Perspektive der poetischen Gattungen". Sie spannte ihren Überblick von den Übersetzungen aus der Heine-Zeit bis hin zu Übersetzungen aus dem 21. Jahrhundert und wies darauf hin, dass bislang bei den Übersetzungen, zum Beispiel der „Reisebilder" oder des „Doktor Faust. Ein Tanzpoem" nicht ausreichend die gattungsüberschreitende, innovative und erneuernde Dimension der Heine-Texte Berücksichtigung fand.[1] Ildana Gataullina wird ihre Forschungen zu den russischen Heine-Übersetzungen, auch im Bereich der Lyrik, fortsetzen.

Paul Csillag studierte Geschichte und Europäische Ethnologie in Innsbruck, Toulouse und Istanbul. Nach Stationen als studentische Hilfskraft und wissenschaftlicher Mitarbeiter promoviert er derzeit in Florenz. Er referierte über „Don Gonzalvo oder Ali? Identitätskonflikte in Heinrich Heines ,Almansor'". Paul Csillag widmete sich der Fragestellung, wie Heinrich Heine in seinem „Almansor" die drei kulturellen Entitäten literarisch entwickelt und inwieweit er die „Mauren als einen Mittelweg zwischen Europa und dem Orient" darstellt und hierbei die Mauren als „narratives Vorbild" nutzt.

Anhad Arora ist Doktorand der Musikwissenschaft an der Universität Oxford. Er forscht zum Thema Orientalismus im Kunstlied des 19. Jahrhunderts. Nach einem „Bachelor of Music", den er mit Auszeichnung abschloss, beendete er erfolgreich sein Master-Studium. Neben seinem Studium ist Anhad Arora als Cembalist, Continuo-Spieler und Liedbegleiter tätig. Der junge Wissenschaftler überzeugte mit seinem Vortrag „Heines Blumen in Schumanns Myrthen". Ziel seines Vortrags war es, orientalische Blumenmotive in der Literatur Heines und der Musik Robert Schumanns nachzuweisen und vergleichend zu analysieren. Lieder wie „Die Lotosblume" oder „Du bist wie eine Blume" waren Teil der Ausführungen Aroras, die er mit Klangbeispielen am Klavier und mit Gesang eindrucksvoll untermalte. Die Jury erkannte ihm den Preis des Forums Junge Heine-Forschung zu.[2]

Lena Bauer studierte Germanistik an der Heinrich-Heine-Universität Düsseldorf und Sozial- und Kulturwissenschaften an der Hochschule Düsseldorf. Sie schloss ihr Studium erfolgreich mit einem Master of Arts ab. Im Dezember 2019 hat sie für das Hochschulradio Düsseldorf die Heine-Nacht mit einem Blog begleitet. Seit September 2020 arbeitete sie als wissenschaftliche Volontärin im Heinrich-Heine-Institut. „Heine feiert – Ein medienwissenschaftlicher Beitrag zu Heines Geburtstag" beleuchtete praxisorientiert den Internetauftritt www.heine-feiert.de, der Fotos, Radiofeatures und Videos, erarbeitet von Studierenden, beinhaltet. Lena Bauer verband die Einblicke in den Entstehungskontext des Blogs mit Erkenntnissen aus der Umfrage „Heine trifft GenZ", die von Düsseldorf Marketing und Tourismus mit Unterstützung der Heine-Gesellschaft bei über 900 jungen Erwachsenen durchgeführt worden ist, um zu erfahren, was diese Generation mit Heinrich Heine, seinen Werken und seiner Botschaft verknüpft. Wie bereits aus der Auflistung der Vortragenden und deren Themenstellungen ersichtlich wird, war die internationale und interdisziplinäre Ausrichtung des 23. Forums Junge Heine-Forschung besonders deutlich und ist als erfreuliches Zeichen der stets lebendigen Heine-Forschung zu werten.

Anmerkungen

1 Alle Zitate und Verweise stammen jeweils aus den von den Teilnehmenden vorgelegten Thesenpapieren.
2 Vgl. seinen Beitrag im vorliegenden Heine-Jahrbuch, S. 107–125.

Nachruf

Jeffrey L. Sammons
1936–2021

Jocelyne Kolb

Am 15. Februar 2021, fast auf den Tag 135 Jahre nach Heinrich Heine, starb der amerikanische Germanist und Heine-Forscher Jeffrey L. Sammons in Hamden, Connecticut (USA), seinem neuen Zuhause. Er erlag mit 84 Jahren den Folgen der Lungenkrankheit, die ihn in den letzten Jahren geplagt hatte, ohne aber seinen Geist und seine Persönlichkeit zu beeinträchtigen. Ein paar Wochen vor seinem Tod, als er meist auf der Intensivstation im Krankenhaus der Yale University (seit Jahrzehnten seine intellektuelle Heimat) lag, klang seine Stimme am Telefon trotz der Atemnot so lebhaft und klar wie in den fünf Jahrzehnten zuvor. Beim Krankenhauspersonal wurde er schnell für seinen Geist, seine Konversation und seine entschiedenen Meinungen bekannt. Über die Eintönigkeit der Fernsehnachrichten beklagte er sich auf scharfsinnig humorvolle Weise, wie eh und je, aber den Sturm auf das Kapitol in Washington am 6. Januar nannte er das Erschreckendste, was er jemals erlebt habe. Bis zuletzt ließ seine Lektüreleidenschaft nicht nach, und er verschlang die Bücher, Zeitungen und Zeitschriften, die seine Frau Christa regelmäßig für ihn am Eingang des Krankenhauses hinterließ (Besuche waren wegen des Corona-Virus verboten). Sein Wunsch, in der neuen Wohnung vom Whitney-Center in Hamden zu sterben, ging in Erfüllung; der Wunsch, in seiner dort gerade eingerichteten Bibliothek zu arbeiten, leider nicht.

Jeffrey Leonard Sammons wurde am 9. November 1936 in Cleveland, Ohio geboren. Sein ganzes Studium absolvierte er an der Yale University in New Haven, Connecticut. Eine Ausnahme war das Jahr 1956/57 – sein „junior year abroad" – an der Universität Heidelberg, das ihn intellektuell und kulturell prägte. Der B. A. wurde ihm 1958 verliehen, der Ph. D. 1962 für seine Dissertation über „Die Nachtwachen von Bonaventura". Es folgten sechzehn Bücher, mehrere Editionen und Übersetzungen, eine immens große Zahl an Aufsätzen zu immens

---

J. Kolb (✉)
Hanover, NH, USA
E-Mail: jkolb@smith.edu

© Springer-Verlag GmbH Deutschland, ein Teil von Springer Nature 2021
S. Brenner-Wilczek, *Heine-Jahrbuch 2021*, Heine-Jahrbuch,
https://doi.org/10.1007/978-3-662-64170-5_12

unterschiedlichen Themen, hunderte von Rezensionen und darüber hinaus eine lebenslange Hingabe an die Forschung, die Lehre und die Zunft (in den USA „the profession" genannt). Von 1961 bis 1964 lehrte er an der Brown University in Providence, Rhode Island. 1964 wurde er als *assistant professor* nach Yale berufen; 1969, wieder sehr rasch, wurde er zum *full professor* befördert, und 1979 bekam er den Titel *Leavenworth Professor of German Literature.*

In Heine-Kreisen etablierte sich der Ruf von Jeffrey Sammons 1969 mit dem Buch „Heinrich Heine: The Elusive Poet". Diesen Ruf behielt er für den Rest seines Lebens, weit über die Grenzen der USA hinaus. Dass er sich zu Heine hingezogen fühlte, überrascht nicht, war er doch wie Heine ein Mensch von Witz und Widersprüchen, bei dem der Witz und die Geistesblitze den Sieg davontrugen. Auch Jeffrey Sammons besaß eine Mischung aus Bescheidenheit und Selbstbewusstsein, Ironie und Melancholie, Sensibilität und gelegentlicher Schroffheit. Für seine Meisterschaft im Umgang mit der englischen Sprache war Jeffrey Sammons ebenso bekannt wie für die Genauigkeit und Breite seiner Kenntnisse. Auch für seine Meinungsfreudigkeit war er berühmt. Deren Originalität bestand zum Teil darin, dass die Meinungen auf Belesenheit und Faktenwissen beruhten und er diese messerscharf, klar und elegant zum Ausdruck brachte.

Auf „The Elusive Poet" folgten eine Edition von Heine-Texten für den Unterricht, „Heine: Selections" (Prentice Hall, 1970), eine Heine-Biographie, „Heinrich Heine: A Modern Biography" (Princeton University Press, 1979), eine Heine-Bibliographie, „A Critical Bibliography of Secondary Literature on Heinrich Heine", 1956–1980 (Garland, 1982), eine Neufassung des Heine-Bandes in der illustren Metzler-Reihe (1991), ein Band mit Heine-Essays, „Heinrich Heine: Alternative Perspectives 1985–2005" (Königshausen & Neumann, 2006) und die erste englische Übersetzung von „Ludwig Börne. Eine Denkschrift" (Camden House, 2006).

„The Elusive Poet" kann man heute noch mit Gewinn lesen. Das Wissen, der Stil und die Ideen bleiben bewundernswert frisch. Auf über 500 Seiten behandelt Sammons das Werk von Heine aus einer betont literarischen Perspektive, die mit dem New Criticism – „so-called" und „no longer new" (S. 22) – verwandt, aber nicht identisch ist. Die Präzision seiner werkimmanenten Analyse verbindet Sammons mit der *sine qua non* für die Heine-Forschung: einer Kenntnis des historischen, politischen und sozialen Umfelds. Im Mittelpunkt seiner Studie steht der Versuch, die kunstvolle, komplexe, schwer zu bestimmende – also „elusive" – Konstruktion des Lyrischen Ichs zu verstehen. Weil dieses „Ich" nicht nur ein lyrisches ist und in Heines Prosa ähnlich schwer oder vielleicht sogar noch schwerer zu bestimmen ist, bemüht Sammons den Begriff der „poetic persona". Die Sekundärliteratur zu Heine beherrscht Sammons so gut wie das Werk, und er macht deren Tendenzen zum Thema eines Anhangs von zwei Essays. Einen von ihnen widmet er der kommunistischen, den anderen der jüdischen Lektüre von Heine, exemplarisch durch Hans Kaufmann für die kommunistische und Max Brod für die jüdische Sichtweise. Es mag evident erscheinen, sich zur Zeit des Kalten Krieges mit der kommunistischen Literaturwissenschaft zu befassen; sich 1969 auf die jüdische zu konzentrieren, grenzt ans Prophetische. Der Anhang entstand nur deshalb, weil für Sammons die Yale University Press zu langsam mit dem Druck vorankam, also schrieb er sich die Frustration vom Leibe und demonstrierte gleichzeitig seine Fähigkeit, Mengen an Material zu absorbieren, klar zu präsentieren und in originelle Ideen umzuwandeln. Auch macht er sich in den Essays seine Außenseiterperspektive zunutze, denn die Themen waren für einen amerikanischen Gelehrten weniger belastet als für einen deutschen. Der Blickwinkel des Außenstehenden wird für Sammons zu einer Art Markenzeichen, worauf er z. B. in der Einführung zu dem Essay-Band „Heinrich Heine: Alternative Perspectives 1985–2005" zu sprechen kommt.

In seiner Heine-Biographie schreibt Sammons für ein breiteres Publikum, aber nach wie vor als Literaturwissenschaftler. Die Biographie nennt er in einem späten Essay zu seinem akademischen Werdegang sein „vielleicht wichtigstes Buch" („perhaps my most important book") und war deshalb enttäuscht über die Mischung aus Gleichgültigkeit, Skepsis und sogar Ablehnung, mit der das Buch aufgenommen wurde. Ob die kühle Reaktion mit der Gattung der Biographie zusammenhängt, wo ästhetische Fragen – anders als in „The Elusive Poet" – eine untergeordnete Rolle spielen? In „The Elusive Poet" dominiert seine Bewunderung für Heines Werk, in der Biographie spürt man hingegen eine gelegentliche Ungeduld über die „elusive" Eigenschaften des Menschen, ohne dass Sammons die rettende Funktion der literarischen Interpretation heranziehen kann oder will. Die Biographie mag in der Einschätzung ihres Autors sein wichtigstes Buch sein, aber als Leser vermisst man den gut erkennbaren Sammons-Sound. Wohl im Interesse der Wissenschaftlichkeit zügelt Sammons seinen ironischen Ton, seine polemische Ader und die geistreichen Formulierungen – genau die Stilmittel, die seine Affinität zu Heine bezeugen.

Fragen dieser Art stellen sich für den Rezensenten Sammons nicht, eine Rolle, die er brillant und offenbar gern ausgeübt hat. Seine Besprechungen sind wie Miniaturessays, die im Hauptteil große Fragen aufwerfen und erst ganz am Ende, um nicht von solchen Fragen abzulenken, auf Druckfehler und sonstige Mängel eingehen. Wald und Bäume wollte er nämlich gleichzeitig sichtbar werden lassen. Spezifisch zu Heine machte er sich als Rezensent verdient, indem er Jahr für Jahr von 1969–1999 die Sekundärliteratur zu Heine für den Anhang „The Romantic Movement: A Selective and Critical Bibliography" in der Zeitschrift „English Language Notes" gesammelt und kurz besprochen hat (gelegentlich sammelte und kommentierte er auch die Sekundärliteratur zu Bonaventura, Varnhagen und Klingemann für diese Publikation). In seinen Miniaturbesprechungen fällt Sammons treffsichere und fundierte Urteile und bringt sie präzise zum Ausdruck. 1982 hat er seine Einträge und Kommentare zu der Heine-Sekundärliteratur gebündelt, erweitert und als Buch veröffentlicht. In dem etwas zu nüchternen Titel „Critical Bibliography of Secondary Literature on Heinrich Heine, 1956–1980" erkennt man die Vorliebe von Sammons für Understatement; im Buch selber findet man eine kondensierte und faszinierende Rezeptionsgeschichte von Heine in der Nachkriegszeit.

Um 1990 herum wurde Sammons gebeten, eine Neuauflage des Heine-Bandes in der distinguierten Metzler-Reihe zu unternehmen, eine Ehre, die beweist – wie auch die Präsenz dieses Nachrufs im „Heine-Jahrbuch" –, dass seine Forschung, ganz besonders seine Heine-Forschung, in Deutschland geschätzt wurde. Sammons selber war davon nicht ganz überzeugt, das liegt aber eher an seiner gewohnten Skepsis, auch sich selber gegenüber, als dass es den Tatsachen entspricht.

In Deutschland beunruhigte Sammons der Eindruck, dass Heine zu einseitig, glatt und eng gelesen werde und dass seine Identität und sein Ruf als Dichter dadurch gefährdet seien. In der deutschen Forschung sei es immer mehr üblich, meinte er, Heine unkritisch Recht zu geben. „He was always right: his critics and enemies had no rights at all", heißt es in der Einführung zu seinem Band von Heine-Essays (S. 12). In Amerika sah er die Gefahren für Heine anders. Dort ging es ihm darum, Heine nicht in Vergessenheit geraten zu lassen. Daher der von ihm edierte Band mit Heine-Texten für den Unterricht, seine Heine-Biographie und zuletzt seine Übersetzung von „Ludwig Börne" mit einer ausführlichen Einführung und erklärenden Fußnoten auf fast jeder Seite. Das waren Dienste an Heine sowie auch Beispiele für seine nie nachlassende Beschäftigung mit dem Kulturtransfer zwischen Deutschland und Amerika, nicht nur in Sachen Heine. Denn obwohl die Heine-Forschung Jeffrey Sammons sein Leben lang begleitet hat, war Heine längst nicht sein einziges Forschungsgebiet. Nur in fünf von seinen sechzehn Büchern steht Heine im Mittelpunkt.

1965 veröffentlichte er seine Dissertation über Bonaventura, 1967 eine Monographie über Angelus Silesius, 1977 das Buch „Literary Sociology and Practical Criticism: An Inquiry". Danach beschäftigte er sich vor allem mit der deutschen Literatur des 19. Jahrhunderts, besonders mit dem Roman. Wissen wollte er, wie er immer sagte, „what people actually read", auch außerhalb der Universität und intellektueller Kreise. Er veröffentlichte ein Buch mit Essays über den Roman der Jungdeutschen, drei Bücher über das Werk und die Rezeption von Wilhelm Raabe, ein Buch über Spielhagen und ein Buch über Sealsfield, Gerstäcker, Karl May „and Other German Novelists of America". Die literarischen Beziehungen und der Kulturtransfer zwischen Deutschland und Amerika wurden zum Thema seines vorletzten Buchs, „Kuno Francke's Edition of *The German Classics* (1913–15)". Darin befasst er sich mit einer groß angelegten Ausgabe von deutscher Literatur des 19. und 20. Jahrhunderts in englischer Übersetzung, zwanzig Bände im Ganzen. Es ist eine literaturhistorische Studie komplexester Art, in der sich Sammons nicht nur damit auseinandersetzt, was Leute generell gelesen haben, sondern auch mit der Wirkung der Weltgeschichte – insbesondere des Ersten Weltkriegs – auf die Lesegewohnheiten der Amerikaner und die intellektuellen und sonstigen Beziehungen zwischen Deutschland und Amerika. Sein letztes Buch war eine Monographie über Alfred Meißner in der „Meteore"-Serie des Wehrhahn-Verlags (2014), in dem er zwei seiner Forschungsinteressen verbindet: Heinrich Heine und das, „was die Leute eigentlich gelesen haben". Zu dessen Lebzeiten wurde nämlich Meißner viel gelesen, heute kennt man ihn aber hauptsächlich wegen seiner Erinnerungen an die letzten Jahre Heines.

Zu verstehen und selber verständlich zu sein, waren für Jeffrey Sammons unermüdlich angestrebte Ziele. Verstehen und verstanden werden waren Ausdruck seines Forscherethos, vielleicht auch seiner Liebe zur Demokratie und seiner Menschlichkeit, denn so differenziert er sich mit diffizilen Fragen beschäftigte, elitär war er nicht. Davon zeugt sein Interesse für den Roman und für „what people actually read". Seinem Selbstverständnis nach war er ein Pragmatiker und kein Theoretiker, aber wenn das stimmt, dann war es ein Pragmatismus der ideenreichsten und erhabensten Sorte.

Die vielen Rezensionen von Jeffrey Sammons sind ein Beispiel unter vielen für das, was man in den USA „service to the profession" nennt. Man denke auch an seine Übersetzungen nicht nur von Heine, sondern auch von Goethe und Schiller und der Monographie von Peter Demetz, „Marx, Engels und die Dichter". Oder an seine in jeder Hinsicht kritische Edition der verrufenen „Protokolle der Weisen von Zion" (bei Wallstein), die er mit dem Untertitel „Die Grundlage des modernen Antisemitismus – eine Fälschung" versehen hat. Fünfundzwanzig Jahre lang, sage und schreibe, betätigte er sich als „secretary-treasurer" der North American Heine Society, immer mit Umsicht und Witz und einem treffenden Heine-Zitat als Einstieg in den Brief, den er jedes Jahr mit der Bitte um die Jahresgebühr an die Mitgliedschaft herausschickte. Das Banale wurde unter seiner Feder zugleich spielerisch und effektiv.

Lehre fand bei Jeffrey Sammons auch außerhalb des Hörsaals statt, in seinen Gesprächen und in den Briefen, die pünktlich ankamen und voller Substanz waren. Nicht nur die eigenen Doktoranden, sondern auch junge Forscher generell unterstützte Sammons gern und war bei allen für die Großzügigkeit und Genauigkeit bekannt, mit denen er ihre Arbeiten las und kommentierte, wie auch für den Zeitaufwand und die Schnelligkeit, mit denen er Empfehlungsbriefe für sie schrieb.

Die Studenten, Kollegen und Freunde von Jeffrey Sammons – manche alle drei in einer Person – trauern um ihn. Es ist für sie ein Trost, dass seine Schriften weiterleben und seine geliebte Frau Christa auch, die Gefährtin von 53 Jahren, mit der er seine intellektuellen Interessen teilte, hatte sie doch wie er den Ph. D. in Germanistik an der Yale University erworben. Sie war jahrelang als angesehene Bibliothekarin und Kuratorin an der legendären Beinecke Library der Yale University tätig, und Jeffrey Sammons wusste immer genau, woran sie dort arbeitete, so wie sie seine Schriften kommentierte und, wie er bei anderen, mit einem Adlerauge für Druckfehler und einem unbeirrbaren Stilgefühl las. Er hinterlässt auch seine Tochter Rebecca, die Söhne Charles, Harold und Benjamin sowie die Enkelkinder Isaac („Misha"), David, Lydia („Lio") und Clara.

Hanover, New Hampshire am 10. August 2021

Buchbesprechungen

Hannah Berner: *Inszenierte Volkstümlichkeit in Balladen von 1800 bis 1850.* **Heidelberg: Universitätsverlag Winter 2020 (Beiträge zur Literaturtheorie und Wissenspoetik, Bd. 18). 416 S. € 68**

„Balladen inszenieren ‚Volkstümlichkeit.'" (S. 1) Das ist der erste Satz und zugleich die Ausgangsthese der Dissertation, die Hannah Berner an der Universität Genf vorgelegt hat. Mit Bedacht setzt die Verfasserin den Begriff stets in Anführungszeichen, da die dahinterliegenden Vorstellungen eines besonderen Wesens oder Charakters eines Volkes (auch das ein problematischer Begriff) auch in historischer Perspektivierung nicht unkritisch verwendet werden können. Es geht ihr, wie sie in der ersten Fußnote ihrer Arbeit darstellt, um „Volkstümlichkeit als Projektion" und als „poetische Fiktion" (ebd.). Der Problematik der Politisierung und Ideologisierung des Begriffs weicht die Verfasserin allerdings zugleich dadurch aus, dass sie Volkstümlichkeit im Kontext ihrer Untersuchung weit von Vorstellungen eines ‚Nationalcharakters', wie ihn die Stereotypenforschung dekonstruiert, wegrückt, sondern ihn „im Kontext fingierter Ursprünglichkeit" und „als Ausdruck einer Sehnsucht nach einem goldenen Zeitalter" (ebd.) versteht, deren Ausgangspunkt sie in Miltons „Paradise Lost" sieht. Sammlungen wie Herders „Volkslieder", „Des Knaben Wunderhorn" oder die „Kinder- und Hausmärchen" der Brüder Grimm spielen dann bereits mit der „Fiktion der Ursprünglichkeit" (S. 2). Den Fokus ihrer Studie legt sie aber auf Balladen aus der ersten Hälfte des 19. Jahrhunderts, da Balladen in ihrem Verständnis aufgrund der gattungsspezifischen „Disposition für eine – sprachlich-musikalisch – Aufführungssituation" (S. 8) in besonderem Maße ein Geschehen oder eine Handlung inszenieren und an ihnen das „Paradox der kunstvollen ‚Gemachtheit' [ein Begriff, den die Verfasserin aus dem Bereich der Volksliedforschung übernimmt] des ‚Volkstümlichen'" (S. 17) daher besonders deutlich wird.

R. Steegers (✉)
Bonner Zentrum für Lehrerbildung, Rheinische Friedrich-Wilhelms-Universität Bonn, Bonn, Deutschland
E-Mail: steegers@uni-bonn.de

Einer historischen Rekonstruktion des Begriffs „Volkstümlichkeit" im von ihr betrachteten Zeitraum widmet die Verfasserin das erste große Kapitel ihrer Abhandlung, das zunächst den politischen, sozialen, mythischen Vorstellungen des Begriffs „Volk" nachspürt und sich dann der „Volkstümlichkeit" als poetischer Kategorie zuwendet. Hier setzt sie bei Macphersons „Ossian" an, um sich dann Herder, Bürger, August Wilhelm Schlegel und den Brüdern Grimm zuzuwenden. Im Kontext einer Besprechung im „Heine-Jahrbuch" besonders interessant ist das Teilkapitel 2.3.4, „Das ‚Volk' als Gegenstand der Dichtung: Heine und Droste-Hülshoff" (vgl. S. 87–94). Berner liest Heines Aussage „[I]ch bin kein Gelehrter, ich selber bin Volk." (DHA VIII, 13) aus der Schrift „Zur Geschichte der Religion und Philosophie in Deutschland" als auf die von ihm intendierte Rezeption seiner Dichtung bezogen: „Demnach sollen Heines Texte gleichsam als vom ‚Volk' gedichtet erscheinen." (S. 88) Gleichzeitig arbeitet sie an Passagen aus der „Romantischen Schule" und den „Elementargeistern" eine „kritische Distanz" (ebd.) zur Konzepten einer ‚volkstümlichen' Dichtung heraus, die sie im Analyse-Teil ihrer Dissertation an der Ballade „Ritter Olaf" detailliert nachweisen will. Zuvor entwickelt die Verfasserin aber in einem zweiten Hauptkapitel, bezogen auf Balladen, „Poetische Strukturen inszenierter Volkstümlichkeit", als deren Indikatoren sie die „Sangbarkeit" (S. 127) und die „Grenzüberschreitung" (S. 201) als wesentliche poetische Strukturmerkmale hervorhebt, jeweils gut belegt durch zahlreiche Textbeispiele aus Balladen des von ihr untersuchten Zeitraums. Unter der Sangbarkeit werden Aspekte von „Mündlichkeit, Musikalität und Fasslichkeit" (S. 201) verstanden, mit dem Merkmal der Grenzüberschreitung greift Berner letztlich auf die Raumsemantik Juri M. Lotmans, die in der Literaturwissenschaft gerade auch für Balladen fruchtbar gemacht wurde, sowie auf Foucaults Kategorie der Heterotopie zurück (vgl. 201 f.). Ob die Grenze, ihre Überschreitung und das System von Öffnungen und Schließungen, Inklusion und Exklusion tatsächlich in besonderem Maße für Balladen bedeutsam sind oder nicht generell Organisations- oder Rezeptionskategorien erzählender Texte sind, wäre dabei noch einmal gründlich zu bedenken, aber auch hier gelingt es Berner, an zahlreichen Balladen Grenzüberschreitungen in topographischer, aber auch in semantischer und gattungspoetischer Hinsicht nachzuweisen. Die Probe aufs Exempel liefern dann, im letzten und umfangreichsten Kapitel, zehn Einzelanalysen von Balladen, die zeitlich von Eichendorffs „Die Hochzeitsnacht" und Uhlands „Des Sängers Fluch" (beide 1815) bis zu Droste-Hülshoffs „Der Loup Garou" (1845) reichen und neben den genannten Texte weitere von Wilhelm Müller und Chamisso, Gustav Schwab und Friedrich Hebbel, Freiligrath und Heine umfassen. Die Auswahl erscheint etwas willkürlich und wird auch nicht begründet, vor allem überrascht es ein wenig, dass Ferdinand Freiligrath gleich mit zwei Texten, „Prinz Eugen, der edle Ritter" und „Vom Harze", vertreten ist. Eine der Analysen widmet sich Heines Ballade „Ritter Olaf" aus dem „Romanzen"-Zyklus der „Neuen Gedichte" und soll hier exemplarisch genauer betrachtet werden.

Heines Ballade wird von Berner gelesen als „ein weiteres Beispiel dafür, wie die Inszenierung des ‚Volkstümlichen' zu dessen Destabilisierung beitragen kann" (S. 331), worunter sie ein „inszeniertes Rütteln an den Fundamenten des vermeintlich Volkstümlichen" (S. 315) versteht. Sie vollzieht ihre Analyse vor der Folie von Herders Ballade „Erlkönigs Tochter" und dessen dänischer Vorlage, die Heine in den „Elementargeistern" als Beispiel für das Wirken der „Elfen" und „Luftgeister" (DHA IX, 16) nacherzählt – und dabei über die „Volkssagen" bemerkt, dass es ihnen eigentümlich sei, „daß ihre furchtbarsten Katastrophen gewöhnlich bey Hochzeitsfesten ausbrechen" (DHA IX, 20). In der dänischen Ballade verweigert Herr Oluf der Elfenkönigin den Tanz und die Annahme von Geschenken mit der Entschuldigung, dass am nächsten Tag seine Hochzeit stattfinde. Die Elfenkönigin straft Herrn Oluf für seine Weigerung, geschwächt reitet er heim, und am nächsten Morgen findet seine Braut ihn tot. Heine greift den Namen des Protagonisten sowie die Motive Hochzeit, Tanz und Tod auf, um aber damit eine ganz andere Geschichte zu erzählen, nämlich die von dem Ritter, dessen Liebesverhältnis mit der Königstochter durch die Hochzeit legitimiert wird, der aber nach der Hochzeit den Tod unterm Beil zur Sühne seiner Übertretung sterben soll. Auch hier also ist das Hochzeitsfest der Ort der Katastrophe, doch geht ihr immerhin – und anders als im dänischen Vorgängertext – der Liebesvollzug voraus. Bis hierhin gibt sich Heines Ballade volkstümlich im Sinne Berners, diesen Anschein „destabilisiert sie jedoch sodann, indem sie den Protagonisten als unabhängige Persönlichkeit inszeniert, die Verantwortung für ihr Handeln übernimmt" (S. 331). Berners Analyse der Ballade als eines Textes, der eine emanzipatorische Selbstermächtigung in Liebesdingen erzählt (wenn auch um den Preis, die Überschreitung der Standesschranken mit dem Tod zu bezahlen), ist sehr überzeugend, presst allerdings in einigen Details den Text zu sehr in das Schema ihrer Gesamtargumentation. So ist „Ritter Olaf" sicher keine „Neuinszenierung des ‚volkstümlichen' Stoffes" (S. 345) des dänischen Referenztextes, da hier eher aus der Neugruppierung wesentlicher Motive (Hochzeit, Tanz, Tod) ein ganz neuer Stoff geschaffen wird. Und auch die „Kausalität von Liebe und Tod" (ebd.) des Ursprungstextes wird nicht dadurch aufgehoben, dass Heines Ballade vor der Hinrichtung endet, da der Henker (übrigens in Rot gekleidet wie der Opferpriester des Gottes Vitzliputzli in Heines gleichnamigem Kurzepos) in allen drei Teilen der Ballade so präsent ist und bleibt wie das Schicksal, das den Ritter Olaf für seine Grenzüberschreitung unweigerlich erwartet – auch wenn es nicht auserzählt wird. Dass Heine in den Segensworten des Ritters Olaf, die am Ende der Ballade stehen, sein „sensualistisches Grundpostulat der Emanzipation des Sinnlichen" (S. 346) prominent platziert, ließe sich noch dadurch verstärken, dass der Ritter nicht nur den Holunderbaum als Ort des Liebesvollzugs in seinen Segen der Schöpfung einbezieht, sondern sich im letzten Vers explizit an die geliebte (und ihm nun auch rechtmäßig angetraute) Frau wendet: „Ich segne auch den Hollunderbaum,/ Wo du dich mir ergeben." (DHA II, 84) Selbst zwischen Beil und Richtblock hat das „Du" das letzte Wort und die in Freiheit eingegangene Verbindung zweier Individuen triumphiert über die gesellschaftliche Konvention, selbst wenn diese nach Recht und Gesetz den Tod bringt.

Auch die anderen neun Einzelanalysen vermögen es, den ausgewählten Balladen mit Blick auf die Ausgangsthese der Untersuchung erweiterte Deutungsaspekte abzugewinnen. Nur zustimmen kann man der Verfasserin bei ihrem

Ausblick, dass eine Erweiterung des Textkorpus auf Balladen aus der zweiten Hälfte des 19. Jahrhunderts ebenso reizvoll wäre wie ein Einbezug weiterer Gattungen wie Märchen und Lied oder die Eröffnung einer komparatistischen Perspektive auf Balladen anderer Literaturen – wie sie es mit der Spiegelung von Heines „Ritter Olaf" in der dänischen Ballade von Herrn Oluf bereits exemplarisch durchgeführt hat.

Robert Steegers

Anna Danneck: *„Mutterland der Civilisazion und der Freyheit". Frankreichbilder im Werk Heinrich Heines.* **Würzburg: Königshausen & Neumann 2020 (Epistemata. Würzburger Wissenschaftliche Schriften. Reihe Literaturwissenschaft, Bd. 919). 282 S. € 38**

Frankreichbilder im Werk Heinrich Heines, das ist ein großes Thema, mit dem sich Anna Danneck befasst, groß im Sinne von bedeutend für Schriften wie Selbstverständnis Heines, der bekanntlich in seinem französischen Testament das Wirken für eine „entente cordiale entre l'Allemagne et la France" als Teil seiner Lebensaufgabe ansah (Testament vom 13. November 1851; DHA XV, 210) und dafür Anerkennung von Deutschen wie Franzosen verdient zu haben glaubte. Seine „pacifike Mission", die Völker einander näher zu bringen, hatte Heine bereits im April 1833 in einem Brief erklärt (HSA XXI, 51). Danneck beschränkt ihre Untersuchung auf ein bestimmtes, allerdings umfangreiches Textkorpus, nämlich sämtliche (auch unveröffentlichte) Gedichte, alle Briefe Heines sowie die Versepen „Atta Troll. Ein Sommernachtstraum" und „Deutschland. Ein Wintermärchen". So ergibt sich ein Dreischritt vom „Buch der Lieder" (1827) und früher, 1817 bis 1826 entstandener Lyrik über die „Neuen Gedichte" (1844) sowie die Versepen der mittleren Schaffensphase bis zum „Romanzero" (1851) und den „Gedichten. 1853 und 1854" in der Spätphase nach 1848, bis in die Zeit nach der Februar- bzw. Märzrevolution und der „Matratzengruft". Flankiert wird die Betrachtung der in diesen Texten auffindbaren Frankreichbilder durch die exemplarische Untersuchung ausgewählter Briefe aus diesen drei Phasen, insbesondere an Christian Sethe, Moses Moser, August Varnhagen von Ense, Julius Campe, „Mathilde" Heine und Betty Heine. Die Briefe versteht Danneck als Mischgattung „auf der Grenzlinie zwischen Dokumentarischem und Fiktionalem" (S. 96).

Damit lässt Danneck gerade jene Texte außen vor, die dem deutschen Publikum Frankreich nahebringen sollten (etwa „Französische Maler", „Französische

O. Lämke (✉)
Centrum für Rhetorik, Kommunikation und Theaterpraxis, Germanistisches Institut, Westfälische Wilhelms-Universität Münster, Münster, Deutschland
E-Mail: laemke@uni-muenster.de

Zustände", „Lutezia"), also seine umfangreichen, ebenso hellsichtigen wie hintersinnigen „Berichte über Politik, Kunst und Volksleben", wie der Untertitel der auch in Paris als „Lutèce" bei Erscheinen wegen des deutschen Blicks auf die französischen Verhältnisse Aufsehen erregenden „Lutezia" lautet. Diese Schriften werden nur gelegentlich gestreift. Das ist schade, denn hier liegen differenzierte und raffinierte Frankreichbilder vor, die unter Zensurbedingungen über die „Hauptstadt des XIX. Jahrhunderts" (Walter Benjamin), die „Hauptstadt der Revoluzion" (Heine; DHA XI, 56), Frankreich und die Franzosen sprechen. Aber dies ist nicht die Ausrichtung der Arbeit, Danneck beschreibt folgende Forschungslücke: „Es gibt bisher keine größere systematische Untersuchung zum Aspekt des Frankreichbildes in Heinrich Heines Lyrik, Versepik und den Briefen. Auch im Hinblick auf die Thematik der Stereotype in Heines Werk fehlt bisher eine detaillierte Studie" (S. 15). Es geht ihr also vor allem auch um den Umgang mit Nationalstereotypen, wobei sie dankenswerterweise in Erinnerung ruft, dass Heine bereits 1822 („Über Polen") die gängigen „allgemeinen Charakteristiken" von Nationen als „Quelle aller Uebel" bezeichnet (DHA VI, 62) und in den „Englischen Fragmenten" 1828 feststellt: „Die alten stereotypen Charakteristiken der Völker, wie wir solche in gelehrten Compendien und Bierschenken finden, können uns nichts mehr nutzen und nur zu trostlosen Irrthümern verleiten." (DHA VII, 218) Im Kontrast zu Heines Auffassung von den „thörigten" Nationalvorurteilen („Reise von München nach Genua"; DHA VII, 69) verwendet er selbst sie nun aber fast durchgehend in seinen Schriften, wie Danneck belegt. Die erste These Dannecks lautet dabei, „dass Heines literarische Frankreichbilder […] immer in Bezug zu Heines Deutschlandbildern stehen" (S. 13). Diese These bestätigt sich (vgl. das „Fazit", S. 264), Heine-Leser kennen etwa seine hegelianisch inspirierte Dialektik von Tat und Gedanke, französischer Revolution und deutscher Philosophie. Die zweite These bestätigt sich am Ende ebenfalls. Sie besagt, „dass Heine die Stereotype in seinem Werk mit Absicht einsetzt und sich ihrer Wirkung voll bewusst ist", sie ironisierend aufgreift und mit ihnen spielt (S. 13, vgl. dazu das „Fazit", S. 265). Heine hat den Nationalismus als Mittel denunziert, die Völker gegeneinander aufzuhetzen und von ihren Unterdrückern abzulenken. Infolgedessen bedient er sich stereotyper Vorstellungen nicht ernsthaft, eher witzig, ironisch, folkloristisch. Es sei denn, es geht darum, unter Zensurbedingungen den Teufel (z. B. den das französische Volk beherrschenden Geist Napoleons oder den „Communismus" der Pariser Arbeiter) drohend an die Wand zu malen, um vor einer Revolution oder einem deutsch-französischen Krieg in deren Folge zu warnen.

Das Theoriedesign der Arbeit kombiniert die komparatistische Imagologie und die literarische Stereotypenforschung mit der Kulturtransferforschung, wie Michael Werner und Michel Espagne sie am Beispiel Frankreichs und Deutschlands vorangetrieben haben. Danneck kritisiert die komparatistische Imagologie dabei durchaus für ihre „methodische und terminologische Unschärfe" sowie wegen der Vernachlässigung poetologischer Aspekte (S. 27). Daher führt sie das „literarische Bild" nach Aglaia Blioumi (2002) ins Feld (vgl. S. 28), um so die ästhetische Dimension der Texte und deren historischen, kulturellen und politischen Kontexte zu berücksichtigen, ebenso rhetorische Stilmittel, Ironie, Spott usw.

Danneck geht davon aus, dass es kein homogenes Frankreichbild in Heines Werk gibt (vgl. S. 29) und fragt, ob und wie es sich wandelt (vgl. S. 36). Sie möchte zeigen, wie Heine sich der Zuschreibungen eines französischen Nationalcharakters bedient, sie seien in der Regel als ironischer oder sarkastischer Bestandteil seiner Schreibstrategie zu betrachten. Die Forschungslage zu diesen Fragen wird immer wieder benannt (z. B. S. 16–19, S. 67–69). Auf ähnliche Positionen wie die Dannecks (etwa bei Jost Schneider, Christoph auf der Horst, Jan Scheithauer) oder auch teilweise gegenläufige Forschungsbeiträge (etwa von Renate Stauf oder Ruth Florack) wird hingewiesen, aber sie werden nicht – und gerade dort nicht, wo anders lautende Auffassungen vorgetragen werden – in die Argumentation eingearbeitet. Es fehlt also am Versuch, hier in die Auseinandersetzung zu gehen. Damit wären wir bei der Crux dieses Ansatzes, angewendet auf ein so umfangreiches Textkorpus. Allein schon aufgrund des Umfanges, den die Heine-Forschung in den letzten Jahrzehnten angenommen hat, wird vieles zwangsläufig nur angerissen, anderes recht gut eingeordnet, manches leider auch nicht bis in eine Tiefe durchdrungen, die instruktiv wäre. Und letztlich sind es zwangsläufig dann doch nur wenige Gedichte, Motive und Briefe, denen Danneck sich ausgiebiger widmen kann. Hier, im Detail, bemüht sie sich immer wieder um eine rechtschaffene Einordnung ihrer Erkenntnisse in die weitläufige, teils zerklüftete und auch noch von etlichen Gräben durchzogene Landschaft der Heine-Philologie, und zwar so, als gäbe es keine Klüfte und Gräben. Lieber hält sie sich an Fragen und Vermutungen, um sich nicht in die Auseinandersetzung hineinziehen zu lassen. Die didaktische Reduktion auf zentrale Beispiele ist unabdingbar, es bedarf der Genauigkeit im Detail, um, mit Peter Szondi gesprochen, philologische Beweiskraft in der Argumentation zu erlangen, in dem Sinne geht Danneck richtig vor. Die Parallelstellen-Methode muss allerdings bei jedem Zitat nachweisen, dass es sich tatsächlich um eine Parallelstelle handelt. Und so werden viele Passagen in der Studie nicht hinreichend genau in ihrem Kontext verortet, sondern dann doch wieder der Gesamtschau unter- und zugleich im freundlichen Kompromiss der möglichen Lesarten in die Forschungslage eingeordnet. Das Problem bei der Beschäftigung mit Stereotypen ist, dass sie nach Stereotypen sucht und diese zwangsläufig auch findet. Als abschließendes Beispiel sei die ausführliche Analyse des zuerst 1822 publizierten Gedichts „Die Grenadiere" aus dem „Buch der Lieder" genannt (vgl. S. 80–89): „Der Kaiser könnte auch für einen übergreifenden Gedanken stehen, denkbar für die Idee der Revolution und der Menschenrechte, für die es sich lohnt zu kämpfen und die sich nicht auf das private Glück beschränkt, wie es der zweite Grenadier verkörpert." Könnte? Das ist ganz sicher der Fall. Napoleon, der „Weltgeist zu Pferde" (Hegel) ist in Heines Werk *die* Chiffre für die Französische Revolution, die Heine nicht als beendet ansieht, sondern immer wieder als aufziehende soziale Revolution, gar „Weltrevolution" prophezeit. Weiter heißt es:

> Typische Nationalstereotype für Frankreich wie Oberflächlichkeit, Rationalismus oder Frivolität zeigen sich in diesem Gedicht nicht. [...] Wie gezeigt werden konnte, werden hier die Nationalstereotype, die Frankreich zugeschrieben werden, wie etwa der Rationalismus, ins Gegenteil verkehrt. Die Grenadiere zeigen deutliche Gefühle, wenn es um den gefangenen Kaiser geht, und zeichnen sich durch emotionale Kraft aus – Eigenschaften, die eher den Deutschen zugewiesen wurden. Hier deutet sich schon Heines differenzierter Umgang mit Stereotypen an. (S. 89)

So misst man die im Gedicht aufgebaute Spannung zwischen dem auf dem Lebensrecht bestehenden einzelnen Menschen und der Geschichte, dem des über den Tod hinaus Napoleon verbundenen Kämpfers, nicht aus, die Heine in dem Gedicht vorführt, noch bevor er Hegels Vorlesungen über die Philosophie der Geschichte in Berlin hört.

So gibt der Leser Danneck in dem Recht, was sie über Heines Gebrauch der Stereotype schreibt, wünschte sich aber mehr Tiefenschärfe bei der Textauslegung und mehr Bereitschaft dazu, sich dabei an anderen Auslegungen zu reiben.

Ortwin Lämke

Norbert Otto Eke (Hrsg.; im Auftrag des Forums Vormärz Forschung): *Vormärz-Handbuch*. **Bielefeld: Aisthesis 2020. 1054 S. € 128**

Seit nunmehr mehr als einem Vierteljahrhundert widmet sich das Forum Vormärz Forschung der wissenschaftlichen Auseinandersetzung mit der Epoche zwischen dem Ende der napoleonischen Ära und den Revolutionen der Jahre 1848/1849 und verfolgt dabei, ausgehend von der Literatur, einen breiten interdisziplinären Ansatz, wie er sich etwa in Themen und Konzeption von Tagungen und des Jahrbuchs Forum Vormärz Forschung widerspiegelt. Das im Auftrag des Forums Vormärz Forschung von Norbert Otto Eke herausgegebene Vormärz-Handbuch kann durchaus als eine vorläufige Summe dieser Aktivitäten und als ein Geschenk betrachtet werden, das das Forum Vormärz Forschung sich selbst und der (nicht nur literaturgeschichtlichen) Forschung zu seinem Jubiläum gemacht hat.

Der Diskussion, wie denn nun genau die Epochenkonstruktion Vormärz zu verstehen sei, was sie ein- oder ausschließt und wie sie zu konkurrierenden Modellen aus Literatur- und Kulturwissenschaften oder der Geschichtswissenschaft steht, vermeidet das einleitende Kapitel des Herausgebers so gut wie möglich und schlägt einen „eher pragmatischen Charakter in der Anknüpfung an die große Selbsterzählung der Zeit als eine des Bruchs mit dem ‚Alten', Vergangenen, und des Neuansetzens auf allen Ebenen (politisch, sozial, technologisch, literarisch, ästhetisch)" (S. 16) vor. Entsprechend soll auch das Handbuch ein Panorama eröffnen, das in der Präsentation „miteinander kommunizierender Artikel den aktuellen Stand der Vormärz-Forschung in kulturwissenschaftlicher Fokussierung zur Diskussion" (ebd.) stellt, indem es „Gesprächsangebote macht und weitere Forschungen anstoßen will." (ebd.) Letzteres ist übrigens geradezu ein Topos, der das Handbuch durchzieht, da nicht zu Unrecht, bei vielen übergreifenden Themen und gerade bei vielen der „kleineren" Autoren, die im fünften Abschnitt des

---

R. Steegers (✉)
Bonner Zentrum für Lehrerbildung, Rheinische Friedrich-Wilhelms-Universität Bonn, Bonn, Deutschland
E-Mail: steegers@uni-bonn.de

Handbuchs vorgestellt werden, Forschungsdesiderate, oftmals angefangen beim Fehlen verlässlicher Editionen, zu verzeichnen sind.

Insgesamt 117 Artikel von fast ebenso vielen Verfasserinnen und Verfassern umfasst das Handbuch, dessen fünf Abteilungen seinen weit über die Literaturwissenschaft hinausgreifenden, aber doch in ihr seinen Fluchtpunkt findenden Ansatz erkennbar werden lassen. Die erste Abteilung, „Historischer Abriss: Das Zeitalter der Revolution(en)" legt in 14 Artikeln auf rund 120 Seiten das geschichtswissenschaftliche Fundament für die Beschäftigung mit der Epoche, von einem Beitrag über „Befreiungskriege und Wiener Kongress" bis zum Paulskirchenparlament, auch ideen-, sozial- und wirtschaftsgeschichtliche Aspekte kommen dabei zu ihrem Recht. Die folgende Abteilung „Übergreifende Fragestellungen" mit 17 Artikeln auf rund 140 Seiten adressiert Themen, die teils im literarischen Feld das Verhältnis des Vormärz zu den unter diesem Aspekt relevanten Epochenkonstrukten in den Blick nehmen (Aufklärung, Klassik, Romantik und Nachmärz – allesamt übrigens auch Gegenstand von in Bänden der Vormärz-Studien dokumentierten Tagungen des Forums), teils den (sozial-) geschichtlichen Kontext weiter konturieren, mit Beiträgen zu Justiz und Militär, Religion und Antisemitismus, zu Burschenschaften und Arbeiterbildungsvereinen, um nur einige der Schlaglichter zu nennen. Die dritte Abteilung „Interdisziplinäre Implikationen" mit 15 Artikeln auf etwa 150 Seiten zielt dann einerseits auf die kulturwissenschaftlichen Nachbardisziplinen mit Beiträgen zur Oper, zur Bildenden Kunst, aber auch zu wesentlichen Strömungen der Philosophie der Zeit, andererseits auf den Kulturaustausch mit Frankreich, England, Italien und Skandinavien. Dass es auch einen Artikel zum Kulturaustausch zwischen Deutschland und der Schweiz gibt, bietet einen Hinweis darauf, dass dem Handbuch ein Verständnis von Vormärz-Literatur zugrunde liegt, das nicht den ganzen deutschen Sprachraum, sondern die deutschsprachige Literatur in den Ländern des Deutschen Bundes zum Gegenstand hat. Das erklärt dann auch, warum die abschließende und umfangreichste Abteilung zu den Vormärz-Autoren keine Artikel etwa zu Heinrich Zschokke und Jeremias Gotthelf enthält. Esther Kilchmann, die Verfasserin des Artikels, begründet diese Entscheidung aus der unterschiedlichen politisch-gesellschaftlichen Entwicklung in der Eidgenossenschaft und auf dem Gebiet des Heiligen Römischen Reiches und seiner Nachfolger, die in der Literaturgeschichte oft zu wenig berücksichtigt werde: „Dies führt mit den an der politischen Situation in Deutschland ausgerichteten Ordnungskategorien gerade in der Epoche des Vormärz für Schweizer Autoren zu Ungenauigkeiten." (S. 401).

Mit der vierten Abteilung (mit 22 Artikeln auf rund 200 Seiten) wird, vor dem zuvor weit aufgespannten Horizont, eine explizit literaturwissenschaftliche Perspektive eingenommen. Gemeinsam mit den anschließenden Artikeln zu einzelnen Autorinnen und Autoren nimmt dies ziemlich genau die Hälfte des Handbuchs ein. In der vierten Abteilung geht es um „Literaturverhältnisse, Literaturkonzepte und literarische Gattungen". Der Bogen wird gespannt von Buchhandel und Verlagswesen über Kritik und Zensur bis hin zu einem Gang durch die Gattungen, der auch den historischen Roman und die Biographie, die Flugschriften und die Mundartliteratur usw. berücksichtigt und damit auch Forschungsfelder ins Licht rückt, deren Gegenstände nicht im Fokus einer am Kanon und den etablierten Gattungen orientierten Literaturwissenschaft gelegen haben. Jeder dieser Beiträge kann als Ausgangspunkt fruchtbarer Reisen in die (digitalen) Bibliotheken genommen werden, die weit jenseits des Höhenkamms den Lesehorizont erweitern dürften. Ihre eigene Frühgeschichte nimmt die Literaturwissenschaft in dem Artikel „Literaturgeschichtsschreibung" von Holger Dainat in den Blick, der den Vormärz als die „formative Phase der deutschen Literaturgeschichtsschreibung" (S. 648) beschreibt, die mit den Arbeiten von Heine und Eichendorff, Rosenkranz und Gervinus oder Robert Prutz und Hermann Hettner „mit dem Anspruch auf Wissenschaftlichkeit und politische Relevanz" (ebd.) auf den Plan tritt. Im Handbuch selbst werden im abschließenden fünften Teil „Autoren – Autorinnen – Gruppen" auf gut 300 Seiten 49 Einzelporträts von bekannten und weniger bekannten Autorinnen und Autoren der Zeit (und mit dem Jungen Deutschland von einer, wenn auch nicht scharf konturierbaren, Gruppe) geliefert. Die Reihe reicht von Willibald Alexis bis Johann Georg August Wirth, neben Literaten im engeren Sinne sind auch Musiker wie Albert Lortzing und Richard Wagner (letzterer nicht nur als Autor seiner Operntexte, sondern auch als Musikkritiker und -theroretiker) berücksichtigt. Kritische Philosophie und (fortschrittliches) politisches Denken sind mit Marx und Engels, Wilhelm Weitling, Arnold Ruge und anderen vertreten (wobei Ludwig Feuerbach interessanterweise einen Doppelartikel für ihn und seinen Bruder Friedrich erhalten hat), das konservative Lage ist hier mit Joseph Görres ungleich spärlicher repräsentiert. Mit Jacob Grimm, Ludwig Uhland, Jacob Venedey und Johann Georg August Wirth sind, um noch einmal die Revolution als Fluchtpunkt des Vormärz ins Auge zu fassen, vier Paulskirchenabgeordnete unter den behandelten Autoren. Immerhin sechs Artikel gelten Autorinnen, von Bettina von Arnim bis Louise Otto Peters. Dass es bei der Auswahl der Autorinnen und Autoren nicht um die Etablierung eines Kanons, sondern allenfalls darum gehen kann, einen „Ansporn und Auftrag für eine erst noch zu schaffende *umfassende* Kartierung" (S. 16) der Vormärz-Literatur zu schaffen, hebt der Herausgeber in seiner Einleitung hervor. Daher ist es gerade beim Autorenteil des Handbuchs auch müßig zu fragen, ob beispielsweise im Artikel zu Nikolaus Lenau die Gewichte zwischen Lyrik und Versepik nicht anders hätten gesetzt werden können oder ob, um noch einmal zwei Abgeordnete der Frankfurter Nationalversammlung zu bemühen, nicht auch zum Beispiel Ernst Moritz Arndt und, über den Beitrag zum Jungen Deutschland hinaus, Heinrich Laube einen eigenen Artikel verdient hätten, ebenso wie vielleicht auch die Wiener Autoren Ignaz Franz Castelli und Moritz Saphir. Möglicherweise könnte die erwünschte umfassende Kartierung der Vormärz-Literatur langfristig in einem digitalen Portal erfolgen, das auf den Artikeln des Vormärz-Handbuchs aufbaut und dieses nach und nach erweitert? Bis dahin gilt: Wer sich im Feld der Vormärz-Forschung orientieren und konzise Auskünfte zur Epoche und ihrer Literatur erhalten möchte (die dann wiederum, nicht zuletzt dank der

Literaturhinweise am Ende jedes Artikels, schnell weit über das Handbuch hinausführen), wird am Vormärz-Handbuch nicht vorbeikommen. Dem Forum Vormärz Forschung, dem Herausgeber und den Beiträgerinnen und Beiträgern gebührt für diese Leistung Anerkennung und Dank.

Robert Steegers

Bernd Kortländer: *Zwischen Münster und Paris. Georg Bernhard Depping 1784–1853. Gelehrter, Schriftsteller, Journalist.* Bielefeld: Aisthesis 2020. 599 S. € 34

In der vorliegenden Monographie befasst sich der verdiente Heine-Forscher und Spezialist für den deutsch-französischen Kulturtransfer Bernd Kortländer mit Georg Bernhard Depping (1784–1853), einem deutschstämmigen *Homme de lettres* im Paris der ersten Hälfte des 19. Jahrhunderts. Depping war der Sohn eines Verwaltungsbeamten aus Münster. Im Jahr 1803 reiste er, gerade neunzehnjährig, als Sekretär eines französischen Adeligen nach Paris, wo er sich fortan seinen Lebensunterhalt als Journalist und Wissenschaftsautor verdiente. Der Band zeichnet das Leben und Schaffen Deppings detailliert und fundiert nach. Deppings autobiographische Schrift „Erinnerungen aus dem Leben eines Deutschen in Paris" von 1832 bietet einen wichtigen Ausgangspunkt, über den die Studie aber anhand zahlreicher anderer Archivquellen weit hinausgeht. Der Autor zitiert zudem wohlinformiert aus der französischen und deutschen Forschungsliteratur zur französischen Gesellschaft in der ersten Hälfte des 19. Jahrhunderts.

Depping ist zunächst als Mittlerfigur zwischen dem deutschen Sprachraum und Frankreich interessant. Dank seiner Sprachkenntnisse übersetzte er für verschiedene französische Zeitschriften und Verlage aus deutschen Quellen sowie aus sieben anderen europäischen Sprachen, wie den skandinavischen Sprachen, dem Niederländischen und dem Spanischen. Außerdem verfasste er für deutsche Zeitschriften, etwa Cottas „Morgenblatt für die gebildeten Stände", Korrespondenzartikel aus Paris. Auch seine Kontakte zu deutschen und dänischen Emigranten in Paris, wie dem deutschen Altertumswissenschaftler Karl Benedikt Hase, dem Dänen Conrad Malte-Brun und dem Salon der Prinzessin Constance von Salm-Dyck, sind aufschlussreich für seine Rolle als Mittlerfigur.

Deppings weitreichende publizistische Tätigkeit umfasste vor allem die Bereiche Geographie und Geschichtswissenschaft, die sich zu Beginn des 19. Jahrhunderts gerade erst als eigene Fachdisziplinen etablierten. Depping war

L. Brückner (✉)
Kehl, Deutschland

Gründungsmitglied der Pariser „Société Géographique", deren internationale Netzwerke er pflegte, und wirkte darüber hinaus in anderen wissenschaftlichen Gesellschaften wie der „Société philotechnique". Von der deutschen Spätaufklärung inspiriert, veröffentlichte er mehrere sehr erfolgreiche Jugendbücher über Geographie. Außerdem übersetzte und verfasste er geographische und historische Schriften über die Schweiz, Griechenland, Spanien, England und Russland, über die Naturschönheiten Frankreichs, über Ägypten, Nordafrika und die Sitten aller Völker der Welt. Mit einer Abhandlung über die Geschichte der Normannen gewann er 1822 sogar einen Wettbewerb der Académie Française.

Gedanklich stand Depping in der Tradition der Aufklärung. So war er an zahlreichen enzyklopädischen Projekten beteiligt, unter anderem an der renommierten „Revue encyclopédique", der „Biographie universelle" und dem „Mémorial encyclopédique et progressif des connaissances humaines". Für seine Schriften über Geographie arbeitete er gewissenhaft ältere Quellen und Reiseberichte auf. Dabei vertrat er als Spätaufklärer sowohl in der Geschichtswissenschaft als auch in der Literatur eher konservative Positionen und äußerte sich unter anderem, wie seine französischen Kollegen, skeptisch über die „Bizarrerie" der deutschen Romantik.

Durch die fundierte Aufarbeitung der Figur Deppings gibt Kortländers Studie interessante Einblicke in das intellektuelle Leben im Paris der Restaurationsepoche und in der frühen Julimonarchie. So werden z. B. Trends des französischen Verlagsgeschehens der 1820er Jahre, wie die große Mode von Reisebeschreibungen, und Aspekte der Wissenschaftsgeschichte wie die Herausbildung der Geographie als eigenständige Disziplin deutlich. Das große Verdienst des Autors liegt darin, das umfangreiche Quellenmaterial zu Depping, seine Veröffentlichungen in deutschen und französischen Zeitschriften, Privatbriefe und anderes Archivmaterial aus zahlreichen europäischen Archiven erstmals erschlossen zu haben. Aus der Fülle des Materials ergibt sich ein großer Detailreichtum. An mancher Stelle hätte man sich vielleicht eine etwas stärker synthetisierende Darstellung und mehr thesenhafte Passagen zur Epoche gewünscht. Andererseits erleichtert die kleinteilige Struktur der Monographie das Nachschlagen zu einzelnen Aspekten. Sehr nützlich ist darüber hinaus der Personenindex zu allen im Text erwähnten Zeitgenossen am Ende des Bandes. So bietet der Band „Zwischen Münster und Paris" anhand der Figur Georg Bernhard Deppings eine wohlrecherchierte Materialfülle an, die für weitere Studien, etwa zum intellektuellen Leben im Paris der Restauration und der Julimonarchie und zu deutschfranzösischen Mittlerfiguren des 19. Jahrhunderts eine wertvolle Grundlage bildet.

Leslie Brückner

Robert Krause: *Muße und Müßiggang im Zeitalter der Arbeit. Zu einer Problemkonstellation der deutschen und französischen Literatur, Kultur und Gesellschaft im ‚langen' 19. Jahrhundert.* Berlin: Metzler 2021 (Schriften zur Weltliteratur, Bd. 11). 414 S. € 84,99

Vorliegende Habilitationsschrift wurde im Sommersemester 2019 von der Philosophischen Fakultät der Albert-Ludwigs-Universität Heidelberg angenommen. In geradezu polyhistorischer Gelehrsamkeit bietet sie dem Leser eine Fülle von Einzelfakten zu dem im Titel benannten Themenkreis. Als maßgebliche Autoren der Moderne erscheinen Adorno, Balzac, Baudelaire, Benjamin, Diderot, Engels, Fourier, Gautier, Hegel, Heine, Lafargue, Marx, Nietzsche, Saint-Simon; die Entwicklung des Palais Royal und der überdachten Einkaufsgalerien in Paris stellt für die Genannten gewissermaßen die Einheit des Ortes zwecks Beobachtungen beim Flanieren sicher.

Krause geht bei der Definition von Muße und Müßiggang zutreffend von der antiken Wertewelt aus, in der das „otium" als Normalzustand, das „negotium" als abgeleitete Anomalie der schwitzenden Eilfertigkeit und die Arbeit geradezu als ehrenrührig erachtet wurde. Das Verdikt Platons über mechanische oder handwerkliche Tätigkeiten, die einem freien Manne Schande brächten und Geist sowie Körper schädigten (S. 20), darf in diesem Zusammenhang durchaus als archetypisch gelten, beleuchtet allerdings nur den negativen Aspekt. Der positive bleibt leider – und zwar im gesamten Buch – unerwähnt: die sieben freien Künste. Sie wurden deshalb so genannt, weil es sich bei ihnen um die einzigen Beschäftigungen handelt, die eines freien Menschen würdig sind. Alles andere galt als Banausentum, und zwar unabhängig vom sozialen Status. Nicht nur die Sklaven hatten bei der Arbeit am Ofen zu schwitzen, sondern auch der Sklavenhalter, wenn er sich denn ohne Not aus der Gemeinschaft der Freien um des schnöden Gewinns willen selbst disqualifizierte.

F. Stückemann (✉)
Soest, Deutschland

Dieses Leitmotiv blieb auch für die von Krause beschriebene Gelehrtenrepublik der Moderne lebendig, obwohl Christentum, Reformation und – wohl am nachhaltigsten – der ungebremste ökonomische Zugriff infolge der industriellen Revolution für die Etablierung und die zunehmende Verschärfung der „Arbeitsmoral" bis hin zur menschenverachtenden Ausbeutung der abhängigen Lohnsklaven gesorgt hatten, damit die „faulen Bäuche" des Kapitals ihrem ebenso parvenü- wie banausenhaften Müßiggang frönen konnten. Der Rekurs auf die Muße als bewusste, selbstbestimmte und autonome Tätigkeit, als Freiraum und Freiheit zur Persönlichkeitsbildung sowie als notwendige Rahmenbedingung des künstlerischen Schaffens ist bei allen Genannten in der Moderne ein Rückgriff auf die antike Wertewelt. Er geht immer mit zersetzender Kritik am Kapitalismus einher, dessen Zugriff auf die Menschen Grundbedingungen von Kunst und Freiheit zerstört.

In polemischer Abgrenzung zum banausenhaften Verblasen von Lebensressourcen in Arbeit *und* Freizeit hätte dieses Schibboleth durchaus ein wenig deutlicher herausgearbeitet werden können, was sicherlich auch zu einer besseren Strukturierung des Buchs wie zu einer klareren Bestimmung der einschlägigen Leitmotive beigetragen hätte: Diderots konspirative, subversive Freude am zersetzenden Treiben von Rameaus Neffen, Heines flanierend-zersetzende Beobachtungsgabe samt seinem Horror vor der Diktatur des Proleten (das Proletariat war ihm stets ein ehrenwerter Stand), Baudelaires Dandytum, Nietzsches Kritik der „Arbeitsmoral" und Benjamins Bündelung all dieser Phänomene. Hiermit geht eine weitere grundsätzliche Kritik des Rezensenten einher: Die „Schriften zur Weltliteratur" – so der mehr als nur prätentiöse Reihentitel – erweisen sich bei der Behandlung der genannten Klassiker der Moderne keineswegs als Qualitätskriterium, sondern vielmehr als exklusives Zensurinstrument eines literaturwissenschaftlich längst etablierten Kanons.

Ein Blick in das durchaus umfangreiche und benutzerfreundliche Personenregister diene als Beleg: Bis auf die o. g. Autoren und einige wenige andere handelt es sich in der Regel um Einzeleinträge; selbst thematisch wichtige und wegweisende Schriftsteller wie etwa Zola oder Huysmans erscheinen nur zwei- bzw. dreimal *en passant,* Mallarmé und Verlaine jeweils einmal, Rimbaud fehlt ebenso wie Jules Laforgue, obwohl gerade dieser wie kein zweiter den Leerlauf und die Öde der Sonntage, den *horror vacui* der Frei-Zeit, die Banalität der Moderne besungen hat und deswegen von T. S. Eliot, Ezra Pound und anderen begierig rezipiert wurde. Auch hätte Laforgues „Berlin, la cour et la ville" (1888) durchaus einen Vergleich mit Heines „Briefen aus Berlin" herausgefordert, bezeichnete ihn doch bereits Verlaine als „une manière de Henri Heine de ce côté du Rhin, très inquiétant, très charmant comme l'autre, mais non sans beaucoup, beaucoup de particularités bien siennes" (Verlaine: Œuvres en prose complètes. Éd. p. J. Borel. Paris 1972, S. 884). Überspitzt gesagt: Die Moderne beginnt und endet für Krause bei Walter Benjamin; man gewinnt auf weite Strecken fast den Eindruck einer kanonisierten Beschränkung auf ein selbstreferentielles Literatursegment.

Der vorliegende Rezensionsrahmen gebietet umgekehrt eine weitgehende Beschränkung auf die Ausführungen Krauses zu Heinrich Heine, zumal diese rund ein Drittel des Buchumfangs ausmachen. Heine reiht sich schon mit seinen wie immer geistreichen Neologismen über „Werkeltagsstimmung", „Werkeltagsgesinnung" und den „Werkeltagshimmel" des Philisters (S. 119) neben seiner sattsam bekannten Kritik an Adel und Besitzbürgern in den o. g. antiken Wertekanon ein. Verstärkt wird dieses durch seine ostentative Verehrung der Göttin der Faulheit und seine scheinbar müßigen Flanerien, die indessen immer auch Brutstätten von Sozialkritik sowie politischem und gesellschaftlichem Engagement sind. Das Werk Heines bis hin zur „Matratzengruft" ist keineswegs „in sich widersprüchlich" (S. 121), sondern gleichbleibend tentativ, paradoxal und provokativ.

Krause erkennt hinter dem Flaneur Heine ein narratives Strukturprinzip, welches in vordergründig harmloser Plauderei die Gegensätze von Armut und Reichtum, luxuriös dargebotenen Waren der Schaufenster und den feilen Reizen der Prostituierten, rastloser Betriebsamkeit bei kulturellem Stillstand oder Rückschritt, Gewinnmaximierung und der damit verbundenen Unmenschlichkeit etc. aufeinanderprallen lässt. Dabei vermittelt Heine zumeist in subkutaner Anspielung system- und herrschaftskritische Gedanken. Die „Briefe aus Berlin" bieten einen noch vergleichsweise harmlosen Probelauf zu seinen späteren Ausführungen über die Zustände in London oder Paris, die keinesfalls hinter zeitgleichen Ausführungen von Georg Weerth oder Friedrich Engels zurückstehen (vgl. S. 143).

Heine betrachtet England als große Tretmühle, wo das Volk Tag und Nacht arbeiten müsse, um die Gläubiger seiner Staatsschuld zu füttern; das Staatsschiff wird zum Dampfschiff mit strikter Trennung zwischen Schwerstarbeitern im Maschinenraum und der Leisure-Class auf dem Vergnügungsdeck, während im noch vorindustriellen Deutschland allenthalben der beschauliche Sabbat gefeiert werde (S. 135). In England und Frankreich hingegen werde die Nacht zum Tage gemacht, Kapitalismus bedinge Schlaflosigkeit (S. 140). Die Schere zwischen Arm und Reich, Luxus und Alltagssorgen klaffe immer weiter auseinander, und letztlich erwiesen sich die Ausgesetzten und Abgehängten „menschlicher und mitleidiger als die kühlen, untadelhaften Staatsbürger der Tugend" (Heine; zit. S. 141). Rez. sieht hier weniger eine Parallele zur „Sozialromantik" bei Hugo, Sue, Baudelaire oder Verlaine (ebd.), als vielmehr einen mitleidlosen Vorgriff auf „The City of Dreadful Night" von James Thomson (B. V.)

„Avancierte Technik kontrastiert mit gesellschaftlichem Rückschritt" (S. 144), dieses Fazit Heines ist nach Krause sowohl im Blick auf die Industrielle Revolution wie auch im Blick auf die politischen Umwälzungen in Frankreich 1789, 1830 und 1848 mitsamt ihren Folgen anwendbar. Hellsichtig registriert Heine in ihnen die Bedingungen für die Moderne. Für ihn hat – durchaus im Einklang mit dem alttestamentlich-weisheitlichen Konzept der ersten zehn Genesis-Kapitel – jedweder Kulturfortschritt zwangsläufig Kollateralschäden im Gefolge. Ein Zurück in die scheinbar idyllischen Verhältnisse Deutschlands gibt es für ihn nicht, zumal diese nicht nur rückständig, sondern auch politisch reaktionär und repressiv sind. Ihm ist es, wie das Unterkapitel 3.3. „Müßige Götter und unnütze

Dichter: Heines Prophezeihungen" zeigt, um die grundsätzliche Frage nach einer freien, menschenwürdigen und kreativen Existenz innerhalb einer modernen Gesellschaft zu tun.

Bei Heines Rehabilitation von Muße und Müßiggang geht es letztendlich um die „Gottesrechte der Menschen" (S. 157), also um ein dezidiert religiöses Motiv: Das Bilderverbot des Dekalogs in Ex. 20,4 ist, wie er weiß, in der Tatsache begründet, dass der Mensch nach Gen. 1,27 zum Bild Gottes erschaffen und eingesetzt wurde. Sowohl der ökonomische Ikonoklasmus des Kapitalismus als auch die egalitäre Bilderstürmerei im Namen des Proletariats setzen systemisch-kollektive Knechtschaft an die Stelle des freien, selbstbestimmten und schöpferischen Menschen. Heines Nähe zum Fourierismus und zum Saint-Simonismus, die Krause völlig zu Recht herausstreicht, bleiben ohne den „Mosche Rabbenu", ohne den emanzipatorischen Geist des hebräischen Gesetzes unvollständig. In der Schöpfungsordnung des Ewigen liegt es begründet, „dass Heine nicht Arbeit und Nützlichkeit als höchstes Lebensglück sieht, sondern Muße und Schönheit" (S. 168).

Sicherlich ist es legitim, die weitere thematische Traditionslinie über Baudelaire und den von ihm beeinflussten Nietzsche auszuziehen, wie es Krause tut. (Ob die Baudelaire-Kenntnis nun über Paul Bourget vermittelt wurde – vgl. S. 292 – oder über Malwida von Meysenbug, sei dahingestellt; Letzteres schlüge aber mit der Verbindung Nietzsches zu Wagner oder J. Burckhardt auch im Blick auf Baudelaire einen engen Bogen zum Vormärz.) Sicher ist Baudelaire wie die mit ihm befreundeten Autoren Nerval und Gautier, die mit Heine in direktem Austausch standen, auch von diesem beeinflusst gewesen. Der Einfluss Heines auf die Dichter des *Parnasse contemporain,* die sich im sanften Müßiggang öffentlich bestallter Druckposten in die Akademie emporschrieben wie etwa Leconte de Lisle, der unter Napoléon III. ins Exil der französischen Nationalbibliothek ging wie Hugo nach Guernsey, oder wie Albert Mérat und Léon Valade, die diesen *romantique défroqué* übersetzten, hätte von Krause zumindest erwähnt werden dürfen. Analoges gilt für Charles Cros und Jules Laforgue, die Heine an Subversion und ironischer Sentimentalität durchaus ebenbürtig sind.

Der Weg Baudelaires in die Moderne, den Krause bei dessen Irritations- und Provokationspraxis auf den Feldern des Satanismus, des Drogen- und Alkoholkonsums und des Dandytums als „äußerst produktive Abweichung (Devianz)" (S. 198) betrachtet, wird leider nicht durch Vergleich mit anderen skandalträchtigen Autoren wie Flaubert, Verlaine, Swinburne, Wilde, Zola oder Huysmans in seinem vorgeblichen Alleinstellungsmerkmal relativiert und ponderabel gemacht. Eine geistesgeschichtliche Einordnung des Satanismus in die Auseinandersetzung um Augustinus und seine Erbsündenlehre (die leitmotivischen Requisiten des Antimodernismus) fehlt ebenso wie ein Hinweis auf den sogenannten Teufelsstreit im 18. Jahrhundert oder auf manichäistische Tendenzen bei Barbey d'Aurevilly, Rops, Huysmans, Sar Péladan und vielen anderen.

Sehr detailreich beschreibt Krause die historischen, medizinischen und soziologischen Bedingungen der *Paradis artificiels* u. a. bei de Quincey, Gautier und Baudelaire. Dagegen bleibt deren konsequente Instrumentalisierung des Rausches zur Schaffung von Kunstwerken weitgehend unberücksichtigt, obwohl beispielsweise Ulrich Horstmann im Essayband „Abdrift" (2000) bei seiner „Besichtigung der Flüssigkeitsspiegel" diverser Suchtkarrieren von „Kunsttrinkern" in der angloamerikanischen Literatur genau darauf hingewiesen hatte: Der ordinäre Säufer will sich zudröhnen und lässt seinen Rausch wirkungslos verpuffen, der Banause kifft sich zu, während der Künstler Traumwelten schafft und den Rausch als Transmissionsriemen der Kreativität nutzt. Es geht also nicht um die subjektive Alternative „Eskapismus oder Erfüllung" (S. 210), sondern wieder einmal um das objektive Kunstwerk.

Nicht nachvollziehbar ist es dem Rez., wie eine Untersuchung über das Dandytum Baudelaires die Untersuchung der programmatischen Studie „Du Dandisme et de George Brummell" (1845) von Barbey d'Aurevilly (1808–1889) ausklammern kann. Gerade dort sind die historischen und soziologischen Bedingungen nachzulesen, die zur Entstehung dieses Phänomens geführt hatten: Nach Ende des Commonwealth kehrten die Cavaliers aus dem französischen Exil zurück und zelebrierten dem ebenso wirtschaftlich erfolgreichen wie militant-antikünstlerischen Puritanertum gegenüber eine aufreizend feinere und geistreiche Lebensart. Die Studie Barbeys, 75 Jahre vor Max Webers „Die protestantische Ethik und der Geist des Kapitalismus" und drei Jahre vor Ende der Julimonarchie erschienen, dürfte nicht nur von Baudelaire durchaus als Gegenposition zum nicht nur damals weit verbreiteten „enrichissez-vous" gelesen und verstanden worden sein. Das Dandytum Baudelaires nur auf gewisse Einlassungen zu den Modeskizzen von Constantin Guys beschränken zu wollen (S. 244 ff.), greift entschieden zu kurz.

Dennoch gelingt es Krause, das Dandytum in Frankreich als aristokratisches Phänomen zu würdigen: Der Adel, durch Ludwig XIV. zur repräsentativen Untätigkeit gezwungen, erweise seine Superiorität auch nach den drei Revolutionen von 1789, 1830 und 1848 durch Willenskraft, Selbstzucht, allseitige Bildung, ästhetische Sensibilität und Muße, welche Arbeit und Geld, die Werte des bürgerlichen Zeitalters, übersteigen. Diese Haltung opponiere gegen die egalitäre Nivellierung, Demokratisierung und Beschleunigung der Lebenswelt allgemein (S. 249 f.). Genau diese Haltung wird von Nietzsche bei entsprechend altphilologischer Unterfütterung übernommen, wie folgendes Zitat zeigt:

> Alle Menschen zerfallen, wie zu allen Zeiten auch jetzt noch, in Sclaven und Freie, denn wer von seinem Tag nicht zwei Drittel für sich hat, ist ein Sclave, er sei im übrigen wer er wolle: Staatsmann, Kaufmann, Beamter, Gelehrter. (S. 260)

Von hier aus bis zur Feststellung Albert Schweitzers in „Kultur und Ethik": „Die Kultur setzt Freie voraus. Nur von diesen kann sie gedacht und verwirklicht werden", ist es nur ein Schritt.

Es gehört zu den Stärken von Krauses Publikation, Heine, Börne, Marx und Engels wie auch Nietzsche konsequent in die französische Literaturtradition des 19. Jahrhunderts eingebunden zu haben. Damit schafft er die Voraussetzungen für ein besseres Verständnis dieser bei uns nach wie vor umstrittenen Autoren und überwindet die nach 1848 einsetzende und durch die Reichsgründung von 1871 noch zusätzlich zementierte reaktionäre geisteswissenschaftliche Kanonbildung in Deutschland. Dass dabei dicke Bretter zu bohren waren, dürfte sich von selbst verstehen. Trotz einiger strukturellen Monita, die aber angesichts des weiten Arbeitsfeldes keineswegs verwunderlich sind, bietet die von Krause vorgelegte Habilitationsschrift dem Leser eine Fülle von hochinteressanten Fakten und sattsam Anregung zum Weiterdenken.

Frank Stückemann

Marie-Ange Maillet, Simone Neuhäuser (Hrsg.):
Fürst Pücklers Orient zwischen Realität und Fiktion. **Berlin: be.bra 2020 (Edition Branitz, Bd. 16). 384 S. € 34**

Der „Fürst" (seit 1822) Hermann Ludwig Heinrich von Pückler-Muskau (1785–1871; also zwölf Jahre vor Heine geboren, überlebte ihn aber um fünfzehn Jahre) lernte Heine zwar erst relativ spät persönlich kennen (April 1854), doch gab es schon früher Briefe (vgl. z. B. HSA XXV, 16 f.) und indirekte Informationen über gemeinsame Kontakte (z. B. über Rahel und Karl August Varnhagen). Den Höhepunkt der Beziehung bildet Heines Zueignungsbrief, mit dem er Pückler-Muskau seine „Lutezia" widmete (datiert auf den 23. 8. 1854; DHA XIII, 15 ff.; HSA XI, 7 ff.). Auch jenseits der persönlichen Kontakte ermöglichen es Vergleiche mit Pücklers Wahrnehmung und Deutung der französischen Erfahrungen, Heines Position besser zu verstehen. Konnte er auch nicht, wie Heine, fast die zweite Hälfte seines Lebens in Paris verbringen, verfügte er doch über reiche Frankreicherfahrungen: von einem ersten Besuch 1808, über die längste Reise des Jahres 1834, bis zum letzten Aufenthalt im Jahre 1862. Es gibt also Gründe genug, eine Neuerscheinung zu Pückler auch im „Heine-Jahrbuch" anzuzeigen.

Die Schriftenreihe „Edition Branitz" der Stiftung des Branitzer Schlosses und Gartens (bei Cottbus), dem Erbgut und Wohnsitz (ab 1845) des Fürsten, pflegt dessen Gedächtnis seit 1995. Bei dem hier vorliegenden, sechzehnten Band der Reihe handelt es sich um ein reich illustriertes und elegant gestaltetes Buch, welches Pücklers Beziehungen zum „Orient" gewidmet ist. Er geht auf eine Tagung zurück, die im November 2018 in Branitz stattgefunden hat und deren Akten nun von Marie-Ange Maillet (Dozentin an der Universität Paris VIII; auch als Heineforscherin und Übersetzerin von Heines „Lutezia" und der „Écrits mythologiques" bekannt) und Simone Neuhäuser (seit 2015 Kustodin der Stiftung Fürst-Pückler-Museum Park und Schloss Branitz) herausgegeben wurden. Der umfangreiche Band umfasst neben dem Vorwort von Stefan Körner (seit 2020 Vorstand der Stiftung) dreizehn Beiträge, die hier nicht alle ausführlich gewürdigt

N. Waszek (✉)
Paris, Frankreich

werden können. Stattdessen soll der thematische Reichtum exemplarisch an einigen der Beiträge aufgezeigt werden.

„Pücklers Orient" ist eine Kurzformel, die einen weiten Themenbereich umfasst, den Andrea Polaschegg (Universität Siegen) in ihrem Festvortrag auslotet, der den Band eröffnet (S. 25–45). An erster Stelle ist an Pücklers mehrjährige Orientreise zu erinnern, die ihn – da kann Heine nicht mithalten – 1834 von Frankreich (Toulon) aus u. a. nach Algerien, Tunesien, Ägypten, dann am Nil entlang bis Wad Madani im Osten Sudans, am linken Ufer des Blauen Nil, als wohl südlichstem Punkt der Reise führte. Die „Rückreise", wenn man so sagen darf, führte ihn über Syrien, die Türkei, Griechenland und Österreich-Ungarn nach Muskau zurück, wo er erst im September 1840 wieder ankam. Diese und weitere Informationen entnehme ich der Rekonstruktion der Reise, mit einer übersichtlichen Karte (S. 46), die Christian Friedrich, der langjährige Museumsinspektor der Stiftung, erarbeitet hat. Zwar zog Pückler selbst in seinen einschlägigen, umfangreichen literarischen Arbeiten – Friedrich erinnert an „sechs Buchtitel mit 18 Bänden und über 6.000 Seiten" – ausgiebig die Bilanz seiner Reise. Doch darf neben der Fiktionalisierung nicht übersehen werden, dass die dort genannten Ort- und Zeitangaben oft ungenau sind. Bescheiden als „erster Entwurf" präsentiert, steckt in dieser Rekonstruktion sicher viel Arbeit, denn es galt, verschiedene Quellen, wie nur manchmal überlieferte Reisetagebücher, die Korrespondenz und das sogenannte „Reise-Cassa-Buch" (geführt von Pücklers Sekretär Carl Jäger) miteinander zu vergleichen. Mag es noch einzelne Fehler in dieser Arbeit geben, gibt sie doch einen gelungenen Überblick.

Die große Orientreise erschöpft aber keineswegs das Thema „Pücklers Orient". So kam er zum Beispiel ja nicht mit leeren Händen nach Hause zurück. Eine der beiden Herausgeberinnen, Simone Neuhäuser, geht in ihrem Beitrag (S. 311–333) den materialen Spuren nach, welche die Reise in der Form von „Reiseandenken" hinterlassen hat. Pückler legte sich nicht solche Beschränkungen auf wie der moderne Tourist mit knapp bemessenem Fluggepäck: Nicht weniger als 13 Kisten (nach einer anderen Quelle 17 Kisten; S. 313) mit „aegyptischen Antiken u. Afrikanischen Curiositäten" (wie er im Begleitschreiben an seine Frau Lucie sagte) schickte er von Alexandrien über Livorno und Hamburg nach Muskau, abgesehen von lebenden Tieren (die Rede ist von drei Pferden, Affen, einem Dromedar), die von Triest aus den Landweg nach Muskau antraten und auch ankamen. Weitere Sendungen folgten aus anderen Orten, z. B. Smyrna/Izmir, Aleppo und der Insel Malta. Hatte Pückler seine Sammlungen in Muskau, dann in Branitz liebevoll arrangiert und seinen Gästen gezeigt (von denen einige darüber berichteten) – bekanntlich ist er selbst im „türkischen Zimmer" des Schlosses gestorben – ging es ihnen nach seinem Tod nicht besser als den Beständen vieler Sammler. Eine komplizierte Erbfolge, Verkäufe ins In- und Ausland, rissen die Bestände auseinander. Nur ein geringer Teil verblieb in Branitz (vgl. die Angaben auf S. 328 und die dazugehörigen Abbildungen), darunter immerhin die berühmte Stele des Merimut und Kanopenkrüge. Darüber hinaus konnten, wie Neuhäuser berichtet, einige Stücke in den Beständen deutscher und ausländischer Museen als aus Pücklers Sammlung stammend identifiziert werden. Die Stiftung will sich in den nächsten Jahren besonders um die Sammlung und ihr Schicksal, insbesondere um die Analyse erhaltener Stücke bemühen.

Bei „Pücklers Orient" geht es indessen auch um ein imaginäres Konstrukt. In ihrem Beitrag (S. 286–309) geht Silke Kreibich den „Orienträumen" im Schloss Branitz – beinahe ist man versucht, von „Orientträumen" zu sprechen –, in diesem Sinne nach und belegt, dass es Pückler keineswegs um eine Reproduktion authentischer Lebensräume des „Orients" ging. Um die Gestaltung dieser Räume (von 1851 bis 1865) hatte sich Pückler liebevoll selbst gekümmert, den Handwerkern genaue Anweisungen gegeben, gleichzeitig „Hausherr und Hausfrau" gespielt, wie er Fanny Lewald (1811–1889; auch diese Autorin bildet eine Verbindung zwischen Pückler und Heine) schrieb. Statt Wohnungen oder Paläste, die er auf seinen Reisen gesehen hatte, zu kopieren, mischte er die mitgebrachten Gegenstände recht bunt nach eigenem Geschmack: Einem „Modell des heiligen Grabes" stand „ein ausgestopftes Krokodil" gegenüber, wie Paul Wesenfeld (1834–1897), ein Besucher im Jahre 1863 aufzeichnete (S. 288–290). Neben einer guten Portion Skurrilität und dem Wunsch, sich selbst in Szene zu setzen, lebte Pückler seine Einbildungskraft aus und schuf sich in Branitz einen imaginären „Orient".

An dem gelungenen Beitrag (S. 75–103) von Marie-Ange Maillet wird deutlich, dass es bei „Pücklers Orient" schließlich auch um politische Konstellationen geht. Die erste Station von Pücklers großer Reise war Algerien, wo er ungefähr vier Monate des Jahres 1835 verbrachte. Wenig später legte er über seinen Aufenthalt in den ersten zwei Bänden von „Vorletzter Weltgang von Semilasso. In Afrika" (1836) Rechenschaft ab. Vermutlich um von seinen innenpolitischen Schwierigkeiten abzulenken, hatte der französische König Karl X. in den letzten Monaten seiner Regierung, genauer im Mai 1830, ein Invasionsheer nach Algerien geschickt, dem es am 5. Juli gelang, die Festung der Stadt Algier zu erobern. Ironie der Geschichte: Am Ende desselben Monats wurde Karl X. durch die Julirevolution gestürzt, verzichtete auf den Thron und verließ Frankreich. Die Eroberung Algiers war indessen keineswegs das Ende des Kolonialkriegs, denn in vielen Teilen des weiträumigen Landes gingen die Kämpfe jahrzehntelang weiter. In den eroberten Gebieten siedelten sich, besonders in den ersten Jahren nach der Invasion, Franzosen und europäische Ausländer (darunter auch Deutsche) an. Die deutschen Siedler führen zu einem weiteren Berührungspunkt mit Heine, denn er berichtet in der „Vorrede" zu „Salon" I bewegend darüber, in der Normandie deutsche Auswanderer getroffen zu haben, die sich von Le Havre aus nach Algerien einschiffen wollten (datiert auf den 17. Oktober 1833; DHA V, 372). In Frankreich kam es in Presse und Publizistik jedenfalls zu heftigen Auseinandersetzungen zwischen Befürwortern und Gegnern der Kolonisation, und auch im Parlament wurde darüber gestritten, bis sich die Regierung am 22. Juli 1834 entschied und Algerien zu „französischem Besitz" erklärte (S. 78). Es war also eine Krisenzeit, in welcher Pückler Algerien besuchte und welche die „Algerienfrage" zu einem brisanten Thema machte.

Nachdem sie diese Grundlagen erläutert hat, analysiert Maillet Pücklers Stellungnahmen zur Lage in Algerien. Obwohl er sonst frankophil und gerade auch dem

1830 zur Macht gekommenen Bürgerkönig Louis-Philippe wohlgesonnen war, kritisierte Pückler die Vorgehensweise Frankreichs in Algerien recht scharf, auch wenn er in seinen Texten oft indirekt tadelt, indem er die Kritik seinen Gesprächspartnern in den Mund legt (S. 87 zitiert gute Beispiele für diese Technik). Von der Inkompetenz der Armee (verglichen mit dem preußischen Militär), über das Fehlen wissenschaftlicher Erkundung des Landes, zum grundsätzlichen Unvermögen der Franzosen, mit der algerischen Bevölkerung angemessen und menschlich umzugehen, findet er wenig Positives oder Lobenswertes. Er kommt vielmehr zu dem Schluss, dass „die Franzosen, bei allen ihren übrigen glänzenden Eigenschaften, die Kunst des Colonisirens […] nur schlecht verstehen" (S. 88).

Dass Pückler die Kolonisation aber nicht grundsätzlich ablehnt, wird aus dem vielleicht originellsten Teil von Maillets Ausführungen deutlich (S. 88–93). Sie zeigt dort, dass sich Pücklers Haltung im Hinblick auf Algerien aus seinen eigenen Schriften zur Kolonisation erklärt. Diese Schriften erstrecken sich vom ersten Band von „Tutti-Frutti" (1834) zur „Rückkehr" des Jahres 1848. Unter den rechten Bedingungen, dies scheint seine Überzeugung zu sein, kann die Kolonisation überseeischer Gebiete doch ein lohnenswertes Projekt sein.

Insgesamt ist der Band eine freundliche Einladung, neben den Gartenanlagen in Branitz auch das Schloss zu besichtigen und sich über die eigene Anschauung von Pücklers Lebenswelt auch seinem Werk zu nähern.

Norbert Waszek

Ingo Müller: *Maskenspiel und Seelensprache. Zur Ästhetik von Heinrich Heines „Buch der Lieder" und Robert Schumanns Heine-Vertonungen. Bd. 1: Heinrich Heines Dichtungsästhetik und Robert Schumanns Liedästhetik.* **Freiburg i. Br.: Rombach 2019. 445 S. € 59**

Ingo Müller: *Maskenspiel und Seelensprache. Zur Ästhetik von Heinrich Heines „Buch der Lieder" und Robert Schumanns Heine-Vertonungen. Bd. 2: Heinrich „Heines Buch der Lieder" und Robert Schumanns Vertonungen.* **Freiburg i. Br.: Rombach 2020. 649 S. € 89 (Paketpreis für beide Bände: € 120)**

Interdisziplinäre Studien aus literaturwissenschaftlicher und musikwissenschaftlicher Perspektive zu Heine-Vertonungen gab es schon früher – doch selten findet sich ein Autor, der in beiden Disziplinen gleichermaßen kompetent ist. Der promovierte Literaturwissenschaftler Ingo Müller kann als Zweitqualifikation ein Musikstudium mit entsprechender Berufstätigkeit aufweisen, was der vorliegenden Studie zu Robert Schumanns Heine-Vertonungen, mit der er an der Universität Salzburg im Fach Musikwissenschaft habilitiert wurde, vielfach zu zugute kommt.

Im ersten Band geht es zunächst um ästhetische Fragen. Ingo Müller unternimmt eine Bestimmung von Schumanns Liedästhetik. Da Schumann „keine systematisch ausgearbeitete Liedästhetik formuliert" habe, versucht Müller diese „aus verschiedenen Schriften und insbesondere aus seinen Liedern selbst" (I, S. 15) zu rekonstruieren. Müller schreibt Schumann eine Gefühlsästhetik zu, indem er Belege für Schumanns „Auffassung der Musik als Seelensprache" (I, S. 111) anführt. Vermittelt durch Jean Paul folge Schumann dem Konzept von Musik als einer paradiesischen „Ursprache" im Sinne Herders, in welcher sich das Subjekt unverfälscht nach außen artikulieren kann. Und Müller geht noch

---

T. Synofzik (✉)
Robert-Schumann-Haus, Zwickau, Deutschland
E-Mail: Thomas.Synofzik@Zwickau.de

weiter und meint, dass dieses Konzept „von Schumann im Sinne frühromantischer Ästhetik radikalisiert" werde (I, S. 118). Doch reichen wohl weder die spärlichen Rezeptionszeugnisse der Anschauungen von Novalis bei Schumann noch die Verweise auf frühe Äußerungen Schumanns über das „Sichselbstvergessen als höchste Poesie" (I, S. 110 – dass Schumann im Genie „Bewußtsein" als komplementär zugehörig sieht, bleibt unerwähnt) oder das „Enträtseln" der „dunkle[n] Geistertöne" Jean Pauls durch die Vertonung Gottlob Wiedebeins (I, S. 44) aus, um eine derartige Nähe der durch Jean Paul geprägten Schumann'schen Ästhetik zu den Konzepten der Frühromantik stichhaltig zu begründen. Gegenüber Müllers unbeholfen wirkender Formulierung, Jean Paul scheine „Hardenbergs Gedanken einer symbolischen Wechselrepräsentanz von Subjekt und Welt […] verhältnismäßig nahezustehen" (I, S. 118), wurde schon von Heinrich Heine klargestellt, Jean Paul sei „fast gleichzeitig mit der romantischen Schule aufgetreten, ohne im mindesten daran Teil zu nehmen" und habe sich – im Sinne realistischer Tendenzen – „ganz seiner Zeit hingegeben" (DHA VIII, 217 f.). Auch die Frage, inwieweit Schumanns musikästhetische Kategorie des „Poetischen" mit Novalis' Konzept einer „musikalischen Poësie" korrespondiere (I, S. 114), ist wohl nicht so eindeutig zu beantworten, wie Müller dies nahelegt. Reinhard Kapps umfangreiche Studie zum Begriff des Poetischen bei Schumann von 2015 wird zwar in einer Fußnote genannt (I, S. 80), doch nicht ausgewertet.

Gegenüber dieser prinzipiell romantischen Ästhetik ist ein Großteil der von Schumann vertonten Lyrik – allen voran die Gedichte Heinrich Heines – eher als postromantisch einzustufen; Schumann selbst benutzte das Etikett „eine neue deutsche Dichterschule" (I, S. 126). Der Hauptteil – umfangmäßig fast die Hälfte – des ersten Bandes ist einer Analyse der Ästhetik von Heines früher Lyrik gewidmet. Behandelt werden u. a. der Umgang mit Volksliedton, romantischer Liebeskonzeption, Petrarkismus und Erlebnisdichtung. Müller bestimmt die Rolle von Ironie, Stimmungsbruch und Humor in Heines früher Lyrik. Während die romantische Ironie eine konstruktive Kraft darstellt, werde die Ironie bei Heine umgepolt zu einer dekonstruktiven Kraft: „Der ironische Stimmungsbruch […] dient Heine […] zur Vergegenwärtigung einer unüberwindlichen Zerrissenheit." (I, S. 213).

Abschließend widmet sich der erste Band der Frage, wie postromantische Dichtungsästhetik und romantische Musikästhetik in Robert Schumanns Vertonungen vermittelt werden, wobei die „ästhetische Gesamtkonstruktion" (I, S. 338) im Blick steht. Hier nun werden – im Unterschied zum Eröffnungskapitel – auch Realitätsbezüge Robert Schumanns berücksichtigt, und Schumann gilt gar als „romantischer Realist" (I, S. 385). Dies wird auf Jean Pauls Humortheorie zurückgeführt und deren Rolle in Schumanns Musik untersucht. Müller verfolgt den interessanten Ansatz, „die ambivalente Ästhetik insbesondere von Schumanns beiden Heine-Zyklen im Lichte von Jean Pauls Humorkonzeption zu deuten" (I, S. 371). Er zeigt, wie sich dabei nicht nur in der kontrastierenden Abfolge der Lieder humoristische Effekte im Sinne Jean Pauls ergeben, sondern auch im einzelnen Lied „die gegensätzliche ästhetische Ausrichtung der beteiligten Medien einen Simultankontrast erzeugt" (I, S. 386).

Die im zweiten Band zu sämtlichen Solovertonungen Robert Schumanns auf Texte von Heinrich Heine vorgelegten Analysen und Interpretationen zielen auf das Phänomen der Ambivalenz, entsprechend den beiden im Buchtitel herausgestellten Polen „Maskenspiel und Seelensprache". Obwohl im Titel des Bandes nur das „Buch der Lieder" genannt wird, geht es speziell um alle von Robert Schumann für Solostimme vertonten Gedichte Heines, darunter auch die dreiteilige „Tragödie" (1829) aus den „Neuen Gedichten" von 1844.

Bei Gedichten wie „Du bist wie eine Blume" oder der Ballade „Die Grenadiere" zeigt Müller, wie es im Laufe der literaturwissenschaftlichen Rezeptionsgeschichte kontroverse Deutungen, sowohl affirmative als auch ironische Lesarten gibt. Ähnlich zeigen sich auch bei Schumanns Vertonungen erst seit den letzten 15 Jahren Ansätze musikwissenschaftlicher Interpretationen, die Ambivalenzen und Ambiguitäten im Sinne der Heine'schen Ironie in den Vordergrund gerückt haben. Hierauf baut Müller auf und setzt diese Ansätze in fruchtbarer Weise nun in umfassenden Betrachtungen fort. Die Abhandlung versteht sich auch als Kompendium und Überblick über die Fülle von deutsch- und englischsprachiger Sekundärliteratur seit 1956, deren unterschiedliche Standpunkte hier gegenübergestellt werden.

Die Werkbesprechungen scheinen zunächst schematisch angelegt: Zu Beginn werden Heines Textvorlage nach der von Schumann benutzten Ausgabe und der vertonte Liedtext gegenübergestellt. Es folgt eine literaturwissenschaftliche Interpretation, wobei teilweise auch die größeren zyklischen Zusammenhänge, in die Schumann die einzelnen Gedichte in seinen Vertonungen stellt, mit behandelt werden. Am Schluss stehen musikwissenschaftliche Interpretationen (der Autor wählt die Bezeichnung eines „musikologischen ‚close reading'", II, S. 10). Doch wird ein vielfältiges methodisches Werkzeug im Einzelfall individuell ausgewählt und angepasst. Es geht um formale Aspekte, um Melodik, Harmonik, Rhythmik und Metrik, um Beziehungen zwischen Gesangspart und Klavierbegleitung etc. Häufig werden die Tonarten der Lieder auf der Basis der Tonartencharakteristik Christian Daniel Friedrich Schubarts gedeutet.

Im Falle von Heines „Belsazar" in Schumanns Vertonung – dem mit 40 Seiten umfangreichsten Kapitel des zweiten Bandes – gibt es im Einzelfall einmal eine 27-seitige Diskussion zu Heines Umgang mit seinen Vorlagen. Hingegen kommt die Besprechung von „Ich will meine Seele tauchen" aus Schumanns „Dichterliebe" mit sechs Seiten aus.

Nur in wenigen Fällen sieht Müller bei einzelnen Liedern Tendenzen zu „ungebrochenen, musikalisch gleichsam affirmativen Deutung[en]" (II, S. 437) – namentlich bei den drei Heine-Liedern der „Myrthen" op. 25 und einem Einzellied der „Dichterliebe" wie „Hör' ich das Liedchen klingen", wobei gleichzeitig jedoch auch auf die durch Zykluszusammenstellungen entstehenden ironischen Kontraste verwiesen wird.

Aufgrund der unterschiedlichen Zielgruppen der beiden Bände ist es zu begrüßen, dass der Verlag die Bände auch einzeln verkauft – vor allem der zweite Band dürfte durch seinen handbuchartigen Charakter ein breites Publikum finden.

Thomas Synofzik

Dirk Rose: *Polemische Moderne. Stationen einer literarischen Kommunikationsform vom 18. Jahrhundert bis zur Gegenwart.* Göttingen: Wallstein 2020. 706 S. € 73

Das Buch, ursprünglich als Habilitationsschrift an der Universität Erlangen-Nürnberg entstanden, bietet dem Leser eine umfassende Studie des polemischen Schreibens in der Moderne. Der Zusammenhang zwischen Polemik und Moderne bildet den Leitfaden der durchaus facettenreichen Untersuchung, so dass der Autor nicht zu Unrecht die Intention hegen kann, dass sein Buch „ebenso sehr als Beitrag zur Polemikforschung wie zur Modernetheorie" verstanden wird (S. 15).

Dass ein wesentlicher Zusammenhang zwischen Polemik und Moderne besteht, mag zwar intuitiv naheliegen; einer der Verdienste dieser Studie liegt jedoch darin, diesen Sachverhalt aus unterschiedlichen Perspektiven beleuchtet zu haben: Zum Teil durch kulturhistorische Analysen von einzelnen polemischen Episoden und Kontexten, zum Teil durch den Rekurs auf etliche, im Laufe der Zeit aufeinanderfolgende Reflexionen über den Konflikt als Unterscheidungsmerkmal der Moderne (herangezogen werden im ersten einleitenden Kapitel u. a. Hegel, Simmel, Lukács). Von der kennzeichnenden Bedeutung der Polemik für die moderne Kultur zeugen für den Autor selbst einige wichtige theoretische Versuche, die verstörende Wirkung einer zur „Transgressivität" (S. 16, 67 ff.) neigenden Schreibart zu neutralisieren – sei es bei Kant durch die „Disziplin der reinen Vernunft" (vgl. S. 83–94), sei es bei Habermas durch die Aufhebung polemischer Tendenzen innerhalb einer „kommunikativen Vernunft" (S. 36 f.). Gegenüber einer vor allem in der zweiten Hälfte des 20. Jahrhunderts verbreiteten Tendenz, das polemische Schreiben zu „domestizieren", hält der Autor die Bedeutung der Polemik für eine moderne demokratische Gesellschaft. In Anlehnung an die Ausführungen von Jacques Rancière über „La Mésentente" (Paris 1995, dt. „Das Unvernehmen", Frankfurt a. M. 2002) betont Rose, dass sich die politischen und sozialen Akteure erst als „polemische Subjekte […] ihrer Subjektivität bewusst"

M. Rispoli (✉)
Dipartimento di Studi Linguistici e Letterari, Padova, Italien

werden könnten (S. 41). Aus diesem Wechsel historisch-theoretischer Perspektiven lässt das Buch den paradoxen Charakter des Zusammenhangs zwischen Polemik und Moderne deutlich erkennen: Erweist sich die Polemik als notwendig, um die moderne „Entwicklungslogik zu dynamisieren und am Laufen zu halten", so wohnt ihr andererseits „die Gefahr inne, dass sie die einzelnen Konflikte auf den ihnen zugrundeliegende Fundamentalkonflikt hin radikalisiert und so das ‚Projekt Moderne' als Ganzes zu gefährden droht" (S. 37).

Inwiefern ist indes das konkrete polemische Schreiben geradezu konstitutiv für die Moderne und insbesondere für die moderne Literatur? Hatten Gelehrte und Autoren, von den antiken Sophisten bis zu den mittelalterlichen und frühneuzeitlichen Theologen, nicht schon immer einen Hang zum Streit? Natürlich wird in dieser Studie die Vorgeschichte der modernen Polemik mitreflektiert, der Rückblick dient jedoch vor allem dazu, den wesentlichen Funktionswandel des Streitens in der Moderne herauszustellen. Denn ab der zweiten Hälfte des 18. Jahrhunderts erscheint das polemische Schreiben immer deutlicher als eine selbstständige, sich vom eigentlichen *casus belli* emanzipierende Schreibart: Mit den Worten eines wegweisenden, in dieser Studie mehrmals herangezogenen Aufsatzes von Gert Mattenklott kann man die „Ablösung des Streits vom Umstrittenen" beobachten (S. 42, 62, 126; vgl. Mattenklott: Lessing, Heine, Nietzsche. – In: Streitkultur. Hrsg. v. Mauser / Saße, Tübingen 1993, S. 339–348). Mit diesem Prozess gehe ein immer deutlicher werdender Verlust an dialogischer Interaktion einher, die in den (sich wie aggressiv auch immer gestaltenden) theologischen oder gelehrten Kontroversen noch wesentlich gewesen sei. Kennzeichnend für diese Entwicklung sei daher nicht nur die „Verschriftlichung" der Polemik „unter Betonung des Kunstcharakters", sondern auch die Subjektivierung der polemischen Perspektive, so dass „die Polemik immer mehr und mehr in einen monologischen Schreibakt" münde (S. 53).

Wenn der „Charakter der modernen Literatur" durch „die Individualität und die Skepsis" bestimmt wird (so Heine in „Zur Geschichte der Religion und Philosophie", DHA VIII, 45), dann ist eine solche Entwicklung geradezu unvermeidlich. In dieser Studie wird mehrfach gezeigt, dass die Polemik den modernen Schriftstellern hauptsächlich dazu dient, die eigene, notwendig subjektive Autorschaft und Autorität erst recht zu konstituieren und scharf zu konturieren. Sie sei also kein Beiwerk, keine Besonderheit einiger streitlustiger Autoren, sondern eine Grundhaltung des modernen Schriftstellers. Eine solche These, die in dieser Studie durch zahlreiche Einzelanalysen bestätigt und weiterentwickelt wird, stützt sich auch darauf, dass nicht wenige literaturästhetische Theorien einen Akzent auf die Agonalität setzen – Dirk Rose erinnert in dieser Hinsicht an grundverschiedene, ja sich polemisch konfrontierende Ansätze von Adorno und Jauß (S. 58 f.), man könnte hier noch einige weitere, ganz unterschiedliche literaturkritische Modelle hinzunehmen, etwa Bourdieus Theorie eines durch die Suche nach Distinktion bestimmten literarischen Felds (die in dieser Studie nur am Rande herangezogen wird) oder auch Blooms Ausführungen über den Kampf moderner Autoren mit den Schatten der Vorgänger in Erinnerung rufen: Dass solche Theorien bei allen sonstigen grundsätzlichen Divergenzen die Agonalität des modernen

Literaturbetriebs hervorheben, lässt die hier vertretene These umso überzeugender werden, dass die „Literatur der Moderne nicht anders als polemisch zu denken" sei (S. 59).

Aus dem hervorgehobenen monologischen Charakter des modernen polemischen Schreibens leitet der Autor zu Recht die Notwendigkeit ab, sich von einem interaktionistischen Analysemodell – wie etwa demjenigen von Jürgen Stenzel (Rhetorischer Manichäismus. – In: Formen und Formgeschichte des Streitens. Hrsg. v. Koopmann / Worstbrok. Tübingen 1986, S. 3–11) – zu verabschieden. Mit überzeugenden Argumenten zeigt er, dass ein solches Modell sehr wohl für die Analyse frühneuzeitlicher Kontroversen tauglich sei, jedoch einer modernen literarischen, „von Ort und Zeit abstrahierenden […] Schriftkommunikation" kaum adäquat sein könne (vgl. S. 46–51). Demzufolge ist das Hauptanliegen in den vier „Stationen", die den zentralen Teil dieser Studie bilden, nicht eine abermalige Analyse der Interaktionsdynamiken innerhalb einzelner Streitfälle. Zwar wird der jeweils unmittelbare Kontext in Erinnerung gerufen, aber die einzelnen polemischen Stimmen und Haltungen werden im Rahmen eines sehr viel breiteren, kulturgeschichtlichen Zusammenhangs analysiert. So stehen im Fokus des zweiten Kapitels (S. 83–201) Lessing und die „Literarisierung der Polemik" am Ende des 18. Jahrhunderts. Das Kapitel beginnt jedoch nicht mit der Analyse von Lessings einzelnen polemischen Gefechten. Am Anfang stehen vielmehr einige einleuchtende Ausführungen über Kants Versuch, die Polemik aus dem Prozess der Wahrheitsfindung auszuschließen und somit auf „das Feld der Ästhetik" zu verweisen (S. 94); daraufhin wird die Neubestimmung der Polemik durch die Frühromantik, insbesondere durch Friedrich Schlegel, eingehend analysiert, und erst nach diesen Prämissen wird die kritisch-polemische Tätigkeit Lessings in den Vordergrund gerückt, so dass die Bedeutung seiner „Literaturbriefe" und seines „Anti-Goeze" in ihrem exemplarischen Wert erschlossen werden kann.

Ähnlich verfährt Rose in den weiteren „Stationen" seiner Studie. Das dritte Kapitel über Heinrich Heine (S. 203–315) beginnt mit einer einleitenden Reflexion über das Verhältnis zwischen Klassik und Polemik (wobei die vermeintliche Ablehnung polemischer Gesten vonseiten der Weimarer Klassik überzeugend in Frage gestellt wird), und erst daraus entwickelt sich eine stichhaltige Deutung von Heines polemischen Schriften, von seinem komplexen Verhältnis zur „Kunstperiode", von seinem Angriff auf Platen (der den Charakter eines „monologischen, auf seine eigene Autorperspektive zentrierten Schreibakt[s]" beispielhaft aufweist, S. 251) oder von seiner Auseinandersetzung mit Börne und dem weiteren (meta)polemischen Schreiben, in dem er auf die „Selbstpotenzierung und Radikalisierung der Polemik im Umfeld des Jungen Deutschland" mit zunehmender Skepsis reagiert (S. 276). Auch in den weiteren Kapiteln werden die Hauptakteure – Friedrich Nietzsche und Karl Kraus – im Rahmen eines umfassenden Kontexts dargestellt. Nietzsches radikale Subjektivierung der polemischen Stimme und die kulturkritische Signifikanz seiner Angriffe werden im vierten Kapitel (S. 317–471) durch einen Rückblick eingeleitet, der bis zu Rousseau reicht (vgl. S. 317–325), sowie durch Seitenblicke auf weitere Autoren (von Treitschke bis zu Arno Holz), die Nietzsches Sonderstellung deutlich hervortreten lassen. Die „Radikalisierung der Polemik" durch Karl Kraus wird schließlich im fünften Kapitel (S. 473–607) mit Bezug auf Walter Benjamins Würdigung des Wiener Polemikers eingeleitet, und sie wird schließlich als die extreme Verwirklichung jener Tendenz zur Monologisierung, die der modernen Polemik zugrunde liegt, betrachtet – behauptete doch Kraus selbst diesen Umstand, als er schrieb: „Ich schnitze mir den Gegner nach meinem Pfeil zurecht" (vgl. S. 475 f.). Zugleich wird Kraus zum beispielhaften Fall für die Grenzen des polemischen Schreibens angesichts der Gewalt der Geschichte: Mit dem Verstummen angesichts des Nationalsozialismus schließt sich für den Autor „jener geschichtliche Horizont einer modernen Polemik, der in den Auseinandersetzungen Lessings [...] seinen Anfang genommen hat" (S. 607). Was darauf folgt, wird in einem kurzen abschließenden Kapitel gezeigt: Einerseits vollzieht sich in der zweiten Hälfte des 20. Jahrhunderts eine „Neutralisierung der Polemik", andererseits verbreitet sich in den letzten Jahren eine neue streitlustige Kommunikationsform in zahllosen Internetforen. Dies habe jedoch kaum mehr etwas mit der Tradition literarischer Polemik zu tun. In einer oft gehässigen „Netzpolemik" werde eher den Regeln einer „mündlichen Kommunikationsform" gefolgt, so dass dort die „Geschichte der literarischen Polemik wieder an ihren interaktionellen Ursprung – und zugleich an ihr Ende gekommen" sei (S. 632 f.).

Völlig abhandengekommen sei vor allem jene kontrastreiche Dynamik, die für die Geschichte der modernen Polemik, so wie sie von Dirk Rose gezeichnet wird, charakteristisch ist: Ihre „Literarisierung" oder gar ihre „Ästhetisierung" kreuzt sich stets mit einer Gegenbewegung, mit einer ihr konstitutiven „Transgressivität", so dass die „polemischen Texte aus dem ‚Kernbereich' der Literatur wieder herausdrängen" (S. 16). Die Hervorhebung einer solchen Grunddynamik ist ein weiterer wichtiger Verdienst dieser höchst interessanten Studie, die sich nicht zuletzt gerade im Fall Heines als besonders ertragreich erweist, da sie die für sein Werk charakteristische Grundspannung zwischen Artistik und Engagement mitreflektiert. Natürlich könnte man sich aus der Perspektive der Heine-Forschung wünschen, dass hier einigen kleineren Texten, die für Heines Selbstverständnis von höchster Relevanz sind (man denke an den Textkomplex der sogenannten „Schriftstellernöte"), größere Beachtung geschenkt oder dass die ganz besondere Heine-Rezeption bei Nietzsche oder bei Kraus zu einer eigenen, breiteren Untersuchung erweitert würde. Dies zu verlangen, hieße jedoch, den Wert dieser Studie zu verkennen. Es handelt sich um eine grundlegende historisch-theoretische Darstellung der modernen Polemik, die auch jenseits der einzelnen Deutungen durch die breit gefächerte Darstellung zum Verständnis des Polemik-Gesamtphänomens sowie dessen Protagonisten wesentlich beiträgt.

Marco Rispoli

Peter Sprengel: *Geschichte der deutschsprachigen Literatur 1830–1870. Vormärz – Nachmärz.* München: C. H. Beck 2021 (Geschichte der deutschen Literatur von den Anfängen bis zur Gegenwart, Bd. 8). XVII, 781 S. € 49,95

Die von Helmut de Boor und Richard Newald begründete „Geschichte der deutschen Literatur von den Anfängen bis zur Gegenwart" ist ein Werk, mit dem Generationen von Germanisten aufgewachsen sind. Ihre Geschichte, die 1949 mit dem Erscheinen von Band 1 beginnt, ist lang und verzweigt, und die heute in 11 von 12 Bänden vorliegende Ausgabe (Band 11 steht noch aus) hat mit den von den Gründervätern betreuten Bänden nicht mehr viel zu tun. Alle älteren Bände wurden vielfach überarbeitet, erweitert, verändert, teilweise auch vollständig umgeschrieben oder ersetzt.

Vor allem in den letzten Jahrzehnten hat sich die „Geschichte der deutschen Literatur" mit erstaunlicher Geschwindigkeit von der Goethezeit, wo sie ursprünglich endete, bis zur Jahrtausendwende vorgearbeitet und deckt jetzt den enormen Zeitraum von 1.230 Jahren ab. Dazu beigetragen hat nicht unwesentlich der Berliner Germanist Peter Sprengel, der in den Jahren 1998 und 2004 den 9. Band (1870 bis 1918, zwei Teilbände) geschrieben und jetzt Band 8 zum Zeitraum 1830 bis 1870 mit dem Untertitel „Vormärz – Nachmärz" vorgelegt hat. (Sprengel spricht in seinen Bänden im Übrigen ganz bewusst von der „Geschichte der *deutschsprachigen* Literatur".) Die Daten 1830 und 1870 wurden ihm durch die Reihe diktiert. Der von Gerhard Schulz verfasste Band 7 „Die deutsche Literatur zwischen Französischer Revolution und Restauration" (2 Teilbände: 1983/Neuaufl. 1989, 2000) trägt im 2. Teilband den Untertitel: „Das Zeitalter der Napoleonischen Kriege und der Restauration. 1806–1830". Und Band 9 von 1998 wählt das Jahr 1870 als Grenze. Noch einige andere Vorgaben waren durch die Usancen des Gesamtunternehmens vorgegeben. Literaturgeschichte wird dort entlang den Texten und nicht entlang den Protagonisten erzählt, Biographisches kommt allenfalls im Kontext von Texten zur Sprache, man erfährt nicht einmal

---

B. Kortländer (✉)
Düsseldorf, Deutschland

die Lebensdaten der Autoren. Auch der Wechsel von Normal- und Petitdruck zieht sich durch alle Bände (wobei man nicht immer erkennt, nach welchem Muster das geschieht).

Die Setzung des Datums 1830 durch den Vorgängerband hat auch einen Vorteil. Sie erlaubt es dem Verfasser, der kontroversen Diskussion um die Frage zu entgehen, wann der „Vormärz" denn nun beginnt, ob 1815, 1830 oder 1840. Ohnehin handhabt Sprengel die Grenze 1830 pragmatisch und berücksichtigt für seine Darstellung ohne Weiteres Werke z. B. Grillparzers, Heines, Immermanns oder Platens, die vor diesem Datum entstanden sind. Er hätte sonst allerdings auch Heines „Reisebilder" und „Buch der Lieder" außen vor lassen müssen. Ungünstig ist dagegen, dass durch die Grenze 1830 der Blick auf die „bleierne Zeit" der 1820er Jahre in Deutschland versperrt ist, ohne den aber weder die genannten Werke Heines noch die Texte Büchners, Immermanns und vieler anderer Autoren angemessen verstanden werden können. Zwar geht er im Rahmen des Abschnitts „Zeitbewusstsein und neuer Realitätsbegriff" im ersten Kapitel kurz darauf ein, doch vermag der Band diesen ihm durch die Reihenvorgabe in die Wiege gelegten Nachteil nicht vollständig auszugleichen. Für die Darstellung der Literaturgeschichte selbst spielt, wie wir sehen werden, die Zweiteilung in die Abschnitte vor und nach der Märzrevolution (Vormärz/Nachmärz) keine entscheidende Rolle.

Das erste Kapitel (S. 1–158) ist mit „Porträt einer Epoche" überschrieben. Der Begriff der „Epoche" irritiert in diesem Zusammenhang insofern, als die Grenzen des Zeitraums vorher als eher arbiträre und nicht als inhaltliche Feststellung verstanden werden wollten. Um ein Bild der „Epoche" zu entwerfen, müsste doch wohl unbedingt bis 1815 zurückgegriffen werden. Das „Porträt" wird in vier übergreifenden Abschnitten entworfen, die mit „Erweiterte Raumerfahrung", „Zeitbewusstsein und neuer Realitätsbegriff", „Literatursysteme" und „Nationalmythos Nibelungen" überschrieben sind.

Das zweite Kapitel (S. 159–316) trägt den Titel „Politik, Öffentlichkeit und Literatur – Ereignisse und Debatten" und arbeitet sich, was den „Vormärz" betrifft, auf 18 Stationen von 1831 („Die Pariser Julirevolution und ihre Folgen") bis zu den Jahren 1846–1850 („Schleswig-Holstein: Erbfolgestreit und Erhebung") vor. Dabei wird anhand wichtiger äußerer Anlässe wie dem Hambacher Fest, dem Weberaufstand oder der Affäre um Lola Montez und den bayrischen König auf sehr originelle Weise das Zusammenspiel von politischem Ereignis und seinem literarischen Reflex herausgearbeitet. Dasselbe geschieht in jeweils acht Unterkapiteln für die revolutionären Ereignisse der Jahre 1848/49 in verschiedenen deutschen Staaten und für den „Nachmärz", wobei dort die Spanne vom „Staatsstreich Louis Napoleons" (1851) und den „Kölner Kommunistenprozessen" (1852) bis zum dänischen und zum deutschen Krieg der Jahre 1864 und 1866 reicht.

Auf diesen gelungenen literarischen Durchgang durch die Ereignisgeschichte des Zeitabschnitts folgt das mit „Literaturgeschichte nach Gattungen" überschriebene Hauptkapitel (S. 319–704). Es gliedert sich in die Unterkapitel „Epik" (181 Seiten), „Dramatik" (91), „Lyrik" (71) und „Nichtfiktionale Prosa" (42). Die Entscheidung für den Aufbau nach Gattungen impliziert den Verzicht auf eine

„prä- und postrevolutionäre Zweiteilung", ermöglicht es dafür aber, Autoren und Texte aus dem gesamten Zeitabschnitt miteinander in Beziehung zu setzen und so „Kontinuitäten und Diskontinuitäten" (S. XV) besser sichtbar zu machen.

In den Unterkapiteln werden dem Leser in einer Vielzahl von Unterabschnitten Texte aus dem Gesamtzeitraum vorgestellt, die für den jeweiligen Zusammenhang repräsentativ sind. Das Verfahren erinnert in manchem an Friedrich Sengles Darstellung des Zeitraums 1815 bis 1848 in Band 2 seiner „Biedermeierzeit" („Die Formenwelt", 1972). Auch bei Sprengel staunt man nicht nur über seine enorme Belesenheit im Bereich der Primärtexte, sondern ebenso über die genaue Kenntnis der Forschungsliteratur, die ihm einen souveränen Umgang mit den einzelnen Werken ermöglicht. Wenn dabei auf Zitate aus Sekundärtexten ebenso verzichtet wird wie auf Fußnoten, so folgt der Band auch hier den durch die Reihe gesetzten Vorgaben.

Da in einer Rezension kein Platz ist, um auf die Unterabschnitte im Einzelnen einzugehen, seien hier nur einige aufgezählt. Unter „Epik" findet man Ausführungen u. a. zum „Thesen- und Reflexionsroman", „Initiations- und Bildungsroman", „Zeit- und Gesellschaftsroman", zur „Künstlernovelle", zu „Dorfgeschichte und Bauernroman", „Ghettogeschichte", „Kriminalerzählung", „Abenteuerroman" und „Märchen". Schließlich wird das in diesem Zeitraum überaus beliebte Versepos ebenfalls hier vorgestellt.

Das Unterkapitel „Dramatik" geht aus von Heines und Börnes Diagnose, der zufolge die Defizite der deutschen Theaterliteratur der Zeit mit dem zurückgebliebenen Zustand der deutschen Gesellschaft zusammenhängen. Die Unterabschnitte widmen sich dem „Bürgerlichen und sozialen" Drama (mit Hebbels „Maria Magdalena" und Büchners „Woyzeck" als Beispieltexten), dem „Künstlerdrama", „Geschichtsdrama", „Welt- und Erlösungsdrama" (Wagners „Ring der Nibelungen" als „bedeutendste Erlösungsdichtung der Zeit" (S. 567)), „Lustspiel" und „Posse".

Im Unterkapitel „Lyrik" schließlich, das vielleicht deshalb so kurz ist, weil Inhaltsangaben hier weitgehend entfallen, wird zunächst mit den Abschnitten „Liebeslyrik" und „Naturlyrik" die Abkehr von der Goetheschen Erlebnisdichtung ebenso wie der romantischen Naturvorstellung nachgezeichnet. Im Aufblühen der „Politischen Lyrik" sieht der Verf. zu Recht eines der „markantesten Ereignisse der deutschen Literaturgeschichte des 19. Jahrhunderts" (S. 618). Es folgen Abschnitte zur „Gedankenlyrik", „Zwischen Lied und strenger Form" und schließlich zur „Ballade", die sich im gesamten Zeitraum von Platen, Heine, Mörike und Droste bis zu Storm, Hebbel, Fontane und Meyer äußerster Beliebtheit erfreute.

Heinrich Heine spielt im Lyrik-Kapitel wie im gesamten Band eine bedeutende Rolle, und der Verfasser liefert u. a. einen sehr kenntnisreichen Schnelldurchgang durch Heines Liebeslyrik, deren inszenatorisch-seriellen Charakter er zutreffend skizziert (S. 600–603). Für Heines politische Dichtung verweist er bei allen Unterschieden zu den Zeitgenossen auf die beträchtlichen Schnittmengen hinsichtlich der „satirischen Kritik am deutschen Untertanengeist" und im Blick auf die „soziale Thematik" (S. 628) und liefert auch gleich die Textbeispiele, an denen das überprüft werden kann. Aber Heine erscheint in diesem Band selbstverständlich nicht nur als Lyriker; er ist in allen vier Unterkapiteln präsent und ausweislich des Registers mit weitem Abstand (3 Spalten) der am häufigsten angeführte Autor vor Hebbel und Keller.

Im Unterkapitel „Gebrauchsprosa" geht es um „Biographie", „Autobiographie", „Tagebuch", „Reisebild, Reisebrief, Reisebericht", um das „Feuilleton" und schließlich im letzten, mit „Gelehrte Flaschenpost" überschriebenen Abschnitt um Wissenschaftsprosa solcher Autoren wie Mommsen, Stirner oder Marx.

Die Frage, für wen dieses Buch vor allem verfasst wurde, ist schwer zu beantworten. Auf Einsteiger dürften die Fülle der Informationen und die Reihung unterschiedlicher und gelegentlich recht entlegener Texte eher irritierend wirken. Der Fortgeschrittene wird auf jeden Fall eine Fülle von Anregungen erhalten, aber vielleicht beklagen, dass solche meist recht knapp gefasst sind und weiterführende Hinweise fehlen, beides Merkmale, die sich im Rahmen einer Literaturgeschichte allerdings kaum vermeiden lassen. Gerade dem kundigen Leser bringt die gelungene Zusammenschau der beiden Zeitabschnitte vor und nach der Revolution einen deutlichen Zugewinn, werden hier doch erstaunliche und kaum vermutete Verwandtschaften sichtbar gemacht, etwa zwischen so gegensätzlichen Figuren wie Adalbert Stifter und Gottfried Keller (S. 335–344).

Geschrieben ist das Buch vorzüglich, deshalb auch gut zu lesen, und der Leser freut sich über ein ausführliches Literaturverzeichnis und ein differenziertes Register, mit dem der Band abschließt. Fehler haben sich auf den stattlichen 780 Seiten nur ganz wenige eingeschlichen (so beträgt die Strecke zwischen Wesel und Mannheim nicht „rund 800 km" (S. 11), und die Mär vom ‚Dichter unbekannt' unter Heines Gedichten (S. 641) ist zwar schön, aber seit längerem widerlegt). Man kann deshalb festhalten, dass sich der Band sowohl inhaltlich wie stilistisch sehr gut in die renommierte „Geschichte der deutschen Literatur von den Anfängen bis zur Gegenwart" einfügt und einen materialreichen und differenzierten Zugang zur Literatur des Vor- und Nachmärz ermöglicht.

Doch sei es dem Rezensenten abschließend gestattet, auf ein grundlegendes Dilemma der Literaturgeschichtsschreibung hinzuweisen. Denn noch immer und trotz aller Debatten über ‚Weltliteratur' scheint die Gattung ‚Literaturgeschichte' strikt am Prinzip der ‚Nationalliteratur' festzuhalten. Das gilt auch für den vorliegenden Band und die gesamte Reihe, zu der er gehört. Dabei ist gerade die erste Hälfte des 19. Jahrhunderts eine Zeit, wo der literarische Markt in Deutschland geradezu überschwemmt wird von einer Fülle von Übersetzungen, von denen man mit Sicherheit sagen kann, dass sie beim Publikum erfolgreicher waren als das meiste, was deutsche Autoren damals produzierten. Besonders eklatant ist das im Bereich des Theaters, wo französische Dramen insbesondere aus der Textfabrik von Eugène Scribe und seinen vielen Mitarbeitern den Ton angaben. Aber auch im Bereich der Romanliteratur lagen Texte von Autoren wie Balzac, Dickens, Dumas, Sand, Scott und Sue, um nur einige Namen zu nennen, oft in gleich mehreren Übersetzungen und hohen Auflagenzahlen vor. Dass die Literaturgeschichten diesen riesigen Kontinent an Texten, der das deutsche Lesepublikum ohne Zweifel nachhaltig geprägt hat und der vielleicht nicht zur deutschen, aber doch sicher zur *deutschsprachigen* Literatur gehört, immer noch so gänzlich ignorieren, ist ein echter Mangel, den auch der hier besprochene Band an sich trägt, bei allen Vorzügen, die er ansonsten ohne Zweifel besitzt.

Bernd Kortländer

Dorothea Walzer (Hrsg.): *Medien öffentlicher Rede nach Heine: Zwischen Popularität und Populismus.* **Berlin: Erich Schmidt 2020 (Beihefte zur Zeitschrift für Deutsche Philologie, Bd. 18). 221 S. € 69,95**

Neben der Einleitung umfasst der übersichtlich gegliederte Sammelband zehn Beiträge, die, ausgehend von Heinrich Heine, den Themenkomplex ‚Popularität' und ‚Populismus' untersuchen. Dieser impliziert dabei untergeordnete Begrifflichkeiten wie ‚Öffentlichkeit' (vs. ‚Privatsphäre'), ‚Medienstrategien', ‚Meinungsbildung', ‚Literaturmarkt', ‚Volkstümlichkeit', ‚Volksbildung', ‚Propaganda' usw., mit denen sich die Autorinnen und Autoren kritisch auseinandersetzen. Heine wird dabei zum „Bezugspunkt" (S. 8), da er als „Intellektueller, als Bürger und Subjekt öffentlicher Rede" (S. 7) maßgeblich am politischen Diskurs seiner Zeit teilhatte und dabei in seiner Literatur integrativ auf „populäre und volkstümliche Formate" (S. 8) zurückgreift.

Der erste Themenblock des Bandes „Heines Öffentlichkeit" beginnt mit Natalie Binczeks Analyse „‚Folgen Sie mir nur ein paar Schritte.' Heinrich Heines ‚Briefe aus Berlin'". Der Ich-Erzähler der „Briefe" inszeniert sich dabei als Flaneur, der bei seinem Streifzug durch die Stadt die disparatesten Nachrichten aufsammelt und in dem (scheinbar) ungeordneten Nebeneinander von Belanglosigkeit und Relevanz das „publizistisch drängende Problem der Selektivität" darstellt: „Sowohl die Zensur als politische Regulierungsmaßnahme wie das Kriterium der Publikumsgefälligkeit, das in den Bereich von Klatsch und Tratsch weist, entscheiden darüber, welches Ereignis in welcher Form zu einer Nachricht gemacht und veröffentlicht wird." (S. 25) Ironisch-kritisch greift der Ich-Erzähler sodann das Phänomen der Popularisierung des „Lieds der Brautjungfern" aus Carl Maria von Webers Oper „Der Freischütz" (Uraufführung 1821 in Berlin) auf, ein Lied, das buchstäblich in aller Munde ist und „zum Bestandteil des Berliner Alltagslebens" wird, wobei gerade in der Herauslösung aus seinem ursprünglichen

---

P. Czezior (✉)
Verlagsgruppe Random House GmbH, München, Deutschland
E-Mail: Patricia.Czezior@penguinrandomhouse.de

Kontext die Gefahr dieses Volksliedes liegt, wie Binczek herausstellt. So „veranschaulicht die Dynamik des ‚Lieds der Brautjungfern' eine Kollektivität der ‚Gleichsinnigkeit', die sich fortwährend reproduziert und ausbreitet, um stets dasselbe zu wiederholen und im Zuge dessen gefährlich, weil vereinnahmend zu expandieren." (S. 35).

Im zweiten Aufsatz „‚Überall nur Personen': Heinrich Heines Kritik am Personenkult" verortet Marco Rispoli Heines Standpunkt im Spannungsfeld von ‚Öffentlichkeit' vs. ‚Privatheit' bzw. der Unterscheidung einer repräsentativen Funktion und der individuellen Persönlichkeit. Ausgehend von der Prämisse, dass in der Moderne „die Aufmerksamkeit für die Besonderheiten und das Privatleben der öffentlichen Menschen" (S. 39) an Bedeutung gewinnt (im Unterschied zu vorherigen Epochen, die die Funktion und die machtverleihenden Attribute eines Würdenträgers in den Mittelpunkt stellten und seine Individualität ausblendeten), konstatiert Rispoli, dass Heine die Problematik eines „Personenkults" voraussieht und gewohnt kritisch jedem „Anspruch auf geistige Führerschaft" eine klare Absage erteilt: „Statt Zuflucht im Pathos der Distanz zu suchen, hat er auf die fragile Menschlichkeit des Einzelnen, allen voran der eigenen Fragilität [sic!] hingewiesen." (S. 51).

Ebenfalls mit den „Briefen aus Berlin" und zudem mit den „Französischen Zuständen" beschäftigt sich Dorothea Walzer und geht der Frage nach, inwieweit Heine versatzstückartig „Gerüchte" in seine (zumindest dem Anschein nach) tagesaktuellen Berichte aus Berlin und Paris einarbeitet („‚Was giebt's neues …?' Klatsch und Gerücht bei Heinrich Heine"). Dabei wertet Heine zunächst nicht, sondern begreift und kolportiert Neuigkeiten aller Art gleichsam als die Stimme des Volks, er bildet „die Zirkulation des Klatsches im Kaffeehaus" ab, ist aber bereits sensibilisiert für „die Warenförmigkeit einer im Entstehen begriffenen Öffentlichkeit" (S. 61): Der Journalist hat sich an einer „öffentlichkeitswirksame[n] Diskussion über populäre Stoffe" (S. 61) zu orientieren und zu beteiligen, so er sich wirtschaftlich durchsetzen will. In diesem Zusammenhang erwähnt Walzer ebenfalls den Erfolg des „Jungfernkranz"-Liedes aus dem „Freischütz" (ein „vermaledeite[s] Lied", das „den Autor den ganzen Tag" verfolge (S. 60)). Indem Heine das Gerücht als gleichsam ungefilterten Ausdruck der „öffentlichen Meinung" (S. 65) in seinen Schriften nicht nur zitiert, sondern mitunter auch zu seinen Zwecken instrumentalisiert, unterstreicht er, wie Walzer resümiert, sein Unterfangen, weniger um „der Wahrheit der Situation", sondern vielmehr der „Wahrheit des öffentlichen Diskurses näherzukommen" (S. 74), eine Wahrheit, die immer in der Vielstimmigkeit liegt, wie sich ergänzen ließe – wobei die Vielstimmigkeit aufgrund der damaligen Zensur ihre Existenzberechtigung behaupten muss.

Den „größten literarischen Skandal der späten 1820er Jahre" (S. 85), nämlich den von Heine u. a. in den „Bädern von Lucca" ausgetragenen Streit mit seinem Dichterkonkurrenten August von Platen, thematisiert Andreas Stuhlmann („‚Entsetze dich nicht, lieber Leser, es ist ja alles nur Scherz'. Heinrich Heines literarische Polemik und das Arsenal des Populismus"). Der durch satirische Verse Karl Immermanns, die Platens Dichtkunst verspotten und von Heine als

„Gastbeitrag" (S. 80) in die „Reisebilder" aufgenommen werden, angestoßene Schlagabtausch wird vor Publikum ausgetragen und geht auf beiden Seiten von einer Diffamierung der literarischen Produktion zu einer Diffamierung des jeweiligen Gegners über. „Der Konflikt", so Stuhlmann, ist dabei „ein ökonomischer Konflikt um Aufmerksamkeit und Leser, aber auch eine Auseinandersetzung zwischen zwei selbsternannten Prätendenten um die Führungsrolle in der Literatur ihrer Zeit" (S. 89). Beide Dichter überschreiten dabei eine Grenze und beschädigen nicht nur den Ruf des anderen, sondern auch ihren eigenen. Die „populistische Intervention" (S. 93), wie Stuhlmann Heines Vorgehen bezeichnet, ein Begriff, der aber auch auf Platens Polemik zuträfe, schlägt also eher fehl, sollte sie als strategisches Mittel zur Steigerung der eigenen Bekanntheit gedacht sein.

Der zweite Themenblock „Popularität und Volkstümlichkeit" wird von Norbert Otto Eke eröffnet, der anhand von Gedichten Heinrich Heines und August Heinrich Hoffmann von Fallerslebens analysiert, inwieweit in einem sich zunehmend politisierenden literarischen Diskurs „eingängig[e], zumal volkstümlich[e] und volksliedhaft[e] Formen" (S. 100) als strategisches Mittel eingesetzt werden, um ein möglichst großes Publikum zu erreichen. Ein Publikum, von dem in der ersten Hälfte des 19. Jahrhunderts nicht immer eine *literacy* vorausgesetzt werden kann, weshalb eine nah an der Mündlichkeit konzipierte „systemkritisch[e] Gebrauchslyrik" (S. 100) als probates Medium erscheint. Es sind in den „1830er Jahren" die Autoren des Jungen Deutschland, die eine „literarisch[e] Revolution" auslösen, „welche die wesentlichen Voraussetzungen für die allgemeine Popularisierung der Literatur erst schuf: mit einem neuen Stil- und Sprachgestus, der die Trennung zwischen ,hoch' und ,niedrig', Dichtung und Tagesliteratur, Poesie und Journalistik weitgehend hinter sich ließ." (S. 106) Von Hoffmann von Fallersleben, einem „Tendenzdichter" (S. 112), grenzt sich Heine dabei explizit ab und sucht etwa in seinem Gedicht „Die schlesischen Weber" seine eigene „Verbindung von politischem und ästhetischem Anspruch" „zum Ausdruck" zu bringen, wie Eke erläutert (S. 113). Dass Heine die „Darstellung eines zielgerichteten politischen Handelns" bewusst ausspart, mindert in keiner Weise die eindringliche Bildkraft seiner „agitatorisch-lyrischen Rede" (S. 115).

In dem daran anschließenden Beitrag „Philologisierung der Politik. Das Volk bei Jacob Grimm" skizziert Jakob Norberg, wie sich Jacob Grimm das „Volk" vorstellte, nämlich definiert durch „die Konturen der Sprache allein, ungeachtet anderer gesellschaftlicher oder topographischer Tatsachen" (S. 122) – eine Idee, die er 1846 auf dem ersten deutschen Germanistenkongress in Frankfurt a. M. präsentierte. Während die Brüder Grimm in ihrer Märchensammlung in Einklang mit dieser Idee die „authentisch klingende[n] Stimmen des Volkes" (S. 131) zu dokumentieren bestrebt sind, geht es Heine dort, wo er auf „einen volkstümlichen Ton" (S. 132) rekurriert, vielmehr um die direkte Ansprache der Emotionen seines Publikums. Daher, so Norberg, „waren Heine und die Brüder Grimm Konkurrenten auf dem ideologisch so wichtigen Feld des Volkstümlichen" (S. 132).

Die weiteren Beiträge entfernen sich sowohl thematisch als auch zeitlich von Heine und eröffnen weitere Themenfelder; so geht Marcus Twellmann der allen voran von Jean-Jacques Rousseau stilisierten Opposition von Stadt- vs. Landleben nach („Populismus und Landliteratur (Rousseau, Auerbach, Williams)"). Die Linien dieses bis zum Konflikt verschärften Gegensatzes lassen sich bis in die Gegenwart verfolgen, wobei sich eine „urbanozentrische Fortschrittsideologie" (S. 148) und die Verklärung einer (scheinbar) ursprünglichen Lebensform oft unversöhnlich gegenüberstehen.

Den dritten und letzten Themenblock „Streitkultur und Populismus" eröffnet Roman Widder mit seinem Beitrag über die Ausdifferenzierung in eine „modern[e] Unterhaltungsliteratur" und in Konkurrenz dazu eine „ins Hermetische fliehend[e], ernst[e] Kunstliteratur" (S. 156), wobei er als Protagonisten der beiden entgegengesetzten Positionen Gottfried August Bürger und Friedrich Schiller anführt („Popularität, das ökonomische Unbewusste. Bürger, Schiller, Beck"). „Schillers Invektive" gegen Bürger ist dabei, so Widder, „das Dokument einer unmittelbaren Konkurrenzsituation, die nur darum notwendig wird, weil zwischen Schiller und Bürger eben keine prinzipielle Publikumsdifferenz besteht" (S. 165) – auf einem sich diversifizierenden Literaturmarkt wird das Buch zu einer Ware und die Aufmerksamkeit der potentiellen Rezipienten zu einer knappen Ressource. Im Kampf um diese Ressource kann sogar eine antisemitisch gefärbte, populistische Vereinfachung zum probaten Stilmittel werden, wie Widder am Beispiel von Karl Isidor Beck und seinem Angriff auf das Haus Rothschild zeigt (obgleich Beck freilich selbst Jude war, was, wie Widder einschränkend ergänzt, nicht außer Acht gelassen werden darf).

Andrea Krauß beleuchtet am Beispiel von Else Lasker-Schüler und ihrer im Selbstverlag erschienen öffentlichen Schrift „Ich räume auf! Meine Anklage gegen meine Verleger" die Voraussetzungen des Literaturmarktes in den Jahren nach dem Ersten Weltkrieg, in denen viele Autorinnen und Autoren um ihr ökonomisches Überleben kämpfen mussten („Aufräumen. Else Lasker-Schülers politische Praxis"). Die Intention, die Lasker-Schüler mit ihrer Schrift verfolgt, ist dabei oszillierend und nicht eindeutig zu belegen, wie Krauß aufzeigt. Es scheint der Dichterin eher um ein Sichtbarmachen der Diskursivität bestimmter Prozesse der Literaturproduktion und -vermarktung zu gehen – und große Aufmerksamkeit von Seiten des Publikums wurde ihrer Streitschrift in jedem Fall zuteil (Lasker-Schüler „veranstaltete" „seit November 1923" auch Lesungen ihrer Schrift (S. 181)).

Der Band schließt mit dem Beitrag Peter Uwe Hohendahls, der ausgehend von Carl Schmitt – dessen Kritik der liberalen Strukturen auch bei Andrea Krauß bereits thematisiert wird – und Jürgen Habermas in der Gegenwart eine „populistische Öffentlichkeit" (S. 220) diagnostiziert, die Habermas („Strukturwandel der Öffentlichkeit. Untersuchungen zu einer Kategorie der bürgerlichen Gesellschaft") in ihrer konkreten Erscheinungsform so nicht voraussehen konnte. Hohendahl gelangt zu dem ernüchternden Fazit, dass gerade die neuen sozialen Medien, die auf Seiten „populistischer Führer" als „hochwirksame Instrumente" fungieren, „eine liberale Öffentlichkeit [...] zerstören". Somit bewahrheitet sich am Ende gar eine „‚illiberale' Entwicklung der Demokratie, die Schmitts Theorie seit den 1920er Jahren als eine mögliche, sogar wahrscheinliche Entwicklung vorausgesagt hatte" (S. 221).

Der Band gewährt insgesamt einen breit gefächerten und differenzierten Einblick in eine fachübergreifend aktuelle Thematik, wobei das Hauptaugenmerk der Literaturwissenschaft gilt. Besonders für die Heine-Forschung wertvoll sind diejenigen Beiträge, die sich explizit mit dem Dichter befassen. Da Heine selbst als ein Wegbereiter neuer Kommunikationsformen gilt (z. B. durch den journalistisch-feuilletonistischen Ton seiner „Reisebilder" und später der „Französischen Zustände") und da er zudem durch die Zensur, die Angriffe gegen seine Werke (und seine Person) und schließlich durch das Exil in Paris seine eigene Position auf dem Literaturmarkt immer wieder neu verorten musste, kann er in jedem Fall als würdige Leitfigur der Thematik ‚Popularität' und ‚Populismus' fungieren. Die einzelnen Beiträgerinnen und Beiträger legen dies auch überzeugend dar; lediglich hin und wieder wäre es denkbar gewesen, die Metaebene noch deutlicher zu betonen bzw. von der Inhaltsebene zu unterscheiden, denn Heine prangerte sowohl populistisches Gebaren an (man denke beispielsweise an Atta Troll, den „Tendenzbär[en]") und nutzte aber andernorts durchaus auch Strategien populistischer Rede (wie ja mitunter auch aufgezeigt wird).

Ein weiteres Desiderat wäre, die für die Beiträge grundlegenden Begrifflichkeiten des ‚Populismus' und der ‚Popularität', evtl. ergänzt durch die implizit mitklingende ‚Propaganda', in einem eigenen kleinen Beitrag oder auch im Rahmen eines begriffsphilosophischen Exkurses greifbarer zu machen. Denn das Thema und seine einzelnen Facetten, die auch Bereiche wie den Literaturmarkt und seinen diachronen Wandel oder die Wahrnehmung bzw. Inszenierung von Öffentlichkeit und Privatsphäre betreffen, sind gerade heute von besonderer Relevanz, wenn selbst in Demokratien die Medien im Spannungsfeld zwischen Partikularinteressen, einer möglichen staatlichen Beeinflussung und dem Werben um ihr Publikum stehen, wie Peter Uwe Hohendahl anschaulich aufzeigt.

Patricia Czezior

Heine-Literatur 2020 mit Nachträgen

Zusammengestellt von Elena Camaiani

1 Primärliteratur
   1.1 Gesamtausgaben
   1.2 Einzelausgaben und Teilsammlungen
   1.3 Texte in Anthologien
   1.4 Übersetzungen
2 Sekundärliteratur
   2.1 Studien zu Leben und Werk
   2.2 Untersuchungen zur Rezeption
   2.3 Forschungsliteratur mit Heine-Erwähnungen und -Bezügen
3 Literarische und künstlerische Behandlung von Person und Werk
   3.1 Literarische Essays und Dichtungen
   3.2 Werke der Bildenden Kunst
   3.3 Werke der Musik, Vertonungen
4 Rezensionen
5 Allgemeine Literatur mit Heine-Erwähnungen und -Bezügen

1 Primärliteratur

1.1 Gesamtausgaben

1.2 Einzelausgaben und Teilsammlungen

Heine, Heinrich: Belsazar und Loreley. Nachdichtungen von biblischen Texten, sowie deutscher Märchen und Sagen. Zusammengestellt von J. Heinrich Heikamp. Berlin 2018. 56 S. (Bibliothek rheinischer Dichter; 3).
Heine, Heinrich: Deutschland. Ein Wintermärchen. Gelesen von Moritz Otto. Eine Prod. des Heinrich-Heine-Instituts. Düsseldorf 2019. 2 CDs.
Heine, Heinrich: Essays über Frankreich. Französische Maler, französische Zustände, über die französische Bühne, Lutetia. Joerg K. Sommermeyer (Hrsg.). Berlin 2019. 360 S. (Heinrich Heines ausgewählte Werke; 5. Orlando Syrg Taschenbuch; 2019, 14. Reihe alte Tradition Azurcelesteblueoscuro; 26. Exemplarische Werke der Weltliteratur).
Heine, Heinrich: Ich rede von der Cholera. Ein Bericht aus Paris von 1832. Hrsg. und mit e. Vorw. von Tim Jung. 2. Aufl. Hamburg 2020. 59 S.: Ill.
Heine, Heinrich: Ein kühnes Beginnen ist halbes Gewinnen. Aphorismen. Mit Bildern von Jutta Mirtschin. Berlin 2020. 55 S.: Ill.
Heine, Heinrich: Das Märchen meines Lebens. Poetische Selbstporträts. Hrsg. von Christian Liedtke. Hamburg 2020. 287 S.

1.3 Texte in Anthologien

„Als es noch richtige Winter gab". Ein Lesebuch. Ausgew. von Matthias Reiner, mit Fotogr. von Isolde Ohlbaum. Sonderausg. Berlin 2019. 97 S.: Ill. (Insel-Bücherei; 1413).
Auf dem Rücken der Pferde liegt das Glück dieser Erde. 700 Weisheiten für alle Pferdefreunde. Albrecht Behmel [Hrsg.]. Augsburg 2006. 160 S.: Ill.
Begegnungen. Eine Anthologie. Hrsg. von Bianca Blessing. Birnbach 2019. 172 S.
Die besten deutschen Geschichten und Gedichte. Ausgew. von Marcel Reich-Ranicki. Berlin 2020. 638 S. (Insel-Taschenbuch; 4805).
Die blaue Blume. Gedichte der Romantik. Ausgew. von Dietrich Bode. Stuttgart 2013. 80 S.
Caspar David Friedrich trifft Dichter der Romantik. Hrsg. von Michael Grus. Ditzingen 2020. 144 S.: Ill.
„Du gehst so stille". Der Mond in Bild und Gedicht. Ausgew. von Henriette Weizenkamp. Ditzingen 2020. 127 S.: Ill.
Dutli, Ralph: Das Gold der Träume. Kulturgeschichte eines göttlichen und verteufelten Metalls. Göttingen 2020. 238 S.

Fremdheitserfahrungen in lyrischen Texten. Lyrik vom Barock bis zur Gegenwart, Einführungsphase Deutsch. Niklas Discher (Hrsg.). 2. überb. und erw. Aufl. Norderstedt 2019. 51 S.

Der Garten ist mein Paradies. Zusammengestellt von Frank Suchland. Vachendorf 2020. 52 S.: Ill. (Gedichte für die Hosentasche; 7).

Gedichte & Balladen. Gestaltung und Satz: Simone Halfar. Renningen 2012. 176 S.: Ill.

Gedichte fürs Gedächtnis. Zum Inwendig-Lernen und Auswendig-Sagen. Ausgew. und komm. von Ulla Hahn. Mit e. Nachw. von Klaus von Dohnanyi. Leicht akt. Ausg. München 2020. 307 S.

Gedichte zum Gedächtnistraining. Brigitte Beck (Hrsg.). München 2020. 288 S.

Geh aus mein Herz. Gedichte über Fernweh und Reiselust. Zusammengestellt von Martha Schoknecht. Zürich 2019. 199 S.: Ill.

Grippe, Cholera und Pest. Seuchen in der Literatur aus vier Jahrhunderten. Hrsg. von Dieter Kiepenkracher. Norderstedt 2020. 178 S.

Hamburg zum Verweilen. Hrsg. von Antje Flemming und Folke Havekost. Gestaltet von Katinka Reinke. Ditzingen 2020. 112 S.: Ill.

Handarbeit. Hrsg. von Christiane Holm. Berlin 2020. 208 S.: Ill. (Handliche Bibliothek der Romantik; 5).

Heimat – darf ich das sagen? Geschichten und Gedichte zum Thema Heimat. Clemens von Ramin [Sprecher]. Hamburg 2006. 2 CDs.

Hellwache Nächte. Gedichte. Hrsg. von Hiltrud Herbst und Doris Mendlewitsch. Ditzingen 2013. 128 S. (Reclams Universal-Bibliothek; 19063).

Ich schenk' dir einen Glitzerstern. Lieder und Geschichten zur Weihnachtszeit. Dorothée Kreusch-Jacob (Hrsg.). Mit Bildern von Martina Mair. Mainz [u. a.] 2007? 178 S. + 1 CD.

Köln zum Verweilen. Mit Geschichten die Stadt entdecken. Hrsg. von Bernd Imgrund. Gestaltet von Katinka Reinke. Ditzingen 2020. 112 S.

Die Kunst des Gehens. Ein literarischer Wegbegleiter. Hrsg. von Stefan Geyer. Wiesbaden 2019. 287 S.

Leonhardt, Roland: Die passende Anekdote zu jedem Anlass. Witzig und geistreich. Für Reden, Small Talk und vieles mehr. Hannover 2010. 213 S.

Das Lexikon der Geistesblitze. Die witzigsten Gedanken aller Zeiten in einem Band. Hrsg. von Johannes Thiele. München 2018. 312 S.: Ill.

Mein Garten, mein Paradies. Geschichten, Gedichte und Lieder. Von und mit Julia Nachtmann, … Hamburg 2019. 1 CD (75 Min.) + 1 Booklet (4 ungez. S.). (Goya NiCE. Hören, genießen).

„Mir träumte, du bliebest mir gut". Die schönsten Liebesgedichte. Ausgew. von Matthias Reiner. Mit Ill. von Isabel Pin. Berlin 2020. 82 S.: Ill. (Insel-Bücherei; 2525).

Oh Meer, oh Gestade! Zitate über das Meer und seine Faszination. Zusammengetragen von Christian Olearius. Randowtal 2017. 174 S.

Rätselspaß mit deutschen Dichtern. Hrsg. und komm. von Walter Hansen. Daun 2020. 126 S.

Reclams Winterbuch. Geschichten und Gedichte für die kalte Jahreszeit. Mit Vignetten von Andrea Schneider. Ditzingen 2019. 175 S.: Ill.
Säkularisierung. Grundlagentexte zur Theoriegeschichte. Hrsg. von Christiane Frey, Uwe Hebekus und David Martyn. Berlin 2020. 765 S. (Suhrkamp-Taschenbuch Wissenschaft; 2203).
Stadt. Hrsg. von Dagmar von Wietersheim. Berlin 2020. 191 S.: Ill. (Handliche Bibliothek der Romantik; 6).
Statt Champagner. Gute Gedanken fürs neue Jahr. Ditzingen 2019. 78 S.: Ill. (Reclams Universal-Bibliothek; 19621).
Sternennacht und Schneegeflüster. Wissenswertes, Bräuche und Legenden rund ums schönste Fest des Jahres. München 2019. 94 S. (Edition deluxe).
Teufelsgeschichten. Hrsg. von Günter Oesterle. Berlin 2020. 206 S.: Ill. (Handliche Bibliothek der Romantik; 4).
Tweet this Book. The 1,400 greatest Quotes of all Time in 140 Characters or less. Compiled and ed. by Sayre Van Young and Marin Van Young. Berkeley, CA 2011. 176 S.
Unsterblich duften die Linden. Bäume – wie Dichter sie sehen. Hrsg. von Olaf Daecke. Neuausg. Stuttgart 2013. 125 S.
„Virtuosen der Lüfte". Vögel in Bild und Gedicht. Ausgew. von Luise Marohn. Ditzingen 2019. 125 S.: Ill.
„Von Engelsflügeln getragen". Himmlische Boten in Bild und Gedicht. Ausgew. von Friederike Wienefeld. Ditzingen 2019. 126 S.: Ill.
Wackernagel, Sabine: Abgefahren und mitgehört. Eine Schauspielerin spitzt die Ohren und zitiert Gedichte. Ill.: Dorothee Swinke. Berlin 2019. 144 S.: Ill.
„Wenn der Wald im Winde rauscht". Bäume in Bild und Gedicht. Ausgew. von Luise Marohn. Ditzingen 2019. 126 S.: Ill.
Wintertraum und Mandelduft. 24 Geschichten, Gedichte und Lieder zur Adventszeit. Sprecherinnen und Sprecher: Rolf Nagel, … Kompilation: Theresa Stooß. Hamburg 2019. 1 CD + 1 Booklet (4 S.). (Goya NiCE. Hören, genießen).

1.4 Übersetzungen

Deutsche Gedichte zweisprachig. (Kurmancî-Kurdisch / Deutsch). Hrsg. und übers. von Abdullah İncekan. Wiesbaden 2020. 111 S.
Heine, Heinrich: Cesta Harcem. Přeložila Kamila Jiroudková, verše přeložil František Hrubín. Předmluvu napsal Štěpán Zbytovský. Praha 2020. 150 S. [Die Harzreise <tschech.>].
Heine, Heinrich: Dal „letto-tomba". Poesie. 1853 e 1854. Trad. e note die Sergio Baldelli. Ed. bilingue. O. O. 2019. 198 S.
Heine, Heinrich: Hebrew Melodies. Ill. by Mark Podwal. Transl. by Stephen Mitchell and by Jack Prelutsky. Pennsylvania 2019. XI, 102 S. (Dimyonot).
Heine, Heinrich: Homage to Heinrich Heine [1797–1856]. Some transl. by David Dearlove. Penzance 2019. 37 S.

Heine, Heinrich: De Lorelei en andere gedichten. Opnieuw vertaald [uit het Duits] door Jan-Paul van Spaendonck. Tekening van Rosanne van Spaendonck. Kalmthout 2020. 55 S.: Ill. [Oplage van 35 genummerde exemplaren]. [Ich weiß nicht, was soll es bedeuten <niederl.>].

Heine, Heinrich: Romansero. Bimini. Çev.: Serdar Dinçer. Ankara 2016. 320 S. [Romanzero, Bimini <türk.>].

Heine, Heinrich: Romantizm okulu. Almancadan çev.: Ömer B. Albayrak. Istanbul 2015. 205 S. (Yapı Kredi Yayınları; 4480. Yapı Kredi yayınları. Kâzım Taşkent klasik yapıtları dizisi; 93.) [Die romantische Schule <türk.>].

Heine, Heinrich: Şarkılar Kitabı. Çev.: Behçet Necatigil. 2. Baskı. Istanbul 2016. 286 S. (Şiir; 210. Yapı Kredi Yayınları; 239). [Buch der Lieder <türk.>].

Heine, Heinrich: Tableaux de voyage. Trad. et éd. critique par Claire Placial. Paris 2019. 602 S. (Littératures du monde; 25). [Reisebilder <franz.>].

Heine, Heinrich: Le tambour Legrand. Idées. Précédé d'une etude sur Heine par Théophile Gautier. Dessins de Jochen Stücke. Avec un essai de Georges-Arthur Goldschmidt et une postface de Sylvie Le Ray-Burimi. Paris 2017. 149 S.: Ill. [Ideen. Das Buch Le Grand <franz.>].

Literatura-mundo comparada. Perspectivas em português. Coordenação geral: Helena Carvalhão Buescu. Parte 2: O mundo lido: Europa; Vol. 3. Lissabon 2018. 739 S. [Übers. von „Ideen: Das Buch Le Grand", Kap. VI. S. 350–253]. – Parte 2: O mundo lido: Europa; Vol. 4. Lissabon 2018. 781 S. [Übers. von „Mit Myrten und Rosen, lieblich und hold". S. 95].

Spinoza's Challenge to Jewish Thought. Writings on his Life, Philosophy, and Legacy. Ed. by Daniel B. Schwartz. Waltham, Massachusetts 2019. XXXII, 264 S. (The Tauber Institute Series for the Study of European Jewry. The Brandeis Library of Modern Jewish Thought). [„On the History of Religion and Philosophy in Germany". S. 67–76].

Sülgüüd. Gjotjc Shilljcr Khöldjcrlin Khajnje Nacagdorzh Galsan = Gedichte. Göthe Schiller Hölderlin Heine Nazagdorzh Galsan. Hrsg.: Luwsandorsh Namshildorsh. Ulaanbaatar 2009. 270 S.: Ill. [Heine-Gedichte in mongolischer Übers. S. 162–238].

Wortfolge 4, 2020, 1/2. [„Das Fräulein stand am Meere" <poln.>].

2 Sekundärliteratur

2.1 Studien zu Leben und Werk

Akbarov, A.: Haynrih Haynening „Qarag'ay" she'ri va uning tarjimalari haqida. – In: Nauchnyy vestnik Fergu 2018, 6. S. 83–87.

Albayrak, Ömer B.: Köpek Dişli Dionysos. Çev. Önsözü. – In: Heine, Heinrich: Romantizm okulu. Almancadan çev.: Ömer B. Albayrak. Istanbul 2015. S. 7–31.

Arendt, Hannah: The Jew as Pariah. A hidden Tradition. – In: Dies.: Sechs Essays. Die verborgene Tradition. Hrsg. von Barbara Hahn. 2. Aufl. Göttingen 2019. (Kritische Gesamtausgabe; 3). S. 184–203.

Arendt, Hannah: Die verborgene Tradition. – In: Dies.: Sechs Essays. Die verborgene Tradition. Hrsg. von Barbara Hahn. 2. Aufl. Göttingen 2019. (Kritische Gesamtausgabe; 3). S. 64–85.

Bassani, Florian: Heines Kastraten als Verständnishilfe. – In: Ders.: Kunstgesang um 1800. „Wie es der Komponist aufgeschrieben hat, und wie es ein verständiger Sänger singt". Zum Verhältnis zwischen notierter und gesungener Melodie in deutschen Schriften zur Aufführungspraxis. Beeskow 2018. (Ortus-Studien; 23). S. 191–192.

Benedict, Hans-Jürgen: „Ganz mein Herz ausschütten vor dem Allerhöchsten". Des kranken Heinrich Heine Rückkehr zu einem „persönlichen Gott". – In: Ders.: „Wär ich allmächtig, ich würde retten, retten". Aufsätze zur Gottesfrage in der deutschen Literatur. Stuttgart 2019. S. 85–88.

Binczek, Natalie: „Folgen Sie mir nur ein paar Schritte". Heinrich Heines „Briefe aus Berlin". – In: Medien öffentlicher Rede nach Heine. Zwischen Popularität und Populismus. Hrsg. von Dorothea Walzer. Berlin 2020. (Zeitschrift für deutsche Philologie / Beihefte; 18). S. 21–36.

Block, Richard: Heinrich Heine's ,The Rabbi of Bacherach' and the Ends of Judaism. – In: CR: The Centennial Review 19, 2019, 2. S. 47–67.

Böttcher, Bas: Die Poetry-Slam-Expedition: Bas Böttcher. [Hrsg. von Peter Bekes ...]. Teil: Arbeitsheft: Texte, Tracks und Clips. Erarb. von Almut Hille, Matthias Schönleber. Druck A 3. Braunschweig 2015. 64 S.: Ill.

Bohrer, Karl Heinz: Stil treibt Gesinnung aus. Heinrich Heines politische Prosa. – In: Ders.: Kein Wille zur Macht. München 2020. (Edition Akzente). S. 137–162.

Bormuth, Matthias; Liedtke, Christian: Heinrich Heine: Schreiben im Exil. Ein Gespräch. Oldenburg Eins, 16.11.2020. Oldenburg 2020. 1 DVD (1 Std.).

Brenner-Wilczek, Sabine: 22. Forum Junge Heine-Forschung 2019 mit neuen Arbeiten über Heinrich Heine. – In: HJb 59, 2020. S. 267–269.

Brumlik, Micha: Hegels Juden. Reformer, Sozialisten, Zionisten. Berlin 2019. 182 S. (Jüdische Kulturgeschichte in der Moderne; 17). [„Heinrich Heine". S. 88–102].

Bürger, Jan: Zwischen Himmel und Elbe. Eine Hamburger Kulturgeschichte. München 2020. 383 S. [Kap. 28: „Die Heines in Ottensen". S. 250–259; weitere Erwähnungen].

Burt, Daniel S.: The literary 100. A Ranking of the most influential Novelists, Playwrights, and Poets of all the Time. Rev. Ed. New York, NY 2009. XVII, 541 S.: Ill. [„Heinrich Heine". S. 474–478].

Calvié, Lucien: Le renard et les raisins. La révolution française et les intellectuels allemands 1789–1845. Éd. revue et augmentée. Parthenay 2018. 294 S. [Kap. 9: „Heine, la révolution, la pologne, Hegel et les „libertés germaniques"". S. 169–184; weitere Erwähnungen].

Cambi, Fabrizio: Il poema ‚Atta Troll' di Heinrich Heine. L'orso e il canto des poeta. – In: Fillide, 2020, 20. S. 1–6.

Caramazza, Gabriele: L'approccio filosofico ed esistenziale di Heine alla religione. Sesto San Giovanni 2019. 132 S. (Sisifo; 16)

Carey, John Wakayama: A little History of Poetry. New Haven; London 2020. 312 S.: Ill. [Kap. 20: „From Romanticism to Modernism in German Poetry. Goethe, Heine, Rilke". S. 137–144].

Carlebach, Elisheva: Foreword. – In: Heine, Heinrich: Hebrew Melodies. Ill. by Mark Podwal. Transl. by Stephen Mitchell and by Jack Prelutsky. Pennsylvania 2019. (Dimyonot). S. VIII–XI.

Castañón, Adolfo: Los dioses en el exilio. Heinrich Heine. Presentación. – In: Istor 8, 2007, 30. S. 114–136.

Chiarini, Paolo: Alle origini dell'intellettuale moderno. Saggio su Heine. – In: Ticontre 2017, 7. S. 303–376.

Colummi Camerino, Marinella: Nievo – Heine. Note a margine di una questione aperta. – In: Ippolito Nievo traduttore e tradotto. Atti della Giornata di studio – 16 novembre 2017, Università degli studi di Roma „Tor Vergata". A cura di Mariarosa Santiloni. Florenz 2018. (Quaderni della Rassegna; 148). S. 91–100.

Conway, David: Heinrich Heine's ‚Faust' Ballet Scenario, 1846–1948. – In: The Oxford Handbook of Faust in Music. Ed. by Lorna Fitzsimmons and Charles McKnight. New York, NY 2019. (Oxford Handbooks). S. 483–501.

Cooper, Gabriele: Facing East. Orientalism and Anti-Semitism in Heine's ‚Hebräische Melodien'. – In: seminar 56, 2020, 1. S. 55–74.

Czezior, Patricia: „[W]o etwas Neues mit dem Alten im Kampfe liegt". Heinrich Heines und Karl Immermanns München-Bild. – In: Beiträge zur bayerischen Geschichte, Sprache und Kultur 2, 2019. S. 75–105.

Dahl, Sverre: Heinrich Heine (1797–1856). Slutten på romantikken. – In: Ders.: Gjensyn med Wien og Weimar. Østerrikske modernister og tyske klassikere og romantikere. Oslo 2019. S. 319–331.

Danneck, Anna: „Mutterland der Civilisazion und der Freyheit". Frankreichbilder im Werk Heinrich Heines. Würzburg 2020. 282 S. (Epistemata / Reihe Literaturwissenschaft; 919).

De Angelis, Enrico: „Dio è morto" da Schiller a Heine. – In: Interpretazioni. Studi in onore di Guido Paduano. A cura di Alessandro Grilli e Francesco Morosi. Pisa 2019. (Studi classici e orientali; 65, II). S. 547–566.

Di Noi, Barbara: Tra Firenze, Parigi e Amsterdam. Le ‚Notti fiorentine' e lo ‚Schnabelewopski' di Heine. – In: L'utopia alla prova dell'umorismo. Per una prassi e una poetica del discorso universitario. Atti delle Giornate di studi utopici, Università degli studi di Milano, 1–2 dicembre 2016. A cura di Francesco Adriano Clerici, Sara Di Alessandro, Rosalba Maletta. Mailand 2018. (Eterotopie; 543). S. 151–172.

Dinçer, Serdar: Önsöz. – In: Heine, Heinrich: Romansero. Bimini. Çev.: Serdar Dinçer. Ankara 2016. S. 7–57.

Dittrich, Marie-Agnes: Schubert und Heine im großen preußischen Waffenlager. Zum „verdächtigen Untertitel" des Gemäldes ‚Im Etappenquartier vor Paris' (1894) von Anton von Werner. – In: Musik im Zusammenhang. Festschrift Peter Revers zum 65. Geburtstag. Hrsg. von Klaus Aringer, Christian Utz und Thomas Wozonig. Wien 2019. S. 237–256.

Drost, Wolfgang: Der Dichter und die Kunst. Kunstkritik in Frankreich. Baudelaire, Gautier und ihre Vorläufer Diderot, Stendhal und Heine. Unter Mitw. von Ulrike Riechers. Heidelberg 2019. 317 S.: Ill. (Reihe Siegen; 80). [Kap. 5: „Heinrich Heine (1797–1856)". S. 85–98; weitere Erwähnungen].

Ehinger, Franziska: Utopie und Destruktivität. Bäume in der deutschen Lyrik. Würzburg 2019. 286 S. [Kap. 5.3.5: „Der Maskierte: Ein Fichtenbaum steht einsam ... (Heinrich Heine)". S. 204–205].

Elder, Lara Frances: Heinrich Heine in Paris. The Poetics and Politics of Self-Fashioning. Oxford, Univ., New College, Diss., 2011. XVII, 317 S.

Frank, Karlhans: „Als Harry in die Schule ging". – In: Zebra. Bd. 3.: [Hauptw.] = Lesebuch. [Erarb. von Stephanie Brettschneider ...]. Stuttgart; Leipzig 2011. S. 14–15.

Frank, Ursula: Deutsche Liebeslyrik. Sekundarstufe II. Lektüreschlüssel für Schülerinnen und Schüler. Stuttgart 2008. 92 S. (Reclams Universal-Bibliothek; 15402). [Kap. 3.5: „Heinrich Heine: Sie saßen und tranken am Teetisch (Vormärz. Junges Deutschland)". S. 37–42].

Fried, István: Beiträge zu den deutsch-ungarischen Literaturbeziehungen im 19. Jahrhundert. Heine und Petöfi. – In: Ungarn-Jahrbuch 30, 2009/2010, 2011. S. 201–218.

Friedl, Gerhard: Gedichte von Heinrich Heine. Gymnasiale Oberstufe. Paderborn 2020. 196 S. (EinFach Deutsch Unterrichtsmodelle).

Fubini, Enrico: Il pensiero musicale del Romanticismo. Torino 2005. 221 S. (Biblioteca di cultura musicale. Risonanze). [Kap. 7: „Heine e la crisi degli ideali romantici". S. 81–108].

Füllner, Karin: „Im Vaterland des Champagners und der Marseillaise". Heinrich Heines Exil in Paris. – In: Deutsche im politischen Exil nach dem Hambacher Fest und der Revolution von 1848/49. Wilhelm Kreutz (Hrsg.). Ostfildern 2020. (Schriften der Siebenpfeiffer-Stiftung; 11). S. 99–112.

Gautier, Théophile: Étude sur Henri Heine. – In: Heine, Heinrich: Le tambour Legrand. Idées. Précédé d'une étude sur Heine par Théophile Gautier. Dessins de Jochen Stücke. Avec un essai de Georges-Arthur Goldschmidt et une postface de Sylvie Le Ray-Burimi. Paris 2017. S. 17–24.

Geck, Martin: So sah die Welt Beethoven. Momentaufnahmen in Wort und Bild aus zweieinhalb Jahrhunderten. Hildesheim 2020. 176 S.: Ill. [Kap.: „Heinrich Heine. ‚... tönende Agonie der Erscheinungswelt ...'". S. 54–55].

Gerber, Kyra: Zwischen Europa und „Nationalkatzenjammer": Zur jüdischen, europäischen und weltweiten Emanzipation bei Heinrich Heine. – In: HJb 59, 2020. S. 56–75.

Gibson, Carl: „Atta Troll" – Heinrich Heines poetische Zeitkritik. Gesamtinterpretation. Geistige Strukturen in Heines vorrevolutionärem Kulturkampf gegen „Tendenzdichtung", Pseudo-Humanismus, -Nationalismus, Religion und Biedermeier-Heuchelei. Versuch einer ideengeschichtlichen Annäherung. Tauberbischofsheim 2019. 413 S. (Schriften zur Literatur, Philosophie, Geistesgeschichte und Kritisches zum Zeitgeschehen; 1).

Goetschel, Willi: „Ich bin die Tat von deinen Gedanken". Heine's nightly Musings. – In: HJb 59, 2020. S. 41–51.

Goldschmidt, Georges-Arthur: Heinrich Heine un „mauvais esprit"? – In: Heine, Heinrich: Le tambour Legrand. Idées. Précédé d'une étude sur Heine par Théophile Gautier. Dessins de Jochen Stücke. Avec un essai de Georges-Arthur Goldschmidt et une postface de Sylvie Le Ray-Burimi. Paris 2017. S. 5–9.

Grossman, Jeffrey A.: France as ‚Wahlheimat' for two German Jews. Heinrich Heine and Walter Benjamin. – In: Spiritual Homelands. The cultural Experience of Exile, Place and Displacement among Jews and others. Ed. Asher D. Biemann, Richard I. Cohen and Sarah E. Wobick-Segev. Berlin 2019. (Perspectives on Jewish Texts and Contexts; 12). S. 153–182.

Häfner, Ralph: Heines Reisen im Kontext der argutia-Poetik. – In: HJb 59, 2020. S. 3–20.

Hahn, Barbara: [Kommentar zu] Die verborgene Tradition. The Jew as Pariah. A hidden Tradition. – In: Arendt, Hannah: Sechs Essays. Die verborgene Tradition. Hrsg. von Barbara Hahn. 2. Aufl. Göttingen 2019. (Kritische Gesamtausgabe; 3). S. 379–394.

Hartmann, Rainer; Stammer, Brigitta; Blümel, Günter: Die Harzreise von Heinrich Heine. Göttingen – Goslar – Brocken – Wernigerode – Rübeland. 7 Original-Etappen. München 2021. 135 S.: Ill. (Rother Wanderbuch).

Hartz, Cornelius: Sehen Sie, so stirbt man also! 55 beste letzte Worte. Darmstadt 2012. 160 S. [„Heinrich Heine". S. 59–62].

Hemming, Antje; Koeppen, Frauke: Gedichte in der 3. und 4. Klasse. [Ill.: Christine Hohenberger]. Garching b. München 2009. 136 S.: Ill. (Materialien für den Unterricht).

Hilbert, Matthias: Taufe und späte Bekehrung. Dichter-Konversionen zum Christentum, Teil II: Heinrich Heine. – In: Deutsches Pfarrerblatt 119, 2019, 12. S. 673–677.

Holub, Robert C.: Storytelling and Telling Stories in Heine's Prose Fiction. – In: Dimensions of Storytelling in German Literature and beyond. „For once telling it all from the Beginnig". Ed. by Kristy R. Boney and Jennifer Marston William. Rochester, NY 2018. (Studies in German Literature, Linguistics, and Culture; 197). S. 111–121.

Hosfeld, Rolf: Welttheater als Tragikkomödie. Heinrich Heines Epochenerfahrung. – In: Zeitschrift für Religions- und Geistesgeschichte 72, 2020, 1. S. 1–12.

Hristea, Mihaela: Heinrich Heines Beitrag zur Verständigung, Toleranz und Kommunikation zwischen Deutschland und Frankreich seiner Epoche. – In: Analele Universitatii Crestine Dimitrie Cantemir / Seria stiintele limbii, literaturii si didactica predarii 2, 2015. S. 141–149.

Husson, Edouard: Paris-Berlin. La survie de l'Europe. Paris 2019. 404 S. [Kap. 2: „Germaine de Staël, Heinrich Heine et le Janus allemand". S. 29–52; weitere Erwähnungen].

Ingelbien, Raphaël: Single or Return, Ladies? The Politics of Translating and Publishing Heine on Shakespeare. – In: Comparative critical Studies 16, 2019, 2/3. S. 181–200.

Jacobi, Bernd: Harzreisende Heinrich Heine, Carl und Joseph Russell 1824. – In: Berichte aus der Familie Russell. Zum 31. ordentlichen Russell'schen Familientag am 29. September 2012 in Quedlinburg. Quedlinburg 2012. S. 19–23.

Jacobsen, Roswitha: Heinrich Heine: ‚Die schlesischen Weber'. Das politische Gedicht als Sprachkunstwerk. – In: Studia Germanistica 2019, 24. S. 77–89.

Jung, Tim: Vorwort.– In: Heine, Heinrich: Ich rede von der Cholera. Ein Bericht aus Paris von 1832. Hrsg. und mit e. Vorw. von Tim Jung. 2. Aufl. Hamburg 2020. S. 9–15.

Kahnt, Hartmut; Beiderwieden, Ralf: Lyrisches Intermezzo. VDS-Fortbildungs-Tagung zum Zentralabitur „Heinrich-Heine-Vertonungen" (Oldenburger Fassung). Verband Deutscher Schulmusiker Niedersachsen. Oldenburg 2018. 41 ungez. S.

Kanning, Julian: Kunst als Ware. Der „arme Künstler" in Heinrich Heines „Der Dichter Firdusi" und Gustave Courbets „Atelier des Künstlers". – In: Reicher Geist, armes Leben. Das Bild des armen Schriftstellers in Geschichte, Kunst und Literatur. Hrsg. von Frank Jacob, Sophia Ebert. Würzburg 2020. S. 69–87.

Kappl, Dominique Lea: August von Platens Tristan-Gedicht und der Angriff Heinrich Heines auf „den Grafen Platen". – In: Der goldene Fisch. „Die besten Schulaufsätze 2008". Bayerische Akademie der Schönen Künste. Hrsg. von Dieter Borchmeyer. München 2008. S. 54–63.

Kashchenko T. L.; Piloyan M. G.: Mifologiya v tvorchestve Genrikha Geyne. Magiya poezii. – In: The Journal of Philological Studies 4, 2019), 3. S. 8–14.

Kaufmann, Sebastian: „Nós, deuses no exílio!". Heine, Nietzsche e os „erros" do homem sobre si mesmo. Trad.: Saulo Krieger. – In: Cadernos Nietzsche 41, 2020, 1. S. 83–103.

Kilchmann, Esther: Die Doppelbödigkeit des biedermeierlichen Stadtbildes. Heinrich Heines ‚Briefe aus Berlin'. – In: Selling Berlin. Imagebildung und Stadtmarketing von der preußischen Residenz bis zur Bundeshauptstadt. Thomas Biskup, Marc Schalenberg (Hrsg.). Stuttgart 2008. (Beiträge zur Stadtgeschichte und Urbanisierungsforschung; 6). S. 91–103.

Klebs, Julia: Der Raub der Proserpina. Kultur- und Geschlechtergeschichte einer mythischen Figur. Berlin 2019. 357 S. [Kap. 5.3: „Heines ‚Unterwelt' zwischen Mythentravestie und Elegie". S. 259–272].

Koithan, Ute; Schmitz, Helen: Aspekte neu. Mittelstufe Deutsch. Teil 2 = B2: [Hauptw.] = Lehr- und Arbeitsbuch. Filmseiten von Ralf-Peter Lösche und Ulrike Moritz. München 2015. 192 S.: Ill. + 1 CD. [„Porträt. Heinrich Heine. Der „entlaufene Romantiker"". S. 68].

Kotaridi, Yuliya G.: Transformatsiya mifa o Pigmalione i Galateye v khudozhestvennoy proze G. Geyne = Transformation of the Myth of Pygmalion and Galatea in H. Heine's artistic Prose, – In: Imagologiya i Komparativistika 13, 2020. S. 49–60.

Krämer, Sandra: Bilder eines Reisenden. Heinrich Heine (1797–1856). – In: Deutsches Ärzteblatt 2018, 10. S. 476–478.

Kreienbrock, Jörg: Passage on a Ship of Fools. Heine, Marx, and Ruge on the Tragedy and Farce of the German Revolution. – In: HJb 59, 2020. S. 23–38.

Kruse, Joseph A.: „An dem Webstuhl des Gedankens". Überlegungen zu Heine und Fontane. – In: HJb 59, 2020. S. 89–138.

Kruse, Joseph A.: Heinrich Heine. – In: Vormärz-Handbuch. Hrsg. von Norbert Otto Eke im Auftrag des Forum Vormärz Forschung. Bielefeld 2020. S. 790–796.

Kruse, Joseph A.: „Wahrlich, wenn Christus doch kein Gott wäre, so würde ich ihn dazu wählen". Über Heinrich Heines Verhältnis zum Christentum. – In: Zeitschrift für Religions- und Geistesgeschichte 72, 2020, 2. S. 113–145.

Krystofiak, Carsten: Heine und die Eichen. – In: Westfalium 2010, 36. S. 36–39.

Kühn, Walter: „Brich aus in lauten Klagen". Heines literarische Kämpfe für die Menschenrechte. – In: „Bist du ein Mensch, so fühle meine Not". Menschenrechte in kultur- und sozialwissenschaftlicher Perspektive. Hrsg. von Lothar Bluhm, Markus Schiefer Ferrari & Werner Sesselmeier. Baden-Baden 2019. (Landauer Beiträge zur Kultur- und Sozialgeschichte; 3). S. 119–142.

Lebrave, Jean-Louis: Le jeu de l'énonciation en allemand d'aprés les variantes manuscrites des brouillions de H. Heine (1987). – In: Ders.: Théorie et linguistique de l'écriture. Des manuscrits aux processus scripturaux (1983–2018). Textes choisis et présentés par Bénédicte Vauthier et Rudolf Mahrer. Paris 2020. (Investigations stylistiques; 13). S. 55–80.

Leone, Lorenzo: Wagner, Heine e le pinte di mosto. – In: Dies.: Musikgeist e redenzione. L'estetica musicale di Wackenroder. Tricase 2014. 58 S. (Quaderni appiadiani; 1). S. 42–47.

Levenson, Alan T.: Invidious Distinctions. Hebraism and Hellenism in Heinrich Heine and Matthew Arnold. – In: The Jewish Quarterly Review 110, 2020, 1. S. 102–126.

Levine, William: Heinrich Heine's Critique of the Present. Poetry, Revolution, and the „Rights of Life". – In: Political Theory 2020, Sept. S. 1–25.

Licdtke, Christian: „Allerlei Dummes". Neue Heine-Briefe (Berichtszeitraum 2017–2020). – In: HJb 59, 2020. S. 239–252.

Liedtke, Christian: Nachwort, Erläuterungen. – In: Heine, Heinrich: Das Märchen meines Lebens. Poetische Selbstporträts. Hrsg. von Christian Liedtke. Hamburg 2020. S. 245–287.

Lombardinilo, Andrea: Habermas e l'immaginario dell'Europa unita. Note su Heine. – In: Metis XXVI, 2019, 2. S. 73–96.

Lützeler, Paul Michael: „Meerfahrt mit Don Quijote". Europa-Ausflüge zu Cervantes und Shakespeare bei Thomas und Heinrich Mann, Heinrich Heine und Ludwig Börne, Friedrich und August Wilhelm Schlegel. – In: Fest – Spiel – Reise. Interkulturelle Bewegungen in Literatur, Theater und Film. Festschrift zu Ehren von Ortrud Gutjahr. Hrsg. von Felix Lempp, Jara Schmidt, Jule Thiemann. Würzburg 2020. S. 189–206.

Markus, Mario: 222 Juden verändern die Welt. Hildesheim 2019. 436 S.: Ill. [„Heinrich Heine. Der „entlaufene Romantiker"". S. 53–54].

Martens, Helmut: Enfant Perdu – Heinrich Heine, Wolf Biermann und die Deutsche Ideologie. Dortmund, 2018. 21 S.

Massicot, Stephanie: Gallizismen in Heines Spätwerk. Sprachliche Interferenzen und Sprachreflexion eines deutschen Exilanten in Paris. – In: Diachrone Migrationslinguistik. Mehrsprachigkeit in historischen Sprachkontaktsituationen. Akten des XXXV. Romanistentages in Zürich (08. bis 12. Oktober 2017). Roger Schöntag, Stephanie Massicot (Hrsg.). Berlin; Bern; Wien 2019. (Sprache, Mehrsprachigkeit und sozialer Wandel; 34). S. 267–288.

Meyer, Michel: Dictionnaire amoureux de l'Allemagne. Dessins d'Alain Bouldouyre. Paris 2019. 869 S.: Ill. [„Heine, Heinrich". S. 372–382].

Michaelis-König, Andree: Notions of Diaspora in Heine. – In: HJb 59, 2020. S. 77–88.

Michaleva, Todorka; Jorganov, Stefan: Chajnrich Chajne i Zachari Stojanov. – In: Izsledvanija v čest na 60-godišninata na profesor doktor na istoričeskite nauki Ivan Tjutjundžiev = Researches in Honor of 60-Anniversary of Professor Doctor Habilis Ivan Tyutyundjiev. Velikotărnovski Universitet „Sv. Sv. Kiril i Metodij". Red. kolegija: glaven redaktor prof. d.i.n. Ivan Tjutjundžiev, ... Veliko Tărnovo 2018. (Godišnik na Istoričeskija fakultet na Velikotărnovski Universitet Sv. Sv. Kiril i Metodij; 1, 32). S. 661–675.

Müchler, Günter: „Nichts als Himmel und Särge". Heinrich Heine. – In: „Ich lass mir den Mund nicht verbieten!". Journalisten als Wegbereiter der Pressefreiheit und Demokratie. Hrsg. von Michael Haller und Walter Hömberg. Ditzingen 2020. S. 61–64.

Müller, Ingo: Das Flackern der Zeichen. Identität und Alterität in Heinrich Heines „Belsatzar"-Romanze. – In: Zeitschrift für Germanistik NF 30, 2020, 2. S. 437–454.

Müller, Ingo: Maskenspiel und Seelensprache. Zur Ästhetik von Heinrich Heines „Buch der Lieder" und Robert Schumanns Heine-Vertonungen. Bd. 1: Heinrich Heines Dichtungsästhetik und Robert Schumanns Liedästhetik. Baden-Baden 2020. 445 S. – Bd. 2: Heinrich Heines „Buch der Lieder" und Robert Schumanns Vertonungen. Baden-Baden 2020. 649 S.

Neuner, Michael: Noch ein Wanderer. Mutmaßungen über Franz Schubert und Heinrich Heine. – In: Sinn und Form 72, 2020, 5. S. 707–711.

Obhodas, Safeta: Heinrich Heine u evropskoj orijentalnoj bašči. Iz sehare jedne evropske muslimanke. – In: Odjek 2007, 1. S. 43–46.

Oei, Bernd: Baudelaire und die Moderne. „Meine Blumen sind nichts als bittere Tränen". Baden-Baden 2020. VII, 387 S. [Kap. VI.7: „Heinrich Heine". S. 364–380].

Ötzekin, Özlem: Novalis' Orient. Eine geistesgeschichtliche und philologische Untersuchung. Montréal, McGill Univ., Diss., 2018. VIII, 386 S. [Kap.: „Selam: Goethe, Heine und Novalis". S. 293–301].

Pines, Noam: The Infrahuman. Animality in modern Jewish Literature. Albany, NY 2018. XXX, 169 S. (Suny Series in contemporary Jewish Literature and Culture). [Kap. 1: „Life in the Valley. The Jewish Dog in Heinrich Heine's ‚Prinzessin Sabbat'". S. 1–20].

Placial, Claire: Introduction aux ‚Tableaux de voyage'. – In: Heine, Heinrich: Tableaux de voyage. Trad. et éd. critique par Claire Placial. Paris 2019. S. 17–38.

Placial, Claire: Présentation des différentes sections des ‚Tableaux de voyage'. – In: Heine, Heinrich: Tableaux de voyage. Trad. et éd. critique par Claire Placial. Paris 2019. S. 39–56.

Pollet, Jean-Jacques: Écritures fantastiques allemandes. Arras 2010. 335 S. (Lettres et civilisations etrangeres). [Kap. 6: „Dans les profondeurs de la mine. Note sur le „réalisme fantastique" de Heinrich Heine". S. 67–76].

Reich-Ranicki, Marcel: Heinrich Heine, le génie de l'amour-haine. Trad. de l'allemand et annoté par Bénédicte Terrisse. – In: Germanica 65, 2019: Marcel Reich-Ranicki – une critique littéraire populaire? Textes réunis par Stephanie Baumann et Bénédicte Terrisse. S. 127–144.

Reininghaus, Frieder: Ein Biedermeier-‚Gruß' von Heine und Mendelssohn. „Leise zieht durch mein Gemüth ...". – In: Musik und Gesellschaft. Marktplätze, Kampfzonen, Elysium. Frieder Reininghaus, Judith Kemp, Alexandra Ziane (Hrsg.). Bd. 1: 1000–1839. Von den Kreuzzügen bis zur Romantik. Würzburg 2020. S. 686–689.

Reszka, Agnieszka: Die Folgen der Julirevolution. Französische Zustände vor 1848 in Heinrich Heines Beurteilung. – In: Prace naukowe Akademii Im. Jana Długosza w Częstochowie / Studia neofilologiczne 9, 2013. S. 23–36.

Reszka, Agnieszka: „Śmierć tylko żywych kaleczy smugami dymu…". Cierpienie i śmierć w twórczości Ludmiły Marjańskiej i Heinricha Heinego. – In: Irydion I, 2015. S. 89–100.

Rickes, Joachim: „Der Leib lag auf der Todtenbahr". Zu Heines spätem Gedicht ‚Himmelfahrt'. – In: Wirkendes Wort 69, 2019, 3. S. 355–362.

Riedl, Peter Philipp: Die Welt nach Waterloo. Erinnerungspolitik bei Görres, Goethe und Heine. – In: Interférences littéraires 20, 2017. S. 64–90.

Rispoli, Marco: „Überall nur Personen". Heinrich Heines Kritik am Personenkult. – In: Medien öffentlicher Rede nach Heine. Zwischen Popularität und Populismus. Hrsg. von Dorothea Walzer. Berlin 2020. (Zeitschrift für deutsche Philologie / Beihefte; 18). S. 37–52.

Rose, Dirk: Polemische Moderne. Stationen einer literarischen Kommunikationsform vom 18. Jahrhundert bis zur Gegenwart. Göttingen 2020. 706 S. [Zugl.: Erlangen-Nürnberg, Univ., Habilitationsschrift]. [Kap. 3: „Die Ästhetisierung der Polemik – Heine und die Folgen". S. 203–316].

Schäfers, Eduard: Die Poesie und ihre gesellschaftliche Bedeutung. Ein Überblick zu deutschsprachigen Gedichten durch die Jahrhunderte. Göttingen 2019. 159 S. [Kap.: „Realismus. Heinrich Heine: Die schlesischen Weber". S. 73–77].

Schnick, Martin: „Entweder die Tapete verschwindet oder ich!". Kuriose und mysteriöse Todesfälle berühmter Dichter – von Albert Camus bis Stefan Zweig. Hamburg 2020. 221 S., 14 ungez. S. [„Heinrich Heine: „Die Krankheit der glücklichen Männer"". S. 66–69; weitere Erwähnungen].

Schrader, Hans-Jürgen: Luthers Sprachleistung im Urteil Herders, Klopstocks und Heines. – In: Herder – Luther. Das Erbe der Reformation in der Weimarer Klassik. Hrsg. von Michael Maurer und Christopher Spehr. Tübingen 2019. (Colloquia historica et theologica; 5). S. 101–119.

Seeba, Hinrich C.: Geschichte und Dichtung. Die Ästhetisierung historischen Denkens von Winckelmann bis Fontane. Berlin 2020. 398 S. [Kap. 8: „Heinrich Heine. Geschichte als Interesse der Zukunft". S. 257–290].

Siguan, Marisa: Fortuna española de Goethe, Heine y Richter. – In: Insula 2009, 751/752. S. 40–43.

Siles, Jaime: Injertos y trasplantes. La traducción como objeto creativo. Ed. de Rodrigo Olay Valdés. Valladolid 2019. 311 S. (reglonseguido; 14). [„La epopeya de Heine". S. 246–248].

Singh, Sikander: Figurationen des Närrischen zwischen Romantik und Realismus (Joseph von Eichendorff, Heinrich Heine, Adalbert Stifter). – In: Narren, Clowns, Spaßmacher. Studien zu einer Sozialfigur zwischen Mittelalter und Gegenwart. Hrsg. von Katharina Meiser und Sikander Singh. Hannover 2020. (Schriften des Literaturarchivs Saar-Lor-Lux-Elsass der Saarländischen Universitäts- und Landesbibliothek). S. 133–154.

Singh, Sikander: Heinrich Heine und Karl Marx. – In: Kommentare, Kämpfe, Kontroversen. Literatur- und gesellschaftswissenschaftliche Perspektiven auf Karl Marx. Hrsg. von Sikander Singh. Hannover 2019. (Schriften des Literaturarchivs Saar-Lor-Lux-Elsass der Saarländischen Universitäts- und Landesbibliothek). S. 46–70.

Singh, Sikander: Heinrich Heines geschichtsphilosophisches Denken am Beispiel der Geschichtsballade ‚Carl I.'. – In: Literatur und Geschichte. Sikander Singh, Manfred Leber (Hrsg.). Saarbrücken 2018. (Saarbrücker literaturwissenschaftliche Ringvorlesungen; 7). S. 151–161.

Soros, Alexander G.: ‚Jewish Dionysus'. Heinrich Heine and the Politics of Literature. Berkeley, Univ. of California, Diss., 2018. 211 S.

Stauf, Renate: „[...] mit dem besten Willen der Treuherzigkeit kann kein Mensch über sich selbst die Wahrheit sagen.". Heinrich Heines autobiographisches Laboratorium. – In: Erschriebenes Leben. Autobiographische Zeugnisse von Marc Aurel bis Knausgård. Hrsg. von Renate Stauf, Christian Wiebe. Heidelberg 2020. (Germanisch-Romanische Monatsschrift / Beihefte; 97). S. 121–142.

Stauf, Renate: Schreiben zwischen den Nationalkulturen: Heinrich Heine. – In: Handbuch Literatur & Transnationalität. Hrsg. von Doerte Bischoff und Susanne Komfort-Hein. Berlin 2019. (Handbücher zur kulturwissenschaftlichen Philologie; 7. De Gruyter Reference). S. 279–288.

Steinecke, Hartmut: Deutsch-jüdische Literatur und die Shoah. Schreiben über ‚es'. Berlin 2020. 185 S. (Philologische Studien und Quellen; 276). [Kap. 1: „Heinrich Heine. „Prophet" der Shoah". S. 13–46].

Stuhlmann, Andreas: „Entsetze dich nicht, lieber Leser, es ist ja alles nur Scherz". Heinrich Heines literarische Polemik und das Arsenal des Populismus. – In: Medien öffentlicher Rede nach Heine. Zwischen Popularität und Populismus. Hrsg. von Dorothea Walzer. Berlin 2020. (Zeitschrift für deutsche Philologie / Beihefte; 18). S. 75–96.

Tachopulu, Olympia: Uranios gelōs. Anatropes tu ypsēlu stēn pezographia tu G. M. Bizyēnu. Metamorphōsē Attikēs 2019. 125 S. [Kap. 2.4: „‚„Eméllomen … na gínomen' Germanoí". O Vizyinós anámesa sti Madame de Staël kai ston Heine". S. 106–113].

Terrisse, Bénédicte: „Heinrich Heine, le génie de l'amour-haine", une critique révélatrice. Réflexions autour d'une constellation textuelle et d'un mode de lecture. – In: Germanica 65, 2019: Marcel Reich-Ranicki – une critique littéraire populaire? S. 139–144.

Tynjanov, Jurij N.: Tyutchev and Heine (1921). – In: Ders.: Permanent Evolution. Selected Essays on Literature, Theory and Film. Transl. and ed. by Ainsley Morse and Philip Redko. Boston 2019. (Cultural Syllabus). S. 64–76.

Ulbrecht, Siegfried: Reisen ins Gebirge. Heinrich Heines ‚Aus der Harzreise' (1824) und Aleksandr Puškins ‚Stichi, sočinennye vo vremja putešestvija (1829)' (1836). – In: Ambulante Poesie. Explorationen deutschsprachiger Reiselyrik seit dem 18. Jahrhundert. Johannes Görbert, Nikolas Immer (Hrsg.). Berlin 2020. S. 157–178.

Urbich, Jan: „Heimwärts kam ich spät gezogen". Das Subjekt der Heimkehr in Dichtung und Philosophie der Moderne. Eine kurze Problemgeschichte. Göttingen 2020. 199 S. [Kap. 3: „Umschlagsfiguren der Heimkehrverklärung in der deutschsprachigen Lyrik des 19. Jahrhunderts (Müller, May, Ganghofer, Nietzsche, Heine)". S. 39–76].

Vedda, Miguel: Heinrich Heine and Marx as Essayists. On the Genesis and the Function of the Critic-Intellectuals. – In: Karl Marx's Life, Ideas, and Influences. A critical Examination on the Bicentenary. Shaibal Gupta, Marcello Musto, Babak Amini, Ed. Cham 2019. S. 3–20.

Walzer, Dorothea: „Was giebt's neues ...?". Klatsch und Gerücht bei Heinrich Heine. – In: Medien öffentlicher Rede nach Heine. Zwischen Popularität und Populismus. Hrsg. von Dorothea Walzer. Berlin 2020. (Zeitschrift für deutsche Philologie / Beihefte; 18). S. 53–74.

Warren, Andrew William: Heinrich Heine and the German Middle Ages. Toronto, Univ., Diss., 2020. VII, 250 S.

Weigel, Sigrid: Heinrich Heines ‚Briefe aus Berlin'. Grossstadt-Flanerie am Ursprung der Moderne. – In: Von der Jägerstraße zum Gendarmenmarkt. Eine Kulturgeschichte aus der Berliner Friedrichstadt. Hrsg. von Wolfgang Kreher und Ulrike Vedder. Berlin 2007. S. 91–94.

Weissmann, Dirk: „Auch meine Gedanken sind exilirt, exilirt in eine fremde Sprache.". Heinrich Heines ‚Werke in französischer Sprache' zwischen Selbstübersetzung, Fremdübersetzung und interlingualem ‚rewriting'. – In: Selbstübersetzung als Wissenstransfer. Stefan Willer, Andreas Keller (Hrsg.). Berlin 2020. 328 S. (LiteraturForschung; 39). S. 147–170.

Wender, Herbert: Wie inszeniert man die Entwürfe zu ‚Die Wanderratten' als Heine-Gedicht? Rückblick auf die Editionsgeschichte und Vorschlag zu einer neuen Deutung der Handschrift. – In: Aufführung und Edition. Hrsg. von Thomas Betzwieser und Markus Schneider. Berlin 2019. (Editio / Beihefte; 46). S. 125–142.

Wittler, Kathrin: Morgenländischer Glanz. Eine deutsche jüdische Literaturgeschichte (1750–1850). Tübingen 2019. XII, 620 S. (Schriftenreihe wissenschaftlicher Abhandlungen des Leo-Baeck-Instituts; 79). [Zugl.: Berlin, Humbold-Univ., Diss., 2016]. [Kap. 5: „Fichtenbaum und Palme. Heines deutsche jüdische Poetik der Einsamkeit". S. 457–500].

Wojda, Aleksandra: Opera jako fragment. Oliterackiej karierze ‚Freischütza' (Mickiewicz, Heine, Gautier). – In: Ruch Literacki LVII, 2016, 5 = 338. S. 527–546.

2.2 Untersuchungen zur Rezeption

Appel, Bernhard R.: Die Stichvorlage zu R. Schumanns Ballade Belsatzar op. 57. – In: Robert Schumann. Persönlichkeit, Werk und Wirkung. Bericht über die Internationale Musikwissenschaftliche Konferenz vom 22. bis 24. April 2010 in Leipzig. Hrsg. von Helmut Loos. Leipzig 2011. S. 113–125.

Behrendt, Maria: Brücken in die Gegenwelt. Romantische Aspekte im deutschen Kunstlied der 1830er Jahre. Hildesheim 2020. 365, 273 S.: Notenbeisp. (Studien und Materialien zur Musikwissenschaft; 108). [Kap. 5.1: „„Mein Herz ist so klug und witzig ...". Ironie und Weltschmerz in Heine-Liedern". S. 123–161; weitere Erwähnungen].

Benteler, Anne: Sprache im Exil. Mehrsprachigkeit und Übersetzung als literarische Verfahren bei Hilde Domin, Mascha Kaléko und Werner Lansburgh. Berlin 2019. XI, 370 S. (Exil-Kulturen; 2). [Zugl.: Hamburg, Univ., Diss., 2017]. [Kap. 2.1: „Walter A. Berendsohns Exilliteraturforschung über Landes- und Sprachgrenzen hinaus", darin: „Heinrich Heine: ‚Über die Grenzen der Muttersprache hinaus in die Weltliteratur'". S. 30–34].

Binder, Benjamin: Robert, Clara and the Transformation of poetic Irony in Schumann's Lieder. The Case of ‚Dein Angesicht'. – In: Nineteenth Century Music Review 10, 2013. S. 1–28.

Bodnár, Gábor: About the four Songs omitted from the revised ‚Dichterliebe'. – In: Ars Inter Culturas 7, 2018. S. 209–226.

Carretta, Emilia: Mito, eros e poesia nel Lied romantico ed oltre. Uno studio su Schubert. Rom 2018. 102 S.: Notenbeisp. (Collana Dissertazioni. Serie Phonè). [Kap. 4: „Franz Schubert e la forma del Lied". S. 33–48. Kap. 8: „Schubert e Heine. Fra romanticismo e poesia moderna". S. 87–102].

Ein Denkmal in Bewegung. Ausstellung im Heine-Haus. – In: Jahresbericht des Heine Haus Hamburg 2019. S. 14–19.

Ebstein, Katja; Baumann, Uwe: Das ganze Leben ist Begegnung. Frankfurt a. M. 2020. 256 S. [Kap. 11: „Schlage die Trommel und fürchte dich nicht". S. 169–192].

Franzbach, Martin: Das Heine-Haus auf Kuba. – In: Cuba Journal 2014. S. 13–14.

Günther, Ralf J.: Künstlerhäuser in NRW. Weltliteratur mit rheinischen Wurzeln. [Heinrich Heine und Heinrich Böll – zwei Schriftsteller aus dem Rheinland und ihre Häuser]. – In: NRW – Natur Heimat Kultur 2020, 1. S. 36–39.

Häfner, Ralph: Die „berühmten dîners chez Magny". Zum Ort Heinrich Heines in Nietzsches imaginärer Gesellschaft der Klugen. – In: Nietzsches Literaturen. Hrsg. von Ralph Häfner, Sebastian Kaufmann und Andreas Urs Sommer. Berlin 2019. (Nietzsche-Lektüren; 3). S. 281–305.

Hegmann, Volker: Wir haben das Recht, Deutschland zu hassen – weil wir es lieben. Kurt Tucholsky – der „aufgehörte Heine des 20. Jahrhunderts". – In: Mitteilungen der Ernst-Barlach-Gesellschaft 2018, 1. S. 3–4.

Hohendahl, Peter Uwe: Adorno als Leser Heines. – In: Adorno-Handbuch. Leben – Werk – Wirkung. Richard Klein, Johann Kreuzer, Stefan Müller-Doohm (Hrsg.). 2., erw. und akt. Aufl. Stuttgart 2019. S. 246–253.

Hristea, Mihaela: The Reception of Heinrich Heine in Romanian Literature. – In: Analele Universitatii Crestine Dimitrie Cantemir / Seria stiintele limbii, literaturii si didactica predarii 2, 2015. S. 167–186.

Hutchinson, Taylor: A textual and musical Commentary on J. Guy Ropartz's ‚Quatre Poèmes après l'Intermezzo d'Henri Heine' (1899). Tempe, Arizona State Univ., Diss., 2019. 83 S.

Kelemen, Dora: O nekatorykh perevodakh stikhotvoreniya G. Gejne „Ein Fichtenbaum steht einsam" na russkij yazyk. Zagreb, Univ., Abschlussarb. 2018. 19 Bl.

Kortländer, Bernd: Ein Kämpfer für Heine. Nachruf auf Wilhelm Gössmann. – In: HJb 59, 2020. S. 273–275.

Kortländer, Bernd: Wilhelm Gössmann: Kämpfer für das Ansehen Heinrich Heines. Bekannter Literaturwissenschaftler aus Rüthen-Langenstraße 92-jährig verstorben. – In: Heimatkalender Kreis Soest 2020. S. 112–113.

Kryeziu, Naim: Analizë krahasuese e dy versioneve të përkthimit të poezisë së Hajnrih Hajnes „Lorelaja" në gjuhën shqipe. – In: Filologji 23, 2018. S. 51–64.

Laak, Lothar van: Schmerz und Ironie. Mascha Kaléko und die deutsche Kultur (mit Blick auf Heinrich Heine). – In: Zwischen den Sprachen – mit der Sprache? Deutschsprachige Literatur in Palastina und Israel. Vorträge, gehalten auf der Tagung „Zwischen den Sprachen – Mit der Sprache? Deutschsprachige Literatur in Palästina und Israel" vom 07.–09.09.2017 an der Universität Paderborn. Norbert Otto Eke und Stephanie Willeke (Hrsg.). Bielefeld 2019. (Veröffentlichungen der Literaturkommission für Westfalen; 79). S. 271–280.

Le Ray-Burimi, Sylvie: „On eût dit que le monde avait été repeint à neuf …". ‚Le Tambour Legrand' de Heine (1797–1856) dessiné par Jochen Stücke. – In: Heine, Heinrich: Le tambour Legrand. Idées. Précédé d'une etude sur Heine par Théophile Gautier. Dessins de Jochen Stücke. Avec un essai de Georges-Arthur Goldschmidt et une postface de Sylvie Le Ray-Burimi. Paris 2017. S. 121–149.

Michnacs, Forian-Johano: Fragwürdige Äußerungen eines Kinderbuchautors. Karlhans Frank las aus seiner „Heine-Biographie". – In: Ders.: Adam Kopatz. Novelle. Gießen 2017. (Neinbuch extra). S. 64–65.

Neuenfels, Hans: „Schumann, Schubert und der Schnee". Oper für Klavier von Robert Schumann und Franz Schubert. Ein Libretto. – In: Neuenfels, Hans: Wie viel Musik braucht der Mensch? Über Oper und Komponisten. München 2011. S. 95–152 mit Heine-Vertonungen (ohne Noten).

Plass, Ulrich: Language and History in Theodor W. Adorno's ‚Notes to Literature'. New York 2012. xl, 254 S. (Studies in Philosophy). [Kap. 5: „‚The Wound' Heine". S. 115–152].

Soukah, Zouheir: Kommentierte Bibliographie zur arabischen Heine-Rezeption. – In: HJb 59, 2020. S. 139–148.

Tyson, Joseph H.: Hitler's Mentor. Dietrich Eckart, his Life, Times & Milieu. New York 2008. XV, 452, [11] S.: Ill. [Kap. 2: „Heinrich Heine: Dietrich Eckart's youthful Idol". S. 25–46].

Wissmann, Friederike: Zu hell? Zu glatt? Heines „Neue Liebe" in der Vertonung von Felix Mendelssohn Bartholdy. – In: Literatur und Musik im Künstevergleich. Empirische und hermeneutische Methoden. Hrsg. von Pascal Nicklas. Berlin 2019. (Spectrum Literaturwissenschaft; 63). S. 163–175.

2.3 Forschungsliteratur mit Heine-Erwähnungen und -Bezügen

Anz, Thomas: Marcel Reich-Ranicki – sein Leben. Berlin 2020. 259 S.: Ill. (Insel-Taschenbuch; 4808).

Arendt, Hannah; Sternberger, Dolf: „Ich bin Dir halt ein bißchen zu revolutionär". Briefwechsel 1946 bis 1975. Hrsg. von Udo Bermbach. Berlin 2019. 477 S.: Ill.

Arendt, Hannah: Die verborgene Tradition. – In: Dies.: Wir Juden. Schriften 1932 bis 1966. Zusammengestellt und hrsg. von Marie Luise Knott und Ursula Ludz. München 2019. S. 126–153.

Aschheim, Steven E.: The modern Jewish Experience and the entangled Web of Orientalism. – In: Internal Outsiders – Imagined Orientals? Antisemitism, Colonialism and modern Constructions of Jewish Identity. Ed. by Ulrike Brunotte, Jürgen Mohn, Christina Späti. Würzburg 2017. (Diskurs Religion; 13). S. 11–34.

Asgari, Marjan: Makom – deterritorialisiert. Gegenorte in der deutschsprachigen jüdischen Literatur. Heidelberg 2019. 342 S. (Probleme der Dichtung; 54). [Zugl.: Berlin, Humboldt-Univ., Diss., 2019]. [Kap. I,2: „Makom – deterritorialisiert: Diaspora und ‚Hebräerland'". S. 20–40. Kap. VIII,5: „Der jüdische Friedhof in Berlin". S. 230–234]

Avdić, Alen: Dosjetka i njena terapeutska dimenzija u oslobađanju od društvenih okova. – In: Zeničke sveske 25, 2017. S. 147–158.

Bachleitner, Norbert: Die literarische Zensur in Österreich von 1751 bis 1848. Wien 2017. 528 S.: Ill. (Literaturgeschichte in Studien und Quellen; 28).

Bak, Áron: Ahasvér. – In: Református szemle 112, 2019, 1. S. 62–78.

Baker, Michael: Completion and Incompletion in the solo Songs of Felix Mendelssohn. – In: Indiana Theory Review 29, 2011, 2. S. 1–29.

Baltes-Löhr, Christel: Geschlecht, Wanderungen, Erinnerungen, Identitätskonstruktionen. Ausgeleuchtet mit der Figur des Kontinuums. – In: Auswanderung und Identität. Erfahrungen von Exil, Flucht und Migration in der deutschsprachigen Literatur. Christel Baltes-Löhr, Beate Petra Kory, Gabriela Sandor (Hrsg.). Bielefeld 2019. (Lettre). S. 11–37.

Bartsch, Annika: Romantik um 2000. Zur Reaktualisierung eines Modells in deutschsprachigen Romanen der Gegenwart. Heidelberg 2019. 309 S. (Jenaer germanistische Forschungen; NF 44). [Zugl.: Jena, Friedrich-Schiller-Univ., Diss., 2019].

Bastek, Alexander: Felix Mendelssohn Bartholdy als Bildkünstler. – In: Konstellationen. Symposium Felix Mendelssohn und die Deutsche Musikkultur. Ausstellung Felix Mendelssohn und Johannes Brahms. Brahms-Institut an der Musikhochschule Lübeck. Wolfgang Sandberger (Hrsg.). München 2015. (Veröffentlichungen des Brahms-Instituts an der Musikhochschule Lübeck; 7). S. 38–46.

Becker, Karina: „Nun, Gott sei Dank, ist ein polnischer Graf da aus wildester Ferne!". Nationale Stereotype in der realistischen Literatur aus kulturwissenschaftlicher Perspektive. – In: Literatura a polityka = Literatur und Politik. Red. / Hrsg. von Tomasz Szybisty, Joanna Godlewicz-Adamiec. Krakau; Warschau 2020. (Literatura – konteksty; V). S. 405–418.

Behrmann, Alfred: Außercurriculare Pflichten beim Studium der Germanistik. Vortrag vor Studierenden der Universität Warschau. – In: Ders.: Lesen und Gelesenes. Kleine Schriften zur Sprache und Literatur. Würzburg 2018. S. 83–94.

Behrmann, Alfred: Unterhaltung über Kleists ‚Amphitryon'. – In: Ders.: Lesen und Gelesenes. Kleine Schriften zur Sprache und Literatur. Würzburg 2018. S. 446–461.

Behrmann, Alfred: Ein Wort zum Volkslied. Vortrag am Germanistischen Institut der Universität Warschau. – In: Ders.: Lesen und Gelesenes. Kleine Schriften zur Sprache und Literatur. Würzburg 2018. S. 159–177.

Bellenberg, Karl: Else Lasker-Schüler, ihre Lyrik und ihre Komponisten. Berlin 2019. XXIX, 556 S. [Zugl.: Köln, Univ., Diss., 2019]. [Kap. 11: „Vergleich mit Kompositions-Corpora zu anderen Dichtern". S. 163–187, darin: 11.1: „Heinrich Heine". S. 164–166)].

Binder, Rodica: La ce bun jubileele? – In: Lettre internationale / Ediţia română 57, 2006. S. 119–121.

Blickle, Peter: Heimat als Metapher für Identitäten und Emotionen. – In: Concordia discors vs. discordia concors 10, 2018. S. 9–77.

Bohnenkamp, Anne: „Divan"-Rezeption im 19. Jahrhundert. – In: Goethe-Jahrbuch 136, 2020. S. 52–66

Bohrer, Karl Heinz: Mit Dolchen sprechen. Der literarische Hass-Effekt. Berlin 2019. 493 S.

Bollacher, Martin: BdSL – Bochumer Schriften zur deutschen Literatur. – In: Literaturwissenschaftliche Aufbaujahre. Beiträge zur Gründung und Formation der Literaturwissenschaft am Germanistischen Institut der Ruhr-Universität Bochum – ein germanistikgeschichtliches Forschungsprojekt. Carsten Zelle (Hrsg.). Frankfurt a. M.; Bern; Wien 2016. (Bochumer Schriften zur deutschen Literatur; NF 5). S. 267–276.

Borgards, Roland: „Als noch die Tiere sprachen". Animalitäten zwischen 1795 und 1854. – In: Tiere. Hrsg. von Roland Borgards. Berlin 2019. (Handliche Bibliothek der Romantik; 2). S. 9–17.

Borthese, Lucia: La ‚Iphigenie' di Goethe nella traduzione di Valeri. – In: Diego Valeri e il Novecento. Atti del Convegno di studi nel 30. anniversario della morte del poeta, Piove di Sacco, 25–26 novembre 2006. A cura di Gloria Manghetti. Presentazione di Pier Vincenzo Mengaldo. Padova 2007. (Atti; 6). S. 95–110.

Borutta, Manuel: Antikatholizismus. Deutschland und Italien im Zeitalter der europäischen Kulturkämpfe. 2., durchges. Aufl. Göttingen 2011. 488 S. (Bürgertum; NF 7). [Zugl.: Berlin, Freie Univ., Diss., 2005]. [Kap. 2: „Der „Orient in uns". Die Orientalisierung des Katholizismus in der Romantik". S. 62–77].

Botstein, Leon: Chopin and the Consequences of Exile. – In: Chopin and his World. Ed. by Jonathan D. Bellman and Halina Goldberg. Princeton 2017. S. 315–356.

Bowman, Peter James: Pückler-Rezeption in Großbritannien. – In: Fürst Pückler – ein Leben in Bildern. Ulf Jacob, Simone Neuhäuser, Gert Streidt (Hrsg.). SFPM Stiftung Fürst-Pückler-Museum Park und Schloss Branitz. Berlin 2020. S. 120–133.

Braese, Stephan: Blutet er nicht? Shylock als Faszinosum jüdischer Künstler. – In: Yearbook for European Jewish Literature Studies 1, 2014. S. 280–294.

Brandenburg, Irene: Tanzlust und Tanzwut. Sinnenfreudig, entfesselt, besessen. – In: Musik und Gesellschaft. Marktplätze, Kampfzonen, Elysium. Frieder Reininghaus, Judith Kemp, Alexandra Ziane (Hrsg.). Bd. 1: 1000–1839. Von den Kreuzzügen bis zur Romantik. Würzburg 2020. S. 65–67.

Brandstetter, Gabriele: Poetics of Dance. Body, Image, and Space in the Historical Avant-Gardes. Transl. from the German by Elena Polzer with Mark Franko. New York 2015. XVII, 432 S.: Ill. (Oxford Studies in Dance Theory). [Tanz-Lektüren <engl.>].

Braun, Christina von: Die Zugehörigkeit zur jüdischen Gemeinschaft. – In: Handbuch jüdische Studien. Christina von Braun, Micha Brumlik (Hrsg.). Köln; Weimar; Wien 2018. (UTB; 8712). S. 15–58.

Braun, Lucinde: „Diémer m'a offert son concours". Cajkovskij und seine Interpreten in Frankreich. – In: Russische Musik in Westeuropa bis 1917. Ideen, Funktionen, Transfers. Hrsg. von Inga Mai Groote und Stefan Keym. München 2018. S. 267–284.

Brechenmacher, Thomas; Schulz, Michael K.: Neuere deutsch-jüdische Geschichte. Konzepte, Narrative, Methoden. Stuttgart 2017. 277 S.: Ill.

Brechenmacher, Thomas; Wolffsohn, Michael: Sprache und Heimat, Heimat und Hölle. – In: Das Kulturerbe deutschsprachiger Juden. Eine Spurensuche in den

Ursprungs-, Transit- und Emigrationsländern. Hrsg. von Elke-Vera Kotowski. Berlin 2017. (Europäisch-jüdische Studien / Beiträge; 9). S. 84–99.

Brie, Michael: Marx's Research Project as a future Science for emancipatory Action. A Delineation. – In: Karl Marx's Life, Ideas, and Influences. A critical Examination on the Bicentenary. Shaibal Gupta, Marcello Musto, Babak Amini, Ed. Cham 2019. S. 61–84.

Brix, Kerstin: Das Potenzial des Vergangenen. Zu einer Funktion der Tempusgestaltung in einigen Gedichten des 19. Jahrhunderts. – In: Mitteilungen des Deutschen Germanistenverbandes 65, 2018, 4. S. 353–369.

Bublies-Godau, Birgit: „Das Resultat meiner Flüchtlingslehrjahre ...". Der Schriftsteller, Gelehrte und Hambach-Akteur Jakob Venedey im Exil in Frankreich (1832–1848) zwischen kulturellem Erfahrungsgewinn und politischem Reifeprozess. – In: Deutsche im politischen Exil nach dem Hambacher Fest und der Revolution von 1848/49. Wilhelm Kreutz (Hrsg.). Ostfildern 2020. (Schriften der Siebenpfeiffer-Stiftung; 11). S. 51–84.

Buck, Theo: Goethe und Frankreich. Wien; Köln; Weimar 2019. 415 S.

Bundi, Markus: Begründung eines Sprachraums. Ein Essay zum Werk von Marlen Haushofer. Innsbruck 2019. 118 S. (Limbus Preziosen).

Burdorf, Dieter: Geschichte der deutschen Lyrik. Einführung und Interpretationen. Stuttgart 2015. VIII, 170 S.: Ill. (Lehrbuch).

Byers, Ann: Germany. A Primary Source Culture Guide. New York 2005. 128 S.: Ill.

Calvié, Lucien: Philosophie, littérature et politique. Le romantisme allemand et sa critique hégélienne. – In: Romantisme 48, 2018, 182. S. 15–25.

Carr, Gilbert J.: Demolierung – Gründung – Ursprung. Zu Karl Kraus' frühen Schriften und zur frühen Fackel. Würzburg 2019. 885 S.

Curthoys, Ned: The Legacy of Liberal Judaism. Ernst Cassirer and Hannah Arendt's hidden Conversation. New York [u. a.] 2016. 238 S.

Cvejić, Žarko: The Virtuoso as Subject. The Reception of instrumental Virtuosity, c. 1815-c. 1850. Newcastle upon Tyne 2016. VI, 355 S.

Dapprich, Simon; Schneider, Denise: Hans Joachim Schrimpf. – In: Literaturwissenschaftliche Aufbaujahre. Beiträge zur Gründung und Formation der Literaturwissenschaft am Germanistischen Institut der Ruhr-Universität Bochum – ein germanistikgeschichtliches Forschungsprojekt. Carsten Zelle (Hrsg.). Frankfurt a. M.; Bern; Wien 2016. (Bochumer Schriften zur deutschen Literatur; NF 5). S. 63–84.

D'Aprile, Iwan-Michelangelo: Zwischen Haskala und Heine: Saul Aschers politischer Journalismus. – In: HJb 59, 2020. S. 149–162.

Depping, Georg Bernhard: Lesebuch. Zusammengestellt und mit e. Nachw. und Erl. von Bernd Kortländer. Bielefeld 2020. 156 S.: Ill. (Nylands Kleine Westfälische Bibliothek; 89).

Deterding, Klaus: „Unter Thränen wachse ich immer mehr aus meinem Antisemitismus heraus". Seitenhiebe auf Juden und das „Jüdische" in der europäischen Literatur des 19. Jahrhunderts. Berlin 2016. 105 S.

Dietrich, Christian: Eine deutsch-jüdische Symbiose? Das zionistische Interesse für Fichte und Sombart, Moritz Goldsteins Überlegungen zur deutsch-jüdischen

Kultur und die Schwierigkeiten mit dem Bindestrich. – In: Das Kulturerbe deutschsprachiger Juden. Eine Spurensuche in den Ursprungs-, Transit- und Emigrationsländern. Hrsg. von Elke-Vera Kotowski. Berlin 2017. (Europäisch-jüdische Studien / Beiträge; 9). S. 43–55.

Dizdar, Ibrica: Šantićeva prevodilačka djelatnost s njemačkog jezika. – In: Zbornik radova. Naucni skup Slovo o Aleksi Santicu, Antunu Branku Simicu i Zuki Dzumhuru, Mostar, 24. i 25. april 2014. godine. Urednici Dijana Hadzikukic, Edim Sator. Mostar 2015. (Posebna Izdanja; 22). S. 133–152.

Dueck, Evelyn: Ausreiselieder. Flucht und Exil in Hilde Domins Gedichtband ‚Hier' (1964). – In: Ambulante Poesie. Explorationen deutschsprachiger Reiselyrik seit dem 18. Jahrhundert. Johannes Görbert, Nikolas Immer (Hrsg.). Berlin 2020. S. 221–238.

Duraković, Sandina: Das deutsche Sozialdrama im Naturalismus. – In: Istraživanja 3, 2008. S. 407–418.

Dye, Ellis: Love and Death in Goethe „One and Double". Woodbridge 2007. XIV, 333 S. (Studies in German Literature, Linguistics, and Culture).

Eberhardt, Joachim: Religion als „das Opium des Volkes". Ein Beitrag zur Ideengeschichte – mit einigen neuen Funden. – In: Deutsche Vierteljahrsschrift für Literaturwissenschaft und Geistesgeschichte 93, 2019, 3. S. 263–286.

Ebke, Hans; Eilert-Ebke, Gabriele: Andreas Cleeves. Ein Hannoveraner als Artillerieoffizier in den Napoleonischen Kriegen. – In: Hannoversche Geschichtsblätter NF 73, 2019. S. 46–71.

Eke, Norbert Otto: Erinnerte Größe. Ambigue „Napeolono-Manie" im Vormärz. – In: Interférences littéraires 20, 2017. S. 129–145.

Eke, Norbert Otto: Habitueller Antiklassizismus. Christian Dietrich Grabbe und die Kritik an Klassik und Romantik im Vormärz. – In: Zwischen Emanzipation und Sozialdisziplinierung. Pädagogik im Vormärz. Hrsg. Katharina Gather. Bielefeld 2020. (Forum Vormärz-Forschung: Jahrbuch 25, 2019). S. 232–258.

Eke, Norbert Otto: Popularisierung der Form. Volksthümlichkeit als Medium im Vormärz. – In: Medien öffentlicher Rede nach Heine. Zwischen Popularität und Populismus. Hrsg. von Dorothea Walzer. Berlin 2020. (Zeitschrift für deutsche Philologie / Beihefte; 18). S. 97–118.

Das Faszinosum Tier. Spiegelungen, Visionen, Transformationen in Literatur, Musik und Bild. Hrsg. von Ute Jung-Kaiser und Annette Simonis. Hildesheim; Zürich; New York 2020. VIII, 270 S.: Ill., Notenbeisp. (Wegzeichen Musik, 1863–2882; 13).

Fauser, Annegret: Rheinsirenen. Loreley and other Rhine Maidens. – In: Music of the Sirens. Ed. by Linda Phyllis Austern and Inna Naroditskaya. Bloomington 2006. S. 250–272.

Feierstein, Lilana Ruth: Diaspora. – In: Handbuch jüdische Studien. Christina von Braun, Micha Brumlik (Hrsg.). Köln; Weimar; Wien 2018. (UTB; 8712). S. 99–110.

Feierstein, Lilana Ruth: Im Land von ‚Vitzliputzli'. Aspekte der Geschichte deutschsprachiger Juden in Lateinamerika. – In: Das Kulturerbe deutschsprachiger Juden. Eine Spurensuche in den Ursprungs-, Transit- und Emigrationsländern. Hrsg. von

Elke-Vera Kotowski. Berlin 2017. (Europäisch-jüdische Studien / Beiträge; 9). S. 359–373.

Fischer, Hans-Peter: „Die Wirklichkeiten fangen an". Theodor Fontanes „Irrungen, Wirrungen" als Gradmesser einer sich verändernden Welt. Würzburg 2019. 499 S.

Forget, Philippe: Bouffons Philistins, Philistin Bouffon. – In: Narren, Götter und Barbaren. Ästhetische Paradigmen und Figuren der Alterität in komparatistischer Perspektive. Hannah Berner, … (Hrsg.). Bielefeld 2020. S. 119–143.

Freitag, Sabine: „Wenn's wieder losgeht!". Deutsche politische Flüchtlinge im London der frühen 1850er Jahre. – In: Deutsche im politischen Exil nach dem Hambacher Fest und der Revolution von 1848/49. Wilhelm Kreutz (Hrsg.). Ostfildern 2020. (Schriften der Siebenpfeiffer-Stiftung; 11). S. 155–180.

Fries-Dieckmann, Marion: „Ich habe mal davon geträumt, so etwas Ähnliches zu schreiben". Beckett und deutsche Literatur in den deutschen Übersetzungen. – In: Samuel Beckett und die deutsche Literatur. Jan Wilm, Mark Nixon (Hrsg.). Bielefeld 2013. (Lettre). S. 33–46.

Fuhrbach, Clemens: Frei zu sein, heißt, frei zu singen. Das politische Lied vom „Vormärz" bis in die Gegenwart. – In: Literatura a polityka = Literatur und Politik. Red. / Hrsg. von Tomasz Szybisty, Joanna Godlewicz-Adamiec. Krakau; Warschau 2020. (Literatura – konteksty; V). S. 141–154.

Gaitzsch, Hans-Volkmar: Der Harz im Spiegel des Notgeldes von 1917 bis 1923. Leipzig 2019. 96 S.: Ill.

Garstenauer, Werner: Ethnographie, Geschichtsbewusstsein und politisches Gedächtnis. Der andere Abenteuerroman Hans Hermann Behrs im Kontext. – In: Vergessene Konstellationen literarischer Öffentlichkeit zwischen 1840 und 1885. Hrsg. von Katja Mellmann und Jesko Reiling. Berlin 2016. (Studien und Texte zur Sozialgeschichte der Literatur; 142). S. 345–366.

Gathof, Isabel; Graf, Esther. Moritz Daniel Oppenheim. Maler der Rothschilds und Rothschild der Maler. Berlin, Leipzig 2019. 98 S.: Ill. (Jüdische Miniaturen; 232).

Gaudy, Franz von: Ausgewählte Werke. Bd. 1: Venetianische Novellen und italienische Erzählungen. Hrsg. von Doris Fouquet-Plümacher. Hildesheim; Zürich; New York 2020. 423 S.

Geiger, Friedrich: „Religiöser Kitsch"? Zur Struktur des Urteils über Felix Mendelssohns geistliche Musik. – In: Konstellationen. Symposium Felix Mendelssohn und die Deutsche Musikkultur. Ausstellung Felix Mendelssohn und Johannes Brahms. Brahms-Institut an der Musikhochschule Lübeck. Wolfgang Sandberger (Hrsg.). München 2015. (Veröffentlichungen des Brahms-Instituts an der Musikhochschule Lübeck; 7). S. 21–30.

Geisler, Silja: Die Loreley in Finnland. Zur Entstehung, Aufführung und Rezeption der Oper von Fredrik Pacius und Emanuel Geibel. Mainz 2004. XI, 189 S. (Are-Edition; 2219. Schriften zur Musikwissenschaft; 11). [Zugl.: Mainz, Univ., Magisterarb., 2002].

Gelber, Mark H.: The Concept of Diaspora and Exile in German-Jewish Literature and Art. – In: Encyclopedia of the Jewish Diaspora. Origins, Experiences, and

Culture. M. Avrum Ehrich, ed. Vol. 1: Themes and Phenomena of the Jewish Diaspora. Santa Barbara, Calif. [u. a.] 2009. S. 42–52.

Ghanem, Michael: Deutsche Identität und Heimat. Quo vadis? Hamburg 2020. 504 S.

Giacomo Meyerbeer. A Reader. Compiled and ed. by Robert Ignatius Letellier. Newcastle 2007. XXIII, 672 S.

Gillett, Robert: ‚Characteristics of Women' and their Reception in Germany. – In: Angermion 11, 2018. S. 119–132.

Görbert, Johannes; Immer, Nikolas: Ambulante Poesie. Reiselyrik in historischer und systematischer Perspektive. – In: Ambulante Poesie. Explorationen deutschsprachiger Reiselyrik seit dem 18. Jahrhundert. Johannes Görbert, Nikolas Immer (Hrsg.). Berlin 2020. S. 1–18.

Goeth, Sarah: Zwischen Revolutionsetüden und politischer Apathie. Höhenflüge, Krisen und Balanceakte in der politischen Literatur zwischen 1789 und 1848. – In: Gegenwart historisch gesehen. Kultur und Politik 1789–1848 filmisch reflektiert. [Vorträge des 30. Internationalen Filmhistorischen Kongresses]. Red.: Svenja Schiemann und Erika Wottrich. München 2018. 166 S.: Ill. (Ein CineGraph Buch). S. 11–26.

Goetschel, Willi: Theory-Praxis. Spinoza, Hess, Marx, and Adorno. – In: Bamidbar 2, 2013. S. 16–28.

Goltschnigg, Dietmar: Hartmut Steinecke – „gedacht soll seiner werden". – In: HJb 59, 2020. S. 277–280.

Goument, Quémed-Yves: Êtes-vous Ciléaste? Un voyage en grammaire ethnique. Paris 2019. 489 S.: Ill.

Groote, Inga Mai: ‚Die Loreley'. Felix Mendelssohn Bartholdy und Emanuel Geibel auf der Suche nach dem „ächt deutsch opernhaften guten" Stoff. – In: Konstellationen. Symposium Felix Mendelssohn und die Deutsche Musikkultur. Ausstellung Felix Mendelssohn und Johannes Brahms. Brahms-Institut an der Musikhochschule Lübeck. Wolfgang Sandberger (Hrsg.). München 2015. (Veröffentlichungen des Brahms-Instituts an der Musikhochschule Lübeck; 7). S. 47–55.

Grotjahn, Rebecca: Zyklizität und doppelte Autorschaft im ‚Liebesfrühling' von Clara und Robert Schumann. – In: Robert Schumann. Persönlichkeit, Werk und Wirkung. Bericht über die Internationale Musikwissenschaftliche Konferenz vom 22. bis 24. April 2010 in Leipzig. Hrsg. von Helmut Loos. Leipzig 2011. S. 69–89.

Grütter, Martin: Der verlorene Ehrensäbel des F. L. Wie Virtuosität entsteht und wohin sie führen kann. Berlin, Hochschule für Musik „Hanns Eisler", Diplomarb., 2009/10. 369 S.: Ill.

Haas, Michael: Forbidden Music. The Jewish Composers banned by the Nazis. New Haven 2013. XII, 358 S.

Hänselmann, Matthias Clemens: Das deutsche Mundart-Sonett im 19. Jahrhundert. Entstehung, Entwicklung und Kontexte einer unmöglichen Gedichtform. Heidelberg 2020. 429 S. (Beiträge zur neueren Literaturgeschichte; 410).

Halloran, William F.: The Life and Letters of William Sharp and „Fiona Macleod". Vol. I: 1855–1894. Cambridge 2018. X, 697 S.

Harer, Ingeborg: Irene Kiesewetter verh. Prokesch-Osten (1811–1872). „Eine der ersten Klavierspielerinnen Wiens". – In: Musik im Zusammenhang. Festschrift Peter Revers zum 65. Geburtstag. Hrsg. von Klaus Aringer, Christian Utz und Thomas Wozonig. Wien 2019. S. 257–277.

Hartmann, Petra: Zwischen Barrikade, Burgtheater und Beamtenpension. Die verbotenen jungdeutschen Autoren nach 1835. Stuttgart 2009. 163 S.

Hay, Louis: Die dritte Dimension der Literatur. Notizen zu einer critique génétique. – In: Schreiben als Kulturtechnik. Grundlagentexte. Hrsg. von Sandro Zanetti. Berlin 2012. (Suhrkamp-Taschenbuch Wissenschaft; 2037). S. 132–151.

Heck, Werner: „Die Accente einer platonischen Männerliebe". Nachwort. – In: Platen, August: Die Sonette. Mit einem Nach. von Werner Heck. Berlin 2019. S. 121–155.

Heero, Aigi: Marie Underi varasest saksakeelsest lüürikast. – In: Keel ja kirjandus 51, 2008, 11. S. 863–878.

Heilmeyer, Marina: Eine Frage des Geschmacks. Die kulinarischen Erfahrungen des Fürsten Pückler. – In: Fürst Pückler – ein Leben in Bildern. Ulf Jacob, Simone Neuhäuser, Gert Streidt (Hrsg.). SFPM Stiftung Fürst-Pückler-Museum Park und Schloss Branitz. Berlin 2020. S. 356–381.

Heister, Hanns-Werner: Entwicklung des Virtuosentums und des Konzertwesens. Unternehmerische Orientierung. – In: Musik und Gesellschaft. Marktplätze, Kampfzonen, Elysium. Frieder Reininghaus, Judith Kemp, Alexandra Ziane (Hrsg.). Bd. 1: 1000–1839. Von den Kreuzzügen bis zur Romantik. Würzburg 2020. S. 430–433.

Hennemann, Monika: Felix Mendelssohn Bartholdys Opernprojekte im kulturellen Kontext der deutschen Opern- und Librettogeschichte 1820–1850. Hannover 2020. 725 S.: Notenbeisp. [Zugl.: Mainz, Johannes Gutenberg-Univ., Diss., 2009].

Henschel, Gerhard: Da mal nachhaken. Näheres über Walter Kempowski. München 2009. 237 S. (dtv; 24708).

Herrnstadt, Georg: Hegel und der Humor. Über die Bedeutung des Humors in der Hegelschen Philosophie. Wien, Univ., Magisterarb., 2006. 139 S.

Heuer, Renate: Heines „Vetter" Hermann Schiff. – In: Dies.: Deutsch-jüdische Literatur-Geschichte im 19. und 20. Jahrhundert. Aufsätze, Vorträge, Rezensionen. Eine Publikation des „Archivs Bibliographia Judaica". Hrsg. von L. Joseph Heid. Berlin 2017. S. 185–207.

Hess, Jonathan M.: Middlebrow Literature and the Making of German-Jewish Identity. Stanford, Calif. 2010. XIII, 259 S. (Stanford Studies in Jewish History and Culture).

Hettche, Walter: Päpste, Könige und Wänzchen. Paul Heyses Belli-Übersetzungen und ihr Kontext. – In: Vergessene Konstellationen literarischer Öffentlichkeit zwischen 1840 und 1885. Hrsg. von Katja Mellmann und Jesko Reiling. Berlin 2016. (Studien und Texte zur Sozialgeschichte der Literatur; 142). S. 417–437.

Hillerich, Sonja: Deutsche Auslandskorrespondenten im 19. Jahrhundert. Die Entstehung einer transnationalen journalistischen Berufskultur. Berlin 2018. 410 S. (Pariser Historische Studien; 110).

Hinrichsen, Hans-Joachim: Erinnerte Heimat. Schubert. – In: Adorno-Handbuch. Leben – Werk – Wirkung. Richard Klein, Johann Kreuzer, Stefan Müller-Doohm (Hrsg.). 2., erw. und akt. Aufl. Stuttgart 2019. S. 97–102.

Hirsch, Lily E.: A Jewish Orchestra in Nazi Germany. Musical Politics and the Berlin Jewish Culture League. Ann Arbor 2010. VIII, 258 S.: Ill.

Hoba, Katharina; Kotowski, Elke-Vera: Ein geerbtes Stück Heimat. Der Umgang nachfolgender Generationen mit den Dingen des deutsch-jüdischen Exils. – In: Das Kulturerbe deutschsprachiger Juden. Eine Spurensuche in den Ursprungs-, Transit- und Emigrationsländern. Hrsg. von Elke-Vera Kotowski. Berlin 2017. (Europäisch-jüdische Studien / Beiträge; 9). S. 473–488.

Hörhammer, Dieter: Die Formation des literarischen Humors. Ein psychoanalytischer Beitrag zur bürgerlichen Subjektivität. 2. verb. Aufl. Bielefeld 2020. 336 S. [Zugl.: Konstanz, Univ., Diss., 1982].

Hoffman, Stefani: The World as Exile and the Word as Homeland in the Writing of Boris Khazanov. – In: Spiritual Homelands. The cultural Experience of Exile, Place and Displacement among Jews and others. Ed. Asher D. Biemann, Richard I. Cohen and Sarah E. Wobick-Segev. Berlin 2019. (Perspectives on Jewish Texts and contexts; 12). S. 101–128.

Hofmann, Andreas C.: Deutsche Universitätspolitik im Vormärz (1815–1848). Ein Beitrag zur Neubewertung des Deutschen Bundes. Berlin; Münster 2019. IX, 482 S. (Schriftenreihe der Stipendiatinnen und Stipendiaten der Friedrich-Ebert-Stiftung; 51). [Zugl.: München, Ludwig-Maximilians-Univ., Diss., 2014].

Hofmann, Friedrich: Arsen ohne Spitzenhäubchen. Kleine Geschichte der Gifte. Freiburg i. Br. [u. a.] 2012. 209 S.: Ill. (Herder-Spektrum; 6485).

Hollmach, Uwe: Theatrales Sprechen im Zeitgeist. – In: Das Melodram in Geschichte und Aufführungspraxis. XLIII. Wissenschaftliche Arbeitstagung Michaelstein, 9. bis 11. November 2018. Hrsg. von Christian Philipsen in Verbindung mit Ute Omonsky. Blankenburg 2020. (Michaelsteiner Konferenzberichte; 87). S. 375–396.

Holm, Christiane: Erdgeschichte für Schnellreisende. Zur Vergegenwärtigung geologischen Wissens in Reiseführern des 19. Jahrhunderts. – In: Erdgeschichten. Literatur und Geologie im langen 19. Jahrhundert. Hrsg. von Peter Schnyder. Würzburg 2020. S. 223–246.

Holoman, Dallas Kern; Minnick, Jonathan: Catalogue of the Works of Hector Berlioz. Second ed., digital. Kassel [u. a.] 2018. XLV, 527 S. (New Edition of the complete Works; 25).

Hose, Susanne: Selbstzeugnis als kulturelles Erbe. Am Beispiel der autobiographischen Nachlässe von Hermann Graf von Pückler-Muskau und des Halb-Bauern Hanso Nepila erklärt. – In: Erzählungen als kulturelles Erbe – das kulturelle Erbe als Erzählung. Beiträge der 6. Tagung der Kommission für Erzählforschung in der Deutschen Gesellschaft für Volkskunde vom 1.–4. September

2010 im Universitätszentrum Obergurgl. Ingo Schneider, Valeska Flor (Hrsg.). Münster 2014. (Innsbrucker Schriften zur europäischen Ethnologie und Kulturanalyse; 2). S. 145–160.

Idrobo, Carlos: Das, was von uns weggeht. Abwesenheit, Zeit und das Wandermotiv in der deutschen Kunst des 19. Jahrhunderts. Hildesheim; Zürich 2019. 355 S.: Ill. (Studien zur Kunstgeschichte; 213).

Ilgner, Julia: Postkartenpoetik. Richard Dehmels epigrammatisches Reisegedicht ,Eine Rundreise in Ansichtspostkarten' (1906). – In: Ambulante Poesie. Explorationen deutschsprachiger Reiselyrik seit dem 18. Jahrhundert. Johannes Görbert, Nikolas Immer (Hrsg.). Berlin 2020. S. 259–300.

Immer, Nikolas: Dolmetscher, Erklärer, Gefährte. Levin Schückings Anthologie ,Italia. Deutsche Dichter als Führer jenseits der Alpen' (1851). – In: Ambulante Poesie. Explorationen deutschsprachiger Reiselyrik seit dem 18. Jahrhundert. Johannes Görbert, Nikolas Immer (Hrsg.). Berlin 2020. S. 81–98.

Immer, Nikolas: Mnemosyne dichtet. Lyrisches Erinnern in der Mitte des 19. Jahrhunderts. – In: Vergessene Konstellationen literarischer Öffentlichkeit zwischen 1840 und 1885. Hrsg. von Katja Mellmann und Jesko Reiling. Berlin 2016. (Studien und Texte zur Sozialgeschichte der Literatur; 142). S. 297–319.

Ivanji, Andrej: Brücken der Erinnerung. – In: Dossier: Geschichte im Fluss. Flüsse als europäische Erinnerungsorte. Bundeszentrale für politische Bildung. Idee und Konzeption: Uwe Rada. Bonn 2019. S. 277–283.

Jahrmärker, Manuela: Themen, Motive und Bilder des Romantischen. Zum italienischen Musiktheater des 19. Jahrhunderts. Berlin; Münster 2006. 224 S.: Notenbeisp. (Forum Musiktheater; 2).

Jenis, Mirjam: Campanile und Carillon. Sturm- und Friedensglocken. – In: Musik und Gesellschaft. Marktplätze, Kampfzonen, Elysium. Frieder Reininghaus, Judith Kemp, Alexandra Ziane (Hrsg.). Bd. 1: 1000–1839. Von den Kreuzzügen bis zur Romantik. Würzburg 2020. S. 338–341.

Jessen, Caroline: Kanon im Exil. Lektüren deutsch-jüdischer Emigranten in Palästina/Israel. Göttingen 2019. 398 S.

Joskowicz, Ari: The Modernity of Others. Jewish anti-Catholicism in Germany and France. Standford 2014. XII, 373 S. (Stanford Studies in Jewish History and Culture).

Junkerjürgen, Ralf: Haarfarben. Eine Kulturgeschichte in Europa seit der Antike. Köln; Weimar; Wien 2009. VI, 321 S. (Literatur, Kultur, Geschlecht / Große Reihe; 52).

Just, Klaus Günther: Das deutsche Opernlibretto. – In: Literaturwissenschaftliche Aufbaujahre. Beiträge zur Gründung und Formation der Literaturwissenschaft am Germanistischen Institut der Ruhr-Universität Bochum – ein germanistikgeschichtliches Forschungsprojekt. Carsten Zelle (Hrsg.). Frankfurt a. M.; Bern; Wien 2016. (Bochumer Schriften zur deutschen Literatur; NF 5). S. 357–378.

Kallberg, Jeffrey: Chopin and the Jews. – In: Chopin and his World. Ed. by Jonathan D. Bellman and Halina Goldberg. Princeton 2017. S. 123–146.

Kelly, Elaine: Composing the Canon in the German Democratic Republic. Narratives of nineteenth-Century Music. Oxford 2014. VIII, 246 S.

Kemp, Judith: Der Satiriker und Liederdichter Pierre-Jean de Béranger. Chansons mit Sprengkraft. – In: Musik und Gesellschaft. Marktplätze, Kampfzonen, Elysium. Frieder Reininghaus, Judith Kemp, Alexandra Ziane (Hrsg.). Bd. 1: 1000–1839. Von den Kreuzzügen bis zur Romantik. Würzburg 2020. S. 644–646.

Kittelmann, Jana: Fürst und Fürstin. Der Wolf und das Schaf. – In: Fürst Pückler – ein Leben in Bildern. Ulf Jacob, Simone Neuhäuser, Gert Streidt (Hrsg.). SFPM Stiftung Fürst-Pückler-Museum Park und Schloss Branitz. Berlin 2020. S. 94–119.

Kittelmann, Jana: Die Schlacht von Waterloo in Karl August Varnhagen von Enses Biographie „Leben des Fürsten Blücher von Wahlstadt" (1826/1845). – In: Interférences littéraires 20, 2017. S. 93–107.

Klasen, Odilo: Oskar Gottlieb Blarr. Komponist und Kantor in Düsseldorf nach 1960. Untersuchungen zu seiner musikalischen Sprache in Wechselwirkung zu seinem Lebensumfeld. Flensburg 2014. 520 S.: Ill., Notenbeisp. [Zugl.: Flensburg, Univ., Diss., 2014].

Kobelt, Doreen: Was bleibt? Die letzte Gabe als Spiegel von innerfamiliären Beziehungen nach jüdischen Testamenten des 19. Jahrhunderts aus Hamburg und Altona. Berlin 2019. 361 S.: Ill. (Potsdamer jüdische Studien; 5). [Potsdam, Univ., Diss., 2018].

Köhler, Hans Joachim; Müller, Ralf C.: Robert Schumann auf den Spuren der Maler und Dichter. Bastei und Brocken. Leipzig; Karlsruhe 2018. 127 S.: Ill.

Köhne, Roland: Otto Lüning und Georg Herwegh. Eine dichterische Beziehung im Vormärz. – In: Jahresbericht des Historischen Kreis-Vereins im Regierungsbezirke von Schwaben und Neuburg 92, 2007. S. 91–108.

Köster, Juliane: Gegenstandsorientierter Literaturunterricht. Aktuelle Chancen eines alten Modells. – In: „Es ist eine alte Geschichte, doch bleibt sie immer neu". Begegnung(en) in und mit Literatur(en) – literaturdidaktische und literaturwissenschaftliche Aspekte. Tagung anlässlich des 80. Geburtstages Karlheinz Fingerhuts. Hrsg. von Ingrid Barkow, Michael Gans und Roland Jost. Baltmannsweiler 2020. (Transfer; 17. Ludwigsburger Hochschulschriften). S. 34–44.

Kohrs, Klaus Heinrich: Blumenstilleben und ‚Te Deum'. Die Avantgarde von 1830 in Februar-Revolution und Second Empire. – In: Schweizer Jahrbuch für Musikwissenschaft NF 37, 2017. S. 81–112.

Korn, Uwe Maximilian: Ernst Elster als Reihenherausgeber von ‚Meyers Klassikerausgaben' (1888–1919). – In: Die Präsentation kanonischer Werke um 1900. Semantiken, Praktiken, Materialität. Hrsg. von Philip Ajouri. Berlin 2017. (Editio / Beihefte; 42). S. 107–119.

Kortländer, Bernd: Journalist zwischen Deutschland und Frankreich. Georg Bernhard Depping (1784–1853). – In: HJb 59, 2020. S. 197–218.

Kortländer, Bernd: Zwischen Münster und Paris. Georg Bernhard Depping 1784–1853. Gelehrter, Schriftsteller, Journalist. Bielefeld 2020. 600 S. (Veröffentlichungen der Literaturkommission für Westfalen; 84).

Kotowski, Elke-Vera: ‚Weit von wo?'. Der Kulturtransfer jüdischer Emigration aus dem deutschsprachigen Raum. Eine Einführung in die vorliegende Publikation. – In: Das Kulturerbe deutschsprachiger Juden. Eine Spurensuche in den Ursprungs-, Transit- und Emigrationsländern. Hrsg. von Elke-Vera Kotowski. Berlin 2017. (Europäisch-jüdische Studien / Beiträge; 9). S. 1–20.

Kramer, Sven: Lyrik und Gesellschaft. – In: Adorno-Handbuch. Leben – Werk – Wirkung. Richard Klein, Johann Kreuzer, Stefan Müller-Doohm (Hrsg.). 2., erw. und akt. Aufl. Stuttgart 2019. S. 235–245.

Kremer, Arndt: Deutsche Juden – deutsche Sprache. Jüdische und judenfeindliche Sprachkonzepte und -konflikte 1893–1933. Berlin; New York, NY 2007. XIV, 450 S. (Studia Linguistica Germanica; 87). [Zugl.: Köln, Univ., Diss., 2005].

Kreutz, Wilhelm: Deutsche im politischen Exil nach dem Hambacher Fest und der Revolution nach 1848/49. – In: Deutsche im politischen Exil nach dem Hambacher Fest und der Revolution von 1848/49. Wilhelm Kreutz (Hrsg.). Ostfildern 2020. (Schriften der Siebenpfeiffer-Stiftung; 11). S. 9–26.

Kroh, Peter: Jan Skala und das Hambacher Fest. – In: Lětopis 57, 2010, 2. S. 54–60.

Krones, Hartmut: Das Melodram bei Robert Schumann und Franz Liszt. „[...] neue Wege der Kunst zu versuchen". – In: Das Melodram in Geschichte und Aufführungspraxis. XLIII. Wissenschaftliche Arbeitstagung Michaelstein, 9. bis 11. November 2018. Hrsg. von Christian Philipsen in Verbindung mit Ute Omonsky. Blankenburg 2020. (Michaelsteiner Konferenzberichte; 87). S. 45–78.

Krüger, Doris Maja: Leo Löwenthal und die jüdische Renaissance in der Weimarer Republik. – In: Das Kulturerbe deutschsprachiger Juden. Eine Spurensuche in den Ursprungs-, Transit- und Emigrationsländern. Hrsg. von Elke-Vera Kotowski. Berlin 2017. (Europäisch-jüdische Studien / Beiträge; 9). S. 249–262.

Kruschwitz, Hans: Frühe Diskurskritik. ‚Jüdischer Witz' in Börnes politischem Feuilleton. – In: HJb 59, 2020. S. 165–193.

Kruse, Joseph A.: Simon von Geldern (1720–1788), der Morgenländer. – In: Grenzgänger. Jüdische Wissenschaftler, Träumer und Abenteurer zwischen Orient und Okzident. Julius H. Schoeps & Thomas L. Gertzen (Hrsg.). Leipzig 2020. S. 311–334.

Kubelakēs, Stathēs: Philosophy and Revolution. From Kant to Marx. Transl. by G. M. Goshgarian. Preface by Fredric Jameson. New afterword by Stathis Kouvelakis and Sebastian Budgen. New Ed. London [u. a.] 2018. XIV, 466 S.

Kühne, Jan: Die zionistische Komödie im Drama Sammy Gronemanns. Über Ursprünge und Eigenarten einer latenten Gattung. Berlin 2020. XV, 362 S. (Conditio Judaica; 94).

Kutyła, Dorota Halina: Kultura źródłem polityki. Chasydzka praca Martina Bubera. – In: Civitas 18, 2016. S. 263–281.

Lanzrein, Valentin; Cross, Richard: The Singer's Guide to German Diction = Das Handbuch der deutschen Aussprache für Sänger. New York, NY 2018. XV, 294 S.

Lauer, Reinhard: Literarizacija glazbe. Godišnja doba Petra Iljiča Čajkovskog. – In: Umjetnost riječi 50, 2006, 2/3. S. 195–132.

Lauster, Martina: Gutzkows Werke und Briefe, herausgegeben vom Editionsprojekt Karl Gutzkow. Ein Erfahrungs- und Werkstattbericht nach mehr als 20 Jahren. – In: HJb 59, 2020. S. 219–236.

Lebrave, Jean-Louis: Comment écriront-ils? – In: Ders.: Théorie et linguistique de l'écriture. Des manuscrits aux processus scripturaux (1983–2018). Textes choisis et présentés par Bénédicte Vauthier et Rudolf Mahrer. Paris 2020. (Investigations stylistiques; 13). S. 227–236.

Lebrave, Jean-Louis: La critique génétique, ruptures et continuités (2018). – In: Ders.: Théorie et linguistique de l'écriture. Des manuscrits aux processus scripturaux (1983–2018). Textes choisis et présentés par Bénédicte Vauthier et Rudolf Mahrer. Paris 2020. (Investigations stylistiques; 13). S. 393–404.

Lebrave, Jean-Louis: La critique génétique, une discipline nouvelle ou un avatar moderne de la philologie? (1992). – In: Ders.: Théorie et linguistique de l'écriture. Des manuscrits aux processus scripturaux (1983–2018). Textes choisis et présentés par Bénédicte Vauthier et Rudolf Mahrer. Paris 2020. (Investigations stylistiques; 13). S. 263–308.

Lebrave, Jean-Louis: La critique génétique et l'étude des processus d'écriture littéraires (2002). – In: Ders.: Théorie et linguistique de l'écriture. Des manuscrits aux processus scripturaux (1983–2018). Textes choisis et présentés par Bénédicte Vauthier et Rudolf Mahrer. Paris 2020. (Investigations stylistiques; 13). S. 173–186.

Lebrave, Jean-Louis: Dans les limbes du roman (2014). – In: Ders.: Théorie et linguistique de l'écriture. Des manuscrits aux processus scripturaux (1983–2018). Textes choisis et présentés par Bénédicte Vauthier et Rudolf Mahrer. Paris 2020. (Investigations stylistiques; 13). S. 381–392.

Lebrave, Jean-Louis: Lecture et analyse des brouillons (1983). – In: Ders.: Théorie et linguistique de l'écriture. Des manuscrits aux processus scripturaux (1983–2018). Textes choisis et présentés par Bénédicte Vauthier et Rudolf Mahrer. Paris 2020. (Investigations stylistiques; 13). S. 81–100.

Lebrave, Jean-Louis: Manuscrits de travail et linguistique de la production écrite (2009). – In: Ders.: Théorie et linguistique de l'écriture. Des manuscrits aux processus scripturaux (1983–2018). Textes choisis et présentés par Bénédicte Vauthier et Rudolf Mahrer. Paris 2020. (Investigations stylistiques; 13). S. 187–196.

Lebrave, Jean-Louis: Les manuscrits entre la substance de l'expression et la substance du contenu (1999). – In: Ders.: Théorie et linguistique de l'écriture. Des manuscrits aux processus scripturaux (1983–2018). Textes choisis et présentés par Bénédicte Vauthier et Rudolf Mahrer. Paris 2020. (Investigations stylistiques; 13). S. 149–158.

Lebrave, Jean-Louis: La nouvelle philologie et l'édition électronique des dossiers génétiques (2000). – In: Ders.: Théorie et linguistique de l'écriture. Des manuscrits aux processus scripturaux (1983–2018). Textes choisis et présentés par Bénédicte Vauthier et Rudolf Mahrer. Paris 2020. (Investigations stylistiques; 13). S. 325–346.

Lebrave, Jean-Louis: Les proto-termes dans les variantes d'écriture (1989). – In: Ders.: Théorie et linguistique de l'écriture. Des manuscrits aux processus scripturaux (1983–2018). Textes choisis et présentés par Bénédicte Vauthier et Rudolf Mahrer. Paris 2020. (Investigations stylistiques; 13). S. 101–132.

Lebrave, Jean-Louis: Psychologie cognitive et critique génétique (2017, 2010). – In: Ders.: Théorie et linguistique de l'écriture. Des manuscrits aux processus scripturaux (1983–2018). Textes choisis et présentés par Bénédicte Vauthier et Rudolf Mahrer. Paris 2020. (Investigations stylistiques; 13). S. 197–204.

Lebrecht, Norman: Genius & Anxiety. How Jews changed the World 1847–1947. London 2019. 442 S.

Leone, Lorenzo: Musikgeist e redenzione. L'estetica musicale di Wackenroder. Tricase 2014. (Quaderni appiadiani; 1). S. 34–41.

Liebermann, Max: Briefe. Zusammengetragen, komm. und hrsg. von Ernst Braun. Bd. 7: Briefe 1922–1926. Baden-Baden 2017. 674 S. (Schriftenreihe der Max-Liebermann-Gesellschaft Berlin e. V.; 7).

Liewert, Anne: Vom öffentlichen Büchersaal zur Landes- und Stadtbibliothek (1770–1904). Eine Festschrift zum 250-jährigen Bestehen der Universitäts- und Landesbibliothek Düsseldorf. Düsseldorf 2020. 214 S.: 47 Ill. (Schriften der Universitäts- und Landesbibliothek Düsseldorf; 43).

Lühe, Irmela von: Literatur. – In: Handbuch jüdische Studien. Christina von Braun, Micha Brumlik (Hrsg.). Köln; Weimar; Wien 2018. (UTB; 8712). S. 385–398.

Lyriktheorie. Texte vom Barock bis zur Gegenwart. Hrsg. von Ludwig Völker. Stuttgart 2000. 468 S. (Reclams Universal-Bibliothek; 8657).

Mahrer, Rudolf: Sur les traces de Jean-Louis Lebrave. – In: Lebrave, Jean-Louis: Théorie et linguistique de l'écriture. Des manuscrits aux processus scripturaux (1983–2018). Textes choisis et présentés par Bénédicte Vauthier et Rudolf Mahrer. Paris 2020. (Investigations stylistiques; 13). S. 29–54.

Maier, Dieter G.: Berthold Auerbach. Schriftsteller und Volkserzieher im 19. Jahrhundert. Berlin 2018. 79 S.: Ill. (Jüdische Miniaturen; 216).

Maillet, Marie-Ange: Pückler und Frankreich. – In: Fürst Pückler – ein Leben in Bildern. Ulf Jacob, Simone Neuhäuser, Gert Streidt (Hrsg.). SFPM Stiftung Fürst-Pückler Muscum Park und Schloss Branitz. Berlin 2020. S. 134–179.

Málek, Petr: „Wo ist mein Platz?". Richard Weiner und die Frage nach der jüdischen Identität. Der moderne Künstler als „Fremder". – In: Brücken 2015. S. 129–152.

Mannes, Gast: Nervals Reisen oder Deutschland unser aller Mutter. Hildesheim; Zürich 2019. 504 S.

Marchese, Lorenzo: Un'introduzione alla poesia di Primo Levi. – In: lettere aperte, 2019, 6: Testimoniare in versi = Witnessing in Verse. S. 25–44.

Martens, Michael: Im Brand der Welten. Ivo Andrić – ein europäisches Leben. Wien 2019. 493 S.: Ill.

Martins de Oliveira, Teresa: ‚Der Absender' von Daniel Ganzfried. Eine Familiensaga des Postgedächtnisses. – In: Fabulierwelten. Zum (Auto)Biographischen in der Literatur der deutschen Schweiz. Festschrift für Beatrice Sandberg zum 75. Geburtstag. Hrsg. von Isabel Hernández, Dorota Sośnicka. Würzburg 2017. S. 127–141.

Mateos de Manuel, Victoria: El silencio de Salomé. Ensayos coreográficos sobre lo dionisíaco en la modernidad. Prólogo de José María González García. Madrid; México 2019. 433 S.: Ill. (Theoria cum praxi / Studia; 13. Colección Filosofía).

Maurer, Michael: Einführung. – In: Herder – Luther. Das Erbe der Reformation in der Weimarer Klassik. Hrsg. von Michael Maurer und Christopher Spehr. Tübingen 2019. (Colloquia historica et theologica; 5). S. 1–15.

Maurer, Michael: Epochenkonzepte als Identitätsangebote. Reformation und Weimarer Klassik. – In: Herder – Luther. Das Erbe der Reformation in der Weimarer Klassik. Hrsg. von Michael Maurer und Christopher Spehr. Tübingen 2019. (Colloquia historica et theologica; 5). S. 217–231.

Melchert, Monika: Im Schutz von Adler und Schlange. Anna Seghers im mexikanischen Exil. Berlin 2020. 160 S.: Ill.

Mengaldo, Pier Vincenzo: Diego Valeri traduttore di lirici francesi e tedeschi. – In: Diego Valeri e il Novecento. Atti del Convegno di studi nel 30. anniversario della morte del poeta, Piove di Sacco, 25–26 novembre 2006. A cura di Gloria Manghetti. Presentazione di Pier Vincenzo Mengaldo. Padova 2007. (Atti; 6). S. 87–94.

Meyer, Julia: „Darf ich, einstweilen noch, Deutsch schreiben?". Zum Spätwerk von Mascha Kaléko in Jerusalem. – In: Zwischen den Sprachen – mit der Sprache? Deutschsprachige Literatur in Palästina und Israel. Vorträge, gehalten auf der Tagung „Zwischen den Sprachen – Mit der Sprache? Deutschsprachige Literatur in Palästina und Israel" vom 07.–09.09.2017 an der Universität Paderborn. Norbert Otto Eke und Stephanie Willeke (Hrsg.). Bielefeld 2019. (Veröffentlichungen der Literaturkommission für Westfalen; 79). S. 281–304.

Meyer, Michael A.: Entwicklung und Modifikationen der jüdischen Identität in Deutschland vom 18. Jahrhundert bis in die Gegenwart. – In: Das Kulturerbe deutschsprachiger Juden. Eine Spurensuche in den Ursprungs-, Transit- und Emigrationsländern. Hrsg. von Elke-Vera Kotowski. Berlin 2017. (Europäisch-jüdische Studien / Beiträge; 9). S. 21–31.

Meyer, Philippe: Die Pariser Peripherie. – In: Dossier: Geschichte im Fluss. Flüsse als europäische Erinnerungsorte. Bundeszentrale für politische Bildung. Idee und Konzeption: Uwe Rada. Bonn 2019. S. 137–141.

Meyer-Minnemann, Klaus: Zur Entstehung, Konzeption und Wirkung des ‚Don Quijote' in der europäischen Literatur. – In: Europäische Dimensionen des Don Quijote in Literatur, Kunst, Film und Musik. [Staats- und Universitätsbibliothek Hamburg Carl von Ossietzky]. Hrsg. von Tilmann Altenberg und Klaus Meyer-Minnemann. Hamburg 2007. S. 11–46.

Mikulić, Borislav: Čovjek, ali najbolji. Romi u žrvnju radne, jezične i biološke teorije rase. – In: Narodna umjetnost 56, 2019, 2. S. 7–39.

Möbius, Thomas: Landscapes as an interpretational Model. The Function and Tradition of Landscape Imagery in GDR Literature. Transl. by David Clarke. – In: The Politics of Place in Post-War Germany. Essays in literary Criticism. Ed. by David Clarke and Renate Rechtien. Lewiston 2009. S. 127–148.

Mönig, Klaus: Politische Freiheit und ‚europäische Literatur'. Goethe, Schiller und Byron in Giuseppe Mazzinis kulturkritischen Essays. Heidelberg 2020. 287 S. (Beiträge zur neueren Literaturgeschichte ; 408).

Morikawa, Takemitsu: Japanizität aus dem Geist der europäischen Romantik. Der interkulturelle Vermittler Mori Ôgai und die Reorganisierung des japanischen „Selbstbildes" in der Weltgesellschaft um 1900. Bielefeld 2013. 316 S. (Lettre).

Müller, Judith: Neither ‚Heimat' nor Exile. The Perception of Paris as a historical blind Spot in three Israeli Novels. – In: Spiritual Homelands. The cultural Experience of Exile, Place and Displacement among Jews and others. Ed. Asher D. Biemann, Richard I. Cohen and Sarah E. Wobick-Segev. Berlin 2019. (Perspectives on Jewish Texts and Contexts; 12). S. 277–298.

Müller, Ralph: „So vergönnt ihr Musen dem Reisenden kleine Gedichte". Reiselyrik als epigrammatisches Projekt. – In: Ambulante Poesie. Explorationen deutschsprachiger Reiselyrik seit dem 18. Jahrhundert. Johannes Görbert, Nikolas Immer (Hrsg.). Berlin 2020. S. 19–44.

Musto, Marcello: Marx's Critique of German social Democracy. From the international to the political Struggles of the 1870s. – In: Karl Marx's Life, Ideas, and Influences. A critical Examination on the Bicentenary. Shaibal Gupta, Marcello Musto, Babak Amini, Ed. Cham 2019. S. 21–40.

Naroditskaya, Inna: Russian Rusalkas and Nationalism. Water, Power, and Women. – In: Music of the Sirens. Ed. by Linda Phyllis Austern and Inna Naroditskaya. Bloomington 2006. S. 216–249.

Nel paese di Cunegonda. Leonardo Sciascia e le culture di lingua tedesca. A cura di Albertina Fontana, Ivan Pupo. Florenz 2019. XIV, 240 S. (Sciascia scrittore europeo; 3).

Nemtsov, Jascha: Klezmer in Mittel- und Westeuropa. Musik aus dem Schtetl. – In: Musik und Gesellschaft. Marktplätze, Kampfzonen, Elysium. Frieder Reininghaus, Judith Kemp, Alexandra Ziane (Hrsg.). Bd. 1: 1000–1839. Von den Kreuzzügen bis zur Romantik. Würzburg 2020. S. 696–698.

Neuhaus, Stefan: Grundriss der Literaturwissenschaft. 5., durchges. Aufl. Tübingen 2017. XIII, 322 S. (UTB; 2477).

Neumann, Arndt: Gegendenkmäler. Umstrittene Kriegserinnerungen. – In: Europa und Erinnerung. Erinnerungsorte und Medien im 19. und 20. Jahrhundert. Alexandra Przyrembel, Claudia Scheel (Hrsg.). Bielefeld 2019. (Histoire; 159). S. 207–225.

Niemöller, Klaus Wolfgang: Religiöser Byronismus? The ‚Hebrew Melodies' von Byron in den Vertonungen von Robert Schumann und Joseph Joachim. – In: Robert Schumann. Persönlichkeit, Werk und Wirkung. Bericht über die Internationale Musikwissenschaftliche Konferenz vom 22. bis 24. April 2010 in Leipzig. Hrsg. von Helmut Loos. Leipzig 2011. S. 136–162.

Nixon, Mark: Beckett liest deutsche Literatur 1945–1989. Eine Übersicht. – In: Samuel Beckett und die deutsche Literatur. Jan Wilm, Mark Nixon (Hrsg.). Bielefeld 2013. (Lettre). S. 19–31.

Noa, Miriam: Volkstümlichkeit und Nationbuilding. Zum Einfluss der Musik auf den Einigungsprozess der deutschen Nation im 19. Jahrhundert. Münster [u. a.] 2012. 374 S. (Populäre Kultur und Musik; 8). [Zugl.: Berlin, Humboldt-Univ., Diss., 2012].

Nottscheid, Mirko: Zwischen ‚Monument' und ‚Stereotypie'. Präsentationsformen und Kanonstrategien in einem Teilfeld der wissenschaftlichen Klassikeredition um 1900. – In: Die Präsentation kanonischer Werke um 1900. Semantiken,

Praktiken, Materialität. Hrsg. von Philip Ajouri. Berlin 2017. (Editio / Beihefte; 42). S. 77–105.

Oltermann, Philip: Dichter und Denker, Spinner und Banker. Eine deutsch-englische Beziehungsgeschichte. Reinbek bei Hamburg 2013. 283 S. (Rororo; 62523).

Ostritsch, Sebastian: Hegel. Der Weltphilosoph. Berlin 2020. 314 S.

Otten, Robert: Auch zum Mitnehmen. Eine deutsche Esskultur in 21 Gängen. Reinbek bei Hamburg 2009. 255 S.: Ill. (Rororo; 62514: Sachbuch).

Pasternak, Boris Leonidovič: The Marsh of Gold. Pasternak's Writings on Inspiration and Creation. Sel., transl., ed., intr. and provided with comm. and notes by Angela Livingstone. Boston 2010. XVII, 302 S. (Studies in Russian and Slavic Literatures, Cultures and History).

Paul, Jacky Carl-Joseph: Hölderlin face aux „Cerbères" et aux „Chiens de la nuit". Paris 2019. 378 S.

Pedersen, Esther Oluffa: Religion is the Opium of the People. An Investigation into the intellectual Context of Marx's Critique of Religion. – In: History of political Thought 36, 2015, 2. S. 354–387.

Peitsch, Helmut: Antifaschistisches Verständnis der eigenen jüdischen Herkunft in Texten von DDR-Schriftstellern. – In: Das Kulturerbe deutschsprachiger Juden. Eine Spurensuche in den Ursprungs-, Transit- und Emigrationsländern. Hrsg. von Elke-Vera Kotowski. Berlin 2017. (Europäisch-jüdische Studien / Beiträge; 9). S. 117–142.

Pekar, Thomas: Modelle jüdischer Identität. Lion Feuchtwanger ‚Josephus'-Trilogie. – In: Exil und Shoah. Hrsg. von Bettina Bannasch, Helga Schreckenberger und Alan E. Steinweis. München 2016. (Exilforschung; 34). S. 234–252.

Perraudin, Michael: Lyrische Realisten der Biedermeierzeit. – In: Lyrik des Realismus. Christian Begemann, Simon Bunke (Hrsg.). Freiburg i. Br. 2019. (Rombach Wissenschaften / Reihe Litterae; 238). S. 89–110.

Petschnigg, Edith: „Die Bibel zu lesen ist ein reines Vergnügen.". Biblische Bezüge in der Lyrik der Exilsdichterin Stella Rotenberg. Graz, Karl-Franzens-Univ., Diplomarb., 2010. 122 Bl.

Pilipowicz, Andrzej: Die Dekonstruierung einer Idee. Die (Ent)Kreuzigung Jesu Christi in ‚Christus und das Kreuz' von Iwan Franko und in ‚Im Dunkel' von Georg Trakl. – In: Acta neophilologica XIV, 2012, 1. S. 223–233.

Pilz, Michael: Die Klassiker der ‚Jugend'. Kanonische Dichterbilder in Georg Hirths ‚Illustrierter Wochenschrift für Kunst und Leben' und ihrem Kunstdruckprogramm. – In: Die Präsentation kanonischer Werke um 1900. Semantiken, Praktiken, Materialität. Hrsg. von Philip Ajouri. Berlin 2017. (Editio / Beihefte; 42). S. 183–216.

Plachta, Bodo: Editionswissenschaft. Handbuch zu Geschichte, Methode und Praxis der neugermanistischen Edition. Stuttgart 2020. VII, 288 S.: Ill.

Poczka, Irene: Die Regierung der Gesundheit. Fragmente einer Genealogie liberaler Gouvernementalität. Bielefeld 2017. 459 S. (Edition Politik; 7). [Zugl.: Berlin, Freie Univ., Diss., 2013].

Podewski, Madleen: Zwischen Bild und „Bild". Verhandlungen des Bildparadigmas in ‚Europa, Chronic der gebildeten Welt' (1835–1844). – In: Darstellungsoptik. Bild-Erfassung und Bilderfülle in der Prosa des 19. Jahrhunderts. Thomas Althaus (Hrsg.). Bielefeld 2018. (Philologie und Kulturgeschichte; 7). S. 129–148.

Pöhlmann, Horst Georg: Die Romantik sind wir. – In: Neue Zeitschrift für systematische Theologie und Religionsphilosophie 58, 2016, 3. S. 402–415.

Powell, Larson: Radio theory. – In: Adorno-Handbuch. Leben – Werk – Wirkung. Richard Klein, Johann Kreuzer, Stefan Müller-Doohm (Hrsg.). 2., erw. und akt. Aufl. Stuttgart 2019. S. 316–320.

Rada, Uwe: Die Wiederentdeckung der Oder. – In: Dossier: Geschichte im Fluss. Flüsse als europäische Erinnerungsorte. Bundeszentrale für politische Bildung. Idee und Konzeption: Uwe Rada. Bonn 2019. S. 173–181.

Radanović, Sanja: Die Geschichte des Deutschlernens in Bosnien-Herzegowina bis 1941. Wien 2019. 176 S.

Rauschenbach, Sina: Sephardim und Aschkenasim. – In: Handbuch jüdische Studien. Christina von Braun, Micha Brumlik (Hrsg.). Köln; Weimar; Wien 2018. (UTB; 8712). S. 111–124.

Reiling, Jesko: Volkspoesie versus Kunstpoesie. Wirkungsgeschichte einer Denkfigur im literarischen 19. Jahrhundert. Heidelberg 2019. VI, 386 S. (Beihefte zum Euphorion; 107). [Zugl.: Fribourg (Schweiz), Univ., Habilitationsschrift, 2016].

Reiling, Jesko: Der Volksschriftsteller und seine verklärte Volkspoesie. Zu einem vergessenen Autormodell um 1850. – In: Vergessene Konstellationen literarischer Öffentlichkeit zwischen 1840 und 1885. Hrsg. von Katja Mellmann und Jesko Reiling. Berlin 2016. (Studien und Texte zur Sozialgeschichte der Literatur; 142). S. 203–222.

Reinhardt, Stephan: Georg Herwegh – eine Biographie. Seine Zeit – unsere Geschichte. Göttingen 2020. 635 S.: Ill.

Reininghaus, Frieder: Die ‚Carmina Burana'. Glück und Klage der Vaganten. – In: Musik und Gesellschaft. Marktplätze, Kampfzonen, Elysium. Frieder Reininghaus, Judith Kemp, Alexandra Ziane (Hrsg.). Bd. 1: 1000–1839. Von den Kreuzzügen bis zur Romantik. Würzburg 2020. S. 93–96.

Reininghaus, Frieder: Faust und die Musik II. Wie Blei auf den Schultern. – In: Musik und Gesellschaft. Marktplätze, Kampfzonen, Elysium. Frieder Reininghaus, Judith Kemp, Alexandra Ziane (Hrsg.). Bd. 2: 1840–2020. Vom Vormärz bis zur Gegenwart. Würzburg 2020. S. 35–39.

Reininghaus, Frieder: Kampflieder von Körner, Weber und Schubert. Lützows wilde verwegene Jagd. – In: Musik und Gesellschaft. Marktplätze, Kampfzonen, Elysium. Frieder Reininghaus, Judith Kemp, Alexandra Ziane (Hrsg.). Bd. 1: 1000–1839. Von den Kreuzzügen bis zur Romantik. Würzburg 2020. S. 631–634.

Reininghaus, Frieder: Kunst und Wissenschaft heute. Parallelschwung und Gegenklang. – In: Musik und Gesellschaft. Marktplätze, Kampfzonen, Elysium. Frieder Reininghaus, Judith Kemp, Alexandra Ziane (Hrsg.). Bd. 2: 1840–2020. Vom Vormärz bis zur Gegenwart. Würzburg 2020. S. 558–562.

Reininghaus, Frieder: Der Liedermacher Wolf Biermann. Es gibt ein Leben vor dem Tod. – In: Musik und Gesellschaft. Marktplätze, Kampfzonen, Elysium. Frieder Reininghaus, Judith Kemp, Alexandra Ziane (Hrsg.). Bd. 2: 1840–2020. Vom Vormärz bis zur Gegenwart. Würzburg 2020. S. 475–477.

Reininghaus, Frieder: Musik der bürgerlichen Revolution. Freiheitsmärsche und Katzenjammer. – In: Musik und Gesellschaft. Marktplätze, Kampfzonen, Elysium. Frieder Reininghaus, Judith Kemp, Alexandra Ziane (Hrsg.). Bd. 2: 1840–2020. Vom Vormärz bis zur Gegenwart. Würzburg 2020. S. 42–47.

Reininghaus, Frieder: Nebenwirkungen des Don-Quijote-Romans von Miguel de Cervantes. Musikalische Windmühlenflügel. – In: Musik und Gesellschaft. Marktplätze, Kampfzonen, Elysium. Frieder Reininghaus, Judith Kemp, Alexandra Ziane (Hrsg.). Bd. 1: 1000–1839. Von den Kreuzzügen bis zur Romantik. Würzburg 2020. S. 304–306.

Reininghaus, Frieder: Der reisende Virtuose Liszt, seine Zeitgenossen und Nachfolger. Die Nähe der Stars zur großen Politik und dieser zu ihnen. – In: Musik und Gesellschaft. Marktplätze, Kampfzonen, Elysium. Frieder Reininghaus, Judith Kemp, Alexandra Ziane (Hrsg.). Bd. 1: 1000–1839. Von den Kreuzzügen bis zur Romantik. Würzburg 2020. S. 702–706.

Reininghaus, Frieder: Richard Wagners „Romantische Oper". Kennt ihr den ‚Fliegenden Holländer' nicht? – In: Musik und Gesellschaft. Marktplätze, Kampfzonen, Elysium. Frieder Reininghaus, Judith Kemp, Alexandra Ziane (Hrsg.). Bd. 2: 1840–2020. Vom Vormärz bis zur Gegenwart. Würzburg 2020. S. 27–30.

Reininghaus, Frieder: Robert Schumanns Symphonie Es-Dur op. 97. Weltanschauungsmusik. – In: Musik und Gesellschaft. Marktplätze, Kampfzonen, Elysium. Frieder Reininghaus, Judith Kemp, Alexandra Ziane (Hrsg.). Bd. 2: 1840–2020. Vom Vormärz bis zur Gegenwart. Würzburg 2020. S. 56–60.

Reus, Gunter: Marcel Reich-Ranicki. Kritik für alle. Darmstadt 2020. 224 S.

Richter, Sandra: Eine Weltgeschichte der deutschsprachigen Literatur. München 2019. 727 S.: Ill.

Roemer, Nils: German Jews in Paris. Traversing Modernity. – In: Cambridge Journal of postcolonial Literary Inquiry 3, 2016, 1. S. 79–95.

Rosenbaum, Lars: Die Verschmutzung der Literatur. Zur historischen Semantik der ästhetischen Moderne im „langen 19. Jahrhundert". Bielefeld 2019. 455 S. (lettre). [Zugl: Bielefeld, Univ., Diss., 2017].

Rossmer Gropman, Gabrielle; Gropman, Sonya: Die jüdische Mahlzeit – Verbindung von Generationen. Die Geschichte der Juden in Deutschland und ihre Essgewohnheiten. – In: Das Kulturerbe deutschsprachiger Juden. Eine Spurensuche in den Ursprungs-, Transit- und Emigrationsländern. Hrsg. von Elke-Vera Kotowski. Berlin 2017. (Europäisch-jüdische Studien / Beiträge; 9). S. 570–582.

Rost, Henrike: Musik-Stammbücher. Erinnerung, Unterhaltung und Kommunikation im Europa des 19. Jahrhunderts. Köln 2020. 358 S.: Ill. (Musik – Kultur – Gender; 17). [Zugl.: Köln, Hochschule für Musik und Tanz, Dissertation, 2019].

Rybicki, Marie-Hélène: Le Mythe de Paganini dans la presse et la littérature de son temps. Paris 2014. 610 S. (Perspectives comparatistes; 25. Perspectives comparatistes / Série Littératures et musique; 3).

Sadowski, Dieter: Der ehrbare Kaufmann. Ein ironischer Topos der Betriebswirtschaftslehre? – In: Arbeits- und Sozialrecht für Europa. Festschrift für Maximilian Fuchs. Franz Marhold, … (Hrsg.). Baden-Baden 2020. S. 891–905.

Schaefers, Stephanie: Unterwegs in der eigenen Fremde. Deutschlandreisen in der deutschsprachigen Gegenwartsliteratur. Münster 2010. 329 S. (Wissenschaftliche Schriften der WWU Münster / Reihe XII; 2). [Exkurs 6: „Auf Spurensuche in der vertexteten Topografie Harz". S. 222–228].

Schanze, Helmut: Erfindung der Romantik. Stuttgart 2018. VII, 434 S.

Schelz, Wolfgang: Thomas Bernhard und der Sozialismus. Aachen 2019. 46 S.

Schmiedel, Elisabeth; Draheim, Joachim: Eine Musikerfamilie im 19. Jahrhundert. Mariane Bargiel, Clara Schumann, Woldemar Bargiel in Briefen und Dokumenten. Bd. 1: Veröffentlichung. München; Salzburg 2007. 400 S.

Schmitt, Christian: Stillleben. Ästhetische, ethische und politische Perspektiven idyllischen Erzählens um 1850. – In: Darstellungsoptik. Bild-Erfassung und Bilderfülle in der Prosa des 19. Jahrhunderts. Thomas Althaus (Hrsg.). Bielefeld 2018. (Philologie und Kulturgeschichte; 7). S. 221–246.

Schoeps, Julius H.: Auf den Spuren Arnold Mendelssohns (1817–1854). Ferdinand Lassalle, die Flucht aus der Heimat und ein unstetes Wanderleben im Vorderen Orient. – In: Grenzgänger. Jüdische Wissenschaftler, Träumer und Abenteurer zwischen Orient und Okzident. Julius H. Schoeps & Thomas L. Gertzen (Hrsg.). Leipzig 2020. S. 119–132.

Schoeps, Julius H.: Düstere Vorahnungen. Deutschlands Juden am Vorabend der Katastrophe (1933–1935). Berlin 2018. 612 S.

Schoeps, Julius H.: Das Stigma der Heimatlosigkeit. Vom Umgang mit dem deutsch-jüdischen Erbe. – In: Das Kulturerbe deutschsprachiger Juden. Eine Spurensuche in den Ursprungs-, Transit- und Emigrationsländern. Hrsg. von Elke-Vera Kotowski. Berlin 2017. (Europäisch-jüdische Studien / Beiträge; 9). S. 489–499.

Schoeps, Julius H.: Wenn Ihr wollt, ist es kein Märchen. Theodor Herzls (1860–1904) Palästina-Reise und die Vision des Judenstaates in seinem Roman „Altneuland". – In: Grenzgänger. Jüdische Wissenschaftler, Träumer und Abenteurer zwischen Orient und Okzident. Julius H. Schoeps & Thomas L. Gertzen (Hrsg.). Leipzig 2020. S. 181–196.

Schrimpf, Hans Joachim: Der Schriftsteller als öffentliche Person. Zur Krise der Wertmaßstäbe. – In: Literaturwissenschaftliche Aufbaujahre. Beiträge zur Gründung und Formation der Literaturwissenschaft am Germanistischen Institut der Ruhr-Universität Bochum – ein germanistikgeschichtliches Forschungsprojekt. Carsten Zelle (Hrsg.). Frankfurt a. M.; Bern; Wien 2016. (Bochumer Schriften zur deutschen Literatur; NF 5). S. 325–356.

Schulte, Christoph: Jüdische Philosophie. – In: Handbuch jüdische Studien. Christina von Braun, Micha Brumlik (Hrsg.). Köln; Weimar; Wien 2018. (UTB; 8712). S. 317–334.

Schumann, Robert; Schumann, Clara: Schumann-Briefedition. – Ser. 2: Freundes- und Künstlerbriefwechsel; Bd. 4: Briefwechsel Clara Schumanns mit Maria und Richard Fellinger, Anna Franz geb. Wittgenstein, Max Kalbeck und anderen

Korrespondenten in Österreich. Hrsg. von Klaus Martin Kopitz, Anselm Eber und Thomas Synofzik. Köln 2020. 934 S. – Bd. 16: Briefwechsel Robert und Clara Schumanns mit Bernhard Scholz und anderen Korrespondenten in Frankfurt am Mai. Hrsg. von Annegret Rosenmüller und Anselm Eber. 1304 S. in 2 Bdn. – Bd. 20: Briefwechsel Robert und Clara Schumanns mit Korrespondenten in Leipzig 1830 bis 1894. Hrsg. von Annegret Rosenmüller und Ekaterina Smyka. Köln 2019. 1022 S.

Schutting, Julian: Zumutungen. Innsbruck 2019. 118 S. (Innsbrucker Poetik-Vorlesungen; 4).

Seaman, Gerald R.: Pëtr Il'ich Tchaikovsky. A Research and Information Guide. New York; London 2020. XI, 396 S. (Routledge Music Bibliographies).

Selbmann, Rolf: Bunte Verse. Studien zur Lyrik über Farben. Würzburg 2020. 181 S.

Selbmann, Rolf: Epochenjahr 1859. Kulturelle Verdichtung und geschichtliche Bewegung. Würzburg 2018. 352 S.

Skoda, Florian: Harro Müller-Michaels, Literaturdidaktik. – In: Literaturwissenschaftliche Aufbaujahre. Beiträge zur Gründung und Formation der Literaturwissenschaft am Germanistischen Institut der Ruhr-Universität Bochum – ein germanistikgeschichtliches Forschungsprojekt. Carsten Zelle (Hrsg.). Frankfurt a. M.; Bern; Wien 2016. (Bochumer Schriften zur deutschen Literatur; NF 5). S. 171–188.

Sonder, Ines: Deutsch-jüdisches Kulturerbe in der Architektur und Stadtplanung Israels. – In: Das Kulturerbe deutschsprachiger Juden. Eine Spurensuche in den Ursprungs-, Transit- und Emigrationsländern. Hrsg. von Elke-Vera Kotowski. Berlin 2017. (Europäisch-jüdische Studien / Beiträge; 9). S. 349–358.

Soukah, Zouheir: Der Orient im kulturellen Gedächtnis der Deutschen. vergleichende Analyse ausgewählter Reiseberichte des 19. und beginnenden 21. Jahrhunderts. Berlin 2019. 227 S. (Europäische Hochschulschriften / Reihe 01; 2050).

Speight, C. Allen: Caricature, Philosophy and the „Aesthetics of the Ugly". Some Questions for Rosenkranz. – In: All too human. Laughter, Humor, and Comedy in Nineteenth-Century Philosophy. Lydia L. Moland, Ed. Cham 2018. (Boston Studies in Philosophy, Religion and Public Life; 7). S. 73–87.

Spenkuch, Hartwin: Preußen – eine besondere Geschichte. Staat, Wirtschaft, Gesellschaft und Kultur 1648–1947. Göttingen 2019. 532 S.

Spoerhase, Carlos: Neuzeitliches Nachlassbewusstsein. Über die Entstehung eines schriftstellerischen, archivarischen und philologischen Interesses an postumen Papieren. – In: Nachlassbewusstsein. Literatur, Archiv, Philologie 1750–2000. [Tagung im DLA Marbach, 4.–6. September 2013]. Hrsg. von Kai Sina und Carlos Spoerhase. Göttingen 2017. (Marbacher Schriften; NF 13). S. 21–48.

Sprengel, Peter: „Brutus, du wirst zu brutal". Geist und Macht in Herweghs später Lyrik. – In: Zwischen Emanzipation und Sozialdisziplinierung. Pädagogik im Vormärz. Hrsg. Katharina Gather. Bielefeld 2020. (Forum Vormärz-Forschung: Jahrbuch 25, 2019). S. 209–229.

Sprengel, Peter: Geschichte der deutschsprachigen Literatur 1830–1870. Vormärz – Nachmärz. München 2020. XVII, 781 S. (Geschichte der deutschen Literatur von den Anfängen bis zur Gegenwart; VIII).

Stark, Gary D.: Germany. – In: The frightful stage. Political Censorship of the Theater in nineteenth-Century Europe. Ed. by Robert Justin Goldstein. New York 2009. S. 22–69.

Steidele, Angela: Rosenstengel. Ein Manuskript aus dem Umfeld Ludwigs II. Berlin 2015. 383 S.

Stephan, Inge: Eisige Helden. Kälte, Emotionen und Geschlecht in Literatur und Kunst vom 19. Jahrhundert bis in die Gegenwart. Bielefeld 2019. 367 S.: Ill. (GenderCodes; 18).

Stock, Adolf: Flüsse als religiöse Symbole. – In: Dossier: Geschichte im Fluss. Flüsse als europäische Erinnerungsorte. Bundeszentrale für politische Bildung. Idee und Konzeption: Uwe Rada. Bonn 2019. S. 27–31.

Stoll, Ulrike: Freiheit der Kunst? Der Fall ‚Abraxas'. – In: Werner Egk. Eine Debatte zwischen Ästhetik und Politik. Hrsg. von Jürgen Schläder. München 2008. (Studien zur Münchner Theatergeschichte; 3). S. 134–146.

Streidt, Gert: Pückler und Preußen. „Als der liebe Gott mich preußisch werden ließ, wandte er sein Antlitz von mir, denn was habe ich davon!". – In: Fürst Pückler – ein Leben in Bildern. Ulf Jacob, Simone Neuhäuser, Gert Streidt (Hrsg.). SFPM Stiftung Fürst-Pückler-Museum Park und Schloss Branitz. Berlin 2020. S. 304–355.

Strobel, Jochen: August Wilhelm Schlegel und der ‚Kulturstaat' Preußen. Akademische Freiheit in der Restaurationszeit. – In: Geistesfreiheit. Deutsche Literatur zwischen Autonomie und Fremdbestimmung. Internationale Tagung des Germanischen Instituts der Universität Pécs vom 9. und 10. Mai 2019. Hrsg. von Rainer Hillenbrand und Zoltán Szendi. Wien 2020. (Pécser Studien zur Germanistik; 9). S. 71–84.

Suckow, Dirk: Deutscher Rhein, französischer Rhein. – In: Dossier: Geschichte im Fluss. Flüsse als europäische Erinnerungsorte. Bundeszentrale für politische Bildung. Idee und Konzeption: Uwe Rada. Bonn 2019. S. 131–136.

Sütterlin, Nicole A.: Poetik der Wunde. Zur Entdeckung des Traumas in der Literatur der Romantik. Göttingen 2019. 440 S.

Szabó, Lászlo V.: Old chap und American boy. Identität und Akkulturation in Joseph Roths ‚Hiob'. – In: Auswanderung und Identität. Erfahrungen von Exil, Flucht und Migration in der deutschsprachigen Literatur. Christel Baltes-Löhr, Beate Petra Kory, Gabriela Sandor (Hrsg.). Bielefeld 2019. (Lettre). S. 69–84.

Theisohn, Philipp: Plagiat. Eine unoriginelle Literaturgeschichte. Stuttgart 2009. XIV, 577 S. (Kröners Taschenausgabe; 351).

Thelen, Albert Vigoleis: Meine Heimat bin ich selbst. Briefe 1929–1953. Hrsg. und mit e. Vorw. von Ulrich Faure und Jürgen Pütz. Köln 2010. 504 S.: Ill.

Thiery, Sarah: Im Transit der Zeit. Zur Eisenbahnlyrik zwischen den Weltkriegen. – In: Ambulante Poesie. Explorationen deutschsprachiger Reiselyrik seit dem 18. Jahrhundert. Johannes Görbert, Nikolaus Immer (Hrsg.). Berlin 2020. S. 239–258.

Tomaszewski, Mieczysław: Chopin's Music Read Anew. – In: Teoria muzyki V, 2016, 8/9. S. 521–541.

Tomaszewski, Mieczysław: Dialog, czyli spotkanie twarzą w twarz. – In: Teoria muzyki V, 2016, 8/9. S. 475–480.
Tomaszewski, Mieczysław: O Chopinie. ‚Etiuda a-moll' op. 25 nr 11. Żywioł rozpętany i ujarzmiony. – In: Teoria muzyki V, 2016, 8/9. S. 157–192.
Tomaszewski, Mieczysław: ‚Miłość poety' Schumanna do słów Heinego. Zapis samotnołści. – In: Teoria muzyki V, 2016, 8/9. S. 329–353.
Tomaszewski, Mieczysław: Pieścni Brahmsa w perspektywie folozoficznej. – In: Teoria muzyki V, 2016, 8/9. S. 355–376.
Tomaszewski, Mieczysław: ‚Ponad szczytami cisza'. Liryk Goethego i jego muzyczne interpretacje. – In: Teoria muzyki V, 2016, 8/9. S. 377–406.
Tomaszewski, Mieczysław: Próba syndromu pieśni lirycznej gatunku ‚Lied'. – In: Teoria muzyki V, 2016, 8/9. S. 281–307.
Tomaszewski, Mieczysław: Sytuacja liryczna i kategorie ekspresywne w pieśni czasów romantyzmu. – In: Teoria muzyki V, 2016, 8/9. S. 309–327.
Tomaszewski, Mieczysław: W stronę interpretacji integralnej dzieła muzycznego. Marii Piotrowskiej. – In: Teoria muzyki V, 2016, 8/9. S. 439–456.
Tomaszewski, Mieczysław: Z komentarzy do utworów. – In: Teoria muzyki V, 2016, 8/9. S. 25–58.
Tomaszewski, Mieczysław: Z Przewodnika koncertowego. – In: Teoria muzyki V, 2016, 8/9. S. 87–103.
Traber, Habakuk: Die lange Tonspur eines der höchsten Güter. Glückes genug. – In: Musik und Gesellschaft. Marktplätze, Kampfzonen, Elysium. Frieder Reininghaus, Judith Kemp, Alexandra Ziane (Hrsg.). Bd. 2: 1840–2020. Vom Vormärz bis zur Gegenwart. Würzburg 2020. S. 18–22.
Tück, Jan-Heiner: Gelobt seist du, Niemand. Paul Celans Dichtung – eine theologische Provokation. Freiburg i. Br.; Basel; Wien 2020. 352 S. (Poetikdozentur Literatur und Religion; 5).
Turnbridge, Laura: The Song Cycle. Cambridge 2010. XXIII, 230 S.: Notenbeisp. (Cambridge Introductions to Music).
Twellmann, Marcus: Populismus und Landliteratur (Rousseau, Auerbach, Williams). – In: Medien öffentlicher Rede nach Heine. Zwischen Popularität und Populismus. Hrsg. von Dorothea Walzer. Berlin 2020. (Zeitschrift für deutsche Philologie / Beihefte; 18). S. 133–154.
Vauthier, Bénédict: Aux origines de la „Génétique des transitions entre états". – In: Lebrave, Jean-Louis: Théorie et linguistique de l'écriture. Des manuscrits aux processus scripturaux (1983–2018). Textes choisis et présentés par Bénédicte Vauthier et Rudolf Mahrer. Paris 2020. (Investigations stylistiques; 13). S. 9–28.
Volkmann, Christian: Emanuel Geibels Aufstieg zum literarischen Repräsentanten seiner Zeit. Berlin 2018. XII, 347 S.
Vormärz-Handbuch. Hrsg. von Norbert Otto Eke im Auftrag des Forum Vormärz Forschung. Bielefeld 2020. 1051 S.
Was es bedeuten soll. Neue hebräische Dichtung in Deutschland. Hrsg. und aus dem Hebr. übers. von Gundula Schiffer und Adrian Kasnitz. Köln 2019. 134 S.

Waszek, Norbert: Die „Wissenschaft des Judentums" (WdJ). – In: Handbuch jüdische Studien. Christina von Braun, Micha Brumlik (Hrsg.). Köln; Weimar; Wien 2018. (UTB; 8712). S. 305–316.

Weidermann, Volker: Träumer. Als die Dichter die Macht übernahmen. München 2019. 288 S.

Weissberg, Lilane: Der Staat und die Dichter. Hannah Arendts Reflexionen über eine verborgene Tradition. – In: Das Kulturerbe deutschsprachiger Juden. Eine Spurensuche in den Ursprungs-, Transit- und Emigrationsländern. Hrsg. von Elke-Vera Kotowski. Berlin 2017. (Europäisch-jüdische Studien / Beiträge; 9). S. 100–116.

Wiesemann, Falk: ‚Von Trebitsch nach Wien'. Jüdische Kalligraphie und Buchmalerei aus Mähren im 18. Jahrhundert. – In: Judaica Bohemiae XLVI, 2011, Suppl. S. 191–205. [Übers. ins Tschech. S. 365–377].

Wenzel, Eugen: Die erotische Dimension des Werkes Richard Wagners. – In: Literatur für Leser 41, 2018, 1. S. 19–32.

Westermann, Thilo: Die Rezeption der Pan-Mythen in der bildenden Kunst zwischen Klassizismus und Moderne. Petersberg 2017. 288 S.: Ill. [Zugl.: Erlangen-Nürnberg, Friedrich-Alexander-Univ., Diss., 2016. (Studien zur internationalen Architektur- und Kunstgeschichte; 157).

Woitas, Monika: ‚Abraxas' und kein Ende. Kontext und Hintergründe eines Skandals. – In: Werner Egk. Eine Debatte zwischen Ästhetik und Politik. Hrsg. von Jürgen Schläder. München 2008. (Studien zur Münchner Theatergeschichte; 3). S. 119–133.

Wolfert, Raimund: Botho Laserstein. Anwalt und Publizist für ein neues Sexualstrafrecht. Leipzig 2020. 154 S.: Ill.

Wolpert, Daniel Jonah: Politik, Autorität und Umbruch. Adaptionen deutscher Klassiker im frühen Nachkriegskino. – In: Gegenwart historisch gesehen. Kultur und Politik 1789–1848 filmisch reflektiert. [Vorträge des 30. Internationalen Filmhistorischen Kongresses]. Red.: Svenja Schiemann und Erika Wottrich. München 2018. (Ein CineGraph Buch). S. 79–96.

Wuss, Kristina: Verwobene Kulturen im Baltikum. Zwei Musikgeschichten in Lettland von 1700 bis 1945. Oldenburg 2018. 225 S.: Ill.

Zajączkowski, Ryszard: Literatura i religia w badaniach na niemieckim obszarze językowym. – In: Roczniki kulturoznawcze 4, 2013, 1. S. 93–114.

Zelle, Carsten: Paul Gerhard Klussmann. – In: Literaturwissenschaftliche Aufbaujahre. Beiträge zur Gründung und Formation der Literaturwissenschaft am Germanistischen Institut der Ruhr-Universität Bochum – ein germanistikgeschichtliches Forschungsprojekt. Carsten Zelle (Hrsg.). Frankfurt a. M.; Bern; Wien 2016. (Bochumer Schriften zur deutschen Literatur; NF 5). S. 99–130.

Zill, Rüdiger: Der absolute Leser. Hans Blumenberg. Eine intellektuelle Biographie. Berlin 2020. 816 S.: Ill.

Zimmermann, Bernhard: Ohne Goldrand – Studien zur Literatur im historischen Wandel. Hamburg 2019. 148 S. (Schriftenreihe Schriften zur Literaturgeschichte; 26).

Zimmermann, Moshe: Deutsche Denk- und Organisationsmuster im israelischen Sport. – In: Das Kulturerbe deutschsprachiger Juden. Eine Spurensuche in den Ursprungs-, Transit- und Emigrationsländern. Hrsg. von Elke-Vera Kotowski. Berlin 2017. (Europäisch-jüdische Studien / Beiträge; 9). S. 337–348.

Zimorski, Walter: „Der Blick auf das blaue Meer" – Wilhelm Raabe auf Sylt und Borkum. Wilhelm Raabes Sylter Novelle, Sylter Zeichnungen, Reisebriefe und Reiseberichte. Hamburg 2020. 160 S.: Ill.

Zink, Dominik: Die reine Wahrheit? Wahrheit und Wirklichkeit als intertextuelle und interkulturelle Konstruktion in Ludwig Tiecks ‚Reisegedichte eines Kranken' und ‚Rückkehr eines Genesenden'. – In: Ambulante Poesie. Explorationen deutschsprachiger Reiselyrik seit dem 18. Jahrhundert. Johannes Görbert, Nikolas Immer (Hrsg.). Berlin 2020. S. 61–80.

Zittel, Claus: „Nachtwandler des Tages". Traumpoetik und Parodie in Nietzsches ‚Also sprach Zarathustra'. – In: Pathos, Parodie, Kryptomnesie. Das Gedächtnis der Literatur in Nietzsches ‚Also sprach Zarathustra'. Hrsg. von Gabriella Pelloni, Isolde Schiffermüller. Heidelberg 2015. S. 125–169.

3 Literarische und künstlerische Behandlung von Person und Werk

3.1 Literarische Essays und Dichtungen

Boëtius, Henning: Der weiße Abgrund. Ein Heinrich-Heine-Roman. München 2020. 189 S.

Derwahl, Freddy: Die Engel von Brüssel. Gedichte. Potsdam 2020. 90 S. [Gedichte „Victor Hugo auf der Reise ins Rheinland". S. 41 mit Heine-Bezug; „Am Grab von Heinrich Heine". S. 86].

Frank, Maud Morrison: When Heine was twenty-one. – In: Dies.: Short Plays about famous Authors. [Repr. New York 1915]. Cabin John, MD 2020. S. 33–64.

Groißmeier, Michael: Der Mensch, das dunkle Tier. Gedichte. München 2020. 188 S. [Gedicht „Heinrich Heine". S. 21].

Grumberg, Jean-Claude: H. H. Arles 2007. 60 S. (Actes Sud / Papiers).

Heiner, Hinrich: Deutschland. Ein Frühlingsmärchen. Eine fiktive Erzählung. Norderstedt 2018. 152 S.

Honsza, Norbert: Zwei Europäer im fiktiven Gespräch. Heinrich Heine – Marcel Reich-Ranicki. – In: Studia niemcoznawcze 61, 2018. S. 423–431.

Karahasan, Dževad: Govor prilikom primanja medalje Društva Heinrich Heine. – In: Jukić 40/41, 2010/11. S. 259–262.

Mey, Reinhard: Alle Lieder = Toutes les chansons. 14. erw. Aufl. Berlin 2016. 896 S. [„Poor old Germany" mit Heine-Bezug. S. 638].

Monnerat, Roger: Rock 'n Roll Autopassagenia. Lyrik 1973–2012. Norderstedt 2019. 176 S.: Ill. [Gedicht „Meine Liebste und ich, wir saßen" nach Heine. S. 149].

PDS. Von der SED zur PDS in der Region Zeitz. Die Entwicklung der PDS im Burgenlandkreis bis 2006. Hrsg.: Kreisverband der Partei Die Linke. Zeitz 2011. 182 S.: Ill. [Gedicht: „Die Feststellung" von Johannes Konopka mit Heine-Bezug. S. 66–67].

Ruppert, Eva: In Zeiten der Konterrevolution. Gedichte. Berlin 2020. 231 S.: Ill. [Gedichte „Heine in Deutschland". S. 106–107; „Heines Schatten". S. 148].

Schiffter, Roland: Heimat und Heimweh bei Heine, Kaléko und mir. Berlin 2019. 96 S.: Ill.

Tatort: Ich hab im Traum geweinet. SWR. Regie: Jan Bonny. Stuttgart 2020. 1 DVD (90 Min.). [Mit Heine-Rezitationen von Pianist und Sänger Jens Thomas].

Zippert, Hans: Zippert steigt auf. Fotografisch begleitet von Achim Apell. Salzburg; München 2019. 175 S.: Ill. [11. Station: „Mit Heines Pistolen auf Goethes Spuren". S. 107–113].

Zubke, Friedhelm: Fiktive Gespräche mit großen Denkern. Über Menschen, Gesellschaft, Kultur und Religion. Würzburg 2020. 134 S. [„Heinrich Heine". S. 77–82].

3.2 Werke der Bildenden Kunst

Heine, Heinrich: De Lorelei en andere gedichten. Opnieuw vertald [uit het Duits] door Jan-Paul van Spaendonck. Tekening van Rosanne van Spaendonck. Kalmthout 2020. 55 S.: Ill. [Oplage van 35 genummerde exemplaren]. [Ich weiß nicht, was soll es bedeuten <niederl.>].

Heine, Heinrich: Ein kühnes Beginnen ist halbes Gewinnen. Aphorismen. Mit Bildern von Jutta Mirtschin. Berlin 2020. 55 S.: Ill.

Heine, Heinrich: Le tambour Legrand. Idées. Précédé d'une etude sur Heine par Théophile Gautier. Dessins de Jochen Stücke. Avec un essai de Georges-Arthur Goldschmidt et une postface de Sylvie Le Ray-Burimi. Paris 2017. 149 S.: Ill. [Ideen. Das Buch Le Grand <franz.>].

3.3 Werke der Musik, Vertonungen

Bielawa, Lisa: Incessabili Voce for Soprano and Chamber Ensemble. Texts from ‚Te Deum Laudamus'; Xenophon's ‚Anabasis' (tr. Tim Rood) and Heinrich Heine, ‚The North Sea' (tr. Emma Lazarus). Transposed Score. Commissioned by Radio France for Ensemble Variances. New York 2013.

Buchholz, Thomas: Heine-Madrigal I. Gemischter Chor (SSAATBarB) a cappella. Partitur. Mainz 2015. [„Die Nordsee, Erster Zyklus, XII Frieden"].

Dalitz, Christoph: Saphire sind die Augen dein. Szenisches Duett über einen Text von Heinrich Heine. Privatdruck 2020.

Dalitz, Christoph: Two Sapphires those dear Eyes of thine. Scenical Duet over a Text by Heinrich Heine. Transl.: Alma Strettell. Privatdruck 2020.

Degout, Stéphane: Epic. Lieder & Balladen. Schubert, Loewe, Schumann, Brahms, Liszt, Wolf. Stéphane Degout, Baritone. Simon Lepper, Piano. Arles 2020. 1 CD (63 Min.) + Booklet. [3. „Belsatzar" und 6: „Die beiden Grenadiere" von Robert Schumann].

Deutscher, Alma: From my Book of Melodies = Aus meinem Buch der Melodien. München 2019. 1 CD + 1 Booklet (18 S.). [2. „The lonely Pine-Tree". After a poem by Heinrich Heine („Ein Fichtenbaum steht einsam")].

Immler, Christian: Im schönen Strome. Settings of Poems by Heinrich Heine. Robert Schumann, Franz Liszt, Robert Franz. Christian Immler, Baritone. Georges Starobinski, Piano. Åkersberga 2015. 1 CD (67 Min.) + Booklet.

Kirchberg, Christoph: Drei Chöre für jung gebliebene Alte für Männerchor a cappella. Ober-Mörlen 2014. [1 „Hör ich das Liedchen klingen"].

Klose, Friedrich: Die Wallfahrt nach Kevlaar (Heine) für Deklamation, drei Chöre, Orgel und Orchester. Nachdr. d. Ausg. von 1910. München 2018.

Koch, Sophie: 14 Lieder. Richard Strauss. Sophie Koch, Mezzo. Philippe Entremont, Piano. Cascavelle 2006. 1 CD. [10: „Schlechtes Wetter op. 69 no 5" („Das ist ein schlechtes Wetter")].

Kokott, KO J.: Die alte Leier. KO J. Kokott singt und spricht Texte von Heinrich Heine. Musik: KO J. Kokott. Berlin 2013. 1 CD

Portanet, Sofia: Freier Geist. Berlin 2020. 1 CD + 1 Booklet. [3: „Wanderratte" [Hommage an Heinrich Heine]].

Schumann, Clara: Jubiläums-Liederalbum = Anniversary Songbook. 14 Lieder für mittlere-tiefe Stimme. In Zusammenarbeit mit dem Schumann-Haus Leipzig. Leipzig [u. a.] 2019. Einschließlich CD mit Klavierbegleitungen. [7. "Ich stand in dunklen Träumen" op. 13 Nr. 1. 8. "Sie liebten sich beide" op. 13 Nr. 2. 13. "Loreley" (1843) („Ich weiß nicht, was soll es bedeuten")].

Sing me a Song. 13 poetic Songs for Solo Singers for Recitals, Concerts, and Contests. Compiled and ed. by Sally K. Albrecht. Medium High. Van Nuys, CA 2008. 64 S. + 1 CD. [„Nor Ruby". Inspired by the Words of Heinrich Heine. Music and Lyrics by Andy Beck. S. 38–42].

Stella's Morgenstern: Life's Voyage, Lebensfahrt. All Songs arranged by Stella Jürgensen & Andreas Hecht. Hamburg 2019. 1 CD (62 Min.) + 1 Booklet.

Sukmanova, Julia: Songs. Sergey Rakhmaninov (1873–1943); Julia Sukmanova, Soprano; Elena Sukmanova, Piano. Neuhausen 2016. 1 CD + 1 Booklet (19 S.). [2: „Der Traum". Text: A. Pletscheev aus Heine, op. 8 Nr. 5 (1893) („Ich hatte einst ein schönes Vaterland"); 4. „Romanze". Text: A. Pletscheev aus Heine, op. 8 Nr. 2 (1893) („Du bist wie eine Blume")].

Weiss, Philipp: Studio Konzert [Dark Licht]. Philipp Weiss, Vocals. Walter Lang, Piano. Limited Ed., 180g Audiophile Vinyl Pressing. Ludwigsburg 2020. 1 LP (40 Min.). [„Das Programm des Konzerts „Dark Licht" ist eine Widmung an Robert Schumann."].

4 Rezensionen

Dirscherl, Margit: Heinrich Heines Poetik der Stadt. Stuttgart; Weimar 2016. 320 S.: Ill. (Heine-Studien). [Zugl.: London, Queen Mary Univ., Diss., 2012]. – Rez. von Erhard Schütz in: Monatshefte für deutschsprachige Literatur und Kultur 111, 2019, 1. S. 143–146.

Drost, Wolfgang: Der Dichter und die Kunst. Kunstkritik in Frankreich. Baudelaire, Gautier und ihre Vorläufer Diderot, Stendhal und Heine. Unter Mitw. von Ulrike Riechers. Heidelberg 2019. 317 S.: Ill. (Reihe Siegen; 180). – Rez. von Robert Steegers in: HJb 59, 2020. S. 287–290.

Goetschel, Willi: Heine and critical Theory. London [u. a.] 2019. XII, 311 S.: Ill. – Rez. von Claudia Brodsky: Heine's critical Presence. The Poet in History in: The Germanic Review 94, 2019, 4. S. 371–376. – Rez. von Karen S. Feldman in: HJb 59, 2020. S. 289–291. – Rez. von Robert C. Holub in: Monatshefte für deutschsprachige Literatur und Kultur 112 (2020), 2. S. 342–346. – Rez. von Michael Swellander in: German Studies Review 43, 2020, 2. S. 403–405.

Heine und Nietzsche. Ästhetische Korrespondenzen. Hrsg. von Maria Carolina Foi, Gabriella Pelloni, Marco Rispoli, Claus Zittel. Rom 2019. 204 S. – Rez. von Patricia Czezior in: HJb 59, 2020. S. 291–296.

Hohendahl, Peter Uwe: Heinrich Heine. Europäischer Schriftsteller und Intellektueller. Berlin 2008. 248 S. (Philologische Studien und Quellen; 212). – Rez. von Katy Heady in: The German Quarterly 84, 2011, 3. S. 374–375.

Liamin, Sergej: Mythen der Edda in der deutschen Dichtung. Gerstenberg, Klopstock, Günderrode, Heine. Heidelberg 2017. 383 S. (Edda-Rezeption; 4). – Rez. von Sigmund Oehrl in: Germanistik 61, 2020, 1–2. S. 275. – Rez. von Lukas Rösli in: Scandinavian Studies 90, 2018, 4. S. 572–575.

Oberheide, Jens: Freier Geist und rauer Stein. Heinrich Heine. Querdenker, Sinnsucher, Freimaurer. Leipzig 2018. 179 S.: Ill. – Rez. von Christian Liedtke in: Germanistik 61, 2020, 1–2. S. 348–349.

5 Allgemeine Literatur mit Heine-Erwähnungen und -Bezügen

200 Jahre LVR-LandesMuseum Bonn. Rück- und Ausblick. LVR-Landesmuseum Bonn, Gabriele Uelsberg (Hrsg.). Bonn 2020. [230] S.: Ill.

Ai Weiwei. [Diese Publikation erscheint anlässlich der Ausstellung Ai Weiwei, Kunstsammlung Nordrhein-Westfalen Düsseldorf, K20 Grabbeplatz und K21 Ständehaus, 18.05.–01.09.2020]. Hrsg. von Susanne Gaensheimer, Doris Krystof, Falk Wolf. Düsseldorf 2019. 253 S.: Ill.

Ansull, Oskar: Heimat, schöne Fremde. Celle Stadt & Land. Literarische Sichtung in vier Teilen. Hannover 2019. 997 S.

Arens, Detlev: Bonn. Einzigartig. Daun 2019. 272 S.: Ill. [„"Das Städtchen, das mit im Sinne schwebt" – Heinrich Heine denkt an Godesberg". S. 210–211].

Barth, Emil: „Zum Rhein, zum Rhein!". Hilden b. Düsseldorf 1946. – In: Voss, E. Theodor: Autographische Lebensbilder. Fundstücke aus drei Jahrhunderten. In zwanzig Essays. Marburg 2018. S. 122–127.

Bauer, Clara: Unlösliche Bande. Novelle. Dresden 2016. 231 S. (Russische Lebensbilder).

Berndorf, Jacques: Eifel-Liebe. Kriminalroman. 14. Aufl. Dortmund 2009. 318 S. (Grafit; 270).

Bettelheim, Bruno: Kinder brauchen Märchen. Aus dem Engl. übers. von Liselotte Mickel. 28. Aufl., ungekürzte Ausg. München 2008. 394 S. (dtv; 35028). [The Uses of Enchantment <dt.>].

Bronnen, Barbara: Toskana. Ein Reisebegleiter. Berlin 2011. 212 S.: Ill. (Insel-Taschenbuch; 3481).

Bücherwurm. Bd. 3: Lesebuch. Erarb. von Nadin Bamberg,… Stuttgart; Leipzig 2020. 191 S.: Ill. + 1 Folie.

Champfleury, Jules: Fantaisies. Éd. établie, prés. et dirigée par Michela Lo Feudo. Paris 2019. 447 S. (Textes de littérature moderne et contemporaine; 213).

Die deutsche Olympiamannschaft London 2012. Deutscher Olympischer Sportbund. [Red.: Christian Klaue]. Frankfurt a. M. 2012. 448 S.: Ill.

„Entdecke die deutschen Bundesländer". – In: Medizini 2020, 9 = 557. O. S.

Felsch, Harald Artur: Der Altstadt-Patron von Düsseldorf. Hamburg 2020. 240 S.

Fischer, Norbert: 100 berühmte Hamburger. Kiel 2019. 208 S.: Ill.

Fischer, Tin: Gute Karten. Deutschland, wie Sie es noch nie gesehen haben. Grafiken von Mario Mensch. Hamburg 2020. 206 S.: Ill. [„Das Deutschland, das Heine um den Schlaf brachte". S. 150–151].

Garbe, Burckhard: Balduin Goldmund oder: Müller-Franzke will Dichter werden. Ein etwas anderer Bildungsroman. Berlin 2019. 224 S.

Gauger, Hans-Martin: Das ist bei uns nicht Ouzo. Sprachwitze. München 2006. 140 S. (Beck'sche Reihe; 1679).

Geisel, Thomas: Düsseldorf persönlich. Mit e. Nachw. von Jens Prüss und Fotogr. von Uwe Schaffmeister. Düsseldorf 2019. 152 S.: Ill.

Gibson, Carl: Rufe in der Wüste. Auf der Suche nach der Wahrheit, Sisyphus unterwegs in der deutschen „Fake-News-Gesellschaft". Fakten nach Bedarf und Laune – das Trump-Paradigma längst auch in Europa!? „Gaya Scienza" heute und „Kunst" als Mittel zum Zweck. Tauberbischofsheim 2018. 271 S.: Ill. (Schriften zur Literatur, Philosophie, Geistesgeschichte und Kritisches zum Zeitgeschehen; 5, 4).

Guss, Kurt: Leer gesoffen. Bekenntnisse eines geretteten Alkoholikers. Paderborn 2014. 200 S.

Hamburger Ärzteblatt 65, 2011, 9. [Zum 65. Geburtstag von Hanno Scherf mit Heine-Bezügen].

Heinrich Heine Kreis e. V. 2016 bis 2019. Eine Dokumentation. Hrsg.: Heinrich Heine Kreis e. V. Texte: Henri Berners, Bernd J. Meloch. Fotos: Rolf Purpar (ab 2016), Werner Frankenhauser (bis 2015). Düsseldorf 2020. 147 S.: Ill.

Herz, Emil: Denk ich an Deutschland in der Nacht. Die Geschichte des Hauses Steg. Hrsg. vom Museumsverein Warburg. Nachdr. der Ausg. von 1994. Warburg 2005. VIII, 340 S.: Ill.

Hörner, Unda: Orte jüdischen Lebens in Berlin. Literarische Spaziergänge durch Mitte. Berlin 2010. 178 S.: Ill. (Insel-Taschenbuch; 3497).

Holbein, Detlef: Auf den Spuren Heinrich Heines durch das wild-romantische Ilsetal. – In: Der Harz, 2019, 2. S. 16–17.

Hübel, Adi: Hannah. Die Geschichte der Frau, die ihren Mann mit der Armbrust erschoss. Villingen-Schwenningen 2020. 276 S.

Ein Jahrhundertleben in Litauen. Irena Veisaitė, Aurimas Švedas. Aus dem Lit. von Claudia Sinnig. Göttingen 2019. 427 S.: Ill. [Irena Veisaitė, gyvenimas turėtų būti skaidrus <dt.>]. [„Das sechste Gespräch: Ich brauchte neue Impulse". S. 137–166].

Jürgensen, Dirk: Meerblick. Fotos. Norderstedt 2014. 48 S.: Ill.

Keller zum Vergnügen. Hrsg. von Ursula Amrein und Michael Andermatt. Ditzingen 2019. 192 S.: Ill. (Reclams Universal-Bibliothek; 19498).

Kermani, Navid: Morgen ist da. Reden. München 2019. 368 S.

Kirchhoff, Bodo: Verlangen und Melancholie. Roman. 2. Aufl. Lizenzausg. mit Genehmigung der Frankfurt Verlagsanstalt. München 2016. 444 S. (dtv; 14517).

Krüger, Mirko: Wartburg für Klugscheißer. Populäre Irrtümer und andere Wahrheiten. Essen 2019. 103 S.: Ill. (Thüringen Bibliothek). [„Heine und die Teutomanen". S. 71].

Lagerfeld, Karl: Karlikaturen. Texte von Alfons Kaiser. Göttingen 2019. 158 S.: Ill.

Lodemann, Jürgen: Mars an Erde. Beschreibung eines Planeten. Tübingen 2020. 258 S.

Mayer, Gina: Die Protestantin. Roman. 2. Aufl. München 2006. 671 S.

Müller, Titus; Trombello-Wirkus, Gaby: Die fast vergessene Kunst des Briefeschreibens. Asslar 2020. 221 S.

Nachtgedanken. Poetische Anthologie. Hrsg. von Therese Chromik und Bodo Heimann. Husum 2019. 127 S. (Euterpe).

Nyberg, René: Der letzte Zug nach Moskau. Zwei Freundinnen, zwei Schicksale, eine jüdische Familiengeschichte. Aus dem Finn. von Angela Plöger. München 2019. 236 S.: Ill. [Viimeinen juna Moskovaan <dt>.].

Osche, Michael: Düssel. Dorf. Stadt. Geschichte. Düsseldorf 2020. 192 S.: Ill.

Pérez-Reverte, Arturo: Ein Stich ins Herz. Roman. Aus dem Span. von Claudia Schmitt. Berlin 2014. 315 S. (Insel-Taschenbuch; 4309).

„Ein perfektes Wochenende in ... Düsseldorf". – In: Takt 2019, 4. S. 18–19.

Philipp, Christian: Meine 55 Berufsjahre in zwei gegensätzlichen Gesellschaftsordnungen. Dresden 2020. 180 S.: Ill.

Rowohlt, Harry: Ach, Jochen. – In: Ders.: Pooh's Corner. Meinungen eines Bären von sehr geringem Verstand. Gesammelte Werke 1997–2009. Zürich 2009. S. 87–90.

postfrisch 2020, 5. [„Die Schöne vom Rhein". S. 4–5].

Rackow-Freitag, Bettin: Auf Dauerschleife. Ohrwurm. – In: Apotheken Umschau vom 01.09.2020. S. 80–83.

Reiter, Martin: Ludwig Rainer. Viel gereist und viel gesungen. Reith i. Alpbachtal 2018. 160 S.: Ill. [„Heinrich Heine und die Ur-Rainer". S. 17].

Remarque, Erich Maria: Liebe deinen Nächsten. Roman. In der Fassung der Erstausgabe mit Anhang und e. Nachw. hrsg. von Thomas F. Schneider. Köln 2017. 554 S. (KiWi; 1575).

Rolshoven, Wolfgang: Die Geschichte des Hofgärtnerhauses. Unklarheit über die Zukunft des von Nicolas de Pigage errichteten Gebäudes. – In: Das Tor 86, 2020, 5/6. S. 6–8.

Rygiert, Beate: Die Pianistin. Clara Schumann und die Musik der Liebe. Roman. Berlin 2020. 453 S. (Mutige Frauen zwischen Kunst und Liebe. Aufbau-Taschenbücher; 3648).

Sand, George: Ein Winter auf Mallorca. [Vermutl. übers. vonJule Schmolke]. 2. Aufl. Palma de Mallorca 2005. XIII, 224 S.: Ill. [Un hiver à Majorque <dt.>].

Schardt, Andreas: Kunst als Spiel. Heinrich Heine trifft Bert Gerresheim. – In: Rad am Rhein 21, 2013, 1. S. 26–28.

Schmidt, Manfred: Unnützes Wissen – Düsseldorf. Skurrile Fakten zum Angeben. Erfurt 2020. 143 S.: Ill.

Schröder, Jörg-Peter; Kalender, Barbara: Die zweite Natur. Berlin 2017. 73 Bl.: Ill. (Schröder erzählt / Schwarze Serie; 26. Folge (Januar 2017)).

Schulz, Gesine: Der geklaute Garten. Hamburg 2006. 157 S. (Privatdetektivin Billie Pinkernell. Carlsen; 421).

Seligmann, Rafael: Hannah und Ludwig. Heimatlos in Tel Aviv. Stuttgart 2020. 416 S.

Sen, Amartya: Die Welt teilen. Sechs Lektionen über Gerechtigkeit. Aus dem Engl. übers. von Jens Hagestedt, Sabine Reinhardus und Heike Schlatterer. München 2020. 128 S. [The Country of First Boys and other Essays <dt.>].

Umbach, Joachim: TG „Heinrich Heine" feiert ihren Namenspatron. – In: Das Tor 86, 2020, 2. S. 21.

Weiler, Jan: In meinem kleinen Land. Reinbek bei Hamburg 2006. 345 S. (Rororo; 62199: Sachbuch).

Weiß, Jürgen: Verfasser – Verleger – Verträge. Leipzig 2019. 42 S.: Ill. (Eagle; 106. Eagle-Essay).

Wolf, Klaus-Peter: Ostfriesenfeuer. Kriminalroman. Frankfurt a. M. 2014. 526 S. (Fischer; 19043).

Zelllinger, Alfred: Flaneurgeschichten aus der imaginären Metropole Europas. Roman. Wien 2019. 400 S.

Veranstaltungen des Heinrich-Heine-Instituts und der Heinrich-Heine-Gesellschaft e. V. Januar bis Dezember 2020

Zusammengestellt von Maren Winterfeld und Lena Bauer

21.01.2020	„Verschlucke ich den süßen Saft" – Kulinarik im „Wintermärchen"
	Rezitation von Falk Philippe Pognan
	Musik von Heiner Rennbaum, Tom Lorenz und Wolf-Ruprecht Schwarzburger
	Veranstalter: Heinrich-Heine-Institut
27.01.2021	Neujahrsempfang der Heinrich-Heine-Gesellschaft
	Kuratorinnenführung durch die Sonderausstellung „175 Jahre ‚Deutschland. Ein Wintermärchen'" mit Dr. Sabine Brenner-Wilczek
	Veranstalter: Heinrich-Heine-Gesellschaft
31.01.2021	1. Kindermuseumsnacht
	Programm: Workshops Schreibfedern gestalten und Laternen basteln, Weltraum-Schminken, Rallye durch die Heine-Ausstellung
	interaktives Konzert mit Museumskoffer mit Pianistin Frederike Möller
	Lesung des Sternwanderers: Heine für Große und Kleine
	Veranstalter: Heinrich-Heine-Institut und Kulturamt Düsseldorf
05.02.2021	Artistes Romantiques – Neuer Kurs für Frankophile
	Kursleitung: Nadine-Isabelle Royer
	Moderation: Nora Schön M.A.
	Veranstalter: Heinrich-Heine-Institut
05.02.2021	Heine, Ringelnatz & Co – Rheinische Humorverwaltung
	Bühnenprogramm von und mit Jörg Hilbert
	Musik: Dominik Schneider
	Moderation: Maren Winterfeld M.A.
	Veranstalter: Heinrich-Heine-Institut
09.02.2021	Heinrich Heine und die Musik
	Führung durch die Dauerausstellung „Romantik und Revolution"
	Mit Jan von Holtum M.A.
	Veranstalter: Heinrich-Heine-Institut
09.02.2021	Familienworkshop – Heine-Trommel bauen
	Kursleitung: Nora Schön M.A. und Vanessa Mittmann M.A.
	Veranstalter: Heinrich-Heine-Institut

17.02.2020	„…und als Totenlampen schweben nachts die Sterne über mir." Heinrich Heine zum 164. Todestag Lesung mit Dr. Nina Sträter und Karsten Lehl Musik: Alfred Pollmann Moderation: Dr. Sabine Brenner-Wilczek Veranstalter: Heinrich-Heine-Institut
29.02.2020	Hulda Pankok: Ein Leben in Wahrhaftigkeit und Menschenliebe Vortrag von Dr. Ariane Neuhaus-Koch Lesung mit Elisabeth Ulrich Veranstalter: Heinrich-Heine-Institut
01.03.2020	Finissage der Ausstellung „175 Jahre ‚Deutschland. Ein Wintermärchen'" Lesung mit Christian Brückner aus „Deutschland. Ein Wintermärchen" Moderation: Dr. Sabine Brenner-Wilczek Veranstalter: Heinrich-Heine-Institut
10.03.2020	Partnerarchive stellen sich vor „Blick hinter die Kulissen". Vortrag von Dr. Michael Matzigkeit (Theatermuseum der Landeshauptstadt Düsseldorf) „Motive aus der Region und der Stadt Düsseldorf im landeskundlichen Fotoarchiv". Vortrag von Eva Lanzerath und Markus Nemitz (LVR-Zentrum für Medien und Bildung, Düsseldorf) „Mehr als nur Kirchenbücher". Vortrag von Dr. Stefan Flesch (Archiv der Evangelischen Kirche im Rheinland, Düsseldorf) Moderation: Dr. Enno Stahl Veranstaltung im Rahmen des 10. Tages der Archive Veranstalter: Heinrich-Heine-Institut
12.03.2020	Einblicke in die Archive des Heinrich-Heine-Instituts Präsentation von Archivstücken mit Jan von Holtum M.A., Christian Liedtke M.A. und Dr. Enno Stahl Musik: Paul Rosner und Udo Falkner spielen Werke von Oskar Gottlieb Blarr Veranstaltung im Rahmen des 10. Tages der Archive Veranstalter: Heinrich-Heine-Institut
06.04.2020	Heine am Hörer Lesung mit Dr. Sabine Brenner-Wilczek Veranstalter: Heinrich-Heine-Institut und Heinrich-Heine-Gesellschaft
15.04.2020	Heine am Hörer Lesung mit Jan von Holtum M.A. Veranstalter: Heinrich-Heine-Institut und Heinrich-Heine-Gesellschaft
20.04.2020	Heine am Hörer Lesung mit Maren Winterfeld M.A. Veranstalter: Heinrich-Heine-Institut und Heinrich-Heine-Gesellschaft
27.04.2020	Heine am Hörer Lesung mit Dr. Enno Stahl Veranstalter: Heinrich-Heine-Institut und Heinrich-Heine-Gesellschaft
04.05.2020	Heine am Hörer Lesung mit Vanessa Mittmann M.A. Veranstalter: Heinrich-Heine-Institut und Heinrich-Heine-Gesellschaft
18.05.2020	Heine am Hörer Lesung mit Thomas Geisel Veranstalter: Heinrich-Heine-Institut und Heinrich-Heine-Gesellschaft
25.05.2020	Heine am Hörer Lesung mit Monika Voss Veranstalter: Heinrich-Heine-Institut und Heinrich-Heine-Gesellschaft

08.06.2020	Bastian Scheider – Paris im Titel Lesung mit Bastian Schneider Moderation: Maren Winterfeld M.A. Veranstaltung im Rahmen der Düsseldorfer Literaturtage 2020 Veranstalter: Heinrich-Heine-Institut
08.06.2020	Heine am Hörer Lesung mit Freifrau von Kö Veranstalter: Heinrich-Heine-Institut und Heinrich-Heine-Gesellschaft
10.06.2020	Dieter Forte zum Gedenken Lesung mit Vera Henkel und Jan Michaelis Moderation: Dr. Enno Stahl Veranstaltung im Rahmen der Düsseldorfer Literaturtage 2020 Veranstalter: Heinrich-Heine-Institut und VS-NRW
15.06.2020	Heine am Hörer Lesung mit Josef Hinkel Veranstalter: Heinrich-Heine-Institut und Heinrich-Heine-Gesellschaft
22.06.2020	Heine am Hörer Lesung mit Nadine-Isabelle Royer Veranstalter: Heinrich-Heine-Institut und Heinrich-Heine-Gesellschaft
29.06.2020	Heine am Hörer Lesung mit Thomas Karl Hagen Veranstalter: Heinrich-Heine-Institut und Heinrich-Heine-Gesellschaft
13.07.2020	Heine am Hörer Lesung mit Jonathan Schimmer Veranstalter: Heinrich-Heine-Institut und Heinrich-Heine-Gesellschaft
20.07.2020	Heine am Hörer Lesung mit Volker Rosin Veranstalter: Heinrich-Heine-Institut und Heinrich-Heine-Gesellschaft
09.08.2020	Familienführung „Dem weißen Tanz der Wellen – Über die Faszination des Meeres" Mit Vanessa Mittmann M.A. Veranstalter: Heinrich-Heine-Institut
13.08.2020	Auf den Spuren jüdischen Lebens Rundgang durch die Düsseldorfer Carlstadt Führung mit Dr. Nina Sträter und Karsten Lehl Musik: Frederike Möller Veranstalter: Heinrich-Heine-Institut, Heinrich-Heine-Gesellschaft und Gesellschaft für Christlich-Jüdische Zusammenarbeit Düsseldorf
24.08.2020	Heine am Hörer Lesung mit Dr. Martin Roos Veranstalter: Heinrich-Heine-Institut und Heinrich-Heine-Gesellschaft
30.08.2020	Kuratorenführung „Dem weißen Tanz der Wellen – Über die Faszination des Meeres" Mit Jan von Holtum M.A. Veranstalter: Heinrich-Heine-Institut
05.09.2020	Finissage „Dem weißen Tanz der Wellen – Über die Faszination des Meeres" Einführung von Jan von Holtum M.A. und Holger Nimtz Lesung mit Falk Philippe Pognan Musik: Jiando Moderation: Jan von Holtum M.A. Veranstalter: Heinrich-Heine-Institut

07.09.2020	Heine am Hörer Lesung mit Felix Droste Veranstalter: Heinrich-Heine-Institut und Heinrich-Heine-Gesellschaft
12.09.2020	Clara und Robert gesucht! Casting zum 180. Ehejubiläum der Schumanns Lesung und Casting mit Julia Goldberg, Joscha Baltha, Paula Luy, Josa Butschkau, Elena Hollender, Falk Philippe Pognan, Caroline Adam und Eduard Lind Jury: Dr. Sabine Brenner-Wilczek, Jan von Holtum M.A., Dr. Irmgard Knetchtges-Obrecht und Prof. Christine Pütz Moderation: Maren Winterfeld M.A. Veranstalter: Heinrich-Heine-Institut, Robert-Schumann-Gesellschaft und EMBA Düsseldorf
19.09.2020	Vernissage „Der Himmel fällt vom Pferd herab" Herta Müller. Collagen Lesung und Gespräch mit Herta Müller Moderation: Rudolf Müller Grußwort: Dr. Sabine Brenner-Wilczek Veranstalter: Heinrich-Heine-Institut in Kooperation mit dem Maxhaus und dem Heine-Haus
23.09.2020	Exil-Netz – Social-Media-Projekt Präsentation von Schüler*innen des Comenius-Gymnasiums, Düsseldorf Veranstalter: Heinrich-Heine-Institut in Kooperation mit dem Comenius-Gymnasium
13.10.2020	Ferienprogramm: Tintentastisch – Stelle dein eigenes Reiseschreibset her! Workshop-Leitung: Vanessa Mittmann M.A. Veranstalter: Heinrich-Heine-Institut
14.10.2020	Kuratorenführung „Der Himmel fällt vom Pferd herab" Herta Müller. Collagen Mit Jan von Holtum M.A. Veranstalter: Heinrich-Heine-Institut
16.10.2020	„Ihr habt den Rhein, wascht Euch" – öffentliche Probe Theaterstück nach Heinrich Heines „Ideen. Das Buch Le Grand" Regie: Dr. Sabine Brenner-Wilczek Veranstalter: Heinrich-Heine-Institut in Kooperation mit der Heinrich-Heine-Gesellschaft
17.10.2020	„Ihr habt den Rhein, wascht Euch" Theaterstück nach Heinrich Heines „Ideen. Das Buch le Grand" Regie: Dr. Sabine Brenner-Wilczek Veranstalter: Heinrich-Heine-Institut in Kooperation mit der Heinrich-Heine-Gesellschaft
18.10.2020	„Ihr habt den Rhein, wascht Euch" Theaterstück nach Heinrich Heines „Ideen. Das Buch le Grand" Regie: Dr. Sabine Brenner-Wilczek Veranstalter: Heinrich-Heine-Institut in Kooperation mit der Heinrich-Heine-Gesellschaft
21.10.2020	Konversationskurs Artistes Romantiques – Heine, Liszt et Rossini Kursleitung: Nadine-Isabelle Royer Moderation: Maren Winterfeld M.A. Veranstalter: Heinrich-Heine-Institut
24.10.2020	Prof. Dr. Manfred Windfuhr zum 90. Geburtstag Veranstalter: Heinrich-Heine-Institut

25.10.2020	Kuratorenführung „Der Himmel fällt vom Pferd herab" Herta Müller. Collagen Mit Jan von Holtum M.A. Veranstalter: Heinrich-Heine-Institut
27.10.2020	Mitgliederversammlung der Heinrich-Heine-Gesellschaft Veranstalter: Heinrich-Heine-Gesellschaft
29.10.2020	„Schwarze Milch der Frühe wir trinken dich" Lesung und Vortrag von Helmut Braun über das Leben von Paul Celan Moderation: Maren Winterfeld M.A. Veranstalter: Heinrich-Heine-Institut
01.12.2020	Mit Heine durch den Advent Lesung mit Dr. Sabine Brenner-Wilczek Veranstalter: Heinrich-Heine-Institut
08.12.2020	Mit Heine durch den Advent Lesung mit Nora Schön M.A. Veranstalter: Heinrich-Heine-Institut
15.12.2020	Mit Heine durch den Advent Lesung mit Jan von Holtum M.A. Veranstalter: Heinrich-Heine-Institut
22.12.2020	Mit Heine durch den Advent Lesung mit Maren Winterfeld M.A. Veranstalter: Heinrich-Heine-Institut

Ankündigung
25. Forum Junge Heine-Forschung
Heinrich-Heine-Institut,
Düsseldorf 11. Dezember 2022

Gesucht werden neue Arbeiten und Forschungsansätze, die sich mit dem Werk des Dichters, Schriftstellers und Journalisten Heinrich Heine beschäftigen oder die Heine-Zeit thematisieren. Die Forschungsergebnisse können auf Bachelor- und Masterarbeiten, Dissertationen oder laufenden, nicht abgeschlossenen Studien basieren und im Rahmen halbstündiger Vorträge einem interessierten und fachkundigen Publikum präsentiert werden. Das Forum Junge Heine-Forschung weist eine internationale sowie interdisziplinäre Ausrichtung auf.

Als Vernetzungs- und Austauschplattform blickt das „Forum Junge Heine Forschung" auf eine mehr als zwanzigjährige Tradition zurück. Am 11. Dezember 2022 laden das Heinrich-Heine-Institut der Landeshauptstadt Düsseldorf, die Heinrich-Heine-Gesellschaft e. V. und das Institut für Germanistik der Heinrich-Heine-Universität Düsseldorf anlässlich des Geburtstags des Dichters bereits zum 25. Mal zu diesem besonderen Kolloquium ein.

Die anfallenden Fahrt- und Übernachtungskosten werden für alle Referentinnen und Referenten übernommen. Die Heinrich-Heine-Gesellschaft lobt für das beste Referat, die Auswahl erfolgt durch eine Fachjury, einen Geldpreis aus. Der prämierte Vortrag wird zudem im Heine-Jahrbuch 2022 publiziert. Weitere Informationen zur Konzeption und Ausrichtung bieten die Berichte in den Heine-Jahrbüchern von 2001 bis 2021.

Einsendungen

Für die Anmeldung eines Referats ist es erforderlich, ein kurzes Exposé (ca. 1 Seite) sowie ein Curriculum Vitae per Email einzureichen. Stichtag ist der 1. Oktober 2022.

Heinrich-Heine-Institut
Landeshauptstadt Düsseldorf
Bilker Straße 12–14
40213 Düsseldorf

Dr. Sabine Brenner-Wilczek, Direktorin
E-Mail: sabine.brennerwilczek@duesseldorf.de
Tel.: +49 211 – 8992902
https://www.duesseldorf.de/heineinstitut/

Abbildungsnachweise

S. 58	Joseph Stevens: „L'intérieur du saltimbanque" (1857) Wikimedia Commons
S. 72	Eugène Delacroix: „La Liberté guidant le peuple" (1830) Wikimedia Commons
S. 99	„Medschnun und Leila". Persisch-arabische Buchillustration des 16. Jahrhunderts Library of Congress, African and Middle East Division, Near East Section Persian Manuscript Collection
S. 108, S. 109, S. 114, S. 115, S. 118	Robert Schumann: Myrthen. Liederkreis von Göthe, Rückert, Byron, Th. Moore, Heine, Burns u. J. Mosen; für Gesang und Pianoforte. Opus 25. Leipzig: Kistner 1840 Staatsbibliothek zu Berlin – Preußischer Kulturbesitz, Mus.Ks 360/44–1
S. 130	Gerhart Hauptmann (1862–1964). Radierung von Emil Orlik (1909) Wikimedia Commons
S. 149	Erich Loewenthal (1894–1943) Goethe- und Schiller Archiv, Weimar. GSA 176/32 Foto: Klassik Stiftung Weimar
S. 166	Adolf Stahr (1805–187). Radierung von Ludwig Pietsch nach der Zeichnung von Rudolf Lehmann Wien Museum, Inv.-Nr. W 6159, CC0
S. 206	Das Hauptgebäude der Wesselhoeft Water-Cure in Brattleboro, Vermont Dana Sprague, Brattleboro Photo Collection, Brattleboro, Vermont. By kind permission / Mit freundlicher Genehmigung
S. 210	Christian Schuster: „Water-Cure Polka". Boston: Oliver Ditson o. J. Johns Hopkins University, Baltimore, Sheridan Libraries, Lester S. Levy Collection of Sheet Music

S. 230 Der Lesesaal der Royal Institution, London. Radierung von Thomas Rowlandson und Auguste Charles Pugin nach eigener Zeichnung (1809). Microcosm of London, pl. 68
The Metropolitan Museum of Art, New York, The Elisha Whittelsey Collection, The Elisha Whittelsey Fund, 1959

Hinweise für die Manuskriptgestaltung

Für unverlangt eingesandte Texte und Rezensionsexemplare wird keine Gewähr übernommen. Ein Honorar wird nicht gezahlt.

Es gelten die Regeln der neuen deutschen Rechtschreibung.

Bei der Formatierung des Textes ist zu beachten: Schriftart Times New Roman 14 Punkt, linksbündig, einfacher Zeilenabstand, Absätze mit Einzug (erste Zeile um 0,5 cm); ansonsten bitte keine weiteren Formatierungen von Absätzen oder Zeichen vornehmen, auch keine Silbentrennung.

Zitate und Werktitel werden in doppelte Anführungszeichen gesetzt. Langzitate (mehr als drei Zeilen) und Verse stehen ohne Anführungszeichen und eingerückt in der Schriftgröße 12 Punkt. Auslassungen oder eigene Zusätze im Zitat werden durch eckige Klammern [] gekennzeichnet.

Außer bei Heine-Zitaten erfolgen die Quellennachweise in den fortlaufend nummerierten Anmerkungen. Die Anmerkungsziffer (Hochzahl ohne Klammer) steht vor Komma, Semikolon und Doppelpunkt, hinter Punkt und schließenden Anführungszeichen. Die Anmerkungen werden als Endnoten formatiert und stehen in der der Schriftgröße 10 Punkt am Schluss des Manuskriptes. Literaturangaben haben die folgende Form:

Monographien: Vorname Zuname des Verfassers: Titel. Ort Jahr, Band (römische Ziffer), Seite.

Editionen: Vorname Zuname (Hrsg.): Titel. Ort Jahr, Seite.

Artikel in Zeitschriften: Vorname Zuname des Verfassers: Titel. – In: Zeitschriftentitel Bandnummer (Jahr), Seite.

Artikel in Sammelwerken: Vorname Zuname des Verfassers: Titel. – In: Titel des Sammelwerks. Hrsg. von Vorname Zuname. Ort Jahr, Band, Seite.

Verlagsnamen werden nicht genannt.

Bei wiederholter Zitierung desselben Werks wird in Kurzform auf die Anmerkung mit der ersten Nennung verwiesen: Zuname des Verfassers: Kurztitel [Anm. XX], Seite.

Bei Heine-Zitaten erfolgt der Nachweis im laufenden Text im Anschluss an das Zitat in runden Klammern unter Verwendung der Abkürzungen des Siglenverzeichnisses (hinter dem Inhaltsverzeichnis) mit Angabe von Band (römische Ziffer) und Seite (arabische Ziffer), aber ohne die Zusätze „Bd." oder „S.": (DHA I, 850) oder (HSA XXV, 120).

Der Verlag trägt die Kosten für die von der Druckerei nicht verschuldeten Korrekturen nur in beschränktem Maße und behält sich vor, den Verfasserinnen oder Verfassern die Mehrkosten für umfangreichere Autorkorrekturen in Rechnung zu stellen.

Das Manuskript sollte als „Word"-Dokument oder in einer mit „Word" kompatiblen Datei per E-Mail (an: christian.liedtke@duesseldorf.de) eingereicht werden.

Mitarbeiterinnen und Mitarbeiter des Heine-Jahrbuchs 2021

Anhad Arora, Merton College, Oxford University, UK – OX1 4JD Oxford, Großbritannien
Lena Bauer, Heinrich-Heine-Institut, Bilker Str. 12–14, 40213 Düsseldorf
Dr. Sabine Brenner-Wilczek, Heinrich-Heine-Institut, Bilker Str. 12–14, 40213 Düsseldorf
Dr. Leslie Brückner, Goldscheuerstraße 23, 77694 Kehl
Prof. Dr. Lucien Calvié, Université Toulouse II-Jean-Jaurès, 5 allées Antonio Machado, 31058 Toulouse Cedex 9, Frankreich
Elena Camaiani, Heinrich-Heine-Institut, Bilker Str. 12–14, 40213 Düsseldorf
Dr. Patricia Czezior, Verlagsgruppe Random House GmbH, Neumarkter Str. 28, 81673 München
Dr. Renate Francke, Ludwig-Feuerbach-Str. 14, 99425 Weimar
Dr. Gerhard Höhn, Malkastenstr. 9, 40211 Düsseldorf
Prof. Dr. Jocelyne Kolb, 1 Emily Lane, Hanover, NH 03755, USA
Prof. Dr. Bernd Kortländer, Rheinallee 110, 40545 Düsseldorf
Dr. Ortwin Lämke, Westfälische Wilhelms-Universität Münster, Germanistisches Institut, Centrum für Rhetorik, Kommunikation und Theaterpraxis, Domplatz 23, 48143 Münster
Christian Liedtke, Heinrich-Heine-Institut, Bilker Str. 12–14, 40213 Düsseldorf
Prof. Dr. Joachim Rickes, Institut für Deutsche Literatur, Humboldt-Universität zu Berlin, Unter den Linden 6, 10117 Berlin
Professore associato Marco Rispoli, Dipartimento di Studi Linguistici e Letterari, Via Vendramini, 13, I-35137 Padova, Italien
Dr. Gabriele Schneider, Gartenkampsweg 13 d, 40822 Mettmann
Dr. Zouheir Soukah, Himmelgeister Str. 72, 40225 Düsseldorf
Dr. Robert Steegers, Rheinische Friedrich-Wilhelms-Universität Bonn, Bonner Zentrum für Lehrerbildung, Poppelsdorfer Allee 15, 53115 Bonn
Frank Stückemann, Schwemecker Weg 34, 59494 Soest

Dr. Thomas Synofzik, Robert-Schumann-Haus, Hauptmarkt 5, 08056 Zwickau
Dr. Anna Maria Voci, Via di Santa Felicola, 51, I-00134 Roma, Italien
Prof. Dr. Norbert Waszek, 128, rue de la Tombe Issoire, F-75014 Paris, Frankreich
Prof. Dr. Manfred Windfuhr, Frankfurter Weg 6, 41564 Kaarst
Maren Winterfeld, M. A., Heinrich-Heine-Institut, Bilker Str. 12–14, 40213 Düsseldorf

MIX
Papier aus verantwortungsvollen Quellen
Paper from responsible sources
FSC® C105338

If you have any concerns about our products,
you can contact us on
ProductSafety@springernature.com

In case Publisher is established outside the EU,
the EU authorized representative is:
**Springer Nature Customer Service Center GmbH
Europaplatz 3, 69115 Heidelberg, Germany**

Printed by Libri Plureos GmbH
in Hamburg, Germany